東洋古典譯註叢書 69

譯註 顔氏家訓 1

鄭在書 盧暻熙 譯註

傳統文化硏究會

東洋古典譯註叢書를 발간하면서

우리의 古典國譯事業은 민족문화 진흥의 기초사업으로 1960년대부터 政府 支援으로 古文獻 現代化 작업을 추진하여 많은 成果를 거두었다. 당시 이 사업 추진의 先行課題로 東洋古典이라 일컬어지는 중국의 基本古典을 먼저 飜譯하여야 한다는 學界의 주장이 있었음에도 불구하고 우리 고전이 아니라는 일부의 偏狹한 視覺과 財政 事情 등으로 인하여 배제되어 왔다.

전통적으로 중국의 기본고전은 우리 歷史와 함께 숨쉬며 각종 교육기관의 教科書로 활용됨은 물론이고 지식인들의 必讀書가 되어 왔으며, 우리 文化의 基底에 자리잡고 거의 모든 방면의 體系와 根幹을 형성하여 왔다. 그래서 학문연구의 기본서 역할을 해 왔을 뿐만 아니라 오늘날에도 우리의 國學徒 및 東洋學 硏究者들에게 같은 역할을 하고 있음은 주지의 사실이다. 그럼에도 불구하고 中國古典은 우리 것이 아니라 하여 專門機關의 飜譯對象에 포함하지 않음으로써, 대부분 原典에서의 직접 번역이 아닌 重譯이나 拔萃譯의 방식이 주를 이루면서 教養水準으로 出版되어 왔다.

오늘날 東洋 三國 중에서 우리의 東洋學 연구가 가장 부진한 이유는, 東洋基本古典에 대한 폭넓은 이해의 부족과 漢文古典 讀解力의 저하에 기인함을 우리는 솔직히 인정하여야 한다. 따라서 이들 중국고전에 대한 신뢰할 만한 國譯이 이루어지는 것이 한국학 연구를 촉진시키는 시급한 先行課題라 할 수 있다.

이에 韓國學 및 東洋學의 연구와 古典現代化의 基盤構築을 위해서는, 전문기관으로 하여금 동양고전을 단기간에 각 분야의 專門 硏究者와 漢學者가 상호 협동하여 연구번역하여 飜譯의 傳統性과 效率性, 硏究의 專門性을 높일 수 있도록 政策的 配慮가 있어야 한다.

이에 本會에서는 元老 및 中堅 漢學者와 斯界의 專攻者로 하여금 協同硏究飜譯하여 공부하는 사람들이 믿고 引用하거나 깊이 있는 註釋 등을 활용할 수 있게 하고, 知識人

들의 敎養을 증진시켜 줄 수 있는 東洋古典의 國譯書 간행을 지속적으로 추진해 왔다. 근래에 다행히 이 사업에 대하여 각계 지도층의 폭넓은 이해와 지원에 힘입어 2001년도부터 國庫補助를 받아 東洋古典譯註叢書를 간행하게 되었다. 이를 계기로 우리 先學의 註釋과 見解를 반영하는 등 국역사업의 內實을 기하게 되었음을 이 자리를 빌려 衷心으로 감사드리며, 아울러 國譯에 參與하신 관계자 여러분의 勞苦에 깊은 謝意를 표한다.

끝으로 우리의 이러한 작업은 오랜 역사 위에 축적된 先賢들의 業績과 現代學問을 이어주는 튼튼한 架橋와 礎石이 되어 진정한 韓國學과 東洋學 발전에 기여할 것을 굳게 믿으며, 21세기를 우리 文化의 世紀로 열어 가는 밑거름이 되도록 우리의 力量을 本 事業에 경주하고자 한다. 江湖諸賢의 부단한 관심과 지원을 기대해 마지않는다.

社團法人 傳統文化硏究會 會長 李啓晃

解 題

鄭在書(이화여대 교수) · 盧暻熙(충북대 교수)

1. 들어가는 말

세상이 복잡하고 어지러우면 어떻게 살아야 할까? 이럴 때 우리는 적절한 處世의 教訓을 필요로 한다. 요즘처럼 政治가 불안정하고 經濟가 어려운 상황에서 불황을 모르는 것이 각종 처세에 관한 책들임은 출판계 周知의 사실이다. 작게는 실제 살림이나 대인관계에 관한 조언부터 크게는 사회나 경제적 지위를 도모하기 위한 방편, 아울러 내면적으로는 마음 훈련에 관한 방법에 이르기까지 힘든 세상을 극복하기 위한 處世術을 다룬 책들이 봇물처럼 쏟아져 나오고 있는 것이 昨今의 현실이다.

古人이라고 해서 이러한 문제의식으로부터 자유로웠던 것은 아니었다. 특히 儒教思想의 지배하에 家族 혹은 宗族 중심의 공동체적 의식이 강했던 고대 동양사회에서는 선조들의 삶의 경험을 응축하여 처세의 소중한 교훈으로 전승해오는 경우가 적지 않았다. 중국의 경우 이른바 亂世라고 하는 시기는 대개 왕조의 교체기로서 정치가 혼란하고 경제가 피폐할 뿐만 아니라 戰爭, 政變, 天災地變, 饑餓 등의 극한적인 상황이 빈발하여 실로 안정적인 삶을 영위하기 어려운 현실이었다.

顔之推(531~590 무렵)는 중국 역사상 혼란이 심했던 시대 중 하나로 손꼽히는 南北朝時代 말기에 활동했던 지식인이었다. 이러한 격변의 시대 속에서 파란만장한 삶을 살았던 그가 자신의 경험을 후손들에게 교훈으로 남겨주기 위해 지은 것이 이 ≪顔氏家訓≫이다.

중국에서 家誡, 家約, 家誨, 誡子書, 與子書, 遺言, 遺令, 遺訓 등으로 불리는 家訓類의 저술은 유교사상이 지배 이데올로기로 자리 잡게 되는 漢代 이후로 적잖이 지어졌다. 하지만 당시에 나왔던 가훈류의 저술들은 대부분 失傳되었거나 일부만 전하고 있을 뿐이며, 오직 ≪안씨가훈≫만 후일 宋나라 陳振孫의 ≪直齋書錄解題≫에 "古今의 家訓들은 이 ≪안씨가훈≫을 元祖로 한다."는 평이 나올 정도로, 중국을 대표하는 家訓書로서 독보적인 지위를 차지하게 되었다.

수많은 가훈류의 저술 중에서, 유독 ≪안씨가훈≫만 이렇게 높은 평가를 받으며 오늘날까지 전해지고 연구되는 까닭은 무엇일까? 그것은 무엇보다도 그 내용이 顏氏 집안 자손들에게 소중한 가르침이 될 뿐만 아니라, 시대를 뛰어넘어 많은 사람들이 공감할 수 있는 보편성을 지니고 있기 때문이라고 할 수 있을 것이다. 따라서 변화 많은 이 시대에 처세의 고전 ≪안씨가훈≫을 吟味하는 일은 오늘의 삶을 반성하고 새로운 삶을 도모함에 있어 자못 의의가 있다 할 것이다.

2. 顏之推의 生涯와 ≪顏氏家訓≫의 成立

顏之推는 字가 介이고, 본적이 琅邪(야) 臨沂(지금의 山東省 臨沂市 費縣)이다. 본서 〈誡兵〉편에 따르면 그의 선조는 본래 鄒魯 지역에서 살았고, 일부는 齊 지역으로 들어가 儒學을 家業으로 삼아왔다고 한다. 이후 三國時代에 안지추의 11대조인 顏盛이 魏나라에서 靑州와 徐州의 刺史가 되면서 낭야로 들어와 정착하였다. 그 뒤로 顏欽과 顏默 2대를 거쳐 8대조인 顏含 때에 晉의 東遷을 따라 江南으로 이주하게 된다.

顏含은 ≪晉書≫ 권88에 그의 傳記가 실려 있는데, 어려서부터 行實이 바르고 孝誠이 깊어 널리 이름이 알려졌다고 한다. 그는 형의 병간호와 失明한 형수를 돌보는 데에 자신의 젊은 시절을 다 보내고, 당시의 세력가였던 石崇의 초빙조차 거절할 정도로 廉潔한 인물이었다고 한다. 뒤에 晉 元帝를 따라 강남으로 내려와 上虞令에서 시작하여 東陽太守, 黃門侍郎 등을 역임하였고 西平縣侯에 봉해졌다.

이러한 사실은 一見 그가 강남에서 權門으로서의 기반을 구축해나간 것으로 보이지만, 당시의 승상이었던 王導의 자문 요청에 대하여 국력을 좀먹는 권문세가들을 비판하는 견해를 피력하였고, 또 東晉의 장군이자 세력가였던 桓溫의 通婚 요청조차 거절하였던 것으로 미루어보아 반드시 그렇게만 생각할 수는 없다. 어쩌면 그는 오직 자신의 篤行과 能力에 의해 등용된 인물이었기에, 당시의 정치무대에서 橫行하던 세력가들에 대해 비판적인 태도를 가지고 있었을지도 모른다.

안함에게는 세 아들이 있었다. 髦(모)는 黃門郞, 侍中, 光祿勳 등을 지냈고, 謙은 安成太守를, 約은 零陵太守를 지내며 모두들 명성이 높았다고 한다. 하지만 이들 이후로 안씨는 중앙 정계에서 이렇다 할 활약을 보이지 못한다. 顏之推가 지은 〈觀我生賦〉의 自注에

"長干은 顔氏네 옛 마을이다."라고 했는데, 이 長干이라는 곳은 당시 秦淮水 남쪽 언덕의 구릉지에 개간한 貧村으로 民庶가 雜居하던 지역이었다고 한다.(≪建康實錄≫ 권2) 이 진회수 북쪽 언덕의 臺城 주변 일대가 당시 일류 귀족들의 저택이나 별장들이 즐비한 곳이었다는 점을 상기해볼 때, 강남에서 안씨 일가의 정치적, 경제적 실력이나 사회적 지위를 미루어 짐작할 수 있다. 아마도 강남에서 안씨 일가는 이렇다 할 정치적 활약이나 토지 기반 없이 지방관직의 미미한 녹봉에 의지하여 살았을 것으로 추정된다.

안함 이후 안씨 가계에서 주목할 인물로 안지추의 조부인 顔見遠이 있다. 그의 행적은 ≪梁書≫ 권50의 〈顔協傳〉에 간략히 언급되어 있다. 그는 博學하고 品性이 훌륭한 인물로서 蕭寶融이 荊州에 있을 때 그의 錄事參軍으로 있다가, 501년 소보융이 齊의 和帝로 江陵에서 즉위하자 治事侍御使 겸 中丞에 임명되었다.

그런데 502년 蕭衍(梁 武帝)이 齊의 禪讓을 받아 梁을 세우고 帝位에 오르자, 안견원은 비분강개하여 음식을 끊고 殉節하였다. 이에 武帝는 "나는 스스로 天命에 응하고 사람들의 뜻을 좇았을 뿐인데, 천하 士大夫의 일과 무슨 상관이라고 안견원이 이 지경이 되고 말았는가?"라고 하면서 의아해하였다고 하는데, 이는 당시 왕조교체와 무관하게 독자적인 신분질서 속에 특권적인 지위를 누렸던 南朝 귀족사회의 일반적인 정서와는 동떨어진 행동이었다. 이는 안씨 집안에 흐르는 남다른 節操 관념의 한 단면을 보여주는 것이기도 하지만, 한편으로는 변변치 못한 恩義를 위해 殉節까지 불사할 정도로 당시 안씨 집안이 寒門이었다는 사실을 간접적으로 나타내주는 것으로 볼 수도 있다.

어쨌든 안견원의 순절로 그의 아들 顔協(顔之推의 아버지)은 외삼촌 謝暕에 의해 양육된다. 안협은 어려서부터 재능이 있었고 많은 책을 읽었으며 특히 草書와 隸書에 뛰어났다. 그는 湘東王 蕭繹 밑에서 國常侍, 記室 등을 지냈는데, 江陵의 藩邸에서 吳郡 출신의 顧協과 더불어 '二協'이라 불리며 才學을 다투었다고 한다. 외삼촌 사간이 죽었을 때는 伯叔의 예의로 服喪함으로써 두루 칭송을 받았고, 늘 부친의 遺志를 염두에 두고 顯達을 구하지 않았으며, 중앙 정부의 부름도 사양하고 오직 번저에서 지냈다.

539년, 42세로 죽었을 때 상동왕 소역이 그를 추모하여 〈懷舊詩〉를 지었다고 한 것으로 보아 안협과 상동왕 사이에 밀접한 친교가 있었던 것으로 보이며, 어쩌면 안협이 상동왕을 중심으로 한 당시의 문학집단에 참여하였을 가능성도 있다. 다만 그의 문학적 취향이 당시의 조류와는 크게 달라, 본서 〈文章〉편에서 안지추가 애석해한 바와 같이,

그의 글은 상동왕의 강릉 번저에서 편찬한 ≪西府新文≫에 한 편도 실리지 못하였다. 그의 傳에 〈晉仙傳〉 5편과 ≪日月災異圖≫ 2권을 남겼다고 하나 모두 전하지 않으며, 文集 20권도 채 정리되기 전에 戰亂으로 모두 亡失되었다.

이상과 같이 강남에서 안씨 일가는 政治的으로나 經濟的으로 이렇다 할 가문은 되지 못하였다고 볼 수 있다. 다만 안함의 篤行이나 안견원의 殉節 등으로 미루어볼 때, 이들 안씨 집안은 나름대로 家學의 토대 위에 이어져왔음을 알 수 있다. ≪北齊書≫〈顔之推傳〉에 "대대로 ≪周禮≫와 ≪春秋左氏傳≫의 학문에 뛰어났다."고 하였고, 본서 〈誡兵〉篇에 "대대로 儒家의 올바른 도리를 業으로 삼고 살아왔음이 각종 기록에 두루 나와 있다."라고 하면서 孔子의 문하에서 升堂한 이들 중 顔氏가 8명이나 됨을 자부한 것으로 볼 때 이러한 사실은 더욱 분명해진다. 그러나 문벌귀족이나 토호세력이 정치를 좌우하던 강남 사회에서 개인의 才能이나 學問을 통해서 관직에 진출하였다는 것 자체가 바로 안씨 일가가 寒門에 지나지 않았음을 의미하는 것이라 할 수 있다.

顔之推는 梁 武帝가 통치하고 있던 中大通 3년(531) 상동왕 소역의 번저인 강릉에서 태어났다. 正史에 그의 생년에 관한 기록은 없으나, 본서 〈終制〉편에 "내 나이 열아홉에 梁 왕조의 喪亂을 만났다."라고 한 梁의 喪亂이 바로 侯景의 亂에 의한 武帝의 죽음을 가리키는바, 549년의 일이므로, 이를 역산해보면 안지추의 생년을 추정할 수 있다. 그는 어렸을 때 엄격하면서도 자상한 가정교육을 받았는데, 본서 〈序致〉편에서 이 시절을 다음과 같이 술회하고 있다.

> "우리 집안의 家風과 가르침은 평소 엄정하였다. 예전에 나도 일고여덟 살 무렵부터 가르침을 받아 매일 두 형님의 뒤를 따라 아침저녁으로 부모님의 방이 더운지, 춥지는 않은지 살펴드렸으며, 절도 있는 걸음걸이와 조용한 말씨며 단정한 모습 등을 익혔는데, 조심스럽고 공경함이 엄한 임금님을 뵙듯이 하였다. 〈부모님은〉 부드러운 말로 지시하고 내가 좋아하는 것에 대해 물었으며, 모자란 것은 격려하고, 잘한 것은 고무하기를 더할 나위 없이 간절하고 정성스레 하였다."

이 기록에 따르면 안지추에게는 두 명의 형이 있었다고 한다. 그러나 顔之儀(523~591) 외에 다른 형의 존재는 알려져 있지 않다. ≪周書≫에 그의 傳이 실려 있는데, 이미 梁에서 元帝에 의해 재능을 인정받았고, 西魏에 의해 강릉이 함락되었을 때 북으로 끌려갔지만 北周와 隋를 거치면서 郡守와 刺史를 지냈고 縣男과 郡公에 봉해질 정도로 상당한 성공을 거둔 인물이다. 안지추의 또 다른 형은 혹시 요절해서 기록을 찾을 수 없는지 모른다. 다만 5세손 顔眞卿이 쓴 〈顔氏家廟碑〉에 안지추의 동생으로 顔之善이란 인물이 나오는데, 아마도 일찍 죽은 그의 둘째 형이 잘못 표기된 것이 아닌가 싶다.

하지만 이렇게 안정되어 보이는 안지추의 가정도 그가 9세 되던 539년 부친 안협의 죽음으로 일대 轉機를 맞이하게 되고, 안지추의 교육도 嚴父로부터 형의 손으로 넘어가게 된다. 이때의 상황을 안지추는 〈序致〉편에서 다음과 같이 술회하고 있다.

> "막 아홉 살이 되었을 때 홀연 아버님이 돌아가시자, 집안 형편이 어려워져 온 식구가 다 흩어졌다. 자애로운 형님이 나를 기르느라 온갖 고초를 다 겪었는데 威嚴을 보이기보다는 仁慈하여, 나를 이끌어 가르침에 엄격함이 없었다. 나는 비록 ≪周禮≫와 ≪春秋左氏傳≫을 읽었으나, 글쓰기는 그다지 좋아하지 않았고, 세상 사람들에게 자못 물들자 말을 함부로 내뱉을 뿐 아니라 용모나 옷차림에도 신경을 쓰지 않았다."

그는 家學인 儒敎의 經典을 익히면서도 위엄 없는 형에게 교육을 받았기 때문에, 老莊思想이 만연하였던 당시의 風潮에 물들어 말을 가벼이 하고 함부로 행동하며 외모를 단정히 하지 않는 방종한 생활을 했었다. 하지만 그렇다고 해서 안지추가 이 시절에 노장사상에 빠져든 것 같지는 않다. 왜냐하면 그가 12세 때 상동왕 소역의 老莊講論에 참여하였다가 "虛談은 그가 좋아하는 것이 아니어서 돌아와 ≪周禮≫와 ≪春秋左氏傳≫을 익혔다."라고 한 ≪北齊書≫의 傳의 기록으로 미루어볼 때, 이 무렵 이미 내면적으로는 儒家的 現實主義 사상의 기틀이 어느 정도 자리 잡혔던 것으로 추정된다.

하지만 방종에 물든 생활양식은 꽤 오랫동안 지속되어, 본서 〈序致〉편에서는 "열여덟 아홉 살 때쯤에는 수양할 줄을 조금 알았으나 습관이 타고난 것과 같아 좀처럼 씻은 듯 깨끗해지지 않았다."라고 하였고, 또 ≪北齊書≫의 傳에서도 그가 博學으로 國左常侍, 鎭西墨曹參軍이 되고 난 후에도 여전히 술을 좋아하고 방종한 생활을 하면서 차림새에 주의하지 않아, 당시에 그리 높은 평판을 받지 못하였다고 하였다.

여기서 우리는 젊은 시절 안지추의 생활을 지배하였던 두 가지 측면을 생각해볼 수 있다. 즉 유가의 경전을 위주로 하는 家學과 9세 이전의 엄격한 가정교육에서 비롯한

現實主義的인 일면과, 부친의 사후에 방종했던 생활태도에서 나타나는 老莊的인 일면이 그것이다. 하지만 이러한 이중적인 그의 상반된 내적 경향도 侯景의 난과 西魏의 침공에 따른 강릉 함락이라는 사회적인 변란에 의해 종지부를 찍는다.

東魏로부터 망명해 와 梁 武帝에 의해 河南王에 봉해진 侯景은, 梁과 東魏 사이에 국교관계가 회복될 조짐을 보이자 이에 불만을 품고 548년에 반란을 일으켜 이듬해 3월 梁의 수도 建康을 점령하였는데, 안지추의 나이 19세 때의 일이었다. 武帝는 이해 5월에 유폐된 채 죽었고 侯景의 압박 속에 태자 蕭綱이 簡文帝로 즉위하였다.

이 무렵 강릉에 있던 안지추는 상동왕 소역의 國左常侍가 되었다가 곧 鎭西墨曹參軍으로 전보되었다. 그러다가 550년 中撫軍外兵參軍에 임명되어 郢州(지금의 湖北省 武昌)로 파견되는 상동왕의 世子 蕭方諸를 수행하여 書記의 일을 담당하게 되었다.

그러나 다음해인 551년 4월 侯景의 군사들이 郢州를 급습하자 세자는 살해되고 안지추는 포로가 되어 처형당할 위기를 맞이한다. 하지만 뜻밖에도 侯景軍의 行臺郎中으로 있던 王則의 도움으로 죽음 직전에 목숨을 건지게 되는데, 이때의 감격한 심정을 〈觀我生賦〉에서 "岱宗山에서 귀신 명부의 이름을 삭제해주었고, 蒼天에서 돌아가는 영혼을 불러내주었네. 생명을 건져주셨으니, 이분을 받들어 일생을 다하리라."라고 노래하였다. 이렇게 죽음의 위기를 넘기고 建康으로 끌려간 안지추는 약탈로 폐허가 된 梁의 수도와 일시에 몰락해버린 명문귀족들의 비참한 모습들을 직접 목격하게 된다.

이듬해인 552년 3월에 侯景의 반란군은 진압되고 그해 11월 江陵에서 상동왕 소역이 元帝로 즉위하였다. 이때 안지추도 강릉으로 돌아와 散騎侍郎에 임명되었다가 員外郎이 되어 建康에서 가져온 8만여 권의 도서들 중 史書를 정리하는 일에 참여하였다. 하지만 元帝 즉위 이후의 평화도 잠시, 안지추가 24세이던 554년 西魏가 元帝와의 다툼 끝에 망명해 온 梁의 岳陽王 蕭詧(찰)을 앞세워 梁을 침공하면서 강릉은 함락되고 元帝는 西魏 군사들의 손에 피살당하고 말았다.

이후 西魏는 蕭詧을 황제로 삼아 이곳에 괴뢰정권인 後梁을 세웠는데, 이를 계기로 侯景의 난 이후 약화된 남조 귀족사회의 질서는 회복불능의 상태에 빠졌고, 전란 중에 불태워진 10만여 권의 장서와 함께 강남의 사대부 문화 역시 쇠퇴의 길로 접어들게 된다. 이 와중에 안지추는 안일에 젖어있던 남조 귀족사회의 無能함과 柔弱性을 직접 목도하게 되고, 그 결과 그의 사상이나 생활태도 측면에서 중대한 전환이 이루어졌을 것으로 생각된다.

≪안씨가훈≫ 중 여러 곳에서 남조 귀족들의 무능을 비판한 부분을 찾아볼 수 있다.

강릉을 함락시킨 西魏의 군사들은 累代에 걸쳐 축적된 일체의 財寶文物을 수탈하고, 王公 이하 일반 백성들까지 노비로 부리기 위하여 長安으로 끌고 간다. 안지추도 이 포로의 대열에 끼어 가족과 함께 북으로 끌려가는데, 추운 겨울날 아픈 다리를 이끌고 험한 산을 넘어가며 겪었던 당시의 고통스러운 경험이 그의 〈觀我生賦〉에 생생하게 묘사되어 있다. 이후 안지추는 西魏의 대장군 李顯慶으로부터 능력을 인정받아 그의 형 陽平郡公 李遠이 주둔하고 있던 弘農(지금의 河南省 陝縣)으로 보내져 그곳에서 書翰을 담당하는 일을 하여 천한 노비의 신세는 면하게 된다.

이렇게 西魏에서 생활한 1년 사이에 梁의 建康 일대에서는 王僧辯과 陳霸先을 중심으로 하여 梁朝 재건운동이 일어나고, 東魏를 이어 성립한 北齊에서는 貞陽侯 蕭淵明과 함께 謝挺, 徐陵 등의 南朝 측 인사들을 돌려보내어 西魏를 견제하고자 하였다. 弘農에서 이러한 소식을 들은 顔之推는 西魏를 탈출하여 北齊를 경유해 다시 梁으로 돌아갈 계획을 구상하게 된다. 그리하여 556년, 黃河의 범람을 틈타 가족들을 이끌고 배로 하룻밤 사이에 험난한 水路를 뚫고서 700리를 내달아, 北齊의 세력권인 洛陽 근처에 도달하여 당시 사람들이 그의 용감한 행동에 감탄했다고 한다.

하지만 그가 北齊에 들어왔을 때에 北齊는 이미 梁의 陳霸先과 交戰 중이었고 文宣帝(550~559 재위)의 10만 대군이 陳霸先에게 패하면서 강남에서는 557년에 梁을 이어 陳나라가 세워지게 된다. 이렇게 되자 고국 梁으로 돌아가려던 顔之推의 계획은 의미를 잃게 되었고 결국 北齊에 寄留할 수밖에 없었다.

北齊의 文宣帝는 목숨을 걸고 西魏를 탈출해 온 안지추에게 奉朝請의 벼슬을 제수하고 그를 측근에 두어 重用하였다. 558년에 文宣帝가 天池로 행차할 때 안지추가 수행하였는데, 그에게 中書舍人이라는 중책을 맡기려 하였지만 營外에서 술을 마시고 있어 그만두었다는 일화가 ≪北齊書≫의 傳에 기록되어 있다. 이것으로 미루어볼 때, 이 무렵 안지추에 대한 文宣帝의 信任이 두터웠음을 알 수 있고, 아울러 鮮卑族으로부터의 질시 또한 무시할 수 없었을 것이므로 保身意識도 이때부터 이미 싹트고 있었다고 볼 수 있다. 文宣帝 역시 玄學이나 漢人 관료들의 귀족적 생활태도에 대해 거부감을 지니고 있었기 때문에, 그가 안지추를 신임한 것은 漢文化에 대한 동경에서라기보다는 그의 실무적 능력을 높이 평가하였기 때문이었다고 생각된다.

이후 武成帝(561~565 재위) 河淸 말에 趙州(지금의 河北省 融堯縣)의 功曹參軍으로 나가 수년을 보내게 되는데, 그 사이 문학을 좋아하던 後主 高緯(565~577 재위)가 즉위하면서 안지추는 다시 수도 鄴으로 돌아왔고, 그와 친분이 깊었던 祖珽이 조정의 실권을 잡게 되면서 그의 건의로 文林館이 발족하게 된다. 본래 文林館은 後主의 私的 文學集團의 성격을 띤 것이었는데 이때에 와서 크게 확장되고 정비되었다. 안지추는 처음 여기에 待詔文林館으로 참여하였다가 곧 司徒錄事參軍에 임명되어 대대적인 文化學術事業을 추진하게 된다. 이때 文林館에서는 안지추의 주도로 ≪文林館詩府≫, ≪修文殿御覽≫, ≪續文章流別≫ 등의 圖書編纂事業이 이루어졌고, 그의 관직도 通直散騎常侍, 中書舍人 등으로 승격된다.

그런데 이 文林館에서 안지추는 또 한 차례의 큰 위기를 극적으로 모면하는 일을 겪게 된다. 당시 北齊의 정세는 군사권을 갖고 政權을 담당하는 北方系의 勳貴들과 文化를 담당하는 山東 귀족 계통의 漢族系 사대부들 사이에 이전부터 싹터온 반목대립이, 後主의 유약한 성격과 무능으로 말미암아 더욱 심화되어 가고 있었다. 당시 文林館은 바로 한족계 사대부들의 領袖인 祖珽을 뒷받침하는 세력의 근거지로서 북방계 훈귀들로부터 경계의 대상이 되었으리라는 것은 충분히 상상할 수 있다.

결국 573년 祖珽이 鮮卑 출신의 무관 韓鳳의 간계에 말려 실각하고, 뒤이어 陳의 침공에도 불구하고 晉陽(지금의 山西省 太原市)으로 행차하려는 後主를 만류하기 위해 文林館에서 崔季舒 등을 중심으로 連名하여 諫言하려 하자, 韓鳳은 이를 반역의 證驗이라고 上奏하여 연명에 참여하였던 漢人 관료들이 모두 誅殺되었다.

이때 通直參軍으로 있던 안지추의 행동에 대해 ≪北齊書≫의 傳에서 "崔季舒 등이 諫言을 올리려 할 때 안지추는 급한 일이 있다고 하여 집으로 돌아갔으므로 연서하지 않았다. 간언에 참여한 사람들을 불러 모았을 때 안지추도 불려 들어왔는데, 그의 이름은 찾아도 보이지 않아 마침내 화를 면할 수 있었다."라고 기술해놓았다. 이는 안지추가 위험을 미리 감지하고서 몸을 피하였다는 것을 암시하고 있는데, 侯景의 난이나 강릉 함락의 경험을 통해 터득한 保身意識의 발로라고 보아도 무방할 것이다.

이후 안지추는 그로서는 최고 관직이었던 黃門侍郎이 되어 李德林(531~591)과 더불어 文林館을 주도하지만, 이때는 이미 後主의 失政으로 北齊는 멸망의 길로 접어들고 있었고, 576년에는 北周의 공격을 받아 晉陽이 함락된다. 안지추는 薛道衡, 陳德信 등과 함께 後主에게 陳으로 망명할 것을 권고하였지만 승상 高阿那肱의 반대에 부딪혀 뜻을 이루지 못한다. 後主는 안지추를 平原太守로 임명하여 퇴로를 확보하려 하였지만, 577년 北周軍에 붙들려 결국 北齊는 멸망하고 만다. 이후 안지추는 文林館의 문인 17인과 함께 北周로 이송되었으나, 다시 北周에서 御史上士로 등용되었다.

안지추는 581년, 隋가 중국을 통일하자 開皇 연간(581~600)에 學士가 되어 우대를 받는데, 그는 晩年을 대부분 학술활동에 쏟은 것으로 보인다. 그는 陸法言의 ≪切韻≫ 편찬에 참여하였고, 또 ≪隋書≫ 〈音樂志〉에 의하면 開皇 2년(582) 雅樂에 胡聲이 사용되는 문제를 지적하고 梁의 옛 音樂을 바탕으로 바로잡을 것을 文帝에게 건의하였다고 한다. 또 ≪안씨가훈≫에 언급되었듯이 開皇 초에 百官의 급여를 개정하는 일과 曆法과 관련한 일 등 다방면의 學術活動과 制度整備 작업에도 참여한 것으로 보인다.

그의 卒年에 대해서 정확한 연대를 알 수는 없지만, 몇 가지 단서를 통해 개략적인 추정은 가능하다. 즉 ≪北齊書≫의 傳에서 開皇 연간에 學士가 된 지 얼마 안 되어 죽었다고 한 점, 그리고 본서 〈終制〉篇에서 "내 나이 이미 예순(590)이 넘었다."라고 한 점 등으로 미루어보아 그의 卒年은 빨라도 590년 이후, 늦어도 70세가 되는 600년 이전일 것이다. 다만 ≪안씨가훈≫에 개황 11년(591)에 69세로 죽은 그의 형 顔之儀의 죽음에 대한 언급이 전혀 없다는 점에서, ≪안씨가훈≫의 집필은 590년에서 591년 사이에 마무리되었을 것으로 유추할 수 있다.

안지추의 후손으로는 思魯, 愍楚, 遊秦 등 세 아들이 있었는데, 장남 顔思魯는 隋의 東宮에서 벼슬을 하다가 唐代 초기에 秦王의 藩府에서 記室參軍을 지냈다. 顔愍楚는 隋에서 通事舍人을 지냈고 ≪證俗音略≫ 2권을 지었으며, 顔遊秦은 隋에서 典校秘閣으로서 왕실 도서를 정리했고, 唐 高祖 武德 연간(618~626)에는 廉州刺史와 鄆州刺史를 지냈으며 ≪漢書決疑≫를 지었다. 顔思魯의 장남이자 안지추의 장손인 顔師古는 ≪漢書≫의 주석가로 오늘날까지도 최고의 학문적 권위를 누리고 있으며, 그 밖에도 安史의 난 때 의병을 일으킨 顔杲卿이나 서예가로 유명한 顔眞卿 등은 모두 안지추의 5세손으로 顔氏 가문의 명예를 드높인 인물들이다.

안지추는 ≪안씨가훈≫ 이외에도 문집 30권을 비롯하여 많은 저작을 남겼다고 한다. ≪隋書≫ 〈經籍誌〉, ≪舊唐書≫ 〈經籍誌〉, ≪新唐書≫ 〈藝文誌〉 등의 목록에 의하면 ≪訓俗文字略≫, ≪集靈記≫, ≪急就章注≫, ≪筆墨法≫ 등의 書名이 보이나 대부분 逸失되었고, ≪안씨가훈≫ 20편과 佛敎說話集인 ≪冤魂志≫ 3권, 일생을 회고한 賦인 〈觀我生賦〉와 몇 편의 詩가 전해질 뿐이다.

≪안씨가훈≫을 집필하게 된 동기는 다음과 같이 본서 〈序致〉편에 잘 나타나 있다.

> "내가 이제 다시금 이런 책을 짓는 까닭은 감히 사물에 法度를 세우고 세상에 模範을 보이기 위해서가 아니라, 오로지 집안을 바로잡고 자손을 이끌고 타이르는 일을 위해서이다. 무릇 똑같이 말을 하더라도 친한 사람의 말은 미덥고, 똑같이 명령을 하더라도 따르던 사람의 명령은 행하기 마련이다.
>
> 아이의 심한 장난을 그치도록 하는 데에는 스승의 훈계보다 평소 돌보던 여종의 이끎이 낫고, 평범한 사람들의 형제간 다툼을 그치게 하는 데에는 堯舜의 도리보다 아내의 달램이 낫다. 이 책이 너희들에게 여종이나 아내보다 지혜로운 것으로 미덥게 여겨지기를 바란다."

안지추는 무슨 심오한 學術書를 쓰고자 한 것이 아니라 亂世를 살아가는 삶의 智慧를 子孫들에게 전하기 위해 ≪안씨가훈≫을 집필하게 된 것이다. 아울러 이 책은 엄숙한 입장에서 쓰인 것이 아니라 아녀자들의 자상한 마음씨처럼 후손에 대한 慈愛와 念慮를 바탕으로 지어진 것임을 밝히고 있다.

≪안씨가훈≫의 校註本으로는 淸代 乾隆 연간에 趙曦明이 주석을 단 것이 있고, 조희명의 벗 盧文弨가 그것에 補註를 단 抱經堂本이 있는데 이 포경당본이 대표적 판본으로 행세하였다. 근대 이후 대만에서 周法高가 앞서의 주석에 자신의 補正을 덧붙여 ≪顔氏家訓彙註≫를 편찬하였고, 다시 대륙에서 王利器가 조희명 이래 諸家와 자신의 주석을 집대성한 ≪顔氏家訓集解≫를 완성하였다. 韓・中・日 3국에서 나온 수십 종의 ≪안씨가훈≫ 번역본은 모두 이들 교주본을 底本으로 이루어진 것이다.

국내에서는 이미 몇 종의 譯本이 나와 있다. 이들 역본은 초창기 국내 독자들에게 ≪안씨가훈≫을 소개하는 데에 일정한 역할을 하였고 각기 나름의 長處를 지니고 있다 하겠다. 하지만 유감스럽게도, 完譯을 추구하지 않았거나, 지나치게 日譯版 혹은 中譯版에 의지했거나, 주석 처리가 불충실하거나, 音韻學 등 전문 내용에 대한 해석이 미흡하다는 등의 短處가 猶存하고 있다. 拙譯은 王利器의 ≪顔氏家訓集解≫를 저본으로 삼되, 기존의 제 교주본과 국내외 제 역본을 두루 참고하여 과거 역본의 장단점을 발전적으로 계승, 극복하고자 노력하였음을 밝혀둔다.

3. ≪顔氏家訓≫의 構成과 內容

≪안씨가훈≫은 총 20편의 글이 7권으로 나뉘어 있다. 20편 개개의 항목을 보면 치밀하진 않지만 대강의 집필 구상에 의해 내용을 구분하고 있음을 알 수 있다. 제1편 〈序致〉는 全書의 집필 목적을 밝히는 서문에 해당되는 내용이고, 제2편 〈教子〉부터 제5편 〈治家〉까지는 자식, 형제, 아내 등 가정 내의 교육에 관한 내용이며, 제6편 〈風操〉부터 제19편 〈雜藝〉까지는 세상으로 나와 사대부로서 지녀야 할 人格, 處身, 學問的 素養, 技藝 등에 관한 내용이고, 제20편 〈終制〉는 삶을 어떻게 마무리할 것인가에 대한 내용으로 全書의 大尾를 장식하고 있다. 결국 ≪안씨가훈≫은 유교의 자기완성 단계인 修身, 齊家, 治國, 平天下의 手順에 은연중 상응하여 전서의 내용을 구성하고 있는 셈이다. 각 편의 내용을 간추려 보면 다음과 같다.

제1편 序致 : 著述의 目的을 담은 序文.
제2편 教子 : 子息 教育의 중요성과 그 방법을 서술한 教育論.
제3편 兄弟 : 兄弟間의 友愛를 지키기 위한 방법론.
제4편 後娶 : 再婚의 여러 가지 문제들.
제5편 治家 : 家庭을 다스리는 방법론.
제6편 風操 : 士大夫의 處身法과 생활태도, 南北의 風俗 비교.
제7편 慕賢 : 人才의 重要性.
제8편 勉學 : 學問의 목적과 방법.
제9편 文章 : 文學의 本質과 作家論, 創作論, 批評論.
제10편 名實 : 名聲과 實質과의 관계론.
제11편 涉務 : 實務能力의 배양.
제12편 省事 : 불필요한 것에 대한 관심을 줄이고 집중할 것.
제13편 止足 : 分數에 맞는 삶.
제14편 誡兵 : 軍事에 대한 경계.
제15편 養生 : 神仙術에 대한 견해.

제16편 歸心 : 佛教 신앙의 권유.

제17편 書證 : 文字學, 訓詁學, 校勘學 등 고전연구 방법론.

제18편 音辭 : 音韻論의 역사와 방법, 南北 음운의 차이.

제19편 雜藝 : 書藝, 繪畫, 활쏘기, 占卜, 音樂, 바둑, 投壺 등의 技藝論.

제20편 終制 : 葬禮와 祭祀에 관한 遺言.

전체 내용을 살펴보면 집안의 大小事로부터 學問과 技藝, 軍事와 宗教, 人生觀 등에 대한 적절한 교훈, 실제 경험담 등으로서 난세를 살아가야 할 자손들에게 유익한 지침을 집대성한 것이라고 볼 수 있다.

4. 顔之推의 思想과 學術

≪안씨가훈≫의 중심을 이루는 사상은 儒家思想이다. 남북조시대는 魏晉 이후로 玄學이 유행하고 여기에 漢代에 전래된 佛教가 그 세력을 확장함에 따라 이 무렵 유가사상은 상당히 退潮의 기미를 보이고 있었다. 하지만 顔之推는 전술한 바와 같이 家業을 이어받아 엄격한 家庭教育을 받으면서 ≪周禮≫와 ≪春秋左氏傳≫을 익혔다. 부친 사후에 시대의 유행을 좇아 일시적으로 방종한 생활을 했었다고 고백했지만, 12세 때 참석했던 湘東王의 老莊講論이 자신에게 맞지 않아 그만두고 돌아왔다고 하는 것으로 보아, 이 무렵부터 이미 儒家의 현실주의적 세계관이 어느 정도 자리 잡기 시작했을 가능성이 크다. 그리하여 그는 늘 聖賢들의 책을 嚴肅하고 恭敬하는 자세로 대하였고, 時流에 영합하지 않는 단정한 家風에 대해서도 자부심을 갖고 있었으며, 나아가 孔子의 門徒들 중 升堂한 이 72명 가운데 顔氏가 8명이나 된다는 사실에 대해 높은 긍지를 보였다.

하지만 이러한 그의 儒家的인 思考方式이 자손들에 대한 훈계 중에 결코 편협하거나 教條的인 방식으로 표출되지는 않았다. 오히려 유가적 현실주의에 바탕을 두면서도 고정관념에 얽매이지 않는 유연하고도 폭넓은 시각을 보여주고 있다. ≪禮記≫의 수용에 있어서도 "그곳에 기재되지 않은 것과 시대 흐름에 따라 세상일이 바뀐 것(〈風操〉편)"이 있음을 인정하여 經典을 절대시하던 漢代 儒學者들의 편협한 시야를 뛰어넘고 있으며, 또한 "禮란 人情에 따르는 것이요 恩惠는 올바름으로 판단하는 것이다.(〈風操〉편)"라고 하여 禮法의 근거를 人情에 두었다. 그는 또 學問과 讀書를 중시하면서도 독서의 대상을 유가의 경전에만 국한시키지 않았고, 당시 유학자들의 독서 범위가 경전과 그 해설서에 국한되는 것에 대해 비판적인 견해를 가지고 있었으며, 유가 경전 외에 폭넓은 지식을 가지고 있어야 최고의 학자가 될 수 있다고 하였다.

이렇게 학문과 독서에 대해 다양성을 요구한 것은 그의 實用主義的 思考方式 때문이었다. 고루하고 편협한 학문은 실무에 있어서 쓸모없는 것이 되기 쉽다고 보고서, "무릇 책을 읽고 학문을 하는 이유는 본디 마음을 열어주고 눈을 밝혀주어 實踐躬行하기에 이롭게 하고자 해서이다."(〈勉學〉편)라고 闡明하였고, 이어서 당시 학자들의 폐단을 지적하여 "세상의 글을 읽는 사람들은 그저 말만 할 줄 알 뿐 이를 실천궁행하지를 않으니, 忠孝로도 이름이 나지 못하고 그의 仁義 또한 넉넉해지지 않는 것이다. 더 나아가 訟事를 하나 판결하여도 그 조리를 반드시 얻는 것이 아니고, 千戶의 작은 縣을 맡고서도 그곳의 백성들을 반드시 다스리는 것도 아니다."(〈勉學〉편)라고 비판하였다.

이는 ≪論語≫ 〈子路〉篇에서 "詩 300편을 외우더라도 정치를 맡겨줌에 제대로 해내지를 못하고, 외국에 사절로 감에 혼자서 책임지고 담판을 짓지 못한다면, 시를 비록 많이 외운들 어디에 쓰겠나?"라고 한 孔子의 실용주의적 학문관을 연상시키는데, 결국 안지추의 현실주의 사상은 顔氏 一門의 家風을 바탕으로 난세를 살아오며 습득한 지혜가 더하여져 형성되고 확립된 것이라고 보아도 무방할 것이다.

이러한 유가 위주의 실용주의적인 사고방식은 당시 南朝의 사대부들 사이에 유행하던 玄學과는 양립하기 어려운 것이었다. 그는 일찍부터 老莊講論이나 현학이 자신의 취향과는 맞지 않는다고 언급했으며, 이런 논의를 일종의 觀念遊戲로 규정하여 "그저 그들은 고상한 담론의 형식으로 허황된 이치를 탐색하느라 주인과 손이 서로 묻고 답하며 마음과 귀를 즐겁게 할 뿐이었으니 세상을 구제하고 풍속을 바로잡을 要諦는 아니었던 것이다."(〈勉學〉편)라는 견해를 보였다.

그는 또 노장사상의 핵심이 "대개 眞性을 保全하고 本性을 涵養하는 것이니 外物 때문에 자신에게 累를 끼치기를 원하지 않는다."(〈勉學〉편)라고 보았기 때문에, "老子는 이름을 감추고 朝廷官吏 노릇도 하였으나 끝내는 사막으로 들어가버렸으며, 莊子는 漆園에서 종적을 감추고 살며 마침내 楚나라의 宰相 직책을 사양하였으니 이들은 멋대로 방종하는 무리일 따름이다."(〈勉學〉편)라고 비판하였다. 따라서 안지추의 노장 비판의 핵심은 知識人으로서의 社會的 責任 缺如에 있다고 보아도 좋을 것이다. 그러면서 "지식인으로 세상을 살아감에 있어 능히 타인에게 도움이 됨을 중요하게 여긴다. 단지 高談峻論이나 하면서 왼편에는 거문고를 끼고 오른편에는 책을 들고, 임금의 祿俸이나 地位를 축내는 일 따위는 하지 않는다."(〈涉務〉편)라고 하여 지식계층이 老莊的 個人主義에 빠지는 것에 반대하였다.

이러한 관점은 당시 남조 사대부들의 퇴폐한 분위기에 대한 반성에서 나온 것임에 틀림이 없다. 특별한 才能이나 축적된 知識 없이 오로지 門閥에 의해 벼슬을 하고, 그러면서도 無爲徒食하는 사대부들의 경박한 풍조가 ≪안씨가훈≫에 여실하게 묘사되어 있다. 侯景의 난과 西魏의 침공을 겪고 위기로 점철된 북방생활을 경험한 안지추의 관점에서, 지식인으로서의 사회적 역할과 책임을 망각한 강남 사대부들의 浮薄하고 放縱한 생활양식이나 그들이 몰두한 玄學이나 淸談 등 空理空談의 풍조를 결코 용인하기 어려웠을 것이다.

그의 文學思想도 그의 사상이나 實用性을 중시하는 治學 방법과 밀접한 관계를 가지고 있었다. 그는 모든 문장의 근원이 유가의 경전인 五經에서 나왔다고 보는 宗經論을 주장하면서 문학의 실용적 가치를 중시하였고, 아울러 文人輕薄論을 펼치며 역대의 문인들이 경박한 행동에 빠진 사례들을 열거하였다. 여기에는 자손들에게 조신한 행동을 강조하기 위한 의도에서 서술한 다소 과장된 내용이 없지 않은데, 이는 난세를 겪으면서 살아남은 안지추의 保身意識의 발로라고 해석해도 무방할 것이다. 또 작품의 修辭나 形式의 아름다움뿐만 아니라 주제 내용까지 훌륭해야 한다는 文質竝重論의 입장에 서서, 唯美主義에 빠진 江南 文壇의 병폐를 시정하고자 하였다.

한편 당시 사회에서 크게 유행하고 있던 神仙術에 대해서 안지추는 "神仙의 일이 모두 다 엉터리는 아니다."(〈養生〉편)라고 하여 완전히 부정하지는 않았지만, 人命은 하늘에 달려 있다는 宿命論을 믿었고, 또 그가 신봉한 불교의 관점에서도 죽음은 피할 수 없는 것이라고 보았다. 그리하여 막대한 비용이 소요되고 성공할 확률도 희박한 不死의 신선을 추구하는 일에 빠져들기보다는, 차라리 道義를 위해 목숨을 바칠 수 있는 의연한 자세를 지닌 자손들이 되기를 간절히 희망하였다. 다만 건강유지나 질병치료 등의 秘方으로써 신선술을 활용하는 일에 대해서는 본인의 경험도 소개할 정도로 유연하고 열린 자세를 취하고 있다.

이렇듯 ≪안씨가훈≫의 思想的 基調는 儒家 系列에 속한다고 할 수 있는데, 본서 〈歸心〉편은 자손들에게 佛敎 信仰을 권유하는 내용으로 이루어져 있어, 전반적인 관점에서

볼 때 상당히 이질적인 부분이다. 역대로 이 ≪안씨가훈≫을 儒家類로 분류하였음에도 불구하고 ≪四庫全書總目提要≫에서 雜家類에 배열한 까닭도 바로 이 〈歸心〉편의 성격 때문이었다. 〈歸心〉편은 당시의 불교와 관련된 오해나 비난에 대한 해명이 주된 내용을 이루고 마지막에 因果應報의 사례들이 덧붙어져 있다. 이 인과응보설은 안지추의 또 다른 저술인 ≪冤魂志≫의 주제사상이기도 하다.

그렇다면 안지추가 이 〈歸心〉편을 쓴 시기는 언제쯤일까? ≪안씨가훈≫의 내용과 성격으로 볼 때 이 책의 집필이 일시에 이루어진 것은 아니라고 보는 것이 일반적인데, 그 중에서 〈歸心〉편은 아마도 집필과정 중 가장 늦은 안지추의 晩年에 이루어졌을 가능성이 크다. 왜냐하면 ≪안씨가훈≫ 전서를 볼 때에도 불교적 색채를 띠는 곳은 이 편과 유언에 해당하는 〈終制〉편밖에 없기 때문이다. 이는 안지추가 만년에 이르기 전까지는 불교에 그다지 傾倒되지 않았음을 뜻한다. 하지만 〈歸心〉편에서 불교 신앙이 집안 대대로의 전통이라 하면서 釋迦를 儒家의 聖賢보다 더 높게 평가하기도 하였고, 〈終制〉편에서는 조상에 대한 제사조차 그만두고 불교식으로 追念할 것을 유언하는 등, 사상적으로 뚜렷하고 극적인 변화를 보이고 있다.

이러한 사상적 전환의 계기가 정확히 무엇이었는지 지금으로서는 詳考하기 어렵다. 하지만 세 차례 이상 생명의 위기를 겪고, 세 번이나 자신이 몸담은 王朝가 멸망당하는 격동의 일생을 보낸 안지추로서는, 이미 사회적으로 상당히 보편화되어 있고 또 집안의 전통 신앙이기도 하였던 불교에 귀의하는 것은 그다지 어렵지 않은 일이었을 것이다.

본래 강남 사대부들의 일반적인 불교 신앙은 東晉 이래로 ≪維摩經≫을 주요 경전으로 하는 哲學的이고 形而上學的 성격이 강한 것이었다. 하지만 〈歸心〉편에서는 ≪維摩經≫의 흔적이나 철학적 思辨 같은 것은 전혀 찾아볼 수가 없다. 오히려 인과응보를 강조한 안지추의 불교 신앙은 당시 사회에 널리 퍼져 있던 토착화된 淨土信仰에 가까운 것이었다. 이 역시 玄學이나 강남 귀족들의 생활태도를 싫어한 안지추 사상의 實用的 성격과 상통하는 것이라고 할 수 있다.

그는 불교 신앙을 유가사상의 연장선 위에서 추구하고 있으며 나아가 儒·佛 兩教의 融合을 꾀하기도 하였다. 그리하여 불교에서 말하는 五禁의 戒律을 유가의 五常인 仁·義·禮·智·信에 상응하는 것으로 파악하고, 仁을 不殺의 禁에, 義를 不盜의 禁에, 禮를 不邪의 禁에, 智를 不淫의 禁에, 信을 不妄의 禁에 호응시켰다. 그리고 殺生을 금하는 불교의 정신을 설명하면서 "儒家의 君子도 푸줏간을 멀리하고, 산 것을 보고 그 죽음을 차마 보지 못하며, 그 죽는 소리를 듣고는 차마 그 고기를 먹지 못한다. 高柴(시)와 折像은 불교를 알지 못하였으나 모두 살생하지 않을 수 있었다. 이는 모두 仁者의 자연스러운 用心이니, 생명이 있는 것들은 누구나 다 생명을 아까워한다."(〈歸心〉편)라고 하였다. 이는 안지추가 추구한 儒·佛 兩教의 融合이 유가와 불교에 공통적으로 담겨 있는 生命 重視의 정신을 기반으로 하고 있음을 뜻한다고 하겠다.

5. ≪顔氏家訓≫의 意義와 價値

≪안씨가훈≫이 수많은 家訓書 중에서 독보적인 지위를 차지하게 된 것은 앞에서도 말했듯이 시대를 초월하는 보편적 의의와 가치를 지니고 있기 때문인데, 보다 구체적으로 어떤 점에서 뛰어난지 생각해볼 필요가 있다.

우선 이 책은 세상일을 대함에 있어 極端을 피하면서 어느 한편으로 치우치지 않는 均衡 잡힌 관점, 現實에 바탕을 둔 實事求是의 정신, 그리고 유연하면서 길게 보는 안목 등을 강조하고 있는 점이 크나큰 美德이라고 할 수 있다.

또한 서술방식도 訓戒하거나 命令하는 어투가 아니라, 자신이 직접 경험한 일이나 주로 時間·空間的으로 가까운 사례를 들어 증명하는 實證的 文體를 택하고 있다. 간혹 경전의 구절을 인용하여 논술의 타당성을 뒷받침하는 경우도 있으나, 대개는 권위적인 방식보다는 일반화된 俗談이나 친근한 例話를 인용하면서 논리적이고 호소력 있는 말투로 자손들을 설득하여 자상한 느낌을 갖게 한다. 그리고 문장도 당시에 유행했던 화려한 형식미의 騈儷文體가 아니라, 간략하고 명쾌하면서 세련미가 넘치는 단정한 문체를 구사하여, 읽는 즐거움이 크다는 점도 이 책이 오랫동안 사랑받아 온 이유 중의 하나이다.

아울러 ≪안씨가훈≫에는 남북조시대의 生活, 風俗, 學問, 言語 등에 대해 안지추 자신이 목도하고 경험한 생생한 내용이 담겨 있어 당시의 政治, 經濟, 社會는 물론 歷史와 文化를 연구함에 있어 중요한 사료적 가치도 지니고 있다.

유례없는 난세를 살아오면서 터득한 생존의 지혜, 가문을 보전해온 처세방식뿐만 아니라 역경 속에서도 인간으로서의 품위를 잃지 않으려는 노력과 철학을 담은 ≪안씨가훈≫은 가족, 사회 문제가 첨예화되고 인간다운 삶의 본질이 흔들리는 극심한 변동의 이 시점에서 훌륭한 삶의 지침과 자양을 얻을 수 있는 良書라 할 것이다.

顔之推 年譜

顔之推의 年譜는 1944년에 간행된 ≪眞理雜志≫ 第1卷 第4期에 수록되었다가 1962년에 增補된 후, ≪讀史存稿≫(三聯書店, 1963)에 수록된 繆鉞의 ≪顔之推年譜≫를 참고하여 작성하였다. 원래 繆鉞은 여러 史書의 傳記와 ≪顔氏家訓≫ 및 〈觀我生賦〉 등을 참고하여 年譜를 구성하였다.

1. 南朝 時期(531~556)

朝代	帝王	年號年間	年 度	事 跡
梁	武帝	中大通 3年	531	1세. 江陵(湖北省 江陵縣)에서 태어났으며 그의 두 형은 之儀와 之善이다.
		大同 3年	537	7세. 〈魯靈光殿賦〉를 암송할 수 있었다.
		大同 5年	539	9세. 아버지 協이 42세로 죽자 江陵 東郭에 旅葬을 지냈으며, 이후 형 之儀에게 양육되었다. 7월에 湘東王 蕭繹이 荊州刺史에서 護軍將軍이 되었으며, 石頭戍軍事를 겸임하였다.
		大同 6年	540	10세. 12월 湘東王 蕭繹이 江州刺史로 出任하였다.
		大同 8年	542	12세. 湘東王 蕭繹을 따라간 江州(지금의 江西省 九江市)에서 老莊을 강연하는 蕭繹의 문하생이 되었으나 그의 취향은 아니었으므로 여전히 ≪周禮≫와 ≪春秋左氏傳≫을 익히며 群書를 널리 읽었다.
		太淸 元年	547	17세. 正月에 江州刺史 湘東王 蕭繹이 鎭西將軍 겸 荊州刺史로 옮겼으며, 2월에 東魏의 侯景이 河南 13州를 거느리고 와서 투항하였다.
		太淸 2年	548	18세. 10월에 侯景이 壽陽에서부터 반란을 일으켜 長江을 건너며 都邑을 압박하였다.

		太淸 3年	549	19세. 3월에 侯景은 臺城을 함락시켰고, 4월에 湘東王 蕭繹은 大都督中外諸軍事로 司徒와 承制를 칭하였다. 5월에 武帝가 죽자 太子 蕭綱을 簡文帝로 擁立하였다.
	簡文帝	大寶 元年	550	20세. 9월에 湘東王 蕭繹은 世子 蕭方諸를 中撫軍 겸 郢州刺史로 삼았으며, 顔之推는 中撫軍外兵參軍으로서 기록을 管掌하였다.
		大寶 2年	551	21세. 윤4월에 侯景이 그의 장수 宋子仙, 任約襲을 郢州로 파견하고 刺史 蕭方諸를 생포하자 顔之推도 포로가 되었으므로 피살될 지경이었으나 侯景의 行臺郎中 王則이 그를 살려 죄수로서 建康으로 보내졌다.
		天正 元年		8월에 侯景이 簡文帝를 폐위시키고 豫章王 蕭棟을 옹립하였다. 10월에 侯景은 簡文帝를 弑害한 다음 蕭棟을 폐위시키고 스스로 皇帝를 칭하고 國號를 漢이라 하였다.
	元帝	承聖 元年	552	22세. 湘東王 蕭繹이 파견한 장수 王僧辯 等이 侯景의 반란을 평정하고 그의 首級을 江陵으로 보내오자, 11月에 湘東王 蕭繹이 江陵에서 元帝로 卽位하였으며, 顔之推도 建康에서 江陵으로 돌아와 散騎侍郎을 맡고 勅命으로 서적을 교감하였다.
		承聖 三年	554	24세. 9월에 西魏가 군대를 보내 梁을 공략하였다. 10월에 西魏가 襄陽에 이르자 雍州刺史 蕭詧(찰)이 수하를 이끌고 그와 영합하였다. 11월에 西魏의 군대가 江陵을 함락시키자 元帝가 생포되었으나 머잖아 살해되었다. 江陵이 함락되자 梁朝의 人士들이 대부분 포로가 되어 顔之儀는 長安으로 옮겨지고 顔之推는 弘農(지금의 河南省 陜縣)으로 보내져 李遠 밑에서 書翰을 관장하였다. 11월에 王僧辯과 陳霸先이 建康에서 晉安王 蕭方智의 承制가 되었다.
	敬帝	紹泰 元年	555	25세. 2월에 晉安王 蕭方智가 敬帝로 卽位하였고, 3월에 北齊가 上黨王 高渙을 파견하며 貞陽侯 蕭淵明을 梁의 後嗣로 보내오자, 5월에 王僧辯이 蕭淵明을 맞이하여 敬帝를 太子로 삼았으나, 9월에 陳霸先이 王僧辯을 살해하고 蕭淵明을 폐위시키자, 敬帝가 復位하였다.
		太平 元年	556	26세. 곧 北齊 文宣帝의 天保 7年에 상당하는 때로, 이때 顔之推는 北齊의 鄴으로 망명하였다.

2. 北朝 時期(556~580)

朝代	帝王	年號年間	年度	事　　跡
北齊	文宣帝	天保 7年	556	26세. 顔之推가 北齊로 망명을 하자, 文宣帝가 그에게 奉朝請의 직책을 주어 측근에서 侍從하게 하였다.
		天保 8年	557	27세. 南朝 梁의 太平 2年에 상당하는 때로, 10월에 陳霸先이 敬帝를 폐위시켜 梁을 滅하고 스스로 南朝 陳의 武帝로 즉위하였다.
		天保 9年	558	28세. 文宣帝는 晉陽(지금의 山西省 太原市 서쪽)으로 갔으며, 6월 乙丑日에 晉陽으로부터 北巡을 시작하여 己巳日에 祁連池에 도착하였으며 戊寅日에 晉陽으로 돌아왔는데 顔之推가 이를 수행하였다.
		天保 10年	559	29세. 文宣帝가 崩御하고 太子 高殷이 즉위하였으니 이가 곧 廢帝이다.
	廢帝	乾明 元年	560	30세. 8월에 常山王 高演이 高殷을 廢位시키고 스스로 孝昭帝로 즉위하였다.
	孝昭帝	皇建 元年		
		皇建 2年	561	31세. 11월에 孝昭帝가 崩御하자 아우 長廣王 高湛이 武成帝로 즉위하였다.
	武成帝	太寧 元年		
		河淸 4年	565	35세. 4월에 武成帝가 太子 高緯에게 禪位하였으니, 이가 곧 後主이다. 顔之推는 이 무렵에 趙州功曹參軍이 된 듯하다.
	後主	天統 元年		
		天統 2年	566	36세. 後主가 文藝를 애호하였던 까닭에 顔之推는 도읍 鄴으로 돌아오게 되었다.
		武平 3年	572	42세. 祖珽이 左僕射가 되자 顔之推의 의견을 받아들여 文林館을 설치하도록 奏請하였으며 ≪修文殿御覽≫을 撰修하도록 建議하였다. 顔之推는 司徒錄事參軍을 除授받고 李德林과 함께 文林館의 업무를 주관하였으며 ≪修文殿御覽≫을 主編하였다. 머잖아 通直散騎常侍로 옮겨 中書舍人을 겸임하였으며, 다시 黃門侍郎으로 옮겼다.

		武平 4年	573	43세. 4, 5월에 祖珽이 左僕射에서 해임되어 徐州刺史로 나갔으며, 10월에 侍中 崔季舒, 張雕虎, 散騎常侍 劉逖, 封孝琰, 그리고 黃門侍郎 裴澤, 郭遵 等 6명이 後主의 晉陽 行幸을 만류했다가 모두 처형되었으나 顔之推는 이에 同調하지 않아 화를 모면하였다.
		武平 6年	575	45세. 윤8월에 전쟁으로 물자가 부족하자 關市, 舟車, 山澤, 鹽田, 店肆의 세금을 그 상황에 따라 차별을 두어 가볍게 물렸다.
		隆化 元年	576	46세. 後主가 晉陽으로 가고, 겨울에 北周의 武帝가 北齊를 침략하여 晉州(지금의 山西省 臨汾市)를 점령하자, 11월에 後主는 晉州로 가서 城을 포위하였다. 12월에 北周의 武帝가 晉州를 구하고자 出征하여 北齊의 군대가 크게 패하자, 後主는 군대를 버리고 晉陽으로 돌아와 安德王 高延宗을 남겨 晉陽을 수비하게 한 후 輕騎兵만 이끌고 鄴으로 돌아갔다. 北周의 군대가 머잖아 晉陽에 들어오자 後主는 太子에게 禪位하고자 하였다.
	幼主	承光 元年	577	47세. 正月에 太子 高恒이 卽位하며 後主를 太上皇으로 모셨다. 顔之推가 薛道衡 等과 함께 太上皇에게 諫言하길 黃河의 서쪽으로 군사를 모아 다시 계책을 도모하되 실패하면 陳에 투항하도록 하였다. 太上皇이 이를 좇아 鄴에서 먼저 濟州(지금의 山東省 巨野縣)로 나아갔으나 北周의 군대가 점차 압박해오면서 幼主도 鄴에서 東으로 피신하자, 太上皇은 幼主를 데리고 青州(泰山 동쪽 지역)로 피신하였다가 青州에 닥친 北周의 장수 尉遲綱에게 사로잡혀 太后, 幼主와 함께 長安으로 押送되었다. 顔之推가 幼主를 따라 長安으로 압송되는 도중에 盧思道, 陽休之 등과 함께 〈鳴蟬篇〉을 지었다.
北周	武帝	建德 6年		
		建德 7年	578	48세. 6월에 北周의 武帝가 죽자 太子 宇文贇이 즉위하니 곧 宣帝이다.
	宣帝	宣政 元年		
		宣政 2年	579	49세. 2월에 宣帝가 禪位하고 자신을 天元皇帝라 일컫자 太子 宇文闡이 즉위하였으니 곧 靜帝이다.
	靜帝	大象 元年		
		大象 2年	580	50세. 御史上士의 직위를 除授하였다.

3. 隋 時期(581~590)

<table>
<tr><th>朝代</th><th>帝王</th><th>年號年間</th><th>年度</th><th>事　　跡</th></tr>
<tr><td rowspan="6">隋</td><td rowspan="6">文帝</td><td>開皇 元年</td><td>581</td><td>51세. 2월에 楊堅이 靜帝를 폐위시키고 登極하였으니 곧 隋 文帝이다. 顔之推의 아들 思魯가 아들 籀, 곧 顔師古를 낳았다.</td></tr>
<tr><td>開皇 2年</td><td>582</td><td>52세. 長安의 민간에서 秦나라 때의 鐵稱權을 발굴하자 顔之推가 勅令으로 이를 수차례 베껴 쓰며 읽었다. 2월에 文帝가 아들 揚勇을 太子로 삼았다. 揚勇이 顔之推를 學士로 초빙한 것은 대개 이해 이후의 일일 것이다. 顔之推 等이 陸法言 등과 音韻을 토론한 것도 대개 이해를 前後한 일일 것이며, 顔之推가 開皇 初에 勅命을 받들고 魏澹, 辛德源 등과 함께 다시 ≪魏書≫를 편찬한 것도 대개 이 무렵에 시작된 일일 것이나 정확한 시기는 알 수가 없다.</td></tr>
<tr><td>開皇 3年</td><td>583</td><td>53세. 顔之推가 勅命을 받들고 陳의 使臣 阮卓을 접대하였다.</td></tr>
<tr><td>開皇 4年</td><td>584</td><td>54세. 張賓이 新曆을 上奏하자 文帝가 詔勅을 내려 이를 頒布하면서 이후 10여 년간 曆法에 대한 논쟁이 일어났다.</td></tr>
<tr><td>開皇 9年</td><td>589</td><td>59세. 隋가 南朝의 陳을 滅하여 중국을 통일하였다.</td></tr>
<tr><td>開皇 10年</td><td>590</td><td>60세. 顔之推의 卒年은 정확히 알 수 없으나, 開皇 10년 前後로 추정되니 나이는 대략 60여 세쯤일 것이다. ≪顔氏家訓≫도 이 무렵에 집필이 完了된 것으로 보인다.</td></tr>
</table>

顔之推 家系圖

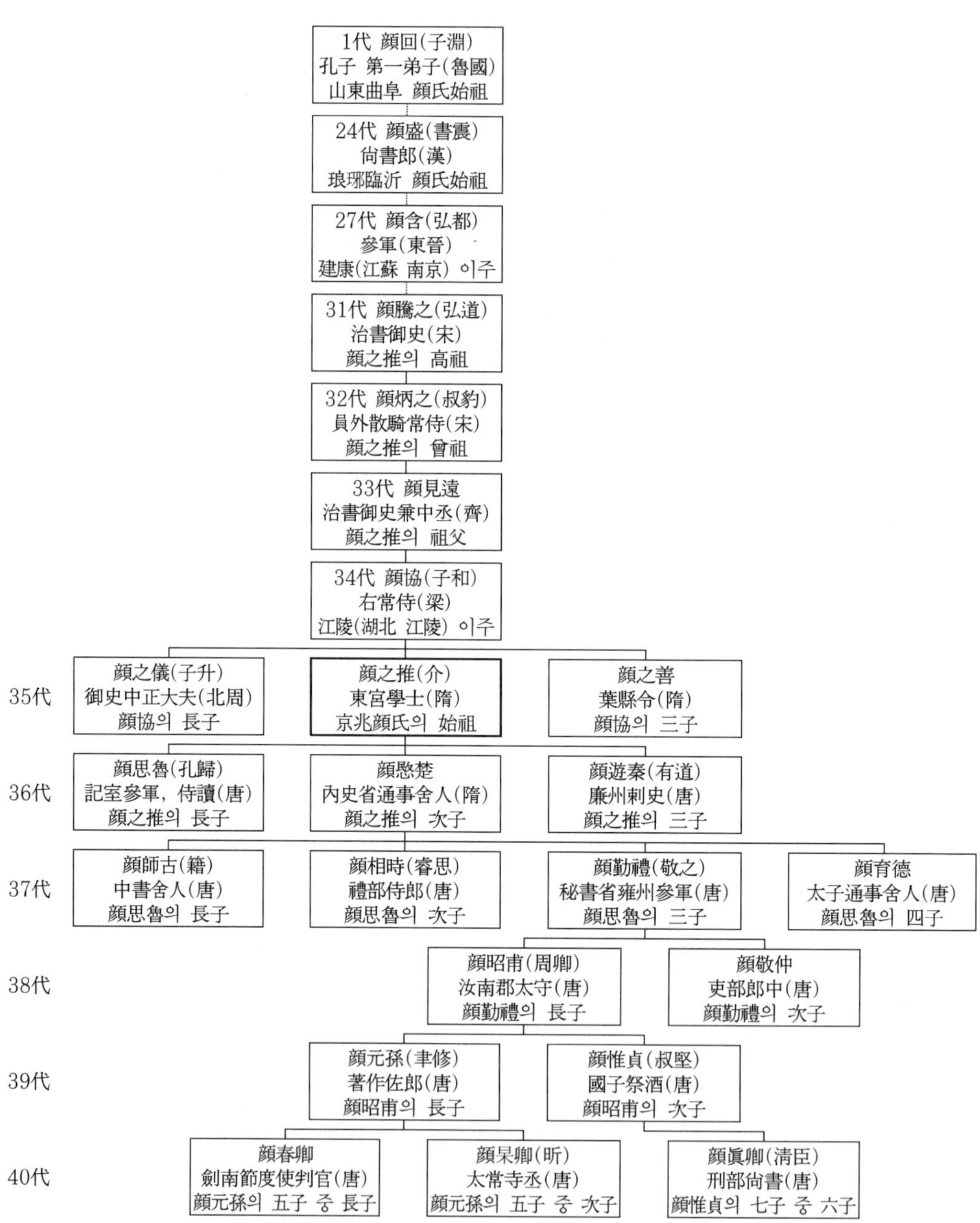

* 顔之推의 五世孫인 顔春卿, 顔杲卿, 顔眞卿은 '顔氏三卿'이라 불렸으며, 이 중 杲卿과 眞卿은 諡號가 각각 '忠節'과 '文忠'이므로 '雙忠'이라 일컬어졌다.

凡 例

1. 본서는 東洋古典譯註叢書 ≪顔氏家訓≫의 제1책이다.
2. 본서는 王利器의 ≪顔氏家訓集解≫(增補本, 北京, 中華書局, 1993. 12. 初版, 2010. 1. 第5版)를 저본으로 하되, 기존의 諸 校註本과 국내외의 諸 譯本을 두루 참고하여 과거 譯本의 장단점을 발전적으로 계승·극복하고자 노력하였다.
3. 본서는 원전의 傳統性과 번역의 現代性을 구현하기 위해 노력하였다.
4. 原文에 標點을 하고 번역하였으며, 標點의 기준은 '韓國古典飜譯院 標點指針'을 따랐다.
5. 번역은 原義에 충실하게 하되, 이해가 어려운 부분은 意譯 또는 補充譯을 하였다.
6. 譯註는 인용문의 출전과 故事, 難解語, 그리고 事件 등의 역사적인 배경, 인물, 관직에 관한 사항 및 語彙의 유래 등을 자세히 밝혔다.
7. 譯註는 역대 諸家의 註釋을 반영하였으며, 原 註釋家의 이름을 〔 〕에 밝혔다.
8. 각 篇 제목 아래에 각 篇에 대한 해설을 달아 독자들의 이해를 돕고자 하였다.
9. 독자들의 내용검색 및 이해를 돕기 위해 解題, 顔之推의 年譜 및 家系圖, 參考書目 등을 자세하게 작성하였다.
10. 본서에 사용된 주요 符號와 略號는 다음과 같다.

    " " : 對話, 각종 引用

    ' ' : 再引用, 强調

    「 」 : ' ' 안에서의 再引用

    ≪≫ : 書名, 出典

    〈 〉 : 篇章節名, 作品名, 補充譯

    ( ) : 原文 중의 괄호는 漢字의 음, 同字, 通用字
    飜譯文 중의 괄호는 간단한 註釋

    〔 〕 : 번역문이나 주석의 의미를 명확히 하기 위해 보충한 漢字나 引用文, 譯註의 原 註釋家

본서에 인용된 歷代 주요 註釋家

- 趙曦明(1704~1787) : 淸代 학자로, 江蘇省 江陰 출신, 자는 敬夫, 호는 瞰江山人이다. ≪顔氏家訓注≫ 외에 ≪桑梓見聞錄≫, ≪讀書一得≫, ≪中隱集≫ 등을 지었으며, 盧文弨의 古籍 校讎에 많은 도움을 주었다.

- 盧文弨(1717~1796) : 淸代의 저명한 학자이자 교육가로, 浙江省 餘姚 출신, 자는 紹弓이며 檠齋라 하기도 한다. 호는 磯漁라 하다가 만년에 弓父로 바꾸었다. 그의 堂號가 抱經이라서 세칭 抱經先生이라고 부른다. 翰林編修, 侍讀學士를 지내고 고향에 돌아온 후 20여 년간 많은 제자들을 키웠으며, 校勘學, 目錄學, 考證學 등에 뛰어난 성취를 보였다. 趙曦明의 ≪顔氏家訓注≫에 補注와 校勘을 더한 ≪抱經堂顔氏家訓≫을 지었고, 그 외에도 많은 중국 古籍들을 정리하였는데, 抱經堂藏書 수만 권이 바로 그 성과물이다. 또 目錄學 분야에서도 ≪常郡八邑雜文文志≫ 12권과 ≪文獻通考經籍校補≫ 1권 등의 저술을 남겼다.

- 周法高(1915~1994) : 현대 중국의 言語學者로, 江蘇省 東台 출신이다. 中央大學 文學科를 졸업하고 1941년에 北京大學에서 中國言語學으로 碩士學位를 취득한 후, 中央研究院 歷史言語研究所의 研究員, 中央大學 副教授 등을 거쳐 臺灣大學 교수 등을 역임했다. ≪顔氏家訓彙注≫ 외에 많은 저술이 있다.

- 王利器(1911~1998) : 현대 중국의 古典學者로, 四川省 江津 출신이다. 1940년 四川大學 中文科를 졸업하고, 北京大學 文科 研究生을 거쳐 四川大學, 成華大學, 北京大學, 政法學院 講師, 副教授, 教授를 지냈으며, 人民文學出版社의 文學古籍刊行社에 파견된 후, 중국고전의 정리 작업에 힘을 쏟아 ≪顔氏家訓集解≫ 외에 많은 저술을 남겼다.

參考書目

Ⅰ. ≪顔氏家訓≫ 校勘, 註釋, 飜譯 資料

1. 校勘, 註釋, 其他

1) 中國

顔之推 撰, 趙曦明 注, 盧文弨 補注, ≪顔氏家訓≫, 龍谿精舍叢書(龍谿精舍, 刊寫年未詳).

顔之推 撰, 朱軾 評點, ≪顔氏家訓≫(卷1, 2)(高安朱氏, 乾隆 元年〔1736〕).

顔之推 撰, 趙曦明 注, 盧文弨 注補, 錢大昕 注補正, ≪顔氏家訓≫, 抱經堂叢書(餘姚盧氏, 乾隆壬子〔1792〕).

顔之推 撰, 沈揆 攷證, ≪顔氏家訓≫(附攷證1卷), 知不足齋叢書(乾隆道光間).

顔之推 著, 余寅止 校, ≪顔氏家訓≫(上, 下), 漢魏叢書(三餘堂, 光緖 6年〔1880〕).

趙曦明 撰, ≪顔氏家訓注≫(民國 17〔1928〕年刻本 / 合肥市 : 黃山書社, 2008).

顔之推 撰, 冷宗元 校, ≪顔氏家訓≫(卷1, 2), 上海涵芬樓影印明正德刊本(上海 : 涵芬樓〔商務印書館〕, 民國 18〔1929〕).

劉盼遂 校箋, ≪顔氏家訓校箋補證≫(國立北平大學女子師範學院, 1931).

顔之推 撰, 趙曦明 注, 盧文弨 補注. ≪顔氏家訓≫, 叢書集成初編(上海 : 商務印書館, 1937. 6 / 北京 : 中華書局, 1985).

郝懿行 撰, ≪顔氏家訓斠記≫(崑山趙氏・吳縣王氏, 民國 28〔1939〕).

王叔岷, ≪顔氏家訓斠補≫(板橋 : 藝文印書館, 1975).

顔之推 著, 王利器 集解. ≪顔氏家訓集解≫(上海古籍出版社, 1980 / 成都巴蜀書社, 1991).

顔之推, ≪顔氏家訓≫, 諸子集成本(上海 : 上海書店, 1986).

加藤常賢 編, ≪顔氏家訓≫, 中國敎育寶典, v.2(上海 : 上海敎育出版社, 1988).

顔之推 著, 程榮 校刊, ≪顔氏家訓≫(上, 下), 漢魏叢書(長春 : 吉林大學出版社, 1992. 12).

郝懿行 撰, ≪顔氏家訓斠記≫(上海書店, 1994).
龍漢宸 主編, ≪顔氏家訓≫, 中國傳統文化讀本(北京燕山出版社, 1995).
顔之推 撰, ≪顔氏家訓≫, 四庫全書薈要, 乾隆禦覽本(長春：吉林人民出版社, 1997.5).
錢大昕 著, ≪顔氏家訓注補正≫, 嘉定錢大昕全集(南京：江蘇古籍出版社, 1997. 12).
顔之推 著, 藝文堂 點校, ≪顔氏家訓≫, 中華藏書, 第51輯(北京：中國文史出版社, 1999).
顔之推 撰, 劉彦捷等 注評, ≪顔氏家訓注評≫, 學苑經典文庫(學苑出版社, 2000. 5).
顔之推 著, 劉彦捷・劉石 注評, ≪顔氏家訓注評≫(北京：學苑出版社, 2000).
顔之推 撰, ≪顔氏家訓≫, 中國古典文化精華(時代文藝出版社, 2001).
蔡磊 主編, ≪顔氏家訓≫, 傳世私家藏書, 第三冊(內蒙古人民出版社, 2002. 1).
韓芙芸 責編, ≪顔氏家訓≫(精選版)(華語教學出版社, 2005. 9).
陳玉健 主編, ≪顔氏家訓≫(注音版)(中國戱劇出版社, 2007. 2).
盧建榮 編輯, ≪顔氏家訓：一位父親的叮嚀≫, 經典常譚系列叢書(東方出版社, 2007. 5).
顔之推, ≪顔氏家訓≫(挿圖本), 家藏四庫系列(萬卷出版公司, 2008. 12).

2) 臺灣, 香港

周法高 撰輯, ≪顔氏家訓彙注≫, 國立中央硏究院歷史語言硏究所專刊之四十一(臺聯國風出版社印行, 民國 49〔1960〕. 10 / 民國 64〔1975〕. 4).
顔之推 撰, 趙曦明 注, 盧文弨 補注, ≪顔氏家訓≫(上, 下), 國學基本叢書(臺北：臺灣商務印書館, 民國 57〔1968〕).
顔之推 撰, ≪顔氏家訓≫(抱經堂叢書本), 百部叢書集成(臺北：藝文印書館, 1968).
顔之推 撰, 沈揆 考證, ≪顔氏家訓≫(附考證1卷), 新編諸子集成(臺北：世界書局, 1972. 10).
顔之推 撰, 趙曦明 注, 盧文弨 校, ≪顔氏家訓≫(臺北：中國子學名著集成編印基金會, 1978. 12)
顔之推, ≪顔氏家訓≫, 諸子集成本(香港：中華書局香港分局, 1978).
顔之推 撰, 趙曦明 注, ≪顔氏家訓≫(臺北：臺灣中華書局, 1979. 11).
顔之推, ≪顔氏家訓≫, 四部叢刊正編, 22(臺北：臺灣商務印書館, 民國 68〔1979〕).
顔之推 撰, 趙曦明 注, 盧文弨 校補. ≪顔氏家訓注≫(臺北：漢京文化, 民國 70〔1981〕).
顔之推, ≪顔氏家訓≫, 景印文淵閣四庫全書(臺北：臺灣商務印書館, 1983～1986).
顔之推 撰, 蔡宗陽 校注, ≪新編顔氏家訓≫, 中華叢書新編諸子叢書(臺北：國立編譯館,

2002. 1).

3) 日本

田中ちた子・田中初夫 編, ≪顔氏家訓≫, 家政學文獻集成(東京：渡辺書店, 1970. 10).

2. 飜譯

1) 中國

黃永年 譯注, 許嘉璐 審閱, ≪顔氏家訓選譯≫(成都巴蜀書社, 1991 / 貴州人民出版社, 1993).

顔之推, ≪顔氏家訓≫, 評析本白話諸子集成本(北京廣播學院出版社, 1992. 12).

劉多 編著, ≪顔氏家訓≫, 白話中國古典精萃文庫(沈陽：春風文藝出版社, 1992).

顔之推 著, 王利器 集解, ≪顔氏家訓集解≫, 新編諸子集成增補本(中華書局, 1993).

程小銘 譯注, ≪顔氏家訓全譯≫(貴州人民出版社, 1993 / 北京：燕山出版社, 1995).

喻學詩・舒懷 譯注, ≪顔氏家訓譯注≫(華中理工大學出版社, 1994. 4).

顔之推 著, 秦峰 譯注, ≪顔氏家訓≫(江西高校出版社, 1997 / 山西古籍出版社, 1999).

顔之推 著, 易孟醇・夏光弘 注譯, ≪顔氏家訓≫(岳麓書社, 1999. 7).

顔之推 著, 梁朝海 譯注, ≪顔氏家訓≫, 中華傳世名著精華叢書(山西古籍出版社, 1999).

顔之推 著, 余金華 注釋, ≪顔氏家訓≫(北京：華夏出版社, 2002. 1).

林芥解 注, ≪顔氏家訓解讀≫, 中華古典珍品書坊(合肥：黃山書社, 2002).

顔之推 著, 梁明・余正平 譯注, ≪顔氏家訓≫(廣州出版社, 2004).

顔之推 著, 張靄堂 譯注, ≪顔之推全集譯注≫(齊魯書社, 2004 / 2009).

莊輝明・章義和 撰, ≪顔氏家訓譯注≫, 諸子譯注叢書(上海古籍, 2006. 6).

顔之推 著, 檀作文 譯注, ≪顔氏家訓≫, 中華經典藏書(北京：中華書局, 2007. 12).

顔之推 撰, 管曙光 注譯, ≪顔氏家訓≫, 國學經典(鄭州：中州古籍出版社, 2008. 3).

程小銘 譯註, ≪顔氏家訓全譯≫(修訂版)(貴州人民出版社, 2008).

張泰 著, ≪顔氏家訓解讀≫, 國學解讀叢書(貴州人民出版社, 2009. 7).

2) 臺灣

顔之推 原著, 高安澤 新譯, ≪顔氏家訓新譯≫(臺北：育賢出版社, 民國 81〔1992〕).

李振興・黃沛榮 譯, ≪新譯顔氏家訓≫, 古籍今注新譯叢書(臺北 : 三民書局, 1997).

3) 日本, 歐美

顔之推 著, 宇都宮淸吉 譯注, ≪顔氏家訓≫, 中國古典文學大系, 第9卷(東京 : 平凡社, 1969. 4).
宇野精一・鈴木由次郎 譯編, ≪顔氏家訓≫, 中國古典新書 94(東京 : 明德出版社, 1982. 10).
顔之推 著, 宇都宮淸吉 譯注, ≪顔氏家訓≫(1, 2), 東洋文庫 511 / 514(東京 : 平凡社, 1989. 12 / 1990. 2).
顔之推 著, 久米旺生 編譯, ≪顔氏家訓≫(德間書店, 1990. 5).
Yen, Chih-t'ui. Family Instructions for the Yen Clan : Yen Shih Chia-Hsün(顔氏家訓), Toung pao Monographie(Leiden : E.J. Brill, 1968), No. 4, An Annotated Translation with Introduction by Teng Ssu-yü.

4) 國內

안지추 지음, 유동환 옮김, ≪안씨가훈≫(서울 : 홍익출판사, 1999).
안지추 저, 임동석 역주, ≪안씨가훈≫(서울 : 고즈윈, 2004. 10).
안지추 지음, 김종완 옮김, ≪안씨가훈≫(서울 : 푸른역사, 2007).
안지추 지음, 박정숙 옮김, ≪안씨가훈≫(서울 : 지식을 만드는 지식, 2011).
* 동일한 역자에 의한 재간행 역본은 수록하지 않음.

Ⅱ. ≪顔氏家訓≫ 研究資料

1. 中國

韋茂榮 編著, ≪顔氏家訓與現代家庭敎育≫(四川人民出版社, 1996).
秦峰 主編, ≪爲人處世與顔氏家訓≫(新疆靑少年出版社, 1998).
周日健・王小莘 主編, ≪顔氏家訓詞彙語法研究≫(廣州 : 廣東人民出版社, 1998).
秦永洲, ≪顔之推與顔氏家訓≫(山東文藝出版社, 2004).
劉光明 著, ≪顔氏家訓語法研究≫(合肥 : 合肥工業大學出版社, 2006. 3).

川勝義雄, 徐穀梵・李濟滄 譯, ≪六朝貴族制社會研究≫(上海古籍出版社, 2008. 1).

顔豔燕, ≪教子有方－顔氏家訓現代解讀≫(南京：江蘇教育出版社, 2008).

顔之推・袁采原 著, 楊簫 主編, 編委餘波・陳孟勤・陳之喆, 繪圖段明・段婷婷・張玉英, ≪顔氏家訓・袁氏世範通鑒≫(北京：華夏出版社, 2009).

王海燕 著, ≪顔氏家訓家教心得≫(吉林文史出版社, 2009).

繆鉞 編撰, 〈顔之推年譜〉 ≪眞理雜志≫(1944), 第一卷 第四期.

繆鉞 編撰, 〈顔之推年譜〉 ≪讀史存稿≫(三聯書店, 1963).

伍文, 〈評顔氏家訓的教育思想〉 ≪華中師範大學學報(人文社會科學版)≫(1981), 2期.

譚家健, 〈試談顔之推和顔氏家訓〉 ≪徐州師範學院學報(哲學社會科學版)≫(1982), 第3期.

庾國瓊, 〈顔之推的教育思想〉 ≪四川師範大學學報(社會科學版)≫(1984), 3期.

鄧端本, 〈兩晉南北朝時期廣州外貿考略〉 ≪開放時代≫(1985), 2期.

陸靜・蒙一丁, 〈從顔氏家訓看顔之推對門閥士族頽風的批判〉 ≪北華大學學報(社會科學版)≫(1987), 2期.

陶啓君, 〈顔氏家訓文章篇文學思想述評〉 ≪四川師範大學學報(社會科學版)≫(1987), 5期.

李炳海, 〈顔之推的美育觀〉 ≪吉林藝術學院學報≫(1989), 1期.

段文閣, 〈顔氏家訓中的家庭道德教育思想初探〉 ≪齊魯學刊≫(1989), 3期.

李大生, 〈顔氏家訓勉學篇讀後〉 ≪史學集刊≫(1989), 4期.

周盛衍, 〈顔氏家訓中的家庭習俗〉 ≪民俗研究≫(1991), 2期.

張艷國, 〈簡論中國傳統家訓的文化意義〉 ≪中州學刊≫(1991), 9期.

諸偉奇, 〈顔氏家訓淺論〉 ≪安徽大學學報≫(1992), 3期.

陳毓峰, 〈試論顔之推與顔氏家訓〉 ≪福建師大福清分校學報≫(1992), 3期.

程小銘, 〈顔之推與顔氏家訓〉 ≪貴州師範大學學報(社會科學版)≫(1993), 1期.

王欽法, 〈顔氏家訓與中國傳統家教〉 ≪民俗研究≫(1993), 1期.

王小莘, 〈顔氏家訓中反映魏晉南北朝時代特點的語詞的硏究〉 ≪華南師範大學學報(社科版)≫(廣州：1993), 4期, pp.46～55.

魏達純, 〈顔氏家訓中的"斷代"性詞義現象研究〉 ≪華南師範大學學報(社科版)≫(廣州：1993), 4期, pp.56～65.

張民權, 〈試論切韻一書的性質－談切韻序和顔氏家訓音辭〉 ≪南昌大學學報(社科版)≫(1993), 4期, pp.94～100.

房聚棉,〈劉勰・顔之推文藝觀之比較〉≪沈陽師範學院學報(社會科學版)≫(1994), 1期.
楊仁立,〈苟全性命於亂世的立身之道－簡評顔氏家訓〉≪黔南民族師專學報≫(1994), 1期.
黃永年,〈論北齊的文化〉≪陝西師範大學學報(哲學社會科學版)≫(1994), 4期.
張靄堂,〈顔之推及其顔氏家訓－顔氏家訓譯注前言〉≪臨沂師專學報≫(1995), 2期.
張連擧,〈顔之推和他的顔氏家訓－顔氏家訓注澤前言〉≪寶雞文理學院學報(社會科學版)≫(1995), 4期.
張永祥,〈顔之推家庭教育思想述評〉≪許昌師專學報(社會科學版)≫(1996), 第15卷 第1期.
王枝忠,〈顔之推與冤魂志〉≪古典文學知識≫(1997), 3期.
劉國石,〈八十年代以來顔氏家訓研究槪述〉≪中國史研究動態≫(1997), 4期.
魏達純,〈顔氏家訓中反義語素並列雙音詞研究〉≪東北師大學報(哲學社會科學版)≫(1998), 1期.
王忻,〈從顔氏家訓管窺魏晉時期漢語詞彙複音化的發展〉≪古漢語研究≫(1998), 3期.
李宗長,〈由顔氏家訓看顔之推的心態〉≪歷史文化研究≫(1999. 1), 第20卷 1期.
陳東霞,〈從顔氏家訓看顔之推的思想矛盾〉≪松遼學刊(人文社會科學版)≫(1999), 3期.
曹麥玲,〈略析顔之推的家庭教育思想及其對當今家庭教育的啓示〉≪陝西師範大學學報(哲學社會科學版)≫(2001), 1期.
邵百鳴,〈論顔氏家訓音辭篇的價値〉≪職大學報≫(2001), 3期.
曾永勝,〈顔氏家訓思想研究〉(湖南師範大學碩士學位論文, 2001).
李文玉,〈顔氏家族：儒家精神與文藝思想傳承的個案研究〉(四川師範大學碩士學位論文, 2001).
楊民,〈從人物志與顔氏家訓看魏晉南北朝的人才觀〉≪雲南民族學院學報(哲學社會科學版)≫(2002), 1期.
錢國旗,〈顔氏家訓及其文學史意義〉≪青島大學師範學院學報≫(2002), 2期.
彭安玉,〈顔之推教育思想探析(提要)〉≪江蘇省六朝史研究會年會暨江南曆史文化研討會論文集≫(2002).
謝惠蓉,〈顔之推不附時流的養生觀〉≪山東體育學院學報≫(2003), 2期.
王力波,〈顔之推文章觀形成之思想淵源別探〉≪中國海洋大學學報(社會科學版)≫(2003), 3期.
朱明勳,〈顔氏家訓成書年代論析〉≪社會科學研究≫(2003), 4期.
王世利,〈顔之推語言學研究〉(山東師範大學碩士學位論文, 2003).
鄒方程,〈從顔氏家訓看六朝書法〉(首都師範大學碩士學位論文, 2003).
餘穎,〈顔氏家訓書證篇研究〉(上海師範大學碩士學位論文, 2003).

王洪亮,〈淺析顏之推的家教思想〉≪商丘師範學院學報≫(2004), 3期.
余康發・淩俐,〈從顏氏家訓看中古文人生活〉≪景德鎮高專學報≫(2004), 3期.
錢國旗,〈在禮與情之間－顏氏家訓對禮俗風尙的論述和辨證〉≪孔子硏究≫(2004), 5期.
鄧曉淩,〈文學翻譯中的注釋問題〉(四川大學碩士學位論文, 2004).
李鵬輝,〈顏氏家訓的人文關懷及現代啓示〉≪山西師大學報≫(2005. 1), 第32卷 1期.
章義和,〈魏晉南北朝時期蝗災述論〉≪許昌學院學報≫(2005), 1期.
劉光明,〈顏氏家訓偏正式複音詞構詞法初探〉≪巢湖學院學報≫(2005), 3期.
錢國旗,〈顏氏家訓的社會批判思想－論顏之推對不良士風及學風的揭露和批判〉≪江海學刊≫(2005), 3期.
秦元,〈論顏氏家訓對南朝士族衰敗的反思〉≪山東教育學院學報≫(2005), 5期.
王玲莉,〈顏氏家訓的人生智慧及其現代價値〉≪廣西社會科學≫(2005), 10期.
曾昭聰,〈顏氏家訓中的詞源探求〉≪廣西社會科學≫(2005), 11期.
邱慧蕾,〈顏氏家訓中的人物論〉(上海師範大學碩士學位論文, 2005).
盧萬成,〈顏氏家訓家庭思想教育硏究及對當代的啓示〉(首都師範大學碩士學位論文, 2005).
劉光明,〈顏氏家訓語氣詞的基本面貌與過渡性質〉≪池州師專學報≫(2006), 1期.
朱明勳,〈從顏氏家訓看南北朝時期的某些社會風俗〉≪西華師範大學學報≫(2006), 3期.
李小平,〈從顏氏家訓看駢文對漢語詞彙雙音化的影響〉≪重慶社會科學≫(2006), 3期.
顧向明・王大建,〈顏氏家訓中南北朝士族風俗文化現象探析〉≪鄭州大學學報(哲學社會科學版)≫(2006), 4期.
吳麗,〈淺析顏氏家訓的敎育思想〉≪社科縱橫≫(2006), 11期.
程時用,〈顏氏家訓硏究〉(暨南大學碩士學位論文, 2006).
楊海帆,〈顏氏家訓文學思想硏究〉(河北大學碩士學位論文, 2006).
孫琦,〈顏氏家訓連詞硏究〉(遼寧師範大學碩士學位論文, 2006).
韓敬梓,〈顏氏家訓的家庭敎育思想硏究〉(蘭州大學碩士學位論文, 2006).
侯迎華,〈論顏氏家訓及北朝的公文理論〉≪河南社會科學≫(2007), 6期.
羅素珍,〈語氣詞"邪(耶)"在南北朝的發展〉≪文教資料≫(2007), 7期.
程時用,〈顏氏家訓看南北朝社會風俗〉≪山東文學≫(2007), 7期.
于茹,〈顏氏家訓語文學習思想硏究〉(吉林大學碩士學位論文, 2007).
錢海峰,〈顏氏家訓名詞硏究〉(揚州大學碩士學位論文, 2007).
李曉玲,〈顏氏家訓複音詞硏究〉(遼寧師範大學碩士學位論文, 2007).

許靜,〈顔氏家訓硏究〉(聊城大學碩士學位論文, 2007).
許曉靜,〈由顔氏家訓看南北朝社會〉(山西大學碩士學位論文, 2007).
王春輝,〈顔之推兒童家庭敎育思想硏究〉(山東大學碩士學位論文, 2007).
許曉靜,〈由顔氏家訓看南北朝社會的世族風氣〉≪滄桑≫(2008), 2期.
劉郝霞,〈顔氏家訓對唐代士族發展的影響〉≪時代文學≫(2008), 3期.
滕雲玲,〈南北朝時期琅琊顔氏的家學傳承〉≪邊疆經濟與文化≫(2008), 3期.
周雲釗・周雲劍,〈從顔氏家訓看顔之推的文化人格〉≪遼寧行政學院學報≫(瀋陽：2008), 3期.
楊民,〈人物志與顔氏家訓才性觀之比較〉≪西南交通大學學報(社會科學版)≫(2008), 5期.
郭明月,〈從顔氏家訓看當今中國家庭敎育的弊病〉≪安徽文學≫(2008), 11期.
胡栩鴻,〈從顔氏家訓看南北朝時期士大夫的價値取向〉≪湖北第二師範學院學報≫(2008), 11期.
徐沖,〈川勝義雄六朝貴族制社會硏究評介〉≪中華文史論叢≫(2009), 第1期, pp. 347～364.
邢黎鵬,〈由顔氏家訓談顔之推的和諧觀〉≪河池學院學報≫(2009), 第29卷 第3期, pp. 112～115.
王亞晶,〈從顔氏家訓看顔之推的忠孝觀〉≪泰安敎育學院學報岱宗學刊≫(2009), 第3期.
田雪,〈亂世沉浮中的掙紮－從顔氏家訓看顔之推文化心理之矛盾性〉(河北師範大學學位論文, 2009. 8).
秦學智, 〈顔之推論學習〉 ≪敎育的傳統與變革－紀念敎育史硏究創刊二十周年論文集≫(2009).
錢杭,〈宏觀把握大局, 忠實還原細節－評守屋美都雄著中國古代的家族與國家〉≪中華文史論叢≫(2010), 第2期.
洪衛中,〈“心共口敵性與情競”－顔之推矛盾心理的倫理探析, 兼論梁末入北士人心理〉≪濟南大學學報(社會科學版)≫(2010), 6期.
卓志峰,〈顔之推思想硏究〉(山西師範大學碩士學位論文, 2010).
守屋美都雄 著, 錢杭・楊曉芬 譯,〈論顔氏家訓〉≪中國古代的家族與國家≫, 日本中國史硏究譯叢(上海古籍出版社, 2010), 家族篇 第六章, pp.375～400.
高菊梅,〈儒家士子的心靈磨礪與儒雅家族的百年隆祚－論顔之推的思想價値觀〉≪洛陽師範學院學報≫(2011), 1期.

任瑋, 〈南北朝時期河南省的姓氏分布與世家大族〉 ≪殷都學刊≫(2011), 2期.

2. 臺灣, 香港

劉殿爵・陳方正・何志華 主編, ≪顔氏家訓逐字索引≫, 魏晉南北朝古籍逐字索引叢刊(香港：中文大學出版社, 2000).

尤雅姿, ≪顔之推及其家訓之研究≫(臺北：文史哲出版社, 民國 94〔2005〕).

顔廷璽, 〈顔氏家訓研究〉(學位論文)(臺北：天一出版社, 民國 64〔1975〕).

李政勳 撰, 〈從顔氏家訓論顔之推對禮樂教化的終極關懷〉(雲林：國立雲林科技大學漢學資料整理研究所碩士班學位論文, 民國 96〔2007〕).

Sin Kwok Wah(冼國華). Genteel families of the Southern Dynasties : with special reference to the Yanshi jiaxun(從≪顔氏家訓≫看南朝士族的變遷)(M.A. Thesis, University of Hong Kong, 2005).

3. 日本

守屋美都雄, ≪中國古代の家族と國家≫(京都大學東洋史研究會, 昭和 43〔1968〕), 東洋史研究史叢刊之19.

川勝義雄, ≪六朝貴族制社會の研究≫(岩波書店, 1982 / 2000).

鶴見憲明, ≪父母から子におくる家訓づくり－中國古代の顔氏家訓のエキス子育て・勉學・訓育論や現代風の家訓素材を提供する本我が家の家訓をつくってみませんか≫(ほおずき書籍, 2002).

〈宇都宮清吉 譯 顔氏家訓〉(書評), ≪中國文學論集≫(九州大學中國文學會, 1970), 創刊號, pp.60～69.

4. 國內

李庚杓, 〈顔氏家訓을 通해 본 六朝 貴族層의 한 倫理觀〉(연세대 대학원 석사학위논문, 1974. 9).

朴漢濟, 〈南北朝末隨初의 過度期的 士大夫像－顔之推의 顔氏家訓을 中心으로〉(서울大學校 大學院 석사학위논문, 1978. 2).

朴漢濟, 〈南北朝末隨初의 過度期的 士大夫像－顔之推의 顔氏家訓을 中心으로〉 ≪東亞文

化≫(서울大學校 人文大學 東亞文化硏究所, 1979. 6), 16집, pp.87~162.

姜信雄, 〈顔之推의 사상－顔氏家訓을 中心으로〉 ≪論文集≫(慶尙大學校 慶南文化硏究所, 1981. 7), 제4집, pp.23~35.

盧曝熙, 〈顔之推文學論 硏究〉(서울大學校 大學院 중어중문학과 석사학위논문, 1983).

姜信雄, 〈中國家訓考－顔氏家訓을 中心으로〉 ≪中國人文科學≫(중국인문과학연구회, 1984. 12), 3집, pp.231~248.

姜信雄, 〈論語的 人間과 顔氏家訓〉 ≪慶南文化硏究所報≫(慶尙大學校 慶南文化硏究所, 1985. 12), 8집, pp.101~117.

盧曝熙, 〈顔之推文學論 硏究〉 ≪中語中文學硏究(古典文學篇)≫(서울대학교 중어중문학회편)(서울：學古房, 1990), 11집.

沈小喜, 〈顔之推의 言語觀 硏究－顔氏家訓 音辭篇을 중심으로〉 ≪中國語文學論集≫(中國語文學硏究會, 1995. 6), 제7호, pp.443~455.

沈貞烈, 〈顔氏家訓 연구〉(청원：韓國敎員大 大學院 석사학위논문, 1997. 2).

李景遠, 〈唐代字樣著作에 나타난 正字觀 및 그 理論根據－顔之推 顔氏家訓 書證篇의 文字觀〉, 中國語文論叢(中國語文硏究會, 1997. 6), 제12집, pp.1~14.

신부영, 〈顔之推의 敎育思想〉(울산대학교 교육대학원 석사학위논문, 2004. 8).

閔厚基, 〈漢書注 성립에 미친 家學의 성격과 영향－顔之推의 顔氏家訓 분석을 중심으로〉東方學志(서울：연세대학교출판부, 2006. 3), 제133집, pp.243~270.

沈貞烈, 〈顔氏家訓의 構成과 敎育論〉漢字漢文敎育(서울：韓國漢字漢文敎育學會, 2006. 5), 제16집, pp.379~412.

임동석, 〈顔之推의 佛敎觀－顔氏家訓을 중심으로〉 ≪人文科學論叢≫(서울：建國大學校 人文科學硏究所, 2006), 제44집, pp.97~111.

노인숙, 〈顔氏家訓의 유학적 특징〉 ≪東洋哲學硏究≫(동양철학연구회, 2009), v.60, pp. 215~244.

심정열, 〈朝鮮時代 家訓 硏究－尾巖・草廬・戒懼菴・顧菴을 중심으로〉(公州大學校 大學院 박사학위논문, 2011. 2).

目 次

제1편 序致 서문

이 책의 서문에 해당되는 부분으로 家訓書를 짓게 된 동기와 자신의 성장과정에 대해 언급하였다. 顔之推는 친근하고 자애로운 견지에서 자손들에게 교훈이 될 책을 지었음을 밝히고 있다. 아울러 어릴 때 받았던 교육과 성장하면서 겪었던 시행착오를 고백함으로써, 이 책의 내용이 자신의 일생에서 우러나온 것이고 그것이 자손들에게 鑑戒가 되길 희망하였다.

1. 이 책의 執筆 目的

夫聖賢之書, 敎人誠孝[1], 愼言檢迹[2], 立身揚名[3], 亦已備矣。魏、晉已[4]來, 所著諸子, 理重事複, 遞相模斅(效)[5], 猶屋下架屋[6], 牀上施牀耳。吾今所以復爲此者, 非敢軌物範世[7]也, 業[8]以整齊門內, 提撕(시)[9]子孫。夫同言而信, 信其所親；同命而行, 行其所服。禁童子之暴謔, 則師友之誡, 不如傅婢[10]之指揮；止凡人之鬭鬩[11], 則堯、舜之道, 不如寡妻之誨諭。吾望此書爲汝曹之所信, 猶賢於傅婢寡妻耳。

1) 誠孝 : '忠孝'의 뜻이다. 隋나라 사람들이 文帝의 아버지 楊忠의 이름자 '忠'을 避諱하여 '誠'이라 한 것이다.〔王利器〕

王利器의 集解本이 나오기 이전, 周法高의 彙注本에 의거한 宇都宮淸吉의 日譯本(平凡社, 1969~1985)에서는 이러한 校勘이 반영되어 있지 않다.〔역자〕

2) 檢迹 : '行檢'과 같은 말이다. 단속하고 조신하여 방종하지 않음을 말한 것이다.〔盧文弨〕

≪樂府詩集≫ 67권 張華의 〈遊獵篇〉에도 "伯陽이 날 위해 훈계했으니, 몸가짐 단속하여〔檢迹〕 맑은 모범 남기리라."고 하였으니, 檢迹이란 六朝시대에 널리 사용되던 어휘이다.〔王利器〕

3) 立身揚名 : ≪孝經≫ 〈開宗明義章〉에 "몸을 바르게 세우고〔立身〕 도리를 실천하며, 후

세에 이름을 떨쳐〔揚名〕 부모를 드러나게 함이 효의 마침이다."라고 하였다.〔王利器〕

4) 已 : ≪四部叢刊≫에 수록된 '遼陽傅氏刊本'에는 '以'로도 쓰여 있으나 옛날에는 구분없이 쓰였으므로, 이후에는 언급하지 않는다.〔王利器〕

5) 模斅(效) : 모방하다. 본뜨다.〔역자〕

6) 屋下架屋 : 劉義慶(南朝 宋)이 ≪世說新語≫ 〈文學〉篇에서 "庾仲初가 〈揚都賦〉를 짓자, 謝太傅는 '이 작품은 지붕 아래 지붕을 엮어놓았을〔屋下架屋〕 뿐이구나.'라고 하였다."고 하자, 劉孝標(南朝 梁)는 이에 대하여 "王隱(晉)은 揚雄의 ≪太玄經≫을 논하며 '≪太玄經≫이 비록 절묘하나 이로울 것이 없으니, 이 때문에 옛사람들이 「지붕 아래 지붕을 엮어놓았다.〔屋下架屋〕」고 한 것이다.'라고 하였다."고 주석하였으므로, 이 말은 六朝시대의 관용어였음을 알 수 있다.〔盧文弨〕

7) 軌物範世 : 수레에는 '바퀴의 궤적〔軌轍〕'이 있고, 기물에는 '본이 되는 틀〔模範〕'이 있으므로, 세상 사람들에게 거동의 본보기가 될 수 있음을 비유한 것이다.〔盧文弨〕

8) 業 : ≪資治通鑑≫ 〈梁武紀 三〉에는 "國子博士 封軌는 평소 단정히 하기를 일삼았다.〔業〕"고 하였다. 胡三省은 이에 "業이란 일삼다〔事〕의 뜻이다. 단정히 하기를 일삼았다는 말이다."라고 하였다.〔王利器〕

9) 提撕(시) : ≪詩經≫ 〈大雅 抑〉의 "마주하고 가르칠 뿐 아니라, 귀를 잡아끌며〔提〕 타이른다."는 시구에 대한 鄭玄의 箋에서 "내가 마주 대하여 말할 뿐만 아니라, 친히 그의 귀를 잡아끈다〔提撕〕는 것이다."라고 하였다.〔盧文弨〕

10) 傅婢 : ≪漢書≫ 〈王吉傳〉에 대해 顔師古는 "傅婢〈라 불리는 侍婢〉은 의복과 침소의 일들을 모신다."고 주석하였다.〔盧文弨〕

'傅婢'란 곧 '侍婢'이다. ≪後漢書≫ 〈呂布傳〉에 "몰래 시비〔傅婢〕와 정을 통하였다."고 하였고, ≪三國志≫ 〈魏書 呂布傳〉에서는 "董卓의 侍婢와 몰래 정을 통하였다."고 한 것이 그 증거이다.〔王利器〕

11) 鬩鬩 : 형제간의 다툼을 뜻한다.〔역자〕

대저 聖賢이 남기신 글은 사람들에게 忠誠과 孝道를 가르치신 것이니, 말을 삼가고 몸가짐을 단속하여 한 몸을 내세우고 그 이름을 떨치라 하신 가르침 또한 이미 갖추고 있다. 허나 魏·晉 이래 쓰인 여러 학자들의 저술은 도리가 중복되고 내용도 되풀이되는 것이 서로 베껴 모방해 마치 지붕 아래에 또 지붕을 내고, 침상 위에 다시 침상을 편 것 같다.

내가 이제 다시금 이런 책을 짓는 까닭은 감히 사물에 法度를 세우고 세상에 模範을 보이기 위해서가 아니라, 오로지 집안을 바로잡고 자손을 이끌고 타이르는 일을 하기 위해서이다. 무릇 똑같이 말을 하더라도 친한 사람의 말은 미덥고, 똑같이 명령을 하더라도 따르던 사람의 명령은 행하기 마련이다.

아이의 심한 장난을 그치도록 하는 데에는 스승의 훈계보다 평소 돌보던 여종의 이끎이 낫고, 평범한 사람들의 형제간 다툼을 그치게 하는 데에는 堯舜의 도리보다 아내의 달램이 낫다. 이 책이 너희들에게 여종이나 아내보다 지혜로운 것으로 미덥게 여겨지기를 바란다.

2. 내가 자라난 과정

吾家風教[1)], 素爲整密。昔在齠齓(초츤)[2)], 便蒙誨誘, 每從兩兄[3)], 曉夕溫凊[4)], 規行矩步, 安辭定色, 鏘(장)鏘翼翼[5)], 若朝嚴君[6)]焉。賜以優言, 問所好尙, 勵短引長, 莫不懇篤。年始九歲, 便丁[7)]荼蓼(도료)[8)], 家塗[9)]離散, 百口[10)]索然。慈兄鞠養, 苦辛備至, 有仁無威[11)], 導示不切。雖讀≪禮≫、≪傳≫[12)], 微[13)]愛屬(촉)文[14)], 頗爲凡人之所陶染, 肆欲輕言, 不脩邊幅[15)]。 年十八九, 少[16)]知砥礪[17)], 習若自然[18)], 卒難洗盪。二十已後, 大過稀焉, 每常心共口敵[19)], 性與情競, 夜覺曉非, 今悔昨失, 自憐無教, 以至於斯。追思平昔之指, 銘肌鏤骨, 非徒古書之誡, 經目過耳也。故留此二十篇, 以爲汝曹後車耳[20)]。

1) 風教 : 〈毛詩序〉에 "風은 風이요, 教이다. 風이란 그것으로 감동시키는 것이며, 教란 그것으로 教化하는 것이다."라고 하였다.〔王利器〕
  덕행으로 사람을 가르치고 인도하는 일이다.〔역자〕
2) 齠齓(초츤) : ≪說文解字≫에 "齓이란 '이를 가는 것'이다. 남아는 8개월이면 이가 나서 8세에 이를 갈며〔齓〕, 여아는 7개월이면 이가 나서 7세에 이를 간다.〔齓〕"고 하였다.〔盧文弨〕
  '齠'도 이를 가는 것이므로 '齠齓'이란 乳齒가 빠지고 영구치가 나옴을 말한 것이다.〔역자〕
3) 兩兄 : ≪南史≫ 〈顔協傳〉에 "자식은 之儀와 之推이다."라고 하였다. 여기서 兩兄이라 한 것은 아마 여러 종형제가 함께 있었기 때문인 듯하다.〔趙曦明〕
4) 溫凊 : 겨울엔 이불이 따뜻한지 여름엔 자리가 서늘한지 여쭙고 살피다. "겨울엔 이불이 따뜻한지 여름엔 자리가 서늘한지 여쭙고 살피며, 저녁에는 잠자리를 펴드리고

아침이면 안부를 여쭙는다.〔溫凊定省〕"에서 온 말이다.〔역자〕

5) 鏘(장)鏘翼翼 : ≪廣雅≫ 〈釋訓〉에 "鏘鏘이란 '趨蹌함'이며, 翼翼이란 '공경함'이요 '온화함'이다."라고 하였다. 생각건대 '鏘鏘'이란 '蹌(창)蹌'과 같은 뜻이다. ≪禮記≫ 〈曲禮 下〉에 "선비는 창창하다.〔蹌蹌〕"고 하였으니, 선비가 大夫 이상 신분의 용모나 거동과 같이 성대하게 할 수 없었음을 말한 것이다.〔盧文弨〕

趨蹌, 蹌蹌은 본래 종종걸음을 치는 것을 뜻하나 여기서는 조심스럽고 두려워하는 모습을 형용한 것이다.〔역자〕

6) 若朝嚴君 : ≪易經≫ 家人卦에 "집안 식구〔家人〕에게도 엄한 임금님이 있다〔有嚴君焉〕 한 것은, 부모를 이른 것이다."라고 하였다. 생각건대, ≪太平御覽≫ 212에서는 謝承의 ≪後漢書≫를 인용하여 "魏朗은 거동에 예의와 질서가 분명하여, 아내는 손님인 듯 대하였으며, 자손들은 엄한 임금님을 섬기는 듯〔如事嚴君〕이 하였다."고 하였으며, ≪世說新語≫ 〈德行〉篇에서는 "華歆은 자식과 조카들을 대함에 매우 숙연하였을 뿐만 아니라 비록 빈 방에서도 근엄하기가 조정의 전례를 집행하는 듯하였다.〔嚴若朝典〕"고 하였다.〔趙曦明〕

이 부분에서 해석상의 문제가 있다. 宇都宮淸吉의 日譯本(平凡社, 1969~1985) 및 대부분의 중국 譯本들은 '嚴君'을 父母로 간주한 기존의 주석에 충실하여 '若朝嚴君'의 비유적 대상을 顏之推의 '두 형님〔兩兄〕'으로 보고 이후 "부드러운 말로 지시하고〔賜以優言〕"의 주체 역시 '두 형님'으로 판단하여 번역하였다. 그러나 이 경우 '若朝嚴君' 앞의 여러 행위들(부모님에 대한 問候와 공손하고 절도 있는 행동거지)과의 수식관계, 인과관계가 자연스럽지 않으며 아버지 사후 顏之推를 양육했다는 형 顏之儀의 "위엄을 보이기보다는 인자하여 나를 이끌어 가르침에 엄격함이 없었다.〔有仁無威 導示不切〕"는 성품과도 相違가 있다. 따라서 여기서의 '嚴君'은 문자 그대로 '엄한 임금님'으로 풀이해야 전후 문맥이 순조로울 것이다. 先儒의 주석이 다소 穿鑿된 것이 아닌가 싶다.〔역자〕

7) 丁 : 당하다. 父母喪 등의 어려운 일을 당하다. '丁父憂'란 '父親의 喪事를 당하다'의 뜻이다.〔역자〕

8) 荼蓼(도료) : '씀바귀나 여뀌〔荼蓼〕'란 낳아주신 이를 잃음을 말한 것으로, 그 맵고 씀을 비유한 것이다.〔盧文弨〕

생각건대, 여기에서는 맵고 씀을 들어 부모를 여의고 집안형편이 곤란했음을 비유하였다. 그 아래 '苦辛備至'라 함은 이 말을 이어받은 것이다.〔王利器〕

顏之推의 아버지 顏協의 죽음을 말한다.〔역자〕

9) 家塗 : 집안 형편이다. 본서 제20 〈終制〉편에서는 "집안 형편이 어렵고 빠듯하다.〔家塗空迫〕"고도 하고, 한편 "집안 형편이 가난하고 구차해졌다.〔家道罄窮〕"고도 하였

는데, 이때 '家塗'와 '家道'는 모두 '집안 형편'으로 그 뜻이 본편에서와 같다.〔역자〕

10) 百口 : ≪世說新語≫ 〈言語〉篇에서는 "郗(치)超가 말하기를 '大司馬라도 반드시 이만 한 사려는 없을 터이니, 제가 폐하를 위하여 온 집안〔百口〕이 나서서 보호하겠습니다.'라고 하였다." 하였으며, 胡三省은 ≪資治通鑑≫ 235에서 "그 일가 집안 친속들을 일컬어 百口라 한 것이다."라고 주석하고 있다.〔王利器〕

11) 有仁無威 : 사랑을 베풀 뿐 엄히 하지 않다. '有慈無威'와 뜻이 같다.〔역자〕

12) 禮傳 : ≪周禮≫와 ≪春秋左氏傳≫. 王利器는 "≪禮傳≫이란 ≪禮經≫과 구분하여 말하기 위한 것이다. ≪禮經≫은 이미 亡失되었으므로, 지금의 ≪禮記≫와 ≪大戴禮記≫가 곧 ≪禮傳≫이다."라고 하였으나, 제8 〈勉學〉편에서는 '≪禮≫, ≪傳≫'을 '≪詩≫, ≪論≫'과 병칭하고 있으며, ≪北齊書≫ 〈顔之推傳〉에 따르면 "〈顔之推의 집안은〉 대대로 ≪周禮≫와 ≪春秋左氏傳≫에 빼어났다."고 하였으므로, 여기서는 '禮傳'을 ≪周禮≫와 ≪春秋左氏傳≫으로 새긴 것이다.〔역자〕

13) 微 : 劉淇의 ≪助字辨略≫ 1에 "≪顔氏家訓≫에 '≪周禮≫와 ≪春秋左氏傳≫을 비록 읽었으나 글쓰기는 그다지 좋아하지 않았다.〔微〕'고 하였으니, 이때 '微'자는 부정사이다."라고 하였다.〔王利器〕

14) 屬(촉)文 : 어휘를 상관시켜 구절을 만들고, 이들을 서로 연이어 문장을 이루는 것이니 '作文'이라는 말과 같으며, 본서 제7 〈慕賢〉편에서도 "丁覘(첨)이란 이가 있었는데, 洪亭 지방의 평민일 뿐이었으나 글을 상당히 잘 지었고〔頗善屬文〕"라고 하였다. ≪漢書≫ 〈賈誼傳〉에 "나이 18세에 능히 시서를 암송하고 작문할〔屬文〕 수 있어 마을 안에서 칭송되었다."고 하였는데, 顔師古는 이에 대해 "屬(촉)이란 문장을 이어간다는 말로, 작문에 능숙함을 말한 것이다."라고 주석하였다.〔王利器〕

15) 不脩邊幅 : '脩'란 '飾〔꾸미다〕'과 뜻이 같다.〔王利器〕

용모나 옷차림에 신경 쓰지 않는다는 뜻이다. '邊幅'이란 '옷감의 가장자리'의 뜻으로 널리 '용모나 옷차림'을 가리킨다.〔역자〕

16) 少 : '稍(초)'와 뜻이 같다.〔盧文弨〕 '조금'의 뜻이다.〔역자〕

17) 砥礪 : ≪禮記≫ 〈儒行〉篇에 "문장을 가까이하고 절조를 갈고 닦는다.〔砥礪〕"고 하였다.〔王利器〕 숫돌에 갈다. 혹은 갈고 닦다. 단련하다.〔역자〕

18) 習若自然 : ≪大戴禮記≫ 〈保傅〉篇에 "어려서 이룬 것은 천성과 같으니, 습관으로 몸에 배인 것은 타고난 것과 같다.〔習貫如自然〕"라고 하였다.〔盧文弨〕

19) 心共口敵 : 입이 쉬 말을 내뱉을까 봐 마음으로 이를 억제하여 허튼소리를 내뱉지 못하게 함을 이른 말이다.〔盧文弨〕

20) 以爲汝曹後車耳 : ≪漢書≫ 〈賈誼傳〉에 "앞서 가던 수레가 뒤집히면, 뒤따르던 수레는 이를 경계 삼는다.〔前車覆 後車戒〕"고 하였다.〔趙曦明〕

여기서는 문장형식상 '~을 ~이라 여기다〔以~爲~〕'의 구문이니 '以汝曹爲後車耳'의 변형구조로서 자식들이 顔之推 자신을 '前轍'로 삼기를 당부한 것이다.〔역자〕

우리 집안의 家風과 가르침은 평소 엄정하였다. 예전에 나도 일고여덟 살 무렵부터 가르침을 받아 매일 두 형님의 뒤를 따라 아침저녁으로 부모님의 방이 더운지, 춥지는 않은지 살펴드렸으며, 절도 있는 걸음걸이와 조용한 말씨며 단정한 모습 등을 익혔는데, 조심스럽고 공경함이 엄한 임금님을 뵙듯이 하였다. 〈부모님은〉 부드러운 말로 지시하고 내가 좋아하는 것에 대해 물었으며, 모자란 것은 격려하고, 잘한 것은 고무하기를 더할 나위 없이 간절하고 정성스레 하였다.

막 아홉 살이 되었을 때 홀연 아버님이 돌아가시자, 집안 형편이 어려워져 온 식구가 다 흩어졌다. 자애로운 형님이 나를 기르느라 온갖 고초를 다 겪었는데 위엄을 보이기보다는 인자하여, 나를 이끌어 가르침에 엄격함이 없었다. 나는 비록 ≪周禮≫와 ≪春秋左氏傳≫을 읽었으나, 글쓰기는 그다지 좋아하지 않았고, 세상 사람들에게 자못 물들자 말을 함부로 내뱉을 뿐 아니라 용모나 옷차림에도 신경을 쓰지 않았다.

열여덟아홉 살 때쯤에는 수양할 줄을 조금 알았으나 습관이 타고난 것과 같아 좀처럼 씻은 듯 깨끗해지지 않았다.

스무 살 이후에야 큰 허물이 드물어졌으나 항상 마음과 말이 서로 대적하고, 이성과 감정이 서로 다투었으며, 밤중만 되면 아침의 잘못을 깨닫고, 오늘이 되면 또 어제의 잘못을 뉘우쳤으니, 좋은 교육을 받은 것이 적어 이 지경에 이르렀구나 싶어 스스로 안타까워했다.

지난날의 가르침을 돌이켜 생각하고 몸속 깊이 새겼거니와, 〈그것들은〉 그저 눈으로 훑어보고 귀로 흘려듣던 옛 책의 교훈과는 사뭇 다른 것들이다. 그리하여 이 스무 편을 남기는 것이니, 너희 자손들이 나를 前轍로 삼기를 바랄 뿐이다.

제2편 教子 자식 교육

자식 교육에 대한 원칙과 방식 그리고 이와 관련된 잘되고 못된 여러 사례들을 제시하였다. 幼兒 때부터의 早期 教育을 강조하였고 아이를 망치는 무분별한 애정을 경계하였다. 그리고 부자 관계는 親愛에 바탕을 두면서도 분별이 있어야 함을 주장하였다.

王僧辯, 琅邪王 등의 사례를 통해 엄격한 교육과 무분별한 애정의 성패를 例證하였고, 偏愛의 폐단, 時流를 좇는 잘못된 교육 방식 등을 비판하였다. 특히 자식의 출세를 위해 수단 방법을 가리지 않는 당시 지도층에 대한 비판은 오늘의 과열된 교육 풍조에 대해 자못 示唆하는 바가 크다.

1. 幼兒 教育의 중요성

上智[1)]不教而成, 下愚[2)]雖教無益, 中庸[3)]之人, 不教不知[4)]也。古者, 聖王有胎教之法 : 懷子三月, 出居別宮, 目不邪視, 耳不妄聽, 音聲滋味, 以禮節之[5)]。書之玉版, 藏諸金匱[6)]。子生咳𠻳(해시)[7)], 師保[8)]固明孝仁禮義, 導習之矣[9)]。凡庶[10)]縱不能爾, 當及嬰稚[11)], 識人顏色, 知人喜怒, 便加教誨, 使為則為, 使止則止, 比及[12)]數歲[13)], 可省(생)笞罰。父母威嚴而有慈, 則子女畏慎而生孝矣。吾見世間, 無教而有愛, 每不能然。飲食運為[14)], 恣其所欲, 宜誡翻獎, 應訶反笑, 至有識知, 謂[15)]法當爾。驕慢已習, 方復制之, 捶撻至死而無威, 忿怒日隆而增怨, 逮于成長, 終為敗德。孔子云 : "少成若天性, 習慣如自然。" 是也。俗諺曰 : "教婦初來, 教兒嬰孩。" 誠哉斯語!

1) 上智 : '천재, 곧 태어나면서부터 아는 이, 혹은 큰 깨달음'의 뜻이다.〔역자〕
2) 下愚 : '천치, 극히 어리석은 사람'의 뜻이다.〔역자〕
3) 中庸 : 秦·漢시대 이래로는 中庸이란 '보통사람〔中材〕'에 대한 칭호로 여겨졌다. 이 때문에 賈誼의 〈過秦論〉에서는 "재능이 보통사람〔中庸〕에게도 못 미친다."고 하였다.〔郝懿行〕

≪後漢書≫ 〈胡廣傳〉에 "首都 지역 속어에 '천하에 가장 무난하기로〔中庸〕 胡廣 어른이 있다.'고 한다."라고 하였다. 李賢은 이에 대해 "中이란 和의 뜻이며, 庸이란 常의 뜻이니, 치우치지 않고 조화로워 언제라도 실천할 수 있는 덕을 말한 것이다."라고 주석하였다.〔王利器〕

보통의 지혜를 가진 사람, 혹은 무난한 사람이다.〔역자〕

4) 不教不知 : ≪後漢書≫ 〈楊終傳〉에 "楊終은 편지로 馬廖에게 경계시키기를 '나면서부터 아는 이와 극히 어리석은 사람은 고칠 수 없으나, 평범한 무리에게는 가르침〔教化〕이 중요하다.'고 하였다."고 하였다. 이 구절은 이런 생각에 바탕을 둔 말이다. ≪論語≫ 〈陽貨〉篇에서도 "오직 태어나면서부터 아는 이와 극히 어리석은 이는 고칠 수 없다.〔不移〕"고 하였다.〔王利器〕

5) 音聲滋味 以禮節之 : ≪大戴禮記≫ 〈保傅〉篇에 "≪青史氏≫에 기록하기를, 옛날의 태교로, 王后가 임신 7개월째에 小寢으로 나서면, 太史는 律管을 갖고 문 왼쪽에서 모시고, 太宰는 국자〔斗〕를 들고 문 오른쪽에서 모시며, 〈아기를 낳을 때까지〉 3개월 동안 대기하며 왕후가 들으려는 音樂〔聲音〕이 禮에 맞는 樂이 아니라면, 太師는 거문고를 안고 가서 '아직 〈이 음악을〉 익히지를 않았사옵니다.'라고 아뢰며, 왕후가 먹으려는 음식〔滋味〕이 바른 음식이 아니면 太宰는 국자에 의지하고서 말하기를 '감히 〈이러한 음식으로〉 상왕의 태자를 대접할 수는 없사옵니다.' 하고 아뢴다."고 하였다.

盧辯은 이에 대해 "王后가 임신 7개월째에 小寢으로 나서면, 夫人이나 命婦와 후궁들이 3개월간 小寢의 側室을 지킨다."고 주석하였으며, 또 "周나라 后妃가 成王을 잉태하였을 때, 서되 바로 설 뿐 기대지 않으며, 앉되 구부리지 않으며, 홀로 있어도 망연자실하지 않으며, 비록 화를 내더라도 욕하지 않았으니, 이를 태교라 한다."고 하였다.〔趙曦明〕

≪史記≫ 〈列女傳〉에 "〈文王의 어머니〉 太任은 태기가 있자, 눈으로는 나쁜 빛깔을 보지 않고, 귀로는 음란한 소리를 듣지 않았으며, 입으로는 오만한 말을 하지 않았다."고 하였다.〔盧文弨〕

6) 書之玉版 藏諸金匱 : ≪大戴禮記≫ 〈保傅〉篇에 "〈태교의 도리를〉 '옥판에 써서〔書之玉版〕' '금으로 꾸민 궤짝에 간수하여〔藏之金匱〕' 이를 종묘에 모셔두면서 후세에 경계로 삼게 하였다."고 하였다.〔趙曦明〕

7) 咳嘸(해시) : 宋本의 原注에 "≪說文解字≫ 口部에는 '咳란 어린아이가 웃는 모양이다.'라고 하였으며, 嘸란 '소리쳐 울다〔號〕'의 뜻이나, 어떤 판본에는 〈咳嘸가〉 '孩提'로 되어 있기도 하다."고 하였다.〔趙曦明〕

어린아이의 나이를 헤아릴 때, 만 1세가 되지 않은 아이는 '繈褓'라고 불리며, 2, 3

세 아이는 '孩提'라고 불린다. ≪說文解字≫ 口部에 의하면 '孩'란 '咳'의 重文, 곧 異體字이므로 '孩提'는 대개 '아이가 웃고 운다〔咳啼〕'와 뜻이 같다.〔역자〕

8) 師保 : 스승. 帝王을 보필하고 王室의 子弟를 가르치던 관리로 '師'와 '保'가 있었으므로, 이를 통칭한 데서 유래한 말이다. '師'와 '保'는 각각 太師, 少師와 太保, 少保를 두었다. 아래 '導習之矣'의 주석 참조.〔역자〕

9) 師保固明孝仁禮義 導習之矣 : ≪漢書≫ 〈賈誼傳〉에 "옛날 成王이 어려 아직 강보에 싸여 있을 때, 召公을 太保로 삼고, 周公을 太傅로 삼았으며, 太公을 太師로 삼았으니, 이것이 三公의 직책이다. 이에 三少를 설치하였으니, 모두 上大夫의 직위로서, 少保와 少傅, 少師가 이것이다. 그리하여 비로소 두세 살쯤 되어 분별력이 생길 때, 三公과 三少는 孝, 仁, 禮, 誼 등의 의미를 잘 알려주고 익히도록 하였다."고 하였다.〔趙曦明〕

'孝, 仁, 禮, 誼'의 '誼'는 '義'와 통용된다.〔역자〕

10) 凡庶 : '서민, 혹은 평범한 사람'의 뜻이다.〔역자〕

11) 嬰稚 : '幼年'과 같은 뜻이다.〔역자〕

12) 比及 : '이르다, 때가 되어서야'의 뜻이다.〔역자〕

13) 數歲 : '나이를 헤아린다'는 뜻에서 대개 4세 이상의 童年期 이후를 가리킨다. 만 1세가 되지 않은 아이는 '繈褓'라고 불려 헤아릴 만한 '해〔歲〕'랄 것이 없으며, 2, 3세 아이는 '孩提'라고 불려 여전히 '나이〔年〕'를 일컫지 않은 데 반해, 4세부터는 '童年'이라고 불려 그 '해〔年〕'를 일컫기 시작하므로 대개 4세 이상을 가리킨 듯하다.〔역자〕

14) 運爲 : '행하는 바〔所爲〕'와 같은 뜻이다.〔王利器〕

15) 謂 : 여기다. 혹은 알다.〔역자〕

뛰어난 지혜를 가진 이는 가르치지 않아도 이룸이 있고, 극히 어리석은 이는 가르친들 나아질 것이 없지만, 보통사람은 가르치지 않으면 알지 못한다.

옛날 聖王에게는 胎敎의 법도가 있어 〈왕비가〉 잉태한 지 석 달이 되면 별궁에 나가 거처하는데, 눈으로는 사특한 것을 보지 않았고 귀로는 망령된 소리를 듣지 않았으며, 음악과 음식도 禮法에 따라 그것들을 절제하였다. 〈그리고〉 옥으로 만든 書版에 〈태교의 내용을〉 써서 금으로 꾸민 궤짝에 간수하였다. 왕자가 태어나 두세 살이 되어 웃고 울 줄을 알면 師保가 孝, 仁, 禮, 義 등의 의미를 잘 알려주고 이를 익히도록 이끌어주었다.

일반 서민들은 설사 이렇게까지 할 수가 없더라도, 어린아이가 남의 안색을 보고 기뻐하는지, 화내는지를 알아챌 정도가 되면 곧 가르치기 시작하여, 하라고 시켜서

하고, 하지 말라고 시켜서 하지 않으면, 童年期 이후에 이르러 회초리로 벌을 주지 않아도 될 것이다. 부모가 위엄을 보이되 자애로워야 자식들이 어려워하고 삼가는 가운데에 孝心이 생겨난다.

내가 세상을 보건대 자식을 가르치지는 않고 애지중지하기만 하여 매양 그리 하지 못한다. 음식을 먹거나 몸을 움직임에 마음대로 하도록 방임하며 마땅히 훈계해야 할 터인데 도리어 이를 부추기고, 응당 꾸짖어야 할 터인데 오히려 웃어넘기니, 분별력이 생길 즈음이 되어서도 으레 그리 하는 것이 옳은 줄로만 여기게 된다.

교만이 이미 몸에 밴 다음 그제야 다시 버릇을 잡는다고 죽어라 회초리를 때린들 위엄도 서지 않고, 노여움을 날로 일으킨들 〈아이들의〉 원망만 쌓일 뿐이니 장성한 다음에는 마침내 悖倫兒가 되어버리고 만다.

孔子께서 말씀하시기를 "어려서 이룬 것은 天性과 같으며, 습관은 타고난 것과 같다."고 하셨으니 옳으시다. 속담에도 이르기를 "며느리는 갓 시집왔을 때 길들이고, 자식은 어릴 때 가르치라."고 하였으니, 정말이로구나, 이 말이!

2. 부득이한 사랑의 매

凡人不能教子女者, 亦非欲陷其罪惡, 但重[1]於訶怒, 傷其顔色, 不忍楚撻(달)[2]慘其肌膚耳。當以疾病爲諭, 安得不用湯藥鍼艾救之哉? 又宜思勤督訓者, 可願[3]苛虐於骨肉乎? 誠不得已也。

1) 重 : ≪文選≫ 〈喩巴蜀檄〉의 "백성을 번거롭게 하기는 어렵다.〔重煩百姓〕"는 구에 李善은 "重이란 難의 뜻이다. 백성을 불러 모아들이지 않겠다는 것이다."라고 하였다.〔王利器〕
2) 楚撻(달) : ≪禮記≫ 〈學記〉에 "가래나무 몽둥이와 가시나무 회초리〔夏楚〕 두 가지는 그것으로 위엄을 세우는 것이다."라는 구의 주석에서 "楚란 가시나무이다."라고 하였다.〔王利器〕
   회초리로 매를 때리다.〔역자〕
3) 可願 : 明代 萬曆 연간의 '顔嗣愼刊本'에서는 '豈願'으로 되어 있다.〔王利器〕

평범한 사람으로 자식을 못 가르치는 부모일지라도 자식을 罪惡에 빠뜨리고 싶어

하지는 않을 것이니, 다만 화를 내고 꾸짖어 자식의 얼굴이 찌푸려지는 것을 보기 난감하고, 차마 회초리로 매질을 하여 살갗을 참혹하게 만들 수 없을 뿐이다. 질병에 비유함이 마땅할 터이니, 어찌 탕약이며 침뜸을 쓰지 않고 사람을 구할 수 있겠는가? 또한 부지런히 보살피고 가르칠 것만 생각하는 부모가, 어찌 骨肉을 나눈 자식을 가혹하게 대하고 싶겠는가? 참으로 어쩔 수가 없는 일이다.

3. 자식 교육의 成功과 失敗 - 王僧辯과 어떤 學士

王大司馬[1)]母魏夫人, 性甚嚴正。王在湓(분)城[2)]時, 爲三千人將, 年踰四十, 少不如意, 猶捶撻之, 故能成其勳業。梁 元帝[3)]時, 有一學士[4)], 聰敏有才, 爲父所寵, 失於敎義, 一言之是, 徧於行路[5)], 終年譽之 ; 一行之非, 揜(엄)藏文飾, 冀其自改。年登婚宦[6)], 暴慢日滋, 竟以言語不擇, 爲周逖[7)]抽腸釁(흔)鼓[8)]云。

1) 王大司馬 : ≪梁書≫ 〈王僧辯傳〉에 "僧辯(?~555)은 자가 君才로 右衛將軍 神念의 아들이다. 世祖는 僧辯을 征東將軍, 開府儀同三司, 江州刺史로 삼았으며, 長寧縣公에 봉하였다."고 하였다.〔趙曦明〕

錢大昕은 이에 대해 "僧辯에게 여전히 大司馬의 지위를 수여하였다."는 등 몇 구가 더 있어야 했다고 주석하였으니 '大司馬'라는 글자가 누락되었음을 알 수 있다.〔周法高〕

王僧辯은 처음에는 北魏를 섬겼으나 梁나라에 귀순한 다음에는 湘東王 蕭繹의 左常侍 겸 司馬의 지위를 역임하였다. 후일 陳霸先(나중의 陳 武帝)과 함께 侯景의 난(548~552)을 진압하는 등 공을 세웠고 湘東王이 元帝로 즉위하자 侍中, 尙書令 등의 重臣으로 기용되었다. 그러나 元帝가 西魏의 침공으로 敗死한 후 王僧辯 역시 정변의 와중에서 陳霸先의 습격을 받아 피살되고 말았다.〔역자〕

2) 湓(분)城 : 〈尋陽記〉에 "晉 武帝 太康 10년(289)에 江水의 이름에 근거하여 江州를 설치하였다. 成帝 咸和 원년(326)에는 湓城으로 옮겨 다스렸으니, 곧 지금의 湓城郡이 이곳이다."라고 하였다.〔趙曦明〕

3) 梁元帝 : ≪梁書≫ 〈元帝紀〉에 "世祖 孝元皇帝의 諱는 繹(508~554)이며, 자는 世誠이고, 어렸을 때 자는 七符이니, 高祖의 일곱째 아들로 承聖 원년 겨울 11월 丙子일에 江陵에서 皇帝에 즉위하였다."고 하였다.〔趙曦明〕

承聖은 552년 11월에서 555년 4월까지를 일컫던 梁 元帝의 연호이다. 元帝는 처음 湘東王으로 봉해져 江陵에 주둔하고 있을 때 侯景의 반란이 일어나자 王僧辯과 陳

霸先 등을 파견하여 侯景을 토벌한 다음 江陵에서 帝位에 올랐으나 在位 3년 만에 西魏에 포로가 되고 피살되었다.〔역자〕

4) 學士 : 官名이다. 南北朝 시기의 學士는 도서를 편찬하고 저술을 맡았다.〔역자〕

5) 行路 : 漢·魏·南北朝 시대의 관용어로, 낯선 사람과 같은 말이다. ≪文選≫에 수록된 蘇子卿의 詩에서 "四海가 다 형제이니, 누가 行路人인가?"라 하였고, ≪隋書≫ 〈李諤傳〉에서 "평생 친구로 교유하며 情이 마치 형제와 같았는데, 그의 죽음에 이르고 보니 아득함이 마치 낯선 사람〔行路〕 같다."라 하였다.〔王利器〕

6) 婚宦 : 결혼하고 벼슬에 나아가다. 곧 成年이 되었음을 가리킨다.〔역자〕

7) 周逖 : 그의 생애를 살필 수가 없다. 다만 ≪陳書≫ 〈周迪傳〉에 "梁 元帝는 周迪에게 持節通直散騎常侍와 壯武將軍, 高州刺史를 제수하고, 臨汝縣侯에 책봉하였다."고 하였다.〔盧文弨〕

周逖과 周迪이 동일인인지 더 이상 확인하기는 어렵다.〔역자〕

8) 釁(흔)鼓 : ≪史記≫ 〈高祖本紀〉에 "북에 피를 발랐다.〔釁鼓〕"고 하였으며, 裴駰의 ≪史記集解≫에 "應劭는 '釁이란 祭이다. 희생을 죽여 그 피를 북에 바르는 것을 釁이라 한다.' 하였다."고 하였다.〔王利器〕

〈梁나라의〉 大司馬 王僧辯의 어머니 魏夫人은 성품이 매우 엄격하고도 단정하였다. 王僧辯이 湓城에 있을 때 휘하에 3천 명을 거느린 장수로서 나이가 마흔이 넘었건만 조금이라도 〈어머니의〉 뜻에 어긋나기만 하면 여전히 회초리를 들었으니, 이 때문에 그는 공훈을 이룰 수 있었다.

梁 元帝 때의 어떤 學士는 총명하고 재주가 있어 아버지에게 총애를 받았으나 〈그 아버지는〉 올바른 도리를 가르치는 데에는 실패하였으니, 어쩌다 〈그의 자식이〉 옳은 말이라도 한마디 하면 낯선 사람들에게까지 두루 알리고 한 해가 다 가도록 자랑하다가, 어쩌다 〈그의 자식이〉 잘못을 저지르면 이를 감추고 변명해주면서 스스로 고치기만 바랐다. 결혼하고 벼슬할 나이가 되자 포악하고 교만함이 날로 심해져 마침내 말을 가리지 않고 내뱉다가 周逖에게 창자가 뽑히고 피가 북에 발라졌다고 한다.

4. 父子之間은 멀고도 가깝게

父子之嚴, 不可以狎 ; 骨肉之愛, 不可以簡。簡則慈孝不接, 狎則怠慢生焉。由

命士以上, 父子異宮[1)], 此不狎之道也 ; 抑搔癢痛[2)], 懸衾篋(협)枕[3)], 此不簡之教也。或問曰 : "陳亢[4)]喜聞君子之遠其子[5)], 何謂也?" 對曰 : "有是也。蓋君子之不親教其子也。《詩》有諷刺之詞, 《禮》有嫌疑之誡[6)], 《書》有悖亂之事, 《春秋》有衺(邪)僻[7)]之譏, 《易》有備物[8)]之象 : 皆非父子之可通言, 故不親授耳[9)]。"

1) 命士以上 父子異宮 : 《禮記》〈內則〉의 구절이다. 命士는 '작위와 관직〔爵命〕'을 부여받은 士이다.〔역자〕

2) 抑搔癢痛 : 《禮記》〈內則〉에 "자식이 부모를 섬기고, 며느리가 시부모를 모심에 있어 머무시는 곳에 이르면 기세를 낮추고 부드러운 목소리로 옷이 추운지 따뜻한지 여쭈며, 몸이 아프거나 가려우시면 정중히 주무르거나 긁어드리며〔疾痛苛癢 而敬抑搔之〕, 출입할 때는 앞서거니 뒤서거니 공손히 부축한다."고 하였다.〔趙曦明〕 '抑搔'는 주무르고 긁는 것이다. '癢痛'은 가려운 것, 혹은 가렵거나 아픈 것이다.〔역자〕

3) 懸衾篋(협)枕 : 《禮記》〈內則〉에 "부모와 시부모가 앉으려 하시면 방석을 받쳐 들고 어느 곳에 둘지를 여쭈며, 자리에 누우려 하시면 손위 〈자식이나 며느리〉가 이부자리를 받쳐 들고 어느 방향으로 발을 뻗으실지를 여쭙고, 〈일어나실 때에는〉 손아랫사람은 서안이나 보료 같은 좌구를 갖추어놓고 시종은 〈기대시도록〉 사방침을 받쳐드리게 하며 요와 돗자리를 거두고 이불은 개서 올리며 베개는 상자 속에 넣어둔다.〔懸衾篋枕〕"고 하였다.〔趙曦明〕

4) 陳亢 : 孔子의 제자이다.〔王利器〕

《論語》〈季氏〉篇에 "陳亢이 伯魚에게 '그대도 〈다른 자식들처럼 아버지로부터〉 별다른 가르침을 들은 적이 있으신가?' 하고 물었다."고 하였다.〔趙曦明〕

伯魚는 孔子의 아들 孔鯉이다.〔역자〕

5) 喜聞君子之遠其子 : 《論語》〈季氏〉篇에 "陳亢이 물러나와 기뻐하면서 말하기를 '한 가지를 물어 세 가지를 얻었으니, 詩를 배우라 하셨다는 말을 들었고, 禮를 익히라 하셨다는 말도 들은데다 군자는 자식을 멀리하신다는 말까지 들었다.〔聞君子之遠其子〕'라고 하였다."고 하였다. 멀리한다는 것은 남달리 대하지 않는 것을 의미한다.〔역자〕

6) 禮有嫌疑之誡 : 《禮記》〈曲禮 上〉에 "禮란 이것으로 親疏를 결정하고 嫌疑를 판단하며, 異同을 구별하고 是非를 밝히는 것이다."라고 하였다.〔역자〕

7) 衺(邪)僻 : 품행이 단정치 못한 사람, 혹은 터무니없이 그르다.〔역자〕

8) 易有備物 : 《周易》〈繫辭 上〉에, 《周易》이란 "온갖 물상을 갖추어〔備物〕 두루 쓰임을 다하게 하되 理致를 바로 세우고 利器를 완성하여 천하를 이롭게 한다."라고

하였다.〔王利器〕

아마도 ≪周易≫에서의 남녀간의 交合이나 萬物化生 등과 관련된 풀이를 가리킨 듯하다.〔洪業〕 庄輝明, 章義和 등의 ≪顔氏家訓譯註≫(上海：上海古籍出版社, 1999)에서는 "≪周易≫에는 陰陽을 포용한 萬物의 卦象이 실려 있다."라고 번역했다.〔역자〕

9) 不親授耳：≪白虎通≫ 〈辟雍〉篇에 "아비가 자식을 스스로 가르치지 않는 까닭은 무엇인가? 그것이 모멸스럽기 때문이다. 더구나 서로 주고받는 도리란 마땅히 궁극에는 음양이 조화하는 부부의 교합도 말할 터인데 이를 父子之間에 서로 가르칠 수 없어서이다."라고 하였다.〔趙曦明〕

≪孟子≫ 〈離婁 上〉에 "남자와 여자는 서로 주고받을 때는 직접 마주하지 않는 것〔授受不親〕이 예의이다."라고 하였는데 이 말〔不親授〕의 來源이라 할 것이다. 대개 父子之間에도 內外하듯이 거리를 두어야 할 일이 있음을 말한 것이다.〔역자〕

父子之間은 嚴肅해야 하니 무람없이 지내선 안 되고, 骨肉間에는 愛情이 있어야 하니 소홀히 대해서는 안 된다. 애정이 부족하면 아버지의 자애와 자식의 효도가 이어지지 않고, 무람없이 지내면 태만함이 생겨난다.

≪禮記≫에 "작위와 관직을 부여받은 士〔命士〕 이상이 되면 父子가 서로 居所를 달리한다."고 하였는데 이는 무람없이 지내게 하지 않으려는 방도이며, 또한 "가렵거나 아픈 곳은 긁거나 주물러드리고 이불은 개서 올려드리고 베개는 상자 속에 넣어드린다."고 한 것은 소홀히 하지 않아야 한다는 가르침이다.

누군가가 묻기를 "陳亢이 '君子는 자식을 멀리하신다는 것을 들었다.' 하고 기뻐하였다는 것은 무엇을 말하는 것입니까?"라고 하기에, 대답하기를 "그렇습니다. 옳은 말입니다. 대개 군자는 그의 자식을 직접 가르치지는 않는다는 것이지요. ≪詩經≫에는 〈음란하고 불온한 행위를〉 풍자하고 비판하는 시구들이 있고, ≪禮記≫에는 피하고 꺼려야 할 일들에 대한 훈계가 담겨 있으며, ≪尙書≫에는 도리에 어긋나고 인륜을 어지럽히는 사실들이 기록되어 있고, ≪春秋≫에는 품행이 단정치 못한 사람들에 대한 비난이 담겨 있으며, ≪周易≫에는 만물을 낳는 陰陽의 이치를 함축한 卦象이 갖추어져 있지요. 이 모두가 부자지간에 말로써 소통할 만한 것이 아니니, 이 때문에 직접 가르치지 않는 것이지요."라고 해주었다.

5. 잘못된 訓育의 비극 - 琅邪王

齊 武成帝[1)]子琅邪(야)王[2)], 太子母弟也。生而聰慧, 帝及后竝篤愛之, 衣服飮食, 與東宮相準。帝每面稱之曰, "此黠兒也, 當有所成[3)]。" 及太子卽位[4)], 王居別宮[5)], 禮數[6)]優僭[7)], 不與諸王等, 太后猶謂不足, 常以爲言。年十許[8)]歲, 驕恣無節, 器服玩好[9)], 必擬乘輿[10)]。嘗朝南殿, 見典御[11)]進新冰, 鉤盾[12)]獻早李, 還索不得, 遂大怒, 訽(구)[13)]曰 : "至尊已有, 我何意無?" 不知分齊[14)], 率皆如此, 識者多有叔段[15)]、州吁[16)]之譏。後嫌宰相, 遂矯詔斬之[17)], 又懼有救, 乃勒麾下軍士, 防守殿門[18)], 旣無反心[19)], 受勞而罷, 後竟坐此幽薨。

1) 齊武成帝 : ≪北齊書≫ 〈武成紀〉에 "世祖 武成皇帝(561~564 在位)의 諱는 湛으로, 神武皇帝의 아홉째 아들이다."라고 하였다.〔趙曦明〕

여기서 齊는 北齊를 말한다. 東魏 武定 8년(550) 高洋이 東魏 孝靜帝를 폐하고 자립하여 국호를 齊라 하였는데 史書에서는 北齊라고 칭한다. 幼主 承光 元年(577)에 北周의 공격을 받아 멸망하였다.〔역자〕

2) 琅邪(야)王 : 北齊 武成帝의 열세 아들 중 셋째인 高儼(558~571)이다.〔역자〕

3) 當有所成 : ≪北齊書≫ 〈琅邪王儼傳〉에 "황제가 늘 '요 똑똑한 녀석, 꼭 큰일을 이룰 것이다〔當有所成〕'라고 말하였으니, 後主를 열등하다고 여겨 폐위시킬 뜻을 품었던 것이다."라고 하였다.〔王利器〕

4) 太子卽位 : ≪北齊書≫ 〈後主紀〉에 "後主 緯는 자가 仁綱으로, 太寧 2년(562)에 皇太子로 옹립되었다."라고 하였다.〔趙曦明〕

5) 王居別宮 : ≪北齊書≫ 〈琅邪王儼傳〉에 "高儼은 항상 궁중에 있으면서 含光殿에 앉아 업무를 보았다. 和士開와 穆提婆는 이를 꺼려 武平 2년(571)에 高儼을 北宮으로 내쫓았다."라고 하였다.〔趙曦明〕

6) 禮數 : 예전에는 '禮'를 '數'라고도 하였다. ≪詩經≫ 〈小雅 我行其野〉의 '序'에 보이는 바 "아내를 맞아들이는 禮〔數〕가 바르지 않음을 풍자한 것이다."라는 鄭玄의 주석에서 '數'는 곧 '禮'의 뜻이라고 하였다.〔王利器〕

7) 優僭 : 禮遇가 분수에 넘침에도 꺼리지 않음을 말한 것이다.〔王利器〕

8) 許 : 六朝人은 숫자를 말할 때 모두 그 아래에 '許'를 붙여 말하였으니, 이는 모두 불확정적인 표현으로, 지금의 '左右'에 해당하는 말이다.〔王利器〕

9) 器服玩好 : ≪北齊書≫ 〈琅邪王儼傳〉에 "高儼은 기물과 의복, 기호품이 모두 後主와 같았다."라고 하였다.〔王利器〕

10) 乘輿 : 天子. 天子는 지존한 이여서 감히 무람없이 말하지 못하였으므로 '乘輿'라고

말한 것이다. '乘'은 '載'와 뜻이 같으며, '輿'는 '車'와 뜻이 같다.〔趙曦明〕

11) 典御 : ≪隋書≫ 〈百官志〉에 "中尙食局에는 典御가 2명으로, 수라에 관한 일을 도맡아 본다."라고 하였다.〔趙曦明〕

12) 鉤盾 : ≪隋書≫ 〈百官志〉에 "司農寺는 倉市와 薪菜, 園池와 果實을 관장하며 平準, 太倉, 鉤盾 등 관서의 令과 丞을 통괄한다. 鉤盾은 또한 따로 大囿와 上林, 遊獵, 柴草, 池藪, 苜蓿(목숙) 등 6부의 丞을 거느린다."라고 하였다.〔趙曦明〕

13) 詢(구) : 明代 萬曆 연간의 '顔嗣愼刊本'의 주석에 "詢는 詬와 같다. 怒의 뜻이며, 罵의 뜻이다."라고 하였다.〔王利器〕

14) 分齊 : 分際이다.〔洪業〕 분수와 같은 뜻이다.〔역자〕

15) 叔段 : 公叔段을 가리킨다. 春秋 시기 鄭 武公의 아들로 莊公과는 한 배에서 태어난 아우이다. 그의 어머니 武姜이 맏이 莊公을 낳으며 난산을 겪었으나, 둘째 叔段을 낳으면서는 순산을 하였던 까닭으로, 叔段은 좋아하되 莊公은 싫어하였다. 莊公이 즉위한 이후에도 叔段은 어머니 武姜과 결탁하고 자신의 세력을 키워 莊公을 습격할 기회를 노리므로 莊公이 마침내 그를 토벌하여 共國으로 달아나게 하였다. 그래서 共叔段으로 불리기도 한다. ≪春秋左氏傳≫ 隱公 元年條에 보인다.〔역자〕

16) 州吁 : 春秋 시기 衛 莊公의 아들로 桓公의 배 다른 아우이다. 그의 형 桓公을 시해하고 즉위하였으나, 재위 1년도 안 되어 그 역시 신하들에게 시해되었다. ≪春秋左氏傳≫ 隱公 3년조에 보인다.〔역자〕

17) 後嫌宰相 遂矯詔斬之 : ≪北齊書≫ 〈琅邪王儼傳〉에 "高儼은 和士開와 穆提婆 등이 사치스러워 주택을 너무 화려하게 꾸민 것이 몹시 못마땅하여 侍中 馮子琮에게 '和士開는 罪가 엄중하니, 내가 그를 죽이겠다.'라고 말하였다."고 하였다.〔趙曦明〕

18) 防守殿門 : ≪北齊書≫ 〈琅邪王儼傳〉에 "高儼은 京畿 지역의 軍士 3천여 명을 이끌고 千秋門에 주둔하였다."라고 하였다.〔趙曦明〕

19) 旣無反心 : ≪北齊書≫ 〈琅邪王儼傳〉에 "황제가 宿衛軍에게 갑옷을 내려주고 장차 출전하려 하다가, 斛(곡)律光이 '폐하께서 직접 千秋門에 이르시는 것이 옳으실 테니, 琅邪王이 감히 움직이지 못할 것이기 때문입니다.' 하므로 이를 따랐다. 斛律光이 高儼의 손을 억지로 끌고 앞으로 나아가 황제에게 청하기를 '琅邪王은 나이가 어립니다. 장성한 다음에는 그러지 않을 것이니 그 죄를 용서해주시기 바랍니다.' 하므로, 한참 있다가 그를 석방하였다."라고 하였다.〔趙曦明〕

北齊 武成帝의 아들 琅邪王은 太子와 한 배에서 난 아우였다. 나면서부터 총명하였으므로 武成帝와 皇后가 함께 그를 몹시 친애하여 의복이며 음식을 태자와 똑같이 해주었다. 황제는 매번 그의 면전에서 칭찬하기를 "요 똑똑한 녀석, 꼭 큰일을 이룰

것이다."라고 하였다.

태자가 즉위하게 되자 琅邪王은 別宮에 거처하였는데 예우가 분수에 넘쳐서 다른 여러 왕들과 대우가 달랐음에도 太后는 오히려 〈예우가〉 부족하다고 여겨서 늘 이를 이야깃거리로 삼았다. 나이가 열 살 남짓 되면서는 교만방자하기 이를 데 없어져 기물이며 의복이나 기호품을 반드시 황제를 따라 같이 하였다.

언젠가 南殿에서 황제를 뵐 때 황실의 주방을 맡던 관리가 막 꺼낸 얼음을 진상하고, 과수원을 맡던 관리가 철 이른 오얏을 헌상하는 것을 보고서 琅邪王이 집에 돌아와 이를 찾다가 얻지를 못하자, 마침내 크게 화를 내며 꾸짖기를 "皇上은 이미 가졌는데, 내게는 어찌하여 없는가?"라고 하였다. 분수를 모르기가 대개 이 지경이었으므로 식견 있는 이들은 춘추시기의 叔段과 州吁에 비겨 琅邪王을 비난하였다.

나중에는 재상을 미워하다가 조칙을 멋대로 고쳐 그를 참수하였을 뿐만 아니라, 그를 구원하려는 세력이 있을까 두려워 휘하의 군사를 지휘하여 궁궐문을 지키게까지 하였는데, 어차피 반란을 일으키려는 의도는 없었으므로 황제의 위로를 받자 곧 군사를 물렸으나, 나중에는 마침내 이 일에 연루되어 유폐된 채 죽임을 당하였다.

6. 자식과 집안을 망치는 偏愛

人之愛子，罕亦能均，自古及今，此弊多矣。賢俊者自可賞愛，頑魯[1)]者亦當矜憐。有偏寵者，雖欲以厚之，更所以禍之。共叔[2)]之死，母實爲之；趙王之戮[3)]，父實使之。劉表之傾宗覆族[4)]，袁紹之地裂兵亡[5)]，可爲靈龜明鑒[6)]也。

1) 頑魯 : 頑鈍, 고루하고 둔하다는 뜻이다.〔역자〕
2) 共叔 : 共叔은 곧 본편 5절에 보이는 '叔段'의 주석 참조.〔역자〕
3) 趙王之戮 : 漢 高祖가 戚姬를 얻어 趙王 如意를 낳았는데 戚姬의 간청에 못 이겨 태자를 폐하고 趙王으로 帝位를 잇게 하려 하였다. 呂后가 大臣 周昌과 張良 등의 힘을 빌어 戚姬의 시도를 좌절시켰다. 高祖가 죽고 惠帝가 즉위하자 呂后는 趙王을 불러다 毒酒를 먹여 죽이고, 戚姬는 수족을 자르고 눈알을 빼내고 귀를 불로 지진 다음 벙어리가 되는 약을 마시게 하여 변소에 살게 하고는 그녀를 '사람돼지〔人彘〕'라고 불렀다 한다. ≪史記≫ 〈呂后紀〉에 보인다.〔역자〕
4) 劉表之傾宗覆族 : 後漢시대 荊州牧인 劉表에게는 前室 소생인 장남 劉琦와 後妻 蔡

氏 소생인 차남 劉琮이 있었는데, 蔡氏가 늘 劉琦를 헐뜯어 아버지의 눈 밖에 나도록 하니 劉琦는 스스로 江夏太守로 出任하였다. 후일 劉表가 병이 들자 蔡氏는 동생 蔡瑁, 張允 등과 모의하여 劉琦의 병문안을 막고 劉琮을 후계자로 정하였다. 劉表가 죽고 曹操가 침공하자 劉琦는 江南으로 달아나고 劉琮은 荊州를 바쳐 曹操에게 투항하였다. ≪後漢書≫ 〈劉表傳〉에 보인다.〔역자〕

5) 袁紹之地裂兵亡 : 後漢시대 冀州牧인 袁紹에게는 장남 譚, 차남 熙, 막내 아들 尙이 있었다. 後妻 劉氏가 尙을 편애하여 袁紹는 장남 譚을 靑州刺史로, 차남 熙를 幽州刺史로 내보냈다. 후일 袁紹가 曹操와의 官渡 싸움에서 패한 후 후계자를 정하지 못한 채 병사하자, 家臣들이 譚과 尙을 두고 권력투쟁을 하다가 결국 審配 등이 袁紹의 遺命을 빙자하여 尙을 후계자로 받들었다. 譚은 이에 반발하였고 曹操가 침공하였는데도 譚과 尙은 서로를 의심하여 다투다가 결국 모두 曹操에게 패망하였다. ≪後漢書≫ 〈袁紹傳〉에 보인다.〔역자〕

6) 靈龜明鑒 : 거북은 미래에 일어날 일을 점칠 수가 있고, 거울은 현상을 비추어볼 수가 있으므로 이들로 비유를 삼은 것이다.〔盧文弨〕 본보기이다.〔역자〕

부모들이 자식을 사랑하나 〈못난 자식까지도〉 골고루 사랑할 수가 있었던 부모는 드물어서, 예로부터 지금껏 이로 인한 폐해들이 많았다. 똑똑하고 잘난 자식이야 자연스레 사랑을 베풀겠거니와, 어리석은 자식 역시 긍휼히 여겨 어여뻐해야 한다. 편애하게 되면 설사 그에게 두터운 사랑을 베풀고자 하였더라도 도리어 이것이 그를 재앙에 빠뜨리는 원인이 된다.

共叔段의 죽음은 어머니가 실로 그렇게 만든 것이며, 趙王이 살육을 당한 것은 아버지가 실로 그리 되도록 시킨 셈이다. 劉表의 경우 집안이 기울어 멸족이 된 일이나, 袁紹의 경우 영토가 찢기고 군대가 패주한 일들은 본보기로 삼을 만하다.

7. 이상한 자식 교육

齊朝有一士大夫, 嘗謂吾曰 : “我有一兒, 年已十七, 頗曉書疏[1), 敎其鮮卑語及彈琵琶[2), 稍欲通解, 以此伏事[3)公卿, 無不寵愛, 亦要事也。” 吾時俛而不答。異哉, 此人之敎子也! 若由此業, 自致卿相, 亦不願汝曹爲之。

1) 書疏 : 書簡文이나 上疏文이다. 여기서는 일반적인 의미에서 公文書를 뜻한다.〔역자〕

2) 鮮卑語及彈琵琶 : 北齊는 鮮卑族 출신이 세운 나라로 그들은 琵琶를 좋아하였으므로

당시 조정이나 민간에서 시류에 부합하려는 사람들은 대부분 선비족의 언어와 풍습을 모방하면서 기회를 엿보았다. ≪北齊書≫에 기록된 것만으로도 "孫搴은 鮮卑語에 능통하여 명령을 잘 전달하였으며, 祖珽은 鮮卑語를 이해하고 있어서 죄를 면하고 다시 丞相이 될 수 있었고, 劉世淸은 四夷의 언어에 능통한 점에서 당시 제일이었던 까닭에 後主가 그에게 ≪涅槃經≫을 突厥語로 번역하게 한 다음 그것을 突厥의 칸에게 보냈다. 和士開는 胡琵琶를 탈 줄을 알았기 때문에 世祖가 격의 없이 친애하였다."고 하였으니, 이런 종류의 기록은 심심찮게 보인다.〔劉盼遂〕

3) 伏事 : '伏'은 '服〔복종하다〕'과 뜻이 같다.〔盧文弨〕 모시고 섬기다.〔역자〕

北齊의 어떤 사대부가 언젠가 내게 말하였다.

"제게 자식이 하나 있는데 나이가 이미 열일곱으로 제법 公文書를 쓸 줄 아는데다 鮮卑語와 琵琶 타기를 가르쳤더니 점차 통달해가고 있습니다. 이런 재주들로 고관들을 모시고 섬기노라면 총애하지 않을 이가 없을 터이니 이 또한 요긴한 일이지요."

나는 당시 고개를 숙인 채 대답을 하지 않았다. 이상도 하구나, 이 사람의 자식 교육은! 설사 이런 행위로 인해 순조롭게 고관의 자리에 오른다 한들, 나는 그래도 너희들이 그렇게 하는 것은 바라지 않는다.

제3편 兄弟 형제

夫婦, 父子, 兄弟라고 하는 가족의 기본적인 세 관계 중, 형제간의 友愛를 특별히 강조하였다. 형제란 부모로부터 함께 몸을 나누었고 또 氣를 공유한 존재라는 점에서 兄弟愛에 당위성을 부여하였는데, 이는 혈연관계를 중시하는 전통적 관념의 소산이라 할 수 있다.

아울러 형제간의 불화 때문에 일어난 불행한 사례들과 본받을 만한 형제애의 美談을 구체적으로 소개하고, 후손들이 兄弟 관계를 父子 관계의 연장으로 받아들여 兄弟愛를 실천할 것을 간곡하게 당부하였다.

한편 夫婦 관계를 형제간의 화목을 깨뜨리는 중요한 장애요소로 파악하고 있다는 점에서, 당시 宗法 중심 사회의 사고방식을 엿볼 수 있다.

1. 兄弟 관계란?

夫有人民而後有夫婦, 有夫婦而後有父子, 有父子而後有兄弟 : 一家之親, 此三而已矣[1)]。自玆以往, 至於九族[2)], 皆本於三親[3)]焉, 故於人倫爲重者也, 不可不篤。兄弟者, 分形連氣[4)]之人也, 方其幼也, 父母左提右挈(설)[5)], 前襟後裾[6)], 食則同案[7)], 衣則傳服[8)], 學則連業[9)], 游則共方[10)], 雖有悖亂之人, 不能不相愛也 ; 及其壯也, 各妻其妻, 各子其子, 雖有篤厚之人, 不能不少衰也。娣姒[11)]之比兄弟, 則疏薄矣。今使疏薄之人, 而節量[12)]親厚之恩, 猶方底而圓蓋, 必不合矣。惟友悌[13)]深至, 不爲旁人[14)]之所移者, 免夫!

1) 一家之親 此三而已矣 : ≪老子≫ 〈道經〉의 王弼 注에서 "六親이란 父子, 兄弟, 夫婦이다."라 했다.〔盧文弨〕

2) 九族 : ≪詩經≫ 〈王風 葛藟(갈류)〉의 序에 "周나라 왕실이 쇠미해져, 九族을 버렸다."라 하였고, 箋에는 "九族이란 자기 자신을 기점으로 위로는 高祖父에 이르고 아

래로 玄孫에 이르기까지의 친척이다."라고 하였다. ≪正義≫에서는 "이는 옛날 ≪尙書≫의 說로서 鄭玄이 이를 채택하여 썼다. ≪五經異義≫에서는 "오늘날 ≪禮記≫의 戴氏와 ≪尙書≫의 歐陽氏의 說에 따르면, 九族은 父族 넷과 母族 셋, 그리고 妻族 둘을 가리킨다."라고 하였다.〔趙曦明〕

3) 三親 : 앞에 나온 夫婦, 父子, 兄弟를 가리킨다.〔역자〕

4) 分形連氣 : 형체를 나누고 같은 氣를 이어받다.〔역자〕

5) 左提右挈(설) : ≪史記≫ 〈張耳陳餘傳〉에 '左提右挈'이란 표현이 나오고 ≪漢書≫ 〈張耳傳〉에도 나오는데, 顔師古의 注에서 "提挈은 거들어 잡아줌을 말한다."라고 풀이하였다.〔王利器〕

6) 前襟後裾 : 앞에서 옷깃을 잡아당기고 뒤에서 옷자락을 붙든다. 즉 형제가 함께 부모에게 매달리며 자란다는 뜻이다.〔역자〕

7) 同案 : 밥상을 함께하다. 즉 함께 밥 먹다.〔역자〕

8) 傳服 : 아이의 옷 중 큰 아이가 입을 수 없는 것을 남겼다가 작은 아이에게 물려주는 것을 말한다. ≪晉書≫ 〈儒林 氾毓(육)傳〉에 "여러 대에 걸쳐 儒學을 바탕으로 하면서 九族이 화목하였고, 靑州에서 타관살이하며 毓에 이르러 7대가 되었는데, 당시 사람들이 그의 집안을 일컬어 '아이들은 정해진 엄마가 없고, 옷은 일정한 주인이 없다.'라 했다."라고 하였다. ≪北史≫ 〈序傳〉에 "邢子才는 〈李禮之墓誌〉를 지어서 '음식 중에 별미가 있으면 기다렸다가 함께 먹었고, 옷은 일정한 주인이 없어 바꿔 입고 나갔다.'라고 하였다."라는 기록이 있다.〔王利器〕

9) 連業 : '業'은 經典을 필사하는 書版을 뜻하며, '連業'은 형이 사용하던 經書를 그 동생이 이어받아 계속 쓴다는 말이다.〔王利器〕

10) 游則共方 : ≪論語≫ 〈里仁〉에 "나가면 반드시 가는 곳을 알려야 한다."라 하였고, 鄭玄의 注에서 "方은 일정함이다."라고 하였으며, ≪資治通鑑≫ 29의 胡三省 注에서는 "游는 놀러나감을 말하고, 學은 학문을 닦고 연구함을 말한다."라 하였다.〔王利器〕

11) 娣姒 : ≪爾雅≫에서 "큰 며느리가 작은 며느리를 일컬어 娣婦라 하고, 작은 며느리가 큰 며느리를 姒婦라고 한다."라 하였다.〔趙曦明〕

아래위 동서관계를 말한다.〔역자〕

12) 節量 : '節制하고 헤아린다〔度量〕'는 뜻이다.〔역자〕

13) 友悌 : 형제간의 우애를 가리킨다.〔역자〕

14) 旁人 : 형제들의 아내를 가리킨다.〔吳訥〕

사람이 있고 난 뒤에 夫婦가 있고, 夫婦가 있고 난 뒤에 父子가 있으며, 父子가 있고 난 뒤에 兄弟가 있으니, 한 집안의 친족이란 이 세 가지뿐이다. 이로부터 九族

에 이르기까지 모두가 三親에 근본을 두고 있으니, 그래서 인륜에 있어 중요한 것이며 돈독히 하지 않으면 안 된다.

형제란 같은 부모로부터 肉身을 나누어 받고 氣를 이어받은 사람들이다. 어린 시절에는 부모가 좌우에서 이끌어주고, 앞뒤에서 〈부모의〉 옷깃을 끌어당기고 옷자락에 매달리며, 밥은 한 상에서 먹고 옷은 물려받아 입으며, 공부는 형이 쓰던 책을 물려받고 밖에 놀러 나갈 적에는 함께 다니므로, 아무리 못된 형제가 있더라도 서로 아끼지 않을 수 없다. 그러나 장성하여서 각기 아내를 얻고 자식을 갖게 되면, 비록 〈형제간의 우애가〉 두텁고 돈독한 사람이라 할지라도 다소 시들해지지 않을 수 없다.

同壻 사이는 형제에 비교하면 소원하다. 이제 소원한 사람들로 하여금 가깝고 두터운 형제간의 우애를 좌지우지하게 한다면, 이는 바닥은 네모진데 뚜껑이 둥근 것과 같아서 결코 들어맞지 않는다. 오로지 우애가 아주 깊어서 옆에 있는 사람들에 의해 변치 않는 이들만이 〈이런 꼴을〉 면할 것이다.

2. 兄弟와 남의 차이

二親既歿, 兄弟相顧, 當如形之與影, 聲之與響。愛先人之遺體[1], 惜己身之分氣, 非兄弟何念哉? 兄弟之際, 異於他人, 望深則易怨[2], 地親則易弭[3]。譬猶居室, 一穴則塞之, 一隙則塗之, 則無頹毀之慮, 如雀鼠之不卹[4], 風雨之不防[5], 壁陷楹淪, 無可救矣。僕妾之爲雀鼠, 妻子之爲風雨, 甚哉!

1) 遺體 : 〈부모가〉 남기신 몸, 즉 형제를 뜻한다.〔역자〕

2) 望深則易怨 : 望은 책망이다. 아우는 자신에 대한 형의 사랑이 충분하지 않다고 책망하고, 형은 자신에 대한 아우의 공경이 충분하지 않다고 책망하는데, 책망이 심해지면 쉽게 원망이 생겨난다.〔盧文弨〕

3) 地親則易弭 : 관계가 가까우면 情이 가까워서 원망은 비록 쉽게 일어나지만 그래도 쉽게 그칠 수가 있다. 孟子가 이른바 "노여움을 감추지 않고, 원망을 쌓아두지 않는다."라고 한 것이 이것이다. ≪詩經≫ 〈小雅 沔水〉의 傳에서 "弭는 그친다는 뜻이다."라 하였다.〔盧文弨〕

弭는 '瀰'자가 잘못된 것으로 틈〔釁〕이라는 뜻이다.〔王國維〕

여기서 地는 '관계, 입장'의 뜻이다.〔역자〕

4) 雀鼠之不卹 : 雀鼠는 〈行露〉 시에 근거한 것이다.〔趙曦明〕
《詩經》 〈召南 行露〉는 다음과 같다. "누가 참새더러 부리가 없다 했소? 무엇으로 우리 집 지붕을 뚫었겠소? 누가 그대더러 室家의 禮가 없다고 했소? 어찌 나를 獄事에 불러들였겠소? 나를 옥사에 불러들였으나 실가의 예는 부족하오. 누가 쥐더러 이빨이 없다 했소? 무엇으로 우리 집 담을 뚫었겠소? 누가 그대더러 실가의 예가 없다고 했소? 어찌 나를 訟事에 불러들였소? 나를 송사에 불러들였으나, 나는 그대에게 시집가지 않으리."〔王利器〕
참새와 쥐가 집을 뚫고 갉아먹어도 개의치 않는다는 말이다.〔역자〕

5) 風雨之不防 : 風雨는 〈鴟鴞〉 시에 근거한 것이다.〔趙曦明〕
《詩經》 〈豳風 鴟鴞〉에서 "내 집은 흔들흔들, 비바람에 흔들린다."라고 하였다.〔王利器〕
비바람이 들이쳐도 막지 않는다는 말이다.〔역자〕

兩親이 돌아가시고 나면 형제가 서로 돌보기를, 마치 형체에 그림자가 따르고 소리에 메아리가 따르듯 하여야 한다. 先親께서 남겨주신 몸을 아끼고 자신과 氣를 나눈 이를 사랑하는 일을, 형제가 아니면 누가 생각하랴?

형제 사이는 남남과는 달라서 바라는 게 많으니 원망하기 쉽지만, 관계가 가까우니 쉬이 풀어진다. 비유를 하자면 집과 같아서, 구멍 하나가 생길 때 틀어막고 틈 하나가 생길 때 흙으로 바르면, 무너져 못 쓰게 될 염려는 없다. 만약에 참새와 쥐가 사정없이 쪼아 갉아먹어도 개의치 않고 비바람이 들이쳐도 막지 않아서, 벽이 무너지고 기둥이 잠기게 되면, 어찌 할 수가 없게 된다. 하인과 첩은 참새나 쥐와 같고 아내와 자식은 비바람과 같아서 〈이들이 형제간의 우애를 해침이〉 대단하도다!

3. 兄弟 不睦의 결과

兄弟不睦, 則子姪[1)]不愛 ; 子姪不愛, 則群從[2)]疏薄 ; 群從疏薄, 則僮僕爲讎敵矣。如此, 則行路皆踖(적)其面而蹈其心[3)], 誰救之哉? 人或交天下之士, 皆有歡愛, 而失敬於兄者, 何其能多而不能少也! 人或將數萬之師, 得其死力, 而失恩於弟者, 何其能疏而不能親也[4)]!

1) 子姪 : 兄弟의 자식들을 말한다. 그 유래는 본서 제6 〈風操〉篇 15에 상세히 서술되어

있는데, 이에 따르면 晉代 이후 처음으로 叔姪이라 부르던 데에서 시작되었다. ≪晉書≫ 〈王湛傳〉에서 "조카 王濟는 才氣가 괄괄하여 湛에 대하여 조카〔子姪〕로서 공경하는 마음이 거의 없었다."라고 한 것이 이것이다. ≪史記≫ 〈魏其武安侯傳〉에서는 "田蚡이 아직 귀한 신분이 되기 전에 왕래하며 魏其의 술시중을 들었는데, 꿇어앉았다 일어났다 하는 것이 마치 조카〔子姪〕 같았다."라고 하였다. ≪呂氏春秋≫에도 이미 '子姪'이라는 표현이 나오는데, 이는 秦漢 이래로 이러한 호칭이 있었다는 뜻이다.〔盧文弨〕

2) 群從 : 친족들의 子弟들을 말한다.〔王利器〕

3) 蹐(적)其面而蹈其心 : 蹐은 밟는다는 뜻이다.〔郝懿行〕
　그 얼굴을 밟고 가슴을 짓밟다. 즉 유린하고 모욕하는 것이다.〔역자〕

4) 人或交天下之士……何其能疏而不能親也 : ≪北齊書≫ 〈韋子粲傳〉에 "粲은 부귀하게 된 후에 유독 그의 동생 道諧를 멀리하여, 따로 나가 살게 하고 받은 녹봉은 거의 나눠주지 않았으니, 그가 恩意를 저버린 것이 이와 같았다."라고 하였으니, 顔之推의 지적에는 근거가 있다.〔王利器〕

형제가 不睦하면 그 자식들도 〈서로〉 아껴주지 않는다. 그 자식들이 아껴주지 않으면 一家眷屬도 소원하고 야박해진다. 일가권속이 소원하고 야박하면 下人들도 원수가 되어 적대한다. 이와 같아지면 낯선 사람들이 모두 유린하고 모욕한들 누가 구해주겠는가?

사람들 중에는 간혹 천하의 선비들과 교유하며 다함께 기뻐하고 아껴주면서도 형에 대해서는 공경할 줄을 모르는 이들이 있는데, 어떻게 많은 사람들과는 잘 지내면서 몇 안 되는 형과는 그러지 못하는가! 사람들 중에는 간혹 수만의 군사들을 거느리며 그들의 죽을힘까지 끌어내면서도 동생에 대해서는 慈愛하지 않는 이들이 있는데, 어떻게 관계가 먼 군사들과는 잘 지내면서 가까운 동생과는 그러지 못하는가!

4. 兄弟의 아내들 - 同壻 관계

娣姒者, 多爭之地也, 使骨肉居之, 亦不若各歸四海, 感霜露而相思[1], 佇日月之相望[2]也。況以行路之人, 處多爭之地, 能無閒(간)[3]者鮮矣。所以然者, 以其當公務[4]而執私情, 處重責而懷薄義也。若能恕己而行[5], 換子而撫, 則此患不生矣。

1) 感霜露而相思 : ≪詩經≫ 〈秦風 蒹葭〉에 "갈대는 푸른데 백로는 서리가 되네.〔白露爲霜〕 바로 그 사람은 강물 저 편에 있다네."라고 한 것이 바로 이 글의 근거이다.〔王利器〕

계절이 바뀌는 것에 감회를 느껴 가족을 그리워한다는 뜻이다.〔역자〕

2) 佇日月之相望 : ≪文選≫에 수록된 李陵의 〈與蘇武詩〉에서 "어찌 알겠나? 해와 달은 아니어도, 차고 이지러지듯 만날 날이 다시 있을 줄을.〔安知非日月 弦望自有時〕"이라 하였다.〔王利器〕

해와 달이 서로 바라보게 될 날을 기다린다, 즉 만날 날을 기다린다는 뜻이다.〔역자〕

3) 間(간) : '틈, 간극, 不和'의 뜻이다.〔역자〕

4) 公務 : 공적인 집안일이다.〔역자〕

5) 恕己而行 : 자신을 미루어 행하다. 자신을 용서하는 마음을 미루어 남에게 행하다. ≪明心寶鑑≫의 "남을 책망하는 마음으로 자신을 책망하고, 자신을 용서하는 마음으로 남을 용서한다.〔以恕己之心恕人〕"라는 표현도 비슷한 뜻이다.〔역자〕

同壻 관계는 다툼의 소지가 많다. 血肉들로 하여금 그 사이에 있게 하느니 차라리 각기 천지사방을 돌아다니면서 서리와 이슬이 내리면 감회를 느껴 그리워하고, 해와 달이 서로 바라볼 날을 기다리는 것이 더 나을 것이다. 하물며 전혀 모르는 남이 다툼의 소지가 많은 곳에 있으니 틈이 없는 경우가 드물다. 그렇게 되는 까닭은 공적인 집안일을 하면서 사사로운 정에 매달리고, 중책을 맡았음에도 경박한 情誼를 품고 있기 때문이다. 만약 자신을 미루어 〈남에게〉 행하고 자식을 바꾸어 〈자기 자식처럼〉 돌봐줄 수 있다면, 이러한 분란은 생기지 않을 것이다.

5. 형님 모시기를 아버지 대하듯

人之事兄, 不可同於事父[1], 何怨愛弟不及愛子乎? 是反照而不明也。沛國[2]劉璡, 嘗與兄瓛(환)[3], 連棟隔壁[4], 瓛呼之數聲不應, 良久[5]方答。瓛怪問之, 乃曰 : "向來[6]未著衣帽故也。" 以此事兄, 可以免矣。

1) 不可同於事父 : ≪爾雅≫ 〈釋言〉에 "猷는 肯, 可의 뜻이다."라 하였으므로 肯과 可는 互訓할 수 있는데, 여기서의 '可'자는 '肯'의 뜻으로 사용되었다.〔林思進〕

韓愈의 〈故貝州司法參軍李君墓誌銘〉에서 "그 형님 모시기를 마치 아버님 모시듯이 하였으니, 그의 행실에는 감히 벗어남이 있을 수가 없었다."라 한 것은, 아마 이 글에 근거를 두었을 것이다.〔王利器〕

2) 沛國 : 地名이다. ≪續漢書≫ 〈郡國志〉에 따르면 "沛國은 豫州에 속한다."〔趙曦明〕
지금의 江蘇省 沛縣 일대이다.〔역자〕

3) 瓛(환) : ≪南史≫ 〈劉瓛傳〉에 "瓛은 字가 子圭이고 沛郡 相縣 사람이다. 인정이 많고 배우기를 좋아하였으며, 訓詁에 널리 통달하였다. 동생 璡은 字가 子璥으로 반듯하고 정직하였으며, 학문적인 품위는 瓛에 못 미쳤지만 문학적인 광채는 그를 능가하였다."라 하였다.〔趙曦明〕

劉瓛은 ≪南齊書≫에도 傳이 있다. ≪藝文類聚≫ 38에 인용된 任昉의 〈求爲劉瓛立館啓〉에서 "劉瓛은 몸가짐에 조심하고 德으로 목욕하며 행실을 닦고 경전을 밝혔다."라 하였고, ≪文選≫에 수록된 劉孝標의 〈辨命論〉에서는 "근래 沛國의 劉瓛과 그의 동생 璡이 모두 일세의 뛰어난 선비였다. 瓛은 關西의 孔子〈라 불리던 楊震〉처럼 六經에 통달하였고, 차근차근 잘 이끌어주고 儒家의 행실을 마음에 깊이 간직하였으며, 璡은 뜻이 매섭기가 가을서리 같고, 마음이 곧기가 崑山의 옥 같으며, 꼿꼿하고 우뚝한 모습으로 風塵에 뒤섞이지 않았다. 모두 가난한 집에서 덕을 길러 함께 천지에 명성을 날렸다. 그런데 관직은 侍郎의 보잘것없는 자리에 머물렀고 지위는 궁궐 侍衛官에도 오르지 못하고서 연이어 죽었으니, 조상의 제사조차 받들 사람이 없게 되었다."라 하였다.〔王利器〕

4) 連棟隔壁 : 이어진 용마루에 벽을 사이에 두다. 즉 한 집에서 벽을 사이에 두고 살다.〔역자〕

5) 良久 : 상당히 오래되다. 제법 오래 지나다.〔역자〕

6) 向來 : '아까, 방금 전'의 뜻이다.〔역자〕

사람들이 형님 섬기기를 아버지 섬기듯이 할 수 없다면서, 어찌 〈형님이〉 아우를 사랑하는 것이 자식을 사랑하는 것만 못한다고 원망하는 것일까? 이는 〈아무리〉 뒤집어 살펴봐도 모를 일이다.

沛國의 劉璡은 일찍이 그의 형 瓛과 벽을 사이에 두고 한 집에 살았었는데, 〈한번은〉 瓛이 몇 차례 불렀으나 응하지 않다가 한참 만에야 비로소 대답을 했다. 瓛이 이상히 여겨 물어보자 "좀 전에 의관을 미처 갖추지 못했기 때문입니다."라고 하였다. 이런 자세로 형을 섬기면 〈형제간에 불화를〉 면할 수 있을 것이다.

6. 죽음도 함께한 王玄紹 형제

江陵[1)]王玄紹, 弟孝英、子敏, 兄弟三人, 特相友愛, 所得甘旨新異, 非共聚食, 必不先嘗, 孜孜(자자)色貌[2)], 相見如不足者[3)]。及西臺[4)]陷沒, 玄紹以形體魁梧[5)], 爲兵所圍, 二弟爭共抱持, 各求代死, 終不得解, 遂幷命[6)]爾。

1) 江陵 : 梁 元帝가 처음 荊州刺史가 되었을 때의 治所이다.〔趙曦明〕
2) 孜孜(자자)色貌 : 부지런하고 간절한 태도이다.〔역자〕
3) 相見如不足者 : ≪論語≫ 〈鄕黨〉의 "그 말씀은 부족한 것처럼 하셨다.〔其言似不足〕"에 대한 邢昺의 疏에서 "其言似不足이란 흥분을 가라앉히고 부드러운 소리를 내는 것이 흡사 부족한 것 같다는 뜻이다."라 하였다. 이 글은 형제 세 사람이 비록 서로 부지런하고 게으르지 않았지만, 그래도 만나면 여전히 충분히 못해주었다는 마음이 들었다는 뜻이다.〔王利器〕
4) 西臺 : ≪資治通鑑≫ 144 胡三省의 注에 "江陵이 서쪽에 있어서 西臺라고 불렀다."라 하였고, ≪梁書≫ 〈元帝紀〉에 "承聖 원년 겨울 11월 丙子日에 世祖는 江陵에서 帝位에 올랐다. 3년 9월 西魏에서 柱國 萬紐와 于謹을 보내어 침범해왔는데, 반역자들이 西魏 군사를 받아들여 世祖가 사로잡히자, 西魏 측에서 世祖를 해하여 결국 붕어하셨다."라 했다.〔趙曦明〕
5) 魁梧 : ≪漢書≫ 〈張良傳〉의 顔師古 注에 의하면, 魁는 큰 모양이고, 梧는 그것이 놀랄 만하다는 뜻이다.〔盧文弨〕
6) 幷命 : 따라서 죽는 것을 말한다. '幷命'은 漢・魏・南北朝시대 사람들의 관용어로 '倂命'으로 쓰기도 한다.〔王利器〕

江陵의 王玄紹와 아우 孝英, 子敏 형제 셋은 남달리 서로 우애가 깊었다. 맛있고 별난 새로운 음식이 생길 경우 함께 모여서 먹지 않으면 결코 먼저 맛보지 않았고, 부지런하고 간절한 태도로 대하면서도 서로 만나면 마치 충분히 잘해주지 못했다는 마음이 들었다. 西臺 함락 때 王玄紹가 몸집이 장대해서 적병들에게 에워싸이자, 두 동생이 앞다투어 함께 끌어안고 각기 대신 죽고자 하였지만, 끝내 벗어나지 못하고 결국 함께 죽었다.

제4편 後娶 재혼

再婚 문제에 관한 가르침이다. 먼저 재혼으로 인해 가족간의 화목이 깨진 사례와 가족간의 화목을 위해 재혼을 포기한 옛사람들의 사례를 교훈삼아 재혼 문제에 대해 재삼 신중히 생각할 것을 당부하였다.

아울러 庶子 차별 같은 사회적 관습이 재혼으로 인한 갈등을 더욱 심화시킬 수 있다는 견해를 제시하며, 재혼으로 인한 갖가지 가정불화의 사례들을 열거하였다.

顔之推는 재혼에 수반되는 가족간의 갈등이 결국 친부모를 더 사랑하고 친자식을 더 아낄 수밖에 없는 인간 본능의 불가피한 성향에 기인하는 것이라고 인식하고 있다. 따라서 재혼에 대한 顔之推의 입장은 상당히 부정적이라고 할 수 있다.

1. 再婚은 신중하게

吉甫[1), 賢父也；伯奇, 孝子也, 以賢父御孝子, 合得終於天性[2), 而後妻間之, 伯奇遂放。曾參婦死, 謂其子曰："吾不及吉甫, 汝不及伯奇[3)。" 王駿喪妻, 亦謂人曰："我不及曾參, 子不如華、元[4)。" 竝終身不娶, 此等足以爲誡。其後, 假繼[5) 慘虐孤遺, 離間骨肉, 傷心斷腸者, 何可勝數? 愼之哉! 愼之哉!

1) 吉甫 : ≪琴操≫ 〈履霜操〉에 "尹吉甫는 아들이 伯奇였다. 그 어미가 일찍 죽자 다시 후처를 들였는데, 이에 〈후처는〉 吉甫에게 伯奇를 헐뜯어 말하기를 '伯奇가 저의 아름다움을 보더니 사심을 품고 있습니다.'라고 하였다. 吉甫가 '伯奇의 자애로운 마음에 어찌 그럴 리가 있겠소?'라 하자, 후처는 '저를 빈 방에 두고 당신은 다락에 올라가보시구려.'라 하였다. 그리고는 벌을 잡아다가 옷깃에 넣고서 伯奇를 불러 꺼내달라고 했다. 백기가 손을 넣어 벌을 잡으려 하자, 계모가 자신을 겁탈하려 한다고 외치니 吉甫가 크게 노하여 伯奇를 들판으로 내쫓았다. 周 宣王이 유람을 나갈 때 吉甫가 수행을 하였는데, 伯奇가 노래를 지어 불러 그들의 마음을 움직였다. 宣王이 말하기를 '이는 쫓겨난 자식의 노래로다.'라고 하였다. 吉甫가 자신의 잘못을 깨닫고는

그의 아내를 활로 쏘아 죽였다."라 하였다.〔趙曦明〕

曹植의 〈令禽惡鳥論〉에서는 "옛날에 尹吉甫는 후처가 헐뜯는 말을 듣고서 효자인 伯奇를 죽였는데, 그 아우 伯封이 구하려고 하였지만 구하지 못했다."라 하였고, ≪太平御覽≫ 469에 인용된 ≪韓詩≫에서는 "〈黍離〉는 伯封이 지었다."라 하였다.〔王利器〕

2) 合得終於天性 : 천성대로 함께 끝까지 할 수 있다. 즉 헤어지지 않고 죽을 때까지 함께 살 수 있었다는 뜻이다.〔역자〕

3) 曾參婦死……汝不及伯奇 : ≪孔子家語≫ 〈七十二弟子解〉에 "曾參은 계모가 그를 구박했지만 정성스런 봉양에는 변함이 없었다. 그의 아내가 잘 삶지 않은 나물을 부모 밥상에 올리자 결국 아내를 내쫓고 평생 다시 아내를 맞이하지 않았다. 그의 아들 元이 새장가 들기를 청하자 아들에게 말하기를 '高宗은 후처 때문에 孝己를 죽였고, 尹吉甫는 후처 때문에 伯奇를 내쫓았다. 나는 위로는 高宗에 못 미치고 중간으로는 吉甫에 못 미치는데, 〈내가〉 그러한 잘못을 면할 수 있을지 어찌 알겠느냐?'라 했다."라고 하였다.〔盧文弨〕

4) 王駿喪妻……子不如華元 : ≪漢書≫ 〈王吉傳〉에 "王吉의 아들 駿이 少府로 있을 때 아내가 죽었으나 그 후 다시 아내를 맞이하지 않았는데, 누군가 물었더니 駿이 말하기를 '덕은 曾參이 아니요 아들도 曾華나 曾元이 아닌데, 어떻게 감히 아내를 맞이하겠소?'라고 하였다."라 하였다.〔盧文弨〕

≪三國志≫ 〈管寧傳〉에 "본래 管寧의 아내가 먼저 죽어 친지들이 다시 장가들기를 권하자 管寧은 '〈저는〉 늘 曾子와 王駿의 말을 곰곰이 살펴보면서 마음으로 늘 훌륭하다고 여겼습니다. 내가 그 일을 당했는데 어찌 처음의 마음을 저버릴 수가 있겠습니까?'라고 말했다."라 하였다. 따라서 이 〈後娶〉篇에서 曾子와 王駿의 말을 끌어다 警戒로 삼은 것은 사실 管寧의 고사에서 나온 것이며, 顔之推도 여기에 근거하였을 것이다.〔王利器〕

5) 假繼 : 假母나 繼母를 말한다. ≪漢書≫ 〈衡山王賜傳〉의 顔師古 注에 의하면, 假母는 繼母로, 아버지의 旁妻라 하기도 한다.〔盧文弨〕

尹吉甫는 어진 아버지였고 伯奇는 효자였다. 어진 아버지로서 효자를 거느렸으니 천성 그대로 평생 함께 살 수 있었을 텐데, 後妻가 그들 사이를 이간질하여 결국 伯奇는 쫓겨나고 말았다.

曾參은 아내가 죽자 그의 아들에게 말하기를 "나는 尹吉甫에 못 미치고, 너도 伯奇에 못 미친다."라고 하였다. 王駿도 喪妻하고 나서 남들에게 "나는 曾參에 못 미치고, 아들도 曾華나 曾元만 못하지요."라고 하였다. 그리하여 두 사람 모두 평생 재혼하지 않았으니, 이러한 사례들은 교훈으로 삼을 만하다.

이들 이후로 繼母가 남겨진 자식들을 학대하고 혈육을 이간질시켜, 상심케 하고 애간장을 끓인 사례들을 어찌 이루 다 헤아릴 수 있을까? 신중히 하라! 신중히 하라!

2. 再婚으로 인한 不和

江左[1)]不諱[2)]庶孽(얼)[3)], 喪室[4)]之後, 多以妾媵(잉)[5)]終家事。疥癬(개선)蚊虻[6)], 或未能免, 限以大分[7)], 故稀鬩鬩之恥。河北鄙於側出[8)], 不預人流[9)], 是以必須重娶, 至於三四, 母年有少於子者。後母之弟, 與前婦之兄, 衣服飮食, 爰及婚宦, 至於士庶貴賤之隔, 俗以爲常。身沒之後, 辭訟盈公門[10)], 謗辱彰道路, 子誣母爲妾, 弟黜兄爲傭[11)], 播揚先人之辭迹[12)], 暴露祖考之長短, 以求直己者, 往往而有[13)]。悲夫! 自古姦臣佞妾, 以一言陷人者衆矣! 況夫婦之義, 曉夕移之, 婢僕求容[14)], 助相說(세)引[15)], 積年累月, 安有孝子乎? 此不可不畏。

1) 江左 : 양자강 하류 南岸 지역이다. 남조문화의 중심지였던 江南을 가리키며, 江東이라 하기도 한다.〔역자〕
2) 諱 : 꺼리다. 싫어하다.〔역자〕
3) 庶孽(얼) : 고대사회에서 첩이 낳은 자녀를 庶孽이라 하였다.〔역자〕
4) 喪室 : 아내를 잃다. 여기서 室은 본부인을 뜻한다.〔역자〕
5) 妾媵(잉) : 媵妾, 즉 貴人에게 시집가는 여인이 데리고 가는 侍妾이다.〔역자〕
6) 疥癬(개선)蚊虻 : 옴이란 질환은 악창에 비해서 가볍고, 모기와 등에의 피해는 뱀이나 전갈보다 적다는 뜻으로, 설사 손실이 있다 하더라고 크지 않음을 말한 것이다.〔盧文弨〕

   ≪國語≫ 〈吳語〉의 "申胥가 諫言을 올려서 '비유하자면 越나라가 吳나라 안에 있는 것과 같고, 사람이 배와 가슴속에 병이 있는 것과 같습니다.…… 齊와 魯는 비유하자면 옴을 앓고 있는 것과 같습니다.'라 하였다."에 대해 韋昭는 "옴은 바깥에 있어서 해가 적다."라고 풀이하였는데, 이 글은 여기에 근거를 두고 있다.〔王利器〕

   여기서는 媵妾으로 말미암아 생겨날 수 있는 사소한 문제들을 비유한 말이다.〔역자〕
7) 大分 : 큰 차이이다. 여기서는 본부인과 첩이라는 신분상의 큰 차이를 말한다.〔역자〕
8) 河北鄙於側出 : 河北에서는 첩의 소생을 천하게 여겼다. 河北은 黃河 일대의 北朝 지

역을 가리키고, 側出은 첩의 소생, 즉 庶子를 말한다.〔역자〕

9) 人流 : ≪人物志≫ 〈流業〉에서 "사람의 분파별 직업으로는 열두 가지가 있는데, 清節家, 法家, 術家,……"라 하였다. '人流'에서의 '流'는 '士流', '學流', '文流', '某家者流' 등에서의 '流'와 뜻이 같다.〔王利器〕

10) 辭訟盈公門 : 진정과 고소가 관련 기관의 문에 가득하다.〔宇都宮清吉〕

11) 弟黜兄爲傭 : 아우가 형을 머슴으로 내몰다. 黜은 물리치다, 내몰다. 傭은 품팔이이다.〔역자〕

12) 播揚先人之辭迹 : 先親의 말과 행동을 마구 퍼뜨려 알린다. 播揚은 조심성 없이 여기저기 퍼뜨린다는 뜻이다.〔역자〕

13) 身沒之後……往往而有 : ≪北史≫ 〈崔亮傳〉에 "崔亮의 祖父가 修之이고 修之의 동생이 道固였는데, 그의 모친이 출신이 비천하다고 하여 嫡母 형인 攸之와 目蓮 등이 그를 깔보고 업신여겼다. 아버지 緝이 그를 위해 타일러보았지만 더욱 그를 업신여기자, 이에 그를 독립시켜 남쪽으로 가서 벼슬하게 하였다. 당시 宋 孝武帝는 徐州와 兗州 두 州의 刺史를 맡고 있었는데, 그를 從事로 삼았다. 道固는 잘 생긴데다가 행동거지도 훌륭하였고, 군사에 관한 일도 잘하였다. 마침 青州刺史가 새로 임명되어 彭城을 지나게 되었는데, 孝武帝가 그에게 말하기를 '崔道固는 사람이 이렇게 훌륭한데, 세상 사람들이 오직 庶出이라는 이유만으로 그를 업신여기니 탄식할 만한 일이오.'라 하였다. 目蓮의 아들 僧深은 青州刺史까지 지냈는데, 본처 房氏에게 아들 伯麟과 伯驥가 있었음에도 뒤에 또 平原 杜氏를 맞아들여 伯鳳, 祖龍, 祖螭, 祖芑 등 아들 넷을 더 낳았다. 僧深은 杜氏와 네 아들과 함께 青州에서 살았고 房氏 모자는 冀州에서 살았다. 僧深이 죽어서 伯驥가 부고를 받고 달려가자 祖龍이 그와 嫡庶의 자리를 놓고 송사를 벌였는데, 둘 다 칼을 들고 스스로를 지키는 것이 마치 원수 사이 같았다."라 하였다.〔趙曦明〕

≪魏書≫ 〈楊大眼傳〉에는 "大眼의 처 潘氏는 말 타고 활쏘기를 잘했는데, 장남 甑生과 차남 領軍, 막내 征南 등 세 아들을 낳았다. 〈大眼은〉 뒤에 元氏를 후처로 들였다. 大眼이 죽고서 甑生 등이 印綬가 어디 있는지 묻자, 당시 아이를 배고 있었던 元氏는 자신의 배를 가리키며 '開國을 하면 당연히 내 아이가 물려받아야지, 너희 종년의 자식들은 바라지도 말아라.'라고 하였다. 甑生은 깊이 원한을 품었다."라 하였다.

또 ≪魏書≫ 〈酷吏 李洪之傳〉에서는 "洪之가 미천할 때 아내 張氏는 洪之가 재산을 경영하는 것을 거들어, 가난할 때부터 부귀하게 될 때까지 돕고 보탠 것이 많았는데, 남녀 식솔이 수십 명이나 되었다. 뒤에 劉氏를 새로 얻더니, 洪之는 그녀만 존중하고 張氏에 대해서는 소원하고 야박하게 굴면서, 두 집이 따로 살게 하였다. 이로부터 두 아내는 질투하고 다투며 송사를 벌이고 저주를 하였으며, 두 집 母子가 왕래하는 것이 마치 원수와 같았다."라고 하였다.

≪北齊書≫ 〈薛琡傳〉에서는 "魏의 東平王 元匡의 첩이었던 張氏는 음란하고 방자하였는데, 琡이 그녀를 받아들여 아내로 삼고는 그녀의 거짓말에 미혹되어, 전처 于氏를 내쫓고 그 자식들도 구박하였다. 집안 식구들이 원망하며 끝내 이별을 고하게 되었으니, 세상 사람들로부터 비난과 욕을 많이 먹었다."라고 했다.〔李慈銘〕

14) 求容 : 잘 보이려고 하다. 영합하다.〔역자〕

15) 說(세)引 : 유인하다.〔王利器〕

江南에서는 庶子를 꺼리지 않아, 본부인이 죽은 후에 〈새로 부인을 맞아들이지 않고 딸려온〉 媵妾에게 집안일을 맡겨 끝까지 돌보게 하는 경우가 많다. 〈잉첩으로 인해 생기는〉 사소한 문제들까지 다 면할 수는 없겠지만, 〈본부인과 잉첩은 신분상〉 크게 구분되는 까닭에 〈자식들이〉 싸우는 부끄러운 일은 드물다.

河北에서는 妾의 소생을 천대하여 〈庶子는〉 사람 축에 끼지 못하였으므로 〈아내가 죽으면〉 반드시 재혼을 해야 했는데, 서너 번씩 하다 보면 後母의 나이가 자식보다 더 어린 경우도 있다. 後母 소생의 동생과 전처 소생의 형은, 의복과 음식으로부터 혼인과 벼슬, 士人과 庶人 같은 귀천의 격차에 이르기까지 세간에서는 당연한 것으로 여겼다. 〈그러니〉 아버지가 죽고 나면 진정과 고소가 관청 문에 가득 넘쳐나고 비방과 욕설이 길거리에 난무하며, 자식이 後母를 첩이라고 모함하고 동생이 형을 머슴으로 내몬다. 돌아가신 아버지의 말씀과 행실에 대해 여기저기서 떠들어대고, 할아버지의 잘잘못까지 까발리면서 자신의 정당함을 구하는 이들도 왕왕 있다.

슬프다! 예로부터 간사한 신하와 못된 첩실이 말 한마디로 사람들을 궁지에 빠뜨린 일이 많았도다! 하물며 부부간의 情誼는 아침저녁으로 바뀌는 것인데, 하인들이 잘 보이려고 거들고 부추기면서 〈이런 일이〉 오랜 세월 지속되면, 어떻게 효자가 남아나겠는가? 이런 일은 두려워하지 않을 수 없다.

3. 낳은 자식과 데려온 자식

凡庸[1)]之性, 後夫多寵前夫之孤, 後妻必虐前妻之子, 非唯婦人懷嫉妒之情[2)], 丈夫有沈惑之僻[3)], 亦事勢使之然也。前夫之孤, 不敢與我子爭家, 提攜鞠養[4)], 積習[5)]生愛，故寵之；前妻之子，每居己生之上，宦學[6)]婚嫁，莫不爲防焉，故虐之。異姓寵則父母被怨，繼親[7)]虐則兄弟爲讎，家有此者，皆門戶[8)]之禍也。

1) 凡庸 : 평범하고 변변치 못한 사람이다. 여기서는 보통 사람을 뜻한다.〔역자〕
2) 嫉妒之情 : ≪北齊書≫ 〈元孝友傳〉에서 "일찍이 表를 上奏하여 말하기를 '오늘날 사람들은 도무지 본보기가 될 만한 예절이 없으니, 부모는 딸을 시집보내며 투기하는 법을 가르치고, 시어머니나 시누이를 만나면 피하라고 권하며, 남편을 꼼짝 못하게 하는 것을 婦德으로 삼고, 투기를 잘하는 것을 여자의 솜씨라고 운운합니다.'라고 하였다."라 하였는데, 이는 顔之推의 말과 서로 부합하는 것으로 당시의 나쁜 풍습이었다.〔王利器〕
3) 沈惑之僻 : 무엇을 좋아하여 정신을 잃고 거기에 빠지는 버릇이다. 여기서 僻은 버릇, 습성, 성향이란 뜻으로 '癖'과 같다.〔역자〕
4) 提攜鞠養 : 이끌고 기르다.〔역자〕
5) 積習 : 오래되어 가깝고 익숙해지다.〔역자〕
6) 宦學 : 벼슬살이와 학업, 또는 官務를 배우는 일과 六經을 배우는 일이다.〔역자〕
7) 繼親 : 繼母. 後母. 蔡邕의 〈胡公碑〉에서 "繼親이 집에 계신다."라 하였다.〔王利器〕
8) 門戶 : 오늘날 家庭과 같다. ≪漢書≫ 〈東方朔傳〉에서 "때로는 가정〔門戶〕을 잃기도 한다."라 하였다.〔王利器〕

보통 사람의 본성은 새 남편이 전 남편의 자식을 아껴주는 경우는 많아도, 후처는 반드시 전처의 자식을 학대하게 되어 있다. 〈이는〉 단지 여자들은 질투심을 품고 있고 남편들은 무엇에 잘 빠져 혹하는 성향이 있어서가 아니라, 일의 상황이 그렇게 만들기 때문이다.

전 남편의 자식은 내 자식과 감히 집안〈의 주도권〉을 다투지 못하며, 이끌고 키우며 오랜 세월 가까워지다 보면 애정이 생기게 되므로, 그를 총애하게 되는 것이다. 전처의 자식은 늘 자기가 낳은 자식 위에 있으면서 벼슬이나 학업, 혼사 등 방해되지 않는 일이 없으므로, 그를 학대하게 되는 것이다.

배다른 형제가 총애를 받으면 부모는 〈친자식으로부터〉 원망을 당하게 되고, 繼母가 〈전처의 자식을〉 학대하면 형제간은 원수가 된다. 집안에 이런 일이 있으면 모두 가정의 불행이다.

4. 돌려보낸 後母

思魯等[1)]從舅殷外臣[2)], 博達之士也。有子基、諶, 皆已成立, 而再娶王氏。基每拜見後母, 感慕嗚咽(열)[3)], 不能自持, 家人莫忍仰視。王亦悽愴, 不知所容, 旬月求退, 便以禮遣, 此亦悔事也。

1) 思魯等 : 杭大宗의 ≪諸史然疑≫에 "顔之推의 두 아들로 하나는 思魯이고 또 하나는 敏楚이다. ≪顔氏家訓≫에 누차 나오는데, 敏은 愍으로 되어 있다."라 하였다.〔郝懿行〕

顔思魯는 顔之推의 장남으로 字가 孔歸이다. 그는 文字와 音韻에 정통하여 隋나라에서는 東宮學士와 長安王侍讀을 맡았으며, 唐나라가 들어서자 太宗으로부터 秦王府記室參軍의 직책을 받았다. 그의 아들 顔師古는 이름난 訓詁學者이다.〔역자〕

2) 從舅殷外臣 : ≪顔魯公集≫ 〈顔勤禮碑〉에서 "부친 思魯는 御正中大夫 殷美童의 딸을 아내로 맞이하였는데, ≪殷美童集≫에서 顔郎이라고 부른 이가 바로 이분이다."라고 하였으므로, 思魯가 殷氏에게 장가들어 顔氏와 殷氏가 사돈 관계가 되었음을 알 수 있다. ≪爾雅≫ 〈釋親〉에 의하면, 어머니 從兄의 형제들이 從舅가 된다.〔王利器〕

3) 感慕嗚咽(열) : 〈돌아가신 어머니가〉 그리워서 흐느껴 울다.〔역자〕

思魯 등의 외종숙인 殷外臣은 박식하고 사리에 밝은 선비였는데, 아들 基와 諶이 다 장성하고 난 다음 王氏를 새 아내로 맞이하였다. 基가 매번 後母를 뵙고 절을 올릴 적마다 〈친어머니가〉 그리워서 흐느껴 울며 자제하지 못하니, 집안사람들은 차마 쳐다볼 수가 없었다. 王氏 역시 마음이 아파서 몸 둘 바를 몰라 하다가, 달포쯤 지나 물러나겠다고 하자 예를 갖추어 내보내었지만, 이 역시 유감스러운 일이다.

5. 나라에서 인정한 孝誠

≪後漢書≫曰 : "安帝時, 汝南薛包孟嘗, 好學篤行, 喪母, 以至孝聞。及父娶後妻而憎包, 分出之, 包日夜號泣, 不能去, 至被毆杖[1)]。不得已, 廬於舍外, 旦入而洒埽(쇄소)[2)]。父怒, 又逐之, 乃廬於里門, 昏晨不廢[3)]。積歲餘, 父母慙而還之。後行六年服, 喪過乎哀[4)]。旣而弟子求分財異居, 包不能止, 乃中分其財, 奴婢引[5)]其老者, 曰 : '與我共事久, 若不能使也。' 田廬取其荒頓[6)]者, 曰 : '吾少時

所理, 意所戀也。' 器物取其朽敗者, 曰 : '我素所服[7)]食, 身口所安也。' 弟子數破其産, 還復(부)[8)]賑給[9)]。建光[10)]中, 公車特徵[11)], 至拜侍中[12)]。包性恬虛[13)], 稱疾不起, 以死自乞, 有詔賜告[14)]歸也。"

1) 毆杖 : 몽둥이로 때리다.〔역자〕

2) 洒埽(쇄소) : 물을 뿌리고 〈집안을〉 쓸다.〔역자〕

3) 昏晨不廢 : ≪資治通鑑≫ 50에 이 故事가 수록되어 있는데, 胡三省의 注에서 "昏定晨省의 禮를 그만두지 않았다."라고 하였다.〔王利器〕

昏定晨省의 예란 저녁에는 부모님의 잠자리를 보아드리고 아침에 밤새 안부를 묻는 일을 말한다.〔역자〕

4) 喪過乎哀 : ≪周易≫ 小過卦 〈象辭〉에서 "산에 우레가 있는 것이 小過인데, 君子는 행동에 있어 지나치게 공손하고, 초상에서 있어 지나치게 슬퍼하며〔喪過乎哀〕, 비용을 쓰는 데 지나치게 검소하다."라 하였다. 옛날에 부모가 돌아가시면 자식은 3년간 상복을 입었는데, 薛包는 6년 동안 상복을 입었으니 그래서 초상에 있어 지나치게 슬퍼했다고 한 것이다.〔王利器〕

3년상의 상규를 벗어나 규정 이상으로 애도했음을 말한다.〔역자〕

5) 引 : 가지다. 取하다. ≪後漢書≫ 〈孔融傳〉의 注에서 ≪融家傳≫을 인용하여 "태어나 네 살 되었을 때 형들과 함께 복숭아를 먹으면 融은 늘 작은 것을 가졌다. 어른이 그 까닭을 물으니 대답하기를 '저는 어린애이니 당연히 작은 걸 가져야지요.'라 하였다."라고 했다. ≪太平御覽≫ 385에 인용된 ≪孔融外傳≫에도 마찬가지이다. 앞에서는 '引'으로 썼고 뒤에서는 '取'로 썼으니, 互文을 통해 뜻을 드러낸 것이다.〔王利器〕

6) 荒頓 : ≪後漢書≫의 李賢 注에 의하면, 頓은 廢와 같다.〔王利器〕

7) 服 : 사용하다. 옛날에는 用을 服이라 했다. ≪說文解字≫ 舟部에서 "服은 用〔쓰다〕의 뜻이다."라 하였다.〔王利器〕

8) 還復(부) : 劉淇의 ≪助字辨略≫ 1에서 "還은 ≪廣韻≫에서 '다시〔復〕'의 뜻이라고 했는데, ≪世說新語≫에서 '세상 사람들이 王衍의 논리로써 裴頠를 논박하니 논리가 또 다시〔還復〕 발전하였다.'라 하였으므로 '還復'는 같은 뜻의 글자가 겹친 말〔重言〕이다. 하지만 '還'에 또 '仍'의 뜻이 있으므로 '理還復申'은 '理仍復申(논리가 이에 다시 발전하였다)'이라고 하는 것과 같다."〔王利器〕

9) 賑給 : 어려운 사람에게 물자를 베풀어주다.〔역자〕

10) 建光 : 漢 安帝의 年號(121~122)이다.〔역자〕

11) 公車特徵 : ≪續漢書≫ 〈百官志〉에서 "衛尉의 屬官으로 公車司馬令 1인이 있었는데, 〈官秩은〉 육백 석이었고 궁궐 남쪽 闕門을 맡으면서 吏民이 올리는 글, 사방에서

바치는 공물, 公車로 불러들여 출두하는 사람들을 담당하였다."라 하였고, 胡三省의 注에서 "特은 혼자라는 뜻으로 혼자만 부름을 받았고, 당시에 함께한 이가 없었다."라 하였다.〔趙曦明〕

公車를 漢代의 官名인 '公車司馬令'을 줄여 말한 것으로 보기도 하지만, 여기서는 지방의 인재를 불러들일 때 제공되는 官用 수레를 말한 것으로 보는 것이 옳다. 이 이야기가 나오는 ≪後漢書≫ 卷39 〈劉平等傳〉에 함께 수록된 毛義의 일화에서도 같은 뜻으로 사용되었고, 또 劉平의 傳에서 劉平이 尙書僕射 鍾離意의 추천을 받아 궁궐로 불러들여질 때 특별히 辦裝錢을 하사하였다고 기록되어 있는 것으로 보아, 아마도 公車와 함께 여비까지 제공했던 것으로 보인다.〔역자〕

12) 侍中 : 漢代의 官名이다. ≪續漢書≫ 〈百官志〉에 "侍中은 〈官秩이〉 이천 석에 견주어지고 부속 官員은 없으며, 〈황제를〉 좌우에서 보좌하여 각종 업무를 거들어 이끌며, 고문으로서 응대한다. 法駕가 나갈 때 박식한 사람 하나가 함께 타고 나머지는 모두 수레 뒤에서 말을 탄다."라 하였다.〔趙曦明〕

13) 恬虛 : ≪汝南先賢傳≫에서 "薛包는 돌아와 선친의 산소 근처에 벼와 토란을 심어서, 벼를 가지고는 제사를 지내고 토란을 가지고는 식량으로 충당하였으며, 道를 즐기고 이치를 말하면서 玄虛와 無爲의 세계에 빠져들었다."라 하였다. ≪太平御覽≫ 975에 인용되어 있다.〔王利器〕

성격이 조용하고 욕심이 없다는 뜻이다.〔역자〕

14) 賜告 : 이 단락은 范曄의 ≪後漢書≫ 卷39 〈劉平等傳〉의 앞에 붙은 〈總序〉에 나온다. 章懷太子의 注에서 "漢代의 제도에 따르면 관리가 병이 나서 공무를 보지 못한 지 만 3개월이 되면 면직해야 하지만, 天子가 휴가를 넉넉히 줄 경우, 印綬를 차고 官屬들을 거느리고서 집으로 돌아가 병을 돌보기도 하는데, 이를 賜告라고 한다."라 하였다.〔盧文弨〕

≪漢書≫의 高紀 注에서 ≪漢律≫을 인용하여 "관리의 官秩이 이천 석이면 賜告가 있다."라 하였다.〔王利器〕

≪後漢書≫에 나오는 이야기이다.

"安帝 때 汝南 사람 薛包(字는 孟嘗)는 배우기를 좋아하고 행실이 독실했는데, 모친이 돌아가시면서 지극한 효성으로 알려졌다. 아버지가 후처를 얻더니 薛包를 미워하여 분가시켜 내보내자, 薛包는 밤낮으로 소리쳐 울며 떠나지를 못하였다. 몽둥이로 때리기까지 하자 하는 수 없이 집 밖에다 움막을 짓고서, 아침이면 들어와 물을 뿌리고 〈집안을〉 쓸었다. 아버지가 노하여 그를 다시 쫓아내자 里門 밖에다 움막을 짓고서, 아침저녁 문안드리는 일을 〈끝내〉 그만두지 않았다. 〈그러기를〉 1년이 넘어 가자 부모가 부끄러워하여 그를 돌아오게 하였다. 뒤에 6년간 服喪을 하였는데, 상례의 규정 이상으로 애도하였다.

그러고 나자 아우의 아들이 따로 살겠다고 재산을 나누어줄 것을 요구하였다. 薛包가 말릴 수가 없어 재산을 반으로 나누었는데, 노비는 그중 늙은이들만 자신이 데려가면서 '나와 함께 일한 지가 오래되어 너는 부릴 수가 없다.'라 하였고, 밭과 집은 거칠고 낡은 것만 가지면서 '내가 젊을 때에 개간하고 수리한 것이라 내 마음에 사랑하는 것이다.'라고 하였으며, 기물은 썩고 망가진 것만 가지면서 '내가 평소에 사용하고 밥해 먹던 것이라 몸과 입에 편하다.'라고 하였다. 아우의 아들은 여러 차례 파산을 했는데 그때마다 다시 베풀어주곤 하였다.

建光 연간에 〈황제께서〉 관용 수레로 특별히 부르시어 〈도성에〉 갔더니 侍中의 벼슬을 내리셨다. 薛包는 성격이 조용하고 욕심이 없어서, 병을 핑계로 벼슬에 나가지 않고 고향에서 죽을 수 있게 해달라고 간청하니, 〈황제는 벼슬을 거두지 않고〉 특별 장기휴가를 하사하는 조서를 내리셨다."

제5편 治家 가정 다스림

家庭을 원만하게 꾸려나가기 위한 기본 원칙들을 제시하였다. 우선 가족 구성원들 간에 지켜야 할 각각의 도리를 제시한 후, 집안을 꾸려나가는 일도 나라를 다스리는 일과 마찬가지로 엄격함과 너그러움이 함께 공존해야 한다고 하였다. 늘 부지런하고 儉約하되 결코 남에게 인색해서는 안 되며, 필요할 때 언제나 베풀 수 있는 자세를 강조하였다.

女性의 역할에 대해서는 시대적 한계 때문에 봉건적 인식에서 벗어나지 못하였지만, 딸을 기피하고 며느리를 구박하며 혼인에 있어 저자거리의 물건 거래처럼 이익을 따지는 천박한 시대 풍조에 대해서는 통렬하게 일침을 가하기도 하였다.

아울러 책을 소중하게 다루고 미신에 빠지지 말 것까지 후손에게 충고하는 자상함을 보여준다.

1. 윗물이 맑아야 아랫물이 맑다

夫風化[1)]者，自上而行於下者也，自先而施於後者也。是以父不慈則子不孝，兄不友則弟不恭，夫不義則婦不順矣。父慈而子逆，兄友而弟傲，夫義而婦陵，則天之兇民，乃刑戮之所攝[2)]，非訓導之所移也。

1) 風化 : ≪後漢書≫ 〈順帝紀〉에서 "漢安 원년 8월 丁卯日에 侍中 杜喬, 光祿大夫 周擧, 守光祿大夫 郭遵, 馮羨, 欒巴, 張綱, 周栩, 鑰盤 등 8인을 보내어, 각각 州郡으로 가서 따로 風化를 펼치고, 좋고 나쁜 일들을 사실대로 다 열거하도록 하였다."라 하였다.〔王利器〕

교육과 정치를 통해 풍습을 바꾸어나가는 일, 敎化의 뜻이다.〔역자〕

2) 攝 : '攝'은 '懾'으로 假借하여 쓰기도 하는데, 孫貽讓의 ≪墨子閒詁≫ 〈親士〉篇에 이에 대한 견해가 나온다.〔向宗魯〕

孫貽讓의 견해에 따르면, ≪說文解字≫ 心部에서 "懾은 氣를 잃는다〔失氣〕는 뜻이다. 복종한다〔服〕는 뜻이라 하기도 한다."라 했고, ≪呂氏春秋≫ 〈論威〉의 "威勢는 으르기 위한 것이다.〔威所以慴之也〕"라 한 것에 대한 高注에서 "慴은 두려워한다〔懼〕는 뜻이다."라 하였는데, 이 '慴'자가 이와 같은 뜻으로 쓰였다. 옛날 '攝'자는 '慴'으로 假借하여 쓰는 경우가 많았는데, ≪春秋左氏傳≫ 襄公 11년에서 "무력을 떨쳐서 그들을 두렵게〔攝威〕 한다."라고 하였고, ≪韓詩外傳≫에서 "위에서 萬乘의 天子가 두렵게〔攝〕 하면, 아래에서 匹夫는 감히 함부로 굴지 못한다."라 한 것이 그 예이다. 이 견해는 王引之의 ≪經義述聞≫에도 나온다.〔王利器〕

敎化란 위에서 아래로 행하여지고, 먼저 난 사람으로부터 뒤에 난 사람에게 베풀어지는 것이다. 그런 까닭에 아버지가 자애롭지 못하면 자식이 불효하고, 형이 우애롭지 못하면 아우가 공손하지 않으며, 지아비가 의롭지 못하면 아내가 순종하지 않는다. 아버지가 자애로운데 자식이 거스르고, 형이 우애로운데 아우가 거만하며, 지아비가 의로운데 아내가 업신여기고 깔보면, 〈이는〉 타고난 惡人으로서 형벌로 다스려 두려워하게 해야 할 대상이지, 訓導하여 변화시킬 대상은 아니다.

2. 관대함과 엄격함의 調和

笞怒廢於家, 則豎(수)子之過立見(현)[1]; 刑罰不中, 則民無所措手足[2]。治家之寬猛, 亦猶國焉[3]。

1) 笞怒廢於家 則豎(수)子之過立見(현) : ≪呂氏春秋≫ 〈蕩兵〉에서 "집안에서 야단치고 볼기치는 일이 없으면, 아이들의 잘못이 금방 드러난다."라 하였고, ≪廣韻≫에서 "豎는 冠禮를 올리지 않은 어린아이이다."라 하였다.〔盧文弨〕

≪抱朴子≫ 〈用刑〉에서 "집에서 채찍질과 매질이 없어지면, 僮僕이 게을러진다."라 하였고, ≪宋景文筆記≫ 下에서 "아버지가 매질을 아끼면 집안에 못된 자식이 나온다."라 하였다.〔王利器〕

2) 刑罰不中 則民無所措手足 : ≪論語≫ 〈子路〉에서 "형벌이 적절하게 시행되지 않으면 백성은 손발을 둘 데가 없어지게 된다."라 하였고, 邢昺의 疏에서 "형벌을 잘못 적용하거나 남용하면 백성들은 몸을 웅크리고 조심조심 걸어도 걸핏하면 형벌의 그물망에 걸리므로, 그들의 손발을 놓을 곳이 없다는 것이다."라 하였다.〔王利器〕

3) 治家之寬猛 亦猶國焉 : ≪春秋左氏傳≫ 昭公 20년에 "鄭나라 子産이 말하였다. '오로지 덕이 있는 자만이 관대함으로써 백성들을 복종시킬 수가 있고, 그 다음으로는 엄하게 다루는 것만 한 것이 없소. 불은 맹렬하니 백성들이 그것을 보고 두려워하기

때문에 불에 타죽는 일이 드물지만, 물은 유약하니 백성들이 가까이하여 함부로 대하기 때문에 물에 빠져 죽는 사람이 많다. 그러므로 관대함으로 다스리기가 어려운 것이다.'"라 하였다.〔趙曦明〕

여기에는 관대하게 다스리는 것이 이상적이라는 것을 인정하면서도, 현실적으로는 그렇게 하기 어렵다는 뜻이 담겨 있다.〔역자〕

집안에 매와 꾸지람이 없어지면 아이들의 잘못이 금방 나타나고, 〈나라에〉 형벌이 적절하게 시행되지 않으면 백성들이 손발을 둘 데가 없어진다. 집안 다스리는 일에서 관대하고 엄격함도 나라 다스리는 일에서와 같다.

3. 검소함과 인색함

孔子曰："奢則不孫[1)]，儉則固，與其不孫也，寧固。"[2)]又云："如有周公之才之美，使驕且吝，其餘不足觀也已[3)]。"然則可儉而不可吝也。儉者，省(생)約爲禮[4)]之謂也；吝者，窮急不卹[5)]之謂也。今有施則奢，儉則吝。如能施而不奢，儉而不吝[6)]，可矣。

1) 孫 : 겸손하다. 몸을 낮추다. 遜의 뜻이다.〔王利器〕
2) 孔子曰……寧固 : ≪論語≫ 〈述而〉에 나온다. 孔安國은 "固는 고루하다는 뜻이다."라 하였다.〔王利器〕
3) 又云……其餘不足觀也已 : ≪論語≫ 〈泰伯〉에 나온다.〔王利器〕
4) 省(생)約爲禮 : 덜어서 검약하게 예를 행하다. 省은 줄이고 덜어낸다는 뜻이다.〔역자〕
5) 窮急不卹 : 몹시 곤궁한데도 구제하지 않다. 窮急은 매우 곤궁하다는 뜻이고, 卹은 가엽게 여겨 구제한다는 뜻이다.〔역자〕
6) 儉而不吝 : 검소하되 인색하지 않다.〔역자〕

≪藝文類聚≫ 23에 인용된 王昶의 ≪家誡≫에서 "집안 다스림에도 걱정이 있으니, 〈재물을〉 쌓아두기만 하고 흩어 쓰지 않으면 인색하다는 욕을 먹게 되고, 쌓아두고 자랑하기를 좋아하면 윗사람에게 교만한 죄를 짓게 된다. 그 정도가 심한 자는 집안을 망치고 덜한 자는 자신을 욕되게 하니, 이것이 두 가지 걱정이다."라 하였다.〔王利器〕

孔子께서 말씀하시기를 "사치하면 不遜하고 검소하면 固陋한데, 불손한 것보다는 차라리 고루한 편이 낫다."라고 하셨고, 또 "周公의 훌륭한 재주를 가졌다 하더라도 만약 교만하고 인색하다면, 그 나머지는 볼 것도 없다."라고 하셨다. 그렇다면 검소한 것은 좋지만 인색해서는 안 된다는 것이다.

검소하다는 것은 아끼고 줄여서 예를 행한다는 말이요, 인색하다는 것은 몹시 곤궁한데도 구제해주지 않는다는 말이다. 오늘날 베풀면 사치스럽고 검소하면 인색한 경우들이 있다. 만약에 베풀면서도 사치스럽지 않고 검소하면서도 인색하지 않을 수 있다면 훌륭한 것이다.

4. 검소한 北方과 사치스런 江南

生民之本，要當稼穡[1)]而食，桑麻[2)]以衣。蔬果之畜，園場[3)]之所産；雞豚之善[4)]，塒(시)圈[5)]之所生。爰及棟宇器械[6)]，樵蘇[7)]脂燭[8)]，莫非種殖[9)]之物也。至能守其業者，閉門而爲生之具[10)]以足，但家無鹽井[11)]耳。今北土風俗，率能躬儉節用，以贍衣食；江南奢侈，多不逮焉。

1) 稼穡 : 심고 거두다. 즉 농사, 주로 곡식농사를 뜻한다.〔역자〕
2) 桑麻 : 뽕나무와 삼, 즉 뽕잎을 따서 누에를 길러 명주실을 뽑아 비단옷을 만들고, 삼을 길러 베옷의 재료를 얻는 것을 뜻한다.〔역자〕
3) 園場 : 과수원과 채마밭, 農場의 뜻이다.〔역자〕
4) 善 : ≪周禮≫ 〈天官 膳夫〉의 鄭玄 注에서 "膳이란 좋다는 말로, 오늘날 美物을 珍膳이라고 한다."라고 했다. 顔之推가 '善'이라고 한 것도 漢代人들이 珍膳이라고 한 것과 같다.〔王利器〕
5) 塒(시)圈 : 횃대와 울타리. 즉 닭이나 돼지 등의 가축을 기르는 닭장이나 외양간을 뜻한다.〔역자〕
6) 棟宇器械 : 집과 기구이다. 棟宇은 집의 마룻대와 추녀로 집을 뜻하고, 器械는 그릇과 각종 도구들을 뜻한다.〔역자〕
7) 樵蘇 : ≪漢書≫ 〈韓信傳〉에서 "나무하고 풀을 벤〔樵蘇〕 후에 불을 때어 밥을 짓는다."라고 하였고, ≪方言≫에서 "蘇와 芥는 풀이다."라 하였다.〔盧文弨〕
   ≪史記≫ 〈淮陰侯傳〉의 ≪集解≫에서 ≪漢書音義≫를 인용하여 "樵는 땔나무를 해온다는 말이고, 蘇는 풀을 잘라온다는 말이다."라 했다.〔王利器〕
   여기서는 땔감을 뜻한다.〔역자〕

8) 脂燭 : 옛날에는 삼씨〔麻蕡〕로 등불을 만들어 기름을 부었다. 후세에는 소나 양의 기름만 쓰는데, 때로는 밀랍을 쓰기도 하고, 오구목〔桕〕이나 자작나무〔樺〕를 쓰기도 한다.〔盧文弨〕

韋昭의 ≪博弈論≫에서 "해가 져서 어두워지면 등불로 계속 이었다."라 하였다.〔李詳〕

9) 種殖 : 殖은 예전에 '植'과 通用되었다.〔王利器〕

씨를 뿌려 기르다, 즉 농사를 말한다. 種植과 같다.〔역자〕

10) 爲生之具 : 삶을 영위하는 데 필요한 물품들이다. 양식, 의복, 기구 등의 생필품을 포괄적으로 뜻한다.〔역자〕

11) 鹽井 : 左思의 〈蜀都賦〉에서 "집에 소금물이 솟아나오는 우물이 있다."라 하였고, 劉良의 注에 "蜀都의 臨邛縣과 江陽의 漢安縣에 모두 염정이 있다. 巴西의 充國縣에는 염정 수십 개가 있다."라고 하였다. 杜預의 ≪益州記≫에서는 "益州에 卓王孫의 염정이 있는데 옛날에는 늘 이 염정에서 물을 길어 달여서 소금을 만들었다. 義熙 15년에 염정을 손질했다."라고 하였다.〔趙曦明〕

'蜀都'는 '蜀郡'으로 써야 옳다.〔王利器〕

사람이 살아가는 근본은 농사를 지어서 양식을 대어 먹고, 뽕나무와 삼을 길러서 옷을 해 입는 것이다. 채소와 과일이 쌓인 것은 農場에서 나온 것이요, 닭고기와 돼지고기 반찬은 닭장과 외양간에서 생산된 것이다. 집과 기구, 땔감과 기름등불에 이르기까지 농사지어 얻지 않은 산물이 없다. 이런 일들을 잘 해나가는 사람의 경우, 대문을 닫아걸고 외부와 거래를 하지 않아도 생필품들은 충분한데, 다만 집에는 鹽井이 없을 뿐이다.

오늘날 北方의 풍속은 다들 몸소 근검절약을 잘하여 衣食이 넉넉하지만, 江南은 사치스러워서 북방에 못 미치는 점이 많다.

5. 지나친 엄격함

梁孝元世, 有中書舍人[1), 治家失度, 而過嚴刻, 妻妾遂共貨刺客, 伺醉而殺之。

1) 中書舍人 : 魏·晉 때부터 있었던 관직으로 원명은 中書省通事舍人이고 中書省에 속하며, 梁代에 와서는 王命을 출납하고 기밀을 담당하는 중요한 자리가 되었다.〔역자〕

梁 孝元帝 때에 어떤 中書舍人이 집안 다스리는 일에 정도를 잃어 지나치게 엄격하고 각박하였는데, 결국 妻妾이 함께 刺客을 사서 술 취한 틈을 타 죽여버렸다.

6. 지나친 너그러움

世間名士, 但務寬仁。至於飮食饟饋(향궤)[1), 僮僕[2)減損 ; 施惠然諾[3), 妻子節量, 狎侮[4)賓客, 侵耗鄕黨[5) : 此亦爲家之巨蠹(두)[6)矣。

1) 饟饋(향궤) : 〈손님에게〉 음식을 나눠주다. 대접하다.〔역자〕
   '饟'은 '餉'과 같고 독음은 '향'이다.〔盧文弨〕
2) 僮僕 : 하인이다. 예전에는 하인을 '童'이라 했고, 아이를 '僮'이라 하였는데, 뒤에는 서로 바꾸어 쓰게 되었다. '家童'이라 하는 것이 오히려 옛날 표현에 부합한다.〔盧文弨〕
3) 然諾 : 그렇게 하겠다고 승낙하다.〔역자〕
   ≪資治通鑑≫ 62의 胡三省 注에 의하면, 然은 옳다는 뜻이고 매듭짓는 표현이며, 諾은 응한다는 뜻으로 허락하는 표현이다.〔王利器〕
4) 狎侮 : 가볍게 보고 업신여기다.〔역자〕
5) 侵耗鄕黨 : 마을 사람들을 범하다. 侵耗는 침범하여 줄인다는 뜻이고, 鄕黨은 자신이 사는 마을 혹은 마을 사람을 가리키는 말이다. 여기서는 마을 사람들에게 베풀기로 한 물자를 줄인다는 뜻으로 쓰였다.〔역자〕
6) 巨蠹(두) : 큰 좀벌레, 해충, 해악의 뜻이다.〔역자〕

세간의 名士들은 〈가솔들을〉 오직 너그럽고 어질게 대하려고만 애를 쓴다. 〈그리하여〉 하인들은 〈손님에게〉 대접할 음식을 덜어내고, 처자식은 〈이웃에〉 베풀기로 약속한 물건의 양을 줄여서, 賓客들을 업신여기고 마을 사람들을 범하기도 하는데, 이 역시 집안의 큰 해악이다.

7. 화낼 줄 모르는 사람

齊吏部侍郎[1)房文烈[2), 未嘗嗔怒, 經霖雨[3)絶糧, 遣婢糴(적)米[4), 因爾逃竄[5), 三四許日, 方復擒之。房徐曰 : "擧家[6)無食, 汝何處來?" 竟無捶撻(추달)[7)。嘗寄人宅[8), 奴婢徹屋爲薪略盡, 聞之顰蹙(빈축)[9), 卒無一言。

1) 吏部侍郎 : 官名이다. 역대로 관리들의 人事를 담당하는 직책이었다.〔역자〕
2) 房文烈 : ≪北史≫ 〈房法壽傳〉에서 "法壽와 한집안의 조카뻘 되는 사람이 景伯이고 景伯의 아들이 文烈이었는데, 지위가 司徒左長史에 올랐고 성격이 온유하여 일찍이 화를 내본 적이 없었다. 吏部郎으로 있을 때"라고 한 바로 다음에, 이 일이 기재되어 있다.〔盧文弨〕
3) 霖雨 : ≪春秋左氏傳≫ 隱公 9년에서 "비가 3일 이상 오는 것을 장마〔霖雨〕라고 한다."라 하였다.〔趙曦明〕
4) 糴(적)米 : 쌀을 사다. 糴은 쌀을 산다는 뜻이다.〔역자〕
5) 逃竄 : 달아나 숨다.〔역자〕
6) 擧家 : 李調元의 ≪勦(초)說≫ 3에서 "擧家는 '全家'와 같은데 지금까지도 이 말을 쓴다."라고 했다.〔王利器〕
7) 捶撻(추달) : 매를 때리다. 종아리를 치다.〔역자〕
8) 寄人宅 : 남에게 집을 맡기다.〔盧文弨〕
9) 顰蹙(빈축) : ≪孟子≫ 〈滕文公 下〉에서 "그가 이맛살을 찌푸리고서〔頻顣〕 '이 꽥꽥거리는 놈을 어디에 쓰려는가!'라고 했다."라 하였고, 趙岐의 注에 "頻蹙은 기쁘지 않음이다."라 하였다. 顰蹙은 곧 頻顣이다.〔王利器〕

北齊의 吏部侍郎 房文烈은 일찍이 화를 내본 적이 없었다. 〈한번은〉 장마를 거치며 양식이 다 떨어져 계집종을 시켜 쌀을 사오게 하였더니, 〈계집종이〉 그 김에 달아나서 사나흘이 지나서야 다시 잡혔다. 房文烈은 점잖게 말했다.

"온 집안에 먹을 게 없는데 너는 어딜 갔다 오느냐?"

그리고는 끝내 매질을 하지 않았다.

일찍이 남에게 집을 맡긴 적이 있었는데, 노비들이 지붕을 뜯어 땔감으로 거의 다 써버렸건만, 그 얘기를 듣고서 얼굴만 찌푸렸을 뿐 끝내 한마디도 하지 않았다.

8. 함께 나눈 裴子野와 욕심 많고 인색한 사람들

裴子野[1]有疎親故屬[2]飢寒不能自濟者, 皆收養之。家素淸貧[3], 時逢水旱[4], 二石米爲薄粥, 僅得遍焉, 躬自[5]同之, 常無厭色。鄴下[6]有一領軍[7], 貪積已甚, 家童八百, 誓滿一千, 朝夕每人肴膳[8], 以十五錢爲率[9], 遇有客旅, 更無以兼[10]。後坐事[11]伏法[12], 籍[13]其家産, 麻鞋[14]一屋, 弊衣數庫, 其餘財寶, 不可勝言。

南陽有人，爲生奧博[15)]，性殊儉吝。冬至後女壻謁之，乃設一銅甌(구)[16)]酒，數臠(련)䴵肉[17)]。壻恨其單率(솔)[18)]，一擧盡之。主人愕然[19)]，俛(부)仰命益[20)]，如此者再。退而責其女曰："某郞[21)]好酒，故汝常貧。" 及其死後，諸子爭財，兄遂殺弟。

1) 裴子野 : 南朝 梁나라 사람이다. ≪南史≫ 〈裴松之傳〉에 "松之의 증손 子野는 字가 幾原으로 어려서부터 배우기를 좋아하고 글을 잘 지었다. 부친의 상중에 늘 묘소에 가니 그 때문에 풀들이 말랐고, 흰 토끼와 흰 비둘기들이 있어 묘소 곁에서 길이 들었다. 외가와 내외종이 다들 가난해서, 받은 녹봉을 모두 〈생활비로〉 대어주니, 처자식이 늘 춥고 배고픔으로 고생하였다."라 하였다.〔趙曦明〕
2) 疎親故屬 : 먼 친척과 옛 동료이다. 屬은 屬僚이다.〔역자〕
3) 淸貧 : 淸寒貧窮을 말한다. ≪三國志≫ 〈魏書 華歆(흠)傳〉에 "華歆은 평소에 淸貧하여, 녹봉을 하사하면 그것으로 친척들을 구제하고 베풀었다."라 하였다.〔王利器〕
4) 水旱 : 홍수와 가뭄이다.〔역자〕
5) 躬自 : 몸소, 스스로, 직접의 뜻이다.〔역자〕
6) 鄴下 : 鄴城을 뜻한다. 北齊는 이곳에 수도를 세웠는데, 지금의 河南省 臨漳縣에 있었다. 六朝人들은 다들 수도를 세운 곳을 일컬어 '某下'라고 하였는데, 예를 들면 洛下, 吳下, 鄴下 같은 것이 그것으로, 後代에 京師를 일컬어 都下라고 하는 것과 같다.〔王利器〕
7) 鄴下有一領軍 : ≪晉書≫ 〈職官志〉에 "中領軍將軍은 魏나라의 관직인데, 文帝가 帝位를 계승하면서 처음으로 領軍將軍을 두었다."라 하였다.〔趙曦明〕

   이것은 庫狄伏連을 일컬은 것이다. ≪北齊書≫ 〈慕容儼傳〉에 "代郡 사람 庫狄伏連은 字가 仲山으로 鄭州刺史가 되었는데, 오로지 긁어모으는 일에만 전념하였다. 武平 연간에 宜都郡王에 봉해지고 領軍大將軍에 제수되었는데, 琅邪王 儼과 함께 〈당시 宰相이었던〉 和士開를 살해하여 사형을 당했다. 伏連의 집 식구는 백을 헤아렸는데 한여름 날에 창고의 쌀 두 되를 되질하여 밥을 하고 소금에 절인 채소도 주지 않아 늘 굶주린 기색이 있었다. 동짓날에 친척과 외가에서 인사를 하러 와 그의 아내가 콩비지를 내놓았더니, 伏連은 이 콩이 어디에서 난 것이냐고 물었다. 아내가 말에게 먹일 콩 중에서 나누어서 쪘다고 하자, 伏連이 크게 화를 내며 말을 담당하는 사람과 말 먹이는 일을 관장하는 사람 모두를 곤장으로 때려 벌을 주었다. 여러 해 하사받은 물건들을 별도의 창고에 보관하면서 侍婢 하나를 보내어 자물쇠만 전담하여 맡아보게 하였다. 늘 창고에 들어가 검열을 하고, 처자식들에게는 '이건 官物이니 써서는 안 된다.'라고 하였다. 〈그의 재산이〉 籍沒됨에 이르러, 모두 국고로 귀속되었다."라 하였다. ≪北史≫에서는 "죽을 때는 낡아 헤진 잠방이 하나만 입고 있었는데, 쌓아둔 명주가 2만 필에 이르렀다."라고 하였다.〔李慈銘〕

領軍은 北齊 때 황제를 호위하는 禁衛軍의 책임자에 해당하는 관직이다.〔역자〕

8) 肴膳 : 반찬, 요리, 여기서는 급식비를 뜻한다.〔역자〕

9) 率 : 제한, 한도의 뜻이다.〔역자〕

10) 更無以兼 : 抱經堂本에는 '更'이 '便'으로 되어 있다.〔王利器〕

더 이상 〈음식을〉 내놓을 방도가 없다. 즉 평소 이상으로 음식을 차릴 수 없다는 뜻으로, 손님대접을 제대로 할 수가 없다는 말이다.〔역자〕

11) 坐事 : 사건에 휩쓸려들다. 연좌되다.〔역자〕

12) 伏法 : 형벌을 받아 죽다. 伏誅와 같다.〔역자〕

13) 籍 : 籍沒하다. 즉, 중죄인의 재산을 몰수하기 위해 그 목록을 장부에 기재하다.〔역자〕

14) 麻鞋 : 삼으로 짚신처럼 삼은 신, 미투리의 뜻이다.〔역자〕

15) 奧博 : 깊이 감추고 폭이 드넓다〔幽隱而廣博〕는 말이다. ≪文選≫에 수록된 陸士衡의 〈君子有所思行〉에서 "좋겠구나! 膏粱珍味 먹는 사람들은, 가업을 꾸려 깊고도 넓구나."라 하였고, 李善 注에서 韋昭의 ≪漢書≫ 注를 인용하여 "生은 生業이다."라 하였으며, ≪廣雅≫를 인용하여 "奧는 감춘다는 뜻이다."라고 하였다.〔盧文弨〕

李周翰의 注에서는 "생업을 꾸려나가는 것이 심오하고 또 광박하다는 말이다."라 하였다.〔王利器〕

깊이 감춘 재산이 폭넓고 다양하다. 결국 재산이 많다는 뜻이다.〔역자〕

16) 銅甌(구) : 甌는 술을 담는 그릇으로 본서 제8 〈勉學〉篇에도 "梁 元帝가 은 사발에 달콤한 山陰酒를 채워놓고〔梁元帝以銀甌貯山陰甛酒〕"라는 표현이 나온다.〔王利器〕

17) 數臠(련)麞肉 : 몇 점의 노루고기. 臠은 저민 고기인데, 여기서는 저민 고기를 세는 단위로 사용되었다.〔역자〕

18) 單率(솔) : 간단하고 소홀하다. 단출하다.〔역자〕

19) 愕然 : 몹시 놀라는 모양이다.〔역자〕

20) 俛(부)仰命益 : 우물쭈물하면서 〈술과 고기를〉 더 가져오라고 명하다. 여기서 俛仰은 상황에 맞추어 적당히 얼버무린다는 뜻이다.〔역자〕

21) 某郎 : 六朝人들은 사위를 '郎'이라 불렀다. ≪資治通鑑≫ 201의 胡三省 注에 "요즘 사람들도 여전히 사위를 '郎'으로 부른다."라 하였다.〔王利器〕

裴子野는 먼 친척이나 옛 동료들 중에 생계를 스스로 해결할 수 없는 이가 있으면,

모두 거두어서 먹여 살렸다. 〈그의〉 집도 본래 淸貧하여 때때로 홍수나 가뭄을 만나면, 쌀 두 섬으로 묽은 죽을 쑤어야 근근이 다 돌아갈 수 있을 정도였지만, 자신도 똑같이 먹으면서 내내 싫어하는 기색이 없었다.

鄴 지역에 領軍 한 사람이 있었는데, 재물 욕심이 너무 심해서 家僮이 800명이나 되는데도 천 명을 채우리라 맹세하고서는, 조석 끼니에 식구 한 사람당 식비를 15전으로 제한해놓아, 어쩌다 손님이 와도 더 이상은 대접할 수가 없었다. 뒤에 사건에 연루되어 사형을 당하고 그의 가산을 〈몰수하기 위해〉 장부에 올리는데, 미투리가 집 한 채에 가득했고 낡은 옷가지가 몇 창고나 되었으며, 나머지 재산과 보물은 이루 다 말할 수가 없었다.

南陽에 어떤 사람은 생업을 꾸리면서 많은 재산을 모았지만, 성격이 유별나게 아끼고 인색했다. 冬至가 지난 후 딸과 사위가 인사를 왔는데, 구리 그릇에 술 한 사발과 저민 노루고기 몇 점을 내놓았다. 사위는 그 단출하고 소홀함이 섭섭해서 한번에 먹어버렸다. 주인은 깜짝 놀라 우물쭈물하다가 더 가져오게 했는데, 이러기를 두 차례나 하였다. 자리를 물리고서 그의 딸을 꾸짖으며 말했다.

"아무개 서방이 술을 좋아하니, 그래서 네가 늘 가난한 게로구나."

그가 죽고 난 후 자식들이 재산을 다투다가, 결국엔 형이 동생을 죽이고 말았다.

9. 암탉이 울면 집안이 망한다

婦主中饋[1), 惟事酒食衣服之禮耳[2), 國不可使預政, 家不可使幹蠱(고)[3)。如有聰明才智, 識達古今, 正當輔佐君子[4), 助其不足, 必無牝(빈)雞晨鳴[5), 以致禍也。

1) 中饋 : ≪周易≫ 家人卦 爻辭에서 "六二는 일을 이룩함이 없고, 閨中에서 음식을 장만한다.〔在中饋〕"라고 하였다.〔趙曦明〕

주부가 집안에서 음식을 만드는 일, 즉 살림을 일컫는다.〔역자〕

2) 惟事酒食衣服之禮耳 : ≪詩經≫ 〈小雅 斯干〉에서 "잘못함도 없고 잘함도 없어, 오직 술과 음식 얘기만 하네."라 하였고, ≪國語≫ 〈魯語〉에서 "敬姜이 말하기를 '王后는 친히 검은 귀마개 끈을 짜고, 公侯의 부인은 갓끈과 면류관싸개를 더 만들며, 卿의 아내는 큰 띠를 만들고, 命婦는 祭服을 만들며, 元士의 아내는 朝服을 더하고 庶人 이하로는 모두 자기 남편의 옷을 짓는다.'고 했다."라 했다.〔趙曦明〕

朱熹의 ≪小學≫ 〈嘉言〉에서 顔之推의 이 글을 인용하였고, 張伯行의 ≪集解≫ 또한 ≪周易≫과 ≪詩經≫에 의거하여 해설을 하고, 또 孟母가 "아내의 禮는 다섯 가지의 밥을 정결하게 짓고 술과 장을 담가 잘 덮으며, 시부모를 잘 봉양하고 옷을 잘 꿰매는 것일 뿐이다."라고 한 것을 인용하였는데, 孟母 운운한 것은 ≪列女傳≫ 〈孟子母傳〉에 나온다.〔王利器〕

3) 幹蠱(고) : ≪周易≫ 蠱卦 爻辭에서 "아버지의 일을 주관한다.〔幹父之蠱〕"라 하였고, 〈序卦傳〉에서 "蠱는 일〔事〕이다."라 하였다. 옛사람들은 幹蠱를 모두 좋은 말로 사용하였다.〔趙曦明〕

王弼의 注에서는 "아버지의 일을 하되 능히 앞선 자취를 계승하면서 그 일을 맡아 감당해내는 것이다."라고 하였다.〔王利器〕

4) 輔佐君子 : ≪詩經≫ 〈卷耳〉의 序에서 "〈卷耳〉는 后妃의 뜻을 읊은 것이다. 또한 君子(남편)를 보좌하여〔輔佐君子〕 賢人을 찾고 관직을 살핀다."라고 했다.〔嚴式誨〕

君子란 남편을 말한다.〔盧文弨〕

5) 牝(빈)雞晨鳴 : ≪書經≫ 〈牧誓〉에 "암탉은 새벽에 울지 않으니, 암탉이 새벽에 울면 집안이 망한다."라 하였다.〔趙曦明〕

아낙은 閨中에서 음식 장만하는 일을 주관하고 오직 술과 음식, 의복의 禮에 관한 일만 할 것이며, 나라에서 정치에 간여하게 해서는 안 되고 집안에서 가업을 주관하게 해서는 안 된다. 만약 총명하여 재주와 지혜가 있고 古今에 대해 잘 안다면, 君子를 보좌하여 그 부족함을 거드는 것이 마땅하며, 결코 암탉이 새벽에 울어 화를 부르는 일이 있어서는 안 된다.

10. 南北 女性의 차이

江東婦女, 略無交遊, 其婚姻[1]之家, 或十數年間, 未相識者, 惟以信命[2]贈遺, 致殷勤焉。鄴下風俗[3], 專以婦持門戶[4], 爭訟曲直, 造請[5]逢迎[6], 車乘塡街衢, 綺羅盈府寺(시)[7], 代子求官, 爲夫訴屈 : 此乃恒、代之遺風[8]乎! 南間貧素[9], 皆事外飾, 車乘衣服, 必貴齊整, 家人妻子, 不免飢寒。河北人事[10], 多由內政[11], 綺羅金翠, 不可廢闕, 羸馬顇(췌)奴[12], 僅充而已。倡和[13]之禮, 或爾汝之[14]。

1) 婚姻 : ≪爾雅≫ 〈釋親〉에서 "사위의 아버지를 姻이라 하고, 며느리의 아버지를 婚이

라 하며, 며느리의 부모와 사위의 부모가 서로를 일컬어 婚姻이라 한다."라고 했다.〔盧文弨〕

사돈 관계를 말한다.〔역자〕

2) 信命 : 信은 使者이고 命은 묻는다는 뜻이다.〔盧文弨〕

사람을 보내어 안부를 묻다.〔역자〕

3) 鄴下風俗 : 晉代 초기 葛洪이 쓴 ≪抱朴子≫ 〈外篇 疾謬〉에도 이와 비슷한 당시의 풍습이 기록되어 있는 것으로 보아, 宋明代의 理學이 유행하기 전까지 중국 여성의 사회활동은 남자와 전혀 차이가 없었음을 알 수 있다.〔王利器〕

4) 持門戶 : ≪唐書≫ 〈宰相世系表〉에서 "작위가 있어 卿大夫가 되면 대대로 끊어지지 않고 지속되는데, 이를 일컬어 門戶라고 한다."라 하였다. ≪玉臺新詠≫ 1의 古樂府 〈隴西行〉에서 "기개 있는 아낙이 집안을 맡는다면〔持門戶〕, 대장부 한 사람보다도 나을 것이다."라 하였다. 傅玄의 〈苦相篇豫章行〉에서는 "사내는 집안을 맡으니〔當門戶〕, 땅에 떨어지는 대로 절로 권위가 생기네."라 하였다. '當門戶'가 바로 '持門戶'이다. 후세의 '當家'라는 표현이 여기에 근거한 것이다.〔王利器〕

5) 造請 : 찾아가서 뵙다.〔역자〕

6) 逢迎 : 맞이하여 접대하다.〔역자〕

7) 府寺(시) : ≪廣韻≫에서 ≪風俗通≫을 인용하여 "府는 모인다는 뜻으로, 公卿, 牧守, 道德이 모이는 곳이다."라 하였고, ≪釋名≫에서는 "寺는 잇는다는 뜻으로, 일을 해나가는 자가 그 안에서 대를 잇는다는 말이다."라 하였다.〔趙曦明〕

관아, 관청의 뜻이다.〔역자〕

8) 恒代之遺風 : 閻若璩의 ≪潛邱箚記≫에서 "恒代의 遺風이 무엇인지 묻는 이가 있어서 이렇게 말했다. 拓(탁)跋氏의 魏나라가 平城縣에 수도를 세웠는데, 縣은 지금 大同의 행정구역 동쪽으로 5리 되는 곳으로 옛터가 아직 남아 있다. 縣은 代郡에 속하였고 郡은 恒州에 속하였기 때문에 恒代의 遺風이라 하는 것이며, 北魏의 옛 풍속을 말하는 것일 뿐이다."라 하였다.〔趙曦明〕

北魏를 세운 鮮卑族의 일파인 拓拔氏의 옛 풍속을 말한다.〔역자〕

9) 貧素 : 가난하여 가진 게 없다. 貧寒과 같다.〔역자〕

10) 人事 : ≪後漢書≫ 〈賈逵傳〉에서 "이 사람은 바깥에서 남들과 교유〔人事〕가 없습니다."라 하였고, ≪晉書≫ 〈王長文傳〉에서 "문을 닫아걸고 스스로를 지키며, 남들과 교유〔人事〕하지 않았다."라 하였다.〔王利器〕

11) 多由內政 : 안살림에서 나오는 경우가 많다. 즉 아내가 주관하는 경우가 많다는 뜻이다.〔역자〕

12) 羸馬顇(췌)奴 : 비쩍 마른 말과 초췌한 노비로, 남자가 밖에 나갈 때 타는 말과 거

느리는 노비가 보잘것없다는 뜻이다.〔역자〕

13) 倡和 : 倡和는 夫婦를 일컫는다.〔盧文弨〕

〈부부가 서로를〉 부르고 대답하는 호칭을 말한다.〔역자〕

14) 或爾汝之 : ≪世說新語≫ 〈惑溺〉에 王安豊의 아내가 늘 安豊을 '자네〔卿〕'라고 부르자 安豊이 "부인이 남편을 자네라고 부르는 것은 예법상 불경한 일이니 뒤에는 다시 그렇게 부르지 마시오."라 하였다. 이는 江南에서 '얘, 쟤〔爾汝〕'라고 하는 호칭이 없음을 말한다.〔盧文弨〕

'얘, 쟤〔爾汝〕'라는 호칭은 지금도 북방에서 여전히 많이 쓴다.〔郝懿行〕

≪孟子≫ 〈盡心 下〉에서 "사람이 능히 〈남들이 자신을〉 '얘, 쟤〔爾汝〕'라고 부르지 못하게 할 실력을 채워나갈 수 있으면, 어딜 가든 의롭지 않을 수가 없게 된다."라 하였고, 趙岐의 注에서 "'얘, 쟤'라고 불리는 실력이란, 덕행이 깔볼 만해서 남들에게 '얘, 쟤'라고 불리는 자이다. 깔보이지 않으면 남들에게 '얘, 쟤'라고 불리지 않으며, 능히 크게 채워서 그것으로 행동하면 어딜 가든 의로울 수 있다."라고 했다. 이 글에서의 '爾汝'의 뜻과 꼭 같다. 부부 사이에 간혹 깔보기도 한다는 말이다. ≪北史≫ 〈儒林 陳奇傳〉에서 "遊雅는 천성이 남의 허물을 잘 가려주곤 하여 그 때문에 남들이 싫어했는데, 일찍이 여러 사람이 陳奇를 욕하면서 어떤 이는 '얘, 쟤〔爾汝〕'라 하였고 어떤 이는 小人이라고 지목하였다."라고 한 것이나, 韓愈의 〈聽潁師彈琴〉 詩에서 "그윽한 아녀자의 말투로, 사랑과 원망을 담아 '얘, 쟤〔爾汝〕'라 하는구나."라 한 것 등에서, 모두 얕잡아보는 뜻으로 사용되었다.〔王利器〕

여기서 爾와 汝는 모두 대등한 상대를 부를 때 사용하는 2인칭 대명사인데 여기서는 동사로 사용되었다.〔역자〕

江南의 부녀자들은 외부 사람과 교유가 거의 없다. 사돈집안끼리도 때로는 십수 년 동안 서로 얼굴을 알지 못한 채, 다만 사람을 보내 안부를 묻거나 선물을 보내어 정중한 마음을 표시할 뿐이다.

鄴 지역의 풍속은 전적으로 여자가 집안을 맡는다. 소송을 벌여 옳고 그름을 다투고, 찾아가 뵙고 맞이해 접대하느라, 수레가 거리를 메우고 비단 치마저고리〈를 입은 부녀자〉가 관아에 가득하며, 자식 대신 벼슬을 구하기도 하고 남편을 위해 억울함을 호소하기도 한다. 이것이 바로 恒州와 代郡 일대에 전해오는 遺風이리라!

남쪽에서는 가난하여 가진 게 없어도 다들 외양을 꾸미는 데 치중하여 수레와 의복은 반드시 말쑥하게 갖추지만 집에 있는 처자식들은 춥고 배고픔을 면치 못한다.

河北에서 남들과의 교유는 안주인이 주관하는 경우가 많아서, 비단옷과 금, 비취 등의 패물은 빠뜨려서는 안 되지만 〈남자가 사용하는〉 비쩍 마른 말과 초췌한 노비는 겨우 명색이나 갖출 뿐이다. 부부간의 호칭 예절에 있어서도 때로는 〈상대를〉 '애, 쟤'라고 부르기도 한다.

11. 河北 女性의 솜씨

河北婦人, 織紝(임)組紃(순)[1]之事, 黼黻(보불)錦繡羅綺[2]之工, 大優於江東也。

1) 織紝(임)組紃(순) : ≪禮記≫ 〈內則〉에 "여자 아이는 열 살이 되면 閨門 밖을 나가지 않고, 여스승이 유순한 말씨와 태도로 남의 말을 듣고 따르는 법, 삼베와 모시를 다루는 법, 누에 길러 명주실을 뽑고 베를 짜고 띠를 꼬아 옷을 짓는 법 등을 가르친다."라 하였고, 鄭玄의 注에 "紃은 끈이다."라 하였으며, ≪正義≫에서 "紝은 명주를 짜는 것이고, 組와 紃은 모두 띠를 만드는 것이다. 얇고 너른 것을 組라 하고, 새끼줄 같은 것을 紃이라 한다."라고 했다.〔盧文弨〕
길쌈을 하고 끈을 꼬다. 織紝은 베를 짜는 일을 말하고, 組紃은 갓끈이나 인장끈, 신발끈 따위를 꼬는 일을 가리킨다.〔역자〕

2) 黼黻(보불)錦繡羅綺 : 화려한 문양의 수를 얇은 비단에 놓는 것이다. 黼黻은 예복의 화려한 문양을 뜻하고, 錦繡는 비단에 수놓는 일을 말하며, 羅綺는 얇고 무늬가 있는 비단을 뜻한다.〔역자〕

河北의 아낙들은 길쌈하고 끈을 꼬는 일이나 화려한 무늬를 얇은 비단에 수놓는 솜씨가 江東보다 훨씬 뛰어나다.

12. 딸을 기피하는 世態

太公曰 : "養女太多, 一費也。"[1] 陳蕃云 : "盜不過五女之門。"[2] 女之爲累, 亦以深矣。然天生蒸民[3], 先人傳體, 其如之何? 世人多不擧女[4], 賊行[5]骨肉, 豈當如此, 而望福於天乎? 吾有疏親, 家饒妓媵[6], 誕育[7]將及, 便遣閽豎(혼수)[8]守之。體有不安[9], 窺窗倚戶, 若生女者, 輒持將去, 母隨號泣, 莫敢救之, 使人不忍聞也。

1) 太公曰……一費也 : ≪藝文類聚≫ 35와 ≪太平御覽≫ 485에 인용된 ≪六韜≫에서 "太公이 말하기를 '……딸을 너무 많이 낳아 기르는 것이 네 번째 도둑이다.'라 하였

다."라고 했다.〔王利器〕

太公은 文王에게 발탁되어 武王을 도와 周나라를 건국한 姜太公을 가리킨다. 太公望이라고도 하는데, 姓이 姜이고 氏가 呂이며 名이 尙으로, 呂尙이라고도 한다. 齊에 봉해져 齊나라의 시조가 되었고, 兵書인 ≪六韜≫를 지었다고 전한다.〔역자〕

2) 陳蕃云 盜不過五女之門 : ≪後漢書≫ 〈陳蕃傳〉에 "蕃은 字가 仲擧인데 上疏를 올려 '속담에 도둑도 딸 다섯 있는 집 문 앞은 지나지 않는다고 하는데, 딸로 인해 집이 가난하기 때문입니다. 지금 후궁의 딸들이 어찌 나라를 가난하게 만들지 않겠습니까?'라 하였다."라고 했다.〔趙曦明〕

3) 蒸民 : ≪詩經≫ 〈大雅 蕩〉에서 "하늘이 백성〔蒸民〕을 낳으셨다."라 하였고, ≪鄭箋≫에서 "蒸은 많다는 뜻이다."라 하였다.〔王利器〕

4) 世人多不擧女 : ≪韓非子≫ 〈內儲說 六反〉에서 "아들을 낳으면 축하해주고, 딸을 낳으면 죽인다."라 하였다.〔陳漢章〕

여기서 '擧'는 기른다, 양육한다는 뜻이다.〔역자〕

5) 賊行 : 해치다. 죽이다.〔역자〕

6) 妓媵 : ≪抱朴子≫ 〈外篇 崇教〉에서 "妓妾의 곱고 못남을 품평한다."라 하였다.〔王利器〕

家妓와 媵妾이다. 家妓는 집에 두는 기생을, 媵妾은 시집올 때 따라오는 侍妾을 말한다.〔역자〕

7) 誕育 : 〈아이를〉 낳아서 기르다.〔역자〕

8) 閽豎(혼수) : 문지기이다.〔역자〕

9) 體有不安 : 몸이 불안정하다. 즉 아기를 해산할 낌새가 있다.〔역자〕

太公이 "딸을 너무 많이 낳아 기르는 것도 비용이 부담되는 한 가지 일이다."라고 하였고, 陳蕃이 "도둑도 딸 다섯인 집의 문 앞은 지나지 않는다."라 하였듯이, 딸이 누가 됨은 이렇게 심각하다. 그렇지만 하늘이 낳은 백성이요 선친께서 전해주신 몸인데, 어찌하겠는가?

세상 사람들 중에는 딸을 키우지 않고 血肉을 해코지하는 경우가 많은데, 어찌 이런 짓을 하고서 하늘에 복을 바라는가? 나에게 먼 친척 되는 사람이 집안에 家妓와 媵妾들이 많은데, 아이를 낳아 키울 때가 되면 문지기를 보내어 지키게 한다. 해산할 때가 되면 창으로 엿보며 문에 기대어 있다가 만약에 딸을 낳으면 바로 데리고 가버리는데, 어미가 따라가며 울부짖지만 감히 구하지 못하니 사람들이 그 소리를 차마 들을 수가 없다.

13. 썰렁한 시어머니 밥상

婦人之性，率寵子壻[1)]而虐兒婦[2)]。寵壻，則兄弟之怨生焉；虐婦，則姊妹之讒行焉。然則女之行留，皆得罪於其家者[3)]，母實爲之。至有諺云："落索(삭)[4)]阿姑[5)]餐。" 此其相報也。家之常弊，可不誡哉!

1) 子壻 : 사위이다. 때로는 아들과 사위의 複稱으로 쓸 수도 있으나, 여기서는 사위를 뜻하는 單稱으로 쓰였다.〔역자〕
2) 兒婦 : 며느리, 자식의 아내라는 뜻이다. 息婦라고도 한다.〔역자〕
3) 行留 皆得罪於其家者 : 시집을 가거나 가지 않거나 모두 그 집안에 누가 되다. 여기서 行은 시집을 가는 것을, 留는 시집가지 않고 집에 머물러 있는 것을 가리킨다. 즉 시집가기 전에는 올케를 중상함으로써, 또 시집가서는 시어머니에게 구박을 받음으로써 집안에 누가 된다는 뜻이다.〔역자〕
4) 落索(삭) : 당시의 용어로써 대체로 외롭고 쓸쓸하다〔冷落蕭索〕는 뜻이다.〔盧文弨〕

   《爾雅》〈釋詁 下〉의 "貉縮은 줄〔綸〕이다."에 대한 郝懿行의 《義疏》에서 《顔氏家訓》에 인용된 이 속담을 인용하면서, 落索을 "끊이지 않고 계속 이어지다.〔綿聯不斷〕" 혹은 "여전하다.〔猶然〕"라는 의미로 풀이하였고 실제로 朱熹의 文集 중에도 이런 용례가 있기는 하지만, 王利器는 전체 문맥으로 보아 이 속담 중 落索의 의미는 盧文弨의 풀이가 옳다고 보았다.

   또 陶憲曾의 《廣方言》에서 "원수로서 미워하는 것〔讎怨〕을 일컬어 落索이라고 한다."라 하였다. 宇都宮清吉은 "끊이지 않고 계속 이어지다."라고 한 郝懿行의 풀이를 따랐고, 김종완도 이에 의거하여 "시어머니는 잔소리를 반찬 삼아 밥을 먹는다."로 번역하였으나, 이 경우 뒤에 나오는 '此其相報也'에서 '報'자의 의미가 애매해진다. '썰렁한 시어머니 밥상'이라는 말로 보고, 구박만 하는 시어머니에 대한 며느리의 보복이라는 뜻으로 해석하는 것이 타당할 듯하다.〔역자〕
5) 阿姑 : 시어머니이다. 阿는 친인척 관계에 있는 사람의 호칭 앞에 쓰는 접두어이다.〔역자〕

여자들의 本性이 대개 사위는 총애하지만 며느리는 구박한다. 사위를 총애하면 아들 형제들의 원망이 생겨나고, 며느리를 구박하면 딸 자매들의 中傷이 일어난다. 그렇다면 딸이 출가를 했건 하지 않았건 그 집안에 누가 되는 것은, 사실 모두 그 어미가 그렇게 만든 것이다. '썰렁한 시어머니 밥상'이라는 속담까지 나오게 되었는데, 이는 그에 대한 應報이다. 집집마다 늘 있는 문제이니 조심하지 않을 수 있으랴!

14. 저자거리와 다름없는 婚姻 世態

婚姻素對[1), 靖侯[2)成規[3)。近世嫁娶, 遂有賣女納財, 買婦輸絹, 比量父祖, 計較錙銖(치수)[4), 責多還少[5), 市井無異。或猥壻[6)在門, 或傲婦擅室, 貪榮求利, 反招羞恥, 可不愼歟!

1) 婚姻素對 : ≪晉書≫ 〈衛瓘傳〉에서 "武帝가 衛瓘의 넷째 아들 宣을 繁昌公主에게 장가들도록 조서를 내리자, 瓘은 자신이 諸生의 맏이라고 여기고, 혼인 상대가 미천한 素族〔婚對微素〕이라며 상소를 올려 고사하였다."라 하였다.〔盧文弨〕

   王羲之의 帖에서 "中郎의 딸은 좋아하는 사람이 있는가? 오늘의 혼인상대〔婚對〕는 다시는 얻지 못할 걸세."라 하였고, 또 "두 가족이 예전 혼인상대〔舊對〕였으므로 諸葛을 도우려는 것이니, 만약 집안이 가난해서라면 직접 자금을 대어 혼사를 거들어야 할 것이오."라 하였다. ≪全晉文≫ 26에 나오는데, 이 '對'자의 의미와 같다.〔王利器〕

   素族을 혼인상대로 하다. 素는 素族, 즉 權門勢家가 아닌 평범한 집안을 뜻하고, 對는 짝, 혼인상대를 뜻한다.〔역자〕

2) 靖侯 : ≪晉書≫ 〈孝友傳〉에서 "顔含은 字가 宏都이고 琅邪 莘縣 사람이다. 蘇峻의 토벌에 참여한 공으로 西平縣侯에 봉해졌고 侍中에 임명되었다. 桓溫이 顔含과 婚姻 관계를 맺고자 하였으나, 含은 상대 집안이 번창하다고 하여 허락하지 않았다. 벼슬에서 물러나 20여 년 지나 93세에 죽었는데, 諡號를 靖侯라 하였다."라고 했다.〔趙曦明〕

   顔之推의 9世祖 顔含의 諡號이다.〔역자〕

3) 成規 : 본서 제13 〈止足〉篇에서 "靖侯께서 자손들에게 주의시키기를 '혼인에 있어 권문세가를 탐하지 말라.'라고 하셨다."라 하였다.〔郝懿行〕

   ≪顔魯公集≫ 〈晉侍中右光祿大夫本州大中正西平靖侯顔公大宗碑銘〉에서 "桓溫이 婚姻 관계를 맺고자 하였으나 집안이 번창하다는 이유로 허락하지 않고, 자손들에게 주의시키기를 '지금부터 벼슬은 녹봉이 이천 석이 넘지 않도록 하고, 혼인할 때 世家를 탐하지 말라.'고 하셨다."라 했다.〔王利器〕

4) 計較錙銖(치수) : 아주 조그마한 것을 가지고 견주고 살피다. 錙銖는 아주 작은 것, 극소량을 뜻한다. 본래 錙와 銖는 모두 무게의 단위로서, 銖는 24분의 1兩이고, 錙는 6銖의 무게를 나타낸다.〔역자〕

5) 責多還少 : 요구하는 것은 많고 돌려주는 것은 적다. 즉 많이 받고 적게 돌려주다.〔역자〕

6) 猥壻 : 猥는 鄙賤함을 말한다. 본서 제6 〈風操〉篇에 '猥人'이라는 표현이 있고, ≪北史≫ 〈楊愔傳〉에서 "魯漫漢이 스스로 猥賤하다고 했다."라 한 것도 그 뜻이 같다.〔王利器〕
비천한 사위, 즉 못나고 용렬한 사위이다.〔역자〕

婚姻 상대는 평범한 집안으로 하라는 것이 〈9世祖이신〉 靖侯(顔含)께서 정해놓으신 규칙이다. 근자에 세상에서는 시집장가를 보내면서, 딸을 팔아 재물을 들이고 비단을 보내 며느리를 사며, 아버지와 할아버지를 비교하고 조그만 것까지 따지고 견주면서, 많이 얻고 적게 주려는 행태가 저자거리나 다름없게 되었다.

〈그 결과〉 때로는 비천한 사위가 家門에 들어오기도 하고 거만한 며느리가 집안을 좌지우지하기도 한다. 허영을 탐하고 이익을 구하려다 도리어 치욕을 불러오게 되니, 조심하지 않을 수 있겠는가!

15. 冊을 다루는 자세

借人典籍, 皆須愛護, 先有缺壞, 就爲補治[1], 此亦士大夫百行之一也[2]。濟陽江祿[3], 讀書未竟, 雖有急速, 必待卷束[4]整齊, 然後得起, 故無損敗, 人不厭其求假焉。或有狼籍几案, 分散部帙[5], 多爲童幼婢妾之所點汙[6], 風雨蟲鼠之所毁傷, 實爲累德。吾每讀聖人之書, 未嘗不肅敬對之, 其故紙有五經詞義, 及賢達姓名, 不敢穢用[7]也。

1) 就爲補治 : ≪魏書≫ 〈李業興傳〉에서 "業興은 책을 좋아해서 끊임없이 모았는데, 직접 보수하고〔補治〕 손수 題字를 써서, 그의 집에 가지고 있었던 것이 거의 만 권에 달했다."라 하였다. ≪齊民要術≫ 3에 책을 다루는 법이 나온다.〔王利器〕
2) 士大夫百行之一也 : 옛날 정해놓은 士大夫가 입신하여 행동하는 방식이 모두 백 가지였으므로 百行이라 했다. ≪說苑≫ 〈談叢〉과 ≪玉海≫ 11에 인용된 鄭玄의 〈孝經序〉와 ≪詩經≫ 〈氓〉에 대한 ≪鄭箋≫, ≪風俗通義≫ 〈十反〉 등에 모두 百行이 언급되어 있고, ≪新唐書≫ 〈藝文志〉에 杜正倫의 ≪百行章≫ 1권이 수록되어 있으며, 오늘날에 敦煌의 唐寫本으로 전하고 있다. 呂希哲의 ≪呂氏雜記≫ 上에서 "내가 어릴 때 글을 가르쳐주던 노인이 나에게 말하기를 '책을 남에게 빌려주는 것이나, 남의 책을 빌렸다가 돌려주는 것이나 모두 바보짓이다.'라고 하였다. 그 얘기를 듣고서 그의

이야기를 별로 좋아하지 않게 되었다. 뒤에 ≪顔氏家訓≫에 '남에게 책을 빌리면 늘 아끼고 잘 다루어야 하며 본래 찢어지고 훼손된 데가 있으면 바로 보수해야 하는데, 이 또한 사대부로서 지켜야 할 백 가지 행실 중의 한 가지이다."라 하였다.〔王利器〕

3) 江祿 : 江祿에 대한 기록은 ≪南史≫에 수록된 그의 高祖父 江夷의 傳에 附屬되어 있다. 江祿은 字가 彦遐로 어려서 학문에 열심이었고 문장을 잘 썼으며, 지위는 太子洗馬와 湘東王의 錄事參軍에 올랐으며, 뒤에 唐侯의 相이 되었다가 죽었다.〔盧文弨〕

≪金樓子≫ 〈聚書〉에 일찍이 江錄이 있는 곳에 가서 책을 베껴 써왔다고 기록되어 있는데, 바로 이 사람으로서 錄은 아마 祿의 誤字일 것이다.〔王利器〕

4) 卷束 : 말고 묶다. 책이나 편지 따위 중 두루마리로 된 書卷은 말아놓고, 書帙은 묶어놓는다는 뜻이다.〔역자〕

옛날에는 목판에 새겨서 찍은 책〔鏤版書〕은 없었고, 典籍들은 모두 흰 명주에 써서 두루마리를 만들어 보관하였으므로, 그것을 일컬어 書卷이라 한다. 그 외에 헝겊으로 책싸개〔帙〕을 만들어 싸놓기도 하는데, 이를 일컬어 書帙이라고 한다.〔郝懿行〕

책 중에 여러 권으로 되어 있는 것은 나누어 분류해두는데, 각각이 하나의 묶음〔束〕이 된다. 杜甫의 〈暮秋枉裴道州手札率爾遣興寄遞呈蘇渙侍御〉에서 "오랜 나그네 생활에 친구들의 편지도 많았는데, 편지가 한 달이면 모두 한 묶음이 되었지요.〔久客多枉友朋書 素書一月凡一束〕"라 하였듯이, 편지를 말아서 묶는 것은 唐代까지도 여전하였다.〔王利器〕

5) 部帙 : 部란 비슷한 것끼리 모아놓은 분류의 소재이다. 옛날 책은 내용에 따라 甲乙丙丁의 네 部로 나누었다. ≪說文解字≫ 巾部에서 "帙은 책싸개이다."라 하였고, 陳繼儒의 ≪群碎錄≫에서는 "책을 帙이라 하는 까닭은, 古人들이 書卷 바깥에 반드시 帙을 만들어 보관하였기 때문이며, 지금의 책싸개 같은 것이다. 白樂天이 일찍이 文集을 廬山의 草堂에 남겨두었지만 여러 차례 亡逸되었는데, 宋 眞宗이 崇文院에 명하여 필사하고 교정하여, 斑竹의 帙로 싸서 관아로 보내게 하였다. 내가 일찍이 項子京의 집에서 王右丞의 그림 1권을 보았는데, 거죽은 斑竹의 帙로 싸놓았고 宋代의 물건이라 하였다. 帙은 촘촘한 발과 같았고 그 안에는 엷은 비단으로 한 겹을 싸놓아 '帙'자가 수건 巾 旁의 글자인 까닭을 알 수 있었다."라 하였다.〔王利器〕

6) 點汙 : 더럽히다.〔역자〕

7) 穢用 : '他用'으로 된 板本도 있는데, 이는 장독 뚜껑이나 땔감, 혹은 창호를 바르는 데 쓴다는 뜻이다.〔王利器〕

남에게 책을 빌리면 늘 아끼고 잘 다루어야 하며 본래 찢어지고 훼손된 데가 있으면 바로 보수해야 하는데, 이 또한 士大夫로서 지켜야 할 모든 행실 중의 한 가지이다. 濟陽 사람 江祿은 책을 읽다가 채 다 읽기 전에 비록 급한 일이 있어도 반드시 말아놓고 묶어서 정리한 다음에야 일어났으므로, 헐거나 파손되는 법이 없어 사람들은 그가 빌려달라고 해도 꺼리지 않았다.

어떤 이들은 책상 위에 어지럽게 늘어놓고 분류된 書帙들도 마구 흩어놓아, 아이들이나 하녀들에 의해 더럽혀지고 비바람이나 벌레, 쥐 따위에 의해 훼손되는 경우가 많은데, 실로 德에 누가 되는 일이다. 나는 늘 聖人의 책을 읽을 때마다 엄숙하고 공경하는 마음으로 대하지 않은 적이 없었다. 그 오래된 종이에 五經의 의미와 훌륭한 인물들의 성명이 실려 있으면 감히 지저분한 데 쓰지 못하였다.

16. 迷信에 대한 태도

吾家巫覡(격)[1)]禱請[2)], 絶於言議;符書[3)]章醮(초)[4)], 亦無祈焉, 竝汝曹所見也。勿爲妖妄之費。

1) 巫覡(격):≪國語≫〈楚語 下〉에서 "신령이 강림하는데, 남자에게 내려온 것을 覡이라 하고, 여자에게 내려온 것을 巫라고 한다."라 하였고, 韋昭 注에서 "巫와 覡은 귀신을 본 사람으로, ≪周禮≫에서는 남자도 巫라 하였다."라 하였다.〔盧文弨〕
무당과 박수무당이다.〔역자〕
2) 禱請:神佛에게 소원성취를 비는 일, 즉 푸닥거리이다.〔역자〕
3) 符書:符籍이다. 符籙이라고도 한다. 道敎에서 귀신을 쫓고 재앙을 막거나 질병을 치료하고 수명을 연장하기 위해 만드는 비밀문서인데, 漢代 말부터 道敎에서는 이것을 불사르면서 소원을 빌기도 하였고, 이것을 담근 물을 마시면 소원이 성취된다고 믿기도 하였다.〔역자〕
4) 章醮(초):道士가 제단을 설치하고 엎드려서 글을 올려 기도하는 것을 醮라 하는데, 대체로 옛날에 있던 醮祭의 禮에서 따와서 이름을 붙인 것이다.〔盧文弨〕
≪法苑珠林≫ 卷68의 注에서 "오늘날 보이는 章醮는 신령에게 지내는 민간의 제사와 비슷하며, 술과 포, 장기와 거문고 등을 펼쳐놓는 일이다."라 하였다. ≪資治通鑑≫ 175의 胡三省 注에서 "道士에게는 재앙을 막고 액을 넘기는 방법이 있는데, 陰陽五行의 術數에 따라 사람의 수명을 늘이려면, 章表의 방식으로 글을 쓰고 아울러 폐백을 갖추어 향을 피우면서 낭독하기를 '하늘에 아뢰오니 부디 액을 막아주소서'라고 하는데, 이를 上章이라고 한다. 밤중에 星辰 아래에서 술과 과일, 떡과 폐백용

물건들을 차려놓고서 天星, 太一, 五星, 列宿에 차례로 제사를 지내는데, 이를 醮라고 한다."라 하였다. 吳訥의 ≪小學集解≫에서는 "符章은 오늘날 道士들이 하는 符籙과 章醮로써, 추천되어 발탁되도록 남을 위해 기도하는 것이다."라 하였다.〔王利器〕道敎에서 제단을 차리고 글을 올려 기도하면서 소원을 비는 예식이다.〔역자〕

우리 집안에서 무당의 푸닥거리에 관한 일은 거론된 적이 없고, 符籍을 쓰거나 章醮를 거행하며 소원을 빌어본 적도 없음은 모두 너희들이 아는 바 그대로이다. 요망한 일에 비용을 들이지 않도록 하라.

제6편 風操　예의범절

여기서 '禮儀凡節'로 번역된 '風操'란, 본래 '風度'(풍채와 태도)와 '節操'(절개와 품행)가 결합된 말이다. 이는 외면에 드러나는 모습뿐만 아니라 그 바탕을 이루는 내면의 정신까지 포함하는 개념이다.

顔之推는 후손들이 늘 기품 있는 몸가짐을 갖추고 살아가기를 바라는 마음으로, 예의범절에 관한 여러 가지 사항들에 대해 그 취지와 근본정신, 남북간 관습의 차이, 시대풍조 등까지 소상하게 설명하였다.

避諱와 作名에 관한 사항, 호칭과 연관된 문제들이 가장 많은 비중을 차지하고 있고, 號哭과 弔問 예절, 脫喪 후 자손들이 처신하는 법, 부모의 遺品이나 忌日 등 喪禮에 관련된 사항도 다양하게 기술되어 있다.

그 밖에 생일 풍습, 가족이 죄를 지었거나 전쟁에 나갔을 때 처신하는 법, 의형제를 맺는 법, 손님을 맞이하는 법 등이 자세히 소개되어 있어, 남북조시대의 社會相을 살펴볼 수 있는 소중한 자료로서도 평가될 수 있는 부분이다.

1. 士大夫의 예의범절

吾觀≪禮經≫, 聖人之敎：箕帚(추)[1)]匕箸[2)], 咳唾(해타)[3)]唯諾[4)], 執燭[5)]沃盥(관)[6)], 皆有節文[7)], 亦爲至矣。但旣殘缺, 非復全書, 其有所不載, 及世事變改者, 學達君子, 自爲節度, 相承行之, 故世號士大夫風操。而家門頗有不同, 所見互稱長短, 然其阡陌(맥)[8)], 亦自可知。昔在江南, 目能視而見之, 耳能聽而聞之, 蓬生麻中[9)], 不勞翰墨[10)]。汝曹生於戎馬之閒, 視聽之所不曉, 故聊記錄, 以傳示子孫。

1) 箕帚(추) : ≪禮記≫ 〈曲禮 上〉에서 "무릇 어른을 위해 소제하는 예는, 처음에 쓰레받기와 비를 가지고 갈 때에는 반드시 빗자루를 쓰레받기 위에 놓고 쓸 때에는 한 손으로는 비를 잡고 한 손으로는 소매를 들어 소매로 가리고 물러나 그 먼지가 어른에게 미치지 않게 하며, 쓰레받기가 자신을 향하도록 하여 거두어 담는다."라 하였

다.〔趙曦明〕

빗자루와 쓰레받기, 轉하여 掃除하는 방법이다.〔역자〕

2) 匕箸 : ≪禮記≫ 〈曲禮 上〉에서 "기장밥을 먹을 때는 젓가락을 쓰지 않는다."라 하였다.〔趙曦明〕

순가락과 젓가락, 轉하여 식사예절이다.〔역자〕

3) 咳唾(해타) : ≪禮記≫ 〈內則〉에서 "부모님이나 시부모님이 계시는 곳에서는 감히 휘파람을 불거나 한숨을 쉬지 않고, 재채기나 기침을 하거나 하품을 하고 기지개를 켜지도 않으며, 절룩거리고 기대어 서거나 흘끔 보거나 하지 않고, 또 감히 침을 뱉거나 콧물을 흘리지도 않는다."라고 하였다.〔趙曦明〕

기침과 침이다.〔역자〕

4) 唯諾 : ≪禮記≫ 〈曲禮 上〉에서 "어른이 계신 방 안으로 들어갈 때에는 옷자락을 공손히 치켜들고 방의 한쪽 구석을 따라 빠른 걸음으로 가서 자기 자리에 앉은 다음 반드시 조심해서 응대해야 한다.〔必愼唯諾〕 아버지가 부르시는데 그냥 대답만 하고 마는 법은 없고, 선생님이 부르시는데 그냥 대답만 하고 마는 법은 없으며, 〈공손하게〉 '예' 하고 일어나야 한다."〔趙曦明〕

鄭玄의 注에서 "조심해서 대답한다는 것은, 먼저 나서지 않고 질문을 받고서 응한다는 뜻이다."라고 풀이했다.〔王利器〕

응대하다. '唯'는 공손하게 대답하고 응하는 것을, '諾'은 성의 없이 대답만 하고 마는 것을 뜻한다.〔역자〕

5) 執燭 : ≪禮記≫ 〈少儀〉에서 "촛불을 잡으면〔執燭〕 사양하지 않고, 사례하는 말을 하지 않으며, 노래하지 않는다."라고 했다.〔趙曦明〕

≪管子≫ 〈弟子職〉에서는 "황혼 무렵 횃대에 불을 붙여 〈제자가〉 잡고 방의 구석에 앉는다. 섶단을 두는 방법은 선생님이 앉으신 곳과 가로로 두고, 불타고 남은 길이를 봐서 끊이지 않게 불을 붙이며, 새로 가져올 섶단도 그와 같이 둔다. 섶단 묶음 사이에는 한 묶음을 둘 공간을 남긴다. 타고 있는 섶단에 타다 남은 재를 담는다. 오른손으로 횃불을 잡고, 왼손으로 남은 재를 정돈한다. 피곤하여 다른 사람과 횃불을 교대하여 잡는다."라 했다.〔盧文弨〕

6) 沃盥(관) : ≪禮記≫ 〈內則〉에 "세숫물을 올림에 있어 아이는 대야를 받들고 어른은 물을 따르며, 세수를 마치면 수건을 드린다."라고 했다.〔趙曦明〕

대야에 세숫물을 따라 어른에게 올리는 일이다.〔역자〕

7) 節文 : ≪禮記≫ 〈坊記〉에 "禮란 人情에 따라서 규정〔節文〕을 만들어, 백성의 잘못을 막는 제방으로 삼는 것이다."라 하였고, 또 ≪史記≫ 〈禮書〉에서는 "일에는 마땅히 그래야 하는 바가 있고, 禮에는 규정〔節文〕이 있다."라고 하였는데, 이것이 顔之推

주장의 근거이다.〔王利器〕

8) 阡陌(맥) : 길, 轉하여 목표에 도달하기 위한 방법이다. 본디 阡은 남북으로 난 길을, 陌은 동서로 난 길을 가리킨다.〔역자〕

9) 蓬生麻中 : 쑥이 삼 사이에서 자라다.〔역자〕

≪荀子≫ 〈勸學〉篇에 "구불구불하게 자라는 쑥이 곧게 자라는 삼 사이에서 자라면 붙잡아주지 않아도 곧아진다."라 하였다.〔趙曦明〕

10) 不勞翰墨 : 翰墨을 수고롭게 하지 않다, 즉 책으로 써서 기록할 필요가 없다는 뜻이다. 翰墨은 筆墨, 즉 문장을 가리킨다. 王利器는 이 부분을 '蓬生麻中, 不扶而直, □□□□, 不勞翰墨.'이 脫誤된 것으로 보았고, 또 '翰墨'이 '繩墨'의 誤字일 가능성을 의심하였다. 繩墨이란 먹줄을 말하는데, 이 경우 이 대목의 의미는 '쑥이 삼 사이에서 자라면 굳이 먹줄을 그어 바로잡아주지 않아도 절로 곧아지게 된다.'는 뜻이 된다.〔역자〕

내가 ≪禮記≫를 보았더니 聖人의 가르침 중에 掃除하는 법, 식사예절, 기침하고 침 뱉는 법, 대답하는 법, 촛불 드는 법, 세숫물 따르는 법 등이 모두 규정이 있고 또 상세하였다. 다만 빠지고 손상된 부분이 있어 온전한 책은 못 되었는데, 거기에 기재되지 않은 것과 〈시대 흐름에 따라〉 세상일이 바뀐 것은, 博識한 君子가 직접 규범을 만들면 이를 계승하여 행하므로, 세상에서 士大夫의 예의범절〔風操〕이라고 부른다. 그런데 집안에 따라 상당한 차이가 나기도 하고 보기에 따라 서로 좋다 나쁘다 하기도 하나, 그래도 그 개략적인 방식 또한 저절로 알 수가 있다.

예전 江南에 있을 때에는 직접 봐서 알고 직접 들어 알게 되므로, 쑥이 삼 사이에 자라면 〈절로 곧아지듯〉 굳이 글로 쓸 필요가 없었다. 〈하지만〉 너희들은 전쟁 중에 태어나 보고 들어서 알 수가 없으니, 그래서 글로 기록하여 자손들에게 전하여 보여주려는 것이다.

2. 常識에 어긋난 지나친 避諱

≪禮≫云 : "見似目瞿, 聞名心瞿。"[1)]有所感觸, 惻愴心眼, 若在從容平常之地, 幸須申其情耳[2)]。必不可避, 亦當忍之, 猶如伯叔兄弟, 酷類先人, 可得終身腸斷, 與之絶耶? 又 : "臨文不諱, 廟中不諱, 君所無私諱。"[3)] 益知聞名, 須有消息[4)], 不

必期於顚沛而走[5)]也。梁世謝擧[6)]，甚有聲譽，聞諱必哭，爲世所譏。又有臧逢世[7)]，臧嚴[8)]之子也，篤學修行，不墜門風。孝元經牧江州[9)]，遣往建昌[10)]督事，郡縣民庶，競修牋書，朝夕輻輳[11)]，几案盈積。書有稱"嚴寒"者，必對之流涕，不省取記，多廢公事，物情怨駭，竟以不辦而退：此竝過事也。

1) 禮云……聞名心瞿 : 이 부분은 ≪禮記≫ 〈雜記 下〉에 나온다.〔역자〕
2) 幸須申其情耳 : ≪世說新語≫ 〈任誕〉에 다음과 같은 이야기가 나온다. "桓南郡이 太子洗馬로 초빙되어 배가 赤渚에 정박하고 있을 때, 王大(王忱)는 五石散(다섯 가지 광물질을 배합해 만들었다고 하는 고대 마약의 일종으로 '寒食散'이라 하기도 함.〔역자〕)을 복용한 뒤라 이미 약간 취했지만 桓南郡을 만나러 갔다. 桓南郡이 그를 위해 술상을 차렸는데, 〈王大는〉 차가운 술을 마실 수 없었기 때문에 좌우 시종들에게 자주 '술을 데워 오라.〔溫酒〕'고 말했다. 이에 桓南郡이 눈물을 흘리며 흐느끼자 王大는 떠나려 했다. 桓南郡이 수건으로 눈물을 닦으며 王大에게 말하기를 '집안의 諱를 범했을 뿐인데, 그대와 무슨 상관이겠소?'라 하였다. 그러자 王大는 감탄을 하며 '靈寶(桓玄의 어릴 적 字.〔역자〕)는 참으로 통이 크시오.'라고 하였다." 여기서 桓南郡은 桓玄을 가리킨다. 桓玄은 그의 부친 이름이 桓溫이어서 王大가 시종들에게 "술을 데워 오라〔溫酒〕"고 하자, 그 부친의 諱字를 범하였다고 해서 눈물을 흘리며 흐느꼈던 것이다.〔王利器〕
3) 臨文不諱……君所無私諱 : 이 부분은 ≪禮記≫ 〈曲禮 上〉에 나온다. 이에 대한 鄭玄의 注에서 "임금이 계신 곳에서 私諱를 하지 않는다는 것은, 신하가 임금 앞에서 이야기하면서 집안의 諱를 피하지 않는다는 뜻으로, 이는 〈임금 외에〉 존귀한 분이 다시 있지 않음을 뜻한다. 글을 쓰면서 피휘하지 않는다는 것은 〈피휘를 하게 되면〉 일의 정확성을 놓치기 때문이다. 사당에서 피휘하지 않는다는 것은 고조부에게 제사를 지낼 때 증조부 이하에 대해 피휘하지 않는다는 뜻으로, 존귀한 분은 둘이 없으며 아랫사람 쪽에서 윗사람을 피휘하기 때문이다."라고 했다.〔王利器〕
4) 消息 : 六朝 사람들의 관용어로 '斟酌'과 통한다. 本書 제9 〈文章〉篇 4에서 "마땅히 신중하게 고려해야 한다.〔當務從容消息之〕"라 하였고, 또 제17 〈書證〉篇 45에서 "옳고 그름을 잘 따져, 특별히 고려해야 한다.〔考校是非 特須消息〕"라고 했는데, 이는 '消息'이 顔之推가 자주 쓰는 표현이었음을 보여준다. 漢・魏・六朝시대 사람들이 사용한 '消息'은 모두가 '斟酌'의 뜻으로 쓰였다.〔王利器〕
5) 顚沛而走 : 허둥지둥 당황해하며 달아나다. 쩔쩔매며 자리를 피하다.〔역자〕
6) 謝擧 : ≪梁書≫ 〈謝擧傳〉에 "謝擧는 字가 言揚이고 中書令 謝覽의 동생으로 어려서

好學하고 淸談에 능하여 謝覽과 함께 이름이 났다."라 하였다.〔趙曦明〕

7) 臧逢世 : ≪南史≫ 〈臧燾傳〉에 여러 臧氏의 傳이 附記되어 있지만, 逢世라는 이름은 없다.〔盧文弨〕

8) 臧嚴 : 梁의 文士. ≪梁書≫ 〈文學傳〉에 "臧嚴은 字가 彦威이다. 어려서부터 효심이 있어 부친상을 당하여 매우 슬퍼하여 몸을 해친 것으로 알려졌다. 가난하였지만 배움에 힘써 늘 책을 손에서 놓지 않았다."라 하였다.〔趙曦明〕

9) 江州 : ≪梁書≫ 〈元帝紀〉에 의하면, 元帝 蕭繹이 大同 6년(540)에 使持節都督江州諸軍事 鎭南將軍 江州刺史가 되어 〈江州로〉 나갔다고 한다. ≪隋書≫ 〈地理志〉에 "九江郡을 예전에 江州라고 불렀다."고 하였다.〔趙曦明〕

지금의 江西省, 福建省 및 湖南省, 湖北省의 일부 지역이다.〔역자〕

10) 建昌 : ≪隋書≫ 〈地理志〉에 의하면, 당시 豫章郡에서 4개 縣을 통괄하였는데 建昌縣은 그중의 하나였다고 한다.〔趙曦明〕

지금의 江西省에 속하는 옛 지명이다.〔역자〕

11) 輻輳 : 수레바퀴의 살이 바퀴통에 모이듯 한곳으로 많이 몰려든다는 뜻이다. ≪老子≫에서 "서른 개의 수레바퀴살이 바퀴통 하나를 공유한다.〔三十輻共一轂〕"라 하였다.〔盧文弨〕

≪禮記≫에 "〈3년상을 마치고 길을 가다가, 부모와〉 닮은 사람을 보면 눈이 휘둥그레지고, 〈부모의〉 이름을 들으면 마음이 놀란다."라고 하였다. 〈마음에〉 느끼고 닿는 바가 있어 눈시울이 뜨거워지고 마음이 뭉클해지는 것인데, 만약 조용한 평상시라면 가급적 그 사정을 밝혀 이해를 구해야 할 것이다. 〈하지만〉 꼭 불가피할 경우에는 참아야 할 것이니, 예를 들어 伯父나 叔父 같은 〈先親의〉 형제분이 선친을 빼닮았다고 해서 평생 애간장을 태우고 그분들과 絶交를 할 수 있겠는가?

또 "글 쓸 때에는 避諱하지 아니하고, 사당에서도 피휘하지 않으며, 임금이 계신 곳에서도 개인적인 피휘는 없다."라고 하였다. 그러니 〈선친의〉 이름자를 들었을 경우에도 반드시 상황의 고려가 있어야 하며, 반드시 허둥지둥 당황하면서 그 자리를 벗어나야 하는 것은 아님을 잘 알 수 있다.

梁代에 謝擧는 명성이 아주 높았지만, 〈부친의〉 諱字만 들으면 반드시 통곡을 하곤 하여 세인들의 비난을 받았다. 또한 臧逢世라는 이가 있었는데, 臧嚴의 아들로서 학문에 열심이고 행실을 바르게 닦아 집안의 명망을 떨어뜨리지 않았다. 梁 元帝가 〈제위에 오르기 전〉 江州刺史로 있을 때 〈臧逢世를〉 建昌으로 파견하여 업무를 살피게 하였는데, 군현의 백성들이 앞다투어 문건을 만들어 아침저녁으로 몰려드니 책상에 가득 쌓였다. 이 글들 중에 '嚴寒'이라는 말만 나오면 그때마다 그걸 보고 눈물을 흘리느라 제대로 살펴 기록하지도 못하고 공무를 중단하는 일이 많았는데, 사람들 사이에 원망이 생기고 물의가 일자 결국엔 일처리를 못한다는 것으로 물러났다. 이는 모두 지나친 일이다.

3. 阿諂에 가까운 잘못된 避諱

近在揚都[1], 有一士人諱審, 而與沈氏交結周厚, 沈與其書, 名而不姓[2], 此非人情也。

1) 揚都 : 당시 南朝의 수도였던 建康을 가리킨다. 본서 제9 〈文章〉篇 春秋穀梁傳 주 3) 참조.〔역자〕

2) 名而不姓 : ≪齊東野語≫ 〈避諱〉에 "예를 들면 揚都에 審이라는 이름을 가진 士人이 있었는데, 沈氏가 그에게 편지를 보내며 〈자신의〉 이름만 쓰고 성은 쓰지 않았으니, 모두 아첨하는 자의 잘못된 행동이다."라고 하였는데, 이는 ≪顔氏家訓≫의 이 대목을 근거로 한 것이다.〔王利器〕

이름은 쓰고 성은 쓰지 않다. '沈'자의 音이 '審'과 같다고 하여 피한 것이다.〔역자〕

근래 揚都에 '審'자를 이름자로 하는 士人이 있었는데, 沈氏와 교유가 깊었다. 沈氏는 그에게 편지를 보낼 때 〈자신의〉 이름만 쓰고 성은 쓰지 않았는데, 이는 인정에 어긋나는 일이다.

4. 지나친 避諱는 웃음거리

凡避諱者, 皆須得其同訓以代換之[1] : 桓公名白, 博有五皓之稱[2] ; 厲王名長, 琴有修短之目[3]。不聞謂布帛爲布皓[4], 呼腎腸爲腎修也[5]。梁武小名阿練, 子孫皆呼練爲絹, 乃謂銷鍊物爲銷絹物[6], 恐乖其義。或有諱雲者, 呼紛紜爲紛煙[7] ; 有諱桐者, 呼梧桐樹爲白鐵樹, 便似戲笑耳。

1) 同訓以代換之 : 예를 들면, 漢代 사람들이 '國'자로써 '邦'자를, '滿'자로써 '盈'자를,

'常'자로써 '恒'자를, '開'자로써 '啓'자를 대체한 것 등이 이것이다. 뒤에는 소리가 비슷한 글자로 대체하기 시작하였다.〔盧文弨〕

같은 뜻을 가진 글자로 대체한다는 뜻이다.〔역자〕

2) 博有五皓之稱 : 春秋時代 齊 桓公은 이름이 小白이었으므로 이를 避諱하여 '五皓'라 하였다.〔沈揆〕

博은 우리나라의 윷놀이와 비슷한 중국 고대 놀이의 일종이다. 다섯 개의 木을 던져 떨어진 모양새에 따라 등급을 정하고 그걸로 판의 말을 움직여서 승부를 정했다고 한다. 이 놀이에 '五白'이라는 용어가 나온다.〔역자〕

3) 厲王名長 琴有修短之目 : 厲王은 西漢의 淮南 厲王이다. 漢 高祖 劉邦의 아들로 이름이 長이다. ≪淮南子≫는 그의 아들 劉安의 저술인데, 이 책에서 '長'자로 쓸 부분을 모두 '修'자로 썼다고 한다. 역대의 주석가들은 '琴有修短之目'에 대해 명확한 해석을 하지 못하였는데, 王利器는 ≪淮南子≫ 〈脩務〉篇의 "사람은 타고나면서 각기 잘하는 것이 있다.〔人性各有所脩〕"라고 한 대목을 들어 '琴'자가 '性'자와 독음이 비슷해서 생겨난 오류가 아닐까 하는 의심을 하였지만, 명확한 근거는 없다. 또 ≪考工記≫ 〈鳧氏〉에 "鐘이 크면서 〈기장이〉 짧으면 그 소리는 빠르면서 짧게 들리고, 종이 작으면서 길면 그 소리는 느리면서 멀리 들린다."라고 한 것과, ≪爾雅≫ 〈釋樂〉에 "오직 종과 북의 경우만 일컬어서 길다〔修〕고 한다."라고 한 것을 들어 '琴'도 '鐘'과 같은 악기의 일종이라서 '修'라는 표현을 쓰지 않았을까 의심하였는데, 이 견해가 가장 타당성이 있어 보인다. 결국 '修短'으로 대체된 거문고의 長短이란, 아마도 거문고 음악에서 소리의 長短을 가리키는 것이 아닌가 싶다.〔역자〕

4) 謂布帛爲布皓 : 布帛을 일컬어 '布皓'라고 하다. 布帛은 베와 비단의 뜻으로 옷감의 총칭이다. 布帛에서 '帛'의 독음이 諱字인 '白'과 같다고 하여 '皓'로 바꾼 것으로, 불합리한 避諱의 사례로 든 것이다.〔역자〕

5) 呼腎腸爲腎修也 : 腎腸을 일컬어 '腎修'라고 부르다. 콩팥을 뜻하는 腎腸은 腎臟으로도 쓴다. 腎腸에서 '腸'의 독음이 諱字인 '長'과 같다고 하여 '修'로 바꾼 것으로, 이 역시 불합리한 避諱의 예로 든 것이다.〔역자〕

6) 謂銷鍊物爲銷絹物 : 銷鍊物은 쇠붙이를 녹여 만든 물건이다. 이것을 '銷絹物'로 바꾸면 '명주를 녹여 만든 물건'이란 뜻이 되어 사리에 어긋난다는 말이다.〔역자〕

7) 呼紛紜爲紛煙 : 紛紜은 떠들썩하고 복잡하다는 뜻이다. 이것을 '紛煙'으로 바꾸면 '자욱한 연기'란 뜻이 된다.〔역자〕

避諱는 언제나 같은 뜻을 가진 글자로 대체해야 한다. 齊 桓公은 이름이 '白'이어서 博에 〈五白 대신〉 '五皓'라는 호칭이 있게 되었고, 淮南 厲王은 이름이 '長'이어서

琴에 〈長短 대신〉 '修短'이라는 항목이 있게 되었다. '布帛'을 '布皓'라 하고 '腎腸'을 '腎修'라 부른다는 말은 들어보지 못했다.

梁 武帝는 어릴 적 이름이 阿練이어서 자손들이 '練'자를 모두 '絹'자로 바꾸었는데, 그렇게 되면 〈쇠붙이를 뜻하는〉 '銷鍊物'을 일컬어 〈견직물이라는 뜻의〉 '銷絹物'이라 해야 하니, 아마 그 뜻이 어긋날 것이다. 간혹 '雲'자를 휘하는 사람이 '紛紜'을 '紛煙'이라 하고, '桐'자를 휘하는 사람이 '梧桐樹'를 '白鐵樹'라 하기도 하니 우스갯소리 같다.

5. 피해야 할 이름자

周公名子曰禽[1)], 孔子名兒曰鯉[2)], 止在其身, 自可無禁。至若衛侯、魏公子、楚太子, 皆名蟣(기)蝨[3)], 長卿名犬子[4)], 王修名狗子[5)], 上有連及, 理未爲通, 古之所行, 今之所笑也。北土多有名兒爲驢、駒、豚子者, 使其自稱及兄弟所名, 亦何忍哉? 前漢有尹翁歸[6)], 後漢有鄭翁歸, 梁家亦有孔翁歸, 又有顧翁寵[7)]; 晉代有許思妣[8)]、孟少孤[9)], 如此名字, 幸當避之。

1) 名子曰禽 : ≪史記≫ 〈魯周公世家〉에 의하면, 周公의 아들인 魯公의 이름이 伯禽이었다.〔王利器〕

2) 名兒曰鯉 : ≪孔子家語≫ 〈本姓解〉에 따르면, 19세에 〈孔子가〉 宋나라 출신 幵(견)官氏를 맞이하여 1년 만에 아들 伯魚를 낳았다. 伯魚가 태어나자 魯 昭公이 잉어〔鯉魚〕를 보내주었는데, 孔子는 군주의 선물을 영광스럽게 여겨 아들의 이름을 鯉라 하고 字를 伯魚라 하였다.〔盧文弨〕

3) 至若衛侯魏公子楚太子 皆名蟣(기)蝨 : ≪史記≫ 〈韓世家〉에 "襄王 12년에 태자 嬰이 죽자 公子 咎와 公子 蟣蝨이 태자 자리를 놓고 싸웠는데, 이때 蟣蝨은 楚나라에 인질로 있었다."라고 한 기록이 있다. ≪戰國策≫ 〈韓策〉에는 '幾瑟'로 나와 있다. 여기에 나온 일들은 未詳이다.〔趙曦明〕

4) 長卿名犬子 : ≪史記≫ 〈司馬相如傳〉에서 "〈司馬相如는〉 蜀郡 成都 사람으로 字가 長卿이었다. 젊을 적에 독서를 좋아하고 擊劍을 배웠다. 그러므로 그의 아버지가 그의 이름을 犬子라고 불렀다."라고 하였다.〔趙曦明〕

5) 王修名狗子 : ≪晉書≫에 "王修는 字가 敬仁이고 小名이 茍子이며 太原 晉陽 사람이었다."라 하였다. 顔之推가 말한 狗子란 바로 이 사람이다. 六朝 사람들은 왕왕 '茍'

자와 '狗'자를 통용했는데, 예를 들면 齊의 張敬兒는 본명이 苟兒이고 그의 동생은 猪兒였는데, 張敬兒의 지위가 높아진 후 齊 武帝는 그의 이름 '苟'자에 '攵(복)'傍을 덧붙여 '敬兒'로 고쳐주었다고 한다. 또 梁의 何敬容이 자기 이름을 쓸 때 왕왕 〈'敬'자의〉 '苟' 부분은 크게 쓰고 '攵' 부분은 작게 썼으며, 또 〈'容'자의〉 '父' 부분은 크게 쓰고 '口' 부분은 작게 쓰자, 사람들이 그를 희롱하며, "귀댁 개〔狗〕가 별나게 큰데, 아버님〔父〕도 크시네요."라고 놀렸다고 한다. 이런 것들이 당시 사람들이 '苟'자를 '狗'의 의미로 사용했다는 증거로 볼 수 있다.〔李慈銘〕

≪世說新語≫ 〈文學〉篇의 "許掾〔許詢〕이 젊을 때 사람들은 그를 王苟子에 견주었다."에 대한 劉孝標의 注에서 "苟子는 王修의 어릴 적 字이다."라고 하였다. 南朝시대에 俗字로서 '苟'자를 빌어 '狗'자의 뜻으로 쓰는 경우가 있었는데, 何敬容이 일찍이 남들에게 놀림을 당한 '苟子'는 바로 '狗子'의 뜻이다.〔李詳〕

6) 尹翁歸 : ≪漢書≫ 〈尹翁歸傳〉에 "字가 子兄(황)이고 平陵 사람이나 杜陵으로 이주하였다."라 하였다.〔趙曦明〕

이름자를 뜻대로 풀이하면 '尹翁이 돌아간다' 즉 '죽는다'는 뜻이 된다. 이하 모두 같다.〔역자〕

7) 顧翁寵 : 未詳.〔趙曦明〕 이 경우 '顧翁이 총애한다'는 뜻이 된다.〔역자〕

8) 許思妣 : 晉나라 사람 許永이다. 孫志祖의 ≪讀書≫ 〈脞錄續編〉 3에 "許柳의 아들 永은 字가 思妣로, ≪世說新語≫ 〈政事〉에 나온다."라고 하였다.〔王利器〕

思妣를 뜻대로 풀이하면 '돌아가신 어머니를 생각한다'는 뜻이 된다.〔역자〕

9) 孟少孤 : 晉나라 사람 孟陋이다. ≪晉書≫ 〈隱逸傳〉에 "이름은 陋이고 字가 少孤이며, 武昌 사람이다."라 하였다.〔盧文弨〕

少孤는 '어려서 부모를 잃는다'는 뜻이다.〔역자〕

周公은 아들의 이름을 禽〔날짐승〕이라 하였고, 孔子는 아들의 이름을 鯉〔잉어〕라고 하였는데, 그 자신에 그치는 것이라면 금하지 않아도 된다. 〈하지만〉 衛나라 제후, 魏나라 公子, 楚나라 太子는 모두 이름이 蟣蝨〔서캐〕이었고, 司馬相如는 이름이 犬子〔개자식〕였으며, 王修는 이름이 狗子〔개새끼〕였는데, 이런 경우 윗대까지 누가 미치고 이치에도 맞지 않으니 옛날에는 통용되던 것이라도 오늘날에는 웃음거리가 된다.

북방에서는 자식의 이름을 驢〔나귀〕, 駒〔망아지〕, 豚子〔돼지새끼〕 등으로 짓는 이들이 많은데, 자신의 이름을 밝히거나 형제가 이름을 부를 때 어떻게 견딜 수가 있겠는가? 前漢 때 尹翁歸가 있었고 後漢 때 鄭翁歸가 있었으며, 梁代에 孔翁歸가 있었고 또 顧翁寵이 있었다. 晉代에는 許思妣, 孟少孤 등이 있었는데, 이러한 이름자는 마땅히 피하도록 해야 한다.

6. 자식의 이름은 後孫의 입장에서

今人避諱, 更急於古。凡名子者, 當爲孫地。吾親識[1)]中有諱襄、諱友、諱同、諱清、諱和、諱禹, 交疏造次[2)], 一座百犯, 聞者辛苦, 無憀(료)賴[3)]焉。

1) 親識 : 親知이다. 六朝人의 관용어로, 陶淵明은 〈形贈影〉 詩에서 "친지들〔親識〕이 어찌 그리워하겠나?"라 하였고, 謝惠連은 〈順東西門行〉에서 "華堂에 친지들〔親識〕이 모였다."라고 하였다.〔王利器〕
2) 交疏造次 : '잘 모르는 사람이 잠깐 사이에'란 뜻이다. 交疏는 交遊가 소원한 사람이란 뜻이고, 造次는 급작스러운 때나 짧은 시간을 뜻한다.〔역자〕
   '交疏'는 '疏交'가 되어야 마땅하며, 얼굴을 모르는 사람이란 뜻이다. '造次'는 짧은 시간〔倉猝〕이란 뜻이다.〔盧文弨〕
   ≪論語≫ 〈里仁〉篇에 "급작스러운 때〔造次〕에도 이것에 의지한다."라는 표현이 있다.〔王利器〕
3) 憀(료)賴 : 의지하다. 기대다. 憀는 賴의 뜻이다.〔역자〕

요즘 사람들의 避諱는 예전보다 더 엄격하다. 자식의 이름을 짓는 경우 마땅히 孫子의 입장이 되어보아야 한다. 나의 親知들 중에는 襄, 友, 同, 清, 和, 禹 등의 〈자주 쓰는〉 글자를 諱로 하여, 잘 모르는 사람이 잠깐 사이에 한 자리에서 여러 차례 휘를 범하는 경우가 있는데, 듣는 사람은 괴롭고 기댈 데가 없다.

7. 輕薄한 이름 짓기

昔司馬長卿慕藺(린)相如, 故名相如[1)]; 顧元歎慕蔡邕, 故名雍[2)], 而後漢有朱倀字孫卿[3)], 許暹(섬)字顔回[4)], 梁世有庾晏嬰[5)]、祖孫登[6)], 連古人姓爲名字, 亦鄙事也。

1) 司馬長卿慕藺(린)相如 故名相如 : ≪史記≫ 〈司馬相如傳〉에 "司馬相如는 학업을 마치고 나서 藺相如의 사람됨을 흠모하여, 이름을 相如로 바꾸었다."라고 하였다. 藺

相如는 ≪史記≫에 傳이 있다. 嵇(혜)康의 〈與山巨源絶交書〉에서 "長卿이 相如의 節操를 흠모했다."라고 한 것도 이 故事를 사용한 것이다.〔王利器〕

藺相如는 戰國時代 趙나라의 재상으로서, 秦나라가 속임수를 써서 빼으려던 和氏璧을 지켜내고, 趙나라 장수 廉頗와 합심하여 趙나라를 굳건하게 지켜낸 일로 유명하다.〔역자〕

2) 顧元歎慕蔡邕 故名雍 : 三國時代 吳나라 사람이다. ≪三國志≫에서 "顧雍의 字가 元歎인 것은 蔡邕의 탄복을 받아서이다."라고 했다.〔沈揆〕

'雍'은 '邕'과 同字이다.〔盧文弨〕

蔡邕은 後漢의 대학자로서 ≪後漢書≫에 傳이 있다.〔王利器〕

3) 後漢有朱倀字孫卿 : 朱倀은 원래 朱張으로 되어 있으나 孫志祖의 견해에 따라 고쳤다. ≪後漢書≫ 〈順帝紀〉에 "永建 원년 長樂少府 朱倀이 司徒가 되었다."라 하였고, 또 注에 "朱倀은 字가 孫卿이고 壽春 사람이다."라고 되어 있다. 이 외에도 ≪後漢書≫의 〈來歷傳〉, 〈丁鴻傳〉, 〈劉愷傳〉, 〈周擧傳〉 등에 朱倀의 이름이 나온다.〔王利器〕

孫卿은 善惡說로 유명한 전국시대의 사상가 荀卿을 가리킨다. 漢 宣帝의 이름자인 '詢'을 피휘하여 孫卿이라 부르게 되었다.〔역자〕

4) 許暹(섬)字顔回 : 未詳.〔趙曦明〕 ≪北齊書≫ 〈恩倖 和士開傳〉에 士曾參이란 인물이 나오는데, 이 역시 孔子 제자인 曾參의 성까지 붙여 이름자로 쓴 것이다.〔王利器〕

5) 庾晏嬰 : ≪梁書≫ 〈文學傳〉에 "庾仲容은 어릴 때 부친을 여의고, 숙부 庾泳에 의해 양육되었다. 처음 安西法曹行參軍이 되었을 때, 庾泳은 이미 貴顯의 신분이었다. 吏部尙書 徐勉이 庾泳의 아들 晏嬰을 宮僚로 임명하려고 하자, 庾泳은 눈물을 흘리며 말하기를 '조카가 어려서 부모를 여의었지만 재주가 그런대로 괜찮으니, 제 아들 晏嬰을 쓰시려고 한 자리에 그를 써주시기 바랍니다.'라고 했다."라 하였다.〔錢大昕〕

晏嬰은 춘추시대 齊나라의 명재상이다. 靈公, 莊公, 景公의 세 임금을 보필하며 검소함과 겸손함으로 백성들의 존경을 받았다. 그와 관련된 기록은 ≪晏子春秋≫에 전하며, ≪史記≫에 그의 列傳이 있다.〔역자〕

6) 祖孫登 : 南朝 梁・陳 사이의 인물로서 ≪陳書≫ 〈徐伯陽傳〉과 ≪南史≫ 〈徐伯陽傳〉에 그의 이름이 나온다. 본래 孫登은 三國時代 魏나라의 유명한 隱士로서 ≪晉書≫에 傳이 있다.〔역자〕

옛날 司馬長卿은 藺相如를 흠모하여 이름을 相如라 하였고, 顧元歎은 蔡邕을 흠모하여 이름을 雍이라 하였다. 그런데 後漢 때 朱倀은 字를 孫卿이라 하고 許暹은 字를 顔回라 한 일이 있었고, 梁代에는 庾晏嬰과 祖孫登 등이 있었으니, 옛사람의 성까지 붙여 이름과 字로 삼는 것 또한 비루한 짓이다.

8. 상스러운 呼稱

昔劉文饒不忍罵奴爲畜産[1), 今世愚人遂以相戲, 或有指名爲豚犢(독)[2)者。有識傍觀, 猶欲掩耳, 況當之者乎?

1) 昔劉文饒不忍罵奴爲畜産 : ≪後漢書≫ 〈劉寬傳〉에 "劉寬은 字가 文饒였다. 일찍이 손님을 맞이하여 노복에게 술을 사오게 했더니, 한참을 돌아다니다가 크게 취해 돌아왔다. 손님은 그 꼴을 참지 못해 '짐승 같은 놈'이라고 욕을 했다. 劉寬은 사람을 시켜 노복을 살피게 하고, 분명 자살을 할 것이라 걱정하면서 말하기를 '이자는 사람인데 짐승이라 욕을 했으니, 나는 그가 죽을까 두렵소.'라고 했다." 하였다.〔趙曦明〕
2) 豚犢(독) : 돼지새끼와 소새끼이다. 여기서는 사람을 가축에 빗대어 부르는 말이다.〔역자〕

옛날 劉文饒(劉寬)는 하인에게도 차마 짐승이라는 말로 꾸짖지는 못했는데, 오늘날 어리석은 이들은 이것으로 서로 희롱을 하고, 때로는 지명을 해서 '돼지〔豚〕'니 '소〔犢〕'니 하는 식으로 부르는 이들도 있다. 지각 있는 사람이라면 옆에서 보다가도 귀를 막고 싶을 지경인데, 하물며 그렇게 불리는 사람이야 오죽하겠는가?

9. 재치 있는 비유

近在議曹[1), 共平章[2)百官秩祿[3), 有一顯貴當世名臣, 意嫌所議過厚。齊朝有一兩士族文學之人, 謂此貴曰 : "今日天下大同[4), 須爲百代典式[5), 豈得尙作關中舊意[6)? 明公[7)定是陶朱公大兒[8)耳!" 彼此歡笑, 不以爲嫌[9)。

1) 議曹 : 曹는 부서〔局〕이다.〔盧文弨〕
≪漢書≫ 〈龔遂傳〉에 議曹 王生이란 인물이 나오지만, ≪續漢書≫ 〈百官志〉에 수록된 여러 曹에는 들어 있지 않은 것으로 보아, 아마도 한가한 부서였던 것 같다. ≪隋書≫ 〈李德林傳〉에 "遵彦이 李德林에 이어 上奏를 하고 議曹로 들어갔다."라 하였는데, 아마도 漢代의 옛 官名을 그대로 쓴 것 같다.〔王利器〕
議案을 심의하는 기관이다.〔역자〕
2) 平章 : 논의하다. ≪後漢書≫ 〈蔡邕傳〉에 "성실하고 청렴한 이를 다시 선발하고, 상벌을 논의하였다.〔平章賞罰〕"라는 표현이 있고, ≪北史≫ 〈李彪傳〉에도 "古今을 논하고〔平章古今〕, 인물들의 대략을 헤아려본다."라 하였으며, 王梵志의 詩에 "일이 있

으면 잘 검토를 해야지, 논의를 제 마음대로 해서는 안 된다.〔平章莫自專〕"라 하였는데, 모두 같은 뜻이다.〔王利器〕

3) 秩祿 : 祿俸, 俸給의 뜻이다.〔역자〕

4) 今日天下大同 : 大同은 隋에 의한 중국 통일(589년)을 가리킨다.〔역자〕

5) 典式 : 규범, 규칙의 뜻이다.〔역자〕

6) 關中舊意 : 西魏의 수도는 關中이었고, 北齊는 東魏를 계승하여 수도가 鄴이었다.〔趙曦明〕

이것은 隋나라 때의 일을 말한 것이다. 隋가 천하를 統一함으로써 남북 대치 국면을 결속하였으므로, 그래서 '大同'이라 하였다. 비록 長安을 수도로 하였지만 새로운 왕조이므로, "어찌 여전히 關中 시절의 옛날 생각〔關中舊意〕을 할 수 있겠소?"라고 하였던 것이다. 顔之推가 家訓을 썼을 때는 이미 隋代에 들어섰으므로, 그 일을 기록하여 "근자에 議曹에서"라 하였다.〔王利器〕

關中 시절의 옛날 생각이란 隋에 의해 통일되기 이전인 분단시대의 낡은 사고방식이란 뜻이다. 關中은 南北朝 말기 北周의 근거지였던 지금의 陝西省 일대를 가리킨다.〔역자〕

7) 明公 : 漢・魏・六朝 시대 사람들은 대개 호칭 앞에 '明'자를 붙여 존중의 뜻을 나타내었는데, 예를 들면 明公, 明府, 明將軍, 明使君 등 한두 가지가 아니다. ≪資治通鑑≫ 94의 胡三省 注에서 "漢魏 이래로 대개 宰相과 大臣을 明公이라 불렀다."라 하였다.〔王利器〕

8) 陶朱公大兒 : 陶朱公은 越王 句踐의 재상이었던 范蠡(려)이다. 句踐과 힘을 합하여 吳나라를 멸망시킨 范蠡가 越나라를 떠나 巨富가 되었을 때, 그의 둘째 아들이 죄를 지어 楚나라의 옥에 갇혔다. 范蠡는 자식의 구명을 위해 막내아들을 보내려 하였지만, 맏아들이 장남으로서 체면을 내세우며 필사적으로 자신이 가야겠다고 고집을 부리므로 하는 수 없이 맏아들을 보내었다. 하지만 范蠡가 우려한 대로 구명하러 갔던 큰아들이 재물을 아끼려다 결국 둘째 아들을 잃고 말았다는 고사가 ≪史記≫ 〈越王句踐世家〉에 나온다.〔趙曦明〕

여기서 陶朱公의 맏아들이란 재물을 아끼려다 낭패하게 된 사람을 비유한 것이다.〔역자〕

9) 不以爲嫌 : 불만스럽게 생각하지 않았다. 여기서는 지체 높은 상대방을 남의 큰 아들에 비유하여 일컫는 것이 예의에 맞지 않는 일이지만, 재치로 받아들이고 그 말에 개의치 않았다는 뜻이다.〔역자〕

근자에 議曹에서 함께 百官의 녹봉을 논의하였는데, 참석하고 있던 당대의 높은 귀족으로 名臣이었던 인물 한 사람이 〈녹봉에 대한〉 논의가 지나치게 후한 점이 마음에 걸렸다. 〈그 자리에 있던〉 北齊 출신의 士族 文人 몇 사람이 이 현귀한 인물에게 말하기를 "이제 천하가 통일되었으니 百代에 남을 규범을 만들어야지, 어찌 아직도 關中 시절의 옛날 생각만 할 수가 있겠습니까? 귀공께서는 정녕 陶朱公의 맏아들인가 봅니다!"라고 하였지만, 피차 즐겁게 웃으며 그 말에 개의치 않았다.

10. 자기 親族의 呼稱 - '家'

昔侯霸之子孫, 稱其祖父曰家公[1]；陳思王稱其父爲家父, 母爲家母[2]；潘尼稱其祖曰家祖[3]：古人之所行, 今人之所笑也。今南北風俗, 言其祖及二親, 無云家者, 田里猥人[4], 方有此言耳[5]。凡與人言, 言己世父[6], 以次第稱之, 不云家者, 以尊於父, 不敢家也。凡言姑、姊、妹、女子子[7]：已嫁, 則以夫氏稱之；在室, 則以次第稱之[8]。言禮成他族, 不得云家也。子孫不得稱家者, 輕略之也。蔡邕書集, 呼其姑、姊爲家姑、家姊[9]；班固書集, 亦云家孫[10]：今並不行也。

1) 昔侯霸之子孫 稱其祖父曰家公 : ≪後漢書≫ 〈侯霸傳〉에서 "侯霸는 字가 君房이고 河南 密 사람이었다. 엄숙하고 위용이 있었으며 뜻이 굳고 학문을 좋아해 벼슬이 大司徒에 이르렀다."라 하였다.〔趙曦明〕

≪後漢書≫ 〈王丹傳〉에서 "王丹이 부름을 받아 太子少傅가 되었다. 당시 大司徒 侯霸는 그와 사귀고 싶어서, 王丹이 부름을 받자 아들 昱(욱)을 보내 길에서 기다리게 하였다. 수레 아래에서 맞이하여 절을 올리자 王丹이 내려와 답례를 하였다. 昱이 말하기를 '家公께서 어르신과 교유를 맺고 싶다고 하시는데, 어떻게 뵙고 인사를 올려야 할는지요?'라고 하자, 王丹은 '君房이 그렇게 말씀을 하셨어도, 나는 아직 허락하지 않았소.'라고 했다." 하였다. 여기서 '孫'자와 '祖'자는 잘못 들어간 것일 수 있다.〔盧文弨〕

2) 陳思王稱其父爲家父 母爲家母 : 曹植의 문집에 있는 〈寶刀賦序〉에 "家父이신 魏王께서 有司에게 寶刀 다섯 자루를 만들도록 명하셨다."라고 한 대목이 나오고, 그 밑에도 '家王'이라는 표현이 나온다. 〈敍愁賦序〉에서는 "당시 집안에는 여동생이 둘 있었는데, 예전 漢나라 皇帝가 불러 貴人으로 삼았으니, 家母께서는 두 여동생이 근심하는 것을 보고서 云云하였다."라 하였고, 〈釋思賦序〉에서는 "家弟가 族父인 郎中 伊에게 양자로 갔다."라고 하였다.〔趙曦明〕

≪太平御覽≫ 608에 인용된 魏 文帝의 〈蔡伯喈(개)女賦序〉에서는 "家公과 伯喈는 管鮑처럼 친밀한 사이였다."라고 하였는데, 여기서 家公은 그의 부친 曹操를 가리킨다.〔王利器〕

陳思王은 曹操의 셋째 아들 曹植을 가리킨다. 字는 子建이고, 41세에 죽은 후 붙여진 諡號가 思이다.〔역자〕

3) 潘尼稱其祖曰家祖 : ≪晉書≫ 〈潘岳傳〉에 "潘岳의 從弟인 潘尼는 字가 正叔으로, 성격이 조용해서 남과 다투지 않고, 오직 부지런히 배우고 글 짓는 것만 일로 삼았다. 永嘉 연간에 太常卿에 전보되었다."라 하였다. 그의 文集은 일찍이 亡失되어 지금 남아 있는 작품들은 후인들이 모아놓은 것인데, 그중에는 '家祖'라는 표현이 없다.〔趙曦明〕

≪晉書≫ 〈潘尼傳〉에 수록된 〈乘輿箴〉에서 "高祖 또한 六官을 차례로 서술했다."라 하였는데, 그의 조부 潘勗(욱)이 〈符節箴〉을 지었다는 것으로 미루어볼 때, 〈乘輿箴〉에 나오는 '高祖'는 '家祖'를 잘못 쓴 것임에 분명하다.〔王利器〕

4) 田里猥人 : 猥人이란 비천한 사람을 일컫는다.〔盧文弨〕

5) 今南北風俗……方有此言耳 : ≪資治通鑑≫ 118의 胡三省 注에서 "魏晉 간에는 자식이 그의 부친을 일컬어 '家公'이라 하였고, 남이 일컬을 때에는 '尊公'이라 하였다."라 했다.〔王利器〕

'今'은 各本에 '及'으로 되어 있으나, 宋本과 盧文弨, 王利器의 견해를 따라 '今'으로 하였다.〔역자〕

6) 世父 : 큰아버지, 伯父의 뜻이다. ≪儀禮≫ 〈喪服〉에 나오는 '世父母'에 대해 ≪正義≫에서 "伯父를 世라고 하는 것은 그가 대를 잇기 때문이다."라고 풀이하였다. ≪爾雅≫ 〈釋親〉에서는 "아버지의 형제 중 먼저 태어나신 분이 世父가 된다."라 하였고, 郭璞 注에서는 "世가 嫡子가 되는 것은 혈통을 잇기 때문이다."라고 하였다.〔王利器〕

7) 姑姊妹女子子 : ≪儀禮≫ 〈喪服〉에서 매번 "姑姊妹女子子"라고 한 것에 대해 鄭玄 注에서는 "女子子는 딸〔女子〕을 아들〔男子〕과 구별한 것이다."라고 풀이하였고, 疏에서는 "아들〔男子〕, 딸〔女子〕에서 그냥 子를 하나만 쓰는 것은 부모에 대해 낮추어서 부르는 것이다. 이제 딸〔女子〕에 따로 '子'자를 하나 더 붙이는 것은, 일부러 '子'자를 쌍으로 말함으로써 男에 '子'자 하나가 붙는 것과 구별하자는 것이다. 고모〔姑〕는 조카딸〔姪〕과 對를 이루고, 姊妹는 兄弟와 對를 이룬다."라 하였다.〔盧文弨〕

8) 以次第稱之 : 순서를 붙여서 '첫째 고모', '둘째 누이', '막내 딸' 등의 방식으로 부른다는 말이다.〔역자〕

9) 蔡邕書集 呼其姑姊爲家姑家姊 : ≪後漢書≫ 〈蔡邕傳〉에서 "蔡邕은 字가 伯喈이고, 그가 지은 詩, 賦, 碑, 誄, 銘, 讚 등 모두 104편이 세상에 전한다."라고 했다.〔趙曦明〕

지금 蔡邕의 문집에는 이 말이 전하지 않는다.〔盧文弨〕

趙翼은 ≪陔餘叢考≫ 38에서, ≪北史≫의 "高道穆이 京邑을 다스릴 적에 밖에 나갔다가 魏帝의 누이인 壽陽公主와 마주쳤는데, 길을 비키지 않자 高道穆이 병졸을 시켜 그녀의 수레를 부수게 하였다. 공주가 황제에게 울며 하소연을 하였는데 황제는 뒤에 高道穆을 만나 '家姊가 길을 가다가 죄를 범하였다고 하니 심히 부끄럽소.'라 하였다."라고 한 대목을 인용하면서, 과거에는 흔히 '家'자를 붙여서 부르던 호칭이 지금 세상에서 거의 쓰지 않게 된 까닭은, 아마도 顔之推가 남긴 유훈 때문이 아닐까 하였다.〔王利器〕

10) 班固書集 亦云家孫 : ≪後漢書≫ 〈班彪傳〉에 "아들 班固는 字가 孟堅인데, 그가 지은 典引, 賓戲, 應譏, 詩, 賦, 銘, 誄, 頌, 書, 文, 記, 論, 議, 六言 등 남아 있는 것이 모두 41편이다."라 하였다.〔趙曦明〕

지금 班固의 文集에는 '家孫'이라는 표현이 없다.〔盧文弨〕

옛날 侯霸의 자손들은 조부를 家公이라고 불렀고, 陳思王(曹植)은 그의 부친을 家父, 그의 모친을 家母라 불렀으며, 潘尼는 그의 조부를 家祖라고 불렀지만, 〈이러한 호칭은〉 옛날 사람들이 쓰던 것으로 요즘 사람들에게는 웃음거리가 된다.

지금 南北의 풍속에 조부와 양친을 말할 때 '家'자를 붙이는 일은 없고, 시골 촌놈들이나 그렇게 말할 뿐이다. 남들과 이야기하며 자기 큰아버지를 언급할 때 순서를 붙여서 호칭하고 '家'자를 붙이지 않는 것은, 아버지보다 어른이라 감히 '家'라고 칭하지 못하기 때문이다.

고모, 누이, 여동생, 딸을 말할 때, 출가한 후에는 남편의 姓을 따라 부르지만, 출가하기 전이면 순서를 붙여 부른다. 〈호칭하는 법에〉 예를 올려 남의 식구가 되면 '家'자를 붙일 수 없다고 한다. 자손들에게 '家'자를 붙이지 않는 것은 서열이 낮아 생략하기 때문이다. 蔡邕의 書簡集에서 그의 고모와 누이를 家姑, 家姊라 불렀고, 班固의 서간집에서도 家孫이라고 하였지만, 오늘날에는 모두 그렇게 쓰지 않는다.

11. 상대 親族의 呼稱 - '尊'과 '賢'

凡與人言, 稱彼祖父母、世父母、父母及長姑, 皆加尊字, 自叔父母以下, 則加賢字[1] : 尊卑之差也。王羲之書, 稱彼之母與自稱己母同[2], 不云尊字 : 今所非也。

1) 凡與人言……則加賢字 : ≪南史≫ 〈沈昭略傳〉에서 "王晏이 늘 沈昭略을 놀리면서 '賢叔께선 吳興의 僕射라 할 만하지요.'라 했다."라고 한 것이 그 예증이다.〔王利器〕
2) 王羲之書 稱彼之母與自稱己母同 : ≪晉書≫ 〈王羲之傳〉에서 "王羲之는 字가 逸少이고 말을 잘했으며 강직함으로 칭송을 받았다. 특히 隸書의 글씨에 뛰어나 고금의 으뜸이다. 護軍에 임명되자 宣城郡으로 가겠다고 간절하게 청하였지만, 허락되지 않아 결국 右軍將軍會稽內史가 되었다."라 하였다.〔趙曦明〕
오늘날 王羲之의 書帖 중에는 이런 표현이 보이지 않는다.〔盧文弨〕

남들과 이야기하면서 상대의 祖父母, 伯父母, 父母, 큰고모를 칭할 때는 모두 '尊'자를 붙이고, 叔父와 叔母 이하로는 '賢'자를 붙이는데, 이는 尊卑의 차이 때문이다. 王羲之는 편지에서 남의 어머니를 일컬을 때 자기 어머니를 일컫는 것과 마찬가지로 '尊'자를 붙이지 않았는데, 오늘날에는 잘못된 일이다.

12. 南北 風俗의 차이

南人冬至歲首[1], 不詣喪家, 若不修書, 則過節束帶[2]以申慰 ; 北人至歲之日[3], 重[4]行弔禮, 禮無明文, 則吾不取。南人賓至不迎, 相見捧手[5]而不揖[6], 送客下席而已 ; 北人迎送竝至門, 相見則揖, 皆古之道也, 吾善其迎揖。[7]

1) 歲首 : 설, 元旦의 뜻이다.〔역자〕
2) 束帶 : 의관을 갖추고 띠를 매다. 敬意를 표시하기 위해 예복을 갖추어 입는 것을 말한다.〔역자〕
≪論語≫ 〈公冶長〉에 "赤은 예복을 갖추고 조정에 서서〔束帶立於朝〕, 빈객과 더불어 서로 이야기를 하게 할 만하다."라는 말이 나온다. 束帶는 敬意를 표하기 위한 것이다.〔王利器〕
3) 至歲之日 : 冬至와 歲首의 두 節氣를 말한다.〔王利器〕
4) 重 : 거듭, 둘 다의 뜻이다. 여기서는 冬至와 歲首 둘 다이다.〔역자〕
5) 捧手 : 두 손을 마주 잡아 가슴까지 올려서 행하는 예이다.〔역자〕
6) 揖 : 두 손을 마주 잡고 올리면서 허리를 굽혀 행하는 예이다.〔역자〕
7) 南人賓至不迎……吾善其迎揖 : 손을 마주 잡고 들어 올리되 허리를 굽히지 않는 것이 오늘날 南北의 풍속이다. 다만 손님이 왔을 때 문까지 마중을 나가고 배웅을 하는 점만이 다를 뿐이다.〔郝懿行〕

남방 사람들은 冬至나 설에 喪家에 가지 않는데, 만약 〈弔問의〉 편지를 써 보내지 않았다면 명절을 지낸 뒤에 예복을 갖추어 입고 가서 조의를 표한다. 북방 사람들은 동지나 설 어느 때건 다 조문의 예를 행하는데, 예에 明文의 규정이 없다면 나는 〈이 북방의 방식을〉 취하지 않겠다.

남방 사람들은 손님이 와도 마중을 나가지 않고, 서로 만나면 손을 마주 잡고 들어 올리기만 할 뿐 허리를 굽히지 않으며, 손님을 배웅할 때에도 자리에서 내려오면 그만이다. 북방 사람들은 마중을 할 때나 배웅을 할 때 모두 문까지 나가고 만나면 허리를 굽히는데, 이는 모두 옛날 방식이다. 나는 마중하고 허리까지 굽히는 이 〈북방의〉 방식이 좋다.

13. 자신에 대한 呼稱

昔者, 王侯自稱孤、寡、不穀[1), 自茲以降, 雖孔子聖師, 與門人言皆稱名也[2)。後雖有臣僕之稱[3), 行者蓋亦寡焉。江南輕重, 各有謂號, 具諸≪書儀≫[4); 北人多稱名者, 乃古之遺風, 吾善其稱名焉。

1) 王侯自稱孤寡不穀 : ≪老子≫ 〈德經〉에 "그러므로 侯王들이 자신을 孤, 寡, 不穀 등으로 칭한 까닭도 천함을 근본으로 삼은 것이 아니겠는가?"라 하였다.〔盧文弨〕

옛날 天子와 諸侯는 즉위해서 부모의 3년상을 다 마치지 못하였으면 자신을 孤라 칭하였고, 3년상을 다 마쳤으면 寡人이라 칭했다. ≪呂氏春秋≫ 〈士容〉의 注에 "孤와 寡는 謙稱이다."라 하였고, ≪淮南子≫ 〈原道〉에서는 "그러므로 신분이 귀한 자는 반드시 천한 이름을 호칭으로 삼았다."라 하였으며, 또 注에서 "귀한 자란 公, 王, 侯, 伯 등을 말하는데, 孤, 寡, 不穀이라 부르므로 천한 이름을 호칭으로 삼는다고 한 것이다."라고 풀이하였다. 또 〈人間〉篇의 注에서는 "不穀이란 녹을 받지 못한다는 뜻으로, 임금이 자신을 겸손하게 일컬은 것이다."라 하였다.〔王利器〕

2) 與門人言皆稱名也 : ≪論語≫ 〈公冶長〉에서 "左丘明이 부끄러워하였는데, 丘 또한 부끄럽게 생각한다."라 하였고, 또 "열 집 정도의 마을이라면 거기엔 분명 丘만큼 성실하고 신의 있는 사람이 있겠지만, 丘만큼 배움을 좋아하는 이는 없을 것이다."라고 하였으며, 〈述而〉篇에서는 "나는 행하고서 너희에게 보여주지 않은 것이 없으니, 이것이 丘이다."라고 한 것이 바로 그 증거이다.〔王利器〕

3) 臣僕之稱 : ≪史記≫ 〈高祖本紀〉에서 呂公이 劉季(劉邦의 字)와 이야기하며 자신을

臣이라 일컬었고, 張耳와 陳餘의 列傳에서 陳餘가 張耳에 대해 자신을 臣이라 일컬었으며, ≪漢書≫ 〈司馬遷傳〉에 수록된 〈報任安書〉에서는 僕이라 일컬었고, 〈楊惲傳〉에 수록된 〈答孫會宗書〉에서도 僕이라 하였으며, 이 밖에도 이루 다 열거할 수 없다.〔盧文弨〕

4) 書儀 : 예를 들자면 ≪隋書≫ 〈經籍志〉에 謝元의 ≪內外書儀≫ 4卷, 蔡超의 ≪書儀≫ 2卷, 王宏의 ≪書儀≫ 10卷, 唐瑾의 ≪書儀≫ 10卷, 周捨의 ≪書儀疏≫ 1卷 등의 목록이 있고, ≪舊唐書≫ 〈經籍志〉에도 王儉의 ≪弔答書儀≫ 10卷과 ≪皇室書儀≫ 7卷, 鮑衡卿의 ≪皇室書儀≫ 13卷 등의 목록이 수록되어 있다.〔盧文弨〕
편지의 격식을 소개하고 편지 쓰는 법에 관해 기술한 책을 말한다. 지금은 남아 있지 않지만, 과거에는 이런 종류의 저술이 많았던 것으로 추정된다.〔역자〕

옛날 王과 諸侯는 자신을 일컬어 孤, 寡, 不穀 등으로 불렀지만, 그 아래로는 비록 孔子 같은 성인이라 할지라도 문하생들과 이야기할 때 늘 〈자신의〉 이름을 칭했다. 뒤에 비록 臣이니 僕이니 하는 호칭이 생기긴 했지만, 이것을 쓰는 이는 그리 많지 않은 것 같다.

江南에서는 지위가 높고 낮음에 따라 각각 〈자신을〉 부르는 호칭이 있는데, 〈글 쓰는 법을 서술한〉 ≪書儀≫ 책에 잘 나와 있다. 북방 사람들이 다들 〈자신을〉 이름으로 일컫는 것은 과거의 유풍인데, 나는 이렇게 이름 부르는 것이 좋다.

14. 古人이 된 親族을 언급할 때

言及先人, 理當感慕, 古者之所易, 今人之所難。江南人事不獲已[1], 須言閥閱[2], 必以文翰[3], 罕有面論者；北人無何[4]便爾[5]話說, 及相訪問。如此之事, 不可加於人也；人加諸己, 則當避之。名位未高, 如爲勳貴[6]所逼, 隱忍[7]方便, 速報取了[8], 勿使煩重, 感辱祖父。若沒, 言須及者, 則斂容肅坐, 稱大門中[9], 世父、叔父則稱從兄弟門中, 兄弟則稱亡者子某門中[10], 各以其尊卑輕重爲容色之節, 皆變於常。若與君言, 雖變於色, 猶云亡祖、亡伯、亡叔也。吾見名士, 亦有呼其亡兄弟爲兄子弟子門中者, 亦未爲安帖[11]也。北土風俗, 都不行此。太山羊侃(간)[12], 梁初入南, 吾近至鄴, 其兄子肅[13]訪侃委曲, 吾答之云："卿從門中在

梁, 如此如此。" 盧曰 : "是我親第七亡叔[14), 非從也。" 祖孝徵[15)在坐, 先知江南風俗, 乃謂之云 : "賢從弟門中[16), 何故不解?"

1) 不獲已 : 不得已와 같다.〔역자〕

2) 閥閱 : ≪史記≫ 〈高祖功臣侯年表〉에 "등급을 분명히 하는 것을 伐이라 하고, 여러 날 되었음을 閱이라 한다."라 하였는데 '閥'은 '伐'과 같다. 여기서 閥閱은 家世를 말한다.〔盧文弨〕

家世. 門閥. 본래 閥閱은 나라에 공이 많음을 가리키거나 혹은 그러한 지체 높은 집안을 가리키는 말이었다.〔역자〕

3) 文翰 : 글, 문장의 뜻이다.〔역자〕

4) 無何 : ≪漢書≫ 〈金日磾傳〉의 "何羅가 무단히 밖으로부터 들어왔다.〔何羅亡何從外入〕"에 대해 顔師古는 "亡何는 無故와 같다."라 하였다. 劉淇의 ≪助字辨略≫ 2에서 "모든 無何는 모두 無故의 표현이다. 無故는 까닭 없이〔無端〕라 하는 것과 같으며, 세간에서 터무니없다〔沒來由〕라고 하는 것이 이것이다."라 하였다.〔王利器〕

여기서는 '오래지 않아'로 본 趙曦明의 견해보다 '까닭 없이'나 '터무니없이'로 본 王利器의 견해가 문맥상 더 적합하다.〔역자〕

5) 便爾 : 마음대로, 마구의 뜻이다.〔역자〕

6) 勳貴 : 공훈이 있는 귀족이다.〔역자〕

7) 隱忍 : ≪史記≫ 〈伍子胥列傳〉에 "그리하여 꾹 참고서〔隱忍〕 功名을 이루었으니, 굳센 사내가 아니었다면 누가 이것을 이룰 수 있었으랴!"라고 한 용례가 있다.〔王利器〕

8) 速報取了 : 얼른 대답하고 끝맺다. 대충 대답하고 말다.〔역자〕

9) 門中 : 門으로써 집안〔家〕를 나타내는 유래는 오래되었다. ≪逸周書≫ 〈皇門解〉에 "여러 家門을 모았다.〔會群門〕"라는 표현이 나오는데, 아마도 여러 族姓을 말한 것으로 보인다. 또 큰 집안의 맏아들을 일컬어 '大門宗子'라 하였다.〔趙曦明〕

10) 亡者子某門中 : 梁章鉅의 ≪稱謂錄≫ 4에 "형제를 잃은 사람은 그 형제를 차마 지칭할 수 없어, 그 형제의 자식 이름을 불렀다."라 하였다.〔王利器〕

亡子의 자식 아무개의 문중. 죽은 형제의 이름 대신 그의 자식인 조카의 이름을 대신 내세우는 호칭이다.〔역자〕

11) 安帖 : 적절하다. 타당하다.〔역자〕

12) 太山羊侃(간) : 侃은 侃과 같다. ≪梁書≫ 〈羊侃傳〉에 "羊侃은 字가 祖忻(흔)이고 泰山 梁甫 사람이다. 조부 羊規 때 北魏에 점령되어, 부친 羊祉는 北魏에서 侍中과 金紫光祿大夫를 지냈다. 羊侃은 大通 3년에 建業으로 왔다."라 하였다. ≪晉書≫ 〈地理志〉에 "泰山郡은 漢代에 설치했으며, 屬縣으로 梁父縣이 있다."라 하였다. '泰'

와 '太', '甫'와 '父'는 모두 통용된다〔趙曦明〕

13) 其兄子肅 : ≪魏書≫ 〈羊深傳〉에 "羊深은 字가 文淵으로 梁州刺史 羊祉의 둘째 아들이었고, 그의 아들 肅은 武定 말에 儀同開府東閣祭酒가 되었다."라 하였다.〔盧文弨〕

14) 親第七亡叔 : 여기서 '親'은 漢·魏 이후 친척의 호칭 위에 습관적으로 사용하던 말이다. 이것을 통해 자신과 직계이거나 가까운 친척 관계임을 나타낸다. 예를 들면, 본편 30에 나오는 "思魯 등의 넷째 외숙모는 吳郡 張建의 친딸이다.〔親吳郡張建女也〕", ≪史記≫ 〈淮南王傳〉의 "대왕께서는 고황제의 친손자이다.〔親高皇帝孫〕", 〈梁孝王世家〉의 "李太后는 平王의 친 큰할머니이다.〔親平王之大母〕", ≪春秋繁露≫ 〈竹林〉篇의 "齊 頃公은 桓公의 친손자이다.〔親齊桓公之孫〕", ≪說苑≫ 〈善說〉의 "鄂君의 아들 晳은 楚王의 친 동모제였다.〔親楚王母弟〕", ≪風俗通義≫ 〈怪神〉篇의 "安은 高祖의 친손자이다.〔親高祖之孫〕"라고 한 것 등이 그것인데, 이 '親'자들은 그 용법이 다 같다.〔王利器〕

15) 祖孝徵 : ≪北齊書≫ 〈祖珽傳〉에 "祖珽은 字가 孝徵이고 范陽 狄道 사람이다."라 하였다.〔趙曦明〕

16) 賢從弟門中 : 앞에 나온 '從兄弟門中'과 마찬가지로, 차마 亡者의 이름을 직접 거론할 수가 없어서, 그의 자식을 대신 거론한 표현이다.〔역자〕

先親을 언급할 때 그립고 마음이 뭉클해지는 것은 당연한 이치로서, 예전에는 쉽게 하던 일이었으나 요즘 사람들에게는 어려운 일이 되었다. 江南 사람들은 부득이 집안에 대해서 이야기해야 할 일이 있으면 반드시 글로써 하지, 얼굴을 맞대고 논하는 경우는 없다. 그러나 北方 사람들은 까닭 없이 함부로 말하고 서로 물어보기까지 한다.

이런 일은 남에게 가해서는 안 되며, 남이 나에게 이런 일을 가해오면 마땅히 피해야 한다. 명성과 지위가 높지 못해 지체 높은 사람으로부터 〈말하도록〉 강요받게 되면, 꾹 참고 적당히 넘어가고 대충 대답하고 말 것이며, 번다하게 늘어놓아 조부나 부친을 욕되게 해서는 안 된다.

집안 어른이 돌아가시고 안 계신데 반드시 언급을 해야 할 경우에는, 낯빛을 가다듬고 똑바로 앉아서 〈조부나 부친은〉 '大門中'이라 부르고, 백부나 숙부는 '從兄弟門中'이라 부르며, 형제는 '亡者子某門中'이라 부른다. 각각 그 항렬의 높고 낮음과 輕重에 따라 낯빛과 태도를 조절하는데, 어느 경우에나 평상시와는 다르게 한다. 임금과 이야기할 경우에는 비록 낯빛은 바꾸더라도 그냥 亡祖, 亡伯, 亡叔이라고 하면

된다. 내가 보니 名士들 중에도 죽은 형이나 동생을 일컬어 '兄子門中'이니 '弟子門中'이니 하고 부르는 이가 있는데, 이 역시 적절치 못하다. 북방의 풍속에서는 전혀 이런 것을 행하지 않는다.

太山 사람 羊偘은 梁代 초기에 남쪽으로 들어왔다. 내가 근래에 鄴에 갔었는데 그의 조카 羊肅이 〈숙부 되는〉 羊偘에 대해 자세히 물어보았다. 내가 "그대 從門中께서는 梁나라에 계실 적에 이러이러하셨다."라고 대답하였더니, 羊肅은 "그분은 저의 돌아가신 일곱 번째 친숙부이시지, 종형제가 아닙니다."라고 하였다. 祖孝徵(祖珽)이 그 자리에 있었는데, 강남의 풍속을 미리 알고 있는지라 그에게 이렇게 말했다. "그대는 賢從弟門中이란 말을 어찌 못 알아듣는고?"

15. 죽은 형제 자식들의 呼稱

古人皆呼伯父、叔父, 而今世多單呼伯、叔[1)]。從父兄弟、姊妹已孤, 而對其前, 呼其母爲伯、叔母, 此不可避者也。兄弟之子已孤, 與他人言, 對孤者前, 呼爲兄子、弟子, 頗爲不忍。北土人多呼爲姪[2)]。案:≪爾雅≫、≪喪服經≫、≪左傳≫, 姪名雖通男女, 竝是對姑之稱[3)]。晉世已來, 始呼叔姪, 今呼爲姪, 於理爲勝也。

1) 單呼伯叔 : 伯・仲・叔・季는 형제의 순서이므로 諸父를 칭할 때에는 반드시 '父'를 붙여야 한다.〔趙曦明〕
'父'자를 생략하고 간단하게 伯이니 叔이니 하고 부르는데, 본래 伯・仲・叔・季는 형제간의 순서를 지칭하는 것이므로, 아버지의 형제를 칭할 때에는 반드시 '父'자를 붙여서 불러야 한다. 줄여서 부르는 것은 예법에 어긋난 경박한 일임을 지적한 것이다.〔역자〕
2) 姪 : ≪通典≫ 68에 "宋代에 누군가가 顔延之에게 묻기를 '甥姪도 伯父, 叔父, 從母(姨母)와의 관계에서 쓰일 수 있는 호칭인가요?'라고 하자, 顔延之가 대답하기를 '伯父, 叔父에는 父라는 명칭이 들어가므로, 兄弟의 자식을 姪이라고 부를 수는 없소. 從母에게는 母의 명칭이 들어가므로 姊妹의 자식을 甥이라고 부를 수는 없소. 甥姪은 오로지 고모와 외삼촌에 대해서만 쓰일 수 있을 뿐이오.'라 하였다. 雷次宗은 '姪'자엔 女가 들어 있으니 분명 伯・叔에게 쓰일 수가 없고 '甥'자에는 男이 들어 있으니

從母에게는 쓰일 수가 없다."라 하였다.〔王利器〕

3) 案爾雅喪服經左傳……竝是對姑之稱 : ≪爾雅≫ 〈釋親〉에 "딸이 오빠나 남동생의 자식을 일컬어 姪이라고 한다."라 하였다. ≪春秋左氏傳≫ 僖公 15년에는 "조카가 그의 고모에게 의지한다.〔姪其從姑〕"라고 하였다.〔沈揆〕

〈喪服經〉은 ≪儀禮≫의 篇名으로 子夏가 傳을 지은 것으로 전한다. 여기 '姪丈夫婦人報'라 한 구절이 나오는데, 이에 대한 傳에서 "姪은 누구인가? 나에게 고모라고 하는 자를 내가 그를 일러 姪이라 한다."라고 하였다.〔趙曦明〕

≪後漢書≫ 〈鄧后紀論〉에서 "조카〔姪〕를 아껴 조그만 허물에, 머리를 깎고 사죄하게 했다."라 하였고, 注에서 "太后의 오빠 騭의 아들 鳳이 유산을 받았는데, 일이 누설되자 騭은 아내와 아들 鳳의 머리를 깎게 함으로써 天下에 사죄하였다."라 하였다. 宋代까지는 姪이 고모에 대한 호칭이었다.〔王利器〕

옛사람들은 다들 伯父, 叔父라고 불렀으나, 오늘날에는 간단히 伯, 叔이라고 부르는 경우가 많다. 종형제・자매가 부친을 여의고 난 후 그들 앞에서 그 모친을 伯母, 叔母라고 부르는 것은 불가피한 일이다. 형제의 자식들이 그 부친을 여의고 난 후 남들과 이야기하면서, 그들 앞에서 그들을 일컬어 '형님 자식〔兄子〕', '동생 자식〔弟子〕'이라고 부르기는 참으로 어렵다. 이러한 경우 북방 지역 사람들은 다들 姪이라고 부른다.

생각건대 ≪爾雅≫, ≪儀禮≫ 〈喪服經〉, ≪春秋左氏傳≫ 등에서 '姪'은 비록 남녀 모두에게 통용되긴 하였지만 모두 고모와 상대되는 호칭이었다. 晉代 이후로 叔姪이라고 부르기 시작하였는데, 오늘날 姪이라 부르는 것이 〈'형님 자식〔兄子〕', '동생 자식〔弟子〕'이라고 하는 것보다〉 이치상 더 낫다.

16. 이별의 눈물

別易會難, 古人所重。江南餞送, 下泣言離[1)]。有王子侯[2)], 梁武帝弟, 出爲東郡[3)], 與武帝別, 帝曰 : "我年已老, 與汝分張[4)], 甚以惻愴。" 數行淚下。侯遂密雲[5)], 赧(난)然[6)]而出。坐此被責, 飄颻舟渚, 一百許日, 卒不得去。北間風俗, 不屑此事, 岐路言離, 歡笑分首[7)]。然人性自有少涕淚者, 腸雖欲絶, 目猶爛然[8)]。如此之人, 不可强責[9)]。

1) 下泣言離 : ≪南史≫ 〈張邵傳〉에서 "張敷는 말투를 잘 조절했는데, 한없이 자상하고 느린 말투로 남과 헤어질 때 손을 잡고서 '소식 듣기를 바라네.'라고 말하면, 그 餘響이 오랫동안 끊어지지 않았다. 張氏의 후진들이 모두 그를 흠모하여 따랐는데, 그 기원이 張敷에서 나온 것이다."라고 했다.〔劉盼遂〕
눈물을 흘리면서 작별을 고하다.〔역자〕
2) 王子侯 : ≪漢書≫ 〈王子侯表〉에서 "孝武帝 때에 이르러 여러 侯王들의 강토는 규제를 넘어서고 때로는 법도를 어기면서도, 그 子弟들은 匹夫가 되어 輕重이 어울리지 않았다. 이에 御史에게 詔書로 명하기를 '여러 侯王들 중 혹 개인적으로 子弟들에게 封邑을 나누어주고 싶은 이들은 각기 항목을 올리게 하라. 짐이 장차 직접 그 名號를 정하겠다.'라고 하였다. 이로부터 장남 이외의 아들들이 모두 侯가 되었다."라 하였다.〔王利器〕
侯에 봉해진 王子, 즉 왕실 출신의 제후를 말한다.〔역자〕
3) 東郡 : 여기서는 수도 建康 동쪽에 있는 吳郡, 會稽 등의 고을들을 가리킨다. 秦・漢 때의 東郡은 당시 梁의 영역 밖이었다.〔錢大昕〕
4) 分張 : 分別〔헤어지다〕과 같은 뜻으로 六朝人들이 잘 쓰던 표현이다. 庾信의 〈傷心賦〉에 "兄弟는 五郡에서 헤어지고, 父子는 三州에서 離散했다.〔兄弟則五郡分張 父子則三州離散〕"라 했는데, 여기서 '分張'이 '離散'과 對偶를 이루며 같은 뜻으로 쓰였음을 알 수 있다.〔王利器〕
5) 密雲 : ≪周易≫ 小畜卦의 彖辭에 "된 구름에 비는 오지 않는다.〔密雲不雨〕"라는 표현이 나온다. ≪藝文類聚≫ 29와 ≪太平御覽≫ 489에 인용된 ≪語林≫에 "어떤 사람이 謝公을 찾아왔다가 헤어지게 되자 謝公은 눈물을 흘렸지만, 그 사람은 끝내 슬픔을 나타내지 못하였다. 그 사람이 떠나고 나서 측근들이 말하기를 '좀 전의 손님은 별나게도 된 구름입디다.'라고 하자, 謝公은 '된 구름일 뿐만 아니라, 마른천둥이더라.'라고 했다."라는 이야기가 있다. 陸繼輅의 ≪合肥學舍札記≫ 3에서 "密雲은 아마 당시의 비속어로서, 울지 않는 것을 희롱하여 말한 것이다."라 하였다.〔王利器〕
'密雲不雨'의 줄임말로 구름만 짙게 끼고 비는 오지 않는다는 뜻이다. 여기서는 이별의 자리에서 눈물이 날듯하면서도 끝내 나지 않음을 희화화한 표현이다.〔역자〕
6) 赧(난)然 : ≪說文解字≫에서 "赧는 얼굴이 붉어지는 것이다."라 하였다.〔盧文弨〕
7) 分首 : '首'자와 '手'자는 고대에 同音으로 통용되었다. ≪儀禮≫ 〈大射儀〉에 나오는 '後首'에 대한 鄭玄의 注에서 "古文에서 '後首'는 '後手'이다."라고 한 것, 또 〈士喪禮〉에 대한 鄭玄의 注에서 "고문에 나오는 '首'는 '手'이다."라고 한 것 등이 그 증거이다. ≪楚辭≫ 〈九歌 河伯〉에 대한 朱熹의 集注에서 "交手란 古人들이 이별을 앞두고 서로 손을 잡고서 차마 헤어지지 못하겠다는 뜻을 나타내는 것으로, 晉・宋 간에도 이

런 풍습이 있었다."라고 하였다.〔王利器〕

8) 爛然 : ≪世說新語≫ 〈容止〉篇에 "裴楷가 지적하기를 '王戎의 눈은 마치 바위 아래에 치는 번개처럼 번쩍거린다.〔爛爛〕'고 했다."라고 한 표현이 나온다. ≪續談助≫ 4에 인용된 ≪小說≫에서는 "王夷甫가 나가서 사람들에게 말하기를 '양 눈동자가 번쩍거리는 것〔雙眸爛爛〕이 마치 바위 아래에 번개가 치는 것과 같소.'라고 했다."라 하였다. ≪詩經≫ 〈鄭風 女曰雞鳴〉의 "샛별이 반짝인다.〔明星有爛〕"에 대한 鄭玄의 箋에서 "샛별이 여전히 반짝거리고 있다.〔明星尙爛爛然〕"라고 풀이하였다.〔王利器〕

9) 如此之人 不可强責 : ≪孔叢子≫ 〈儒服〉篇에서 "子高가 趙나라에 갔더니 鄒文과 季節이라는 자가 있어, 子高와 친구가 되어 가깝게 지냈다. 子高가 魯나라로 돌아오게 되어 그들이 전송을 하였다. 추문과 계절은 3일 밤을 함께 묵고 이별의 순간에 눈물을 흘리며 끌어안고 목을 비볐지만, 子高는 다만 손만 들어주었을 뿐이었다. 그의 일행이 묻기를 '이게 바로 친한 이를 친하게 대한다는 말 아니겠소?'라고 하자, 子高가 말하기를 '처음에 나는 이들을 대장부라고 했는데, 이제 보니 아녀자입니다. 사람이 태어나면 四方에 뜻을 갖게 마련인데, 어찌 사슴이나 돼지와 같겠소? 어떻게 늘 함께 지낼 수가 있겠소?'라고 했다."라 하였다. 子高의 말이 친구 사이에서는 괜찮겠지만, 그것으로 天倫을 다 포괄할 수는 없다.〔盧文弨〕

이별은 쉽지만 만남은 어려워 옛사람들은 〈만나고 헤어짐을〉 소중히 여겼다. 江南에서는 전송을 할 때 눈물을 흘리며 작별을 고한다. 侯에 봉해진 왕자가 있었는데 梁 武帝의 동생이었다. 동쪽 郡의 태수로 나가게 되어 武帝와 작별을 하는데, 武帝는 "내가 이미 연로하여 너와 헤어지게 되니 몹시 슬프도다."라고 하면서 몇 줄기 눈물을 흘렸다. 하지만 그 侯는 눈물이 나올 것 같으면서도 끝내 나오지 않아 얼굴만 붉히고 나왔다. 이 일로 문책을 받아 배를 대놓은 채 100일이 넘도록 지체하다가 끝내 떠나지 못하였다.

北方의 풍속에는 이런 일을 대단치 않게 여기며, 갈림길에서 '안녕' 하고 즐겁게 웃으면서 헤어진다. 그런데 사람들 중엔 본래부터 눈물이 적은 이가 있어서, 애간장은 비록 끊어질 것 같으면서도 눈은 오히려 반짝거린다. 이런 사람에게 〈눈물을 흘리도록〉 무조건 다그칠 수는 없다.

17. 親族의 呼稱은 분명하게

凡親屬名稱, 皆須粉墨[1), 不可濫也。無風教[2)者, 其父已孤, 呼外祖父母與祖父母同, 使人爲其[3)不喜聞也。雖質於面[4), 皆當加外以別之。父母之世叔父, 皆當加其次第以別之 ; 父母之世叔母, 皆當加其姓以別之 ; 父母之群從世叔父母及從祖父母, 皆當加其爵位若姓以別之。河北士人, 皆呼外祖父母爲家公、家母[5), 江南田里間亦言之。以家代外, 非吾所識。

1) 粉墨 : 분별한다는 뜻이다.〔朱軾〕 修飾을 뜻한다.〔盧文弨〕
　무늬를 펼쳐 말을 꾸미는 일이다. 徐陵의 〈宣示諸求官人書〉에서 "어차피 銓衡의 자리에 있으면, 마땅히 粉墨을 해야 한다."라고 했는데, 아마도 사람을 선발하는 데 있어서 나이와 이름, 모습과 행동 등을 모두 선발기준에 따라 潤飾을 해야 한다는 뜻으로, 여기에 사용된 粉墨의 뜻이 顔之推의 취지와 같다.〔劉盼遂〕
　≪魏書≫ 〈刑罰志〉에 수록된 崔纂의 〈劉景暉九歲且赦後不合死坐議〉에서 "간악한 관리들이 함부로 하여, 粉墨이 마구 생겨나고 있다."라 하였는데 같은 뜻이다.〔王利器〕
　여기서는 외가 쪽 친족을 호칭할 때 반드시 '外'자를 붙이듯이, 확실하게 구분해야 한다는 뜻이다.〔역자〕
2) 風教 : 본서 제1 〈序致〉篇 2 주 1) 참조.〔역자〕
3) 爲其 : 여기서 '爲'자는 介詞로 쓰여 '~을 위하여', '~대신에'의 뜻이고, 爲其는 '돌아가신 그의 부친의 입장에서'라는 의미이다.〔역자〕
4) 質於面 : 얼굴을 맞대고 물어보다.〔역자〕
5) 家母 : 家母는 '家婆'가 되어야 할 것 같다. 古樂府에서 "할미〔阿婆〕가 딸을 시집보내지 않으면, 어떻게 손자를 안아볼 수 있나?"라 하였다.〔盧文弨〕
　梁章鉅의 ≪稱謂錄≫ 2에 "北人들은 어머니를 家家라고 부르기 때문에, 어머니의 부모를 家公, 家母라 하는 것이다."라고 하였다. ≪北齊書≫ 〈南陽王綽傳〉에 "嫡母를 家家라고 부른다."라고 하였고, ≪北史≫ 〈齊宗室傳〉에 "뒤에 왕이 太后에게 눈물을 흘리며 아뢰기를 '기회가 되는 대로 家家를 뵙겠습니다.'라고 하였다."라 했다.〔王利器〕
　여기서 家母는 외할머니를 뜻한다.〔역자〕

親族의 名稱은 분명하게 구별해서 써야지 함부로 불러서 안 된다. 못 배운 사람들은 부친이 돌아가시고 나면 外祖父母를 祖父母와 같은 호칭으로 불러, 〈그 때문에〉 사람들로 하여금 듣기 민망하게 만든다. 비록 면전에서 물어본다 하더라도 모두 '外'

자를 붙여 구별해야 한다.

부모의 伯父와 叔父는 반드시 그 순서를 덧붙여서 구분해야 하고, 부모의 伯母와 叔母는 반드시 그 성씨를 덧붙여 구분해야 하며, 부모의 여러 從伯父와 從伯母, 從叔父와 從叔母, 그리고 從祖父와 從祖母는 모두 爵位와 성씨를 덧붙여 구분해야 한다.

河北의 士人들은 다들 외조부와 외조모를 家公, 家母라 부르고, 江南의 시골구석에서도 그렇게 말한다. '家'를 써서 '外'를 대신하는 건 내가 아는 바가 아니다.

18. 一族의 呼稱

凡宗親[1)]世數[2)], 有從父[3)], 有從祖[4)], 有族祖[5)]。江南風俗, 自玆已往, 高秩[6)]者, 通呼爲尊; 同昭穆[7)]者, 雖百世猶稱兄弟, 若對他人稱之, 皆云族人。河北士人, 雖三二十世, 猶呼爲從伯、從叔。梁 武帝嘗問一中土人[8)]曰: "卿北人, 何故不知有族?" 答云: "骨肉易疎, 不忍言族耳。" 當時雖爲敏對, 於禮未通[9)]。

1) 宗親 : ≪史記≫ 〈五宗世家〉에서 "同母인 자를 宗親이라 한다."라 하였다.〔王利器〕
   본래는 同母의 혈족을 宗親이라 하였으나, 후에는 同姓同本의 일족을 가리키게 되었다.〔역자〕
2) 世數 : 조상으로부터 대대로 전해 내려오는 혈통, 世系의 뜻이다.〔역자〕
3) 從父 : ≪儀禮≫ 〈喪服〉의 '從父昆弟'에 대한 注에서 "伯父와 叔父의 자식들이다."라고 했다.〔王利器〕
   아버지의 형제, 즉 伯父와 叔父를 말한다.〔역자〕
4) 從祖 : ≪爾雅≫ 〈釋親〉에 "아버지의 從父 형제가 從祖父가 된다."라고 했다.〔王利器〕
   할아버지의 형제를 말한다.〔역자〕
5) 族祖 : ≪儀禮≫ 〈喪服〉의 '族祖父母'에 대한 注에서 "族祖父 역시 고조할아버지의 자손이다."라 했다. 또 ≪儀禮正義≫에서 "族祖父母란 자기 祖父의 從父 형제이다."라 했다.〔王利器〕
   증조할아버지의 형제를 말한다.〔역자〕
6) 秩 : 관에서 주는 祿俸, 官秩의 뜻이다.〔王利器〕
7) 同昭穆 : 고대사회의 宗廟 제도는 太祖〔始祖〕를 가운데 모시고, 2대, 4대, 6대는 昭에 모시며, 3대, 5대, 7대는 穆에 모신다. 天子의 사당은 7대까지 모시고, 제후의 사당은 5대까지, 大夫는 3대, 士人은 1대까지 모시는데, ≪禮記≫ 〈王制〉에 자세하

게 나와 있다. 여기서 '同昭穆'이란 바로 조상을 함께한다는 뜻이다.〔王利器〕

昭穆을 함께한다는 것은 조상을 함께하는 같은 집안의 같은 항렬이라는 뜻이다. 昭穆은 종묘나 사당에 조상의 신주를 모시는 차례를 말하는데, 왼쪽 줄을 昭라 하고, 오른쪽 줄을 穆이라 한다.〔역자〕

8) 中土人 : 이 인물은 夏侯亶(단)을 가리킨다. ≪梁書≫ 〈夏侯亶傳〉에 "집안사람인 夏侯溢(일)이 衡陽內史가 되어 떠나가는 날, 夏侯亶은 황제를 모시고 있었다. 高祖가 亶에게 묻기를 '夏侯溢은 그대와 가까운 관계요?'라고 하자, 夏侯亶은 '이 사람은 臣의 從弟입니다.'라고 대답했다. 高祖는 夏侯溢이 夏侯亶과 이미 상당히 소원한 친척 사이라는 것을 알고 있었으므로 '그대는 천한 사람이구려, 집안의 族弟인지 從弟인지 구별도 못하시오?'라고 했다. 이에 夏侯亶이 대답하기를 '臣이 듣기로 집안 관계는 금시 소원해진다고 하기에, 그래서 차마 族弟라고 말하지를 못했습니다.'라고 했다. 당시 사람들은 이를 참 기민한 대답으로 여겼다."라 하였다.〔王利器〕

9) 當時雖爲敏對 於禮未通 : 吳曾의 ≪能改齋漫錄≫ 10에서 "세상에서는 同族을 骨肉이라 부른다. ≪南史≫ 〈王懿(의)傳〉에 '북방에서는 同姓을 소중히 여겨 骨肉이라 부르며, 먼 곳에서 찾아오는 이가 있으면 다들 힘을 다해 도와준다. 王懿는 王愉가 太原 사람으로서 江南에서 크게 성공했다는 소문을 듣고 멀리 그를 찾아갔지만, 王愉의 대우가 아주 형편없어 떠나고 말았다.'라고 한 기록이 있다. ≪顔氏家訓≫에서 운운한 것과 내가 南北朝의 풍속을 관찰한 바에 의하면, 대체로 북방이 남방보다 낫다. 지금으로부터 수백 년 이전의 일이지만 그 풍속은 여전하다."라 하였다.〔王利器〕

宗親의 世系에는 〈아버지의 형제인〉 從父가 있고, 〈할아버지 형제인〉 從祖가 있으며, 〈증조할아버지 형제인〉 族祖가 있다. 江南의 풍속에는 이 이상 〈혈족 관계〉의 경우 官秩이 높은 자는 통상 '尊'자를 덧붙여 부르고, 같은 조상에 같은 항렬이라면 비록 백 대 이후라 할지라도 여전히 형제라고 부른다. 다른 사람들에게 일컬을 경우 모두 '집안사람〔族人〕'이라고 한다. 河北의 士人들은 비록 2, 3십대 후라 할지라도 여전히 從伯, 從叔이라고 부른다.

梁 武帝가 일찍이 한 중원 출신의 士人에게 "그대는 북방 사람인데 어찌 族人이라는 말이 있음을 모르시오?"라고 묻자, "혈족 관계는 소원해지기 쉬우므로 차마 '族'이라는 말을 못했을 뿐입니다."라고 대답했다. 당시에는 비록 기민한 대답이라고 했지만 禮에는 맞지 않는다.

19. 부모의 內外 친척 자매의 呼稱

吾嘗問周弘讓[1)]曰："父母中外[2)]姊妹，何以稱之？" 周曰："亦呼爲丈人。" 自古未見丈人之稱施於婦人也[3)]。吾親表所行，若父屬者，爲某姓姑；母屬者，爲某姓姨。中外丈人之婦，猥俗呼爲丈母[4)]，士大夫謂之王母、謝母云[5)]。而≪陸機集≫有≪與長沙顧母書≫[6)]，乃其從叔母也，今所不行。

1) 周弘讓：南朝 陳나라 사람이다. ≪陳書≫ 〈周弘正傳〉에서 "弘正의 동생 周弘讓은 성격이 차분하고 꾸밈이 없었으며, 博學하여 여러 가지 일에 능통하였다. 天嘉 초에 白衣의 신분으로 太常卿 및 光祿大夫에 올랐고, 또 金章紫綬까지 더해졌다."라 하였다.〔趙曦明〕

 金章紫綬란 品階에 따라 사용하던 官印의 일종인데, 魏・晉 이후 金章紫綬는 본래 妃나 작위를 가진 제후가 쓰는 官印이었다.〔역자〕

2) 中外：中表라고도 하며, 內外의 호칭이다. 本篇 30에도 "中外憐之"라는 표현이 나온다. ≪後漢書≫ 〈鄭太傳〉의 "明公의 장수들은 모두가 中表의 심복들이었다.", ≪三國志≫ 〈魏書 管寧傳〉의 "中表에서 그가 외롭고 가난함을 불쌍히 여겼다.", ≪世說新語≫ 〈言語〉篇의 "張玄之와 顧敷는 顧和의 中外孫이다.", 〈賞譽〉篇의 "謝公이 대답하기를 '阮千里의 이종형제이고, 潘安仁의 中外 형제이지요.'라고 했다." 등에 나오는 中表나 中外는 모두가 같은 말이다.〔王利器〕

 父系의 친척을 中이라 하고, 母系의 친척을 外라고 한다.〔역자〕

3) 自古未見丈人之稱施於婦人也：惠棟의 ≪松崖筆記≫ 2에서 "≪顔氏家訓≫에서 云云한 것을 읽고서 나는 웃으며 이렇게 말했다. '顔氏의 학문이 周弘讓에 미치지 못하는구나. 古詩 〈爲焦仲卿妻作〉에서 「사흘에 다섯 필을 끊어내어도, 丈人은 일부러 더디게 짠다고 싫어하신다.」라 하였는데, 이는 仲卿의 아내 蘭芝가 그의 시어머니를 일컬은 말이다. ≪史記≫ 〈刺客列傳〉에서 「家丈人」이라 한 것에 대해, ≪索隱≫에서는 劉氏의 말을 인용하여 「주인어른을 말한다.」라 했고, 또 韋昭의 말을 인용하여 「옛날에 남자를 丈夫라 했고 지체 높은 여인이나 나이든 여자를 丈人이라 했다. 그러므로 ≪漢書≫ 〈宣元六王傳〉에서 말한 丈人은 淮陽憲王의 외할머니, 즉 張博의 모친을 가리킨다. 그래서 古詩에서, 사흘에 다섯 필을 끊어내어도, 丈人은 일부러 더디게 짠다고 싫어하신다고 하였던 것이다.」라 했다.' 하였다."라고 하였다. 이것이 婦人을 丈人이라고 불렀던 증거이다.

 王充의 ≪論衡≫에서 "사람의 생김새는 〈키가〉 1丈이면 정상이다. 男子를 丈夫라 하고 지체 높은 나이든 부인을 丈人이라고 한다. 키가 1丈이 안되면 정상적이지 않은 것이다."라 했다. 그렇다면 焦仲卿의 아내가 그의 시어머니를 丈人이라고 한 것은 漢代부터 이미 있었던 일이다. 어떤 이들이 이것을 '大人'으로 고치기도 했는데, 이는 顔之推의 잘못된 견해를 따른 것이다.〔王利器〕

4) 中外丈人之婦 猥俗呼爲丈母 : 錢大昕의 ≪恒言錄≫ 3에서 "≪顔氏家訓≫에서 '中外 丈人의 아내를 속칭 丈母라 부른다.'고 하였는데, 이는 丈人 항렬에 속한 이의 부인들을 다 丈母라고 한다는 말이다."라 했다. 劉盼遂는 吳承仕의 말을 인용하여 "中外의 中과 外는 상대적인 말로서 포괄하는 범위가 아주 넓다. 母의 父母가 外祖父母로서 이것이 母의 일가이고, 妻의 부친이 外舅로서 이것이 妻의 일가이며, 고모〔姑〕의 자식은 外兄弟로서 姑의 일가가 되고, 딸자식의 자식은 外孫이 되어 딸자식의 일가가 된다. 親族이 內가 되므로 異姓을 外라고 하는데, 그 輩行이 나보나 높은 자를 통상 丈人이라고 부른다. 이것은 晉·宋 이래 통상적인 표현이다."라 하였다.〔王利器〕

   여기서 中外 丈人이란 자기보다 항렬이 높은 姨從과 姑從에 속하는 異姓의 남자 친척들을 가리키고, 丈母는 그 婦人을 뜻한다.〔역자〕

5) 士大夫謂之王母謝母云 : 王母는 王姓의 母를 말하고, 謝母는 謝姓의 母를 말한 것으로, 이는 顔之推가 강남의 풍속을 예로 든 것이다.〔劉盼遂〕

6) 陸機集有與長沙顧母書 : ≪晉書≫의 傳에 의하면, 陸機는 字가 士衡이고 吳郡 사람으로서 뛰어난 문장가였다. 長沙郡은 당시 荊州에 속하는 地名이다. 長沙에 있는 顧母에게 보낸 편지인 〈與長沙顧母書〉는 지금에 전하는 그의 文集인 ≪陸士衡集≫에는 없지만, 본서 제9 〈文章〉篇 18에 언급된 것으로 미루어보아 아마 그의 從祖弟인 士璜의 죽음을 애도한 내용인 듯하다.〔역자〕

내가 일찍이 周弘讓에게 "부모의 내외 친척 자매되는 분들은 어떻게 부릅니까?" 하고 물었더니, 周弘讓은 "역시 丈人이라고 부릅니다."라고 대답했다. 〈하지만〉 예로부터 丈人이란 호칭을 부인에게 쓰는 것은 보지 못했다.

나는 양친의 사촌 항렬로서 父系에 속하는 분이라면 '某姓姑'라 하고, 母系에 속하는 분이라면 '某姓姨'라고 한다. 내외 어른〔丈人〕의 부인을 속칭 丈母라고 부르고, 士大夫들은 〈'母'자 앞에 姓을 붙여〉 '王母' 혹은 '謝母'라는 식으로 부른다. 陸機의 文集 중에 〈與長沙顧母書〉가 있는데, 그의 從叔母에게 보낸 것으로 오늘날에는 〈이런 호칭을〉 쓰지 않는다.

20. 祖公이란 呼稱

齊朝士子, 皆呼祖僕射(야)[1]爲祖公, 全不嫌有所涉也[2], 乃有對面以相戲者。

1) 祖僕射(야) : 北齊人 祖珽을 가리킨다. ≪北齊書≫ 〈後主紀〉에 "武平 3년 2월에 左僕射 唐邕을 尙書令으로 삼고, 侍中 祖珽을 左僕射로 삼았다."라 하였다.〔趙曦明〕

2) 祖僕射(야)爲祖公 全不嫌有所涉也 : 祖父를 公이라 부르는데 여기에다 '祖'씨 성까지 붙여서 '祖公'이라 부르므로, 혼동되는 것을 꺼린다고 한 것이다. 그렇다면 家씨 성을 가진 이를 부를 때도 '家公'이라 해서는 안 될 것이다.〔盧文弨〕

北齊 조정의 士人들은 모두 祖僕射〔祖珽〕를 祖公이라 부르며 〈할아버지의 호칭과〉 혼동되는 것을 전혀 꺼리지 않았고, 심지어는 면전에서 〈그렇게 부르며〉 장난하는 사람도 있었다.

21. 이름과 字

古者, 名以正體, 字以表德[1], 名終則諱之[2], 字乃可以爲孫氏[3]。孔子弟子記事者, 皆稱仲尼[4]; 呂后微時, 嘗字高祖爲季[5]; 至漢爰種, 字其叔父曰絲[6]; 王丹與侯霸子語, 字霸爲君房[7]。江南至今不諱字也。河北士人全不辨之, 名亦呼爲字, 字固呼爲字[8]。尙書王元景兄弟[9], 皆號名人, 其父名雲, 字羅漢[10], 一皆諱之[11], 其餘不足怪也[12]。

1) 名以正體 字以表德 : ≪演繁露≫ 續6에 인용된 ≪西京雜記≫ 4卷에서 "梁孝王의 아들 賈가 나이가 어렸을 때 竇太后가 억지로 그에게 冠을 씌워주려고 하자, 그는 거절하며 '禮에 스무 살에 冠禮를 행하고, 冠禮를 하고 나면 字를 짓고, 字로써 덕을 나타낸다고 하였는데, 어찌 억지로 할 수가 있겠습니까!'라고 했다."라 하였다. 陸機는 ≪老學庵筆記≫ 2에서 "字는 그 사람의 덕을 나타내는 것이므로, 유학자들이 孔子를 일컬어 仲尼라 하는 것은 낮추어 부르는 말이 아니다."라고 하였다.〔王利器〕

2) 名終則諱之 : ≪春秋左氏傳≫ 桓公 6년에 "이름은 돌아가시고 나면 그것을 피휘하여 쓰지 않았다."라 하였다.〔盧文弨〕

≪禮記≫ 〈曲禮〉에서 말한 "哭을 끝내면 피휘한다."에 해당한다.〔王利器〕

3) 字乃可以爲孫氏 : 손자가 祖父의 字를 氏로 삼은 예로는, 無駭가 죽자 祖父의 字인

展을 氏로 삼게 했다는 기록이 ≪春秋左氏傳≫ 隱公 8년조에 나온다.〔趙曦明〕

4) 仲尼 : ≪論語≫ 〈子張〉에서 "仲尼는 헐뜯을 수가 없다."라고 한 것이나, "仲尼는 해와 달이다."라고 한 것이 그 예이다.〔王利器〕

 孔子의 字이다.〔역자〕

5) 呂后微時 嘗字高祖爲季 : ≪史記≫ 〈高祖本紀〉에 "姓은 劉氏이고 字는 季이다. 秦始皇이 늘 말하기를 '동남쪽에 天子의 기운이 있다.'라고 하여 동쪽으로 巡狩하여 그 기운을 누르려 하였다. 高祖는 바로 그 낌새를 눈치채고 달아나서는, 芒山과 碭(탕)山 골짜기의 바위 사이에 숨어 있었는데, 呂后가 사람들과 함께 그를 찾으면 언제나 찾아내었다. 高祖가 이상히 여겨 물어보면, 呂后는 '季가 있는 곳 위에는 늘 雲氣가 있어, 그리로 가보면 언제나 季를 찾게 되지요.'라고 했다."라 하였다.〔趙曦明〕

6) 至漢爰種 字其叔父曰絲 : ≪漢書≫ 〈爰盎(앙)傳〉에 "爰盎은 字가 絲인데 吳의 재상으로 옮겨가게 되자, 그의 조카 爰種이 絲에게 말하기를 '吳王은 교만한 지 오래되었고 나라에 간악한 자도 많은데, 지금 絲는 모질게 다스리려고 하고 있습니다. 저들이 숙부께 글을 올려 알려주지 않으면, 날카로운 칼이 숙부를 찌를 것입니다. 남방은 卑濕하니, 絲는 날마다 술만 마시고 아무 일도 하지 않으면서, 吳王을 설득해서 모반만 하지 않도록 하십시오. 이와 같이 하면 벗어나실 수 있을 것입니다.'라고 했다."라 하였다.〔趙曦明〕

7) 王丹與侯霸子語 字霸爲君房 : ≪後漢書≫ 〈王丹傳〉에 "王丹은 字가 仲回이고 京兆下邽(규) 사람이다."라 하였다.〔趙曦明〕

 侯霸의 호칭과 연관된 이야기는 本篇 10 주 1) 참조.〔역자〕

8) 江南至今不諱字也……字固呼爲字 : ≪愛日齋叢鈔≫ 1에 인용된 ≪續家訓≫에 "魏나라 常林이 7세 때 아버지 친척이 찾아와 常林에게 묻기를 '伯先은 계시는가? 왜 인사를 하지 않는가?'라고 하였다. 伯先은 尙林 아버지의 字이다. 常林이 말하기를 '자식 앞에서 그 아버지를 字로 불렀으니, 무슨 인사가 있겠소!'라고 하였다. 庾翼(字가 稚恭)의 아들 爰客이 일찍이 孫盛을 방문하였는데, 孫盛의 아들 放을 보고서 묻기를 '安國은 어디에 계시는가?'라고 하자, 放이 대답하기를 '庾稚恭 댁에 계십니다.'라고 하였다. 아마도 放은 爰客이 자기 아버지를 字로 불렀기 때문에 그의 아버지 역시 字로 불렀을 것이다. 하지만 侯昱은 王丹이 자신에게 자기 아버지를 字로 부른 것에 대해 꺼려하지는 않았다. 또 字를 손자의 氏로 쓸 수도 있었으니, 옛날에는 尊卑를 가리지 않는 일반적인 호칭이었을 것이다. ≪春秋≫에서 紀나라의 季姜이라고 썼는데, 아마 '季'라고 한 것은 字인 듯하다. 杜預는 '字를 쓰는 것은 父母의 존귀함을 더해주는 것이므로 字를 부름을 귀하게 여긴다.'라고 하였다. 자식이 아버지의 字를 피휘한다고 함은 그 자체를 피휘하는 것이 아니라, 자식 앞에서 아버지를 字로 부르면

자식은 아버지는 자신이 존경하는 분이므로 감당할 수가 없기 때문이니, 이는 당연한 일이다."라 하였다.〔王利器〕

9) 尙書王元景兄弟 : ≪北齊書≫ 〈王昕(흔)傳〉에서 "王昕은 字가 元景이고 北海 劇 사람이다. 부친 王雲은 北魏에서 벼슬을 하며 명망이 있었다. 楊愔은 그의 德業을 중시하여 남들의 師表가 될 것으로 보고서, 銀青光祿大夫 및 判祠部尙書事에 임명하였다. 동생 王晞는 字가 叔朗이고 小名은 沙彌이다. 武平 초에 大鴻臚(려)로 전보되었다가 儀同三司에 임명되었다."라 하였다.〔趙曦明〕

10) 其父名雲 字羅漢 : ≪魏書≫ 〈王憲傳〉에서 "王憲의 아들이 嶷(억)이고, 嶷의 아들이 雲이며 字가 羅漢이었다. 상당한 풍채를 지녔었는데 兗州刺史를 지내다가 부서에서 재물을 받은 혐의로 御史의 조사를 받았고 廷尉에게 넘겨졌으나 사면되었다. 죽고 나서 豫州刺史에 추증되고 諡號는 文昭라 하였다. 아들이 아홉 있었는데, 長子는 昕이고, 昕의 동생이 暉(휘)이며, 또 暉의 동생이 旰(간)이다."라 하였다.〔趙曦明〕

11) 一皆諱之 : 본편 4에서 "'雲'자를 휘하는 어떤 이가 '紛紜'을 '紛煙'이라 하였다."라고 한 것이, 어쩌면 이것을 지칭한 것일지도 모른다.〔郝懿行〕

이름과 字를 구분하지 않고, 모조리 다 피휘하였다는 뜻이다.〔역자〕

12) 其餘不足怪也 : ≪賓退錄≫ 2에서 "또한 아버지나 할아버지가 돌아가시고 난 후 자손들이 차마 그 字를 부르지 못하였다는 것은 옛날에는 없던 일이다. 北齊의 王元景 형제가 그 아버지의 字를 피휘한 것을 顔之推가 나무랐다. 하지만 아버지가 돌아가시고 나면 아버지가 쓴 편지를 읽지 못하고 또 어머니가 돌아가시고 나면 어머니가 쓰시던 잔으로 물을 마시지를 못하는데, 하물며 그 字를 부르는 일은 더 어렵지 않으랴? 인정으로 미루어보자면 잘못이라고 할 수는 없다. 옛날에 祖父의 字로써 氏를 삼았다면 비록 한 글자라 하더라도 편안치 않았을 듯하다. 강남에서는 비록 字를 피휘하지 않는다고 하나, 자식 앞에서 그 아버지의 字를 부르는 것은 공손치 못한 일이라고 하는 이야기가 ≪續家訓≫에 나온다."라 하였다.〔王利器〕

옛날에는 이름으로 개인을 구분하고 字로 덕을 나타내었는데, 이름은 돌아가시고 나면 避諱하여 쓰지 않았지만 字는 손자의 氏로 삼을 수 있었다. 孔子의 제자로서 〈孔子의〉 일을 기록한 이들은 다들 〈그를 字인〉 仲尼라 불렀고, 呂后는 평민 시절에 일찍이 漢 高祖를 字로 불러서 季라 한 적이 있고, 漢代에 爰種은 그의 숙부를 字로 불러서 絲라 하였으며, 王丹은 侯霸의 아들과 이야기를 하면서 侯霸를 字로 불러서 君房이라 하였는데, 강남에서는 지금까지도 字를 피휘하지 않는다.

河北의 士人들은 이를 전혀 따지지 않는데, 이름도 字로 부르고 字도 물론 字로 부른다. 尙書였던 王元景 형제를 다들 명사라 하였지만 그의 부친 이름인 '雲'자와 字인 '羅漢'을 모두 다 피휘하였으니, 그 나머지 사람들이 그러는 것은 이상할 것도 없다.

22. 初喪에서 哭하는 법

≪禮·閒(간)傳[1]≫云:"斬縗(최)[2]之哭, 若往而不反;齊(자)縗[3]之哭, 若往而反;大功[4]之哭, 三曲而偯(의)[5];小功緦(시)麻[6], 哀容可也, 此哀之發於聲音也。"≪孝經≫云:"哭不偯[7]。"皆論哭有輕重質文之聲也。禮以哭有言者爲號, 然則哭亦有辭也。江南喪哭, 時有哀訴之言[8]耳;山東[9]重喪, 則唯呼蒼天[10], 期功[11]以下, 則唯呼痛深, 便是號而不哭。

1) 閒(간)傳:≪禮記≫의 篇名. 亡者와의 관계에 따라 喪服의 종류별 輕重을 설명한 부분이다.〔역자〕

2) 斬縗(최):≪禮記≫에 '縗'는 '衰(최)'로 되어 있다.〔盧文弨〕
喪禮에서 五服 중 가장 중한 것이다. 상복의 상의를 '衰'라 하고 하의를 '裳'이라 하는데, '斬'이란 솔기를 꿰매지 않았다는 뜻이다. 매우 거친 生麻布로 만들고, 옷의 가장자리와 하변 모두 솔기를 꿰매지 않는다. 服喪 기간은 3년이다.〔王利器〕

3) 齊(자)縗:齊衰. 五服 중 斬衰 다음가는 두 번째로 중한 것이다. 상복은 熟麻布로 만든다. '齊'란 솔기를 꿰맨다는 말이다. 아랫단을 꿰매기 때문에 齊衰라 하였다. 복상 기간은 1년이다.〔王利器〕

4) 大功:五服 중 齊衰 다음의 세 번째이다. 상복은 熟布로 만드는데 齊衰에 비하여 올이 가늘지만 小功에 비해서는 거칠다. 복상 기간은 9개월이다.〔王利器〕

5) 三曲而偯(의):≪禮記≫의 鄭玄 注에서 "三曲은 한 번 소리를 내는데 세 번 꺾는 것이고, 偯는 소리의 나머지, 즉 훌쩍거리는 소리가 이어지는 것이다."라 하였다.〔王利器〕
훌쩍거린다는 것은 숨을 내쉬며 통곡을 하고 다시 숨을 들이쉴 때 묻어 나오는 소리를 말한다.〔역자〕

6) 小功緦(시)麻:五服의 네 번째인 小功과 다섯 번째인 緦麻이다. 小功의 상복은 熟布로 만드는데 大功에 비하여 올이 가늘지만 緦麻에 비하여는 거칠다. 복상 기간은 5개월이다. 緦麻의 喪服은 熟布로 만들되 올이 小功에 비해 가늘다. 복상 기간은 3개월이다.〔王利器〕

7) 哭不偯:≪孝經≫ 〈喪親〉에서 "효자는 親喪에서 곡은 해도 훌쩍거리지 아니하고〔哭

不偯〕, 禮를 행할 때 용모를 꾸미지 않으며, 좋은 옷을 입어도 불안하고, 음악을 들어도 즐겁지 않고, 맛있는 음식을 먹어도 달지 않으니, 이것이 슬퍼하는 마음이다." 라 하였다.〔趙曦明〕

8) 哀訴之言 : 오늘날 북방에서 상을 당해 곡을 할 경우 부인네들 중에는 간혹 슬프게 하소연하는 말을 하는 이도 있지만, 남자들이 그런다는 것은 들어보지 못했다.〔郝懿行〕

9) 山東 : 河北을 가리킨다. ≪資治通鑑≫ 121의 胡三省 注에서 "山東은 太行山과 恒山의 동쪽, 즉 河北의 지역이다."라 하였다.〔王利器〕

10) 唯呼蒼天 : 王筠의 ≪篆友肊(억)說≫에서 "≪孟子≫에서 '울부짖으며 하늘을 부르고, 부모님을 불렀다.'라고 하였으므로, 하늘과 부모 모두 舜이 소리쳐 부른 대상임을 알겠다."라 하였다.〔王利器〕

11) 期功 : 期服은 1년 동안 상복을 입는 일가친척을 가리키고, 功은 小功과 大功을 말한다.〔王利器〕

≪禮記≫ 〈閒傳〉篇에서 "斬衰의 哭은 마치 숨이 넘어가 다시 돌아오지 않을 듯이 하고, 齊衰의 곡은 숨이 넘어가되 다시 돌아올 듯이 하며, 大功의 곡은 〈한 번 소리 내면〉 세 번을 꺾으면서 훌쩍거리고, 小功과 緦麻는 〈소리 없이〉 슬픈 낯빛만 보여도 된다. 이는 슬픔이 소리로 나타나는 것이다."라 하였다. ≪孝經≫에서는 "哭은 하되 훌쩍거리지 않는다."라고 하였다. 모두가 哭을 할 때 그 소리에 가볍고 무거움, 거칠고 매끄러움의 차이가 있음을 논한 것이다.

禮에 哭을 하면서 말을 하는 것을 '號'라 하는데, 그렇다면 哭에 말이 들어가기도 한다는 것이다. 江南에서는 상을 당해 곡을 할 때 가끔 슬프게 하소연하는 말이 들어갈 뿐이다. 河北 지역에서는 부모가 돌아가시면 오로지 하늘만 소리쳐 부르고, 期服이나 小功, 大功 이하로는 몹시 애통하다는 소리만 외치는데, 이것이 바로 號는 하되 哭은 하지 않는 것이다.

23. 弔問 예절

江南凡遭重喪, 若相知者, 同在城邑, 三日不弔則絶之, 除喪, 雖相遇則避之, 怨其不己憫也。有故及道遙者, 致書可也, 無書亦如之。北俗則不爾[1)]。江南凡弔者, 主人之外, 不識者不執手[2)], 識輕服[3)]而不識主人, 則不於會所而弔, 他日修名[4)]詣其家。

1) 爾 : 六朝時代 사람들은 대체로 '爾'를 '이와 같다〔如此〕'의 의미로 썼다. 예컨대, ≪世說新語≫ 〈品藻〉篇에 "바깥사람들의 의론으로는 절대 이와 같지가 않습니다.〔不爾〕"라고도 하고, "제 뜻이 바로 이와 같습니다.〔爾〕"라고도 하였다.〔劉盼遂〕
2) 不識者不執手 : 이는 조문객이 喪主의 가족들 중에서 아는 사람과는 손을 잡아도 모르는 사람과는 손을 잡지 않지만, 오직 喪主에 대해서만은 아는 사이건 모르는 사이건 간에 반드시 손을 잡아야 한다는 말이다. ≪世說新語≫ 〈傷逝〉에서 張季鷹이 顧彦先에게 곡을 하고서 상주의 손은 잡지도 않고 나왔다고 하였고, 王東亭이 謝太傅를 조문하고서 末婢(謝安의 막내아들 謝援의 어릴 적 字)의 손을 잡지도 않고 물러 나왔다고 하였다. 이는 한편으로는 그들의 방종함을 드러내면서 다른 한편으로는 그들의 잘못된 행동을 기록한 것인데, 상주와 손을 잡지 않는 것은 어느 경우에나 다 실례가 된다.〔劉盼遂〕
3) 輕服 : 五服 중 小功과 緦麻이다. 여기서는 亡者와의 관계가 비교적 먼 일가친척을 가리키는 말이다.〔역자〕
4) 修名 : 名은 名刺(이름과 주소, 신분 등을 적은 종이쪽)를 말한다.〔王利器〕

江南에서는 부모상을 당했는데 만약 아는 사람이 城邑에 함께 있으면서도 3일이 지나도록 弔問을 오지 않으면 그와는 絶交를 하고, 脫喪을 한 후 우연히 만나도 피하는 것은, 그가 자신을 가엽게 여기지 않았음을 원망해서이다. 사정이 있거나 길이 먼 경우에는 편지를 보내어도 되는데, 편지도 없었을 경우에는 이와 마찬가지로 대한다. 北方의 풍속은 그렇지 않다.

강남에서 모든 조문객은 喪主 외에 모르는 사람과는 손을 잡지 않는다. 亡者의 먼 친척은 알지만 喪主는 모를 경우, 사람들이 모이는 빈소에서 조문하지 않고 다른 날 명함을 갖추어 그 집으로 찾아간다.

24. 辰日의 迷信

陰陽說云 : "辰爲水墓, 又爲土墓, 故不得哭[1)]。" 王充≪論衡≫[2)]云 : "辰日不哭, 哭則重喪。"[3)] 今無敎者, 辰日有喪, 不問輕重, 擧家淸謐(밀)[4)], 不敢發聲, 以辭弔客。道書又曰 : "晦歌朔哭, 皆當有罪, 天奪其算。"[5)] 喪家朔望, 哀感彌深, 寧當

惜壽, 又不哭也? 亦不諭。

1) 辰爲水墓……故不得哭 : 水와 土는 모두 申에서 長生하므로, 墓는 모두 辰에 있게 된다.〔趙曦明〕

陰陽五行說에 의한 吉凶 판단의 한 가지 사례로 추정되지만, 자세한 내용은 알 수가 없다.〔역자〕

2) 王充論衡 : ≪後漢書≫ 〈王充傳〉에 "充은 字가 仲任이고 會稽 桑牛 출신이다. 집안이 가난해 책이 없어서 늘 洛陽의 시장을 돌아다니며 파는 책을 보았는데, 한번 보기만 하면 바로 외워 마침내 온갖 百家의 말에 널리 통달하였다. 세상 학자들이 학문을 하는 방식이 올바르지 못하다고 여기고서, 대문을 닫아걸고 깊이 생각에 빠져 경조사도 다 끊고서, 문과 창문, 그리고 벽마다 필기구를 두고 ≪論衡≫ 85篇을 지었다."라 하였다.〔趙曦明〕

3) 辰日不哭 哭則重喪 : ≪論衡≫ 〈辯崇〉에 나온다.〔盧文弨〕

唐의 李匡乂(예)는 ≪資暇錄≫에서 "辰日에 哭을 하지 않는 것에 대해 先哲들께서 몹시 비난하셨다. 本朝에서도 그랬다는 이야기가 있지만 밝힐 수는 없겠다. 이제 부모 잃은 사람이 辰日이라고 곡을 하지 않는다면 그걸 뭐라고 하겠나?"라고 하였다. ≪舊唐書≫ 〈張公謹傳〉에서는 "有司가 上奏하기를 '陰陽五行의 책에서 「자식이 辰日에는 哭을 하고 울어서는 안 된다.」라고 한 것을 따라 세상에서 꺼리는 일이 되었습니다.'라고 하였다."고 하였다. 또 ≪舊唐書≫ 〈呂才傳〉에서는 "呂才는 〈葬書〉를 지어 '어떤 이가 辰日에는 곡을 하고 울어서는 안 된다고 하여, 결국 눈만 끔벅거리며 손님들을 마주했습니다.'라고 했다."라 하였다. 이로 미루어볼 때 辰日에 哭을 꺼린다는 說이 唐代까지 여전히 남아 있었음을 알 수 있다.〔劉盼遂〕

4) 擧家淸謐(밀) : ≪爾雅≫ 〈釋詁〉에 "謐은 靜의 뜻이다."라 하였다.〔盧文弨〕

曹植의 〈湯妃頌〉에서 "고요하여라! 后宮은〔淸謐后宮〕, 九嬪이 질서가 있으니."라 한 것, 江淹의 〈雜體〉詩 其31에서 "馬服君이 趙나라 장수가 되자, 국경이 고요해질 수 있었다.〔疆埸得淸謐〕"라고 한 것 등에서 모두 고요함을 나타내었다.〔王利器〕

5) 晦歌朔哭……天奪其算 : ≪抱朴子≫ 〈微旨〉에서 "누군가가 長生의 도를 닦으려면 무엇을 피해야 하는지 묻기에, 抱朴子가 말하기를 '≪易內戒≫, ≪赤松子經≫, ≪河圖記命符≫ 등에 따르면, 천지에는 잘못을 살피는 神이 있어, 사람을 따라다니면서 범한 잘못의 輕重에 따라 그 算을 빼앗는다고 합니다. 큰 잘못은 紀(紀는 300일)를 빼앗고, 작은 잘못은 算(算은 3일 또는 1일)을 빼앗습니다. 예를 들어 우물을 건너가거나 아궁이를 타고 넘거나, 혹은 그믐에 노래를 부르거나 초하룻날에 곡을 하거나, 어느 것이건 한 가지를 범하면 한 가지 죄에 해당하는데, 일의 輕重에 따라 수명을 맡은 신이 算과 紀를 빼앗습니다.'라 하였다."라고 하였는데, 이것이 道書의 說이

다.〔朱亦棟〕

≪初學記≫ 17과 ≪太平御覽≫ 401에 인용된 ≪河圖≫에서는 "黃帝께서 '凡人이 하루를 살았다면, 天帝가 算을 주신 것이 36,000이고 또 紀를 주신 것이 2,000이다. 聖人은 36,720을 얻고 凡人은 36,000을 얻는다. 1紀는 1년을 주관하는데 聖人에게는 720이 더해진다.'라 하셨다."라고 하였으며, 본서 제16 〈歸心〉篇에서는 "몰래 그 잘못을 기록하였다가 귀신이 그 算을 빼앗는다."라고 하였다. 이런 것들은 모두 허황된 미신이다.〔王利器〕

算은 본래 시간의 단위를 뜻하는데, 여기서는 壽命의 뜻으로 쓰였다.〔역자〕

陰陽說에서 "辰日은 水墓가 되고 또 土墓가 되므로, 哭을 해서는 안 된다."라고 하였다. 王充의 ≪論衡≫에서는 "辰日에는 곡을 하지 않는다. 곡을 하면 줄초상이 난다."라고 했다. 오늘날 못 배운 사람들은 辰日에 초상이 나면, 경중을 따지지도 않고 온 집안이 잠잠하여 감히 소리도 못 내고 조문객도 받지 않는다.

道敎의 책에서는 또 "그믐에 노래 부르거나 초하룻날 곡을 하는 것은 모두 유죄에 해당하여, 하늘이 그 수명을 빼앗는다."고 하였다. 喪家에서는 초하룻날과 보름날이면 슬픔이 더욱 깊어지기 마련인데, 어찌 목숨이 아깝다고 하여 哭을 하지 않겠는가? 역시 〈사리를〉 깨닫지 못한 탓이다.

25. 歸殺의 迷信

偏傍之書[1), 死有歸殺(쇄)[2)。子孫逃竄, 莫肯在家[3); 畫瓦書符, 作諸厭勝[4)。喪出之日, 門前然火[5), 戶外列灰[6), 祓(불)送家鬼[7), 章斷注連[8)。凡如此比[9), 不近有情, 乃儒雅[10)之罪人, 彈[11)議所當加也。

1) 偏傍之書 : 偏旁의 책이란 正書가 아님을 말한다.〔盧文弨〕

정통이 아닌 異端의 책을 말한다.〔王利器〕

儒家의 학설에 대해 異端이라 할 수 있는 道敎나 陰陽家의 주장을 담은 민간의 俗書이다.〔역자〕

2) 歸殺(쇄) : 俗本에는 '殺'가 '煞'로 되어 있는데 道家에서 많이 쓴다. 여기서는 宋本을 따랐다.〔盧文弨〕

≪吹劍錄外集≫에 인용된 唐의 太常博士 呂才의 ≪百忌歷≫에 〈喪煞損害法〉이 수

록되어 있다. "巳日에 죽은 사람인 雄煞는 47일째 되는 날 回煞하고, 13, 4세의 여자아이인 雌煞는 남쪽으로 세 번째의 집에서 나타나면서 煞는 흰빛이다. 남자로서 성이 鄭, 潘, 孫, 陳氏인 경우 20일부터 29일에 이르기까지 두 차례 집으로 돌아온다. 그래서 세간에서 이를 계승하여 그 날짜가 되면 반드시 이것을 피한다."라고 하였다. 여기 나오는 '回煞'가 바로 '歸煞'인데, 六朝와 唐代 사람들이 煞를 피했다는 황당한 이야기로서 참고할 만한 것들이다. 戴冠의 ≪濯纓亭筆記≫ 7에는 다음과 같이 기록되어 있다. "오늘날 陰陽家들은 某日에 사람이 죽으면 某日에 煞가 돌아온다고 한다. 五行이 상승하여 그 나쁜 煞의 높이가 尺寸을 넘으면 喪家에서는 밖으로 나가서 피해야 하는데, 이를 세상에서 避煞라고 한다. 하지만 그 까닭을 아는 이는 없다. 이른바 避衰라고 하는 것이 바로 오늘날 세속에서 말하는 避煞로서, 이 말의 기원 역시 오래되었다. 아마 처음에는 죽은 이와 함께 있는 것이 싫어서 바깥으로 나가 피하였을 것인데, 사람들이 마침내 이를 附會하여 이러한 說을 만들어내었다."〔王利器〕

'殺'를 대개 영혼이나 혼백의 개념으로 번역하기도 하지만, 구분하는 것이 옳다고 본다.〔역자〕

3) 子孫逃竄 莫肯在家 : 北人은 煞를 피하고, 南人은 煞를 맞이한다. 나는 江寧에 사는데, 이곳 사람들은 煞가 있는 줄을 모른다.〔盧文弨〕

殃煞에 관한 일은 서책에 자주 나오지 않는다. 徐鉉의 ≪稽神錄≫에 다음과 같은 이야기가 있다. "彭虎子는 젊고 혈기 왕성하며 힘이 세었는데, 일찍이 귀신은 없다고 말하곤 했다. 모친이 돌아가시자 무당이 그에게 조심하라면서 일러주기를 '某日에 분명 殃煞가 돌아와 다시 누군가를 죽일 것이니 나가서 피해야 한다.'라고 하였다. 집안사람들이 다들 마음이 여려서 모두 달아나 숨었으나, 虎子만은 홀로 나가지 않고 머물러 있었다. 밤중에 누군가가 문을 밀고 들어옴에 虎子는 어찌할 바를 몰라 허둥지둥하다가, 앞에 있는 항아리 안으로 들어가 판자로 머리를 덮자, 마치 모친이 판자 위에 앉는 것처럼 느껴졌다. 들어온 사람이 '판자 밑에 사람이 없소?'라고 물었는데 모친이 '없소.'라고 대답하자 떠나갔다." 이것이 煞를 피하여 달아나 숨은 일인데, 五代까지 〈이런 미신이〉 여전히 남아 있었다.〔劉盼遂〕

4) 厭勝 : ≪漢書≫ 〈王莽傳 下〉에서 "威斗를 주조해 만들어……백성들을 억누르려 하였다.〔欲厭勝衆民〕"라 하였고, ≪後漢書≫ 〈淸河孝王慶傳〉에서 "터무니없는 말로써 푸닥거리를 하고 저주를 하며, 새삼〔菟〕을 가지고서 厭勝의 術法을 행했다."라고 하였다.〔王利器〕

주술을 써서 사람을 누르는 일, 또는 그러한 주술을 말한다.〔역자〕

5) 門前然火 : 문 앞에 불을 피우는 풍속은 지금도 강남 지역에 남아 있다.〔盧文弨〕

6) 戶外列灰 : ≪玉燭寶典≫ 1에 인용된 ≪莊子≫에서 "문에다 닭 모양을 깎아놓고, 그

위엔 갈대 재를 매달아놓고, 그 옆에는 복숭아나무가지를 꽂아놓고, 그 밑에 재를 이어놓으면 귀신이 두려워한다."라고 하였다.

≪夷堅乙志≫ 19의 〈韓氏放鬼〉에서는 "江蘇와 浙江의 민속에서는 무당과 귀신을 믿는데, 전해오는 말에 따르면 사람이 죽으면 그 귀신이 돌아온다고 한다. 그날을 예측하여 귀신이 오는 그날 모두들 방을 비우고 바깥으로 나가서 피하는데, 그것을 避煞라 부른다. 건장한 하인이나 스님으로 하여금 집을 지키게 하고 바닥에다 재를 뿌려놓고서는, 다음날 거기에 생긴 발자국을 보고서 생명을 받아 사람이 되었다느니 異物이 되었다느니 한다."라 하였다. 이런 것들은 대개 古代의 미신과 연관된 전설로서 옛날이라 그러했을 것이다.〔王利器〕

7) 祓(불)送家鬼 : 周豈明의 ≪茶話乙≫ 第7則에 인용된 영국인 J.G.Frazer 박사의 ≪Psyche's Task≫ 제5장에서 "야만인들은 장례를 치르고 돌아오면서 귀신의 혼이 다시 돌아오는 것이 두려워 여러 가지 방식으로 이를 막았는데, 퉁구스 사람들은 눈이나 나무로써 길을 막았고, 미얀마의 清族은 대나무 장대를 길에 가로질러 두었으며, 納巴耳의 曼伽族은 장례 후 한 사람이 먼저 돌아와 대추나무 가시를 중도에 쌓아서 장애물을 만들고, 그 위에 큰 바위를 세워 손으로 향로를 들고 장례에 참석했던 이들이 바위 위의 향 연기 속으로 통과하게 하는데, 이때 귀신은 향냄새를 맞고서 그대로 머무르며, 산 사람의 어깨를 타고 넘거나 대추나무 가시를 넘어오지 못한다고 한다."라 하였다. 지금도 紹興 지방에서는 장례를 치르고 돌아올 때 문 밖에다 곡식 껍데기를 태워서 장례에 참석한 이들이 연기를 넘어서 지나온 다음에야 각기 집으로 돌아가는데, 이렇게 하는 의도 역시 귀신의 영혼이 붙는 것을 막자는 것이다.〔≪語絲≫에서 인용〕

내가 보기에 이것도 ≪顔氏家訓≫에서 말한 '여러 가지 厭勝을 만들어 집안 귀신을 내보내는 風俗'으로서, 그 기원이 오래된 것임을 알 수 있다.〔劉盼遂〕

8) 章斷注連 : 神明에게 글〔章〕을 바쳐 재앙이 이어지는 것〔注連〕을 끊는다〔斷〕는 뜻으로, 이 역시 귀신을 막는 행위의 일종이다. 注連이 악귀의 출입이나 재앙의 출현을 막는 금줄이라는 뜻으로 쓰일 때도 있다.〔역자〕

9) 比 : 무리, 同類이다. '者'로 된 판본도 있다.〔역자〕

10) 儒雅 : 孔安國의 〈尙書序〉에서 "널리 儒雅를 구한다."라 하였고, ≪漢書≫ 〈王章傳〉에서 "겉만 번드르르하게 꾸미면〔緣飾儒雅〕, 형벌이 반드시 따른다."라고 하였으며, ≪文心雕龍≫ 〈史傳〉에서는 "儒雅하며 형식과 내용이 잘 어울린다.〔儒雅彬彬〕"라 하였다.〔王利器〕

학식을 갖추어 기품이 있다는 말이다.〔역자〕

11) 彈 : 문책하다. 彈劾하다.〔王利器〕

민간의 俗書에, 사람이 죽으면 그 殺가 돌아온다고 한다. 자손들이 달아나 숨고 집에 있으려고 하는 이가 없으며, 기와에 그림을 그리고 부적을 써서 온갖 주술을 행하기도 한다. 出喪하는 날 문 앞에 불을 피우고 문 밖에다 재를 늘어놓기도 하며, 푸닥거리를 해서 집안의 귀신을 내보내고 글을 바쳐 재앙이 이어지는 것을 막기도 한다. 이러한 것들은 모두 人情과는 거리가 멀고 올바른 품위를 해치는 죄인이므로, 지탄받아야 마땅하다.

26. 한쪽 부모를 여읜 후 맞이하는 名節

已孤, 而履歲[1)]及長至[2)]之節, 無父, 拜母、祖父母、世叔父母、姑、兄、姊, 則皆泣 ; 無母, 拜父、外祖父母、舅、姨、兄、姊, 亦如之[3)] : 此人情也。

1) 履歲 : '履歲' 다음에 '朝'자가 있어야 할 듯하다.〔盧文弨〕
'履歲'란 분명 정월 초하루〔履端歲首〕라는 뜻으로 元旦을 가리킨다. ≪春秋左氏傳≫ 文公 元年에 "선왕께서 때를 바로잡을 적에 처음을 올바르게〔履端於始〕 하였다."라 하였고, ≪太平御覽≫ 29에 인용된 臧榮緖의 ≪晉書≫에서는 "熊遠이 履端 元日로 하자는 의견을 내었다."라 하였으며, 또 함께 인용된 庾闡의 〈揚都賦〉에서는 "때는 정월초하루, 陰陽이 순서를 바꾸고, 履端은 남은 음기마저 돌려보내고, 정초 사흘이 한 해의 시작을 고한다."라 하였다.〔王利器〕
2) 長至 : 冬至이다. ≪太平御覽≫ 28에 인용된 崔浩의 ≪女儀≫에 "近古시대에 아낙들은 늘 동짓날이면 시부모님께 버선을 바쳤는데, 長至를 밟고 長壽를 누리시라는 뜻이다."라 했다.〔王利器〕
3) 無父……亦如之 : ≪說文解字≫에 "泣은 소리 없이 눈물을 흘리는 것이다."라 하였다.〔盧文弨〕
周法高와 宇都宮淸吉은 이 부분의 標點을 "無父拜母, 祖父母世叔父母姑兄姊, 則皆泣.(아버지가 안 계시는 경우 어머니에게 절을 하면 〈친가 쪽의〉 조부모, 백부모, 숙부모, 형님, 누님이 모두 눈물을 흘린다.)"으로 끊고, 그 다음 부분도 "無母拜父, 外祖父母舅姨兄姊, 亦如之.(어머니가 안 계시는 경우 아버지께 절을 하면 〈외가 쪽의〉 외조부모, 외삼촌, 이모, 형님, 누님이 역시 마찬가지로 눈물을 흘린다.)"로 끊어서 풀이하였다. 이 경우 의미가 인정상 지나치게 각박한 것 같아 취하지 않는다.〔역자〕

兩親 중 한 분을 여의고 설이나 冬至를 맞이하는 경우, 아버지가 안 계셔서 어머니, 조부모, 백부모, 숙부모, 고모, 형님, 누님에게 절을 할 적에는 다 눈물을 흘려야 하고, 어머니가 안 계셔서 아버지, 외조부모, 외삼촌, 이모, 형님, 누님에게 절을 할 적에도 역시 마찬가지로 해야 하는데, 이것이 人情이다.

27. 脫喪 후 자손의 모습

江左朝臣, 子孫初釋服[1), 朝見(현)二宮[2), 皆當泣涕, 二宮爲之改容。頗有膚色充澤[3), 無哀感者, 梁 武薄其爲人, 多被抑退[4)。裴政[5)出服, 問訊[6)武帝, 貶瘦(수)枯槁[7), 涕泗滂沱(타)[8), 武帝目送之曰 : "裴之禮[9)不死也。"

1) 釋服 : 뒤에 나오는 '出服'과 같은 뜻으로, 服喪의 기간이 끝나 상복을 벗는 것을 말한다.〔王利器〕

2) 朝見(현)二宮 : 二宮은 天子와 太子이다〔盧文弨〕
≪文選集注殘本≫에 수록된 王仲寶의 〈褚淵碑文〉에 나오는 "兩宮을 오르내린다."에 대한 鈔注에서 "兩宮은 上臺와 東宮이다."라 하였고, 李周翰의 注에서는 "兩宮은 天子와 太子를 말한다."라 하였다.〔王利器〕

3) 充澤 : ≪離騷≫ 注에서 "澤은 바탕에 윤기가 흐르는 것이다."라 하였다.〔王利器〕
충실하고 윤기가 흐르다.〔역자〕

4) 抑退 : 누르고 물리쳐 내쫓다.〔王利器〕

5) 裴政 : 裴之禮의 아들로서 字는 德表이다. 梁나라 承聖 연간에 給事黃門侍郞에 임명되었고, 隋나라에서는 襄陽總管을 지냈으며, ≪北史≫에 傳이 있다.〔역자〕

6) 問訊 : ≪僧史略≫ 上에서 "比丘를 만났을 경우 몸을 구부리고 합장을 하고서 입으로는 '찾아뵙지 못한 지가 얼마인지.' 라고 말하는데, 이것은 몸과 입과 마음의 세 가지 業이 귀의하는 것으로, 이를 일컬어 問訊이라고 한다."라 하였다. 아마 梁 武帝가 불교를 신봉하였으므로 裴政이 스님의 예로써 만나뵈었을 것이다.〔王利器〕

7) 貶瘦(수)枯槁 : ≪文選≫ 〈西征賦〉의 注에 "貶은 덜다, 줄이다는 뜻이다."라 하였다. ≪楚辭≫ 〈漁父〉의 "모습이 말랐다.〔形容枯槁〕"에 대한 注에서 "여위고 파리하다.〔癯瘦瘠也〕"라 하였다.〔王利器〕
몸이 여위고 마르다.〔역자〕

8) 涕泗滂沱(타) : ≪詩經≫ 〈陳風 澤陂〉의 '涕泗滂沱'에 대해 ≪毛傳≫에서는 "눈에서 나오는 것을 涕라 하고, 코에서 나오는 것을 泗라 한다."라고 풀이하였다.〔王利器〕

눈물 콧물을 줄줄 흘리다.〔역자〕

9) 裴之禮 : ≪南史≫ 〈裴邃(수)傳〉에서 "아들 之禮는 字가 子義이다. 모친 상중에 보리밥만 먹었다. 사당은 光宅寺 서쪽에 있었는데, 건물이 넓고 높았으며 소나무・잣나무가 울창하였다. 范雲의 사당은 三橋에 있었는데 쑥을 베지 않았다. 梁 武帝가 남쪽 교외로 나갔다가 길이 두 사당을 거치게 되어 있어 돌아보고서 탄식을 하면서 말하기를 '范雲은 이미 죽었고, 裴之禮는 다시 살아났구나.'라고 하였다. 裴之禮는 少府卿으로 있다가 죽었는데, 諡號를 莊이라 하였다. 아들 裴政은 承聖 중에 지위가 給事黃門侍郎에 올랐고, 西魏가 江陵을 함락시키자 통례대로 長安으로 들어갔다."라 하였다.〔王利器〕

江南 조정의 신하들은 자손이 막 상복을 벗고 나면 入朝하여 황제와 태자를 뵙는데, 모두가 눈물을 흘렸으며, 황제와 태자는 그들을 위해 낯빛을 고쳤다. 자못 피부빛에 윤기가 흐르고 슬픈 느낌이 없는 사람이 있으면 梁 武帝가 그 사람됨이 야박하다고 여겨 쫓아내는 경우가 많았다. 裴政은 탈상을 하고서 武帝에게 불교식으로 합장을 하고 몸을 구부려 절을 하였는데, 몸은 야위어 바짝 말랐고 눈물이 넘쳐흘렀다. 武帝는 눈으로 그를 보내며 "〈그대의 부친〉 裴之禮는 죽지 않았구려."라고 하였다.

28. 부모 여읜 자식의 마음

二親旣沒, 所居齋寢[1], 子與婦弗忍入焉。北朝頓丘[2]李構[3], 母劉氏, 夫人亡後, 所住之堂, 終身鏁(쇄)[4]閉, 弗忍開入也。夫人, 宋廣州刺史[5]纂之孫女, 故構猶染江南風教。其父奬, 爲揚州刺史, 鎭壽春[6], 遇害。構嘗與王松年[7]、祖孝徵數人同集[8]談讌。孝徵善畫, 遇有紙筆, 圖寫爲人。頃之, 因割鹿尾, 戲截畫人以示構[9], 而無他意。構愴然動色, 便起就馬而去。擧坐驚駭, 莫測其情。祖君尋悟, 方深反側, 當時罕有能感此者。吳郡陸襄, 父閑被刑, 襄終身布衣蔬飯[10], 雖薑菜有切割, 皆不忍食, 居家唯以掐(겹)摘[11]供廚。江陵姚子篤, 母以燒死, 終身不忍噉(담)炙[12]。豫章[13]熊康父以醉而爲奴所殺, 終身不復嘗酒。然禮緣人情, 恩由義斷, 親以噎死, 亦當不可絶食也。

1) 齋寢 : 齋戒할 때 거처하는 방이다.〔王利器〕

2) 頓丘 : ≪宋書≫ 〈州郡志〉에 "頓丘는 兩漢 때에는 東郡에 속하였다가, 魏代에는 陽平郡에 속하였고, 晉 武帝 泰始 2년에 淮陽郡을 나누어 頓邱郡을 설치하면서 縣이 부속되었다."라 하였다.〔趙曦明〕

3) 李構 : ≪北史≫ 〈李崇傳〉에 "李崇의 從弟가 平이고, 平의 아들이 奬이었는데, 奬은 字가 遵穆으로 용모가 뛰어나고 당시 뛰어난 재주와 도량을 지니고 있었다. 元顥가 洛州로 들어가면서 李奬으로 하여금 尙書左僕射를 겸하게 함으로써 徐州의 羽林 일대를 慰撫하려 했지만, 李奬이 성에 이르자 사람들은 元顥의 뜻을 받아들이지 않고 그를 죽여 그의 머리를 洛陽으로 보내왔다. 孝武帝 초에 冀州刺史에 追贈하도록 詔書를 내렸다. 아들 李構는 字가 祖基이고 어려서부터 方正함으로 칭송을 받았는데, 武邑郡公의 작위를 계승하였다. 齊나라 초기에 작위를 낮추어 縣侯가 되었고, 太府卿으로 벼슬을 마쳤다. 李構는 늘 고상한 자세로 처신하여 名流들간에는 크게 존중을 받았다."라 하였다.〔盧文弨〕

4) 鏁(쇄) : ≪說文解字≫에는 '鎖'로 되어 있다.〔盧文弨〕

5) 廣州刺史 : ≪宋書≫ 〈州郡志〉에서 "廣州刺史는 吳의 孫休가 永安 7년에 交州를 나누어 세운 것으로, 관할하는 郡이 17개이고 縣은 136개이다."라 하였다.〔趙曦明〕

6) 爲揚州刺史 鎭壽春 : ≪宋書≫ 〈州郡志〉에서 "揚州刺史는 前漢 때에는 治所가 없었다가 後漢 때에 歷陽을 治所로 삼았으며, 魏・晉 때에는 壽春이 治所가 되었다."라 하였다.〔趙曦明〕

7) 王松年 : ≪北齊書≫ 〈王松年傳〉에 "젊어서부터 유명하여 文襄이 幷州로 나가면서 불러다 主簿로 삼았으며, 孝昭帝는 그를 발탁하여 給事黃門侍郎에 임명하였다. 孝昭帝가 붕어하자 그의 梓宮을 호송하여 鄴으로 돌아왔는데, 곡을 하면서 많은 눈물을 흘렸다. 武成帝는 王松年이 옛정에 너무 연연해하는 것에 대해 비록 섭섭한 마음은 있었지만, 그래도 그를 중시하여 本官 외에 散騎常侍를 더해주고 食邑으로 高邑縣侯에 봉하였다."라 하였다.〔盧文弨〕

8) 集 : 抱經堂本에는 '席'으로 잘못 쓰여 있지만, 宋本 이하 諸本에 모두 '集'으로 되어 있다.〔王利器〕

9) 因割鹿尾 戲截畫人以示構 : 사슴 꼬리는 古代의 진귀한 음식이었다. 段成式의 ≪酉陽雜俎≫ 〈酒食〉에서 "鄴 일대의 사슴 꼬리는 술안주로 최고이다."라 하였다. 아마 즉석에서 잘라서 요리해 먹었던 듯하다. 사슴 꼬리를 자르는 김에 장난삼아 그림 속 인물 형상을 오려서 보여주었는데, 이것이 李構로 하여금 살해당한 부친을 연상하게 만들었다는 뜻이나.〔역자〕

10) 陸襄……襄終身布衣蔬飯 : ≪南史≫ 〈陸慧曉傳〉에 "陸閑은 字가 遐業이고 慧曉의 조카였다. 節操가 있어서 남들과 교유하면서도 영합하지 않았으며, 벼슬은 揚州別駕

에 이르렀다. 永元 말에 刺史였던 始安王 蕭遙光이 東府를 근거로 난을 일으키자 陸閑이 주요 참모로서 붙들려 들어갔는데, 尙書令 徐孝嗣가 陸閑이 역모를 미리 알리지 않아서 보고하지 못하였다고 고하자, 徐世標는 그를 죽이도록 명하였다. 네 아들로 厥, 絳, 完, 襄이 있었다. 陸襄은 본명이 衰이고 字가 趙卿이었는데, 보고하는 자가 잘못하여 襄으로 썼더니, 梁 武帝가 아예 이름을 襄으로 바꾸어버리고 字를 師卿이라 하였다. 太淸 元年에 度支尙書가 되었다. 陸襄은 弱冠의 나이에 집안의 화를 만나 상복을 벗은 후에도 여전히 喪中에 있는 것처럼 지내어 평생 蔬食에 布衣를 입었으며 음악을 듣지 않고, 입으로는 죽인다〔殺害〕는 말을 꺼내지 않았다."라 하였다.〔盧文弨〕

11) 掐(겹)摘 : ≪玉篇≫에 "손톱으로 누르는 것을 掐이라 한다."라 하였다.〔盧文弨〕
손으로 집어서 따다.〔역자〕

12) 噉(담)炙 : 噉은 啗, 啖과 同字로 '먹는다〔食〕'는 뜻이다.〔盧文弨〕
구운 고기를 먹다.〔역자〕

13) 預章 : ≪晉書≫ 〈地理志〉에 "預章郡은 揚州에 속한다."라 하였다.〔盧文弨〕

양친이 돌아가시고 나면 재계하며 거처하시던 방에 아들과 며느리가 차마 들어가지를 못한다. 北朝 시절 頓丘 사람 李構는 모친이 劉氏였는데, 劉夫人께서 돌아가시고 나자 거처하시던 방을 평생 자물쇠로 닫아건 것은 차마 열고 들어갈 수가 없었기 때문이었다. 夫人이 南朝의 宋나라 때 廣州刺史를 지냈던 劉纂의 손녀였기에, 李構가 여전히 江南의 풍습에 젖어 있었던 것이다.

그의 부친 李奬은 揚州刺史가 되어 壽春에 주둔하다가 죽임을 당했다. 李構는 일찍이 王松年, 祖孝徵 등 몇 사람과 함께 모여서 이야기를 하며 술을 마신 적이 있었다. 祖孝徵은 그림을 잘 그렸는데 紙筆이 있는 걸 보더니 사람의 형상을 그려내었다. 잠시 후 사슴 꼬리를 자르는 김에 장난삼아 〈앞서 그린〉 그림 속의 사람 형상을 잘라서 李構에게 보여주었는데 다른 뜻은 없었다. 李構는 비통해하며 안색이 변하더니 바로 일어나 말을 타고 가버렸다. 자리에 있던 사람들이 다들 놀랐지만 아무도 그 사정을 알지 못했다. 祖孝徵은 잠시 후 깨닫고서 몹시 당혹해하였는데, 당시에 이것을 알아차린 사람은 거의 없었다.

吳郡의 陸襄은 부친 陸閑이 死刑을 당하자 평생 布衣에 蔬食을 하며 지냈다. 비록 생강을 잘라놓은 것이라 할지라도 〈칼을 댄 것은〉 모두 먹지 못하였고, 집에서는 오로지 손으로 딴 재료만 부엌에서 썼다. 江寧의 姚子篤은 모친이 燒死하자 평생 구운 고기를 먹지 못하였고, 預章郡의 熊康은 부친이 술에 취해 노비에게 살해당하자, 평생 다시는 술을 입에 대지 않았다. 하지만 禮란 人情에 따르는 것이요, 은혜는 올바름으로 판단하는 것이니, 양친이 〈음식을 잡수시다가〉 목이 막혀 돌아가셨다고 해서 음식을 끊을 수는 없는 노릇이다.

29. 부모님의 遺品

≪禮經≫：父之遺書, 母之杯圈, 感其手口之澤, 不忍讀用[1)]。政爲[2)]常所講習, 讎校繕寫[3)], 及偏加服用[4)], 有迹可思者耳。若尋常墳典[5)], 爲生什物[6)], 安可悉廢之乎? 旣不讀用, 無容散逸[7)], 惟當緘保[8)], 以留後世耳。

1) 禮經……不忍讀用：≪禮記≫ 〈玉藻〉에 "아버님이 돌아가시고 나면 아버님이 남기신 책을 읽을 수가 없는데, 아버님의 손때가 남아 있기 때문이요, 어머님이 돌아가시고 나면 어머님이 쓰시던 잔〔杯圈〕으로 마실 수가 없는데, 어머님의 체취가 남아 있기 때문이다."라 하였고, 鄭玄의 注에서는 "圈은 나무를 구부려 만드는데, 잔과 주전자 종류를 말한다."라고 하였다. '圈'은 '棬'으로 쓰기도 한다.〔盧文弨〕
2) 政爲：바로 ～때문이다. 政은 正의 뜻이고, 爲는 ～때문이다.〔역자〕
3) 讎校繕寫：左思의 〈魏都賦〉에서 "대조하여 篆籀(전주)를 교정한다.〔讎校篆籀〕"라고 했는데, 讎란 한 사람은 책을 들고 또 한 사람은 그것을 읽으면서, 마치 원수가 서로 마주하여 잘못이 있으면 반드시 지적하고 결코 그냥 넘어가지 않는 것처럼 하는 것이다. 漢代 劉向이 왕실의 책을 교정하였는데, 늘 책 하나를 마칠 때마다 上奏하여 말하기를 다 정리가 되었으니 殺靑해서 繕寫해도 좋다고 했다. ≪後漢書≫ 〈盧植傳〉에서 "臣은 이전에 ≪周禮≫ 등의 여러 경전에 訓詁를 하였지만, 바로잡아 써서 바칠 만한 여력은 없었습니다."라 하였고, 章懷의 注에서 "繕은 善의 뜻이다."라 하였다.〔盧文弨〕

   대조하여 교정하고〔讎校〕 바로잡아 써내다〔繕寫〕.〔역자〕
4) 偏加服用：가까이 두고 사용하다.〔역자〕

   고대에는 사용하는 것〔用〕을 일컬어 '服'이라 했다. ≪周易≫ 〈繫辭〉에 "소를 길들이고 말을 타다.〔服牛乘馬〕"라 했고, ≪詩經≫ 〈鄭風 叔于田〉에서 "마을에 말 탄 이가 없다.〔巷無服馬〕"라고 했으며, ≪呂氏春秋≫ 〈順民〉에서는 "칼을 차고 무기를 들었다.〔服劍臂刃〕"라 하였고, ≪史記≫ 〈李斯傳〉에서는 "太阿의 검을 찼다.〔服太阿之

劍〕"라고 했다. 또 ≪大戴禮記≫ 〈武王踐阼〉의 〈劍銘〉에서 "그것을 허리에 차고 사용한다.〔帶之以爲服〕"라 했고, ≪鹽鐵論≫ 〈殊路〉에서 "于越의 쇳덩이를……工人이 정교하게 다듬어, 임금이 갖고서 조회에 나갔다.〔人主服而朝也〕"라 하였는데, 여기서 '服'은 모두 '用'의 의미로 사용되었다. ≪太平御覽≫에 〈服用〉部가 21권 있는데, 거기에 실린 집기들이 장막과 휘장으로부터 연지와 머리꾸미개 등에 이르기까지 모두 80종이다.〔王利器〕

5) 墳典 : 孔安國의 〈尙書序〉에서 "伏羲, 神農, 黃帝의 책을 일컬어 三墳이라고 하는데, 大道를 말하였다. 小昊, 顓頊(전욱), 高辛, 唐堯, 虞舜의 책을 五典이라고 하는데, 常道를 말하였다."라 하였다.〔盧文弨〕

墳典은 보통 書籍이라는 뜻으로 사용된다.〔王利器〕

6) 爲生什物 : ≪史記≫ 〈五帝本紀〉에서 "舜이 壽邱에서 什器를 만들었다."라고 했고, ≪索隱≫에서 "什은 숫자인데, 아마 人家에서 사용하는 기구가 하나가 아니므로 十을 숫자로 하였을 것이다. 오늘날 什物이라 하는 것과 같다."라 하였다. ≪史記正義≫에서는 顔師古의 말을 인용하여 "軍法에 5人을 伍라 하고 2伍를 什이라 하는데, 器物을 함께 사용한다. 그러므로 생활에 필요한 기구를 일컬어 什器라고 하는 것은, 종군하고 부역하는 이들이 10인이 炊事하며 함께 생활하고 꾸려가기 때문이다."라 하였다.〔盧文弨〕

생활을 해나가는 데 필요한 器物. 생활용품.〔역자〕

7) 散逸 : 흩어져 잃어버린다는 말이다. 本書 제19 〈雜藝〉篇 3에서 "梁나라 왕실 秘閣의 도서들이 흩어진 이래〔梁氏秘閣 散逸以來〕"라 하였고, ≪南史≫ 〈何憲傳〉에서는 "널리 섭렵하여 고루 통달하였고 온갖 책들을 모조리 다 읽었으며, 진귀한 도서와 세간에서 사라진 책〔人間散逸〕 등 빠뜨려 놓친 것이 없었다."라 하였다.〔王利器〕

8) 緘保 : 緘은 봉한다〔封〕는 뜻이다.〔盧文弨〕

≪文選≫ 謝惠連 〈雜詩〉의 注에 "緘은 묶어서 상자에 넣는〔束篋〕 것이다."라 하였다.〔王利器〕

≪禮記≫에 아버님이 남기신 책과 어머님이 쓰시던 그릇은, 손길과 체취가 느껴져서 차마 읽고 사용할 수가 없다고 하였다. 늘 공부하고 익히시며 대조해 고치고 바로잡아 필사하셨으며 또 가까이 두고 쓰셨으므로, 그리운 흔적이 남아 있기 때문이다. 만약 보통의 書籍이나 생활에 필요한 什器라면 어떻게 다 버려둘 수가 있겠는가? 더 이상 읽고 쓰지 않을 것이라면 흩어 내버릴 것까지는 없고, 잘 묶어 보관하였다가 후세에 남기면 된다.

30. 돌아가신 어머니가 그리워

思魯等第四舅母, 親吳郡張建女也[1], 有第五妹, 三歲喪母。靈牀[2]上屛風, 平生舊物, 屋漏沾溼, 出曝(포)曬之, 女子一見, 伏牀流涕。家人怪其不起, 乃往抱持, 薦席[3]淹漬(지)[4], 精神傷怛(달)[5], 不能飮食。將以問醫, 醫診脈云:"腸斷矣!" 因爾便吐血, 數日而亡。中外憐之, 莫不悲歎。

1) 親吳郡張建女也 : 잘못하여 '親'자 다음에 章句를 나누는 경우가 있다. 朱本에서 句를 나눈 것이 이러하다. ≪春秋繁露≫ 〈竹林〉篇의 "齊 頃公은 齊 桓公의 親孫이다.", ≪史記≫ 〈淮南王傳〉의 "大王은 高祖의 親孫이다.", 〈梁孝王世家〉의 "李太后는 平王의 친 大母이다.", ≪容齋隨筆≫ 7에 인용된 顔魯公 글씨의 〈遠祖顔含碑〉와 晉 李闡 문장의 "君은 王의 친 丈人이므로 王의 어릴 적 字를 불렀다." 등의 예로 미루어볼 때, 아마 古人들에게는 본래 이런 표현이 있었던 것 같다.〔林思進〕
  앞서 본편의 14에도 "이분은 돌아가신 저의 일곱 번째 친 숙부〔親第七亡叔〕입니다."라는 표현이 나왔다.〔王利器〕
2) 靈牀 : 돌아가신 이의 靈位를 모셔놓은 안석과 자리〔几筵〕이다. 靈座라고도 한다. ≪世說新語≫ 〈傷逝〉에 "顧彦先이 평소에 琴을 좋아하였는데, 죽고 나자 집안사람들이 내내 琴을 靈牀 위에 올려놓았다."라 하였다. ≪晉書≫ 〈顧榮傳〉에는 '靈座'로 되어 있다.〔王利器〕
3) 薦席 : 깔개를 덮은 자리이다. ≪周禮≫ 〈春官 司几筵〉의 鄭玄 注에 "펴서 늘어놓는 것을 筵이라 하고, 까는 것을 席이라 하는데, 아래에 筵을 펴고, 위에 席을 펴서 자리를 만든다."라 하였다.〔王利器〕
4) 淹漬(지) : 푹 젖다.〔역자〕
5) 精神傷怛(달) : '怛'은 抱經堂本에 '沮'로 되어 있으나, 顔本, 程本, 胡本, 朱本 등에는 '怛'로 되어 있어 이를 따른다.〔王利器〕
  ≪毛詩≫ 〈檜風 匪風〉에 "마음속이 쓰라리다.〔中心怛兮〕"라 하였고, 傳에 "怛은 傷의 뜻이다."라 하였다.〔劉盼遂〕
  상심해서 정신을 잃다.〔역자〕

思魯 등의 넷째 외숙모는 吳郡 사람 張建의 친딸로서 다섯째 여동생이 있었는데, 세 살 때에 어머니를 여의었다. 靈牀 위 병풍이 평소에 쓰던 오래된 물건이었는데, 지붕이 새어 젖어서 얼룩이 졌기에 햇볕에 쬐어 말리고 있는 것을, 딸아이가 보더니

거기에 엎드려 눈물을 흘렸다.

〈나중에〉 집안사람들이 아이가 일어나지 않는 것을 이상히 여겨 안아 일으켰는데 자리는 푹 젖어 있었고 〈아이는〉 상심해서 정신을 잃었으며 음식도 넘기지 못하였다. 아이를 의원에게 보이자 의원은 진맥을 하더니, "腸이 끊어졌소!"라고 했다. 그러고서 바로 피를 토하고는 며칠 만에 죽었다. 집안 안팎에서 이를 가엽게 여기고 슬퍼하며 탄식하지 않는 이가 없었다.

31. 부모님의 忌日엔

≪禮≫云："忌日不樂。"[1)]正以感慕罔極，惻愴無聊[2)]，故不接外賓[3)]，不理衆務耳。必能悲慘自居，何限於深藏也？世人或端坐奧室[4)]，不妨言笑，盛營甘美，厚供齋食[5)]，迫有急卒[6)]，密戚至交[7)]，盡無相見之理：蓋不知禮意乎[8)]！

1) 禮云 忌日不樂 ：≪禮記≫ 〈祭義〉에 "君子에게는 終身의 喪이 있다고 함은, 忌日을 일컫는 것이다. 忌日에 일을 하지 않는 것은 상서롭지 못해서가 아니라, 그날에는 뜻이 향하는 데가 있어 사사로운 일을 다 하려 들지 않는다는 말이다."라 하였다.〔盧文弨〕

효자는 평생토록 기일을 만나면 일체의 일을 접어두고 오직 어버이만을 생각하고 슬퍼하며 상중에 있을 때처럼 처신한다.〔역자〕

2) 無聊：≪楚辭≫ 〈九思〉에 "마음은 심란하고, 생각은 즐겁지 않다.〔心煩憒兮意無聊〕"라 하였고, 王逸의 注에서 "聊는 즐겁다는 뜻이다."라고 하였다.〔王利器〕

3) 不接外賓：劉嶽雲의 ≪食舊德齋雜箸≫에서 眞德秀의 ≪讀書記≫를 인용하여 "근래 大儒들 중에는 忌日에 黲(참)衣를 입고 墨衰(최)를 쓰고 조문을 받는 이가 있다."라고 하였다(이는 朱熹를 가리킴). 李濟翁의 ≪資暇錄≫에서는 "친척이 오는 것은 막지 않는다."라 하였다. ≪顔氏家訓≫에서 "바깥손님을 맞이하지 않는다."라고 한 것은, 아마도 일반 손님을 말한 것일 것이다.〔王利器〕

黲衣는 검푸른 빛의 도포를 말한다. 墨衰는 喪禮에서, 베 直領에 墨笠과 墨帶를 갖추어 입는 옷차림을 말한다.〔역자〕

4) 奧室：깊이 숨겨진 방이다. ≪禮記≫ 〈仲尼燕居〉에서 "방에 아랫목과 동쪽 층계〔奧阼〕가 없으면 堂室이 어지러워진다."라 하였다.〔盧文弨〕

5) 厚供齋食：齋食을 넉넉히 공양한다. 이 표현에는 한편으로 忌日에 하는 식사를 佛家에서 齋戒할 때 먹는 식사에 비유하면서, 다른 한편으로는 이들의 겉치레를 비꼬는

풍자적인 의미가 담겨 있다.〔역자〕

6) 急卒 : 卒은 猝과 같다.〔盧文弨〕 갑작스러운 일, 급박한 일이다.〔역자〕

7) 密戚至交 : 가까운 친척과 절친한 친구이다.〔역자〕

8) 世人或端坐奧室……蓋不知禮意乎 : ≪唐語林≫ 8에 이 대목이 실려 있는데, 顔延之의 말로 잘못 기재되어 있다. ≪封氏聞見記≫ 6 〈忌日〉에서는 沈約의 〈答庾光祿書〉를 인용하여 "忌日에 거짓으로 척하는 풍습은 분명 晉·宋 간의 일이니 오래된 것은 아니다. 거짓으로 척하기 전에는 다만 잔치에 가서 즐기지만 않으면 되었고, 본래 오늘날 자처하는 사람들처럼 문을 닫아걸고 꽁꽁 숨지는 않았다. 喪을 당한 지 2주기 안에는 忌日이 될 때마다 곡을 하며 나가서 조문을 받으니, 사람을 만나지 않는 의리가 없다. 상복을 벗은 후에 남들을 만나지 않았던 것은, 세상 사람들이 忌日은 즐기지 않고 하루 종일 흥을 내어서는 안 되는 것이므로, 손님을 대하다가 혹 해이해져서 실수할까 봐 일부러 지나치게 자신을 숨기고 바깥손님을 접하지 않던 데서 비롯된 일이다. 거짓으로 척하게 된 유래는 여기에 있는 것이다."라 하였다. 顔之推의 이야기와 비교해볼 만하다.〔王利器〕

≪禮記≫에 "〈부모님의〉 忌日에는 즐기지 않는다."라고 하였다. 바로 보고픈 마음이 그지없고 슬프고 즐겁지 않기에, 바깥손님을 맞이하지 않고 잡무를 보지 않을 뿐이다. 능히 슬픈 마음으로 지낼 수만 있다면 어찌 꼭 깊이 숨어 있어야만 하겠는가?

세상 사람들 중에는 간혹 깊은 방에 가만히 앉아 거리낌 없이 웃고 얘기하고, 맛있는 것들을 잔뜩 차려놓고 齋食도 넉넉히 공양하면서, 갑자기 급한 일이 생겼는데도 가까운 친척이나 절친한 친구조차도 다 만날 수 없다고 하는 이들이 있는데, 아마도 禮의 참된 의미를 모르는 것이리라!

32. 忌日 외에 追慕하는 날

魏世王修[1)]母以社日[2)]亡。來歲社日，修感念哀甚，隣里聞之，爲之罷社。今二親喪亡，偶値伏臘分至之節[3)]，及月小晦後，忌之外[4)]，所經此日，猶應感慕[5)]，異於餘辰，不預飮讌、聞聲樂及行遊也。

1) 王修 : ≪魏志≫ 〈王修傳〉에서 "修는 字가 叔治이고 北海 營陵 사람이다. 일곱 살에 모친을 여의었다."라 하였다.〔趙曦明〕

2) 社日 : 春社나 秋社를 올리는 날이다. 중국의 전통 풍습에 의하면 이날 마을 주민들이

모여 토지 신〔社〕에게 제사를 올린 후 함께 잔치를 벌였다고 한다.〔역자〕

曆書에 立春 후 다섯 번째 戊日을 春社라 하고, 立秋 후 다섯 번째 戊日을 秋社라 하는데, 여기서의 社日은 春社인지 아니면 秋社인지 알 수 없다. ≪太平御覽≫ 30에 ≪魏志≫에 나오는 이 일이 인용되어 있는데, 春社에 배열되어 있다. 敦煌卷子 ≪伯≫ 2621號에 인용된 ≪孝子傳≫에서는 "모친이 社日에 돌아가셔서 白秋에 이웃사람들이 모였는데, 王修가 그 모친 생각에 슬프게 소리치며 울자, 이웃사람들이 그 때문에 社日의 제사를 그만두었다."라고 하여 秋社로 보았다.〔王利器〕

3) 伏臘分至之節 : ≪歷忌釋≫에서 "四時의 代謝는 모두가 相生에 의한다. 立秋에 이르면 金으로써 火를 대신하고, 金은 火를 두려워하므로 庚日에 이르면 반드시 엎드린다. 庚은 金이다."라 하였고, ≪陰陽書≫에서 "夏至 후 세 번째 庚日이 初伏이고 네 번째 庚日이 中伏이며, 立秋 후 첫 번째 庚日이 後伏이 되는데 末伏이라고도 한다."라 하였다. ≪史記≫ 〈秦本紀〉에서는 "德公이 처음으로 伏祠를 만들었다."라 하였고, ≪魏臺訪議≫에서는 "왕이 된 사람은 각기 그 왕성한 날을 祖로 삼고 쇠퇴한 날을 臘으로 삼는다. 漢나라는 火德의 나라이고 火는 戌에 쇠하므로, 그래서 戌日을 臘으로 삼았다."라고 하였다. 魏晉 이후로는 이에 따라 유추하였다. 分은 春分·秋分이고, 至는 冬至·夏至이다.〔盧文弨〕

4) 月小晦後 忌之外 : 아마도 兩親이 큰달 그믐날인 30일에 돌아가셨으나 다가온 달이 29일밖에 없는 작은달일 경우, 작은달의 그믐날을 忌日로 삼는다는 말일 것이다.〔盧文弨〕

六朝 때는 또 忌月에 관한 얘기도 있었다. 張融이 효심이 깊어 忌月 30일간 음악을 듣지 않았다는 이야기와, 晉 穆帝가 后妃를 맞이하기에 앞서 康帝의 忌月인데도 괜찮은지 여부를 논의에 부쳤다는 이야기 등이 모두 역사 기록에 나온다.

顔之推가 여기서 '月小晦後'라고 한 것은 바로 忌月의 그믐 전후 3일을 말한 것인데, 작은달이라면 27, 28, 29일이 된다. 이것은 伏日, 臘日, 春分, 秋分, 冬至, 夏至와 더불어 모두 忌日 이외의 날이다. 그래서 顔之推가 어버이를 여읜 후 忌日 외에 이런 날에도 깊이 그리워하면서 다른 날과는 다르게 지내야 하며, 반드시 忌日만 그렇게 하는 것이 아니라고 한 것이다.〔鄭珍〕 鄭珍의 견해가 옳아 이를 따른다.〔王利器〕

'忌之外'의 '外'는 宋本에는 '日'로 되어 있고 抱經堂本도 이를 따랐으나, 의미상 '外'가 옳다.〔王利器〕

5) 感慕 : 本書 제4 〈後娶〉篇에 "基는 매번 계모를 뵐 적마다 感慕하여 흐느껴 울었다."라고 하였고, 本篇 앞에 "선친을 언급할 때 感慕하는 것이 당연하다.", "바로 感慕함이 그지없고 슬프고 즐겁지 않기 때문이다."라고 한 것을 보면, 顔之推가 돌아가신 어버이를 추모할 때 모두 '感慕'라는 말을 사용했음을 알 수 있다. ≪南史≫ 〈張敷傳〉

에서 "태어나면서 어머니가 돌아가셨는데, 나이 몇 살 정도 되자 물어서 알고 나서는 비록 어린아이였지만 感慕하는 기색이 있었다."라 하였고, ≪隋書≫〈獨孤皇后傳〉에도 "어려서 양친을 잃고 늘 感慕하는 마음을 품고서, 公卿들 중 부모가 있으신 분들이 늘 예를 다하는 것을 보았다."라고 한 것을 보면, 아마도 '思慕'는 단지 마음에 두는 것을, '感慕'는 낯빛에 드러남을 말한 것이다.〔王利器〕

魏나라 때 王修는 모친이 社日에 돌아가셨다. 이듬해 社日에 王修가 모친이 보고 싶어서 몹시 슬퍼하자, 이웃사람들이 그 얘기를 듣고 그를 위해 社日의 축제를 그만두었다. 요즘은 양친이 돌아가시고 나서 忌日 외에 伏日, 臘日, 春分, 秋分, 冬至, 夏至의 절기나 忌日이 든 작은달의 그믐 전후 사흘 등 이런 날을 만나게 되면 그리워하면서 다른 날과는 다르게 지내며, 술 마시는 잔치에 참석하거나 노래를 듣고 유람다니는 일은 하지 않는다.

33. 同音異字는 避諱하지 않는다

劉縚(도)、緩、綏(수), 兄弟竝爲名器[1], 其父名昭[2], 一生不爲照字, 惟依≪爾雅≫火傍作召耳。然凡文與正諱相犯, 當自可避, 其有同音異字, 不可悉然。劉字之下, 卽有昭音[3]。呂尙[4]之兒, 如不爲上；趙壹[5]之子, 儻不作一：便是下筆卽妨, 是書皆觸也[6]。

1) 名器 : 이름이 알려진 그릇〔知名之器〕이란 뜻으로, 앞에 나온 "王元景 형제는 모두가 名人으로 불렸다."의 '名人'과 뜻이 같다. 옛날에는 人才를 그릇〔器〕이라고 불렀는데, 예를 들면 '國器', '社稷器', '天下器' 같은 것이 그것이다. ≪晉書≫〈陳騫傳〉에서는 "젊은 나이에 침착하고 명민하였으니, 이러한 이름난 재능〔名器〕을 간직하고 있었다."라 하였다.〔王利器〕

2) 劉縚(도)緩綏(수)……其父名昭 : ≪南史≫에 나오는 劉昭의 本傳에 아들 縚와 緩이 附記되어 있다.〔沈揆〕

≪梁書≫〈文學傳〉에서 "劉昭는 字가 宣卿이고 平原 高唐 사람이다. 後漢의 여러 자료들을 모아 范曄의 ≪後漢書≫를 해설하였다. 剡(섬)의 縣令으로 있다가 죽었다. 아들 縚는 字가 言明으로 三禮에 능통하였다. 大同 중에 尙書祠部郎이 되었지만 얼마 안 있어 사직하고 다시는 벼슬하지 않았다. 동생 緩은 字가 含度이다. 湘東王記室을 역임하였다. 당시 西府에는 文士들이 많이 모였는데, 緩이 그 우두머리였다. 幕

府를 따라 江州로 옮겼다가 죽었다."라 하였다. 綏는 本傳에 기록이 없는데, 이 글자는 衍文이 아닌가 싶다.〔趙曦明〕

≪世說新語≫ 〈雅量〉의 注에 의하면 劉綏는 高平 사람이고, ≪南史≫에서 劉昭는 平原 사람이라 하였으므로 '綏'는 衍文이다. ≪太平御覽≫에 수록된 蕭光濟의 ≪孝子傳≫에는 바로 고쳐놓았다.〔鄭珍〕

≪世說新語≫ 〈賞譽 下〉의 注에 ≪劉氏譜≫의 "劉綏는 字가 萬安이고 高平 사람이다. 祖父 奧(오)는 太祝令이었고 부친 斌(빈)은 著作郎이었으며, 綏는 驃騎長史를 역임하였다."라고 한 대목이 인용되어 있는데, 이 劉綏는 劉道眞(名은 寶)의 조카로서 庾翼의 사위가 되었으며, 모두 東晉시대의 인물이다. 출신지역도 합치하지 않고, 부친과 조부도 각각 다르며 시대까지 많이 떨어져 있으므로, 趙曦明과 鄭珍이 '綏'자를 衍字로 의심한 것은 타당하다. 이는 아마 베껴 써서 전한 사람이 실 사 변〔糸〕의 항렬 속에서 글자를 잘못 넣었거나 '緩'자와 모양이 비슷해서 잘못 썼을 것이다. 沈揆는 劉綏에 관해 한 자도 덧붙이지 않았는데, 이는 그가 본 板本에는 '綏'자가 처음부터 없었기 때문이다.〔王利器〕

3) 劉字之下 卽有昭音 : '劉'자에서, 卯의 아랫부분인 '釗'자가 音이 '昭'이다. 牟默人의 견해이다.〔郝懿行〕

이 이하는 음이 같은 글자〔嫌名〕를 피휘하지 않음을 말하고 있다. 劉의 下半部는 '釗'자인데 '釗'가 '昭'와 음이 같다고 하여 諱字로 꺼리게 되면 姓조차도 쓸 수가 없게 된다.〔鄭珍〕

'劉'자의 上部는 卯, 下部는 釗인데 '釗'자의 음이 '昭'자와 꼭 같다. 同音異字를 모두 기피해야 한다면 '劉'자의 아랫부분 역시 '昭'자의 音에 저촉되므로 쓸 수가 없다는 뜻이다.〔劉盼遂〕

이런 식으로 피휘를 따지다 보면 '昭'자뿐만 아니라 姓氏인 '劉'자조차도 사용할 수 없게 된다는 뜻이다. '釗'는 지금의 우리말 음으로 '쇠', 혹은 '소'라고 읽지만, 중국음은 'zhāo'로 '昭'자와 음이 동일하다.〔역자〕

4) 呂尙 : ≪史記≫ 〈齊世家〉에서 "太公 呂尙은 東海 上縣 사람이다." 하였다.〔趙曦明〕

5) 趙壹 : ≪後漢書≫ 〈趙壹傳〉에서 "趙壹은 字가 元叔이고 漢陽 西縣 사람이다."라 하였다.〔趙曦明〕

6) 是書皆觸也 : 劉淇의 ≪助字辨略≫ 3에서 "是書의 '是'자는 '凡'과 같다. 모든 글이 다 諱에 저촉된다는 말이다. 오늘날 '處處'를 '是處'라고 말하는데 '到處'라고 하는 것과 같다."라 하였다. 李調元의 ≪勦說≫ 3에서 "모든 글이 다 諱에 저촉됨을 말한다. 글 쓸 때의 경계로 삼을 만하다."라 하였다. ≪少儀外傳≫ 上에 인용된 〈酬酢事變〉에서는 "書啓를 짓는 경우, 먼저 책상에 상대방의 부친과 조부 이름을 써놓고서 피한다."

라고 하였다. 이는 六朝의 오랜 습관이 이어져온 것이다.〔王利器〕

劉縚, 劉緩, 劉綏는 형제가 모두 이름난 인재들이었으나, 그 부친의 이름이 昭라서 평생 '照'자를 쓰지 못하고 ≪爾雅≫에 의거하여 '火'傍의 '召'자(즉 '炤'자)만 썼다. 그런데 글을 쓸 때 직접 諱字를 범하는 것은 피해야 마땅하겠지만, 同音異字의 경우에는 다 그럴 수가 없다. '劉'자의 하반부(즉 '釗')도 음이 '昭'이다. 呂尙의 자식들이 만약 〈尙과 동음이자인〉 '上'자를 쓰지 못하고, 趙壹의 자식들이 가령 〈壹과 동음이자인〉 '一'자를 쓰지 못한다면, 바로 붓만 대면 문제가 생기고 모든 글이 다 저촉될 것이다.

34. 실수하기 쉬운 표현

嘗有甲設讌席, 請乙爲賓[1], 而旦於公庭見乙之子, 問之曰 : "尊侯早晩[2]顧宅?" 乙子稱其父已往, 時以爲笑[3]。如此比例[4], 觸類[5]愼之, 不可陷於輕脫[6]。

1) 甲設讌席 請乙爲賓 : 본서 제16 〈歸心〉篇 3에도 "어떻게 오늘날 고생하는 甲이 후세의 乙에게 이익을 베풀까?〔安能辛苦今日之甲 利後世之乙〕"라는 표현이 있다. 古書에서 실제로 人名을 지적해서 말하지 않을 경우, 대부분 甲, 乙이라는 낱말을 가설로 세워 대신한다. 때로는 某甲, 某乙이라 부르기도 하고, 張甲, 李乙이라 하기도 하고, 張甲, 王乙, 李丙, 趙丁이라 하기도 한다.〔王利器〕

2) 早晩 : 六朝와 唐代 사람들은 통상적으로 '早晩' 두 글자로써 時日의 遠近을 물었던 듯하다. ≪洛陽伽藍記≫ 〈瓔珞寺〉에서 "李澄이 趙逸에게 '太尉府 앞의 벽돌 탑은 모습이 아주 낡았지만 그래도 아직은 무너지지 않고 있는데, 언제 만들어진 것인지 모르시는지요?〔未知早晩造〕'라고 묻자, 趙逸이 '晉 義熙 12년 劉裕가 姚泓을 정벌하고 군인들이 만든 것입니다.'라 대답했다."라고 한 것, 杜甫의 시 〈江雨有懷鄭典設〉에서 "봄비가 국경 협곡에 자욱이 내리는데, 楚나라 왕궁에서 언제 온 것일까?〔早晩來自楚王宮〕"라고 한 것, 李白의 〈長干行〉에서 "언제쯤 三巴로 내려오실지?〔早晩下三巴〕 미리 집에다 편지 보내주세요."라고 한 것 등에서 '早晩'은 모두 의문사로 쓰였다. 근세에 와서 '多'자를 더하여 '多早晩'으로 쓰기도 하는데, 소설 〈石頭記〉에 자주 나온다.〔劉盼遂〕

3) 問之曰……時以爲笑 : 林思進, 劉盼遂, 王利器 등은 乙의 아들이 웃음거리가 된 이유를, 그가 미래의 시간을 묻는 '早晩'이란 표현의 뜻을 몰라서 "이미 가셨다(已往)"라

는 엉뚱한 대답을 한 데에 있다고 풀이하였으나, 그리 적절하지 못하다. 宇都宮淸吉은 본서 제9 〈文學〉篇 16에서 挽歌를 설명하면서 "모두가 산 사람을 위해 죽은 이를 애도하고 슬픔을 표시하려는 뜻이다.〔皆爲生者悼往告哀之意〕"라고 한 것처럼, 당시 '往'자를 죽는다는 의미로 곧잘 사용하였다고 하면서, 자식이 아버지에 대해 써서는 안 될 표현을 썼기 때문에 웃음거리가 되었다고 보았다.〔역자〕

4) 比例 : ≪太平御覽≫ 245에 인용된 ≪俗說≫에서 "江夷가 右僕射로 있었는데, 주상께서는 그를 領詹事로 기용하고 싶어서 王准에게 '경은 선례를 찾을 수 있을 거요.〔卿可覓比例〕'라 말했다."라 하였다.〔王利器〕

   유사한 예, 事例, 先例의 뜻이다.〔역자〕

5) 觸類 : ≪周易≫ 〈繫辭 上〉의 "비슷한 것에 닿으면서 확장된다.〔觸類而長之〕"에 대한 ≪正義≫에서 "비슷한 것과 접촉하고 만나서 더욱 커지고 늘어나는 것을 말하는데, 예를 들면 강한 것을 만나 점차로 더 강해지고, 부드러운 것을 만나 점차로 더 부드러워지는 것과 같다."라 하였다. ≪三國志≫ 〈魏書 王昶傳〉에서는 "만약 응용하여 펼쳐나가고 비슷한 것에 따라 확장시켜 나간다면〔觸類而長之〕, 너희들도 한 모퉁이를 차지할 것이다."라 하였다.〔王利器〕

6) 陷於輕脫 : 본서 권15 〈養生〉篇 1에서 "다만 세밀하게 살펴야 하고, 경솔〔輕脫〕해서는 안 된다."라 하였고, ≪後漢書≫ 〈列女傳〉에서 班昭의 ≪女誡≫를 인용하여 "행동이 경솔하고〔動靜輕脫〕, 보고 듣는 것이 침착치 못하며,……이를 일컬어 專心 正色할 수 없다고 한다."라고 하였으며, 또 ≪抱朴子≫ 〈漢過〉에서는 "촐싹거리는 메까치나 잘난 척 뻐기며 경솔하고 방정맞은 자〔驕矜輕侻者〕를 일컬어 대단한 준걸이라 한다."라 하였다. '輕侻'이 바로 '輕脫'이고, 경박하고 방정맞음을 일컫는다.〔王利器〕

일찍이 甲이 잔치를 열어 乙을 손님으로 청한 적이 있었다. 다음날 아침 〈甲이〉 관청에서 乙의 아들을 만나서 "어르신께서 언제쯤 저희 집에 오실지요?"라고 물었다. 그러자 乙의 아들이 아버지는 이미 가셨다고 하여, 당시에 웃음거리가 되었다. 이와 같은 사례는 그때그때 신중하게 대처해야지, 경솔함에 빠져서는 안 된다.

35. 生日 풍속

江南風俗, 兒生一朞, 爲製新衣, 盥浴裝飾, 男則用弓矢紙筆, 女則刀尺鍼(침)縷[1], 竝加飮食之物, 及珍寶服玩, 置之兒前, 觀其發意所取, 以驗貪廉愚智, 名之爲試兒[2]。親表聚集, 致讌享焉。自玆已後, 二親若在, 每至此日, 常有酒食之事耳。

無教之徒, 雖已孤露[3)], 其日皆爲供頓[4)], 酣暢聲樂, 不知有所感傷[5)]。梁孝元年少之時, 每八月六日載誕[6)]之辰, 常設齋講[7)], 自阮修容[8)]薨歿之後, 此事亦絶[9)]。

1) 刀尺鍼(침)縷 : 가위, 자, 바늘, 실이다. 刀는 가위〔剪刀〕이다. 鍼은 옛날에 '箴(잠)'으로 쓰다가 오늘날에는 또 '針'으로 쓰기도 한다. 縷는 실이다.〔盧文弨〕

2) 試兒 : ≪事文類聚≫ 後集 5에는 '試兒'가 '試週'로 나와 있다. 자식이 태어나 1년이 된 것을 일컬어 晬(수)라고 하는데, ≪說文解字≫에 나온다. 試兒에 사용하는 물건들을 요즘 사람들은 晬盤(오늘날에는 보통 돌상 혹은 생일상이란 뜻으로 쓰임.〔역자〕)이라 부른다.〔盧文弨〕

오늘날 四川 지역에서 試兒를 抓(조)周라고 부른다. ≪愛日齋叢鈔≫ 1에서 "晬란 자식이 태어나 1년이 된 것을 일컫는데 ≪顔氏家訓≫에서…운운하였고, ≪玉壺淸話≫ 1에 曹武惠王이 태어나 1년이 되던 날 부모가 온갖 장난감을 자리에 늘어놓고서 그가 무엇을 잡는지 보았다는 기록이 있다. 武惠王은 왼손으로 방패와 창을 잡고 오른손으로는 祭器를 들었는데, 금방 한 번에 집고서는 나머지 것들은 거들떠보지도 않았다고 한다. 曹氏는 眞定 사람이었는데, 江南의 遺風이 바로 여기에 남아 있었다. 오늘날 세상에서 試周라고 일컫는 것이 이것이다."라 하였다. 이것을 보면 ≪事文類聚≫에서 祝穆이 '試兒'를 '試週'로 고친 것도 바로 時俗을 따른 것이었다.〔王利器〕

3) 孤露 : 嵇康의 〈與山巨源絶交書〉에서 "어려서 부친을 잃었다.〔少加孤露〕"라 하였다.〔李詳〕

≪北史≫ 〈趙隱傳〉에서 "어려서 부친을 잃었다.〔幼小孤露〕"라 하였고, ≪綱目集覽≫ 49에서 "孤란 어려서 부모가 없는 사람이고, 露란 밖에서 햇볕을 쬐고 이슬에 젖는 일이다."라 하였다. 唐人들은 이를 일컬어 '偏露'라 하였는데, 孟浩然의 시 〈送莫氏甥〉에서 "생애에 일찍 아버님을 잃었다.〔平生早偏露〕"라고 하였다. 이 견해는 ≪日志錄≫ 13에 근거한 것이다.〔王利器〕

4) 供頓 : ≪少儀外傳≫ 下에는 '供頓'이 '燕飮'으로 되어 있는데, 아마 당시의 용어에 따라 고쳤을 것이다. ≪唐書≫ 〈高紀〉에 "도중에 식사를 제공한 지역〔所過供頓〕은, 올해 세금의 반을 면해주도록 명하였다."라 하였고, ≪資治通鑑≫ 190의 胡三省 注에서 "中頓은 중도에 성이 있고 식량이 있어 머물러 밥 먹을 수 있음을 말한다. 식사를 제공해주는 곳을 頓이라 한다. 唐人들은 置頓이라는 말을 많이 썼다."라 하였다. 供頓은 置頓과 뜻이 비슷하다. 오늘날 밥 한 끼 먹는 것을 일컬어 '吃一頓飯'이라 하는데, 여기에 근거한 것이다.〔王利器〕

5) 無教之徒……不知有所感傷 : ≪愛日齋叢鈔≫ 5에서 "梁 元帝는 생일이 되면 그때마다 禁食과 禁肉을 하면서 佛經을 강독하였다. 唐 太宗은 長孫無忌에게 '오늘이 내 생

일이요. 세상에서는 생일을 맞으면 다들 기쁘다고 하지만, 짐은 도리어 슬픔을 느낀다오. 이제 천하에 군림하면서 四海를 다 차지하였지만, 슬하에서 얼굴을 뵈옵고 싶어도 영영 할 수 없으니, 이것이 子路가 느꼈던 負米의 恨이겠지요. ≪詩經≫에서 「슬프구나, 부모님, 날 낳으시느라 고생하셨으니.」라고 하였는데, 어떻게 고생하신 날에 잔치를 벌이고 즐기겠소?'라고 말하고서 눈물을 몇 줄기 흘리자, 신하들도 모두 눈물을 흘렸다. 예전에는 임금도 생일을 중시하지 않았는데, 생일 축하가 풍속이 된 지 이미 오래되었다."라 하였다.〔王利器〕

6) 載誕 : 태어남. 誕生.〔역자〕

庾信의 〈周大將軍司馬裔神道碑〉에서 "이제 유복자로 태어나〔今遺腹載誕〕, 도적들 사이에 떠돌았다."라고 하였고, 唐 穆宗 長慶 元年의 詔에서 "7월 6일은 짐이 태어난 날〔載誕之辰〕이다."라 하였다.〔王利器〕

7) 常設齋講 : 늘 음식을 마련해 스님들을 공양하고 佛經을 講했다. 設齋는 음식을 마련하여 스님을 공양한다는 뜻이고, 講은 佛經을 講하는 일을 가리킨다.〔역자〕

8) 阮修容 : ≪梁書≫ 〈后妃傳〉에서 "高祖(즉 武帝)의 阮修容은 諱가 令嬴(영)이고 本姓은 石이며 會稽 餘姚 사람으로서, 齊나라 始安王 遙光이 맞아들였는데, 遙光이 패한 후 東昏侯의 궁으로 들어갔다. 建康 성이 평정되자 高祖가 궁녀로 받아들였다. 天監 5년 8월에 世祖(즉 元帝)를 낳고 얼마 안 있어 修容의 지위에 올라 世祖를 따라 藩鎭으로 나갔다.·大同 6년 6월 江州의 內寢에서 죽었다. 世祖가 즉위하자 文宣太后로 追贈하였다."라 하였다.〔趙曦明〕

≪金樓子≫에서는 "宣修容은 會稽 上虞 사람이고 大同 9년 太歲 癸亥 6월 2일에 돌아가셨다."라고 하여, 正史와는 다르다.〔盧文弨〕

修容은 魏 文帝가 제정한 爵位인데, 晉 이후로 지위가 九嬪에 들었다. ≪資治通鑑≫ 165의 胡三省 注에 나온다.〔王利器〕

9) 自阮修容薨歿之後 此事亦絶 : ≪封氏聞見記≫ 4 〈降誕〉에 "근래 풍속에 자식이 슬하에 있을 때면 늘 생일에 잔치를 한다. 하지만 양친이 돌아가셨는데 또 이날에 잔치를 하는 것은 옳지 않다. 梁 元帝가 어릴 적에 늘 생일이면 음식을 마련하여 스님들께 공양하고 佛經을 講하였지만, 모친 阮修容이 돌아가시고 난 후 이 일도 끊었다."라 하였는데, 바로 이 이야기를 근거로 한 것이다.〔王利器〕

江南의 풍속에 아이가 태어나 첫돌이 되면 새 옷을 짓고 목욕시켜 치장을 하고서, 사내아이이면 활과 화살, 종이와 붓을, 여자아이이면 가위와 자, 바늘과 실을 준비하여, 음식과 진귀한 보물, 옷과 장난감 등과 함께 아이 앞에 차려놓고서, 아이가 마음대로 잡는 것을 보고 욕심이 많은지 청렴한지, 어리석은지 지혜로운지를 미리 예측하는데, 이를 돌잡이라고 한다. 이날 親家와 外家의 친척들이 모여서 잔치를 벌인다. 이 이후로 양친이 계실 경우 늘 이날이 되면 술과 음식을 함께 나누는 일이 있었다.

못 배운 사람들은 양친이 이미 돌아가시고 난 후에도 이날 다들 음식을 마련해놓고서 실컷 먹고 마시고 노래를 부르는데, 그리워하고 슬퍼해야 할 바가 〈따로〉 있음을 모른다. 梁 元帝는 젊었을 때 매년 8월 6일 생일이면 늘 음식을 마련하여 스님들을 공양하고 佛經을 講하였지만, 모친 阮修容이 돌아가신 후로는 이 일도 끊었다.

36. 괴로울 때 외치는 소리

人有憂疾, 則呼天地父母[1], 自古而然。今世諱避, 觸途急切[2]。而江東士庶, 痛則稱禰(녜)[3]。禰是父之廟號, 父在無容稱廟, 父歿何容[4]輒呼? ≪蒼頡(힐)篇≫[5]有倄(효)字[6], ≪訓詁≫云:"痛而謼(호)也[7], 音羽罪反。" 今北人痛則呼之。≪聲類≫[8]音于耒反, 今南人痛或呼之。此二音隨其鄕俗, 竝可行也[9]。

1) 人有憂疾 則呼天地父母 : ≪史記≫ 〈屈原傳〉에 "하늘은 사람의 시초요, 부모는 사람의 근본이다. 사람이 궁하게 되면 근본으로 돌아가므로, 힘들고 괴롭고 극도로 지치게 되면 하늘을 부르지 않은 적이 없고, 아프고 괴롭고 슬프면 부모를 부르지 않은 적이 없다."라 하였다.〔盧文弨〕

≪五燈會元≫ 12에 수록된 〈潭州興化紹淸禪師〉에서 "道를 몰라도 동편 집 사람이 죽었으면 서편 집 사람이 함께 슬퍼해주고, 손으로 가슴을 두드리며 '하늘이여! 하늘이여!'라고 한다."라 하였다.〔王利器〕

2) 今世諱避 觸途急切 : 오늘날 하늘을 부르거나 부모를 부르는 것이 금기에 저촉되는 까닭은, 아마도 원망과 저주의 뜻이 들어 있어서 못하게 하는 것일 것이다.〔盧文弨〕

3) 痛則稱禰(녜) : 江東 사람들이 아프면 '禰'라고 외쳤다고 한 것은 '嬭(내)'를 불렀다고 해야 옳다. '嬭'는 母의 俗字로서 사람이 궁하면 어머니를 부르는 것은 古今이 다르지 않다. 顔之推는 '禰'를 부르는 것으로 오해했는데, 사실 嬭와 禰는 同音字이어서 착각을 한 것이다. ≪廣雅≫ 〈釋親〉에서 "嬭는 母이다."라 하였고, ≪宋書≫ 〈何承天傳〉에서 "何承天이 연로하자 荀伯子가 그를 놀려 嬭母라 불렀더니, 何承天이 '卿은 鳳皇將九子라고 해야지 嬭母가 무슨 말이오?'라고 말했다."라 하였으며, ≪北齊書≫ 〈穆提婆傳〉에서는 "後主가 강보에 싸여 있을 때 陸令萱(훤)으로 하여금 양육하게 하고, 그를 乾阿嬭라 불렀다."라고 하였다. 李商隱이 李賀의 小傳을 지었는데, 李賀가 임종

할 때 그의 어머니를 阿嬭라고 불렀다고 하였다. 이것들이 六朝와 唐人들이 어머니를 嬭라고 불렀다는 증거이다. 顔之推는 嬭의 音이 禰인 것으로 착각하여 설명이 어려워졌다.〔劉盼遂〕

4) 容 : 劉淇의 ≪助字辨略≫ 1에서 "이 '容'자는 可能을 나타내는 말이다. 容이 가능이 되는 것은 容에 허락의 뜻이 있어서, 轉訓하여 可能이 된 것이다."라 하였다.〔王利器〕

5) 蒼頡(힐)篇 : ≪漢書≫ 〈藝文志〉에 의하면 ≪蒼頡≫ 1篇은 秦의 승상 李斯가 지었고, 揚雄과 杜林이 모두 訓纂을 지었으며, 杜林은 또 ≪蒼頡故≫를 지었는데, 여기서 '故'는 주석〔詁〕이란 뜻이다.〔趙曦明〕

6) 俰(효)字 : 宋本의 原注에서 "俰는 아파하는 소리이다."라 하였다.〔王利器〕

7) 痛而謼(호)也 : 아파서 울부짖다. 謼는 큰 소리로 외친다는 뜻이다.〔역자〕

8) 聲類 : ≪隋書≫ 〈經籍志〉에서 "≪聲類≫ 10권은 魏의 左教令 李等이 지었다."라 하였다.〔趙曦明〕

9) 此二音隨其鄉俗 竝可行也 : '俰'자는 오늘날 '肴(효)'로 읽지만 古音과는 합치하지 않는다. 또 '喅'으로 바뀌어 오늘날 시속에서 아파서 소리칠 때 '阿喅'이라 하는데, 음은 '育(육)'이다. 소리는 時俗에 따라 변하고 고정된 글자는 없다.〔盧文弨〕

사람이 힘들거나 아프면 天地와 父母를 부르는데, 〈이는〉 예로부터 그러하였다. 오늘날은 곳곳에서 아주 엄격하게 금기시된다. 江東의 士人이나 庶人들은 아프면 '禰'라고 외친다. '禰'는 아버지 사당의 호칭으로써 아버지가 살아계실 때에도 사당을 말해서는 안 되는데, 아버지가 돌아가셨다고 어떻게 갑자기 외쳐 부르는 것이 용납되겠는가?

≪蒼頡篇≫에 '俰'자가 있는데, ≪訓詁≫에 "아파서 울부짖는 소리로, 음은 羽와 罪의 反切이다."라고 하였다. 오늘날 북방 사람들은 아프면 그렇게 소리친다. ≪聲類≫에는 음이 于와 耒(뢰)의 反切로 나와 있는데, 오늘날 남방 사람들이 아프면 간혹 그렇게 외치기도 한다. 이 두 가지의 음은 지역의 사투리에 따른 것으로 둘 다 쓸 수 있다.

37. 彈劾된 사람들의 자손

梁世被繫劾[1)]者, 子孫弟姪, 皆詣闕三日, 露跣[2)]陳謝, 子孫有官, 自陳解職。子則草屩(갸)麤衣[3)], 蓬頭垢面, 周章[4)]道路, 要候[5)]執事, 叩頭流血, 申訴冤枉。若配徒

隷, 諸子竝立草庵[6]於所署門, 不敢寧宅[7], 動經旬日, 官司驅遣, 然後始退。江南諸憲司彈人事, 事雖不重[8], 而以教義見辱者, 或被輕繫而身死獄戶者, 皆爲怨讎[9], 子孫三世不交通矣。到洽[10]爲御史中丞, 初欲彈劉孝綽[11], 其兄溉[12]先與劉善, 苦諫不得, 乃詣劉涕泣告別而去。

1) 繫劾 : '劾'은 심문한다는 뜻이다.〔盧文弨〕

2) 露跣 : ≪資治通鑑≫ 142의 胡三省 注에서 "露는 맨상투〔露髻〕이다."라 하였다. ≪淮南子≫ 〈修務〉의 高誘 注에서는 "跣足이란 신발을 신지 않은 것이다."라 하였다.〔王利器〕

冠을 벗어 머리를 드러내고 맨발을 하다.〔역자〕

3) 草屩(갸)麤衣 : 顔本과 朱本에는 '屩'자 다음에 "音은 脚이고 신발이다."라는 注가 붙어 있다.〔王利器〕

'麤'는 거칠다는 뜻이다. 布帛 등의 실이 가는 것을 곱고 좋다 하고, 실이 굵은 것을 거칠고 나쁘다고 한다.〔盧文弨〕

짚신과 거친 옷이다.〔역자〕

4) 周章 : 본서 제8 〈勉學〉篇 16에서 "사방을 두루 돌아다니면서 묻고 가르침을 청하였다.〔周章詢請〕"라고 하였고, 제9 〈文章〉篇 5에서는 "허둥지둥하며 두려워한다.〔周章怖慴〕"라고 하였다. ≪文選≫에 수록된 〈吳都賦〉의 注에서 "周章은 허둥거리며 여기저기 돌아다니는 것을 말한다."라 하였다.〔王利器〕

5) 要候 : 要는 '邀'로 쓰기도 한다.〔盧文弨〕 맞이하여 기다리다.〔역자〕

6) 草庵 : '庵'은 ≪廣韻≫에서 "작은 초막이다."라 하였다.〔盧文弨〕

≪風俗通≫ 〈愆禮〉에서 "초상집과 송사가 난 집은 맨머리를 드러내고 초막에서 지낸다."라고 한 것으로 보아, 訟事가 진행 중일 때 맨머리를 드러내고 초막에서 지내는 것은 東漢 때부터 이미 그러하였다.〔王利器〕

7) 不敢寧宅 : ≪毛詩≫에서 "편안히 지낼 겨를이 없다.〔不遑寧處〕"라 한 것이나, ≪春秋左氏傳≫ 桓公 18년에서 "감히 편안히 지내지 못한다.〔不敢寧居〕"라고 한 것처럼, 감히 편안하게 지내지 못함〔不敢安居〕을 말한 것이다. 후대의 ≪通制條格≫ 22에 나오는 '假寧'과 ≪元典章≫ 12에 나오는 '寧家' 등이 바로 이 '寧宅'의 뜻이다.〔王利器〕

8) 江南諸憲司彈人事 事雖不重 : 여기서 두 차례 사용된 '事'자 중 하나는 衍文인 것 같다. 각 판본마다 모두 '事'자가 하나 더 들어가 있다.〔盧文弨〕

9) 皆爲怨讎 : 宋本에는 '怨'이 '死'로 되어 있으며, 原注에 "一本에는 '怨'자로 되어 있다."라 하였다.〔王利器〕

'怨'자가 옳다. 음은 冤(원)과 같다.〔趙曦明〕

10) 到洽 : ≪梁書≫ 〈到洽傳〉에서 "洽은 字가 茂沿(연)이고 彭城 武原 사람이다. 普通 6년에 御使中丞이 되었는데, 잘못을 찾아내어 바로잡는 데 망설임이 없고, 굳세고 곧음으로 이름이 났으며 당시 세상이 맑았다."라 하였다.〔趙曦明〕

11) 劉孝綽 : ≪梁書≫ 〈劉孝綽傳〉에서 "孝綽은 字가 孝綽이고 彭城 사람으로서, 本名은 冉이었고 어릴 적 字는 阿士였다. 到洽과 친하였고 함께 東宮에서 교유하였는데, 스스로 재주가 到洽보다 낫다고 여기고는 늘 연회석상에서 到洽의 글을 비웃으니, 到洽이 그에 대해 원망을 품었다. 劉孝綽은 廷尉正이 되더니 첩을 데리고 官府로 들어왔는데, 그의 모친은 그대로 사택에 머물렀다. 到洽이 얼마 안 있어 御史中丞이 되자 아전을 보내어 그 일을 접수시키고 마침내 탄핵하여 상주하기를 '어린 첩〔少妹〕은 호화로운 관아에 데리고 들어오면서, 老母는 아래 사저에다 내버렸다.'라고 하였다. 高祖는 그의 惡行을 감추어 '妹'자를 '姝'자로 고쳐주고, 그 일로 관련하여 관직을 거두었다."라 하였다.〔趙曦明〕

옛날 사람들은 '妹'자와 '姝'자를 서로 바꾸어 쓰기도 하였다. 그러므로 '少妹'는 '少姝'의 誤字이다.〔王利器〕

12) 其兄溉 : ≪梁書≫ 〈到溉傳〉에서 "溉는 字가 茂灌으로 어려서 부친을 잃고 가난하였지만, 동생 到洽과 더불어 총명하고 민첩하였으며 재주와 학식이 있었다."라 하였다.〔趙曦明〕

梁代에 체포되어 심문받는 사람은 그 자손과 동생, 조카들이 모두 宮門에 가서 3일 동안 맨머리를 드러내고 맨발로 사죄를 하며, 자손이 벼슬에 있으면 스스로 사직을 표한다. 자식은 짚신을 신고 거친 옷을 입고서 쑥대머리에 때 묻은 얼굴로, 허둥지둥하면서 길에서 담당관이 오기를 기다렸다가, 머리를 조아려 땅에 찧고 피를 흘리면서 억울함을 하소연한다. 만약 徒刑에 처해져서 노예가 되면, 여러 자식들은 모두 관아의 문에다 초막을 세우고 감히 집에서 편안히 지내지 못하는데, 한번 시작하면 열흘을 넘기곤 하며 관리들이 쫓아낸 후에야 비로소 물러난다.

江南에서는 감찰관이 사람들을 彈劾한 경우, 중대한 사안이 아닌데도 예법상 치욕을 당했다거나, 혹은 가벼운 사안으로 갇혔는데 獄死를 했다거나 하면, 모두 원수가 되고 자손은 3대가 서로 교류하지 않는다. 到洽이 御使中丞이 되어서 처음 劉孝綽을 탄핵하려 할 때, 그의 형 到溉가 劉孝綽과 전부터 친분이 있어 〈동생에게〉 간절하게 부탁을 하였지만 들어주지 않자, 이에 劉孝綽을 찾아가 눈물을 흘리며 결별을 고하고 떠났다.

38. 집안 어른이 위태로운 처지에 있으면

兵凶戰危[1)], 非安全之道。古者, 天子喪服以臨師, 將軍鑿凶門而出[2)]。父祖伯叔, 若在軍陣, 貶損[3)]自居, 不宜奏樂讌會及婚冠吉慶事也。若居圍城之中, 憔悴容色, 除去飾玩[4)], 常爲臨深履薄之狀[5)]焉。父母疾篤, 醫雖賤雖少, 則涕泣而拜之, 以求哀也[6)]。梁孝元在江州, 嘗有不豫[7)], 世子方等[8)]親拜中兵參軍[9)]李猷焉。

1) 兵凶戰危 : ≪漢書≫ 〈晁錯傳〉에서 "병기는 흉기이고, 전쟁은 위험한 일이다. 큰 나라를 작게 만들고 강한 나라를 약하게 만드는 것이 순식간이다."라 하였다.〔盧文弨〕

2) 將軍鑿凶門而出 : ≪淮南子≫ 〈兵略訓〉에서 "임금이 직접 斧鉞을 가져다가 장군에게 주면, 〈장군은〉 하직을 하고 떠나면서, 손톱과 귀밑머리를 잘라 明衣(염습할 때 죽은 사람에게 맨 먼저 입히는 옷.〔역자〕)와 함께 두고, 凶門을 뚫어 그리로 나간다."라 하였다.〔趙曦明〕

許愼의 注에서 "凶門은 북쪽으로 나가는 문이다. 將軍이 출정할 때에는 喪禮에 따라 처리를 하는데, 반드시 죽을 것이기 때문이다."라 하였다.〔王利器〕

3) 貶損 : ≪春秋公羊傳≫ 桓公 11년에서 "권한을 행사하는 데에는 길이 있으니, 스스로를 낮추고 덜어냄〔貶損〕으로써 행사한다."라 하였고, ≪漢書≫ 〈藝文志〉의 〈六藝略 春秋〉에서는 "≪春秋≫에서 깎아내린〔貶損〕 大人들과 당시 君臣들은 권위가 있는 세력들이었는데, 그 사실이 모두 傳에 드러나 있다."라 하였다.〔王利器〕

여기서는 생활의 수준을 낮추어, 절제하면서 산다는 뜻으로 쓰였다.〔역자〕

4) 飾玩 : 장신구와 노리개이다.〔역자〕

玩은 앞에 나온 '服玩'의 玩이다. 飾玩은 裝飾하는 물품, 玩好하는 기물 등을 말한다.〔王利器〕

≪後漢書≫ 〈皇后紀序論〉에서 "선별해서 들이는 물건들은 간소한 것을 좋아했고, 장식물이나 노리개〔飾翫〕는 화려한 것이 적었다."라 하였고, ≪南史≫ 〈王曇(담)傳〉에서 "손에 황금이나 옥을 잡지 않았으니, 부녀자들도 그러한 장신구나 노리개〔飾玩〕를 하지 못하였다."고 하였다.〔王利器〕

5) 臨深履薄之狀 : ≪詩經≫ 〈小雅 小旻〉에서 "마치 깊은 연못에 임한 듯이 하고, 마치 얇은 얼음을 밟는 듯이 한다."라 하였고, 〈毛傳〉에서 "마치 깊은 연못에 임한 듯이 한다는 것은 떨어질까 두려워하는 것이고, 마치 얇은 얼음을 밟는 듯이 한다는 것은

빠질까 두려워하는 것이다."라 하였다.〔王利器〕

6) 父母疾篤……以求哀也 : ≪司馬溫公書儀≫ 4에 "≪顔氏家訓≫에서 '부모님이 병이 나면 자식은 의사에게 절을 하고 약을 구한다.'라고 하였는데, 의사란 대개 양친의 존망과 연관되어 있으므로, 어찌 소홀하게 대할 수가 있겠는가?"라 하였다.〔王利器〕

7) 不豫 : ≪禮記≫ 〈曲禮〉의 疏에 인용된 ≪白虎通≫에서 "천자가 병이 난 것을 일컬어 不豫라고 하는데, 더 이상 정치에 참여할 수 없다는 말이다."라 하였다.〔王利器〕

8) 方等 : ≪梁書≫ 〈世祖二子傳〉에서 "忠壯世子 方等은 字가 實相이고 世祖(즉 元帝)의 長子이며 모친은 徐妃이다."라 하였다.〔趙曦明〕

9) 中兵參軍 : ≪隋書≫ 〈百官志〉에서 "皇弟와 皇子의 官府에는 功曹史, 錄事, 記室, 中兵 등의 參軍을 둔다."라 하였다.〔趙曦明〕

兵器는 凶器이고 전쟁은 위험하며, 평안하고 온전한 길이 아니니다. 옛날 천자는 喪服을 입고서 군사들 앞에 나섰고, 장군은 凶門을 뚫어 그리로 출정했다. 만약에 아버지, 할아버지, 백부, 숙부께서 軍陣에 계시다면 생활을 절제해야지, 風樂을 울리고 잔치를 벌이거나 婚禮나 冠禮 같은 吉慶事를 치러서는 안 된다. 〈집안의 어른이〉 만약 포위된 성 안에 계시다면 안색을 초췌하게 하고 장신구나 노리개 따위는 제거하며, 늘 깊은 물가에 임하고 얇은 얼음을 밟는 듯한 자세를 취해야 한다.

부모의 병이 위독하면 의원이 비록 신분이 천하고 나이가 어리다 할지라도, 눈물을 흘리고 절을 올리며 애원한다. 梁 孝元帝가 江州에 있을 때 일찍이 편찮은 적이 있었는데, 세자 方等이 친히 中兵參軍 李猷에게 절을 하였다.

39. 義兄弟 맺기

四海之人, 結爲兄弟[1], 亦何容易? 必有志均義敵[2], 令終如始者, 方可議之。一爾[3]之後, 命子拜伏, 呼爲丈人, 申父友之敬[4]; 身事彼親, 亦宜加禮。比見北人, 甚輕此節, 行路相逢, 便定昆季[5], 望年觀貌, 不擇是非, 至有結父爲兄, 託子爲弟者[6]。

1) 四海之人 結爲兄弟 : 다른 성을 가진 사람들이 형제가 된 사례로 史傳에 기록된 것은, 대개 軍中에서 군사들이 목숨을 바쳐 생사를 함께하기로 약속한 일에서 유래하였다. 예를 들면 ≪史記≫ 〈項羽本紀〉의 "漢王이 말하기를 '나는 項羽와 더불어 北面

을 하고서 懷王께 명을 받아 형제가 되기로 약속을 하였으므로, 나의 아버지가 바로 너의 아버지이다.'라고 하였다."와 같은 경우로, 이것이 史書에서 맨 처음 나오는 사례이다. ≪北齊書≫ 〈神武紀 上〉에서 "爾朱兆가 말하기를 '향불을 켜고 거듭 맹세를 하였는데, 걱정할 게 무엇이오?'라 하자, 紹宗이 '친형제조차도 믿기 어려운데 향불을 어찌 논하겠소?'라 하였다."라고 한 것, ≪北齊書≫ 〈漁陽王紹信傳〉에서 "그리하여 大富 사람 鍾長命과 의형제를 맺었고, 王妃는 鍾長命의 아내와 의자매를 맺었다."라 한 것, ≪北史≫ 〈司馬消難傳〉에서 "처음에 隋 武帝와 梁 元帝가 맞이할 때 司馬消難과 의형제를 맺어 정분이 아주 두터웠고, 隋 文帝는 그를 叔父의 예로써 섬겼다."라고 한 것, ≪北史≫ 〈唐瑾傳〉에서 "于謹이……周 文帝에게 말하기를 '唐瑾은 학식과 행실을 둘 다 겸비하였으니, 그와 同姓이 되어 형제 관계를 맺고 싶습니다.'라 했다."라고 한 것 등을 통해, 당시 北人들의 節義와 氣槪를 살펴볼 수 있다.〔王利器〕

2) 志均義敵 : ≪漢書≫ 〈董賢傳〉에서 "孔光은 평소에 공경해왔지만, 임금이 董賢을 존중하고 아낀다는 것을 알고서는 마중하고 배웅하는 일을 아주 조심스럽게 하여, 감히 賓主간의 대등한 예〔鈞敵之禮〕로써 대하지 않았다."라 하였고, ≪易林≫ 〈需之同人〉에서 "두 창이 서로 찌르며 용기와 힘이 팽팽했다.〔鈞敵〕"라고 하였으며, 翟云升의 ≪校略≫에서는 "均은 옛날에 '鈞'자와 통용되었다."라 하였다.〔王利器〕

   뜻이 같고 意氣가 투합하다. 여기서 '均'이나 '敵'은 모두 같다, 대등하다는 뜻이다.〔역자〕

3) 一爾 : ≪資治通鑑≫ 69 胡三省 注에서 "一爾는 '일단 이와 같다.〔一如此〕'라는 말과 같다."라 하였다.〔王利器〕

   여기서 爾은 그러하다〔然〕는 뜻이다.〔역자〕

4) 申父友之敬 : 옛날에는 자식들이 서로 친구가 되면 양친께 절을 올렸는데, 이를 '拜親之交'라 하였다. 馬援이 병이 나자 梁松이 문병을 와서 혼자 침상 아래에서 절을 올렸지만 馬援은 응답하지 않았다. 孔融은 본래 陳紀와 친구 사이였는데, 뒤에 그의 아들 陳群과 교유를 맺게 되자 다시 陳群을 위해 陳紀에게 절을 하였다. 魯肅은 呂蒙의 모친에게 절을 함으로써 그와 친구관계를 맺고서 헤어졌다. 역사의 기록에 이와 같은 것들이 한두 가지가 아니다.〔盧文弨〕

5) 比見北人……便定昆季 : ≪北齊書≫ 〈宋遊道傳〉에 "頓丘 출신의 李奬과 한번 만나더니 바로 깊은 교분을 맺었다."라고 한 것이 바로 그 증거이다.〔王利器〕

   여기서 比는 근자, 근래의 뜻이다.〔역자〕

6) 至有結父爲兄 託子爲弟者 : 이렇게 형제관계를 맺는 것은 사실 당시 人倫을 어지럽히는 養子 제도와 상응하여 생겨난 것이다. 동생을 낮추어 자식으로 삼고, 손자를 높여 자식으로 삼는 현상은 상당히 보편적이었다. 종법제도가 이와 같아졌으니 친구관계를

맺는 것은 더 논할 것도 없다. 예를 들면 唐 德宗은 順宗의 아들 謜을 여섯 번째 아들로 삼았으니, 손자를 아들로 삼은 것이다. ≪五代史≫ 〈晉家人傳〉에서는 "重允은 高祖의 동생인데, 高祖가 그를 아껴 입양해서 아들로 삼았다."라 하였고, ≪宋史≫ 〈周三臣傳〉에서는 "李守節은 李筠의 아들이었는데, 李守節이 끝내 後嗣가 없자 李筠의 첩이 낳은 자식을 後嗣로 삼았다."라고 하였다.〔王利器〕

세상 사람들이 형제의 관계를 맺는 것이 어찌 쉬운 일이겠는가? 반드시 뜻이 같고 의기가 투합해야 하며, 끝까지 처음 같을 수 있어야 비로소 논의해볼 만하다. 일단 그렇게 〈형제가〉 된 후에는 자식들로 하여금 엎드려 절하게 하고 丈人으로 불러 아버지 친구로서 경의를 표하게 하며, 자신도 상대의 兩親을 섬기면서 예우해야 한다.

근자에 북방 사람들을 보았더니 이러한 예절을 대수롭지 않게 여긴다. 길을 가다가 만나서 바로 형 아우를 정하기도 하고 연배나 모습만 보고 옳고 그름도 따지지 않는다. 심지어는 아버지뻘 되는 분을 형으로 삼고 자식뻘 되는 이를 아우로 삼는 경우도 있다.

40. 손님을 맞이할 때

昔者, 周公一沐三握髮, 一飯三吐餐, 以接白屋之士, 一日所見七十餘人[1)]**。晉文公以沐辭豎頭須, 致有圖反之誚**(초)[2)]**。門不停賓**[3)]**, 古所貴也。失教之家, 閽寺**(혼시)[4)]**無禮, 或以主君寢食嗔怒, 拒客未通, 江南深以爲恥。黃門侍郎**[5)]**裴之禮, 號善爲士大夫, 有如此輩, 對賓杖之。其門生**[6)]**僮僕, 接於他人, 折旋俯仰**[7)]**, 辭色應對, 莫不肅敬, 與主無別也**[8)]**。**

1) 周公一沐三握髮……一日所見七十餘人 : ≪荀子≫에도 똑같은 이야기가 나오는데 문장만 조금 다르다. ≪說苑≫에도 이 이야기가 실려 있다.〔趙曦明〕

≪荀子≫ 〈堯問〉과 ≪說苑≫ 〈尊賢〉, ≪尙書大傳≫에는 선비들을 만났다고만 기록되어 있고, 머리털을 움켜쥐고 먹던 음식을 뱉었다는 이야기는 ≪史記≫ 〈魯世家〉에 나온다.〔盧文弨〕

≪韓詩外傳≫ 8과 ≪說苑≫ 〈尊賢〉에서는 "가난한 동네 초가집〔窮巷白屋〕에 사는 미천한 선비를 먼저 만나본 것이 마흔아홉 사람이었다."라 하였고, ≪金樓子≫ 〈說蕃〉에서는 "周公은 아침에는 책 백 편을 읽고 저녁이면 선비 일흔 명을 만났다."라고

하였다. ≪呂氏春秋≫ 〈謹聽〉과 ≪淮南子≫ 〈氾論〉에는 “한 번 머리 감으면서 세 번 머리털을 움켜쥐고, 한 끼 밥을 먹으면서 세 번 먹던 음식을 뱉었다.”는 이야기가 夏禹의 것으로 되어 있다. ≪黃氏日鈔≫에서는 이것을 일종의 修辭로 간주하였는데, 어쩌면 그럴 수도 있을 듯하다. ≪漢書≫ 〈蕭望之傳〉에서는 “아마 周公이 成王을 도와서 吐哺握髮의 예를 행하고, 미천한 선비〔白屋〕를 불러들이는 뜻을 실천한 것은 아닐 것이다.”라고 하였고, 顔師古는 注에서 “白屋은 하얀 지붕의 집을 말하는데, 띠를 덮은 것으로 천한 사람이 산다.”라고 했다.〔王利器〕

2) 圖反之誚(초) : ≪春秋左氏傳≫ 僖公 24년에서 “晉 文公이 되는 重耳가 公子로 있던 시절, 시종이던 頭須는 창고를 지키는 사람이었는데, 重耳가 국외로 도망을 가자 창고의 재물을 훔쳐내어 그것을 전부 써서 諸侯들에게 重耳를 도와 귀국시켜 주기를 구하였다. 그리하여 重耳가 晉나라로 돌아옴에 頭須가 면회를 요청하였다. 文公이 머리를 감고 있다고 하면서 면회를 사절하자, 頭須는 文公의 하인에게 말하기를 ‘머리를 감으면 〈머리를 수그리게 되므로〉 심장이 뒤집히고, 심장이 뒤집히면 생각하는 방식도 뒤바뀌는〔圖反〕 법이다. 그러니 내가 면회를 못하는 것은 당연하다. 나라에 남아 있던 자는 公子를 위해 나라를 지킨 훌륭한 신하요, 임금을 따라 국외로 돌아다닌 자는 公子를 위해 말고삐를 잡고 고생한 자이므로, 어느 쪽이나 임금을 위한 훌륭한 신하들이거늘, 어째서 나라에 남아 있던 자만을 처벌하려 하는가? 나라의 임금이 나같이 천한 자도 원수로 생각한다면, 임금을 두려워하는 자가 많을 것이다.’라고 하였다. 이 말을 들은 하인이 文公에게 보고하자, 文公은 급히 頭須를 면회했다.”라 하였다.〔王利器〕

3) 門不停賓 : ≪晉書≫ 〈王渾傳〉에서 “王渾은 고향 떠난 나그네들을 위로하며 마음을 비우고 편안히 받아들이니 좌중에 빈자리가 없었고, 대문에서 손님을 멈추어 기다리게 하지 않으니〔門不停賓〕, 江東의 선비들로서 기꺼이 그를 따르지 않는 이가 없었다.”라 하였다.〔盧文弨〕

대문에서 손님을 정지시켜 기다리게 하지 않는 것이다.〔역자〕

4) 閽寺(혼시) : ≪周易≫ 說卦에서 “艮(간)卦는 문지기〔閽寺〕이다.”라 했다. ≪文選≫에 수록된 〈西都賦〉의 ‘환관 문지기〔閹尹閽寺〕’에 대한 張銑의 注에서 “閹寺(엄시)는 모두 궁형을 받은 사람으로 궁궐의 문을 관장한다.”라 했다. 여기서는 일반적으로 궁문을 지키는 사람을 칭한 것이다. 唐人들은 또 ‘閽侍’라고 쓰기도 했는데, 李商隱의 〈爲擧人上翰林蕭侍郎啓〉에서 “잠시 후 문지기〔閽侍〕를 통해서 당당하게 절을 올리게 되었습니다.”라 하였다.〔王利器〕

5) 黃門侍郎 : ≪隋書≫ 〈百官志〉에서 “門下省에 侍中給事와 黃門侍郎를 각 4인씩 둔다.”라 하였다.〔趙曦明〕

6) 門生 : ≪日知錄≫ 24에서 ≪南史≫에 나오는 門生이 오늘날의 門下人이라 하였고, 徐湛之, 謝靈運, 顧協, 姚察 등의 傳을 인용하여 그것이 쓸모없고 천한 자리임을 입증하였다. 顔之推가 여기서 僮僕과 나란히 칭한 것 역시 같은 예이다.〔李詳〕

趙翼의 ≪陔餘叢考≫ 36에서 "唐 이후에야 비로소 座主니 門生이니 하는 칭호가 생겨났으므로, 六朝시대의 이른바 門生이란 門下生이 아니다. 그 당시 벼슬하던 사람들은 각기 사병〔部曲〕을 모으는 것이 허락되었는데 이를 일컬어 義從이라 하였고, 門下에서 직접 주인을 모시는 자를 일컬어 門生이라 하였는데, 오늘날의 문지기〔門子〕와 같은 부류이다."라 하였다.〔王利器〕

7) 折旋俯仰 : ≪禮記≫ 〈玉藻〉에서 "〈모퉁이를〉 꺾어 돌기〔折還〕를 법도에 맞게 한다."라고 하였고, 鄭玄의 注에서 "돌아서 가는 것이다."라고 했다. '折旋'은 곧 '折還(절선)'이다.〔王利器〕

여기서는 문지기가 손님을 맞이할 때의 절도 있는 행동과 자세를 말한 것이다.〔역자〕

8) 莫不肅敬 與主無別也 : 裴之禮가 빈객을 맞이한 예절은 지극하다고 할 만하니, 國士가 그 문하에서 나오는 것이 당연하다.〔黃叔琳〕

≪日知錄≫ 13에서 "≪史記≫에서 '鄭當時가 門下에 훈계하기를, 손님이 오면 귀천을 불문하고 문에 머물러 기다리는 이가 없게 하라고 하였다.'라고 한 것이나, ≪後漢書≫에서 '皇甫嵩은 허리를 굽혀 선비들에게 낮추었고, 문에는 머물러 기다리는 손님이 없었다.'라고 한 것, 그리고 ≪大戴禮記≫의 武王의 〈門銘〉에서 '빈객은 공경스럽게 맞이할 것이니, 貴賤을 구분하지 않는다.'라고 한 것 등을 보면, 이미 예전부터 있었던 얘기이다. 後漢 때 趙壹이 皇甫規에게, 高彪가 馬融에게, 한 번 뵙기를 청했다가 만나지 못하자 평생 만나지 않았다고 한 것을 보면, 士大夫 된 사람으로서 조심하지 않을 수 있으랴!"라고 한 것은, 바로 顔之推의 이 글을 끌어다 발전시켜 논한 것이다.〔王利器〕

옛날 周公은 머리 한 번 감으면서 세 번이나 감던 머리털을 움켜쥐고, 밥 한 끼 먹으면서 세 번이나 입에 든 음식을 뱉어내고서 미천한 선비들을 맞이하여, 하루에 만난 사람이 일흔 명이 넘었다. 晉 文公은 머리를 감는다고 시종 頭須의 면회를 거절하였다가 생각이 뒤집혔다는 책망을 받았다.

대문에서 손님을 멈추어 기다리게 하지 않는 것은 옛날에 중요하게 여긴 일이었다. 교양 없는 집안은 문지기가 무례하여, 주인이 잠을 잔다느니 식사 중이라느니 화가 나 있다느니 하면서 손님을 막아서 들어가지 못하게 하는데, 江南에서는 〈이런 일을〉 몹시 부끄럽게 여긴다. 黃門侍郎이었던 裴之禮는 훌륭한 사대부로 알려졌는데, 만약 이런 무리가 있으면 손님 앞에서 매를 쳤다. 그래서 그 집 문지기와 僮僕들은 다른 사람들을 맞이할 때 행동거지와 자세, 응대하는 말투와 안색이 〈어느 하나〉 엄숙하고 공경스럽지 않은 데가 없었고, 주인을 대할 때와 차이가 없었다.

제7편 慕賢 賢人을 존중함

人才가 나라의 興亡에 얼마나 중요한 역할을 하는지 구체적인 사례를 들어 설명하고 있다. 먼저 후손들에게 훌륭한 인재는 참으로 만나기 어려운 존재이므로 귀하게 여기고 존중할 것을 당부하였다. 그리고 그러한 사람들을 가까이하여 修身에 힘쓸 것을 권하고, 이어서 인재를 가까이에 두고서도 알아보지 못하고 신분 때문에 훌륭한 인재가 인정받지 못하는 세태를 구체적인 사례를 들어 비판하였다. 아울러 나라의 興亡에 있어 인재의 역할이 얼마나 중요한지 南北朝 여러 나라의 실제 인물들을 통해 例證하고, 후손들에게 그와 같은 인물이 되어줄 것을 희망하였다.

1. 훌륭한 사람을 가까이하라

古人云：“千載一聖，猶旦暮也；五百年一賢，猶比髆(박)也[1]。” 言聖賢之難得，疏闊如此。儻遭不世明達君子，安可不攀附景仰[2]之乎？ 吾生於亂世，長於戎馬，流離[3]播越[4]，聞見已多，所值名賢，未嘗不心醉[5]，魂迷向慕之也。人在少年，神情未定，所與款狎[6]，熏漬(지)陶染[7]，言笑擧動，無心於學，潛移暗化，自然似之。何況操履[8]藝能，較明易習者也？是以與善人居，如入芝蘭之室，久而自芳也；與惡人居，如入鮑魚之肆，久而自臭也[9]。墨翟悲於染絲[10]，是之謂矣。君子必愼交遊焉。孔子曰：“無友不如己者。”[11] 顔、閔之徒[12]，何可世得！但優於我，便足貴之。

1) 千載一聖……猶比髆(박)也：≪孟子外書≫〈性善辨〉에서 “천 년에 성인 한 사람을 만나도 아침저녁 사이 같다.”라 하였다.(鮑照의 〈河淸頌序〉에 孟子의 이 글이 인용되어 있다.) ≪鬻子(육자)≫ 第4에서는 “성인이 위에 있으면 賢士가 百里에 한 사람씩 있어도 있는 것 같지 않고, 王道가 쇠미하여 난폭한 군주가 위에 있으면 賢士가 千里에 한 사람만 있어도 마치 어깨를 나란히 한 듯하다.”라 하였다.〔盧文弨〕
比髆은 어깨를 나란히 하여 끊어지지 않고 계속 이어진다는 말이다.〔역자〕

2) 攀附景仰 : 추종하여 매달리고 우러러 흠모하다.〔역자〕

3) 流離 : ≪詩經≫ 〈邶風 旄丘〉의 "초라하고 보잘것없음이, 떠도는 사람들〔流離之子〕이로다."에 대한 ≪集傳≫의 해설에서 "流離는 이리저리 흩어져 떠도는 것이다."라고 했다.〔王利器〕

4) 播越 : ≪春秋左氏傳≫ 昭公 26년에서 "지금 나는 지위가 흔들려 피난을 와서〔播越〕, 荊州의 오랑캐 땅에 숨어 있소."라 하였다.〔王利器〕

도성을 떠나 피난하다. 播遷과 같다.〔역자〕

5) 心醉 : ≪莊子≫ 〈應帝王〉에 "鄭나라에 季咸이라는 신들린 무당이 있었는데, 列子가 그를 보고서 마음을 빼앗겼다.〔心醉〕"라 하였고, 또 ≪列子≫ 〈黃帝〉에도 이 鄭나라 무당의 일을 기록하면서 역시 '心醉'라는 표현을 썼다.〔李詳〕

6) 款狎 : 사이좋게 가까이 지냄〔款洽狎習〕을 말한다. ≪南史≫ 〈梁武紀〉에서 "齊나라 高帝와 어려서부터 가깝게 지냈다.〔款狎〕"라 하였고, 또 〈袁顗(의)傳〉에서 "袁顗는 鄧琬(완)과 가깝게 지냈다.〔款狎〕"라 하였다.〔王利器〕

7) 熏漬(지)陶染 : 연기에 그을려 점차 젖어들고, 연마하여 물든다는 말이다. 梁 昭明太子의 〈講席將畢賦三十韻詩依次用〉에서 "슬기와 의리는 옥과 구슬에 견주고, 감화를 받아 물드는 것〔薰染〕은 마치 난초와 국화 같다."라 했다.〔王利器〕

8) 操履 : 志操와 행동거지, 즉 品行을 말한다.〔역자〕

9) 如入鮑魚之肆 久而自臭也 : ≪說苑≫ 〈雜言〉에서 "孔子께서 '착한 사람과 함께 지내게 되면 마치 蘭草와 芝草가 있는 방에 들어간 것과 같아 오래 지나면 그 향기를 맡을 수가 없으나 곧 그 향기와 동화되고, 악한 사람과 함께 지내면 마치 절인 생선 가게에 들어간 것과 같아 오래 지나면 그 악취를 맡을 수가 없으나 또한 악취와 동화된다.'라고 말씀하셨다."라 하였다.〔王利器〕

10) 墨翟悲於染絲 : ≪墨子≫ 〈所染〉에서 "묵자께서 실 물들이는 것을 보고 탄식하며 '푸르게 물들이면 푸르게 되고 노랗게 물들이면 노랗게 되며, 들어가는 데가 바뀌면 그 빛깔도 바뀌어, 다섯 가지에 들어가면 五色이 된다. 그러므로 물들이는 데에 신중하지 않으면 안 된다.'라고 말씀하셨다."라 하였다.〔王利器〕

11) 無友不如己者 : ≪論語≫ 〈學而〉에 나온다.〔王利器〕

12) 顔閔之徒 : ≪史記≫ 〈仲尼弟子列傳〉에서 "顔回는 魯나라 사람으로 字가 子淵이며, 孔子보다 30세 적다. 閔損은 字가 子騫이고 孔子보다 15세 적다."라 하였고, 集解에서 "鄭玄이 '≪孔子弟子目錄≫에 魯나라 사람으로 되어 있다.'고 했다."라 하였다.〔王利器〕

옛사람이 말하기를 "천 년에 聖人 한 분이 나와도 마치 아침저녁 사이 같고, 오백

년에 賢人 한 분이 나와도 마치 어깨를 나란히 하여 연이어 나오는 것 같다."라고 하였다. 이는 聖賢을 만나기가 어렵고 뜸하기가 이와 같다는 말이다. 만약 세상에서 보기 힘든 뛰어난 인물을 만나게 된다면 어찌 그를 따르며 흠모하지 않겠는가? 나는 난세에 태어나 전쟁 속에서 자랐고 정처 없이 떠돌고 피난 다니며 보고 들은 일들이 많았지만, 일찍이 만났던 훌륭한 인물들에게 心醉하고 마음을 빼앗겨 景慕하지 않은 적이 없었다.

사람이 어릴 적에는 심성이 채 정해지기 전이라 가까이 지내는 이들에게 물들고 감화를 받아서, 말하고 웃고 행동하는 방식들을 〈굳이〉 배우려고 하지 않아도 점차 닮아가고 모르는 사이에 동화되어 절로 비슷해진다. 하물며 品行이나 藝能처럼 비교적 분명하고 쉽게 익힐 수 있는 것들이야 말할 나위가 있겠는가? 그러므로 선한 사람과 함께 지내게 되면 마치 〈향기로운〉 芝草나 蘭草가 있는 방에 들어간 것처럼 오래되면 절로 자신의 몸에서 香氣가 풍기게 되고, 악한 사람과 함께 지내면 마치 절인 생선을 파는 가게에 들어간 것처럼 오래되면 절로 惡臭가 풍기게 된다.

墨翟(墨子)이 실을 염색하는 일을 보고 슬퍼하였다는 것은 이를 두고 한 말이니, 君子는 반드시 남들과의 교유에 신중해야 한다. 孔子께서 "자신만 못한 이를 친구 삼지 말라."고 하셨지만, 顔淵이나 閔子騫 같은 분을 어떻게 세상에서 얻을 수 있겠는가! 단지 나보다 낫기만 하다면 〈그것만으로도〉 충분히 존중할 만하다.

2. 등잔 밑이 어둡다

世人多蔽, 貴耳賤目[1), 重遙輕近[2)。少長周旋[3), 如有賢哲, 每相狎侮, 不加禮敬[4); 他鄕異縣[5), 微藉風聲[6), 延頸企踵[7), 甚於飢渴[8)。校其長短, 覈其精麤, 或彼不能如此矣。所以魯人謂孔子爲東家丘[9), 昔虞國宮之奇, 少長於君, 君狎之, 不納其諫, 以至亡國[10), 不可不留心也。

1) 貴耳賤目 : ≪文選≫에 수록된 張衡의 〈東京賦〉에서 "客의 말씀 같은 것들은 근본은 배우지 않고 껍데기만 배우는 것이요, 귀로 듣는 것만 존중하고 눈으로 보는 것은 천시하는 것입니다."라 하였고, 李善의 注에서 桓譚의 ≪新論≫을 인용하여 "세상에서는 다들 옛것을 높이고 지금 것은 낮추며, 듣는 것은 귀하게 여기고 보는 것은 천

시한다."라 했다." ≪抱朴子≫ 〈廣譬〉에서는 "멀리 있는 것을 귀하게 여기고 가까이 있는 것을 천하게 여기는 것은 보통 사람들이 마음 쓰는 방식이이요, 귀로 듣는 것은 믿고 눈으로 보는 것은 못 믿어서 내버리는 것이 예나 지금이나 걱정거리이다."라고 했다.〔王利器〕

2) 重遙輕近 : 닭은 五德을 갖고 있지만 가까이 있어서 삶아 먹힌다. 黃鵠은 五德이 없지만 멀리 있어서 존중을 받는다. 이것이 魯 哀公이 田饒를 놓치게 된 까닭이다.〔郝懿行〕

3) 少長周旋 : 어려서부터 함께 자라나며〔少長〕 가까이 지내다〔周旋〕. 뒤에 나오는 '少長於君'의 少長도 같은 뜻으로 쓰였다.〔역자〕

4) 每相狎侮 不加禮敬 : ≪禮記≫ 〈曲禮 上〉에서 "어진 사람은 친근하게 굴면서도 공경한다."라 하였고, 또 "예는 절도를 넘지 않고, 상대방을 경시하거나 업신여기지 않으며, 친압함을 좋아하지 않는다."라 하였다. 鄭玄의 注에서 "그렇게 하면 공경함을 손상하기 때문이다."라고 하였다.〔盧文弨〕

5) 他鄕異縣 : ≪文選≫에 수록된 〈飮馬長城窟行〉에서 "각기 타향과 객지에서〔他鄕各異縣〕, 이리저리 떠돌며 만나지 못하네."라 하였다.〔王利器〕

6) 風聲 : ≪尙書≫ 〈畢命〉의 "風聲을 세운다."에 대해, ≪孔傳≫에서 "그 훌륭한 風을 세우고, 그 훌륭한 聲을 선양한다."라고 풀이하였다. ≪三國志≫ 〈蜀書 許靖傳〉의 注에 인용된 ≪魏略≫에서는 "때때로 바람 소리〔風聲〕에서 소식을 들었습니다."라 하였다.〔王利器〕

소문이나 평판을 말한다.〔역자〕

7) 延頸企踵 : ≪漢書≫ 〈蕭望之傳〉에서 "천하의 선비들이 목을 늘이고 발돋움을 하고서 기다린다.〔延頸企踵〕"라고 하였다.〔王利器〕

8) 飢渴 : ≪三國志≫ 〈蜀書 諸葛亮傳〉에서 "諸葛亮이 말하기를 '장군께서는 영웅들을 통할하시면서, 賢者 그리워하기를 마치 목마른 듯이 하십니다.'라 했다."라 하였다. ≪文選≫에 수록된 曹子建의 〈責躬詩〉에서 "황제 뵙기를 기다리는 마음이 마치 목마른 듯, 배고픈 듯하옵니다.〔如渴如飢〕"라 하였고, 李善의 注에서 "張奐의 〈與許季師書〉에 '뵙지 못한 지가 아득히 오래고 또 오래되었으니, 배고프고 목마른 그리움〔飢渴之念〕을 어떻게 잊을 수 있으리오?'라 하였고, ≪毛詩≫에서는 '근심하는 마음 열렬하여, 배고프고 목마른 듯.〔載飢載渴〕'이라 했다."라 하였다.〔王利器〕

9) 東家丘 : ≪魏志≫ 〈邴原傳〉의 裴松之의 注에 인용된 〈原別傳〉에서 "邴原이 遊學을 떠나 安邱의 孫崧을 찾아갔더니 孫崧이 거절하면서 말하기를 '그대 고을의 鄭君은 참으로 배우는 이들의 스승으로서 모범이 되는 분이시오. 그대가 그를 버렸으니 이는 이른바 鄭君을 東家의 丘로 여긴 것이오.'라 하였다. 그러자 邴原은 '그대는 제가

鄭君을 東家의 丘로 여긴다고 말씀하시면서, 저를 西家의 바보로 여기시는 것입니까?'라고 했다."라 하였다.〔趙曦明〕

蘇軾 〈代書答梁先詩〉의 施注에 인용된 ≪孔子家語≫에서 "魯나라 사람들이 孔子가 聖人인 것을 알아보지 못하고 '저 동쪽 집에 사는 丘는 내가 알지.'라고 말했다."라 하였다. ≪集註分類東坡先生詩≫ 卷7 趙次公의 注에서 인용한 ≪論衡≫의 글도 이와 같은데, 이들이 ≪顔氏家訓≫의 근거가 된 글이다. ≪後漢紀≫ 23에서는 "宋子俊이 말하기를 '魯나라 사람들은 仲尼를 일컬어 東家丘라 했다는데, 우람하게 몸집이 커서 백성들이 이름을 붙일 수가 없었기 때문이었다.'라고 했다."라 하였다. ≪文選≫에 수록된 陳孔璋의 〈爲曹洪與魏文帝書〉에서는 "괴이하게도 나를 家丘라고 얕보고서, 나의 문장은 남의 힘을 빌렸다고 하시니."라 하였다. 이것들은 모두 ≪孔子家語≫에 근거한 것이다.〔王利器〕

동편 이웃집에 사는 丘라는 뜻으로, 孔子를 낮추어 부른 호칭이다.〔역자〕

10) 宮之奇……以至亡國 : ≪春秋左氏傳≫ 僖公 2년에 "晉나라 荀息이 屈에서 난 말 네 마리와 垂棘(극)에서 난 玉을 虞나라에 주고서, 虢(괵)나라를 치기 위한 길을 빌려줄 것을 청하였다.……虞나라 군주는 이를 허락하였을 뿐 아니라 먼저 虞나라 측에서 虢을 치겠다고 청하였다. 宮之奇가 간언을 하였지만 듣지 않고 마침내 군사를 일으켰다."라 하였고, 또 僖公 5년에는 "晉나라 제후가 다시 虞나라에 길을 빌어 虢나라를 치게 되었다. 宮之奇가 諫言을 올려……云云 하였지만 〈虞나라 군주는〉 듣지 않고, 晉나라 사자에게 허락했다. 宮之奇는 그 가족을 데리고 나라를 떠나며 말하기를 '虞나라는 臘祭를 지내지 못할 것이니, 이번 정벌이 끝나면 晉나라는 〈虞나라를 치려고〉 또다시 군사를 일으킬 일이 없을 것이다.'라고 했다.……겨울인 섣달 丙子日 초하루에 晉나라가 虢나라를 멸망시키자 虢나라 군주 醜는 天子가 있는 서울로 달아났다. 晉나라 군사들은 돌아오면서 虞에 머물렀고, 결국은 虞나라를 습격하여 멸망시켰다."라 하였다.〔王利器〕

宮之奇는 春秋時代 虞나라의 大夫로서 脣亡齒寒 고사의 주인공이다.〔역자〕

세상 사람들은 다들 事理에 어두워서, 귀로 듣는 것을 중시하고 눈으로 보는 것은 천시하며, 멀리 있는 것을 중히 여기고 가까이 있는 것을 가벼이 여긴다. 어려서부터 함께 자라면서 가까이 지내다 보면 뛰어난 사람이 있어도, 늘 가볍게 여겨 함부로 대하고 예로써 공경하지 않는다. 타 지역 다른 고을 〈사람〉 같으면 약간의 風聞만 있어도 목을 늘이고 발돋움하고서 애타게 기다리는 것이 굶주리고 목마른 사람보다도 더하다.

장단점을 비교해보고 잘하고 못하는 것을 꼼꼼히 따져보면, 때로는 먼 데 있는 사람이 가까이 있는 사람만 못할 수도 있다. 그래서 魯나라 사람들이 孔子를 일컬어 '동쪽 집에 사는 丘'라 낮추어 불렀고, 옛날 虞나라의 宮之奇는 어려서 군주와 함께 자랐다고 군주가 그를 얕보고서 그의 諫言을 받아들이지 않아 亡國에 이르렀으니, 유념하지 않으면 안 된다.

3. 남의 말과 행동을 훔치면

用其言, 棄其身[1), 古人所恥。凡有一言一行, 取於人者, 皆顯稱之, 不可竊人之美, 以爲己力[2)。雖輕雖賤者, 必歸功焉。竊人之財, 刑辟之所處；竊人之美, 鬼神之所責。

1) 用其言 棄其身 : ≪春秋左氏傳≫ 定公 9년에 "鄭나라 駟歂(천)이 鄧析을 죽이고서 그가 竹簡에 써놓은 刑法을 이용하였다. 君子들이 이에 대해 다음과 같이 논평하였다. '公子 然(駟歂)이 이번 일에는 不忠하구나. 그의 방식을 쓰면서 그 사람을 버렸으니.' ≪詩經≫에 이르기를 '무성한 감당나무, 가지를 치거나 베지를 말라. 召伯께서 쉬시던 곳이다.'라고 하였다. 그 사람을 그리워하여 그 나무까지 아끼게 된 것인데, 하물며 그의 방식을 쓰면서도 그 사람을 가엽게 여기지 않아서야 되겠는가."라 하였다. 〔趙曦明〕

2) 竊人之美 以爲己力 : ≪春秋左氏傳≫ 僖公 24년에 "남의 재물을 훔치는 것도 도둑이라 하는데, 하물며 하늘의 공을 탐내어 자신의 능력으로 삼음에 있어서야 더 말할 나위 있으랴?"라 하였다. ≪文心雕龍≫ 〈指瑕〉에서는 "만약 남의 아름다운 표현을 훔쳐서 자신의 것으로 삼는다면, 〈陽貨가 훔쳤던 魯나라의 보물인〉 寶玉와 大弓처럼 끝내 자신의 소유가 되지 못한다."라 하였다.〔王利器〕

남의 말을 쓰면서 그 사람은 내버리는 것을 옛사람들은 부끄럽게 여겼다. 말 한마디 행동 한 가지라도 남에게서 취한 것이라면 모두 드러내어 밝혀야 하고, 남의 훌륭한 점을 가로채 자신의 솜씨로 삼아서는 안 된다. 비록 지위가 낮고 미천한 사람이 할지라도 반드시 그에게 공을 돌려야 한다. 남의 재물을 훔치면 刑罰에 처해지지만, 남의 훌륭한 점을 훔치면 鬼神으로부터 벌을 받는다.

4. 출신이 미천하여도

梁孝元前在荊州[1), 有丁覘(첨)[2)]者, 洪亭民耳, 頗善屬(촉)文[3)], 殊工草隷, 孝元書記[4)], 一皆使之。軍府[5)]輕賤, 多未之重, 恥令子弟以爲楷法[6)], 時云:"丁君[7)]十紙, 不敵王褒數字[8)]。" 吾雅愛其手迹, 常所寶持。孝元嘗遣典籤(첨)[9)]惠編送文章示蕭祭(좨)酒[10)], 祭酒問云:"君王比賜書翰[11)], 及寫詩筆[12)], 殊爲佳手[13)], 姓名爲誰? 那得都無聲問[14)]?" 編以實答。子雲歎曰:"此人後生無比, 遂不爲世所稱, 亦是奇事。" 於是聞者稍復刮目[15)]。稍仕至尙書儀曹郎[16)], 末爲晉安王[17)]侍讀[18)], 隨王東下[19)]。及西臺[20)]陷殁, 簡牘湮散, 丁亦尋卒於揚州, 前所輕者, 後思一紙, 不可得矣。

1) 梁孝元前在荊州 : ≪梁書≫ 〈元帝紀〉에 "普通 7년(526)에 使持節이 되어 荊·湘·郢(영)·益·寧·南 등 梁나라 6州의 都督諸軍事로 나갔고, 西中郎將 및 荊州刺史가 되었다."라 하였다.〔盧文弨〕
2) 丁覘(첨) : 張彦遠의 ≪法書要錄≫에서 "丁覘은 智永과 동시대 사람으로서 隷書에 능하여 세칭 '丁眞永草'라 하였다."라 하였다. 이 사람이 智永과 함께 이름을 날렸다면, 아무래도 세상에 알려지지 않은 사람은 아니었을 것이다.〔李詳〕
  ≪日本見在書目≫에 丁覘 注의 ≪千字文≫ 1卷이 기재되어 있다. 이 ≪千字文≫의 注釋들을 살펴보면 모두가 梁·陳의 文士들의 것이니, 그렇다면 이 丁覘이 아마도 顔之推가 여기 거론한 사람일 것이다. 또 梁 元帝가 ≪金樓子≫ 〈著書〉에서 "≪夢書≫ 1秩 10卷은 金樓가 丁覘으로 하여금 짓게 한 것이다."라고 한 것도 이 사람이다.〔劉盼遂〕
  張懷瓘의 ≪書斷≫ 中에서 "智永의 章草와 草書는 妙의 경지에 들었고, 隷書는 能의 경지에 들었으며, 그의 형 智楷(해) 역시 草書를 잘 썼고 丁覘 역시 隷書를 잘 써, 당시 사람들이 '丁眞楷草'라 칭했다."라 하였다.〔王利器〕
3) 屬(촉)文 : 글을 짓는 일을 뜻한다. 본서 제1 〈序致〉篇 2 주 14) 참조.
4) 書記 : ≪後漢書≫ 〈百官志〉에 "記室令史는 章表 올리는 일과 문서〔書記〕의 보고를 주관한다."라 하였다.〔盧文弨〕
5) 軍府 : 본서 제8 〈勉學〉篇 15에서 "軍府에서 그의 포부에 감복했다."라고 했다. 軍府라 함은 湘東王이 당시 江陵의 西府에서 六州諸軍事를 맡고 있었음을 말한다. 그래서 軍府라 하였다.〔王利器〕

이를 통해 六朝時代에 門閥과 名望을 중시했음을 알 수 있다.〔吳梅〕

6) 楷法 : 楷法이란 글씨를 익힐 때 本으로 삼는 것을 말한다. ≪世說新語≫ 〈方正〉의 注에서 宋 明帝의 ≪文章志≫를 인용하여 "魏나라 때 凌雲閣을 세웠는데, 현판에 글씨 쓰는 것을 잊었다가 韋仲將으로 하여금 사다리에 올라가 글씨를 쓰게 하였다. 잠시 후 내려왔는데 수염과 머리카락이 다 하얗게 세었고, 거의 숨이 넘어갈 지경이었다. 돌아와 자제들에게 '마땅히 楷法 노릇은 그만두어야 한다.'라고 말했다."라 하였다.〔王利器〕

7) 丁君 : 南朝에서 '君'으로 불리는 사람은 時俗에서 중요한 인물로 간주되는 경우이다. ≪梁書≫ 〈任昉傳〉에서 "任昉은 남들과 친교 맺기를 좋아하고 士友들을 잘 끌어주어, 그의 추천을 받은 사람들은 대체로 승진하거나 발탁된 이들이 많았다. 그래서 지체 있는 집안의 사람들은 다들 앞다투어 교유를 맺으려 했고, 좌중의 빈객들이 늘 수십 명에 달했다. 당시 사람들은 그를 경모하여 '任君'이라 불렀는데, 漢代의 三君(竇武·劉淑·陳蕃)과 같다는 말이었다."라 했다. 陸倕의 〈贈任昉〉 詩에서는 "任君은 본래 뛰어난 식견이 있었고, 張子는 또한 사람이 맑았다."라 하였다.〔王利器〕

8) 王褒數字 : ≪周書≫ 〈王褒傳〉에 "王褒는 字가 子淵이고 琅邪 臨沂 사람이다. 梁代 國子祭酒 蕭子雲이 王褒의 고모부였는데 초서와 예서에 특히 뛰어났다. 王褒는 인척으로서 그 집안에 드나들며 그의 글씨를 모범으로 삼았는데, 얼마 안 있어 '亞子雲'으로 불리며 함께 세상에서 존중을 받았다."라 하였다.〔趙曦明〕

王褒가 글씨를 잘 쓰는 것으로 존중받았다는 이야기가 본서 제19 〈雜藝〉篇 2에도 나온다.〔郝懿行〕

9) 典籤(첨) : ≪南史≫ 〈恩倖 呂文顯傳〉에서 "故事에, 府州의 부서 내에서 일을 논할 때에는 늘 쪽지〔籤〕의 앞쪽에다 논하는 일을 순서대로 써놓았는데, 훗날 이를 謹籤이라 하고 날짜 아래에 아무개 관리의 아무개 쪽지라고 표시를 했다. 그리하여 府州에서는 典籤을 두어 그 일을 맡겼는데, 본래는 五品의 관리였다가 宋代 초에 七職으로 바뀌더니, 宋朝가 들어서자 나이 어린 皇子를 藩鎭으로 내보내면서, 당시 군주들이 다들 가까운 측근을 典籤으로 임명함에 따라, 그 권한이 점차 커지게 되었다."라 하였다.〔趙曦明〕

≪唐六典≫ 29에 "親王의 官府에 典籤이 있는데, 宣傳과 敎令의 일을 관장한다."라 하였다.〔王利器〕

10) 祭(좨)酒 : ≪隋書≫ 〈百官志〉에 "學府에 祭酒 1人이 있다."라 하였다.〔盧文弨〕

11) 書翰 : 본서 제8 〈勉學〉篇 25에 "세간의 편지글〔書翰〕"이라 하였는데, 오늘날의 書信과 같은 말이다. ≪文選≫에 수록된 〈長楊賦〉의 注에 "翰은 붓이다."라 하였다.〔王利器〕

12) 詩筆 : 六朝人들은 詩와 筆을 상대적으로 보았는데, 筆은 韻이 없는 글을 말한다. ≪南齊書≫ 〈晉安王子懋傳〉에서 "文章 詩筆은 훌륭한 일이긴 하지만, 세상일이 더 근본이다."라 하였고, ≪梁書≫ 〈劉潛傳〉에서는 "劉潛은 字가 孝儀이고, 秘書監이었던 劉孝綽의 동생이다. 어려서 부친을 여의고 형제가 서로 독려하며 열심히 공부하였는데, 둘 다 글을 잘 지었다. 劉孝綽은 늘 '三筆六詩'라고 했었는데, 三은 劉孝儀를, 六은 劉孝威를 가리킨 말이다."라고 하였다. 또 ≪梁書≫ 〈庾肩吾傳〉에서 "梁 簡文帝의 〈與湘東王書〉에 '詩가 이미 이와 같을 뿐만 아니라, 筆 또한 그와 같다.'라고 했다."라 하였고, ≪北史≫ 〈蕭圓肅傳〉에서는 "당시 사람들의 詩筆을 엮어 ≪文海≫ 40권을 만들었다."라 하였다. 여기에 나온 詩筆은 모두 같은 뜻이다.〔王利器〕

13) 佳手 : ≪梁書≫ 〈庾肩吾傳〉에서 "梁 簡文帝는 〈與湘東王書〉에서 '張士簡의 賦와 周升逸의 辨 역시 참으로 훌륭한 솜씨〔佳手〕여서, 다시 만나기 어렵다.'라 하였다."라고 했다. 또 本書 제19 〈雜藝〉篇 8에서 "열에 예닐곱만 맞혀도 上手로 여긴다."라 하였는데, 이 '上手'도 이와 같은 뜻이다.〔王利器〕

14) 聲問 : 聲問은 곧 聲聞으로, 오늘날 명성이라 하는 것과 같다. ≪詩經≫ 〈卷阿〉의 '훌륭한 소문과 훌륭한 명망〔令聞令望〕'에 대하여, ≪詩經釋文≫에서 "聞은 본래 問으로 되어 있었다."라 하였다.〔王利器〕

15) 刮目 : 裴松之 注의 ≪吳志≫ 〈呂蒙傳〉에서 〈江表傳〉을 인용하여 "呂蒙이 魯肅에게 일러 말하기를 '선비가 3일을 헤어져 있으면 눈을 비비고 다시 보아야 한다고 했소.'라고 했다."라 하였다.〔趙曦明〕

16) 尙書儀曹郎 : ≪隋書≫ 〈百官志〉에 "尙書省에 儀曹와 虞曹 등 郎 23인을 두었다."라 하였다.〔趙曦明〕

17) 晉安王 : 簡文帝 蕭綱을 가리킨다. ≪梁書≫ 〈簡文帝紀〉에서 "天監 5년 晉安王에 봉해졌다."라 하였다.〔趙曦明〕

18) 侍讀 : ≪資治通鑑≫ 130의 胡三省 注에서 "여러 왕들에게는 侍讀이 있는데, 왕에게 經典을 傳授하는 일을 관장하였다."라 하였다.〔王利器〕

19) 東下 : ≪春秋左氏傳≫ 襄公 16년의 杜注에서 "강을 따라 동쪽〔東〕으로 가므로 내려간다〔下〕고 하였다."라 하였다. ≪國語≫ 〈晉語〉의 韋注에서는 "동쪽으로 가는 것을 내려간다고 한다."라 하였다. 南朝人들이 동쪽으로 내려간다고 하는 것은 바로 長江을 따라 동쪽으로 가는 것을 일컫는다.〔王利器〕

20) 西臺 : ≪資治通鑑≫ 144의 胡三省 注에서 "江陵이 서쪽에 있으므로 그래서 西臺라 하였다."라 했다.〔王利器〕

梁 孝元帝가 전에 荊州에 있을 때 丁覘이라는 이가 있었는데, 洪亭 지방의 평민일

뿐이었으나 글을 상당히 잘 지었고 특히 초서와 예서에 뛰어나, 孝元帝는 글씨 쓰는 일을 모두 그에게 시켰다. 그러나 軍府에서는 출신이 미천하다고 그를 존중하지 않는 이들이 많았으며, 자제들로 하여금 그의 글씨를 본으로 삼게 하는 것을 부끄럽게 여겼다. 당시에 "丁君의 글씨 열 장이 王褒의 글씨 몇 字를 못 당한다."라고 했지만, 나는 평소 그의 글씨를 애호하여 늘 소중하게 간직했다.

孝元帝가 일찍이 典籤이었던 惠編을 시켜 祭酒인 蕭子雲에게 문장을 보냈는데, 祭酒가 묻기를 "군왕께서 근자에 내려주신 書翰과 詩文을 쓴 글씨가 참으로 뛰어난 솜씨인데, 그분의 성명이 어떻게 되시오? 어떻게 전혀 알려지지 않을 수가 있소?"라 하였다. 惠編은 사실대로 대답을 했다. 蕭子雲은 탄식을 하면서 "이 사람은 후인들이 견줄 수가 없을 텐데, 끝내 세상 사람들의 인정을 받지 못하고 있으니, 이 역시 별난 일이로다."라고 하였다. 그러자 그 이야기를 들은 사람들은 점차 丁覘을 다시 보게 되었다.

얼마 후 벼슬이 尙書儀曹郎에 이르렀고 나중에는 晉安王의 侍讀이 되어 王을 수행하여 동쪽으로 내려갔다. 江陵이 함락될 때 〈丁覘이 쓴〉 편지나 문서들은 다 없어져 버렸고 丁覘 역시 얼마 후에 揚州에서 죽었으니, 예전에 얕보던 이들은 뒤에 〈그의〉 글씨 한 장을 얻고 싶어도 얻을 수가 없었다.

5. 羊侃의 활약

侯景初入建業[1], 臺門[2]雖閉, 公私草擾[3], 各不自全。太子左衛率羊侃(간)[4]坐東掖(액)門[5], 部分[6]經略[7], 一宿皆辦, 遂得百餘日抗拒兇逆。於時, 城內四萬許[8]人, 王公朝士, 不下一百, 便是恃侃一人安之, 其相去如此。古人云："巢父(보)、許由[9], 讓於天下；市道小人, 爭一錢之利[10]。" 亦已懸[11]矣。

1) 侯景初入建業 : ≪南史≫ 〈賊臣傳〉에서 "侯景은 字가 萬景이고 魏의 懷朔鎭 사람이었다. 처음에는 爾朱榮을 섬겼는데, 高歡이 爾朱榮을 죽이자 侯景은 군사들을 이끌고 高歡에게 항복하니 병사 10만을 거느리고 河南을 맡아 다스리게 하였다. 太淸元年 2월 〈梁나라에〉 表를 올려 항복을 구하자, 梁 武帝는 侯景을 河南王에 봉하고 大將軍, 使持節, 都督河南北諸軍事 및 大行臺에 임명하였다. 梁이 東魏와 和親하게

되자 太清 2년 8월에 결국 병사를 일으켜 반란을 했다."라고 하였다. ≪吳志≫ 〈孫權傳〉에서 "16년에 秣(말)陵으로 수도를 옮기고, 이듬해에 石頭에 성을 쌓고 秣陵을 建業으로 바꾸었다."라고 하였다.〔趙曦明〕

2) 臺門 : ≪容齋隨筆≫에서 "晉·宋 간에 朝廷의 출입통제 지역을 臺라 불렀다. 그래서 禁城을 臺城이라 했고, 官軍을 臺軍이라 했으며, 使者를 臺使라 했다."라 하였다. 臺門은 또한 臺城門이라고도 부른다.〔盧文弨〕

3) 草擾 : 어지럽다. 혼란에 빠지다.〔역자〕

4) 太子左衛率羊侃 : ≪唐六典≫ 28의 〈太子左右衛率府〉에서 "左衛率과 右衛率은 東宮의 兵仗과 羽衛의 政令을 관장하고, 諸曹의 일들을 총괄한다."라 하였다.〔趙曦明〕

羊侃은 字가 祖忻(흔)이고 泰山 梁甫 사람이다. 본서 〈風操〉篇 14에 나오는 太山 출신의 羊偘이 바로 이 사람이다. 그는 中大通 6년에 晉安太守로 나갔다가 얼마 안 있어 太子左衛率로 불려 들어왔고, 太清 2년에는 都官尙書가 되었다. 侯景의 난 때 臺城의 수비를 총괄하면서 각종 계책을 써서 적의 예봉을 꺾고 끝까지 버텼지만, 그가 病死하면서 결국은 臺城이 함락되고 말았다. ≪梁書≫ 39에 수록된 그의 傳에 이 때의 활약이 자세하게 기술되어 있다.〔역자〕

5) 東掖(액)門 : 臺城 端門 우측의 문이다. ≪資治通鑑≫ 166 胡三省 注에서 "臺城 정남의 端門 좌우에 있는 두 문을 일컬어 東掖門, 西掖門이라 한다."라 하였다.〔王利器〕

6) 部分 : 인원을 나누어 배치하다.〔역자〕

7) 經略 : 다스리고 공략하다. 여기서는 侯景의 공격에 대처한다는 뜻이다.〔역자〕

8) 許 : 許는 예전의 '所'와 통한다. ≪詩經≫ 〈小雅 伐木〉의 '伐木許許'를 ≪說文解字≫에서는 '伐木所所'로 인용해놓았다. ≪禮記≫ 〈檀弓〉 注에서 "봉분은 높이가 한 자 정도이다.〔封高尺所〕"라고 한 것에 대해, ≪正義≫에서 "所는 不定辭〔~쯤, ~정도〕이다."라 하였다.〔王利器〕

9) 巢父(보)許由 : ≪高士傳≫에서 "巢父는 堯임금 때의 隱者로서 나무를 둥지로 삼아 그 위에서 잠을 잤으므로, 당시 사람들이 巢父라 불렀다. 許由가 堯임금이 자기에게 〈천하를〉 양보했다는 이야기를 巢父에게 고하자, 巢父는 '너는 어찌 너의 모습을 숨겨서 너의 빛을 감추지 않느냐? 너는 내 친구가 아니다.'라고 하였다."라 하였고, 또 "許由는 字가 武仲이고 陽城 槐里 사람이다. 堯임금이 불러 九州의 長으로 삼으려 하자 許由는 그 말을 듣고 싶지 않아 潁(영)水 가에서 귀를 씻었다. 〈이에〉 巢父는 '내 송아지 입을 더럽히겠다.'라 하고서 송아지를 끌고 상류로 올라가 물을 마시게 했다."라 하였다.〔趙曦明〕

10) 巢父(보)許由……爭一錢之利 : ≪太平御覽≫ 836에 인용된 曹植의 〈樂府歌〉에서 "巢父와 許由는 천하를 우습게 보고, 장사꾼은 한 푼을 다툰다."라 하였다. ≪晉書≫

〈華譚傳〉에서는 "누군가가 華譚에게 묻기를 '속담에 사람의 차이는 아홉 마리의 소의 많은 털 가운데 털 하나〔九牛一毛〕와 같이 미세한 것이라 하거늘, 어떻게 이런 이치가 있을 수 있습니까?'라 하자, 華譚이 대답하기를 '옛날 許由와 巢父는 天子의 귀한 지위를 사양하였지만, 저자거리의 小人들은 반 푼의 이익을 다투지요. 이들의 차이가 어찌 九牛一毛 정도일 뿐이겠습니까?'라고 하였다. 그 이야기를 들은 사람들은 훌륭하다고 했다."라 하였다.〔王利器〕

11) 懸 : 크게 다르다는 말이다. ≪鹽鐵論≫ 〈貧富〉篇에서 "그러한 다음에야 여러 직업들이 서로 멀어지지 않게 되고, 빈부 차이가 서로 현격해지지 않는다.〔貧富不相懸〕"라 하였고, 馬融의 〈論日食疏〉에서는 "侯服, 甸服, 采服, 衛服에서 백성들을 다스리는 관리들은 우열이 서로 현격하므로〔優劣相懸〕, 그 인물들을 살펴서 뽑지 않을 수가 없다."라 하였다. 嵇康의 〈養生論〉에서는 "심고 기르는 방법이 다르면, 수확이 서로 현격히 차이가 난다.〔功收相懸〕"라고 하였는데, 모두 같은 뜻이다.〔王利器〕

侯景이 막 建業에 들어왔을 때 궁궐 문은 비록 닫혀 있었지만 民官이 혼란에 빠져서 다들 어찌할 바를 몰랐다. 太子左衛率이었던 羊侃은 東掖門을 지키며 인원을 나누어 배치하고 공격에 대처하였는데, 하루 밤새에 모든 준비를 다 해내어 결국 백여 일 동안 흉적들에 대항할 수 있었다.

이때 성안에 있던 4만여 명쯤의 민간인과 적어도 100명이 넘는 王公들과 조정의 신하들이 바로 羊侃 한 사람에 의지하여 버틸 수가 있었으니, 그 〈능력의〉 차이가 이와 같다. 옛사람이 말하기를 "巢父와 許由는 天下를 사양하였건만, 저자거리의 소인들은 한 푼의 이익을 다툰다."라고 하였다. 또한 차이가 크다.

6. 나라의 存亡이 그의 生死에 - 楊遵彦과 斛律明月

齊 <u>文宣帝</u>[1)]卽位數年, 便沈湎縱恣[2)], 略無綱紀[3)]。尙能委政尙書令<u>楊遵彦</u>[4)], 內外淸謐, 朝野晏如[5)], 各得其所, 物無異議, 終<u>天保</u>[6)]之朝。<u>遵彦</u>後爲<u>孝昭</u>所戮[7)], 刑政[8)]於是衰矣。<u>斛(곡)律明月</u>[9)]<u>齊</u>朝折衝之臣[10)], 無罪被誅, 將士解體[11)], <u>周</u>人始有呑<u>齊</u>之志, <u>關中</u>至今譽之。此人用兵, 豈止萬夫之望[12)]而已哉! 國之存亡, 係其生死。

1) 齊文宣帝 : ≪北齊書≫ 〈文宣帝紀〉에 "顯祖 文宣皇帝는 諱가 洋이고 字는 子建이며,

高祖의 둘째 아들로 世宗의 同母弟이다. 東魏의 선양을 받아 皇帝의 지위에 올라 연호를 武定 8년에서 天保 元年으로 고쳤다. 6, 7년 후에 공적을 자랑하며 술에 빠져 마음 내키는 대로 하고, 미쳐 날뛰기가 그지없었으며, 어리석고 사악하며 잔인하고 난폭하기가 근자에 그 유례가 없었다."라 하였다.〔趙曦明〕

2) 沈湎縱恣 : 주색에 빠져 헤어나오지 못하고 방종하다.〔역자〕

3) 綱紀 : 紀綱. 紀律. 규율과 질서.〔역자〕

전체를 지탱하는 것이 綱이요, 나누어 맨 것이 紀이다. 응용하여 紀律의 뜻을 갖는다. ≪詩經≫ 〈大雅 棫樸(역박)〉에서 "부지런한 우리 임금, 사방의 기강이 되시도다.〔綱紀四方〕"라 하였고, 또 〈假樂〉에서는 "綱이 되며 紀가 되어〔之綱之紀〕, 편안함이 벗에게까지 미치도다."라 하였다. ≪史記≫ 〈夏禹本紀〉에서는 "부지런하고 화목하여, 綱이 되고 紀가 되었다.〔爲綱爲紀〕"라 했다.〔王利器〕

4) 楊遵彦 : 北齊人 楊愔(음)이다. 遵彦은 그의 字이다. 北齊의 뛰어난 정치가로서 昏主였던 文宣帝를 대신하여 善政을 펼쳐 후대 논자들의 칭송을 받은 인물이다.〔역자〕

≪北齊書≫ 〈楊愔傳〉에서 "愔은 字가 遵彦이고 弘農 華陰 사람으로, 小名은 秦王이었다. 楊遵彦이 죽자 中書令 趙彦深이 중요한 업무를 대신하여 통괄하였는데, 鴻臚少卿이었던 陽休之가 몰래 남에게 '천릿길을 떠날 판에 준마를 죽이고서 노둔한 나귀에 채찍을 가하고 있으니, 참으로 서글프도다.'라고 말했다."라 하였다.〔趙曦明〕

5) 晏如 : 편안하다. ≪漢書≫ 〈諸王侯表〉의 '海內晏如'에 대한 注에서 "편안하다."라고 했다.〔王利器〕

6) 天保 : 北齊 文宣帝의 年號로, 550년에서 559년까지이다.〔역자〕

7) 孝昭所戮 : ≪北齊書≫ 〈孝昭帝紀〉에서 "諱는 演이고 字는 延安이며, 神武帝의 여섯번째 아들로서 文宣帝의 同母弟이다. 文宣帝가 붕어하고 어린 임금이 즉위하자, 太傅錄尙書事에 임명되어 조정의 政事가 모두 그에 의해 결정되었다. 乾明 元年에 廢帝를 따라 鄴에 가서 領軍府에 머물렀다. 당시 楊愔 등은 孝昭帝의 위세와 명망이 이미 높으므로 마음속으로 孝昭帝의 위세에 핍박을 받을까 두려워하여, 孝昭帝를 太師, 司州牧 및 錄尙書事로 삼고, 京畿大都督에서는 해임할 것을 건의하였다. 孝昭帝는 자신이 왕실의 자손이라서 시기와 배척을 당한다고 여기고서 마침내 長廣王과 모의하고는, 대궐로 가서 자리를 잡고 앉아 술을 몇 차례 돌리더니, 앉은 자리에서 楊愔 등을 잡아 御府 안에서 斬首하였다."라 하였다.〔趙曦明〕

8) 刑政 : 형벌과 정치이다. ≪春秋左氏傳≫ 隱公 11년에서 "君子가 말하기를, 鄭나라 莊公은 정치와 형벌을 제대로 행하지 못했다. 정치로써 백성들을 다스리고 형벌로써 부정을 바로잡는 것인데, 德政이 없을 뿐 아니라 위엄 있는 형벌도 없었으니, 그래서 부정한 일이 생기게 되었다."라고 하였다. ≪困學紀聞≫ 13에서 "高洋의 죄악은 石

虎나 浮生보다 더하지만, 楊愔 한 사람이 능히 백성들의 고통을 건져줄 수 있었도다!"라 하였다.〔王利器〕

9) 斛(곡)律明月 : 北齊의 左丞相 斛律光이다. ≪北齊書≫ 〈斛律金傳〉에서 "斛律金의 아들 光은 字가 明月이었다. 北周의 장군 韋孝寬은 斛律光의 용맹을 꺼려, 마침내 流言을 만들어서 첩자를 시켜 그 글을 鄴에 누설시켰는데, 祖珽과 穆提婆가 마침내 서로 손잡고 모의하여 그 流言을 황제에게 알렸다. 〈황제는〉 使者를 보내어 斛律光에게 駿馬를 하사하고는 그가 사죄하러 오자, 涼風堂으로 끌어들여 劉桃枝가 뒤에서 잡아 죽였다. 그리하여 詔書를 내려 斛律光이 모반을 했다고 하고, 곧 그의 일족을 다 멸하도록 명령을 내렸다. 北周 武帝가 뒤에 鄴에 들어가 그를 上柱國公으로 追贈하고서, 조서를 가리키며 말하기를 '이 사람이 만약 있었더라면, 짐이 어떻게 鄴에 들어올 수가 있었겠느냐?'라고 말했다."라 하였다.〔趙曦明〕

10) 折衝之臣 : ≪呂氏春秋≫ 〈召類〉에서 "孔子께서 '廟堂에서 수련을 하고 천 리 바깥에서 折衝을 하는 자란, 바로 司城子罕을 일컫는 말이로다!'라고 하셨다."라 했고, 注에서 "衝車란 적에게 부딪히는 수레이다. 道가 있는 나라는, 공격하려고 하는 자로 하여금 천 리 바깥에서 수레가 부딪혀 돌아가게 하여, 감히 못 오게 만든다."라 하였다.〔盧文弨〕

折衝이란 적의 창을 꺾고 전차에 부딪혀서 상대의 공격을 무찔러 막는다는 뜻인데, 轉하여 외교적인 교섭에서 담판을 하거나 홍정하는 일을 가리키는 말로 쓰이기도 한다.〔역자〕

11) 將士解體 : ≪春秋左氏傳≫ 成公 8년의 "사방의 제후가 누군들 마음이 떠나지 않겠소?〔其誰不解體〕"에 대한 ≪正義≫에서 "晉나라를 섬기는 마음이 다들 소홀하고 태만해진다는 말이다."라고 했다.〔盧文弨〕

≪北齊書≫ 〈宗室 思好傳〉에서 "幷州의 여러 귀인들에게 보낸 편지에서 '좌승상 斛律明月은 대대로 나라의 공신으로서 위엄이 이웃나라에 알려졌는데, 아무런 죄나 허물 없이 갑작스레 죽임을 당했습니다.'라고 했다."라 하였다. 盧思道의 〈北齊興亡論〉에서는 "斛律明月에게 屬鏤(촉루)의 검을 내린 일로, 그 원한이 천지를 움직였다."라 하였다.〔王利器〕

12) 萬夫之望 : ≪周易≫ 〈繫辭 下〉에서 "군자는 은미한 것을 알고 드러난 것을 알며, 부드러운 것을 알고 강한 것을 아나니, 많은 사람들의 희망〔萬夫之望〕이다."라 하였다.〔盧文弨〕

北齊의 文宣帝가 즉위하고 몇 년이 지나면서 酒色에 빠져 방종하니 도무지 〈나라에〉 기강이 없었다. 그래도 정치를 尙書令인 楊遵彦(楊愔)에게 맡겨서 나라 안팎이 조용하고 朝野가 편안하였으며, 각기 제자리를 찾아 큰 논란 없이 天保 연간을 무사히 끝마칠 수 있었다. 뒤에 楊遵彦이 孝昭帝에 의해 피살되면서 형벌과 정치가 이때부터 쇠퇴하기 시작했다.

斛律明月은 적의 공격을 무찔러 나라를 지킨 北齊의 신하였지만, 죄 없이 주살되어 장수와 병졸들이 흩어지자 北周 사람들이 北齊를 삼킬 생각을 하기 시작했는데, 關中 지역에서는 지금까지도 그를 기리고 있다. 이 사람의 용병술이 어찌 만민의 바람을 채워줄 정도에 그칠 뿐이랴! 나라의 存亡이 그의 生死에 달려 있었다.

7. 나라의 울타리가 된 張延雋

張延雋(준)[1)]之爲晉州行臺左丞[2)], 匡維主將[3)], 鎭撫疆埸(역), 儲積器用, 愛活黎民, 隱若敵國[4)]矣。群小不得行志, 同力遷之。旣代之後, 公私擾亂, 周師一擧, 此鎭先平[5)]。齊亡之迹, 啓於是矣。

1) 張延雋(준) : ≪資治通鑑≫ 127에서 "이에 앞서 晉州行臺左丞 張延雋은 공평하고 정직하며 부지런하고 민첩하였으며, 비축하여 대비하고 늘 준비가 되어 있어, 백성들은 편안히 생업을 꾸려나갔고 국경 내에 걱정이 없었지만, 여러 寵臣들이 그를 미워하여 바꾸게 되니, 이로 말미암아 公私가 어지럽고 시끄러워졌다."라 하였는데, 이는 아마도 ≪顔氏家訓≫의 글을 근거로 한 것 같다.〔嚴式誨〕

   正史에는 이 인물에 대한 기록이 없다.〔역자〕

2) 行臺左丞 : ≪通典≫ 22에서 "行臺省은 魏와 晉에 있었다.……그 관리로는 令僕射를 두었는데, 尙書丞郎이 늘 그때그때 통제하였다.……대체로 관할지역에 따라서 바깥 州에 설치하고 尙書의 일을 행하였다."라 하였다. ≪雲麓漫鈔≫ 2에서는 "≪南史≫에서는 조정에서 大臣을 파견하여 바깥 諸軍의 일을 감독하는 것을 일컬어 行臺라 하였다."라 하였다.〔王利器〕

3) 匡維主將 : ≪職官分紀≫ 8에 '匡維主將'을 인용하면서 '愛養將士'라 해놓았고, ≪事文大全≫ 己1에서는 '匡'을 '主'로 誤記하였다.〔王利器〕

4) 隱若敵國 : ≪後漢書≫ 〈吳漢傳〉에서 "여러 장수들이 전투가 불리함을 알았고 그중에는 많이 두려워하는 이도 있었는데, 吳漢은 의기가 변함이 없었다. 황제는 이때 사람을 보내어 大司馬가 무엇을 하는지 살펴보게 하였는데, 돌아와 지금 공격무기를 점검하고 있다고 하자, 이에 탄복을 하면서 '吳公은 의지가 굳센 것이 남달라서, 위엄이

혼자서 나라에 필적할 만하구나.〔隱若一敵國矣〕'라고 했다."라 하였다.〔趙曦明〕

章懷太子의 注에서 "隱은 위엄 있고 무거운 모습으로, 그 위엄과 무거움이 혼자서 나라에 필적할 만하다는 말이다."라 하였다.〔王利器〕

≪漢書≫ 〈游俠傳〉에서 "劇孟은 豪俠으로 유명하였다. 吳·楚 지역에서 반란이 일어났을 때 천하가 소란하였는데, 大將軍이 그를 얻게 되자 혼자서 나라에 필적할 만하였다.〔若一敵國然〕"라 하였다.〔盧文弨〕

여기서 隱은 威嚴, 威勢의 뜻이고, 敵은 대등하다, 맞선다는 뜻의 동사로 쓰였다.〔역자〕

5) 此鎭先平 : ≪北史≫ 〈周本紀〉에서 "武帝 建德 5년 10월, 황제가 군사들을 총동원하여 東伐에 나서, 內使 王誼로 하여금 晉州城을 공격하게 하였는데, 이날 밤 晉州城 위에 무지개가 뜨더니 머리는 남쪽을 향하고 꼬리는 궁궐로 들어갔다. 황제는 성으로 가서 전투를 독려했다. 北齊의 行臺左丞 侯子欽이 나와서 항복하였다. 壬申日 晉州刺史 崔嵩이 밀사를 보내어 귀순할 뜻을 알려오자, 上開府 王軌가 거기에 응하여 날이 채 밝기 전에 성에 올라 마침내 晉州를 평정하였다. 甲戌日에 上開府 梁士彦을 晉州刺史로 삼아 그 지역을 진압하였다."라 하였다.〔趙曦明〕

張延雋이 晉州의 行臺左丞으로 있으면서, 최고 장수를 보좌하여 국경 지역을 안정시키고 기물을 비축하여 백성들을 아끼고 살게 해주었는데, 그 위엄이 한 나라에 필적할 정도였다. 소인배들은 자기 뜻대로 할 수 없게 되자, 힘을 합쳐 그를 다른 곳으로 보내버렸다. 그가 교체되고 난 후 民官이 혼란해지자, 北周의 군사들이 일거에 공격하여 晉州를 먼저 진압하였다. 北齊 멸망의 자취는 여기서부터 시작되었다.

제8편 勉學 학문에 힘씀

學問과 그것을 위한 讀書 행위의 당위성과 목적 그리고 효용성에 대해 강조하고 그 得과 失을 여러 사례를 통해 例證하였다.

自己完成을 위해 끊임없이 학문을 추구해야 한다는 前提를 하면서도 안정된 삶의 방편과 실무적인 능력을 얻기 위해 학문이 필요하다는 입장을 강조함으로써 실용주의적인 학문관을 보여주고 있다. 이에 따라 南朝 귀족들의 無學無能한 행태를 질타하고 經學 중심의 편협한 儒學을 止揚하며 空理空談에 빠진 당시의 玄學 풍조를 비판하고 있다. 이는 亂世에 처한 儒家的 지식인인 顔之推의 삶에서 빚어진 學問觀이라 할 것이다.

이외에도 많은 유명 인물들의 勉學 사례와 不學에서 빚어진 에피소드 등을 소개하고 있으며, 末尾에서는 학문을 탐구함에 있어 文字學의 중요성을 자신의 체험을 통해 예증하고 있다.

1. 부지런히 배워야 하는 이유

自古明王聖帝，猶須勤學，況凡庶乎！此事遍於經史，吾亦不能鄭重[1]，聊擧近世切要[2]，以啓寤[3]汝耳。士大夫子弟，數歲[4]已上，莫不被敎，多者或至≪禮≫、≪傳≫[5]，少者不失≪詩≫、≪論≫[6]。及至冠婚，體性[7]稍定，因此天機[8]，倍須訓誘。有志尙[9]者，遂能磨礪，以就素業[10]；無履立[11]者，自玆墮慢，便爲凡人。人生在世，會當[12]有業：農民則計量耕稼，商賈則討論貨賄[13]，工巧[14]則致精[15]器用，伎藝[16]則沈思法術，武夫則慣習弓馬，文士則講議經書。多見士大夫恥涉農商，差[17]務工伎，射則不能穿札[18]，筆則纔記姓名[19]，飽食醉酒，忽忽[20]無事，以此銷日，以此終年。或因家世餘緖，得一階半級[21]，便自爲足，全忘修學；及有吉凶大事，議論得失，蒙然張口[22]，如坐雲霧；公私宴集，談古賦詩，

塞默低頭, 欠伸而已。有識旁觀, 代其入地。何惜數年勤學, 長受一生愧辱哉!

1) 鄭重 : 北宋 靖康 연간에 지어진 黃朝英의 ≪緗素雜記≫ 2에 "≪漢書≫ 〈王莽傳〉에 '하늘이 빈번히 符命을 내려보내신 바의 뜻이 아니었다.'라는 구절에 대해 顔師古는 '鄭重이란 빈번하다는 말과 같은 뜻이다.〔鄭重猶言頻煩也〕'라고 주석하였는데, ≪顔氏家訓≫에서도 이렇게 말한 것이니 이는 참으로 ≪漢書≫의 취지를 얻은 것이다. 근래 沈括은 ≪夢溪筆談≫에서 石延年의 일을 이야기하며 '뒷날 시험삼아 사람을 보내 은근히 통하려 하였지만 문을 닫은 채 들이지 않았을 뿐만 아니라 문간으로 마중 나온 이조차 없었다.'고 하였으니, 이는 곧 '鄭重'을 '殷勤'의 뜻으로 여긴 것이나 어디에 근거하여 그렇게 말한 것인지는 알 수 없다.……≪三國志≫ 〈魏志 倭人傳〉에 '나라에서 그대를 애석히 여기고 있는 줄을 알게 하고자 그래서 빈번히 그대에게 좋은 물건을 내린 것이다.'라고 하였으니 이 또한 '頻煩'의 뜻을 지닌 것이다. 요즘 사람들은 '鄭重'을 '愼重'의 뜻으로 여기니 이 또한 잘못된 것이다."라고 하였다.〔王利器〕
2) 切要 : 확연하고도 간명하다.〔역자〕
3) 啓寤 : '啓'란 '열다〔開〕'의 뜻이며, '寤'란 '깨닫다〔覺〕'의 뜻으로 '悟'와 뜻이 통한다.〔盧文弨〕
4) 數歲 : '나이를 헤아린다.'는 뜻에서 대개 4세 이상의 童年期 이후를 가리킨다. 본서 제2 〈教子〉篇의 주석 '數歲'의 설명 참조.〔역자〕
5) 禮傳 : ≪周禮≫와 ≪春秋左氏傳≫이다. 본서 제1 〈序致〉篇의 2 주 12) 참조.〔역자〕
6) 詩論 : 고대 문헌에서 단독으로 쓰인 '詩'는 곧 ≪詩經≫ 을 가리킨다.〔역자〕 '論'이란 ≪論語≫를 일컬은 것이다.〔盧文弨〕

   漢·魏·六朝시대 사람들은 ≪論語≫를 ≪論≫이라고 줄여 불렀으니, 黃侃은 ≪論語集解義疏≫의 서문에서 劉向의 ≪別錄≫을 인용하며 "魯나라 사람들이 배운 것을 ≪魯論≫이라 하였고, 齊나라 사람들이 배운 것을 ≪齊論≫이라 하였으며, 孔子 故宅의 벽에서 얻은 것을 ≪古論≫이라 하였다."고 하였다.〔王利器〕
7) 體性 : 身體와 稟性을 가리킨다.〔역자〕
8) 天機 : ≪莊子≫ 〈大宗師〉에 "욕심이 많은 사람은 아마도 '타고난 영감〔天機〕'이 적을 것이다."라고 하였던바, 成玄英은 이에 대하여 "타고난 기지〔天然機神〕가 얕고 무딘 것이다."라고 주석하였다.〔王利器〕

   타고난 재치나 영감을 가리킨다.〔역자〕
9) 志尙 : 志向이나 理想이다.〔역자〕
10) 素業 : 맑고 소박한 본업〔清素之業〕이다.〔盧文弨〕

   ≪晉書≫ 〈陸納傳〉에 "네가 아비와 삼촌을 더 영광스럽게 하지는 못하고 다시금 우리의 '본업〔素業〕'을 더럽혔는가!"라고 하였다.〔王利器〕

庄輝明・章義和 등의 ≪顔氏家訓譯註≫에서는 "사대부가 종사하는 儒業"으로 풀이했다.〔역자〕

11) 履立 : 몸가짐〔操履〕을 바르게 세우는 것이다.〔盧文弨〕

12) 會當 : 劉淇의 ≪助字辨略≫ 4에 "≪魏志≫ 〈崔琰傳〉에 '사내가 세상에 살면 마땅히〔會當〕 수만의 병사와 천 필의 기마를 뒤에 거느려야 할 것이다.'라고 하였다. ≪顔氏家訓≫에도 이 말이 있다. '會'는 곧 '當'의 뜻이니 '會當'이란 같은 뜻을 중첩해서 말한 것이라고 주석하고 있다."고 하였다.〔王利器〕

'應當'과 같은 뜻이다.〔역자〕

13) 貨賄 : ≪周禮≫ 〈天官 大宰〉의 "장사치들이 재화〔貨賄〕를 널리 유통시킨다."는 구절에 대해 鄭玄은 "金과 玉은 '貨'라고 하며, 布와 帛은 '賄'라고 한다."라고 주석하였다.〔盧文弨〕

'財貨', 혹은 '財物'의 뜻이다.〔역자〕

14) 工巧 : '巧匠', 곧 솜씨 좋은 匠人이다.〔역자〕

15) 致精 : 정교함에 이르다. 여기서는 그렇게 되도록 솜씨를 다하는 것이다.〔역자〕

16) 伎藝 : ≪文選≫ 〈思玄賦〉의 "伎藝를 다 섞어 넣어 패옥을 엮는다."는 구의 舊注에는 "손으로 익힌 기량은 '伎'라고 하며, 몸으로 익힌 재능은 '藝'라고 한다."고 하였다.〔王利器〕

여기서는 '藝人'을 가리킨다.〔역자〕

17) 差 : 周法高의 ≪顔氏家訓彙註≫에서는 '羞'로 되어 있다. 이를 따른다.〔역자〕

18) 札 : '甲札', 곧 '갑편〔甲葉〕'의 뜻이다. ≪春秋左氏傳≫ 成公 16년에는 "潘尫(왕)의 아들 潘黨과 養由基는 갑옷을 포개어놓고 활을 쏘아 일곱 겹의 갑편〔札〕을 꿰뚫었다."라고 하였다.〔盧文弨〕

19) 筆則纔記姓名 : ≪史記≫ 〈項羽本記〉에 "글이란 이름자를 쓸 수 있기만 하면 그만이다."라고 하였다.〔盧文弨〕

20) 忽忽 : 실의한 모습이다.〔역자〕

21) 一階半級 : ≪北史≫ 〈序傳〉에 "仲擧는 '내가 어려서부터 벼슬할 뜻이 없었거늘, 어찌 늘그막에 이르러 말단 관직〔一階半級〕 따위를 구하랴?' 하였다."라고 하였다.〔王利器〕

말단의 하급관리 직급이다.〔역자〕

22) 蒙然張口 : '蒙然'은 무지몽매한 모습이고, '張口'는 놀라거나 두려워 입을 벌린 채 닫지 못하는 모양이다.〔역자〕

예로부터 明哲하고 성스러우신 제왕들조차도 오히려 모름지기 학문에 힘쓰셨거늘

하물며 평범한 사람들이야 말할 나위 있겠는가! 이에 대한 실례는 經典과 史書에 두루 쓰여 있어서 나 또한 일일이 열거할 수는 없으나, 잠시 근래의 확연하고도 간명한 사례를 들어 너희들이 깨우치도록 일깨울 따름이다.

士大夫의 子弟라면 童年期에 들면서부터 교육을 받지 않음이 없으니 많이 배운 이는 ≪周禮≫와 ≪春秋左氏傳≫에 이르고, 적게 배운 이라도 ≪詩經≫과 ≪論語≫는 빠뜨리지를 않는다. 성년이 되고 婚禮를 치를 나이에 이르러 몸과 마음이 점차 안정되면 그 타고난 재능에 바탕하여 갑절로 가르치고 이끌어야 한다. 지향하는 바가 있는 자는 반드시 갈고 닦아 〈士族으로서의〉 本業인 儒業을 이룰 수 있을 터이나, 몸가짐을 바르게 하지 못한 자는 이로부터 게으르고 산만해져서 범속한 사람이 되고 말 것이다.

사람이 세상을 살아가자면 반드시 종사하는 일이 있어야 한다. 농부라면 농사일을 계획하여 헤아리고 장사치라면 상품의 가격을 따질 터이고, 匠人이라면 기물에 솜씨를 다하고 藝人이라면 그 재주를 깊이 고안할 터이며, 武人이라면 활쏘기며 말타기를 몸에 배도록 익히고 文士라면 經書를 강론할 터이다.

그런데 사대부랍시고 농사나 장사에 관여하기는 창피해하고 技術이나 技藝에 힘쓰기는 부끄러워하면서도 활을 쏘면 갑옷의 갑편을 뚫지 못하고 글을 쓰면 제 이름자나 겨우 쓸 뿐인데, 배불리 먹고 술에 취한 채 멍하니 하는 일 없이 허송세월만 하면서 일생을 마치는 이들을 많이 보았다.

어떤 사람은 집안이 대대로 벼슬해온 덕에 반쪽짜리 말단 관직이라도 얻으면 이때부터 곧 만족스러워 학문을 닦는 일을 까맣게 잊어버린다. 吉凶의 大事라도 생겨 이해득실을 의논이라도 할라치면 멍청하니 입만 벌리고 있는 것이 마치 구름 속이나 안개 속에 앉아 있는 듯하다. 公私간에 연회에라도 모여 옛일을 이야기하거나 詩라도 읊을라치면 묵묵히 입을 닫고 고개를 숙인 채 하품을 하고 기지개를 켤 뿐이다. 학식 있는 선비가 곁에서 볼라치면 그를 대신해 땅속으로 〈숨어〉 들어가버리고 싶을 지경이다. 어찌 몇 년간 부지런히 배우는 노력을 아까워하다가 일생 동안 길이 수모와 치욕을 당하겠는가!

2. 學問 없는 貴族의 몰락

梁朝全盛之時, 貴遊子弟[1), 多無學術, 至於諺云 : "上車不落則著作, 體中何如則秘書。"[2) 無不熏衣剃面[3), 傅粉施朱[4), 駕長簷車[5), 跟高齒屐[6), 坐棊子方褥[7), 憑斑絲[8)隱囊[9), 列器玩[10)於左右, 從容出入, 望若神仙。明經[11)求第, 則顧人答策[12) ; 三九公讌[13), 則假手賦詩[14)。當爾之時, 亦快士[15)也。及離亂[16)之後, 朝市[17)遷革, 銓衡[18)選擧[19), 非復曩者[20)之親 ; 當路[21)秉權, 不見昔時之黨。求諸身而無所得, 施之世而無所用。被褐而喪珠[22), 失皮而露質[23), 兀若枯木[24), 泊若窮流[25), 鹿獨[26)戎馬[27)之間, 轉死溝壑之際[28)。當爾之時, 誠駑材[29)也。有學藝者, 觸地[30)而安。自荒亂[31)已來, 諸見俘虜。雖百世小人, 知讀≪論語≫、≪孝經≫者, 尙爲人師 ; 雖千載冠冕[32), 不曉書記[33)者, 莫不耕田養馬。以此觀之, 安可不自勉耶? 若能常保數百卷書, 千載終不爲小人也。

1) 貴遊子弟 : ≪周禮≫ 〈地官 師氏〉의 "무릇 나라의 '有閑 貴族子弟〔貴遊子弟〕'들이 이곳에서 배웠다."는 구에서 鄭玄은 "貴遊子弟란 王公子弟들이다. '遊'라 한 것은 맡은 바 관직이 없었기 때문이다."라고 하였다.〔盧文弨〕

2) 至於諺云……體中何如則秘書 : ≪隋書≫ 〈經籍志〉 '史部總論'에 "魏・晉시대 이래 史官의 제도는 더욱 쇠퇴하여, 春秋 時期의 史官 南史氏나 董狐의 직책은 유한 귀족자제의 차지가 되었고 史家 劉向과 劉歆의 직책도 재능을 보아 수여된 예가 드물었으니, 이 때문에 梁나라 때의 속담에 '수레에 오르다 떨어지지만 않으면 곧 著作郎이요, 안녕하십니까 하고 인사치레만 할 줄 알면 곧 秘書郎이다.'라고 일러왔다."고 하였다. ≪太平御覽≫ 233에서도 ≪後魏書≫를 인용하여 "秘書郎은 齊나라와 梁나라의 말기에는 유한 귀족자제가 이를 맡아 진정한 실력은 없었다."고 하였다.〔王利器〕

3) 熏衣剃面 : 향기가 스미도록 향내를 옷에 쐬고 수염을 말끔히 밀다.〔역자〕

4) 傅粉施朱 : ≪史記≫ 〈佞幸傳〉에 "漢나라 孝惠帝 때는 郎과 侍中들이 모두 鵔鸃冠(준의관)과 조가비 혁대로 치장하고 '연지와 분으로 화장하였으므로〔傅脂粉〕', 高祖 때의 男妓 閎孺나 惠帝 당시의 男妓 籍孺의 겉모습으로 바뀌어 있었다."고 하였다. ≪後漢書≫ 〈李固傳〉에 "李固는 홀로 胡粉을 바르고서 머리카락을 매만지며 멋을 내었다."고 하였고, ≪三國志≫ 〈魏書 曹爽傳〉에는 ≪魏略≫을 인용하여 "何晏은 성품이 자신의 동정을 엿보기를 좋아하여, 백분을 손에서 떼놓지 않았고 걸어갈 때는 그림자를 돌아보았다."고 하였으며, ≪北齊書≫ 〈文宣帝紀〉에는 "〈황제는〉 간혹 신체를

드러내고 분과 먹을 바르고 그렸다."고 하였으니, 男子가 분을 바르는 습속은 漢나라 때부터 魏나라를 거쳐 南北朝 시기에 이르기까지 한결같이 그러하였다.〔王利器〕

5) 長簷車 : '簷'은 '끌채〔轅〕'를 가리킨다. 끌채가 길면 수레를 탄 사람이 편안하기 때문이다.〔盧文弨〕

盧文弨의 설명은 옳지 못하다. '簷'이란 수레 덮개의 '앞 차양〔前簷〕'를 일컬은 것이다. 지붕에서 대청 앞 기둥 위로 처마를 낸 것과 같기 때문이다. 蘇軾의 〈椰子冠〉 詩에는 "다시금 짧은 차양〔簷〕에 키 높은 모자를 좀 썼다 한들, 東坡가 무슨 일로 유행을 어기지 못하겠소?"라고 하였으니, 이때 '簷'자의 뜻이 이와 같은 쓰임인바, 지금의 모자 차양〔帽沿〕에 해당하는 말이다.〔王利器〕

6) 跟高齒屐 : 跟은 '신다'의 뜻이다.〔역자〕

晉나라 때 이래로 사대부들은 나막신을 즐겨 신어서 비가 내리지 않아도 이것을 신었다. 밑으로 굽이 나 있고 謝安이 이를 좋아했는데 문지방을 건너다 보면 저도 모르게 굽이 부러지기도 했다고 하니 집안에서도 신었던 것 같다.〔盧文弨〕

본서 제11 〈涉務〉篇에 "梁나라 때 사대부들은 모두가 품 넓은 옷에 폭 넓은 띠를 매었는데, 冠은 크고 신발은 굽이 높았다.〔高履〕"라고 하였다. '굽 높은 신발〔高履〕'이란 바로 '굽 높은 나막신〔高屐〕'이다.〔王利器〕

7) 棊子方褥 : 바둑판무늬를 짜 넣은 비단〔綺〕으로 만든 방형의 방석이다. ≪釋名≫ 〈釋采帛〉에 "綺란 바둑판무늬〔棊文〕가 있는 것으로, 사방무늬가 바둑판과 같다."라고 하였다.〔王利器〕

8) 斑絲 : 온갖 색실을 섞어 짠 직물이다.〔역자〕

9) 隱囊 : ≪楊升庵文集≫ 67에 "晉나라 이후로 士大夫들이 淸談을 숭상하고 한가하게 은둔하기를 즐기면서 처음 麈尾(큰사슴꼬리털 총채. 일명 拂塵)를 만들기 시작하였으나, 隱囊을 만든 것은 언제부터인지 지금 알 수 없고 그 이름도 후학들은 아는 이가 적다. ≪顔氏家訓≫에서 이를 일컬었으니, 王右丞의 詩 〈酬張諲〉에는 '성 동문 밖의 협객일랑 배우지 마오, 隱囊 괴고 烏紗帽 차림으로 바둑이나 두고 앉구려.'라고 하였다."고 하였다.〔王利器〕

허리받이. 부드러운 속을 채운 주머니로 왼쪽 곁에 받쳐놓고 그 위로 몸을 기대는데, 팔을 굽혀 덮으면 그 속에 감추어지므로 일컫는 말이다.〔역자〕

10) 器玩 : 감상용 기물이다.〔역자〕

11) 明經 : ≪日知錄≫ 16에 "唐나라 제도로는 六科가 있어 각각 秀才, 明經, 進士, 明法, 書, 算이 있었으니, 그 당시에 詩賦로 뽑힌 이를 進士라 하였으며, 經義로 뽑힌 이를 明經이라 하였다."고 하였다. 또 "唐나라 때 벼슬길에 나아가는 수로서는 明經이 가장 많았는데 시험을 치르는 방식은 응시자에게 注·疏까지 모두 쓰게 하였으

니, 이를 帖括이라고 하였다."고도 하였다. 내가 생각하기에 漢나라 때의 옛 의례로서는 "刺史가 천거하는 평민으로 茂材가 있는데 그 이름을 丞相에게 보내면 丞相이 시험을 치르게 하고 선발하였는데, 取明經의 一科와 明律令의 一科와 能治劇의 一科에서 각각 한 사람씩이었다."고 하였으니, 明經으로 선비를 뽑은 것은 漢나라 때부터 이미 그러했던 줄을 알겠다. ≪文選≫〈永明九年策秀才文〉의 李周翰의 주석에 "高第明經이란 덕행이 몹시 뛰어나고 經國之道에 밝음이 제일간다는 뜻이다."라고 하였으므로, 六朝시대의 明經은 唐나라 때와는 구별되는 바가 있다.〔王利器〕

12) 答策 : ≪漢書≫〈蕭望之傳〉의 주석에 "對策이란 정치적 사안이나 경전의 의미를 드러내 묻고서 각자에게 이에 대한 계책을 답하게 하여 그의 문장을 살펴보며 高下의 등급을 확정짓는 것이다."라고 하며, ≪文選集注殘本卷≫〈七十一策秀才文〉에 "策에는 두 가지가 있다. 對策이란 조칙에 응대하는 것으로, 황제가 불러다 묻는 것을 對策이라 하며, 州・縣에서 천거할 때의 방식은 射策이라 한다. 對策은 前漢 때에 시작되었으나, 文帝 15년에는 天下의 어진 인재나 뛰어난 선비를 천거하게 하는 조칙을 내리며 그들에게 射策을 올리게 하였다고 한다. 陸善經은 '漢 武帝 때에 처음 그러한 과목을 두었다.'고 주석하고 있다."고 하였다.〔王利器〕

科擧 시험에서 정책을 제시하는 답안을 내는 것이다.〔역자〕

13) 三九公讌 : 孫志祖는 ≪讀書脞錄≫ 7에서 徐鯤을 인용하며 "三九란 公卿을 일컬은 말이다. ≪後漢書≫〈郎顗傳〉에 '폐하께서 즉위하신 이래로 모든 정사에 삼가 온 마음을 다 쏟으셨사오나, 三九의 지위에는 아직 그러한 인물이 보이지 않사옵니다.' 하는 구절에 '三九란 三公과 九卿이다.'라고 주석하고 있다. 또한 ≪文選≫에서 張銑은 王仲宣의〈公讌詩〉에 대하여 '이는 曹操의 연회를 모시던 때의 시이다. 당시에 曹操는 아직 天子의 지위에 오르지 못하였으므로 公讌이라 한 것이다.'라고 주석하였다. 이에 근거하자면 '公讌'은 公卿의 신분에 속하는 宴會였음을 알 수가 있다."라고 하였다.〔王利器〕

三公九卿의 宴會이다. '公讌'은 公卿 신분의 고관이나 官府에서 여는 宴會를 가리킨다.〔역자〕

14) 假手賦詩 : ≪隋書≫〈劉炫傳〉에 "劉炫은 자신의 상태에 대해 말하기를 '公私간에 작성한 문장이나 서간에는 일찍이 남의 손을 빈 것이 없었다."고 하며, ≪史通≫〈載文〉篇에, 魏晉시대 이래 거짓으로 썼거나 덧붙여 쓴 잘못이 다섯 가지가 있는데 그 세 번째가 '남의 손을 빌어 쓰기〔假手〕'라고 하였다. 葉紹泰는 "육조시대의 문장은 오직 梁나라 때에만 성황을 이루었다 할 만한데, 유한 귀족자제들이 조정 선비들의 수치거리였던 것은 이 名人集 속에도 남이 대신해서 지은 작품이 많기 때문이다."라고 하였다.〔王利器〕

남의 손을 빌어 시를 짓다.〔역자〕

15) 快士 : 본서 제19 〈雜藝〉篇에도 “재능과 학식이 시원스런 선비〔才學快士〕”라는 말이 있으며, 본편의 뒷글에도 “사람들이 이웃마을의 친척 가운데 ‘빼어나고 시원스런〔佳快〕’ 선비가 있는 것을 보았다.”고 하였으며, ≪北史≫ 〈劉延明傳〉에는 ‘시원스런〔快〕 사위(快女婿)’라는 말이 있어 그 뜻은 모두가 같은바 ‘시원스럽다〔快〕’에는 곧 ‘빼어나다〔佳〕’의 뜻이 들어 있다.〔王利器〕

본편 5 주 1) 참조.〔역자〕

16) 離亂 : 變亂이나 戰亂이다. 여기서는 ‘侯景의 亂’을 가리킨다. 南北朝 時期 梁 武帝 太淸 2년(548) 8월, 東魏의 降將 侯景이 京城의 守將 蕭正德과 결탁하고 謀反을 일으켰다. 太淸 3년 3월, 侯景은 台城을 함락시키고 梁 武帝를 연금하였다가 武帝가 죽자 蕭綱과 蕭棟을 차례로 황제로 즉위시켰으나, 天正 2년(552), 마침내 梁나라 장수 陳霸先과 王僧辯에게 다시 소탕된 사건이다. 侯景에 대한 자세한 내용은 본서 제7 〈慕賢〉篇 5 주 1) 참조.〔역자〕

17) 朝市 : ‘朝廷’을 일컫는 말이다. 顔之推의 〈觀我生賦〉에서 “마침내 조정도 변하고 저자도 바뀌었다.〔訖變朝而易市〕”고 한 것은 여기서 “朝廷이 뒤바뀌었다.〔朝市遷革〕”고 한 말과 그 뜻이 같다. ≪周禮≫ 〈考工記〉에서는 “匠人이 국가의 도읍을 설계할 적에 조정은 〈왕궁으로부터〉 남쪽에 마주하게 하고 저자는 등뒤 〈북쪽으〉로 두었다.〔面朝後市〕”고 하였으니, 대개 시장의 맞은편이 곧 조정이고 조정의 뒤가 곧 시장이므로, 예로부터 말하는 자가 ‘朝市’로 ‘朝廷’을 가리킨 예가 많다.〔王利器〕

18) 銓衡 : 시험. 選拔. 혹은 ‘銓衡官’이나 ‘전형관의 수장’을 가리킨다.〔역자〕

19) 選擧 : 천거하다. 혹은 推薦官을 가리킨다.〔역자〕

20) 曩者 : 전에〔向時〕. ‘曩’과 뜻이 같다.〔王利器〕

21) 當路 : ≪孟子≫ 〈公孫丑 上〉에서는 “스승께서 齊나라에서 정무를 집행하신다면〔當路〕 管仲과 晏子의 공적을 다시 일으키실 수가 있으시겠습니까?” 하였는데, 趙岐는 이에 대하여 ‘정무를 집행하다.〔當仕路〕’로 주석, 풀이하였다.〔王利器〕

정무를 집행하다〔執政〕. 혹은 그러한 사람, 곧 爲政者를 가리킨다.〔역자〕

22) 被褐而喪珠 : ‘被’는 ‘입다〔披〕’와 같은 뜻이다. ≪老子≫ 제70장 〈知難〉에서 이른바 “聖人은 겉에는 거친 옷을 입고 있으나, 속에는 옥을 지녔다.〔聖人被褐懷玉〕”는 말과 대비해서 쓴 것이니, 뛰어난 사람이 겉은 초라해도 속에는 재능을 품고 있는 것과는 달리, 덕 없는 사람이 몰락한데다 속에 지닌 재능도 없음을 이르는 말이다.〔역자〕

23) 失皮而露質 : 겉과 속이 다르던 사람이 덮어썼던 겉가죽을 잃어버리자 속 내용이 다 드러나다. ≪法言≫ 〈吾子〉篇에 “속은 양인데 겉만 호랑이여서〔羊質而虎皮〕 풀을

보면 기뻐하고 승냥이를 보면 벌벌 떠니 그 겉이 호랑이임을 잊어버린 것이다."라고 하였다.〔盧文弨〕

24) 兀若枯木 : '兀'의 본래 뜻은 '우뚝 솟다.', 혹은 '우뚝 서다.'이다. 范成大의 〈過松江〉에서 "지난해 필마 타고 봄 한기에 우뚝 섰지.〔兀〕"라고 한 예가 이것이다. 다만 '우뚝 솟는다.'는 뜻에서 널리 '한쪽 발을 잘린 외다리'를 가리키기도 한다. ≪莊子≫ 〈德充符〉에서 "魯나라에 叔山이란 이름의 외다리〔兀〕 사내가 발가락이 없어서, 뒤꿈치 걸음으로 孔子를 만났다."는 예가 이것이다. 여기서는 무리를 잃고 고립된 사대부의 모양을 비유한 것이므로 '외발로 서다.〔兀〕'라고 풀이한 것이다.〔盧文弨〕

25) 泊若窮流 : 陸機는 〈文賦〉에서 "마른나무처럼 아무 느낌이 없고 '말라버린 계곡〔涸流〕'처럼 텅 비어 있다."고 하였으므로 '泊'은 아마도 '洦(백)'이 되어야 할 것이다. 본편의 24에서도 ≪說文解字≫를 인용하며 "洦은 물이 얕은 모양이다." 하였으므로, 여기에서는 당연히 이 글자를 써야 할 것이다.〔盧文弨〕

26) 鹿獨 : 실의하다. 생활이 어려워 떠돌다. 혹은 '獨鹿'이라고도 한다.〔역자〕

27) 戎馬 : 軍馬, 혹은 전란을 가리킨다.〔역자〕

28) 轉死溝壑之際 : 轉死는 '시체가 굴러다니다.〔轉屍〕'의 뜻이다. ≪孟子≫ 〈梁惠王下〉에 따르면 "군왕의 백성들 중 늙고 약한 이들이 〈죽어〉 '산골짜기에 굴러다닌다.〔轉乎溝壑〕'"고 하였으며, 胡三省은 ≪資治通鑑≫ 31의 주석에서 應劭를 인용하며 "죽어서 매장하지 못하였기 때문에 시신이 산골짜기 가운데 굴러다니는 것이다."라고 하였다.〔王利器〕

29) 駑材 : 둔재, 미련한 인간을 가리킨다.〔역자〕

30) 觸地 : '가는 곳마다, 어느 곳이라도'의 뜻이다.〔역자〕

31) 荒亂 : 해는 가물고 세상은 어지러운 난리통이다. 뒤숭숭하다. 흉흉하다.〔역자〕

32) 冠冕 : ≪文選≫ 〈奏彈王源〉에서 李善이 ≪袁子正書≫를 인용해놓은 주석에 "예로부터 命士(처음 벼슬한 낮은 벼슬아치) 이상은 모두 冠이나 冕이 있었으므로 이들을 冠族이라 일컬었다."고 하였다.〔王利器〕

고대 帝王이나 官員이 쓰던 모자이다. 혹은 벼슬아치를 가리킨다. 許愼의 ≪說文解字≫에 "冕이란 大夫 이상의 신분이 쓰던 冠이다."라고 하였다.〔역자〕

33) 書記 : 書籍이나 書札 등이다.〔역자〕

梁나라의 전성시기에 有閑 貴族子弟 가운데는 학문이라고는 갖추지 못한 이들이 많아서, 속담에 "수레에 오르다 떨어지지만 않으면 곧 著作郎이요, 〈편지글에〉 '안녕하십니까' 하고 인사치레만 할 줄 알면 곧 秘書郎이다."라고 할 지경이었다. 향내를 옷에 쐬고 수염을 말끔히 민 다음 분 바르고 연지를 찍지 않은 이가 없으니, 차양이긴 편안한 수레를 타고 굽 높은 나막신을 신은 채 바둑판무늬를 짜 넣은 비단방석에 앉아 온갖 색실을 섞어 짠 허리받이에 기대고는 볼 만한 기물을 좌우에 늘어놓고 여유롭게 드나드는 모양은, 바라보자면 神仙인가 싶었다. 明經科에 급제를 하고자 사람을 사서 답안을 쓰고, 高官들의 연회에 참가하면 남의 손을 빌어 시를 지었다. 〈이들이〉 당시에는 그래도 호쾌한 선비였다.

〈侯景의〉 난리가 벌어진 이후에 조정에 변혁이 일어나자 銓衡官이나 推薦官들이 전에 이를 맡았던 친척도 아니고, 요직에서 권력을 쥔 사람들 가운데서도 옛날 같은 당파의 무리들을 찾아볼 수가 없었다. 제 한 몸에서 구하려 한들 얻을 것이 없고, 세상에 베풀고자 한들 쓸 만한 것이 없었다. 겉으로 거친 옷을 입었을 뿐만 아니라 속에도 옥이 없고, 겉가죽을 잃어버리자 속 내용도 다 드러나버려서, 외발로 서 있는 모양이 가지 마른 나무 등걸 같고, 주저앉은 모양이 물 마른 강바닥인 듯하니, 실의하여 전란 중에 떠돌다 산골짜기에 떨어져 죽고 말았다. 〈이들은〉 당시에 참으로 어리석은 자였다.

學問과 技藝를 갖추고서야 어느 곳에서든 안주할 수가 있는 법이다. 난리통 이래 많은 사람들이 포로가 되었는데 비록 대대손손 신분이 미천하였더라도 ≪論語≫와 ≪孝經≫을 읽을 줄 아는 사람이면 오히려 남의 스승이 되었으나, 장구한 세월 벼슬한 집안이었더라도 책을 읽을 줄 모르면 농사나 짓고 말이나 치게 되었다. 이것으로 보건대 어찌 스스로 열심히 공부하지 않을 수 있겠는가? 만약 항상 수백 권의 책을 간직할 수만 있다면 천년토록 미천한 사람이 되지는 않을 것이다.

3. 讀書만이 활로이다

夫明六經[1)]之指, 涉百家之書[2)], 縱不能增益德行, 敦厲[3)]風俗, 猶爲一藝[4)], 得以自資。父兄不可常依, 鄕國不可常保, 一旦流離, 無人庇廕[5)], 當自求諸身耳。諺曰:“積財千萬, 不如薄伎在身。” 伎之易習而可貴者, 無過讀書也。世人不問愚智, 皆欲識人之多, 見事之廣, 而不肯讀書, 是猶求飽而嬾(란)營饌[6)], 欲暖而惰裁衣也。夫讀書之人, 自羲、農[7)]已來, 宇宙之下, 凡識幾人, 凡見幾事, 生民[8)]

之成敗好惡, 固不足論, 天地所不能藏, 鬼神所不能隱也。

1) 六經 : ≪禮記≫ 〈經解〉에 열거된 바에 따르면, ≪詩經≫, ≪尙書≫, ≪樂記≫, ≪周易≫, ≪禮記≫, ≪春秋≫가 이것이다.〔盧文弨〕
2) 涉百家之書 : 經書는 밝히지 않을 수가 없으나, 百家의 서적들이야 다만 섭렵할 대상일 따름이다.〔盧文弨〕
3) 敦厲 : 고무하다. 권면하다. 혹은 장려하다. '敦勵'로도 쓰인다.〔역자〕
4) 一藝 : '한 가지 經典〔一經〕'의 뜻이다. ≪漢書≫ 〈藝文志 六藝略〉에 "옛날 학자들은 밭 갈고 뽕을 치느라 3년에 한 가지 經典〔藝〕을 통달하되 그 도리를 이어받아 經文을 직접 체득할 따름이다. 이 때문에 걸린 날짜는 적지만 쌓인 덕은 많으니 나이 서른이면 五經을 정립하였다."라고 하였다.〔王利器〕

   다만, 顔之推는 여기서 經典의 추상적 功能 대신 아래 구절에서 보이는바 '제 몸에 지닌 하찮은 技藝〔薄伎在身〕'로서의 그 실천적 효능의 측면을 말한 것이므로 '한 가지 기예〔一藝〕'로 번역한 것이다.〔역자〕
5) 庇廕 : ≪春秋左氏傳≫ 文公 7년에 "昭公이 여러 公子들을 제거하려 하자 樂豫가 '아니 되옵니다. 公族은 公室의 가지이고 잎입니다. 만약 가지와 잎을 제거하게 되면 밑뿌리를 덮어 보호해줄〔庇蔭〕 것이 없어집니다. 칡덩굴조차도 그 밑뿌리를 덮어주므로〔庇〕 詩人은 이를 형제들에 비유하였습니다. 하물며 나라의 임금이야 말할 나위 있겠습니까?'라고 말했다."라 하였다.〔王利器〕

   '덮어서 보호하다, 돕다, 庇護'의 뜻이다.〔역자〕
6) 營饌 : 음식을 마련하다.〔역자〕
7) 羲農 : 伏羲氏와 神農氏이다.〔역자〕
8) 生民 : '人類, 백성'의 뜻이다.〔역자〕

무릇 六經의 요지를 밝히고 百家의 서적을 섭렵하는 것이 설사 德行을 增益시키거나 風俗을 鼓舞시켜 줄 수는 없다 치더라도, 오히려 한 가지 技藝로 삼아 그것으로 자신이 살아갈 밑천을 얻을 수는 있다. 부모와 형제도 영원히 의지할 수는 없고 향리나 국가도 항구히 보전될 수는 없는 것이어서, 하루 아침에 떠도는 신세가 되면 비호해줄 사람이라고는 아무도 없어서 마땅히 홀로 자신에게서 방도를 찾아야 할 뿐이다.

俗談에 이르기를 "천만금 쌓아놓은 재물도 제 몸에 지닌 하찮은 기예만 못하다."고 하였다. 기예 가운데서 쉽게 익힐 수 있으면서도 귀하게 여겨질 만한 것으로서는 讀

書를 능가할 것이 없다.

세상 사람들은 어리석든 지혜롭든 저마다 더 많은 사람들을 알고 싶어 하고 더 널리 사물을 보고 싶어 하나 책을 읽으려고 들지는 않으니, 이는 배를 불리고 싶으면서도 음식 마련하기를 게을리 하고, 몸을 따뜻이 하고 싶으면서도 옷 짓기를 귀찮아하는 것과 같다.

무릇 독서를 하는 사람은 伏羲氏와 神農氏 이래로 우주의 밑〈에 놓인 이 세상〉에 얼마만 한 인류가 있었는지를 두루 알고 얼마만 한 일이 벌어졌는지를 두루 살필 수 있으니 인류의 성공과 실패, 사랑과 증오에 대해서는 굳이 말할 것도 없을 터인바, 〈독서하는 이에게는〉 天地라도 감출 수가 없을 것이요, 鬼神이라도 숨길 수가 없을 것이다.

4. 學問의 가치

有客難[1]主人[2]曰：“吾見彊弩[3]長戟[4]，誅罪安民，以取公侯者有矣；文義習吏[5]，匡時富國，以取卿相者有矣。學備古今，才兼文武，身無祿位，妻子飢寒者，不可勝數，安足貴學乎？” 主人對曰：“夫命之窮達，猶金玉木石也；脩以學藝，猶磨瑩[6]雕刻也。金玉之磨瑩，自美其鑛璞；木石之段塊，自醜其雕刻。安可言木石之雕刻，乃勝金玉之鑛璞哉？不得以有學之貧賤，比於無學之富貴也。且負甲爲兵，咋(색)筆[7]爲吏，身死名滅者如牛毛，角立傑出者如芝草；握素披黃[8]，吟道咏德，苦辛無益者如日蝕[9]，逸樂名利者如秋荼[10]：豈得同年而語矣。且又聞之：生而知之者上，學而知之者次[11]。所以學者，欲其多知明達耳。必有天才，拔群出類[12]，爲將則闇與孫武、吳起[13]同術，執政則懸[14]得管仲、子產[15]之教，雖未讀書，吾亦謂之學矣[16]。今子卽不能然，不師古之蹤跡，猶蒙被而臥耳[17]。”

1) 難 : 꼬치꼬치 캐묻다. 혹은 추궁하다.〔역자〕
2) 主人 : 顔之推가 자신을 일컫은 말이다.〔盧文弨〕
3) 彊弩 : ≪說文解字≫에 “쇠뇌〔弩〕란 활에 자루〔臂〕가 달린 것이다.〔弩 弓有臂者〕”라고 하였다.〔盧文弨〕

彊弩는 쇠뇌 중에서도 화살 10발을 1,200m(1,000보) 거리에 있는 갑옷에 동시에 쏘아 뚫을 수 있는 규격의 대형 쇠뇌이다. 中弩는 6, 7발의 화살을 360~480m(3, 4백 보) 거리에 있는 갑옷에 동시에 쏘아 뚫을 수 있는 힘을 가지고 있으며, 小弩는 화살 3, 4발을 동시에 쏠 수 있는 쇠뇌이다.〔역자〕

4) 長戟 : ≪周禮≫ 〈冬官 考工記〉의 鄭玄 注에 "戟은 지금의 三鋒戟이다.〔戟 今三鋒戟也〕"라고 하였다.〔盧文弨〕

長戟이란 대개 미늘창〔戟〕 가운데서도 자루가 특히 긴 미늘창을 가리킨 말이다. 수비용 창은 좀 더 길어서 세 길〔丈〕에 이르는 것도 있다. 미늘창〔戟〕이란 '戈'와 '矛'를 결합시킨 兵器로 漢나라 이전에는 十字形의 미늘창이 많았으나 漢나라 때는 騎兵의 作戰 운용상 '內'를 없애고 '勾'만을 남긴 卜字形의 미늘창이 많이 쓰였다. 전체 길이는 226~250㎝로 전투병기로서뿐만 아니라 儀仗兵器로서도 많이 쓰이던 것이다. ≪漢書≫ 〈東方朔傳〉에 "武帝가 未央宮의 前殿에 앉자 東方朔은 미늘창을 들고 侍立하였다.〔武帝坐未央前殿 東方朔持戟立〕"고 하였다.〔역자〕

5) 習吏 : ≪大戴禮記≫ 〈保傅〉篇에 "벼슬아치〔吏〕 되려고 〈따로〉 익히지 말고, 이미 이루어진 일들을 보아라.〔不習爲吏 視已成事〕'는 문장은 한편으로는 '習吏'가 '習史'로도 쓰이는데 그래도 뜻이 통하니 '史書를 익힘〔習史書〕'을 말한 것이다.〔盧文弨〕

6) 磨瑩 : ≪說文解字≫ 玉部에 "瑩이란 옥의 빛이다."라고 하였다. 段玉裁는 이에 대하여 "옥이 빛나는 모양을 일컫던 데서 '광택을 낸다.〔磨瑩〕'는 파생의로도 쓰인다."라고 하였다. ≪劉子≫ 〈崇學章〉에 "거울은 쇠에서 나왔으나 쇠보다 밝으니 '빛나도록 닦아서〔瑩〕' 그렇게 된 것이다."라고 하였다.〔王利器〕

7) 咋(색)筆 : 붓을 깨물다. 혹은 붓을 잡다. 글을 구상하다 보면 곧잘 입으로 붓대를 깨물므로 일컬은 말이다.〔역자〕

8) 握素披黃 : 옛날 서적은 하얀 絹紗에다 글을 썼다. ≪太平御覽≫ 606에서는 ≪風俗通≫을 인용하며 "劉向은 孝成皇帝를 위하여 10여 년간 서적을 교감하면서 먼저 竹簡에다 이를 쓴 다음 교정을 마치고 원고를 확정, 출간할 때 잘 쓰인 글은 '흰 명주〔素〕'에다 올렸다."라고 하였다. 黃은 黃卷을 말한 것이다. 옛날에는 책은 모두 두루마리〔卷軸〕로 만들어져서 말고 펼 수가 있었는데, 雌黃을 입힌 것은 좀이 슬지 않게 하기 위해서이다."〔盧文弨〕

책을 읽다.〔역자〕

9) 日蝕 : 항상 있는 것이 아님을 비유한 것이다.〔盧文弨〕

10) 秋荼 : 씀바귀〔荼〕는 가을철이 되면 더욱 무성해지므로, 그것이 많음을 비유한 것이다.〔盧文弨〕

11) 生而知之者上 學而知之者次 : ≪論語≫ 〈季氏〉篇에 "孔子가 말하기를 '나면서부터

아는 자는 상등이요, 배워서 아는 자는 그 다음이요, 통하지 못하는 바가 있어 애써 배우는 자는 또 그 다음이나, 통하지 못하는 바가 있는데도 배우지 않으면 이런 사람이 하등이니라.' 하였다."라고 하였다.〔王利器〕

12) 拔群出類 : ≪孟子≫ 〈公孫丑 上〉에서는 "같은 부류에서 벗어났고 같은 무리에서 빼어났다.〔出於其類 拔乎其萃〕"고 하였으며, ≪梁書≫ 〈劉顯傳〉에서는 "총명함이 유독 두드러져서 같은 무리 가운데에서 유독 뛰어났다.〔出類拔群〕"라고 하였다.〔王利器〕

13) 孫武吳起 : ≪史記≫ 〈孫子吳起列傳〉에 "孫子 武는 齊나라 사람이다. 兵法으로 吳王 闔廬의 눈에 띄어 闔廬가 장군으로 삼자 서쪽으로는 강력한 楚나라를 무찌르고 郢으로 쳐들어갔으며, 북쪽으로는 齊나라와 晉나라를 위협하여 諸侯 가운데서 이름을 드날렸다. 吳起는 衛나라 사람으로 군대를 잘 운용하여 魏 文侯가 그를 장군으로 삼았다. 吳起는 병졸들 중 위계가 가장 낮은 이들과 같이 입고 먹을 뿐만 아니라 잠자리에는 요를 깔지도 않았고, 행군하면 말을 타지 않은 채 친히 식량을 싸서 짊어지고 병졸들과 함께 수고하며, 군대를 운용함에 청렴하고 공평하였으므로 무사들이 마음으로 따랐다. 나중에 楚나라로 들어가 남쪽으로 百越을 평정하고 북쪽으로는 陳·蔡를 倂呑하고 三晉을 물리쳤으며 서쪽으로는 秦나라를 정벌하였으나 마침내 貴族들에게 모함을 받았다."라고 하였다.〔盧文弨〕

14) 懸 : 본편의 11에서도 "일찌감치〔懸〕 배척하였다."고 하였으며, ≪金樓子≫ 〈立言〉篇에서도 "사람을 살펴보면 선한지 악한지를 미리〔懸〕 안다."고 하였으니, 여기에 쓰인 '懸'자는 뜻이 같다. 劉淇의 ≪助字辨略≫ 2에서는 "懸은 預와 뜻이 같다. 무릇 미리 예측하고 멀리 추리하는 것을 모두 '懸'이라고 하는 것은 '懸'이란 물건을 매달리게 한 것을 일컫는 말인데 물건이 매달리면 고정되지 않고 흔들리는 경향이 있는데다, 미리 예측하고 멀리 추리한다는 것이 채 확정되지는 않았다는 의미를 띠므로 이 때문에 '懸'이라 한 것이다."라고 하였다.〔王利器〕

15) 管仲子產 : ≪史記≫의 〈管晏列傳〉에 "管仲 夷吾는 潁上 사람으로 齊나라의 정무를 맡아서 桓公이 이 때문에 霸王이 되었다."고 하였으며, 〈循吏列傳〉에 "子產은 鄭나라의 列大夫이니 鄭나라에서 재상이 된 지 26년 만에 죽자 장정들이 통곡을 하고 노인들이 아이처럼 울부짖었다."고 하였다.〔盧文弨〕

16) 吾亦謂之學矣 : ≪論語≫ 〈學而〉篇에 "비록 채 배우지 않았다고 하더라도 '나는 반드시 그를 배웠다고 할 것이다.〔吾必謂之學也〕'"라고 하였다.〔王利器〕

17) 猶蒙被而臥耳 : 한 가지도 살펴 아는 것이 없음을 말한 것이다.〔盧文弨〕

어떤 사람이 내게 따져 물었다.

"나는 강한 쇠뇌와 긴 창으로 죄인을 주살하고 백성을 편안하게 함으로써 公侯의 작위를 얻은 이들도 있고, 법도를 탐구하고 관리의 길을 익혀 시절을 바로잡고 나라를 부유하게 함으로써 卿相의 지위를 얻은 이들도 있는 것을 보았소. 그러나 學問으로는 古今을 갖추고 재주로는 文武를 겸비하고서도 녹봉과 지위가 없어 처자를 굶주리고 헐벗게 한 이들이 이루 다 셀 수가 없으니, 어찌 배움이 귀하다 할 수 있겠소?"

내가 대답해주었다.

"무릇 운명으로 궁벽해지거나 현달하게 되는 것은 〈그 재질이〉 金玉이나 木石과 같습니다. 學問과 技藝를 배우는 것은 〈이들을〉 광택 나게 하거나 〈저들을〉 조각하는 것과 같지요. 金과 玉을 광택 나게 하면 그것이 광석일 때보다 스스로 아름다워지는 것이지만, 나무나 돌을 토막 나고 쪼개진 채로 두면 그것이 조각되었을 때보다 스스로 추해지는 것이지요. 어찌 조각된 木石이 광석인 채로의 金玉보다 본래 나은 것이라고 말할 수가 있을는지요? 〈그러니〉 배운 적이 있는 사람의 貧賤함을 배운 적이 없는 사람의 富貴함에다 비교할 수는 없는 것이지요.

게다가 갑옷을 입고 병사가 되거나 붓을 입에 물고 벼슬아치가 되었다가 몸이 죽으면서 이름도 〈같이〉 묻혀버릴 이는 쇠털같이 많으나 〈麒麟의〉 뿔처럼 우뚝 솟을 인물은 영지 풀처럼 귀합니다. 책을 읽고 道를 읊조리고 德을 노래하면서 수고를 하는데도 아무런 이익도 없을 이들은 日蝕과 같이 적고, 名利에 탐닉하는 이들은 가을철 쑥바귀처럼 많으니, 어찌 이들을 나란히 말할 수가 있을지요?

또한 듣자하니 나면서부터 아는 자는 으뜸이요, 배워서 아는 자는 다음이라 합디다. 〈글을〉 배우는 이유는 많이 알고 훤히 통달하고자 해서일 따름이지요. 반드시 하늘이 내린 인재가 있을 터이어서 무리 가운데서 뛰어날 것이니 장수가 되었다면 암암리에 孫武나 吳起와 병법이 같았을 터이고, 위정자가 되었다면 일찌감치 管仲과 子產의 가르침을 얻었을 터인즉, 비록 〈그들이〉 아직 책을 읽지 않았다고 하여도 나는 여전히 그들을 배운 이라고 말할 것이오. 지금 그대들은 그리할 수 없으면서도 고대 성현들의 발자취를 스승 삼지도 않으니 이불을 뒤집어쓴 채 누워 있는 것과 같을 따름이지요."

5. 옛사람의 智慧

人見隣里親戚有佳快[1)]者, 使子弟慕而學之, 不知使學古人, 何其蔽也哉? 世人但知跨馬被甲, 長矟(삭)[2)]彊弓, 便云我能爲將, 不知明乎天道[3)], 辯乎地利, 比量逆順, 鑒達[4)]興亡之妙也。但知承上接下[5)], 積財聚穀, 便云"我能爲相", 不知敬鬼事神[6)], 移風易俗[7)], 調節陰陽[8)], 薦擧賢聖之至也；但知私財不入, 公事夙辦, 便云"我能治民", 不知誠己刑物[9)], 執轡(비)如組[10)], 反風滅火[11)], 化鴟爲鳳[12)]之術也；但知抱令守律[13)], 早刑晩捨[14)], 便云"我能平獄", 不知同轅觀罪[15)], 分劍追財[16)], 假言而姦露[17)], 不問而情得之察[18)]也。爰及[19)]農、商、工、賈、廝役[20)]、奴隷、釣魚、屠肉、飯牛、牧羊, 皆有先達, 可爲師表, 博學求之, 無不利於事也。

1) 佳快 : '빼어난 사람〔佳人〕'과 '시원스런 선비〔快士〕'를 가리킨 것으로 평범한 무리와 다름을 말한 것이다.〔盧文弨〕

'快'는 ≪廣韻≫에 "마음에 맞다.〔稱心〕 또는 시원스럽다〔可〕의 뜻이다."라고 하였다. ≪後漢書≫ 〈蓋勳傳〉에서는 "董卓이 司徒 王允에게 묻기를 '마음 맞는〔快〕 司隷校尉를 얻고 싶은데 누가 이를 맡을 만한 인물인가?' 하였다."라고 하였다.〔郝懿行〕

胡三省의 ≪資治通鑑≫ 112의 주석에 "江東의 인사들은 그 명예와 지위가 당시에 혁혁한 사람이면 너나없이 '잘나간다.〔佳勝〕'느니 '이름이 났다.〔名勝〕'느니 하고 일컬었다."고 하므로 '佳快'는 '잘나가다〔佳勝〕'와 뜻이 비슷하다.〔王利器〕

王利器는 '佳快'를 당시의 口語에 가까운 표현으로 여기고자 한 것이므로 '잘나가다〔佳勝〕'라고 풀이하여도 가능할 것이다. 본편 2 주 15) 참조.〔역자〕

2) 矟(삭) : 龔道耕에 의하면 "矟은 槊(삭)과 쓰임이 같으며 '矛'이면서 길이가 한 길 여덟 자이면 이를 '矟'이라고 한다."고 하였다.〔王利器〕

3) 天道 : 天氣, 혹은 天理, 곧 自然界의 變化規律이다.〔역자〕

4) 鑒達 : 통찰하다.〔역자〕

5) 承上接下 : 위를 이어받아 아래로 물려주다. 承上啓下나 承前啓後와 같은 뜻이다.〔역자〕

6) 敬鬼事神 : ≪漢書≫ 〈郊祀志〉에 "元帝가 儒學을 숭상하자, 貢禹, 韋玄成, 匡衡 등은 祭祀에 고대의 예법과 맞지 않는 것이 많다는 건의를 올려 많은 곳을 개정하였다."고 하였다.〔盧文弨〕

유학의 원칙만 고수해서는 전통적인 종교 習俗을 포용하기 어렵고 나아가 施政에

문제가 생길 것이기 때문에 건의, 개정한 것이다.〔역자〕

7) 移風易俗 : ≪孝經≫에 "풍속을 고치고 바꾸는〔移風易俗〕 데는 音樂보다 좋은 것이 없다."고 하였다.〔盧文弨〕

8) 調節陰陽 : ≪尙書≫ 〈周官〉에 "三公은 陰陽을 조화시키고 다스린다."고 하였으며, ≪漢書≫ 〈陳平傳〉에 "文帝가 陳平을 左丞相으로 삼자, 〈陳平이〉 主上께 아뢰기를 '황공합니다. 宰相은 天子를 보좌하여 陰陽을 다스리고 四時를 조화롭게 하며 萬物을 다스리고 四夷를 어루만지는 것이옵니다.'라고 하였다."고 하였다.〔盧文弨〕

9) 誠己刑物 : '刑'은 '모범〔型〕'의 뜻이다.〔趙曦明〕

성심을 다함으로써 모범이 된다.〔역자〕

10) 執轡(비)如組 : ≪呂氏春秋≫ 〈先己〉篇에 "≪詩經≫에 이르기를 '말고삐 잡기를 실끈 다루듯이 한다.〔執轡如組〕' 하자, 孔子가 말하기를 '이 말의 뜻을 살펴 안다면 천하를 다스릴 수가 있을 것이다.' 하므로, 子貢이 말하였다. '어찌 그다지 성급할지요?' 孔子가 말하였다. '성급함을 말한 것이 아니라, 그가 이곳에서 한 일이 저편에서 구현되었음을 말한 것이다. 聖人이 그의 몸을 바르게 닦으면 천하에서 그의 교양이 구현되는 것이다.'"라고 하였다.〔盧文弨〕

≪韓詩外傳≫ 2에 "그러므로 말을 다루는 데에는 방도가 있는 것이며, 백성을 움직이는 데에는 도리가 있는 것이다. 방도를 얻으면 말이 어우러져 즐거워하고, 도리를 얻으면 백성이 편안해하면서 결집되는 것이다. ≪詩經≫에 이르기를 '말고삐 잡기를 실끈 다루듯이 하니〔執轡如組〕, 양쪽 가의 곁말이 춤추는 듯하는구나.'라고 한 것은 이를 말한 것이다."라고 하였으니, ≪詩經≫에서는 今·古文詩를 통하여 모두 '말고삐 잡기를 실끈 다루듯이 한다.〔執轡如組〕'는 말을 백성을 다스리는 비유로 여기고 있다.〔王利器〕

11) 反風滅火 : ≪後漢書≫ 〈儒林傳〉에 "劉昆은 字가 桓公으로 陳留郡 東昏人이다. 光武帝 때 江陵令을 제수받았으나, 당시 縣에서 해마다 火災가 일어나므로 劉昆이 번번이 불을 향해 머리를 조아리면 곧잘 비가 내리고 바람이 그쳤으며, 弘農太守로 옮겼더니 호랑이들이 모두 새끼를 업고 강을 건너가버렸다. 建武 22년에 조정으로 불러들여 杜林 대신 光祿勳으로 삼고 詔勅을 내리며 말하기를 '앞서는 江陵에 있으면서 바람의 방향을 돌려 불을 끄더니, 나중에는 弘農을 다스리자 호랑이들이 북쪽으로 강을 건너가버렸으니, 어떤 德政을 베풀었기에 이런 일까지 생겼는가?' 하자, 대답하기를 '우연히 그랬을 뿐입니다.' 하므로, 황제가 감탄하며 말하였다. '이것이 바로 덕이 있는 사람의 말이로구나.'"라고 하였다.〔趙曦明〕

12) 化鴟爲鳳 : ≪後漢書≫ 〈循吏傳〉에 "仇覽은 字가 季智, 일명 香, 陳留郡 考城人으로 縣에서 蒲亭長으로 선발되었다. 陳元이라는 사람이 혼자 어머니와 살았는데 어머니

가 仇覽을 찾아와 陳元의 불효를 고하자, 仇覽은 친히 陳元의 집으로 찾아가 모자와 함께 차를 마시면서 그들을 위해 人倫과 孝行을 禍福의 이야기에 비유하여 설득하였다. 陳元이 마침내 孝子가 되자, 마을에서는 이로 인해 '부모님이 어디 계실까? 내 뜰에 계시지. 우리 올빼미를 교화시켜, 날 낳으신 부모님을 먹여 살리게 하였네.'라는 속담이 생겼다. 考城令이던 王渙은 仇覽이 덕으로 백성을 교화시켰단 말을 듣자 그를 主簿로 임명하며 말하기를 '主簿는 陳元의 잘못을 듣고 벌을 주지 않고 그를 교화시켰으니, 솔개가 참새를 잡듯 惡人의 처벌에 조금도 사정을 두지 않는 뜻이 적은 게 아닌가?' 하자, 仇覽이 '솔개가 봉황만 못하다고 생각했기 때문입니다.' 하므로, 王渙은 그를 정중히 돌려보내며 말하기를 '탱자나무 가시 속은 봉황새가 깃들 곳이 아니요, 백 리의 작은 縣은 賢者가 있을 곳이 아니다.' 하고는 한 달 치 봉급을 자금으로 주어 그를 太學으로 들어가게 하였다."라고 하였다.〔趙曦明〕

올빼미를 교화시켜 봉황이 되게 하다. 올빼미, 혹은 부엉이는 惡鳥로 여겨지나 까마귀처럼 어미를 먹여 살리는 것으로 알려지고 있어서 '덕으로 백성을 교화시켜 惡人을 善人이 되게 한다.'는 속뜻을 가진 말이니, 여기서는 '백성을 교화시킨 관리의 덕이 높음'을 가리키고 있다.〔역자〕

13) 抱令守律 : ≪漢書≫ 〈杜周傳〉에 "이전의 제왕이 정한 것은 '律'로 표방하고, 이후의 제왕이 정한 것은 '令'으로 통용시켰다."고 하였다.〔王利器〕

律令을 고수하다. 律令에 구애되어 변통할 줄을 모르다.〔역자〕

14) 早刑晩捨 : 아침에는 형벌을 판결하고, 저녁에는 곧 사면시키다.〔王利器〕

王利器의 주석은 原意와 相違가 있지 않나 싶다. 原意는 처벌을 능사로 하고 사면에 인색한 酷吏의 속성을 말한 것이다.〔역자〕

15) 同轅觀罪 : 朱亦棟은 "≪春秋左氏傳≫ 成公 17년의 '郤犨(극주)가 長魚矯와 전답을 두고 다투다가 그를 잡아 쇠고랑을 채웠는데 그의 부모와 처자까지 같은 수레 끌채에다 묶어놓았다.'는 구에 대해 杜預는 '수레 끌채에다 묶어놓은 것이다.〔繫之車轅〕'라고 주석하였으니, 顔之推의 이 구는 여기에 근거한 것이다. 그러나 이 일이 같은 범주의 일인지 명쾌하지가 않아 顔之推가 왜 이 고사를 이용하였는지 이해되지 않는다. 혹은 다른 출전이 있는지도 모른다."고 하였다.〔周法高〕

수레 끌채에 함께 묶여서 죄인을 관찰하다. 顔之推는 판관이 죄인과 같은 상황에 놓임으로써 암암리에 죄상의 실체를 파악해내는 지혜도 필요하다는 인식에서 이 고사의 '같은 수레 끌채에 묶어놓았다.〔同一轅〕'는 구절을 활용한 것이 아닐까? 실제로 明代小說 ≪天雨花≫를 보면 御史가 감옥 속으로 직접 들어가서 죄인을 몰래 살피는 과정을 "獄吏에게 〈이러한 암행을〉 누설하지 못하게 한 다음 조용히 걸음을 옮겨 옥 안으로 들어갔다.〔吩咐獄官休泄漏 悄然移步入牢門〕"는 묘사가 있다.〔역자〕

16) 分劍追財 : ≪太平御覽≫ 639에 인용된 ≪風俗通≫에 "沛郡에 부유한 아버지가 있어 재물이 20여만 냥이었으나 아들은 나이 겨우 몇 살이고, 어머니는 죽었으며, 그의 딸은 어질지를 못한지라. 아버지가 병이 들자 재산은 모두 딸에게 귀속시키게 하고 다만 검을 한 자루 물려주며 말하기를 '아이의 나이가 열다섯이 되거든 그에게 돌려주어라.' 하였다. 열다섯이 넘어도 아이에게 재산을 주려 들지 않자 소송이 벌어졌다. 당시 太守는 大司空 지위의 何武였는데, 고소하는 말을 듣더니 그의 보좌관을 돌아보며 말하기를 '딸은 성격이 완강하고 사위는 더욱 탐욕스러우니 그의 아들을 해칠까 두려워 잠시 맡긴 것일 뿐이다. 대개 칼이란 끊고 베는 것이며, 나이를 열다섯에 한정한 것은 그 아들의 지혜로 충분히 현의 관리에게 이를 알려 그의 견해를 아뢸 수가 있겠다고 추측했기 때문이다.' 이에 재산을 모두 빼앗아 아들에게 돌려주었다."라고 하였다.〔趙曦明〕

칼의 의미로 是非를 가려 재산의 귀속을 추적하다.〔역자〕

17) 假言而姦露 : ≪魏書≫ 〈李崇傳〉에 "〈李崇이〉 揚州刺史가 되었는데, 이에 앞서 壽春縣 사람 苟泰에게 세 살 난 아들이 있었으나 도적을 만나 잃어버리고 몇 년간 있는 곳을 모르다가 나중에 같은 縣 사람 趙奉伯의 집에 있는 것을 보고 苟泰가 장계로 고하였으나, 저마다 자기 아들이라고 우기는데다 모두 다 이웃들의 증언도 있으므로 郡縣에서도 판단할 수가 없었다. 李崇은 말하기를 '이 일은 알기가 쉽다.' 하더니 두 아비와 아들을 각각 다른 곳에 머물게 하고 수십 일 동안 오가지 못하게 하였다. 그런 다음 사람을 보내어 그들에게 알리기를 '그대의 아이가 질환을 만나 이전에 이미 갑자기 죽어버렸다.'고 하였다. 苟泰는 이 말을 듣더니 그만 크게 소리 내어 울며 슬픔을 이기지 못하였으나, 奉伯은 탄식할 뿐 특별히 애통해하는 기색이 없으므로, 李崇은 이를 살펴 알아본 다음 곧 아이를 苟泰에게 돌려주었다."고 하였다.〔趙曦明〕

거짓으로 한 말에 간사함이 폭로되다.〔역자〕

18) 不問而情得之察 : ≪晉書≫ 〈陸雲傳〉에 "〈陸雲이〉 浚儀令이 되자 사람이 살해되었으나 주범의 이름을 지목하지 못하였다. 陸雲은 그 처의 말을 받아 적게 하고는 심문하는 것이 없다가 십여 일이 되자 내보내면서 몰래 사람을 시켜 뒤따르게 하고는 말하기를 '십 리를 나가지 못해서 반드시 남자가 그를 기다렸다가 함께 이야기할 터이니 즉시 잡아서 오너라.' 하고 일러주었다. 얼마 되지 않아 과연 그렇게 되어 심문하였더니 모두 실토하며 말하기를 '이 사람의 아내와 간통하여 함께 그녀의 남편을 죽였다가 그녀가 나온다는 말을 들었으므로 그녀를 기다리려고 멀리까지 나온 것이다.' 하였다. 이 때문에 온 縣의 사람들이 그의 신통력을 칭송하였다."고 하였다.〔趙曦明〕

19) 爰及 : '더 나아가서'의 뜻이다.〔역자〕

20) 厮役 : '하인, 혹은 노예'의 뜻이다.〔역자〕

사람들은 이웃이나 친척 가운데 잘나가는 사람이 있는 것을 보면 자제들로 하여금 그들을 흠모하여 배우게 할 뿐 옛사람들을 배우게 할 줄은 모르니 얼마나 무지한 생각들인가?

세상 사람들은 그저 말 타고 갑옷 입고 긴 창에 강한 활을 들고 메기만 하면 나도 將師가 될 수 있겠다고 곧잘 말하지만, 하늘의 움직임을 밝게 알고 地勢를 분간하여 역경과 순조로운 상황을 재어보면서 興亡盛衰를 통찰하는 오묘한 이치는 알지 못한다.

그저 명령을 받아 아래로 전하며 재물을 쌓고 곡식을 모을 줄만 알면 나도 능히 재상이 될 수 있겠다고 곧잘 말하지만, 神鬼를 공경하거나 風俗을 바꾸고 고치며 陰陽을 조절하고 聖賢을 천거하여 〈조정에〉 이르게 하는 도리는 알지 못한다.

그저 사사로이 재물을 취하지 않고 公務를 빨리 처리할 줄만 알면 나도 백성을 다스릴 수가 있겠다고 곧잘 말하지만, 성심을 다해 사회의 모범이 되어야 하고, 말고삐 잡기를 실끈 다루듯이 해야 하며, 바람의 방향을 돌려놓아 불을 끄고 올빼미를 교화시켜 봉황이 되게 할 계책은 알지 못한다.

그저 律令을 고수하면서, 형벌은 일찍 집행하고 사면을 늦출 줄만 알고서 나도 공정하게 판결할 수가 있겠다고 곧잘 말하지만, 수레 끌채에 함께 묶어놓고서 죄인을 관찰하거나, 칼의 의미로 시비를 가려 재산의 귀속을 추적하거나, 짐짓 말을 꾸며 간사함이 폭로되게 하거나, 심문하지 않고서도 정황만을 보아서 살필 줄은 알지 못한다.

더 나아가서 농민이든 보부상이든, 匠人이든 坐商이든, 하인이든 노예든, 어부든 백정이든, 목동이든 양치기든 모두 〈제각각〉 통달한 先人들이 있을 터이니, 師表로 삼아 널리 그들에게서 배움을 구한다면 하는 일마다 이롭지 않음이 없을 것이다.

6. 學問의 의의는 實踐

夫所以讀書學問，本欲開心明目，利於行耳[1)]。未知養親者，欲其觀古人之先意

承顏[2)], 怡(이)聲下氣[3)], 不憚劬勞, 以致甘腝(눈)[4)], 惕然[5)]慙懼[6)], 起而行之[7)]也；未知事君者, 欲其觀古人之守職無侵[8)], 見危授命[9)], 不忘誠諫, 以利社稷, 惻然[10)]自念, 思欲效之也。素驕奢者, 欲其觀古人之恭儉節用, 卑以自牧[11)], 禮爲教本, 敬者身基[12)], 瞿然自失[13)], 斂容抑志也；素鄙吝者, 欲其觀古人之貴義輕財, 少私寡慾, 忌盈惡滿[14)], 賙(주)窮卹匱(궤)[15)], 赧(난)[16)]然悔恥[17)], 積而能散[18)]也；素暴悍者, 欲其觀古人之小心黜[19)]己, 齒弊舌存[20)], 含垢藏疾[21)], 尊賢容衆[22)], 苶(날)然沮喪[23)], 若不勝衣[24)]也；素怯懦者, 欲其觀古人之達生委命[25)], 彊毅正直, 立言必信[26)], 求福不回[27)], 勃然奮厲[28)], 不可恐懾也。歷玆以往, 百行皆然。縱不能淳, 去泰去甚[29)], 學之所知, 施無不達。世人讀書者, 但能言之, 不能行之, 忠孝無聞, 仁義不足。加以斷一條訟, 不必得其理；宰千戶縣[30)], 不必理其民；問其造屋, 不必知楣橫而梲(절)豎[31)]也；問其爲田, 不必知稷早而黍遲也。吟嘯談謔, 諷咏辭賦, 事旣優閑, 材增迂誕[32)], 軍國經綸, 略無施用：故爲武人俗吏所共嗤詆(치저)[33)], 良由是乎!

1) 利於行耳 : ≪孔子家語≫ 〈六本〉篇에 "忠情 어린 말은 귀에는 거슬리나 '행실에는 이롭다.〔而利於行〕'"고 하였다.〔盧文弨〕

2) 先意承顏 : ≪禮記≫ 〈祭義〉에 "曾子가 이르기를 '君子가 말하는 孝란 먼저 부모의 심중을 살피고 그 뜻을 받들어〔先意承志〕 부모를 도로써 깨우쳐드리는 것이다.'라고 하였다." 하며, ≪晉書≫ 〈孝友傳〉에 "유순한 기색으로 안색을 살피며 받들어〔柔色承顏〕, 편안히 즐거워하시게 한다."고 하였다.〔盧文弨〕

3) 怡(이)聲下氣 : ≪禮記≫ 〈內則〉에 "부모께 과오가 있으면 '기운을 낮추고 온화한 기색에 유순한 목소리로〔下氣怡色柔聲〕' 간언해드린다."고 하였다.〔盧文弨〕

4) 甘腝(눈) : ≪廣韻≫에 "腝이란 고기가 무르다의 뜻이다. 독음이 '嫩(눈)'과 같다. 腝이 '煗(난)'이나 '暖(난)'과 독음이 같다는 것은 옳지 않다."라고 하였다.〔盧文弨〕

생각건대 '腝'은 대개 '煗'자에 대신 쓰인 자〔假借字〕이다. '煗'은 '따뜻하다〔昷〕'의 뜻이므로 '무르다〔熟爛〕'의 뜻으로 뜻이 파생될 수가 있었던 것이다. '暝(난)'은 '煗'의 이체자이며 '輭(연)'이라 쓰인 것은 俗字이나, 이를 '脆'라고 쓴 것은 멋대로 고친 글자일 뿐이다.〔王利器〕

음식물이 맛있고 부드럽다.〔역자〕

5) 惕然 : '두려워서, 근심스레, 놀라서'의 뜻이다.〔역자〕

6) 慙懼 : 부끄럽고 두렵다.〔역자〕

7) 起而行之 : ≪荀子≫ 〈性惡〉篇에 "그러므로 앉아서 말하면 일어나서 실천할 수 있고 베풀어서 시행할 수가 있다.〔故坐而言之 起而可設 張而可施行〕"라고 하였다.〔王利器〕

8) 侵 : 越權하다.〔역자〕

9) 見危授命 : ≪論語≫ 〈子張〉篇에 "선비는 위급한 고비를 만나면 목숨을 바친다.〔士見危致命〕"고 하였으며, 何晏(魏)의 ≪集解≫에 "孔安國은 '목숨을 바친다〔致命〕는 것은 제 몸을 아끼지 않는다는 말이다.'라고 하였다."고 하였다.〔王利器〕

10) 惻然 : '가엽게, 슬피'의 뜻이다.〔역자〕

11) 卑以自牧 : ≪周易≫ 謙卦 初六爻 〈象傳〉의 구절이다.〔盧文弨〕

≪周易≫ 謙卦의 〈象傳〉에 "겸손하고 또 겸손한 군자니 몸을 낮춤으로써 자신을 기른다.〔卑以自牧也〕"고 하였으니, 王弼의 주석에 "牧은 기르다〔養〕의 뜻이다."라고 하였다.〔周法高〕

12) 敬者身基 : ≪禮記≫ 〈曲禮 上〉에 "사람이 예를 갖추면 편안하나, 예를 갖추지 못하면 위태롭다."라고 하였다.〔盧文弨〕

생각건대, ≪春秋左氏傳≫ 成公 13년에 "예의는 몸의 근간이요, 공경은 몸의 바탕이다.〔敬 身之基也〕"라고 하였다.〔嚴式誨〕

13) 瞿然自失 : ≪禮記≫ 〈檀弓 上〉에 "曾子가 이를 듣더니 소스라쳐 놀랐다.〔瞿然〕"고 하였으니, 瞿然이란 놀라 기색이 변하는 모습〔驚變之貌〕이며, ≪列子≫ 〈仲尼〉篇에서는 "子貢이 아득히 넋을 잃어버렸다.〔自失〕"고도 하였다.〔盧文弨〕

14) 忌盈惡滿 : ≪周易≫ 謙卦의 〈彖辭〉에 "하늘의 도리는 가득 찬 것을 덜어내어〔虧盈〕 겸손한 것에 보태고, 땅의 도리는 가득 찬 것을 바꾸어〔變盈〕 겸손한 데로 흐르게 하며, 귀신은 가득 찬 것을 해쳐〔害盈〕 겸손한 것에 복을 주고, 사람의 도리는 가득 찬 이를 싫어하고〔惡盈〕 겸손한 것을 좋아한다."고 하니, ≪尙書≫ 〈大禹謨〉에 "가득 참은 덞을 부른다.〔滿招損〕"고 한 것이다.〔盧文弨〕

15) 賙(주)窮卹匱(궤) : '賙'란 '두루〔周〕'의 뜻이다. 高誘가 주석한 ≪呂氏春秋≫ 〈季春紀〉에 "홀아비와 과부, 고아들을 일러 '궁하다〔窮〕'고 한다."고 하였으며 '匱'는 '부족하다〔乏〕'의 뜻이다.〔盧文弨〕

16) 赧(난) : '戁(난)'과 같은 뜻이다. ≪小爾雅≫에 "낯부끄러운 것을 '戁'이라 한다."고 하였다.〔盧文弨〕

17) 悔恥 : 부끄러운 줄을 알고 뉘우치다.〔역자〕

18) 積而能散 : ≪禮記≫ 〈曲禮 上〉의 글이다.〔盧文弨〕

재물을 모아 능히 유익한 일에 쓰다.〔역자〕

19) 黜 : 폄하하다.〔역자〕

20) 齒弊舌存 : ≪說苑≫ 〈敬愼〉篇에 "常摐(창)이 병이 나서 老子가 가서 병문안하자, 그가 입을 열고 老子에게 보여주며 말하였다. '내 혀가 있느냐?' 老子가 '그렇습니다.' 하자, 常摐이 '내 이는 있느냐?' 하였다. 老子가 말하기를 '없습니다.' 하자, 常摐이 말하였다. '그대는 그 이유를 알겠느냐?' 老子가 말하기를 '무릇 혀가 남아 있는 것은 어찌 그것이 부드럽기 때문이 아니겠으며, 이가 없어진 것은 어찌 그것이 강하기 때문이 아니겠습니까?' 하였다. 常摐이 말하였다. '허허, 이것뿐이니라. 천하의 일을 이미 다 망라하였으니 다시 그대에게 말할 것이 없네!'"라고 하였다.〔趙曦明〕

21) 含垢藏疾 : ≪春秋左氏傳≫ 宣公 15년에 "하천과 호수는 汚水를 받아들이고, 산 속의 숲은 독충과 맹수를 감추며〔藏疾〕, 아름다운 옥은 티를 감추고 있으며, 나라의 주군은 치욕을 참고 있는〔含垢〕 것이 하늘의 도리입니다."라고 하였으니, 杜預는 이에 대하여 "藏疾이란, 산에는 숲이 있어 독충과 맹수가 그곳에 머문다는 뜻이다."라고 주석하였다.〔趙曦明〕

반드시 포용해야 할 도량, 혹은 널리 나쁜 사람이나 나쁜 일을 포용하다.〔역자〕

22) 尊賢容衆 : ≪論語≫ 〈子張〉篇에 "君子는 賢人을 존경하고 凡人을 포용하며, 잘하는 이를 장려하고 잘하지 못하는 이를 긍휼히 여긴다."고 하였으니, 邢昺은 "君子의 사람됨은 상대가 賢者인 줄을 알면 그를 존중하며, 비록 凡人이 많다고 하여도 역시 그들을 포용한다."라고 해설하였다.〔王利器〕

23) 苶(날)然沮喪 : ≪莊子≫ 〈齊物論〉에 "낙담하고〔苶然〕 지친 채로 돌아갈 곳을 알지 못한다."고 하였다.〔盧文弨〕

낙담하여 풀이 죽다. '苶然'은 '낙담하다', 혹은 '피곤하다'의 뜻이며, '沮喪'은 '풀이 죽다', 혹은 '낙담하다'의 뜻이다.〔역자〕

24) 若不勝衣 : ≪禮記≫ 〈檀弓 下〉에 "趙文子는 몸가짐이 겸손하여 옷의 무게를 이기지 못하는 듯하였다.〔如不勝衣〕"고 하였다.〔趙曦明〕

25) 達生委命 : ≪莊子≫ 〈達生〉篇에 "삶의 실체에 통달한〔達生之情〕 이는 삶의 타고난 본성으로 어쩔 수 없는 일에는 힘쓰지 않으며 운명의 실체를 통달한〔達命之情〕 이는 지혜로는 어쩔 수 없는 일에는 힘쓰지 않는다."고 하였다.〔盧文弨〕

세상일에 연연해하지 않고 운명에 맡기다. 達生은 삶을 통달한 다음 세상일에 연연해하지 않는다는 뜻이고, 達命은 곧 운명을 통달하다〔知命〕와 뜻이 비슷하며, 委命은 운명에 맡긴다〔效命〕는 뜻이다.〔역자〕

26) 立言必信 : '言必信'은 ≪論語≫ 〈子路〉篇에 보이는 말이다.〔王利器〕

말을 반드시 미덥게 한다.〔역자〕

27) 求福不回 : ≪詩經≫ 〈大雅 旱麓〉篇에 "화목하고 온화한〔愷悌〕 군자는, 福祿을 구

하되 조상의 도리를 위배하지 않는다.〔不回〕"라고 하였으니, 回는 위배하다〔違〕 또는 사악하다〔邪〕는 뜻이다.〔趙曦明〕

鄭玄의 箋에서는 '不回'를 祖先의 道를 거스르지 않는 것으로 풀이했다.〔역자〕

28) 勃然奮厲 : 불끈 떨치고 일어나다.〔역자〕

29) 去泰去甚 : ≪老子≫ 제29장에 "聖人은 聲色을 貪淫함에 심한 것은 버리고〔去甚〕, 음식과 의복에 사치한 것은 버리고〔去奢〕, 궁실과 누대에 큰 것은 버린다.〔去泰〕"고 하였다.〔盧文弨〕

큰 흠은 버리고, 심한 과오는 버린다. 즉 적당한 데서 멈추어 과분히 해서는 안 된다는 뜻이다.〔역자〕

30) 千戶縣 : ≪漢書≫ 〈百官公卿表〉에 "縣은 萬戶 이상이면 令이라 하고, 萬戶보다 적으면 長이라 한다."라고 하였다. 생각건대 지금은 千戶라 하였으니 크기가 가장 작은 縣조차 다스릴 수가 없다는 것이다.〔盧文弨〕

31) 楣橫而梲(절)豎 : ≪釋名≫에 "楣(門楣)는 눈썹〔眉〕의 뜻이다. 전면에 나선 것이 마치 낯에 눈썹〔眉〕이 있는 것과 같다. 棳(절)은 棳儒라고 하니 들보 위의 짧은 기둥이다. 棳儒는 侏儒와 같으며, 짧으므로 그렇게 이름 지은 것이다."라고 하였다.〔盧文弨〕

楣는 도리이며, 梲(절)은 들보 위의 짧은 기둥, 곧 쪼구미를 가리킨다. 위의 ≪釋名≫에서 이른바 棳이나 棳儒, 혹은 侏儒라 부른 것은 모두 이 梲의 다른 이름이며, 우리나라에서는 쪼구미 이외에도 동자기둥, 동자주라고도 불린다.〔역자〕

32) 迂誕 : ≪史記≫ 〈封禪書〉에 "神의 일을 얘기하였으므로 일이 황당하여 현실에 맞지 않는 것〔迂誕〕 같다."고 하였다.〔王利器〕

황당하여 현실에 맞지 않다. 사리에 맞지 않다. 誕은 허망한 말의 뜻이며, 迂는 멀다의 뜻이다.〔역자〕

33) 嗤詆(치저) : 비웃고 욕하다.〔역자〕

무릇 책을 읽고 학문을 하는 이유는 본디 마음을 열어주고 눈을 밝혀주어 實踐躬行하기에 이롭게 하고자 해서이다.

미처 父母를 봉양할 줄 모르던 이라도 옛사람들이 부모의 심중을 미리 살펴 그 뜻을 받들고 온화한 목소리로 숨을 낮추며 수고로움을 꺼리지 않고 신선하고 부드러운 음식을 갖다드리는 모양을 보게 된다면, 두렵고 부끄러워져서 〈그도〉 일어나 그렇게 행하고자 할 것이다.

미처 君王을 섬길 줄을 몰랐던 이라도 옛사람들이 직분을 지켜 越權함이 없되 위급한 고비를 만나면 목숨을 바치고 충정 어린 諫言을 잊지 않아 國家 社稷을 이롭게 하는 것을 보게 된다면, 마음 아프게 반성하고 그들을 본받고 싶어질 것이다.

평소에 교만하고 사치스러운 이라도 옛사람들이 검소하게 절약하면서 몸을 낮추어 자신을 기르고, 禮義를 가르침의 근본으로 삼으며 恭敬을 몸의 바탕으로 삼는 모습을 보게 된다면, 소스라쳐 놀라 넋을 잃고서 낯빛을 거두고 〈방자히 굴려던〉 뜻을 억제할 것이다.

평소에 비루하고 인색하던 이라도 옛사람들이 의로움을 귀하게 여겨 재물을 가벼이 하며, 사사로운 것을 적게 하고 욕심을 없애며, 차고 넘치는 것을 꺼리고 미워하며 궁한 이를 구제하고 부족한 이를 구휼하는 모습을 보게 된다면, 낯부끄러워 뉘우치면서 재물이 모이면 베풀 수가 있을 것이다.

평소에 사나운 이라도 옛사람들이 조심하고 자신을 낮추며, 강한 것은 망하고 부드러운 것이 살아남는 이치를 터득하며, 관대하게 남의 결점을 감싸주며, 賢者를 존경하고 凡人을 포용하는 모습을 보게 된다면, 낙담하고 풀이 죽어 옷의 무게도 이기지 못할 듯이 할 것이다.

평소에 겁이 많고 나약한 이라도 옛사람들이 세상일에 연연해하지 않고 운명에 맡기며, 강건하고 정직하며, 말을 하면 반드시 미더우며, 福祿을 구하되 조상의 도를 위배하지 않는 모습을 보게 된다면, 불끈 떨치고 일어나 두려워하지 않을 수 있을 것이다.

이 여섯 가지 이외에 온갖 품행이 다 그러하다. 설령 온전히 그대로 할 수는 없더라도 큰 흠은 버리고 심한 과오는 버린다면, 배워서 아는 것을 시행함에 통하지 않을 데가 없을 것이다. 세상의 글을 읽는 사람들은 그저 말만 할 줄 알 뿐 이를 실천궁행하지를 않으니, 忠孝로도 이름이 나지 못하고 그의 仁義 또한 넉넉해지지 않는 것이다.

더 나아가 訟事를 하나 판결하여도 그 條理를 반드시 얻는 것은 아니고, 千戶의 작은 縣을 맡고서도 그곳의 백성들을 반드시 다스리는 것은 아니며, 그에게 집짓기를 물어도 도리는 가로로 놓이고 동자기둥은 세로로 놓인다는 것을 반드시 아는 것은 아니며, 밭농사 일을 물어도 피〔稷〕는 이르게 되고 기장〔黍〕은 더디 된다는 사실을 반드시 아는 것은 아니다. 노래 부르고 농담하고 辭賦를 吟誦하는 등, 한가로운 일이나 일삼고 재주는 더욱 허황되니, 군사든 국가든 대사를 經綸하며 책략을 지은들 시행할 곳이 없다. 그러므로 병사며 관원들에게조차 똑같이 비웃음을 사고 욕을 먹는 것은 참으로 이에 말미암은 것이리라!

7. 배움에는 謙虛해야

夫學者所以求益耳。見人讀數十卷書, 便自高大, 凌忽長者, 輕慢同列, 人疾[1)]之如讎敵, 惡之如鴟梟(치효)[2)]。如此以學自損, 不如無學也。

1) 疾 : 미워하다. 증오하다.〔역자〕
2) 鴟梟(치효) : ≪詩經≫ 〈大雅 瞻卬〉의 시구 "아! 저 지혜로운 아낙이여, '올빼미로다, 부엉이로다.〔爲梟爲鴟〕"에 대한 鄭玄의 箋에 따르면 "올빼미나 부엉이〔梟鴟〕는 흉한 소리를 내는 새이다."〔盧文弨〕

무릇 배우는 것은 그것으로 유익함을 구하고자 해서일 뿐이다. 어떤 사람이 수십 권의 책을 읽고는 곧 스스로 숭고하고 위대하다고 여겨 어른을 능멸하고 홀대하거나 동료들을 업신여기고 오만하자, 사람들이 그를 미워하기를 원수나 적과 같이 대하고, 그를 싫어하기를 부엉이나 올빼미와 같이 여기는 것을 본 적이 있다. 이와 같다면 배운 것 때문에 스스로 손해를 끼친 것이니 배우지 않는 것만 못하다.

8. 배움의 目的

古之學者爲己, 以補不足也 ; 今之學者爲人, 但能說之也[1)]。古之學者爲人, 行道以利世也 ; 今之學者爲己, 脩身以求進也。夫學者猶種樹也[2)], 春玩其華, 秋登其實[3)], 講論文章, 春華也 ; 脩身利行, 秋實也。

1) 古之學者爲己……但能說之也 : ≪論語≫ 〈憲問〉에 보이는 "옛날의 학자는 자신을 위해 학문을 하였으나〔爲己〕, 오늘날의 학자는 남에게 보이기 위해 학문을 한다.〔爲人〕"는 구의 何晏(魏)의 ≪集解≫에 "孔安國이 말하기를 '자기를 위한다는 것은 이를 실천하였다는 것이며, 남을 위한다는 것은 그저 말만 할 줄 안다는 것이다."라고 하였다. 范曄의 ≪後漢書≫ 〈桓榮傳〉의 論에서는 "남을 위한다는 것은 명예에 기대어 과시하는 것이요, 자기를 위한다는 것은 마음에 기인하여 도리를 깨우치는 것이다."

라고 하였다.〔王利器〕

2) 夫學者猶種樹也 : ≪春秋左氏傳≫ 昭公 18년에 "閔子馬가 말하기를 '무릇 학문이란 나무를 심는 것과 같아서〔夫學 殖也〕 학문을 하지 않으면 장차 몰락하게 될 것이다.' 하였다."라고 하였다.〔盧文弨〕

3) 秋登其實 : ≪韓詩外傳≫ 7에 "簡主는 '봄철에 복숭아와 오얏을 심으면 여름에는 그 아래 그늘을 얻고, 가을에는 그 열매를 거두어 먹을 수가 있다.〔秋得食其實〕'고 하였다."라고 하였다.〔盧文弨〕

'登'은 과일이나 곡식이 익어서 거두는 것이다.〔역자〕

옛날의 學者는 자신을 위하여 學問을 하여 이로써 자신에게 부족한 것을 보충하였으나, 오늘날의 학자는 남에게 보이기 위해 학문을 하여 그저 그것을 말로 하는 데에만 능숙하다. 옛날의 학자가 남을 위해 학문을 한 것은 도리를 실천함으로써 세상을 이롭게 하는 것이고, 오늘날의 학자가 자기를 위해 학문을 하는 것은 몸을 닦아서 그것으로 벼슬을 추구하는 것이다.

무릇 배움이란 나무를 심는 것과 같아서 봄철에는 그 꽃을 즐기고, 가을이면 그 열매를 거두니, 문장을 강론하는 것은 봄철의 꽃이요, 몸을 닦아 이로움을 실천하는 것은 가을의 열매이다.

9. 늙어서도 學問에 힘써야

人生小幼, 精神專利, 長成已後, 思慮散逸, 固須早教, 勿失機也。吾七歲時, 誦≪靈光殿賦≫[1], 至於今日, 十年一理, 猶不遺忘；二十之外, 所誦經書, 一月廢置, 便至荒蕪矣。然人有坎壈(람)[2], 失於盛年[3], 猶當晚學, 不可自棄。孔子云："五十以學≪易≫, 可以無大過矣。"[4] 魏武、袁遺, 老而彌篤[5], 此皆少學而至老不倦也。曾子七十乃學[6], 名聞天下；荀卿五十, 始來遊學, 猶爲碩儒[7]；公孫弘四十餘, 方讀≪春秋≫[8], 以此遂登丞相；朱雲亦四十, 始學≪易≫、≪論語≫[9]；皇甫謐(밀)二十, 始受≪孝經≫、≪論語≫, 皆終成大儒[10]：此並早迷而晚寤也。世人婚冠[11]未學, 便稱遲暮[12], 因循[13]面牆[14], 亦爲愚耳。幼而學者, 如日出之光；老而學者, 如秉燭夜行[15], 猶賢乎瞑目而無見者也[16]。

1) 靈光殿賦 : ≪後漢書≫ 〈文苑傳〉에 "王逸의 아들 延壽는 字가 文考로 빼어난 재주가 있어 어릴 때 魯나라를 유람하며 〈靈光殿賦〉를 지었다."고 하였다. 지금은 ≪文選≫에 보인다.〔趙曦明〕

2) 坎壈(람) : ≪楚辭≫ 〈九辯〉에 "곤궁해라〔坎廩兮〕! 가난한 선비가 직책도 잃어, 그 마음 편치 않으리."라고 하였으니, ≪五臣注文選≫에 "坎壈이란 '곤궁하다〔困窮〕'는 뜻이다."라고 하였다.〔盧文弨〕

3) 盛年 : 少年期이다. 陶淵明의 〈雜詩〉의 한 구절 "盛年의 시절은 다시 오지 않으리, 하루에 아침이 두 번 있기는 어려우니."에서 盛年을 아침에 비유하고 있으므로 대개 人生의 初年을 가리킨다.〔역자〕

4) 孔子云……可以無大過矣 : ≪論語≫ 〈述而〉篇의 何晏(魏)의 ≪集解≫에는 "≪周易≫은 사물의 도리를 궁구하고, 인간의 天性을 이해함으로써 命運에까지 미친 것이다. 나이 50이면 天命을 아는바 '知命'의 나이에 '至命'의 책을 읽은 것이니 이 때문에 큰 허물이 없을 수가 있는 것이다.〔可以無大過也〕"라고 하였으며, 朱熹의 ≪論語集註≫에서는 "≪周易≫을 배우면 吉凶盛衰의 이치와 進退生死의 도리에 밝으니, 이 때문에 큰 허물이 없을 수가 있는 것이다."라고도 하였다.〔王利器〕

5) 魏武袁遺 老而彌篤 : ≪魏志≫ 〈武帝紀〉의 주석에 "太祖(曹操)는 30여 년 군대를 이끄는 동안 손에서 책을 놓지 않았고 낮이면 군사책략을 강론하고 밤이면 경전을 사색하였다. 높은 곳에 오르면 반드시 노래를 지었는데, 새로운 시를 지으면 이를 음악에 실어 모두 樂章으로 완성시켰다. 袁遺는 字가 伯業으로 袁紹의 從兄이며 長安令이었다. 河間의 張超가 일찍이 袁遺를 太尉 朱俊에게 천거하며 세상에 으뜸가는 미덕과 세상을 다스릴 기량을 지녔다고 찬양하였다. 曹操는 '나이 먹어서도 부지런히 배울 수 있는 이는 오직 나와 袁遺뿐이다.' 하였다."라고 하였다.〔趙曦明〕

6) 曾子七十乃學 : ≪類說≫에는 '七十'이 '十七'로 되어 있다. 黃叔琳에 의하면 "曾子는 孔子보다 46세나 어렸으니, 학문을 늦게 시작한 이가 아니므로, 당연히 다른 曾子가 있었을 것이다."라고 하며, 孫志祖는 ≪讀書脞錄≫ 4에서 "盧文弨는 ≪淮南子≫ 〈說林〉篇에 근거하여 '呂望은 나이 七十에 비로소 책읽기를 배워 九十의 나이에 文王을 위해 太師가 되었다.'고 주석하면서 '曾子'는 '呂望'이 잘못 쓰인 것이 아닐까 하였으나, 대개 曾子는 孔子보다 46세가 적으면서도 孔子의 문하에 들어가 배웠으니 반드시 少年이었을 것이다. 그러므로 나는 '七十'이 '十七'이 잘못 쓰인 것이 아닐까 한다. 다만 典籍을 통하여 확실히 증거할 방법은 없다."라고 하였다. ≪大戴禮記≫ 〈保傅〉篇, ≪白虎通≫ 〈辟雍〉篇, ≪漢書≫ 〈食貨志〉, ≪漢書≫ 〈藝文志〉 및 ≪說文解字≫ 〈敍〉에 의하면, 옛날에는 8세에 小學에 들어갔으므로 17세면 이미 과거를 치르기 시작하여 합격한 이들은 벼슬길에 입문할 수도 있었을 터인데, 曾子는 17세에 비로

소 배우기 시작하였으니, 8세와 비교하면 이미 9년이나 늦은 때이므로 晩學하였다고도 할 수가 있었을 것이다.〔王利器〕

7) 荀卿五十……猶爲碩儒 : ≪史記≫ 〈孟荀列傳〉에 "荀卿은 趙나라 사람으로 나이가 50일 때 비로소 齊나라에 유학하러 왔다."고 하며, 〈索隱〉에 "荀卿은 이름이 況이다. 卿이라 한 것은 당시 사람들이 그를 높여 卿이라 부른 것이다."라고 하였다.〔趙曦明〕

8) 公孫弘四十餘 方讀春秋 : ≪漢書≫ 〈公孫弘傳〉에 "公孫弘은 菑川郡 薛縣 사람으로 나이 40세에 비로소 ≪春秋≫와 百家의 學說을 배웠으며, 60세에 博士가 되었다."라고 하였다.〔趙曦明〕

9) 朱雲亦四十 始學易論語 : ≪漢書≫ 〈朱雲傳〉에 "朱雲은 字가 游로 魯나라 사람이다. 젊었을 때는 목숨보다 의리를 중시하는 협객이었으나 나이 40에 전향하고서 博士 白子友에게 ≪周易≫을 배웠으며, 또 將軍 蕭望之를 섬기며 ≪論語≫를 전수받아 모두 그 학업을 전수받았으므로 당시 세상에서 그를 높이 떠받들었다."고 하였다.〔趙曦明〕

10) 皇甫謐(밀)二十……皆終成大儒 : ≪晉書≫ 〈皇甫謐傳〉에 "皇甫謐은 字가 士安으로 安定郡 朝那縣 사람이다. 나이가 스물이 되도록 배우기를 좋아하지 못하고 이리저리 떠돌며 流浪하지 않는 곳이 없었다. 후일 叔母 任氏가 그 앞에서 눈물 흘리는 것을 보고서야 感激하고는 마을 사람 席坦에게 배움을 구하여 부지런히 힘쓰며 게을리 하지 않았다. 마침내 典籍과 百家의 철학서들을 널리 종합하여 著述에 힘을 썼으니 스스로 玄晏先生이라고 일컬었다."고 하였다.〔趙曦明〕

11) 婚冠 : 婚禮와 冠禮를 치를 무렵의 젊은 시절이다.〔역자〕

12) 遲暮 : 〈離騷〉의 시구 "초목에 지는 잎을 생각하면, 고운 님 더디고 늦을까〔遲暮〕 근심일세."에 대한 王逸의 주석에 의하면 "遲란 '늦다〔晩〕'의 뜻이다." 하였다.〔王利器〕

13) 因循 : 답습하다. 혹은 꾸물거리다. 지체하다.〔역자〕

14) 面牆 : ≪論語≫ 〈陽貨〉篇에 "사람이 되어 周南과 召南을 익히지 않는다면, 마치 '담을 향해〔牆面〕' 선 것과 같으리!"라고 하였다.〔王利器〕

15) 如秉燭夜行 : ≪說苑≫ 〈建本〉篇에 "師曠이 말하기를 '어릴 때 배우기를 좋아하는 것은 마치 태양이 그 빛을 드러내는 것과 같으며, 장성해서 배우기를 좋아하는 것은 마치 태양이 중천에서 빛나는 것과 같으며, 늙어서 배우기를 좋아하는 것은 촛불로 밝히는〔炳燭之明〕 것과 같으니, 촛불로 밝히는 것이 어둠 속에서 길을 가는 것과 어느 것이 낫겠느냐'고 하였다."라고 하였다.〔盧文弨〕

16) 賢乎瞑目而無見者也 : ≪抱朴子≫ 〈外篇 勗學〉篇에 "겨룰 이가 없을 만큼 뛰어난 재능으로 한창 시절에 변고가 생겨 비록 〈해가 떠오르는〉 暘谷에서 기회를 놓쳤을지라도 〈해가 지는〉 虞淵에서라도 이를 거두면, 그제야 비옥한 논밭은 늦게 파종하더라

도 한 해가 다 가도록 황폐하게 버려진 것보다 나은 줄을 알 터이니 해와 촛불로 깨우쳐주는〔日燭之喩〕 말인즉, 이 말이 옳다."고 하였다.〔王利器〕

人生이란 어릴 때는 정신이 집중되고 예민하나 장성한 뒤로는 생각이 흩어져 달아나니, 참으로 일찌감치 가르쳐 기회를 놓치지 말아야만 한다. 나는 일곱 살 때 〈靈光殿賦〉를 외웠는데 오늘날까지 10년에 한 번씩 정리할 뿐이건만 오히려 잊히지가 않으나, 스물이 넘어 외운 經書는 한 달만 덮어두어도 그만 다 잊어버리고 만다. 그럼에도 누군가 불우하여 소년기를 잃어버렸다면 오히려 늦게라도 배워야 할 것이니, 자포자기해서는 안 된다.

孔子께서는 "오십에 ≪周易≫을 배우면, 큰 허물이 없을 것이다."라고 하셨다. 曹操와 袁遺는 늙어서도 더욱 열심히 배웠으니, 이는 모두가 어려서부터 배우되 늙도록 게을리 하지 않은 예들이다.

曾子는 나이 일흔에 비로소 배워서 천하에 그 이름을 떨쳤으며, 荀卿은 나이가 쉰이 되고서 처음 유학을 떠났지만 오히려 대유학자가 되었으며, 公孫弘은 나이 마흔에 비로소 ≪春秋≫를 읽었으나 이 때문에 마침내 승상으로 등용되었으며, 朱雲 역시 마흔에 처음 ≪周易≫과 ≪論語≫를 읽기 시작하였고 皇甫謐은 나이 스물에 처음 ≪孝經≫과 ≪論語≫를 교육받기 시작하였으나 모두 마침내 대유학자가 되었으니, 이들은 모두가 어려서는 방황하다가 뒤늦게야 깨달았다.

세상 사람들은 婚禮와 冠禮를 치를 무렵〈의 젊은 시절〉에 미처 배우지 못하면 곧 늙어서 늦었다고 치부해버리니, 이 때문에 꾸물거리며 담만 마주보고 있다면 이 또한 어리석을 따름이다. 어려서 배우는 것은 태양이 솟아오르며 빛을 비추는 것과 같고, 늙어서 배우는 것은 촛불을 들고 밤길을 가는 것과 같으나, 그래도 눈을 감고 보이는 것이라고는 없는 것보다는 낫다.

10. 學問의 實用性

學之興廢, 隨世輕重。漢時賢俊, 皆以一經弘聖人之道, 上明天時, 下該[1)]人事, 用此致卿相者多矣。末俗[2)]已來不復爾[3)], 空守章句, 但誦師言, 施之世務, 殆無

一可。故士大夫子弟，皆以博涉[4)]爲貴，不肯專儒[5)]。梁朝皇孫以下，總丱(관)[6)]之年，必先入學，觀其志尙，出身[7)]已後，便從文史[8)]，略無卒業[9)]者。冠冕爲此者，則有何胤[10)]、劉瓛(환)[11)]明山賓[12)]、周捨[13)]、朱异[14)]、周弘正[15)]、賀琛[16)]、賀革[17)]、蕭子政[18)]、劉縚(도)[19)]等，兼通文史，不徒講說也。洛陽亦聞崔浩[20)]、張偉[21)]、劉芳[22)]，鄴下又見邢子才[23)]：此四儒者，雖好經術，亦以才博擅名。如此諸賢，故爲上品，以外率多田野閒人，音辭鄙陋，風操蚩拙，相與專固[24)]，無所堪能，問一言輒酬數百，責[25)]其指歸[26)]，或無要會[27)]。鄴下諺云："博士買驢，書劵[28)]三紙，未有驢字。"使汝以此爲師，令人氣塞。孔子曰："學也祿在其中矣。"[29)] 今勤無益之事，恐非業也。夫聖人之書，所以設教，但明練[30)]經文，粗通注義，常使言行有得，亦足爲人，何必'仲尼居'[31)]卽須兩紙疏義[32)]？燕寢講堂[33)]，亦復何在？以此得勝，寧有益乎？光陰可惜，譬諸逝水[34)]。當博覽機要[35)]，以濟功業，必能兼美，吾無閒(간)焉[36)]。

1) 該：賅와 같은 뜻이다. 두루 갖추다.〔역자〕
2) 末俗：≪漢書≫〈朱博傳〉에 "지금은 末世의 風俗이 낳는 폐해로 말미암아, 政事는 더욱 번거로워지고, 宰相의 재목은 고인에 미치지 못하고, 丞相은 혼자서 三公의 일을 도맡고 있다."고 했던바 '末俗'이란 '末世의 風俗'을 가리킨다.〔王利器〕
3) 復爾：이와 같다〔如此〕는 뜻이다. 본서 제6〈風操〉篇 23 주 1) 참조.〔역자〕
4) 博涉：본서에도〈涉務〉篇이 있는바 '涉'자의 뜻이 같다. ≪漢書≫〈賈山傳〉에 보이는 "書籍과 서찰을 涉獵하였다."는 구절에 대하여 顔師古는 "마치 강을 건너고 짐승을 사냥하듯 함을 말한 것이니, 치밀하게 읽지 않는다는 것이다."라고 하였다. 桂馥의 ≪札樸≫ 3에 "漢代에는 책이 적어서 學者들도 모두 한 가지에 집중하고 전념할 수가 있었으나 晉・宋 연간 이래로 四部의 서적들만 천만 권을 헤아리게 되자 마침내 涉獵하는〈풍토의〉학문이 생기게 되었다."고 하였다.〔王利器〕
5) 專儒：≪論衡≫〈超奇〉篇에 "그러므로 무릇 한 가지에 치중하여 경전을 설명할 수가 있는 이를 '儒生'이라 하며, 고금을 널리 살펴본 이를 '通人'이라 하며, 전해진 책들을 채집, 발췌하여 上書를 올리거나 奏記 같은 공문을 올리는 사람을 '文人'이라 하며, 정채로운 사고를 글로 써내며 篇과 章을 엮어내는 사람을 '鴻儒'라고 한다."고 하였다. 顔之推가 말하는 '專儒'란 곧 王充이 말하는 '儒生'을 가리키는바, 단지 한 가지 경전만을 풀이할 줄 알 뿐이어서 '鴻儒'의 무리와 비교할 바가 아니므로 '專儒'라 한

것이다.〔王利器〕

한 가지 경전에만 통달한 儒生이다.〔역자〕

6) 總丱(관) : ≪詩經≫ 〈齊風 甫田〉에 보이는 "귀엽고도 예뻐라! 총각머리 한 아이들.〔總角丱兮〕"이라는 구의 ≪毛傳≫에 "總角은 다팔머리를 양쪽으로 모아 묶은 것이며 '丱'은 '아이〔幼稚〕'의 뜻이다."라고 하였다.〔盧文弨〕

總角머리를 한 아이이다.〔역자〕

7) 出身 : 出仕하여 君王에게 獻身함을 가리킨다.〔王利器〕

8) 便從文史 : ≪漢書≫ 〈東方朔傳〉에 "3년이면 '文章과 史書〔文史〕'를 넉넉히 응용하였다."고 하였으니 '史'란 '史書'를 가리키는 것이다. 다만 여기서는 '文章'과 '三史'를 함께 일컬어 말한 것이다. 舊本에서 '吏'로 된 것은 잘못이다.〔盧文弨〕

唐晏의 ≪憫庵隨筆≫ 上에는 "盧文弨가 교정한 ≪顔氏家訓≫은 가장 善本이라 일컬을 만하나, 여전히 부족한 곳이 있는바, 예컨대 '出仕한 이후 문관〔文吏〕으로 임용된다.'는 〈勉學〉篇의 구절은, 梁代 王朝의 貴游子弟들 가운데 학문을 지향하지 않는 이가 많으므로 '아직 어릴 때에 반드시 먼저 학교에 들어가게 하고', '出仕한 후 문관〔文吏〕으로 임용되기만 하면 학업을 마저 마치는 이가 조금도 없었다.' 하였으니 그 문장의 의미가 몹시 분명한데도 盧文弨는 이를 '文章과 史書〔文史〕'라고 고치고 ≪漢書≫ 〈東方朔傳〉의 '文史足用'이라는 구절을 인용하여 주석하였으니, 본래의 의미를 놓쳐버린 것이다."라고 하였다. 생각건대 唐晏의 주장이 옳으니 이 문장은 마땅히 다른 여러 판본을 좇아 '곧 文職의 관리로 종속되기만 하면〔便從文吏〕'으로 쓰는 것이 옳다.〔王利器〕

여기서는 唐晏과 王利器의 주장을 좇아 '文史'를 '文吏'로 교정하여 번역하였다.〔역자〕

9) 卒業 : ≪三國志≫ 〈魏書 牽招傳〉에 "나이 열 살쯤에 같은 縣의 樂隱을 좇아 학문을 배웠다. 나중에 樂隱이 車騎將軍 겸 何苗長史가 되자 牽招도 그를 따라가 학업을 마저 마쳤다.〔卒業〕"고 하였다.〔王利器〕

학업을 마저 마치다.〔역자〕

10) 何胤 : ≪梁書≫ 〈處士傳〉에 "何胤은 字가 子季로 何點의 아우이다. 沛國의 劉瓛을 사사하며 ≪周易≫, ≪禮記≫, ≪毛詩≫를 배웠고, 鍾山의 定林寺로 들어가 佛經을 받아들였는데 그가 공부한 것 모두에 정통하였다. 관직에서 물러난 다음에는 若邪(야)山 雲門寺에 거주하였으니 세상사람들은 何點을 大山, 子季를 小山 혹은 東山이라고 불렀다."고 하였다.〔趙曦明〕

11) 劉瓛(환) : 沛郡 사람으로 ≪南史≫ 〈劉瓛傳〉이 있으며 劉璡(진)의 형이다. 본서 제3 〈兄弟〉篇의 5 주 3) 참조.〔역자〕

12) 明山賓 : ≪梁書≫ 〈明山賓傳〉에 "明山賓은 字가 孝若으로, 平原郡 鬲(격)縣 사람이었다. 7세에 玄理를 말할 줄 알았고 13세에 經傳에 널리 통하여, 梁나라 臺建 연간에 五經博士를 설치하자 최초로 선발되었다."고 하였다.〔趙曦明〕

13) 周捨 : ≪梁書≫ 〈周捨傳〉에 "周捨는 字가 昇逸로 汝南郡 安成縣 사람이다. 博學하여 다방면에 능통하였으며 특히 義理에 밝았다. 高祖가 즉위하여 재능이 남다른 선비를 널리 구하자 范雲이 그를 高祖에게 말하여 尙書祠部郎을 제수받았다."고 하였다.〔趙曦明〕

14) 朱异 : ≪梁書≫ 〈朱异傳〉에 "朱异는 字가 彦和로 吳郡 錢唐 사람이다. 五經을 두루 연구하되 특히 ≪禮記≫와 ≪周易≫에 밝았고 文章과 史書를 涉獵하였다. 雜藝에도 함께 능통하여 바둑, 장기, 서예, 주판에 모두 뛰어났다. 조칙을 내려 재능이 남다른 선비를 널리 구하자 明山賓이 表를 올려 그를 추천하므로 高祖가 불러 만나보고서 ≪孝經≫과 ≪周易≫의 義理를 설명케 하고는 좌우를 돌아보며 '朱异는 실로 남다르다.' 하였다. 周捨가 죽자 朱异가 중요한 전략을 도맡았다."고 하였다.〔趙曦明〕

15) 周弘正 : ≪陳書≫ 〈周弘正傳〉에 "周思行(思行은 周弘正의 字)은 汝南郡 安成縣 사람이다. 어려서 고아가 되어 아우 弘讓, 弘直과 함께 叔父 周捨에게 길러졌다. 10세에 ≪老子≫와 ≪周易≫에 통하였으며 梁나라 때 자수성가하여 太學博士가 되었으며 여러 차례 직위를 옮겨 國子博士가 되었다. 당시 城 서쪽에 士林館을 세우고 弘正이 그곳에 거주하며 강론하고 교수하자 이를 들으려고 온 朝野의 사람들이 다 모였다."고 하였다.〔趙曦明〕

16) 賀琛 : ≪梁書≫ 〈賀琛傳〉에 "賀琛은 字가 國寶로 會稽郡 山陰縣 사람이다. 伯父 賀瑒이 그에게 儒家經書의 學業을 전수하자 한 번 듣기만 하면 義理에 통하였다. 특히 ≪周禮≫, ≪儀禮≫, ≪禮記≫의 三禮에 정통하였으며 通事舍人이 되었다가 여러 차례 직위를 옮겼는데 禮儀에 관련된 업무는 모두 참여하였다."고 하였다.〔趙曦明〕

17) 賀革 : ≪梁書≫ 〈儒林傳〉에 "賀瑒의 아들 革은 字가 文明으로 젊어서부터 三禮에 능통하였으며, 자라면서 ≪孝經≫, ≪論語≫, ≪毛詩≫, ≪春秋左氏傳≫을 두루 연구하였다. 湘東王이 州에 學館을 설치하고 革으로 하여금 儒林祭酒를 맡기고 三禮를 강론하게 하자 荊・楚의 世族들로서 이를 듣는 이들이 몹시 많았다."고 하였다.〔趙曦明〕

18) 蕭子政 : ≪隋書≫ 〈經籍志〉의 "≪周易義疏≫ 14권, ≪繫辭義疏≫ 3권, ≪古今篆隷雜字體≫ 1권이 있다."는 구절에 "梁나라 都官尙書 蕭子政이 지은 것이다."라고 주석이 되어 있다.〔趙曦明〕

19) 劉縚(도) : ≪顔氏家訓≫ 제6 〈風操〉篇에도 그가 언급되어 있다.〔趙曦明〕

20) 崔浩 : ≪魏書≫ 〈崔浩傳〉에 "崔浩는 字가 伯淵으로, 淸河縣 사람이다. 젊어서 文學을 좋아하고, 經典과 史書를 널리 읽었으며 日月星辰의 天象과 陰陽을 토론한 百家의 言

說을 두루 망라하지 못한 바가 없었다. 義理를 깊이 탐구함에 있어 당시 아무도 따를 사람이 없었다. 太宗이 陰陽術數를 좋아하다가 崔浩가 설명하는 ≪周易≫과 ≪尙書≫ 〈洪範〉의 통치법과 五行을 듣자 훌륭하다고 칭찬하였다."라고 하였다.〔趙曦明〕

21) 張偉 : ≪魏書≫ 〈儒林傳〉에 "張偉는 字가 仲業으로, 어릴 때의 이름이 翠螭(리)였으며, 太原郡 中都縣 사람이었다. 모든 經典을 남김없이 배우고 고향에서 이를 강론하며 교수하였으므로 그에게서 학업을 전수받는 사람이 항상 수백 명에 이르렀다." 라고 하였다.〔趙曦明〕

22) 劉芳 : ≪魏書≫ 〈劉芳傳〉에 "劉芳은 字가 伯文으로 彭城 사람이다. 총명함이 남들보다 뛰어나고 고전에 대한 뜻이 돈독하여 낮에는 筆耕 일로 생계를 유지하고 밤에는 그 책을 읽고 외우느라 밤새도록 잠을 자지 않았다. 中書侍郎이 되고서 皇太子에게 經典을 강의하였고, 太子庶子로 옮겼으며 員外散騎常侍를 겸하였다."라고 하였다.〔趙曦明〕

23) 邢子才 : ≪北齊書≫ 〈邢邵傳〉에 "邢邵는 字가 子才로 河間郡 鄚(막)縣 사람이다. 나이 열 살에 글을 지을 수 있었으며,……일찍이 장맛비가 내릴 때 ≪漢書≫를 읽는데 닷새 만에 전편을 대략 기억하였고, 다시 술을 마시곤 희롱삼아 經史를 넓게 찾아본다고 5행을 동시에 읽어 내리는데 한 번 훑어보고는 즉시 옮겨 적어도 놓치는 글자가 없었다. 문장이 典雅하고 아름다웠는데, 내용도 풍성하고 글 짓는 속도도 빨라 나이 채 스물이 안 되어 世族들 사이에서 이름을 드날렸다."라고 하였다.〔趙曦明〕

24) 專固 : '독단적이고 완고하다.〔王利器〕

25) 責 : 요구하다. 힐문하다.〔역자〕

26) 指歸 : 嚴君平에게는 저서 ≪老子道德指歸≫가 있고, 王僧虔의 〈戒子書〉에서는 "너희들은 그 제목도 채 살펴보지 않고 그 취지〔指歸〕도 아직 분간하지 못한 채 종일토록 자기를 속이고 남도 속이지만 남들은 너희들 속임수에 넘어가지 않을 것이다."라고 하였다. 郭璞은 ≪爾雅≫ 〈序〉에서 "무릇 ≪爾雅≫는 그것으로 古語를 풀이하려는 취지〔指歸〕를 꿰뚫은 것이다."라고 하였다.〔王利器〕

'취지, 의향, 중심사상'의 뜻이다.〔역자〕

27) 要會 : '要旨, 주된 취지'의 뜻이다.〔역자〕

28) 書券 : 陸游의 〈讀書詩〉에 보이는 "文辭에 능한 博士 나귀 계약서를 쓰고〔書驢券〕, 參軍 직위 맡아놓고 〈王徽之는 세상일을 초탈한 듯〉 馬曹라 하는구나."라는 시구는 이에 근거한 것이다.〔盧文弨〕

계약서를 쓰다.〔역자〕

29) 學也祿在其中矣 : ≪論語≫ 〈衛靈公〉篇의 글이다.〔王利器〕

30) 明練 : 본서의 제11 〈涉務〉篇에서도 "風俗에 통달하고 익숙하다.〔明練〕"고 하였

다.〔王利器〕

31) 仲尼居 : ≪孝經≫의 제1장 요지를 처음 밝히며 시작되는 첫 구절이다.〔王利器〕

32) 疏義 : 經文의 注釋이다. 注는 經文을 설명한 것이며, 疏는 注의 의미를 부연한 것으로, 六朝시대에는 義疏之學이 자못 성행한 적 있다.〔王利器〕

33) 燕寢講堂 : 燕寢이란 閒居하는 곳이며, 講堂이란 講習하는 곳이니, 이는 ≪孝經≫의 해설가들이 〈앞에도 든바, 제1장의 첫 구절 '仲尼居'의〉 '居'자에 대한 理解가 서로 다르므로, 저마다 내세운 한 가지씩 주장〈을 대비시켜 놓은 것〉이다.〔王利器〕

34) 譬諸逝水 : ≪金樓子≫ 〈立言〉篇에 "치닫는 세월은 멈출 수가 없고 흐르는 강물〔逝川〕은 홀연히 사라져, 짧은 시간조차 寶玉이니 寸陰도 아낄 만하구나."라고 하였다.〔王利器〕

35) 機要 : 關鍵, 要領, 要諦의 뜻이다.〔역자〕

36) 吾無閒(간)焉 : ≪論語≫ 〈泰伯〉篇에 "禹에 대해서는 내가 트집잡을 것이 없다.〔吾無閒然〕"고 하였다. ≪資治通鑑≫ 120의 이 구절 '吾無閒然'에 대하여, 胡三省은 "呂大臨이 '그 흠을 잡을 만한 틈이 없다.〔無閒隙〕'는 뜻이다."라고 주석하였으며, 謝顯道에 의하면 '내가 그것을 따질 수가 없을 것이다.〔我無得而議之〕'라고 말한 것과 같다."고도 하였다.〔王利器〕

學問의 번성하고 쇠퇴함은 世態의 推移에 따른다. 漢나라 때는 재능이나 덕행이 빼어난 이들이 모두 〈저마다〉 한 가지 經典으로 聖人의 도리를 〈세상에〉 넓혀가느라, 위로는 天時를 밝히고 아래로는 人事를 두루 갖추었으니, 이것으로 九卿과 宰相의 지위에 오른 이들이 많았다. 말세의 풍속이 이미 도래하고서는 다시는 이와 같지 못하여, 〈句讀의 형식에 치중된〉 章句學만을 헛되이 지키고 그저 스승의 말을 암송이나 할 뿐이니, 세상의 일에 이를 시행하려도 거의 한 가지도 쓰일 것이 없다. 그러므로 사대부의 자제들도 모두가 널리 섭렵하기를 귀하게 여기고 한 가지 경전에만 통달한 儒生이 되려 들지는 않는 것이다.

梁나라 王朝 때에는 皇孫 이하 귀족자제는 아직 어릴 때에 반드시 먼저 학교에 들어가게 하고 그 지향하고 숭상하는 바를 살폈으나, 出仕한 후 문관으로 임용되기만 하면 학업을 마저 마치는 이가 없었다.

관원들 가운데서 이를 행하였던 이들로는 곧 何胤, 劉瓛, 明山賓, 周捨, 朱异, 周弘正, 賀琛, 賀革, 蕭子政, 劉縚 등이 있었으니, 文章과 史書에 아울러 능통하되 그저 講說만을 일삼던 이들은 아니었다. 洛陽에서는 崔浩, 張偉, 劉芳의 명성이 역시 자자하였고, 鄴下에서도 邢子才가 눈에 띄었으니, 이 네 명의 유학자는 비록 經學을 좋아하였으나 재능과 박식함으로서도 이름을 떨쳤다.

이와 같은 여러 賢人들은 그래서 최상의 수준이나, 그들 이외에는 대부분이 들판의 한가한 사람으로 말씨가 비루하고 행실도 저속하여 함께 더불면 한갓 고집스럽기만 할 뿐 능히 감당할 만한 일은 없으니, 한 가지를 물어보면 번번이 수백 마디를 대답하나 그 취지를 힐문하면 더러 요지가 없곤 하였다. 鄴下의 속담에 이르기를 "博士가 당나귀를 사면 계약서가 석 장인데도 당나귀 '驢'자는 없다."고 하였다. 만약 너희들이 이런 이를 스승으로 삼는다면 사람으로 하여금 기가 막히게 할 것이다.

孔子께서 말씀하시기를 "배우면 俸祿은 그 안에 있다."고 하셨다. 지금 무익한 일에다 힘을 쏟아붓고 있다면, 〈이는〉 아마도 제대로 된 공부가 아닐 것이다. 무릇 성인의 책이란 그것으로 가르침을 베풀려는 것이니, 그저 經文을 통달하고 숙련하며 주석된 의미를 대략 꿰뚫어 언제든 言行에 도움이 되게 한다면 이 또한 사람 구실하기에 충분한 것인데, 〈≪孝經≫의 제1장이 시작되는 첫 구절〉 '仲尼居'에 어찌 굳이 두 쪽에나 걸칠 만큼 주석을 달아 풀이해놓아야 했을까? 〈仲尼가 거처하신 곳이〉 閒居하던 곳이었든, 講習하던 곳이었든 이 또한 어디에 있는가? 그렇게 해서 이길 수 있다 한들 어찌 〈언행이나 살아가는 데에〉 보탬이 있겠는가?

시간은 아까운 것이어서 流水에 비유한다. 마땅히 要諦를 널리 살펴야만 功業을 이룩할 터이니, 반드시 양자를 아울러 갖춘다면 내가 그것에 대해 흠잡을 일이 없을 것이다.

11. 편협한 儒學者들

俗間儒士, 不涉群書, 經緯[1]之外, 義疏[2]而已。吾初入鄴, 與博陵[3]崔文彥交遊, 嘗說≪王粲集≫中難鄭玄≪尙書≫[4]事。崔轉爲諸儒道之, 始將發口[5], 懸見排蹙[6], 云："文集止有詩、賦、銘、誄[7], 豈當論經書事乎? 且先儒之中, 未聞有王粲也。" 崔笑而退, 竟不以≪粲集≫示之。魏收[8]之在議曹[9], 與諸博士議宗廟事, 引據≪漢書≫, 博士笑曰："未聞≪漢書≫得證經術。" 收便忿怒, 都不復言,

取≪韋玄成[10]傳≫, 擲之而起。博士一夜共披尋[11]之, 達明[12], 乃來謝曰："不謂玄成如此學也。"[13]

1) 經緯 : 經書와 緯書이다. ≪後漢書≫ 〈方術列傳 樊英傳〉의 注에 "≪七緯≫로는 ≪易緯≫, ≪書緯≫, ≪詩緯≫, ≪禮緯≫, ≪樂緯≫, ≪孝經緯≫, ≪春秋緯≫가 있다."고 하였다.〔趙曦明〕

≪困學紀聞≫ 8에 "鄭玄은 ≪周禮≫와 ≪儀禮≫를 주석하며, ≪易說≫, ≪書說≫, ≪樂說≫, ≪春秋說≫, ≪禮家說≫, ≪孝經說≫을 인용하였으니 이들은 모두 緯書들이다. ≪河洛七緯≫는 도합 81篇으로, ≪河圖≫ 9篇, ≪洛書≫ 6篇에 〈周나라 초기 이래 孔子에 이르기까지 9聖에 덧붙여 서술된〉 30篇이 따로 있으며, ≪七緯≫는 36篇이다. 그 외에도 ≪尙書中候≫와 ≪論語讖≫이 있으나 모두 ≪七緯≫에 포함되지 않는 것들이다."라고 하였다.〔盧文弨〕

위에서 '≪七緯≫는 36篇이다.' 1句는 周法高의 補正의 내용을 참고하여 삽입한 것이다.〔역자〕

2) 義疏 : 經文의 注釋이다. 南北朝 시기에 기원한 注釋 體制의 하나로 原書와 舊注의 文意를 疏通시켜 原書의 思想을 밝히기 위해 관련 자료를 널리 섭렵하고 舊注를 검증하며 이를 보충하여 논술한다. 南朝 梁나라 때 皇侃이 지은 ≪論語義疏≫는 지금 전하는 이 무렵의 가장 완전한 義疏 부류의 주석서이다. 본편 10 주 32) 참조.〔역자〕

3) 博陵 : ≪隋書≫ 〈地理志〉에 "博陵郡은 冀州에 속한다."라고 하였다.〔趙曦明〕

4) 王粲集中難鄭玄尙書 : ≪困學紀聞≫ 2에 "≪王粲集≫에서 鄭玄의 ≪尙書注≫를 비난한 일은 지금은 唐代 元行沖의 ≪釋疑≫에만 보인다. 王粲이 말하기를 '세상사람들은 伊水와 雒水 以東, 淮水와 漢水 以北으로는 鄭玄 한 사람뿐이라 일컬으며, 모두 先儒들은 결점이 많으나 鄭玄은 道를 갖추었다고들 말한다. 내가 혼자 의심쩍어 탄식하다가 이 때문에 배우고자 하여, ≪尙書注≫를 얻어 물러나서 그 뜻을 생각해보았으나 그 뜻이 모두 다하였는데도 의혹은 오히려 아직 풀리지 않았다.'고 하였다."라고 하였다.〔盧文弨〕

5) 發口 : 입을 떼다.〔역자〕

6) 排蹙 : '배척하다〔排笮〕'의 뜻이다.〔盧文弨〕

7) 詩賦銘誄 : '賦'란 문채와 수식을 펼쳐가면서 사물을 묘사하여 정감을 그려가는 韻文이며, '銘'이란 공적과 미덕을 찬양하는 韻文이며, '誄'란 생존 시의 행적을 나열해나간 韻文이다.〔王利器〕

8) 魏收 : ≪北齊書≫ 〈魏收傳〉에 "魏收는 字가 伯起로, 아이 때의 이름이 佛助였으니, 鉅鹿郡 下曲陽 사람이다. 책을 읽을 때 여름철에는 나무그늘을 따라 나무침상을 옮

겨가며 글을 읊조렸는데, 여러 해가 지나 나무침상이 닳았지만 쉼없이 노력하였다. 아름다운 문장으로 이름이 났다."라고 하였다.〔趙曦明〕

9) 議曹：議案을 심의하는 기관 혹은 직책이다. 諮議參軍 등의 관직이 이에 해당된다. 자세한 내용은 본서 제6 〈風操〉篇 9 주 1) 참조.〔역자〕

10) 韋玄成：≪漢書≫ 〈韋賢傳〉에 "韋賢의 작은 아들 玄成은 字가 少翁으로 배우기를 좋아하여 아비의 學業을 닦아, 明經科를 통하여 諫大夫에 발탁되었다."라고 하였다.〔盧文弨〕

11) 披尋：'열어놓고 찾아보다.〔披閱尋討〕'의 뜻이다. '披'는 본편 4에 보이는 '흰 명주를 잡고 雌黃을 펼쳐 연다.〔披〕'는 구절의 '披'와 쓰임이 같다. 韓愈는 〈進學解〉에서 "손으로는 끊임없이 百家의 전적을 펴서 열었다.〔披〕"고 하였다. ≪文選≫ 〈琴賦〉의 注에 따르면 "披란 열다〔開〕의 뜻이다."라고 하였다.〔王利器〕

12) 達明：날이 밝다, 혹은 명백히 밝히다의 뜻도 있으나, 여기서는 앞 구절의 '밤새〔一夜〕'와 호응하는 의미이다.〔역자〕

13) 不謂玄成如此學也：≪太平廣記≫ 258에 인용된 ≪大唐新語≫에 "唐나라 張由古는 관리의 재능은 있으나 學術이라 할 만한 것이 없었는데 누차 臺省을 역임하였다. 일찍이 여럿이 있는 데서 '班固가 큰 재능을 지녔건만 그의 문장이 ≪文選≫에 오르지 못하였구나.' 하고 탄식하므로, 어떤 이가 그에게 '〈兩都賦〉며 〈封燕然山銘〉이며 〈典引〉 등이 나란히 ≪文選≫에 들어가 있는데 어찌하여 없다고 말씀하시는지요?' 하자, 由古가 말하기를 '이는 모두 班孟堅의 文章이니, 어찌 班固와 상관있는 일일까.' 하므로, 이를 듣던 사람들이 입을 가리고 웃었다."라고 하였다. 이 사람은 班固를 몰랐던 것이요, 저 사람들은 ≪漢書≫를 몰랐던 것이니, 그런 사람이 혼자도 아니고 짝을 이루었다고 할 만하다.〔王利器〕

不謂란 짐작하지 못하다, 생각하지 못하다, 혹은 알리지 않다의 뜻이다.〔역자〕

세간의 儒學者들은 여러 책들을 섭렵하는 것이 아니라, 經書와 緯書 이외에는 義疏類의 주석서를 읽을 뿐이다. 내가 처음 鄴에 들어가서 博陵 사람 崔文彦과 교유했는데, 언젠가 ≪王粲集≫가운데서 鄭玄의 ≪尙書注≫를 힐난하였던 일을 두고 얘기한 적이 있었다. 崔文彦이 여러 유학자들에게 이 얘기를 옮겨 전하였는데, 막 입을 떼자마자 〈어떤 유학자가〉 일찌감치 배척하는 태도를 드러내 보이며 말하였다.

"文集에는 詩, 賦와 함께 銘, 誄가 있을 뿐인데 경서를 논하는 일이 어찌 當키나 하겠습니까? 더구나 先儒 가운데 王粲이란 자가 있었다는 말은 듣지를 못하였습니다."

崔文彦은 웃어버리고 물러나왔을 뿐, 끝내 그에게 ≪王粲集≫을 보여주지 않았다고 한다.

魏收가 議曹에 있을 때 여러 박사들과 함께 종묘의 일을 의논하다가 ≪漢書≫를 근거로 인용하자 박사들이 웃으며 말하였다.

"≪漢書≫가 經學을 논증할 수 있다는 말은 아직 들어보지 못하였군요."

魏收가 크게 분노하여 아무것도 다시는 말하지 않고 〈韋玄成傳〉을 가져다가 던져주고는 일어나버렸다. 박사들이 밤새 함께 이를 찾아보고서는 날이 밝자 그제야 사죄하러 와서 말하였다.

"韋玄成에게 이만 한 학문이 있었을 줄이야 짐작하지 못했습니다."

12. 老莊學者들의 矛盾

夫老、莊之書，蓋全眞養性[1]，不肯以物累己[2]也。故藏名柱史[3]，終蹈流沙；匿跡漆園[4]，卒辭楚相：此任縱[5]之徒耳。何晏[6]、王弼[7]，祖述玄宗[8]，遞相誇尚，景附草靡[9]，皆以農、黃[10]之化，在乎己身，周、孔[11]之業，棄之度外。而平叔[12]以黨曹爽[13]見誅，觸死權[14]之網也；輔嗣[15]以多笑人被疾，陷好勝之穽[16]也；山巨源以蓄積取譏[17]，背多藏厚亡[18]之文也；夏侯玄以才望被戮[19]，無支離[20]擁腫[21]之鑒也；荀奉倩[22]喪妻，神傷而卒，非鼓缶[23]之情也；王夷甫悼子，悲不自勝[24]，異東門之達[25]也；嵇叔夜排俗取禍[26]，豈和光同塵[27]之流也；郭子玄[28]以傾動專勢[29]，寧後身外己[30]之風也；阮嗣宗沈酒荒迷[31]，乖畏途相誡之譬[32]也；謝幼輿贓賄黜削[33]，違棄其餘魚之旨[34]也：彼諸人者，竝其領袖，玄宗所歸。其餘桎梏塵滓[35]之中，顚仆[36]名利之下者，豈可備言乎！直取其淸談雅論，剖玄析微，賓主往復，娛心悅耳，非濟世成俗之要也。洎(계)[37]於梁世，茲風復闡(천)，≪莊≫、≪老≫、≪周易≫，總謂三玄[38]。武皇、簡文，躬自講論[39]，周弘正奉贊大猷[40]，化行都邑，學徒千餘，實爲盛美。元帝[41]在江、荊[42]間，復所愛習，召置學生，親爲敎授，廢寢忘食，以夜繼朝，至乃倦劇[43]愁憤，輒以講自釋。吾時頗預末筵，親承音旨[44]，性旣頑魯[45]，亦所不好云。

1) 全眞養性 : ≪淮南子≫ 〈覽冥訓〉에 "天性을 온전히 하고 眞性을 保全하여 그 신체를 손상시키지 않는다."고 하였다. 嵇康의 〈幽憤詩〉에 보이는 "本性을 涵養하며 眞性을 保全한다."는 구에 대한 張銑의 주석에 따르면 "全眞은 본질을 함양함으로써 眞性을 保全함을 이른다."〔王利器〕
2) 以物累己 : ≪莊子≫에는 〈天道〉, 〈刻意〉 두 篇에 모두 "外物 때문에 〈자신에게〉 수고를 끼치는 법이 없다.〔無物累〕"는 말이 있는바, 곧 〈秋水〉篇에 "外物로 자신에게 해를 끼치지는 않는다.〔不以物害己〕"는 말과 뜻이 같다.〔王利器〕
3) 柱史 : '柱下史'와 같은 말로, 대개 御史나 侍郎 等의 朝廷官吏를 가리킨다. 周나라와 秦나라는 다 柱下史를 두었으니, 이는 항상 殿閣의 柱下에 侍立하였으므로 일컫는 말이며, 老子는 周나라의 柱下史를 맡은 적이 있다.〔역자〕
4) 匿跡漆園 : ≪史記≫ 〈老莊申韓列傳〉에 "莊子는 蒙縣 사람으로 이름은 周이며 漆園 지방의 관리였다. 楚 威王이 그가 현명하다는 말을 듣고 사신을 보내어 후한 예물로 그를 맞이하여 재상을 맡아주기를 요청하였다. 莊周가 웃으며 말하였다. '그대는 郊祭에 희생으로 쓰는 소를 못 보았소? 몇 해를 기르며 먹이다가 수놓인 옷을 입혀 왕실종묘에 끌고 들어가면 이때에 이르러서야 비록 새끼돼지가 되고 싶은들 어찌 그럴 수가 있겠소? 그대는 얼른 떠나고 나를 더럽히지 마시오.'"라고 하였다.〔趙曦明〕
5) 任縱 : 徐時棟에 의하면 "≪顏氏家訓≫에서는 老子와 莊子를 '멋대로 방종하는〔任縱〕' 무리라고 비난하였으며, ≪北齊書≫ 〈顏之推傳〉 역시 그에 대해 "너무 멋대로 방종하며〔任縱〕, 기품이나 옷차림 따위는 신경 쓰지 않았다."고 하였다. 그러나 胡三省의 ≪資治通鑑≫ 注에 의하면 "任이란 物性의 自然에 맡긴다.〔任〕는 뜻이다."라고 하였다.〔王利器〕
6) 何晏 : ≪魏志≫ 〈何晏傳〉에 "何晏은 何進의 손자로, 젊어서 재주가 빼어나 이름이 알려졌으며 老莊의 言語를 좋아하여 ≪道德論≫을 지었다."라고 하였다.〔趙曦明〕
7) 王弼 : ≪魏志≫ 〈鍾會傳〉에 보이는 "처음 鍾會는 弱冠 무렵 山陽郡의 王弼과 나란히 이름을 날렸다. 王弼은 儒家와 道家에 대해 토론하기를 좋아하였고 글솜씨가 있었으며 달변이었다. ≪周易≫과 ≪老子≫를 주석하였고 尙書郎이 되었으나, 나이 스물 남짓에 죽었다."는 구절의 주석에 따르면 "王弼은 字가 輔嗣이니, 何劭가 그를 두고 〈王弼別傳〉을 지어 '王弼은 老氏를 좋아하는데다 독창적인 견해로 이를 잘 해석하고 설명하였다. 何晏은 吏部尙書의 지위에 있었는데 王弼에 대해 놀라워하며 탄식하였다. 「孔子가 後生은 두려워할 만하다고 하였으니 이만 한 사람이라면 함께 오묘한 도리를 이야기할 만하리라!」'라고 하였다." 하였다.〔趙曦明〕
8) 祖述玄宗 : ≪禮記≫ 〈中庸〉에 "堯·舜을 본받아 傳述하다.〔祖述〕"라고 하였으며, ≪文選≫에 보이는 王儉의 〈褚淵碑文〉의 "아득하여라 道의 심오함〔玄宗〕이여"라는 구에서

李周翰은 "玄宗이란 道이다."라고 주석하였다.〔王利器〕

老莊을 본받아 전술하다. '玄宗'은 道家가 내세운 '道의 심오한 宗旨', 곧 '老莊의 사상'을 가리킨다.〔역자〕

9) 景附草靡 : ≪說苑≫ 〈君道〉篇에는 "무릇 윗사람이 아랫사람을 교화한다는 것은 마치 바람이 풀들을 쓰러지게〔靡草〕 함과 같으니, 동풍이 불면 풀들은 서쪽으로 쓰러지고〔草靡〕 서풍이 불면 풀들은 동쪽으로 쓰러지니〔草靡〕 바람이 부는 대로 풀들이 이 때문에 쓰러지는 것이다."라고 하였다.〔王利器〕

그림자가 형체마다 따르고 풀들이 바람을 좇음을 말한 것이다.〔盧文弨〕

10) 農黃 : 神農과 黃帝이니 道家에서 시조로 삼는 이들이다.〔盧文弨〕

11) 周孔 : 周公과 孔子이니 儒家에서 시조로 삼는 이들이다.〔王利器〕

12) 平叔 : ≪魏志≫ 〈何晏傳〉에 "何晏은 何進의 손자로 젊어서 재주가 빼어나 이름이 알려졌다. 老莊의 淸談을 즐겨 말하였으며 ≪道德論≫과 여러 편의 글과 賦를 지었다."고 하였는데, 그 주석에 의하면 "何晏은 字가 平叔이다."라고 하였다.〔趙曦明〕

13) 曹爽 : ≪魏志≫ 〈曹眞傳〉에 "曹眞의 자식이 爽인데, 字가 昭伯으로, 明帝의 총애와 대우가 남달라서, 明帝가 병으로 눕자 病床에까지 불려 들어갔다. 大將軍을 제수받고서는 황제의 符節과 斧鉞을 받들었으며, 都督中外諸軍事와 錄尙書事의 지위로 遺詔을 받아 어린 군주를 보필하였다. 이에 南陽의 何晏 等을 임용하여 心腹으로 삼자 아우 曹羲가 몹시 염려스러워 당시에 이를 간하고 일깨우려 하였으나 받아들여지지 않으므로 눈물을 흘리며 일어났다. 제왕의 수레가 高陵를 향할 때 曹爽 兄弟가 모두 御駕를 따랐으나 司馬懿가 무기고를 선점하자 마침내 洛水의 浮橋로 나가 주둔하고서 황제께 상주하여 曹爽 형제를 면직시키고 집으로 돌려보냈는데 何晏 等을 잡아 하옥시키고 나중에는 一族을 誅殺하였다."고 하였다.〔趙曦明〕

14) 死權 : ≪史記≫ 〈賈誼傳〉에 "〈鵩鳥賦〉에서 '오만한 자는 권세를 위하여 죽는다.〔死權〕'고 하였다."라고 하였다. 생각건대, ≪金樓子≫ 〈立言〉篇에 "道家는 虛無를 근본으로 삼고 허송세월하는 데만 힘을 쏟았으므로 中原에서 난리가 나고 나라가 어지러웠던 것도 실은 이런 풍조 때문이었으니, 何晏과 鄧颺(양)이 앞서 誅殺되고 裴楷와 王衍이 뒤따라 滅族된 것도 대개 이 때문이었다."라고 하였다.〔趙曦明〕

15) 輔嗣 : 王弼의 字이다.〔역자〕

16) 好勝之穽 : 何劭가 쓴 〈王弼別傳〉에 "王弼은 道를 논함에 글을 견강부회하여 何晏의 自然스러움만 못하니, 그가 뽑아놓은 말에는 何晏의 것이 많았다. 자못 자신의 장점으로 남을 비웃었으니 이 때문에 당시의 인사들에게 미움을 받았다."라고 하였다.〔趙曦明〕

≪孔子家語≫ 〈觀周〉篇에 따르면 "횡포한 이는 제명에 죽지 못하고, 이기기 좋아하

는〔好勝〕 사람은 반드시 적수를 만나게 마련이다."라고 하였다.〔盧文弨〕

17) 山巨源以蓄積取譏 : 그 출전이 자세하지 않다.〔何焯〕

≪晉書≫ 〈山濤傳〉에 "곧고 검약하여 비록 관직이 제후와 맞먹어도 첩이 없고, 녹봉을 받아도 친지나 옛 벗들에게 나누어주었다. 죽고 나자 范晷 등이 상소를 올리기를 '山濤의 옛 집은 방이 열 칸이라 자손들을 수용하지 못합니다.' 하므로, 임금이 그를 위해 집을 세워주었다."고 하였으니, 어찌 蓄財를 하느라 비난을 살 리가 있겠는가? 다만, 陳郡의 袁毅가 일찍이 鬲縣令이 되었는데 탐욕스럽고 부정하여 公卿들에게 잘 보이려고 뇌물을 바치며 山濤에게도 비단 백 근을 보내었다. 산도는 당시 습속과 달리하고 싶지 않으므로 받아서는 별채에다 쌓아놓았으나, 나중에 袁毅가 일을 폭로하여 뇌물을 받은 사람이 모두 조사를 받게 되자 山濤는 비단을 가져다 관리에게 건네었는데, 몇 년째 먼지가 쌓였고 봉인 역시 처음에 찍힌 그대로였다. 이 일로 축재의 죄명을 씌울 수는 없으니, 아마도 이 구에는 오해가 있는 듯하다.〔盧文弨〕

山巨源, 곧 山濤는 아마 王濬沖, 곧 王戎임에 마땅할 것이니, 이는 宮中의 宦官들이 잘못 옮긴 것이다. 山濤와 王戎은 똑같이 竹林名士였으므로 쉽게 혼동하였을 것이다. 王戎의 인색함을 살펴보자면, 예컨대 씨앗에 구멍을 낸 배를 팔았다거나 주판을 잡고 재산을 계산하였다는 등의 일들이 ≪世說新語≫ 〈儉嗇〉篇에 두루 쓰여 있다.〔劉盼遂〕

18) 多藏厚亡 : ≪老子≫ 제44장에 "많이 감추어둔다면 반드시 잃는 것도 그만큼 많을 것이다.〔多藏必厚亡〕"라고 하였다.〔역자〕

19) 夏侯玄以才望被戮 : ≪魏志≫ 〈夏侯尙傳〉에 "〈夏侯尙의〉 아들 玄은 字가 太初로 어려서부터 이름이 알려졌다. 正始 연간 초에 曹爽이 政事를 보필하였다. 夏侯玄은, 曹爽의 고모의 아들로 여러 차례 직위를 옮겨 散騎常侍中護軍이 되었으며, 曹爽이 誅殺되자 大鴻臚가 되었으며 몇 년 만에 太常으로 옮겼다. 夏侯玄은 曹爽이 배척당한 것을 내심 불만스러워했다. 中書令 李豐은 비록 司馬師, 곧 司馬景王에게 측근대접을 받았으나 몰래 夏侯玄에게 마음을 두어 마침내 皇后의 아버지 張緝과 결탁하고 夏侯玄이 政事를 보필하게 하고자 도모하였다. 嘉平 6년 2월, 貴人을 임명할 때, 李豐 등은 황제가 전각에 행차하여 문마다 경호군사가 전각을 호위할 때 大將軍을 誅殺하고 夏侯玄으로 그를 대신하고자 하였으나, 大將軍이 그 모략을 엿듣고 李豐을 초청하여 죽여버린 다음 夏侯玄 등을 잡아다 刑獄을 관장하는 廷尉에게 송치하였다. 鍾毓은 李豐 等이 大逆罪를 지었음을 上奏하고 모두 三族을 멸하였다. 夏侯玄은 도량이 커서 東市에서 참수될 때도 낯빛이 변하는 법이 없이 태연하게 거동하였으니 이때 나이 46세였다."라고 하였다.〔趙曦明〕

才望이란 재능과 명망〔才氣名望〕의 뜻이다.〔王利器〕

20) 支離：≪莊子≫ 〈人間世〉에 "支離疏는 턱이 배꼽 아래에 묻히고 어깨가 머리 뒤꼭지보다 높으며 목덜미 뒤의 상투가 하늘을 찌르고 五臟의 經絡이 척추 위로 불거졌으며, 양쪽 넓적다리는 갈비뼈와 붙어 있었다. 그는 바느질하고 빨래하여 제 입에 풀칠하기 넉넉하고, 남의 占을 쳐주어 충분히 열 식구를 먹여살렸다. 정부에서 병정을 징집하면 支離疏는 그 사이로 팔을 휘저으며 나다녔다. 정부에서 大役事를 일으키면 支離疏는 오래된 병 때문에 일을 할당받지 않았다. 정부에서 병자에게 곡식을 내려주면 3鍾('鍾'은 고대의 도량형 명칭 1鍾은 6섬 4말)의 쌀과 장작 열 단을 받았다. 무릇 그 몸이 뒤틀린〔支離〕 사람도 오히려 제 몸을 부양하고 천수를 다하기에 넉넉하거니와, 하물며 그의 덕이 뒤틀린〔支離〕 이들이랴?"라고 하였다.〔趙曦明〕

21) 擁腫：≪莊子≫ 〈逍遙遊〉에 "惠子(B.C.390~B.C.317)가 莊子(B.C.369~B.C.286)에게 말하기를 '내가 사는 곳에 큰 나무가 있는데, 사람들은 그것을 가죽나무라 부른다네. 커다란 줄기는 울퉁불퉁하니〔擁腫〕 먹줄도 칠 수가 없고, 작은 가지들은 구불구불하니 자도 댈 수가 없다네. 길가에 서 있지만, 목수들은 거들떠보지를 않지.' 하자, 莊子가 말하였다. '당신은 그것이 쓸모가 없다고 근심을 하시니, 어찌 그것을 無何有의 이상향에다 심지를 않으십니까? 도끼에 찍혀 일찍이 꺾이지도 않을 테고, 그것을 해칠 것이라고는 아무것도 없을 텐데요. 쓸모가 없다는 것이 어찌 어렵고 괴로운 일이겠습니까?'"라고 하였다.〔趙曦明〕

22) 荀奉倩：荀粲이다. 三國시대 魏나라의 尙書令 荀彧(욱)의 아들로, 字가 奉倩이다. ≪世說新語≫ 〈惑溺〉篇에 "荀奉倩은 부인과 지극히 돈독하여서 겨울에 부인이 열병을 앓으면 곧 뜰 가운데로 나가 자기 몸을 차갑게 만들고 돌아와 제 몸으로 부인을 식혀주었다. 부인이 죽자 荀粲도 그 뒤 얼마 안 있어 역시 죽었다."고 하였다.〔역자〕

23) 鼓缶：≪莊子≫ 〈至樂論〉에 "莊子의 아내가 죽어서 惠子가 문상을 갔더니 〈莊子가〉 마침 두 다리를 쭉 뻗고 앉아, 동이를 두드리면서〔鼓盆〕 노래를 부르고 있으므로, 惠子가 말하기를 '아내와 함께 살면서 자식을 키우고 몸이 늙도록 함께 살다가 그 아내가 죽었는데, 곡을 하지 않는 것만 해도 〈경우를 벗어나기에〉 충분하건만 동이를 두드리면서〔鼓盆〕 노래까지 하다니 너무 지나치지 않은가?' 하자, 莊子가 말하였다. '그렇지가 않다네. 그가 갓 죽고서야 나만 어찌 놀라고 슬프지 않았겠는가! 〈다만〉 갓 태어날 때를 살펴보자면 본래는 생명이 없었던 것이네. 생명이 없을 뿐더러 본래는 형태도 없었던 것이네. 형태도 없었을 뿐더러 본래는 氣도 없었던 것일세. 집사람은 이제 천지라는 큰 방 안에 편안히 자고 있는 것인데 내가 애고애고 하고 뒤따라 곡을 하려다가도 스스로 운명을 달관하지 못한 일이라 여겨져서 곡하기를 그만둔 것이라네.'"라고 하였다.〔趙曦明〕

缶는 고대에 술을 담던 질그릇, 장군이다. 노래의 장단을 맞추는 데 장구처럼 썼

다. 여기서는 '동이를 두드리다.〔鼓盆〕'와 같은 뜻이다.〔역자〕

24) 王夷甫悼子 悲不自勝：≪晉書≫〈王戎傳〉에 "王戎의 堂弟 衍은 字가 夷甫로, 어린 아들이 죽어 山簡이 문상을 하자 王衍이 슬픔을 이기지 못하였다. 山簡이 말하기를 '아이란 가슴에 품어주던 것일 뿐인데, 어찌 이처럼 비통해하시오?' 하자, 王衍이 말하였다. '聖人이야 감정을 잊지만, 가장 천한 것들이야 감정을 이길 수가 없지요. 그러니 감정에 가장 전념하는 것이 바로 우리 같은 것들이지요.' 山簡이 이 말에 감복을 하며 더욱 그를 위해 애통해하였다."〔趙曦明〕

25) 東門之達：≪列子≫〈力命〉篇에 "魏나라 사람에 東門吳라는 이가 있어 그의 아들이 죽었는데도 비통해하지를 않자 그의 집사가 묻기를 '公께서는 아들을 사랑하시기로 세상에 비길 만한 이가 없으셨습니다. 지금 아들이 죽었는데도 비통해하지를 않으시니 어쩐 일이신지요?' 하자, 東門吳가 말하였다. '내가 일찍이 아들이 없었는데, 아들이 없을 때는 비통해하지를 않았다. 지금은 아들이 죽었으니 아들이 없던 때와 같아진 것인데 내가 어찌 비통해하겠느냐?'"라고 하였다.〔趙曦明〕

東門吳의 달관한 심정이나 경지이다.〔역자〕

26) 嵇叔夜排俗取禍：嵇康은 字가 叔夜로 譙郡 銍縣 사람이다. 老莊에 深醉하여 늘 性情을 함양하고 丹藥을 복용하였다. 가난해서 집안의 큰 버드나무 아래에 도랑을 내고 쇠를 단련하여 자급하였다. 언젠가 潁川의 귀공자인 鍾會가 찾아왔는데 쇠를 단련하는 일에 열중하고 돌아보지도 않았다. 嵇康이 평소 東平의 呂安과 친했는데 후일 呂安이 誣告로 투옥되자 嵇康도 이에 連累되어 체포되었다. 嵇康에게 유감이 있던 鍾會가 文帝에게 嵇康이 군벌 毋(관)丘儉을 돕고자 한다고 讒訴하여 마침내 죽임을 당하였다. ≪晉書≫〈嵇康傳〉에 보인다.〔역자〕

27) 和光同塵：≪老子想爾注≫에 "性情이 흔들리지 않고 喜怒의 감정이 일지 않으면, 五藏이 모두 함께 어울려 相生할 것이니〔和同相生〕, 道와 더불어 세속에 섞여 같아질 것이다.〔與道同光塵〕"라고 하였다.〔趙曦明〕

〈道의〉 광채를 거두어 머금은 채 세속에 섞여 같아지다. ≪老子≫ 제56장의 "그 빛을 부드럽게 하고, 그 티끌을 함께한다.〔和其光 同其塵〕"라는 구절을 四字成語로 줄여 말한 것이다.〔역자〕

28) 郭子玄：≪晉書≫〈郭象傳〉에 "郭象은 字가 子玄으로, 젊어서부터 재치 있게 생각할 줄 알았고 老莊 사상을 좋아하여 淸談을 할 수 있었다. 州와 郡에서 등용하고자 하였으나 나가지 않고 언제나 閑居하여 文學을 논하면서 자기만의 흥취를 좇았다. 東海王 越이 太傅主簿로 임용하자 비로소 직무를 맡고 권력을 장악하여 안팎으로 사람들을 불에 굽듯이 다그쳤으니 이로부터 평소의 持論을 내버렸다."고 하였다.〔趙曦明〕

29) 專勢：'권세를 오로지 하다.' 위의 ≪晉書≫〈郭象傳〉에 보이는 '권세를 장악하다.

〔當權〕'와 같은 뜻이다.〔역자〕

30) 後身外已 : ≪老子≫ 제7장에 "제 몸을 〈낮추어〉 뒤에 두지만〔後其身〕 오히려 그 몸이 존중을 받고, 자신의 생사를 도외시하지만〔外其身〕 오히려 그 생명이 本性을 보전한다."고 하였다.〔趙曦明〕

31) 阮嗣宗沈酒荒迷 : ≪晉書≫ 〈阮籍傳〉에 "阮籍은 字가 嗣宗으로 陳留郡 尉氏縣 사람이다. 본래 經國濟世의 뜻을 품었으나 魏晉시대를 통하여 天下에 변고가 많아 名士로서 목숨을 보전한 이가 적으므로, 세상일에 참견하지 않고 마침내 거나하게 술을 마시는 것을 일로 삼았다. 文帝가 일찍이 武帝를 위하여 阮籍과 혼사를 맺고 싶어 하였으나 阮籍이 60일 동안을 거나하게 취해 있는지라 말을 할 수가 없어 그만두었다. 鍾會도 여러 차례 시국의 일을 물으며 可否간 대답을 살펴보아 죄를 다스리려고 하였으나 모두 거나하게 취해 있던 술 때문에 위기를 면할 수가 있었다. 때때로 멋대로 혼자 수레를 몰되 小路로는 들어서지 않았으며, 막다른 길에 이르면 문득 통곡을 하고 돌아왔다."고 하였다.〔趙曦明〕

32) 乖畏途相誡之譬 : ≪莊子≫ 〈達生〉篇에 "무릇 〈나서기가〉 두려운 길〔畏途〕에서 행인이 열 가운데 한 사람 꼴로 죽는다면 부자와 형제는 서로간에 이를 경계시킬〔相戒〕 것이다."라고 하였다.〔趙曦明〕

생각건대, ≪莊子≫의 이 다음 구절에 "반드시 많은 사람들을 모은 다음에 감히 문을 나선다면 이 또한 지혜롭지 않겠느냐! 사람이 두렵게 여겨야 할 것임에도 잠자리에서나 밥을 먹을 때에는 이를 경계할 줄 모른다면 이는 잘못이다."라고 하였는데, 이 구절까지 모두를 인용하는 것이 옳았을 것이다.〔王利器〕

33) 謝幼輿贓賄黜削 : ≪晉書≫ 〈謝鯤傳〉에 "謝鯤은 字가 幼輿로 陳國郡 陽夏縣 사람이다. ≪老子≫와 ≪周易≫을 좋아하였는데, 東海王 越이 불러다 掾吏〔屬官〕를 시켰으나, 집안 하인이 관청의 볏짚을 훔친 데 연루되어 제명되었다. 謝鯤은 功名을 위해 목숨을 걸지도 않았고 연마하려고 수행하는 일도 없이 옳고 그름의 중간에 몸을 담고 있으면서 비록 자신이 처한 곳이 더러운 것 같아도 항시 높아지려고 애쓰는 법이 없었다."고 하였다.〔趙曦明〕

'黜削'은 '파면시키다'의 뜻이다.〔역자〕

34) 棄其餘魚之旨 : ≪淮南子≫ 〈齊俗〉篇에 "惠子가 수레 百乘을 거느리고 孟諸澤을 지나는데 莊子가 그를 보고서 여분의 물고기를 놓아줘버렸다.〔棄其餘魚〕 하였다."고 하였다. 이 구절의 주석에 "莊周는 惠施가 〈百乘의 수레에도 오히려〉 만족해하지 않는 모양을 보고서, 이 때문에 〈먹고 남음직한〉 여분의 물고기를 못 속에 놓아줘버린 것이다."라고 하였다.〔趙曦明〕

35) 塵滓 : 속세의 더러움〔塵俗滓穢〕을 일컫는다.〔王利器〕

36) 顚仆 : 걸려 넘어지다. 곤란에 빠지다.〔역자〕

37) 洎(계) : 이르다. 미치다.〔역자〕

38) 三玄 : 吳承仕에 의하면 "≪梁書≫〈儒林傳〉에서는 '太史叔明의 三玄은 해설이 더욱 해박하여 그 당시의 으뜸이었다.'고 하며, 陳나라 말엽의 陸德明은 ≪經典釋文≫을 지으며 ≪老子≫와 ≪莊子≫를 ≪論語≫의 뒤, ≪爾雅≫의 앞에 열거해놓아, 그 당시의 풍조를 충분히 엿볼 수가 있다."라고 하였다.〔周法高〕

≪老子≫, ≪莊子≫, ≪周易≫을 함께 일컫는 말이다.〔역자〕

39) 武皇簡文 躬自講論 : ≪梁書≫〈武帝紀〉에 "〈梁 武帝는〉 젊어서부터 학문에 독실하여 儒學과 玄學을 깊이 이해하고 있었으며 ≪周易講疏≫와 ≪老子講疏≫를 지었다."라고 하였다. 또 ≪梁書≫〈簡文帝紀〉에 "〈簡文帝는〉 儒學 서적에 널리 통하였을 뿐만 아니라 玄妙한 道理도 능숙히 말하였으니, 저서로 ≪老子義≫와 ≪莊子義≫가 있다."고도 하였다.〔盧文弨〕

40) 奉贊大猷 : 大同 8년에 周弘正이 梁 武帝에게 ≪周易≫의 글뜻 중 의심스러운 부분에 대해 아뢰었음이 ≪陳書≫〈弘正本傳〉에 보인다.〔王利器〕

大猷란 治國의 大道를 가리킨다. ≪詩經≫〈小雅 巧言〉의 鄭玄의 箋에 의하면 "猷란 道의 뜻이다."라고 하였다.〔역자〕

41) 元帝 : 蕭繹(508~554)은 自號가 金樓子로, 南蘭陵 사람이다. 梁 武帝 蕭衍의 제7子이며, 梁 簡文帝 蕭綱의 아우이다. ≪梁書≫〈元帝紀〉에 "天監 13년에 湘東郡王에 봉해졌으며, 普通 7년에는 使持節都督六州諸軍事로 出任하였다."라고 하였다.〔역자〕

42) 江荊 : 江陵과 荊州를 가리킨다.〔역자〕

43) 倦劇 : 극히 피곤하다.〔역자〕

44) 音旨 : 말과 취지이다. 여기서는 梁 元帝의 講論이다.〔역자〕

45) 頑魯 : 미련하고 어리석다.〔역자〕

무릇 老子와 莊子의 책은 대개 眞性을 保全하고 本性을 涵養하는 것이니 外物 때문에 자신에게 累를 끼치려 하지 않는다. 그러므로 〈老子는〉 이름을 감추고 朝廷官吏 노릇도 하였으나 끝내는 사막으로 들어가버렸으며, 〈莊子는〉 漆園에서 종적을 감추고 살며 마침내 楚나라의 宰相 직책을 사양하였으니, 이들은 멋대로 방종하는 무리일 따름이다.

何晏과 王弼이 老莊을 본받아 傳述하자 마침내 서로 번갈아 크게 떠받들어 그림자가 〈형체마다〉 따라붙고, 풀들이 〈바람에 쏠려〉 한데로 쓰러지듯이 모두가 神農氏와 黃帝의 교화가 제 몸에 있다고 여길 뿐 周公과 孔子의 학업은 포기하고 도외시하였다.

그러나 何晏은 曹爽과 같은 패가 되었다가 誅殺을 당하였으니 권력을 위해 죽는 그물망에 걸려든 것이며, 王弼은 자주 남들을 비웃다가 미움을 받았으니 好勝之癖의 함정에 빠진 것이며, 山濤는 재물을 축적하다 남들의 비난을 받았으니 많이 감추어 둔다면 잃는 것도 〈그만큼〉 많다는 글〈의 교훈〉을 어긴 것이며, 夏侯玄은 재능과 명망 때문에 살육을 당하였으니 뒤틀리고 혹이 불거진 것들 〈즉 無用之用의 가르침〉에 비추어보지를 못했던 것이며, 荀粲은 아내가 죽자 비탄에 빠져 죽었으니 〈莊子가〉 동이를 두드리던 심정이 아니었으며, 王衍은 죽은 아들을 애도함에 슬픔을 이길 수가 없었으니 東門吳의 달관한 경지와 달랐으며, 嵇康은 세속을 배척하다 화를 자초하였으니 어찌 〈道의〉 광채를 거두어 머금은 채 세속과 함께하고자 하였던 〈老子의〉 부류였겠으며, 郭象은 선망을 받자 권세를 오로지하였으니 어찌 제 몸을 〈낮추어〉 뒤에 두고 자신의 생사를 도외시한 기풍이 있었겠으며, 阮籍은 술에 취해 정신이 혼미한 상태에 있었으니 위태로운 길에서 서로가 조심을 시키라던 일깨움을 어긴 것이며, 謝鯤은 贓物을 숨겼다가 관직에서 쫓겨났으니 〈먹고 남음직한〉 여분의 물고기조차 도로 놓아주었던 〈莊子의〉 無慾을 어긴 것이다. 저들은 모두 斯界의 領袖로서, 老壯을 宗旨로 삼았다.

그 나머지 속세의 더러움에 속박되고 名利의 아래에 〈매여서〉 허우적거리던 이들에 대해 어찌 일일이 다 거론하겠는가. 그저 그들은 고상한 담론의 형식으로 허황된 이치를 탐색하느라 주인과 손이 서로 묻고 답하며 마음과 귀를 즐겁게 할 뿐이었으니, 세상을 구제하고 풍속을 바로잡을 要諦는 아니었던 것이다.

梁代에 이르자 이러한 풍조는 다시금 널리 퍼져서, ≪莊子≫, ≪老子≫, ≪周易≫을 아울러 '三玄'이라 일컬었다. 梁 武帝와 簡文帝는 자신이 직접 이것을 강론하였으며, 周弘正이 군왕을 모시고 삼가 治國의 大道를 아뢰자 敎化가 도읍에 행하여지며 배우는 무리들이 천여 명에 이르렀으니 실로 성황을 이루었다. 元帝는 江陵과 荊州에 出任해 있을 때 다시 즐겨 익혀오던 것을 학생들을 불러다놓고 직접 교수하느라 침식조차 잊고 밤을 꼬박 새웠는데, 극히 피곤해지거나 울분이 쌓이면 문득 강론을 하여 스스로 풀곤 하였다. 나는 그때마다 곧잘 말석에 참가하여 梁 元帝의 講論을 직접 들었으나, 성품이 진작부터 미련하고 어리석어서 이 역시 좋아하지는 않았다고 하겠다.

13. 無知로 인한 잘못된 孝道 - 孝昭帝

齊 孝昭帝[1)]侍婁太后[2)]疾, 容色顦悴, 服膳減損。徐之才[3)]爲灸兩穴, 帝握拳代痛, 爪入掌心, 血流滿手。后旣痊愈, 帝尋疾崩, 遺詔恨不見太后山陵[4)]之事。其天性至孝如彼, 不識忌諱如此, 良由無學所爲。若見古人之譏欲母早死而悲哭之[5)], 則不發此言也。孝爲百行之首, 猶須學以脩飾之, 況餘事乎!

1) 孝昭帝 : ≪北齊書≫ 〈孝昭紀〉에 "孝昭帝의 諱는 演이고 字는 延安으로 神武帝의 제6子이다."라고 하였다.〔趙曦明〕
2) 婁太后 : ≪北齊書≫ 〈神武明皇后傳〉에 "婁氏는 諱가 昭君으로, 司徒 內干의 딸이다."라고 하였다.〔趙曦明〕
3) 徐之才 : ≪北齊書≫ 〈徐之才傳〉에 "徐之才는 丹陽 사람으로 醫術에 크게 뛰어났고, 機智와 達辯을 모두 갖추었다."라고 하였다.〔盧文弨〕
4) 山陵 : ≪廣雅≫ 〈釋丘〉에 "秦나라 때는 天子의 무덤을 山이라 하였고, 漢나라 때는 陵이라 하였다."〔王利器〕
   帝王이나 皇后의 陵墓 혹은 장례를 치르는 일이다.〔역자〕
5) 欲母早死而悲哭之 : ≪淮南子≫ 〈說山訓〉에 "동쪽 이웃 집에서 어머니가 죽자 그의 자식이 곡을 하되 슬퍼하지 않았다. 서쪽 이웃의 자식이 이를 보고 돌아와 그 어머니에게 말하기를 '어머니께서는 어찌 일찍 죽는 것을 애석해하십니까? 제가 반드시 어머니를 위해 슬프게 곡을 하겠습니다.'라고 하였다. 무릇 그 어머니가 죽었으면 하는 이라면 비록 〈어머니가〉 죽어도 슬피 통곡할 수가 없을 것이다."라고 하였다.〔趙曦明〕

北齊의 孝昭帝는 婁太后의 병을 간호하느라 낯빛이 초췌해지며 들던 식사량도 줄어들었다. 徐之才가 〈婁太后의〉 經穴 두 군데에 뜸을 뜨자 孝昭帝는 주먹을 움켜쥐고 대신 고통스러워하느라 손톱이 손바닥 속으로 파고들어 피가 손 가득 흘러나오곤 하였다. 婁太后가 병이 나은 후, 孝昭帝가 얼마 안 있어 병에 걸려 붕어할 때 遺詔를 내렸는데 친히 太后의 장례를 치르지 못할 것을 한탄하였다.

그의 천성이 효성스럽기 짝이 없음이 저와 같으면서도, 꺼리고 피할 일을 알지 못함이 이와 같았으니 참으로 배운 것이 없어서 벌어진 일이다. 만약 어머니가 일찍 죽으면 그 어머니를 위해 슬피 통곡해주고 싶어 했던 〈무지한〉 이를 옛사람이 비난하였던 고사를 보기만 하였더라도 이런 말은 내뱉지 않았을 것이다. 孝는 온갖 행실의 으뜸임에도 오히려 모름지기 배워서 닦고 다듬어야 하니, 하물며 나머지 일들이야!

14. 梁 元帝의 勉學

梁元帝嘗爲吾說："昔在會稽[1)], 年始十二, 便已好學。時又患疥[2)], 手不得拳, 膝不得屈。閑齋[3)]張葛幃避蠅獨坐, 銀甌貯山陰甛酒[4)], 時復進之, 以自寬痛[5)]。率意[6)]自讀史書, 一日二十卷, 旣未師受, 或不識一字, 或不解一語, 要自重之, 不知厭倦[7)]。" 帝子之尊, 童稚之逸, 尙能如此, 況其庶士, 冀以自達[8)]者哉!

1) 會稽 : ≪隋書≫ 〈地理志〉에 "會稽郡은 揚州에 속한다."고 하였다.〔趙曦明〕
   생각건대, 南朝시대 會稽郡은 山陰縣을 거느리고 있는데, 이는 곧 지금의 浙江省 紹興이다.〔王利器〕
2) 患疥 : 옴이 오르다.〔역자〕
3) 閑齋 : 한가로운 서재이다. 그러나 '閑'은 陶潛의 〈閑情賦〉에서의 '閑'과 마찬가지로 '가로막다'의 뜻으로 볼 수도 있다. 이 경우 '〈출입이 금지된〉 조용한 서재'로 해석될 수도 있다.〔역자〕
4) 銀甌貯山陰甛酒 : 洪亮吉의 ≪曉讀書齋初錄≫ 上에 "지금 세상에 盛行하는 紹興酒는 어느 시대에 시작되었는지 알 수 없다. 고찰컨대 梁 元帝의 ≪金樓子≫에서 '은사발에 달콤한 山陰酒를 채워서 자주 들어왔다.'고 하였으니, 곧 紹興酒가 梁나라 때 이미 이름이 나 있었으므로 ≪顔氏家訓≫ 〈勉學〉篇에서도 이를 인용한 것이다."라고 하였다.〔王利器〕
5) 寬痛 : 고통을 줄이다.〔역자〕
6) 率意 : '일심으로 전념하여'의 뜻이다.〔역자〕
7) 不知厭倦 : 梁 元帝 蕭繹의 ≪金樓子≫ 〈自序〉에 "나는 나이 열셋에 ≪百家譜≫를 암송하여 비록 대개 입으로 외웠지만 마침내 가슴이 아플 지경이 되었다."고 하였으며, 또 "내가 어렸을 때 여름철 저녁에 붉은 비단 모기장을 내리면 그 안에는 은사발 하나에 달콤한 山陰酒가 담겨져 있었다. 누워서 글을 읽다가 어떨 때는 새벽이 되어버리곤 하기가 늘상 그러하였다. 게다가 종기가 나거나 팔꿈치나 무릎이 모두 문드러지면서 근래까지 30여 년 동안 모든 서적을 두루 읽었다."고도 하였다.〔盧文弨〕

8) 自達：스스로 힘써 관직에 나아가 높은 지위에 오르다. 혹은 스스로 노력하여 입신 출세하다.〔역자〕

梁 元帝가 언젠가 내게 말하였다.

"옛날 會稽에 있을 때 나이가 갓 열둘이 되면서 이미 공부하기를 좋아하였다. 때마침 또 옴이 올라서 손으로는 주먹을 쥘 수가 없고 무릎은 굽힐 수가 없었다. 출입이 뜸한 서재에 갈포 휘장을 드리워 파리를 막고 혼자 앉아 은사발에 달콤한 山陰酒를 채워놓고 자주 마시며 스스로 통증을 완화시켰다. 一心으로 전념하여 혼자 史書를 읽으면 하루에 스무 권도 읽었는데 아직 스승에게 가르침을 받지 않아서 간혹 한 글자를 알지 못하거나 한 마디를 이해하지 못하면 스스로 그것을 반복해서 읽고 싫증낼 줄을 몰랐다."

황제의 자식 된 존귀한 신분으로서, 자질이 뛰어난 어린아이인데도 오히려 이와 같았는데 하물며 서민으로서 스스로 높은 지위에 오르기를 바라는 이들에게서야!

15. 옛사람들의 勉學

古人勤學, 有握錐[1]投斧[2], 照雪[3]聚螢[4], 鋤則帶經[5], 牧則編簡[6], 亦爲[7]勤篤。梁世彭城劉綺[8], 交州刺史勃之孫, 早孤家貧, 燈燭難辦, 常買荻[9]尺寸折之, 然[10]明夜讀。孝元初出會稽[11], 精選寮宷[12], 綺以才華, 爲國常侍兼記室[13], 殊蒙禮遇, 終於金紫光祿[14]。義陽[15]朱詹, 世居江陵, 後出揚都[16], 好學, 家貧無資, 累日不爨, 乃時呑紙以實腹, 寒無氈被, 抱犬而臥。犬亦飢虛[17], 起行盜食, 呼之不至, 哀聲動隣, 猶不廢業, 卒成學士, 官至鎭南錄事參軍, 爲孝元所禮。此乃不可爲之事, 亦是勤學之一人。東莞(관)臧逢世[18], 年二十餘, 欲讀班固≪漢書≫, 苦假借不久, 乃就姊夫劉緩乞丐客刺[19]書翰紙末[20], 手寫一本, 軍府[21]服其志尙, 卒以≪漢書≫聞。

1) 握錐：≪戰國策≫〈秦策〉에 "蘇秦은 책을 읽다 졸음이 오면 송곳을 당겨 스스로 제 넓적다리를 찔러〔引錐自刺其股〕 피가 발까지 흘러내렸다."고 하였다.〔趙曦明〕

2) 投斧：≪廬江七賢傳≫에 "文黨은 字가 仲翁으로, 아직 배우지 못하였던 때에 다른

사람과 함께 산으로 들어가 나무를 골라서 함께 간 사람에게 말하기를 내가 학문을 구하려고 멀리 가려 하니, 먼저 시험 삼아 나무 위로 내 도끼를 던져 올리면〔投我斧〕 도끼가 마땅히 나무에 걸릴 것이다.' 하고는 우러러보며 도끼를 던졌는데, 도끼가 과연 나무 위에 걸리므로, 長安으로 가서 經學을 사사받았다."고 하였다.〔趙曦明〕

3) 照雪 : ≪初學記≫에 인용된 ≪宋齊語≫에 "孫康은 집안이 가난하여 항상 눈에 반사된 빛으로〔映雪〕 책을 읽었다."고 하였다.〔趙曦明〕
 '孫康映雪'의 고사이다.〔역자〕

4) 聚螢 : ≪晉書≫ 〈車武子傳〉에 "武子는 南平縣 사람으로 널리 배워 여러 방면에 통달했다. 집안이 가난하여 기름을 늘 구하지는 못하자 여름철이면 명주자루에 수십 마리 반딧불이를 담아〔盛數十螢〕 그 불빛으로 책을 비추어 보며 밤을 새웠다."고 하였다.〔趙曦明〕

5) 鋤則帶經 : ≪漢書≫ 〈兒寬傳〉에는 "경서를 들고 다니며 김을 매다가〔帶經而鋤〕 쉴 때면 언제나 읽으며 암송하였다."고 하며, ≪魏志≫ 〈常林傳〉의 주석에 인용된 ≪魏略≫에도 "常林은 젊어서 외롭고 가난하였으나 스스로 노력한 것이 아니면 남에게서 취하지 않았다. 성품이 공부하기를 좋아하여 漢末에 諸生이 되어서도 경전을 가지고 다니며 밭 갈고 김매니〔帶經耕鋤〕 그의 처도 항상 직접 들밥을 내와 먹였다. 常林은 비록 논밭에 있었지만 그들은 서로 공경하기를 손님을 대하듯 하였다."고 하였다.〔趙曦明〕

6) 牧則編簡 : ≪漢書≫ 〈路溫舒傳〉에 "溫舒는 字가 長君으로 鉅鹿郡 東里 사람이다. 아비가 마을의 문지기〔監門〕가 되어 溫舒에게 양을 치게 하였는데, 못의 부들을 캐서 잎을 잘라 쪽지를 만들고 이를 엮어 글을 썼다.〔編用書寫〕"고 하였다.〔趙曦明〕

7) 爲 : 혹은 '云'자로 되어 있으니, '이르다'의 뜻이다.〔王利器〕

8) 劉綺 : 梁代의 시인으로, ≪秦漢魏晉南北朝詩≫ 〈梁詩〉에는 그의 聯句 〈增新曲相對聯句〉, 〈照水聯句〉, 〈折花聯句〉, 〈搖扇聯句〉, 〈正釵聯句〉 등이 何遜 등의 聯句와 함께 나란히 실려 있다.〔역자〕

9) 荻 : 물억새이다. 뿌리와 줄기에 대나무 같은 마디가 있으므로 '荻竹'이라고도 한다. 明나라 李時珍의 ≪本草綱目≫ 〈草四 蘆〉에 "蘆에는 여러 가지가 있다. 길이가 한 길쯤이면서 속이 비었고 껍질이 얇고 흰빛이 나면 '葭'이고, '蘆'이고, '葦'이다. 葦보다 짧으면서 속이 비었고 껍질이 두껍고 검푸른 빛이 나면 '亂(완)'이고, '荻'이고, '萑'이다. 가장 짧고 작으면서 속이 찼으면 '蒹(겸)'이고, '蘼(렴)'이다."라고 하였다.〔역자〕

10) 然 : '燃(타다)'과 뜻이 같다.〔역자〕

11) 出會稽 : ≪梁書≫ 〈元帝紀〉에 "天監 13년에 湘東王으로 봉해졌으며, 食邑이 2천

호였다. 처음에 寧遠將軍 겸 會稽太守를 맡았다."고 하였다.〔趙曦明〕

12) 寮寀 : 幕僚, 同僚, 혹은 官舍의 뜻이다. '寮采'로도 쓰인다.〔역자〕

13) 國常侍兼記室 : ≪隋書≫ 〈百官志〉에 "皇子府에는 中錄事, 中記室, 中直兵 등의 參軍과 功曹史, 錄事, 中兵 등의 參軍을 설치하며, 王國에는 常侍官을 설치한다."고 하였다. ≪北堂書鈔≫ 69에 인용된 ≪干寶司徒儀≫에 의하면 "記室은 書式이나 儀禮를 주관하며, 表章이나 雜記 종류의 書案이 필요하면 그 초안을 작성한다."고 하였다.〔趙曦明〕

14) 金紫光祿 : 宋本에는 句末에 '大夫' 두 자가 있다.〔王利器〕

15) 義陽 : ≪隋書≫ 〈地理志〉에 "荊州에 義陽郡 義陽縣이 있다."고 하였다.〔趙曦明〕

16) 揚都 : 아래 글에서도 "揚都로 내려가면 연해지역〔海邦〕으로 간다고 한다."고 했을 때 揚都는 모두 建業을 가리키니, 곧 지금의 江蘇省 南京市이다. 庾闡에게는 〈揚都賦〉가 있는데, 서술한 것은 모두가 建業의 상황들이다. ≪隋書≫ 〈地理志 下〉에 "丹陽郡은 東晉 이후부터 郡이 설치되면서 揚州라고 불렀다. 陳을 평정하자, 詔勅을 내려 모두 반반하게 쓸어버리고 논밭으로 일군 다음 다시 石頭城에다 蔣州를 설치하였다."고 하였다.〔王利器〕

17) 飢虛 : '飢餓'와 같은 뜻으로 '뱃속이 비었다'고 말한 것이니, 魏・晉・南北朝시대 사람들이 관습적으로 쓰던 언어이다.〔王利器〕

18) 東莞(관)臧逢世 : ≪晉書≫ 〈地理志〉에 "徐州의 東莞郡은 太康 연간에 설치되었으며, 東莞縣은 옛날의 魯鄆邑이다."라고 하였다. 생각건대, 臧逢世는 본서 제6 〈風操〉篇에도 보인다.〔趙曦明〕

　臧逢世의 事迹은 알려져 있지 않으며, 東莞郡은 지금의 山東省 沂水縣 지역에 있었다.〔역자〕

19) 客刺 : 명함이다.〔역자〕

20) 紙末 : 옛날에는 명함〔客刺〕이나 書翰의 가장자리가 몹시 길었다. 그러므로 그 여백에 글자를 쓸 수가 있었다.〔郝懿行〕

　종이의 가장자리 여백이다.〔역자〕

21) 軍府 : 湘東王이 관장했던 軍事機構. 湘東王의 記室 직책을 맡고 있던 자형 劉綏을 통해 臧逢世의 이름 역시 이곳에서 처음 알려졌을 것이다. 본서 제7 〈慕賢〉篇 4 주 5) 참조.〔역자〕

옛사람은 부지런히 배웠으니, 〈졸음을 쫓느라〉 송곳을 움켜쥐거나, 〈유학의 길에 나서려고〉 도끼를 던져 보이거나, 눈〔雪〕빛에 〈책을〉 비추어 보거나, 반딧불이를 〈명주자루에다〉 모으거나, 김을 매면서도 경전을 끼고 있거나, 양을 치면서도 〈부들〉 잎 쪽지로 책을 엮었으니 역시 부지런히 열심히 배웠다고 하겠다.

梁나라 때 彭城郡의 劉綺는 交州刺史 劉勃의 손자로, 어려서 부모를 잃고 집안이 가난하여 燈燭을 마련하기 어렵자 늘 물억새를 사다가 잘게 잘라 태워서 밝게 밝혀 놓고 밤중에도 책을 읽었다. 梁 元帝가 처음 會稽로 나가 막료들을 정선할 때 劉綺는 그 재능이 출중하여 國常侍 겸 記室이 되어 특별한 예우를 받았으며 마침내 金紫光祿大夫까지 이르렀다.

義陽縣의 朱詹은 대대로 江陵에 살다가 나중에 揚都로 나왔는데, 배우기를 좋아하였으나 집안이 가난하고 재산이 없어 며칠 동안 밥을 짓지 못하면 종이를 삼켜서 배를 채웠으며, 추워도 덮을 담요가 없으면 개를 껴안은 채 누웠다. 개 또한 굶주려서 음식을 훔쳐 먹으러 나가서 불러도 오지 않으면 〈개를 부르는〉 애처로운 소리가 이웃에까지 들렸건만 오히려 학업은 포기하지 않아서, 마침내 學士가 되고 벼슬이 鎭南錄事參軍에까지 이르러 元帝에게 예우를 받았다. 이는 〈대개의 사람들은〉 할 수가 없는 일이니 그 역시 부지런히 공부한 賢人들 중 한 사람이다.

東莞(관)郡의 臧逢世는 나이 스물 남짓에 班固의 ≪漢書≫를 읽고자 하였으나 책을 오래 빌릴 수 없어 고민하다가 자형 劉緩에게 명함이나 편지의 〈오려낸〉 가장자리를 얻어와 ≪한서≫ 한 질을 다 손으로 베껴 쓰니, 軍府의 사람들이 그의 의지에 감복하였다. 마침내는 ≪漢書≫로 유명해지게 되었다.

16. 勉學했던 宦官의 殉節

齊有宦者內參[1)]田鵬鸞[2)], 本蠻人[3)]也。年十四五, 初爲閽寺(혼시)[4)], 便知好學, 懷袖握書, 曉夕諷誦。所居卑末, 使彼苦辛, 時伺閒隙, 周章[5)]詢請[6)]。每至文林館[7)], 氣喘汗流, 問書之外, 不暇他語。及睹古人節義之事, 未嘗不感激沈吟[8)]久之。吾甚憐愛, 倍加開獎[9)]。後被賞遇[10)], 賜名敬宣, 位至侍中開府[11)]。後主之奔靑州[12)], 遣其西出, 參伺[13)]動靜, 爲周軍所獲。問齊主何在, 紿(태)云: "已去, 計當出境。" 疑其不信, 歐捶服之, 每折一支[14)], 辭色[15)]愈厲, 竟斷四體而卒。蠻夷童丱, 猶能以學成忠, 齊之將相, 比敬宣之奴不若也[16)]。

1) 內參 : 곧 '太監'이다. ≪資治通鑑≫ 172의 胡三省의 주석에 의하면 "內參이란 모든 환관을 일컫는 말이다."라고 하였다.〔王利器〕
2) 鵬鸞 : ≪北齊書≫나 ≪北史≫ 〈傅伏傳〉에 실린 이 글에는 어디에도 '鵬'자 밑에 '鸞'자가 없다.〔王利器〕
3) 蠻人 : 당시 河南郡 境內에 거주하던 少數民族이다. ≪水經注≫ 〈淮水〉에 "北魏의 太和 연간에 蠻族 田益宗이 성의를 다하였으므로 東豫州를 설치하며 그를 刺史로 삼았다."고 하였다. 田鵬鸞은 대개 田益宗의 일족일 것이다.〔王利器〕
4) 閽寺(혼시) : 宦官, 혹은 閽人과 寺人이다. 곧 궁중이나 부귀한 집의 문지기이다.〔역자〕
5) 周章 : ≪楚辭≫ 〈九歌 雲中君〉에 보이는 "문득 즐겁게 노닐며 周遊한다.〔周章〕"는 구의 王逸 注에 의하면 "周章이란 周遊하다〔周流〕의 뜻이다."라고 하였다.〔王利器〕
본서 제6 〈風操〉篇 37 주 4) 참조.〔역자〕
6) 詢請 : 물어서 가르쳐주기를 청하다.〔역자〕
7) 文林館 : ≪北齊書≫ 〈文苑傳〉에 "後主가 儒學에 관심을 두었다. 武平(570~576) 3년에 祖珽이 文林館 세우기를 주청하자 다시 文學士를 불러들이고 그를 待詔文林館이라고 불렀다."라고 하였다.〔趙曦明〕
생각건대 ≪北史≫ 〈齊本紀〉에 "後主는 武平 4년 2월 丙午日에 文林館을 설치하였다."고 하였다.〔王利器〕
北齊의 後主 高緯(556~578)가 設立한 文人學士 위주의 機構이다. 規模가 성대하여 南北朝 後期에 광범한 영향을 미쳤으며, 唐代의 史官들이 北朝의 史書를 편찬할 때도 곧잘 이곳을 언급하였다.〔역자〕
8) 沈吟 : 胡三省의 ≪資治通鑑≫ 75의 주석에 "沈吟이란 망설이다〔未決〕의 뜻으로, 요즘 사람들도 여전히 이 말을 쓰고 있다."고 하였으나, 여기서는 읊다〔詠嘆〕의 뜻이다.〔王利器〕
여기서는 되뇌이며 음미하는 것이다.〔역자〕
9) 開獎 : 이끌고 격려하다. 혹은 당첨자를 발표하다.〔역자〕
10) 賞遇 : 인정받고 예우받다.〔역자〕
11) 侍中開府 : ≪北齊書≫나 ≪北史≫에서는 모두 開府中侍中이라 일컬었다.〔王利器〕
≪隋書≫ 〈百官志〉에 "中侍中省은 궐문의 출입을 관장하며, 中侍中은 두 사람을 둔다."고 하였다.〔趙曦明〕
中侍中은 환관이 맡는다.〔周法高〕
12) 青州 : 後魏시대에는 樂安에 青州를 설치하였으니 곧 지금의 山東省 廣饒縣 관할지역이며, 나중에는 東陽城으로 옮겨 다스렸으니, 곧 지금의 山東省 益都縣의 관할지

역이 이곳이다.〔王利器〕

13) 參伺 : 정찰하다. 엿보다.〔역자〕

14) 支 : '肢'와 뜻이 통한다.〔王利器〕

15) 辭色 : 말씨와 〈그 말을 하는〉 기색이나 태도이다.〔역자〕

16) 齊之將相 比敬宣之奴不若也 : 將相이란 開府儀同三司 賀拔伏恩과 封輔相, 慕容鍾葵 등 宿衛하던 近臣 30여 명을 일컬은 말이니 이들은 서쪽 北周의 진영으로 달아났으며, 穆提婆와 侍中 斛律孝卿은 모두 北周에 투항하였다. 高阿那肱은 北周의 군대를 불러들인 다음 北齊의 君主를 생포해서 데려오기로 약속하고, 누차 사람을 보내 賊軍이 멀리 있다고 알리며 달아나는 길을 멈추고 늦추게 하여 사로잡히게 유도하였다. 이 때문에 顔之推가 이처럼 분통해하는 말을 한 것이다.〔盧文弨〕

이 무렵 顔之推는 北齊의 黃門侍郎의 지위에 있었다.〔역자〕

北齊에 田鵬鸞이란 환관이 있었는데 본래 蠻族이었다. 나이 열너덧에 처음 환관이 되자마자 곧 공부에 재미를 느껴 책을 끌어안은 채 움켜쥐고 밤낮 없이 외고 암송하였다. 맡은 직급이 아주 낮아 시키는 일이 힘들고 괴로워도 한가한 틈을 살펴 사방을 두루 돌면서 묻고 가르침을 청하였다. 매번 文林館에 들를 때마다 숨을 가쁘게 몰아쉬면서 땀을 흘리곤 했는데 책에 대해 묻는 것 외에 다른 말은 할 겨를도 없었다. 옛사람들의 節操와 義理에 관한 일들을 보게 되면 일찍이 감격하여 오랫동안 음미하지 않은 적이 없었다. 나는 그를 대단히 좋아하여 한층 더 이끌고 격려해주었다. 후일 그는 인정받고 예우를 받아 敬宣이란 이름도 하사받고 지위도 侍中開府에 이르렀다.

북제의 後主가 靑州로 달아날 적에 그를 서쪽으로 내보내고 동정을 살피게 하였는데 北周의 군사에게 붙잡혔다. 北齊의 君王이 어디에 있는지 묻자 속여서 말하기를 "일찌감치 떠났으니 국경을 벗어났으리라고 여겨진다."고 하였다. 〈北周의 군사가〉 이를 의심하고 믿지 않았으므로 그가 실토하도록 때렸는데, 四肢가 하나씩 잘릴 때마다 말씨와 안색이 더욱 준엄해지다가 끝내 四肢가 다 잘려서 죽었다. 蠻夷의 어린 아이조차 오히려 배움을 통하여 忠誠을 이룰 수가 있었으니, 北齊의 將相들은 敬宣의 종만도 못하다.

17. 자식의 진정한 도리

鄴平之後, 見徙入關[1)]。思魯[2)]嘗謂吾曰 : “朝無祿位, 家無積財, 當肆筋力, 以申供養。每被課篤[3)], 勤勞經史, 未知爲子, 可得安乎?” 吾命[4)]之曰 : “子當以養爲心, 父當以學爲教。使汝棄學徇財[5)], 豐吾衣食, 食之安得甘? 衣之安得暖? 若務先王之道[6)], 紹家世之業, 藜羹[7)]縕褐[8)], 我自欲之。”

1) 鄴平之後 見徙入關 : 趙曦明이 인용한 ≪北齊書≫ 〈後主紀〉에 의하면, 北周軍이 北齊의 도성인 鄴城을 함락시키고 나라를 멸한 다음 君臣을 長安으로 압송하였는데 顔之推의 집안도 이때 옮긴 사실을 말한다.〔역자〕
2) 思魯 : 顔之推의 長子. 자세한 내용은 본서 제4 〈後娶〉篇 4 주 5) 참조.
3) 課篤 : 납세를 재촉하다. 감독하다. 독촉하다.〔역자〕
4) 命 : 훈계하다. 타이르다.〔역자〕
5) 徇財 : 재물에 죽살이치다. 재물을 위해 몸을 아끼지 않다.〔역자〕
6) 先王之道 : 古代 帝王의 禮制와 法度이다.〔역자〕
7) 藜羹 : 명아주·푸성귀로 끓인 국으로, 널리 조악한 음식을 이른다.〔역자〕
8) 縕褐 : 베가 헝클어져 흡사 거친 풀솜 같은 도포로, 널리 가난한 이가 입은 남루한 옷을 이른다. ‘縕袍’, ‘縕褚’와 같은 뜻이다.〔역자〕

鄴城이 함락된 뒤에 〈집안이〉 옮겨져 關內로 들어갔다. 아들 思魯가 언젠가 내게 말하였다.

“朝廷에서 얻는 祿俸과 職位가 없고 집안에 쌓아둔 財物 또한 없으니 마땅히 筋力을 다하여 〈어버이를〉 부양해야 할 것입니다. 매번 납세를 재촉받는데도 부지런히 經史에만 힘을 쓴다면 자식된 도리를 알지 못한 것이니 어찌 편안할 수가 있겠습니까?”

내가 그에게 훈계하였다.

“자식은 마땅히 봉양하기를 마음가짐으로 삼고, 부모는 마땅히 학문하기를 가르침으로 삼아야 한다. 설사 네가 학문을 저버리고 재물에 죽살이쳐서 내 의복과 음식을 풍족하게 한들 그것을 먹었다고 어찌 맛있을 수가 있겠으며, 그것을 입었다고 어찌 따뜻할 수가 있겠느냐? 만약 先王의 禮制와 法度를 익히는 데에 힘써서 대대로의 家業을 이을 수 있다면 명아주·푸성귀 국에 거친 풀솜같이 베가 헝클어진 옷일지라도, 나는 절로 그것을 원한다.”

18. 孤陋한 학자들

≪書≫曰:“好問則裕。”[1] ≪禮≫云:“獨學而無友, 則孤陋而寡聞。”[2] 蓋須切磋[3]相起明[4]也。見有閉門讀書, 師心自是[5], 稠人廣坐[6], 謬誤差失者多矣。≪穀梁傳≫稱:“公子友與莒挐相搏, 左右呼曰:‘孟勞[7]。’” 孟勞者, 魯之寶刀名, 亦見≪廣雅≫[8]。近在齊時, 有姜仲岳謂:“孟勞者, 公子左右, 姓孟名勞, 多力之人, 爲國所寶。” 與吾苦諍[9]。時清河郡守邢峙[10], 當世碩儒, 助吾證之, 赧(난)然而伏。又≪三輔決錄≫[11]云:“靈帝殿柱題曰:‘堂堂乎張, 京兆[12]田郎。’” 蓋引≪論語≫[13], 偶以四言, 目[14]京兆人田鳳也。有一才士, 乃言:“時張京兆及田郎二人皆堂堂耳。” 聞吾此說, 初大驚駭, 其後尋媿悔[15]焉。江南有一權貴[16], 讀誤本≪蜀都賦≫注[17], 解“蹲鴟, 芋也”, 乃爲羊[18]字。人饋羊肉, 答書云:“損惠[19]蹲鴟。” 擧朝驚駭, 不解事義[20], 久後尋迹[21], 方知如此。元氏[22]之世, 在洛京[23]時, 有一才學重臣, 新得≪史記≫音[24], 而頗紕繆[25], 誤反[26]顓頊字, 頊當爲許錄反, 錯作許緣反。遂謂朝士言:“從來謬音專旭, 當音專翾(현)耳。” 此人先有高名, 翕然[27]信行, 期年之後, 更有碩儒, 苦相究討, 方知誤焉。≪漢書≫王莽贊云:“紫色蠅(와)聲, 餘分閏位。”[28] 謂以僞亂眞耳。昔吾嘗共人談書, 言及王莽形狀。有一俊士, 自許史學, 名價[29]甚高, 乃云:“王莽非直鴟目虎吻, 亦紫色蛙聲。” 又≪禮樂志≫云:“給太官[30]挏馬酒。” 李奇注:“以馬乳爲酒也, 揰挏(충동)[31]乃成。” 二字竝從手, 揰挏, 此謂撞擣[32]挺挏[33]之, 今爲酪酒[34]亦然。向學士又以爲種桐時, 太官釀馬酒乃熟, 其孤陋遂至於此。太山 羊肅[35], 亦稱學問, 讀潘岳賦[36]“周文弱枝之棗”[37], 爲杖策之杖, ≪世本≫[38]“容成[39]造歷”, 以歷爲碓(대)磨之磨[40]。

1) 好問則裕 : 仲虺가 훈계한 글이다.〔趙曦明〕 裕는 見識이 많음을 뜻한다. ≪書經≫〈仲虺之誥〉篇에 보이는 구절이다.〔역자〕

2) 獨學而無友 則孤陋而寡聞 : ≪禮記≫〈學記〉篇의 글이다.〔趙曦明〕

3) 切磋 : ≪詩經≫〈衛風 淇奧〉에 “끊는 듯 가는 듯.〔如切如磋〕”이라 하였으니, ≪爾雅≫

〈釋訓〉에 "끊는 듯 가는 듯.〔如切如磋〕이란 배움을 말한 것이다."라고 하였다. 郭璞은 이에 대하여 "뼈와 상아는 모름지기 '끊어내고 갈아야〔切磋〕' 그릇이 되며, 사람은 모름지기 배우고 물어야 덕을 완성시킨다."고 하였다.〔王利器〕

끊어내고 갈다.〔역자〕

4) 相起明 : ≪論語≫ 〈八佾〉篇에 보이는 "나를 일으켜 세우는〔起〕 자는 商이다."라는 구절의 何晏(魏)의 ≪集解≫에는 "包氏에 따르면, 孔子는 子夏야말로 내 뜻을 환히 밝혀낼〔發明〕 수가 있다고 말하였다."고 하였다.〔王利器〕

서로가 일깨워 밝혀내다.〔역자〕

5) 師心自是 : ≪莊子≫ 〈齊物論〉에 "사람들이 각자 자신의 成心(선입견)을 좇아 스승으로 삼는다면〔隨其成心而師之〕 누군들 어찌 장차 스승 삼을 이가 없겠느냐?"라고 하였다.〔盧文弨〕

선입견을 스승 삼아 자기가 옳다 여기다.〔역자〕

6) 稠人廣坐 : ≪史記≫ 〈灌夫傳〉에 "사람들이 빽빽하게 모여 널리 퍼진 무리들〔稠人廣衆〕 가운데서 지위 낮은 인재를 추천하고 장려하였으니, 이 때문에 그곳에 선비들이 많아졌다."고 하였다.〔王利器〕

사람들이 빽빽이 모여 널리 나앉다.〔역자〕

7) 左右呼曰 孟勞 : 이는 僖公 元年에 일어난 일이다.〔趙曦明〕

淸나라의 朱亦棟의 ≪群書札記≫ 10에 "생각건대 '孟勞'라는 두 글자는 '反切語'이니 '刀'의 뜻이다. 이는 좌우에 있던 사람들의 隱語인바, 바로 당시의 반절음이다."라고 하였다.〔王利器〕

8) 亦見廣雅 : "孟勞는 칼〔刀〕이다."라는 말이 ≪廣雅≫ 釋器에 보인다.〔趙曦明〕

9) 苦諍 : 끈덕지게 다투다. 끈덕지게 충고하다.〔역자〕

10) 淸河郡守邢峙 : ≪北齊書≫ 〈儒林傳〉에 "邢峙는 字가 士峻으로, 河間郡 鄚縣 사람이다. ≪三禮≫와 ≪春秋左氏傳≫을 꿰뚫고서 皇建 연간 초기에 淸河太守가 되어 은혜 넘치는 정치를 베풀었다."고 하며, ≪隋書≫ 〈地理志〉에 "冀州에 淸河郡이 있다."고 하였다.〔趙曦明〕

11) 三輔決錄 : ≪隋書≫ 〈經籍志〉에 "≪三輔決錄≫ 7권은 漢代의 太僕 趙岐의 편찬으로, 摯虞가 주석하였다."고 하였다.〔趙曦明〕

12) 京兆 : ≪漢書≫ 〈百官公卿表〉에 "右扶風과 左馮翊, 그리고 京兆尹, 이 셋이 三輔를 이룬다."고 하였다.〔趙曦明〕

秦나라는 전국을 통일하자 郡縣制를 실시하며 首都 咸陽에 內史를 설치하고 京畿 各縣을 관할하였으니, 郡縣에 속하지 않는 中央政府의 직속 행정단위이자 직책이었다. 漢 武帝 때에는 이 內史를 京兆尹과 右扶風, 左馮翊으로 나누어 三輔라 일컬은

것이니, 南北朝 시기 이래로는 京兆郡을 설치하기도 하였다.〔역자〕

13) 蓋引論語 : ≪論語≫ 〈子張〉篇에 "당당하도다 子張이여! 함께 인덕을 행하기는 어려우리라."고 하였다.〔周法高〕

14) 目 : ≪初學記≫ 11에 인용된 ≪三輔決錄≫의 주석에 "田鳳은 尙書郎으로 용모와 규범이 단정하므로 상주를 올릴 일로 조정에 들어오면 靈帝가 눈길을 주었다.〔目送之〕"고 하였다.〔趙曦明〕

눈여겨보다. 평가하다.〔역자〕

15) 媿悔 : 창피해하며 뉘우치다.〔역자〕

16) 權貴 : 세도가, 권세와 지위가 높은 사람, 혹은 실력자를 이른다.〔역자〕

17) 蜀都賦注 : 李善의 ≪文選注≫에 "左思가 〈三都賦〉를 완성하자, 張載가 이를 위해 〈魏都賦〉를 주석하고, 劉逵는 이를 위해 〈吳都賦〉와 〈蜀都賦〉를 주석하였다."고 하였다.〔趙曦明〕

18) 羊 : 그 글자의 篆文의 '芊(양)'자는 '芋(우)'자와 자형이 비슷하여 잘못 쓰기가 쉽다.〔郝懿行〕

19) 損惠 : 외람되이 은혜를 입다. 분수에 넘친 은혜를 입다.〔역자〕

20) 事義 : 본서 제9 〈文章〉篇 8에 근거하자면 顔之推가 사용하는 事義라는 어휘는 ≪文心雕龍≫ 〈事類〉篇에서 일컫는 '事類'나 〈文選序〉에서 일컫는 "소재〔事〕는 깊은 사색에서 나오고, 그 의미〔義〕는 아름다운 修辭로 귀결된다."에서의 事義와 같다.〔王利器〕

이야깃거리와 그 의미, 혹은 文章의 思想內容을 이른다.〔역자〕

21) 尋迹 : 짐작해서 파악하다. 다시 생각해보다.〔역자〕

22) 元氏 : ≪魏書≫ 〈高祖孝文皇帝紀〉에 의하면 "太和 18년 11월 代에서 洛陽으로 천도하자, 21년 正月 조칙을 내려 拓拔氏를 元氏로 고쳤다."고 하였다.〔趙曦明〕

≪太平廣記≫에 의하면 元氏가 元魏로 쓰여 있다.〔王利器〕

元魏란 곧 北魏이다. 魏 孝文帝는 洛陽으로 천도하자 본디 姓인 拓跋을 元으로 고쳤으므로 北魏를 元魏라고도 불렀다.〔역자〕

23) 洛京 : 洛陽이다.〔역자〕

24) 史記音 : ≪隋書≫ 〈經籍志〉에 의하면 "≪史記音≫ 3卷은 梁나라 輕車都尉參軍 鄒誕生의 편찬이다."라고 하였다.〔趙曦明〕

25) 紕繆 : ≪禮記大傳≫의 주석에 의하면 "紕繆는 錯誤〔錯〕와 뜻이 같다."고 하였다.〔王利器〕

26) 反 : 反切, 혹은 反切語이다. 두 글자의 독음 중 앞자에서는 자음을, 뒷자에서는 모음을 서로 합하여 한 글자의 독음을 표시하는 전통적인 한자의 注音方法으로 '翻', 혹은 '反切'이라고도 말한다.〔역자〕

27) 翕然 : '일제히'의 뜻이다.〔역자〕

28) 紫色蠅(와)聲 餘分閏位 : ≪太平廣記≫나 ≪類說≫에는 '蠅'를 인용하며 '蛙'라고 쓰고 있으니 같은 字이다. ≪續家訓≫ 7에 "紫色은 〈間色이니〉 純正치 못한 색이요, 개구리 소리〔蠅聲〕란 純正치 못한 소리요, 여분의 지위〔閏位〕란 純正치 못한 지위이다. 그러므로 始皇의 秦이니, 後魏니, 朱梁이니 하는 나라는 모두가 여분의 지위〔閏位〕에 해당한다."라고 하였다.〔王利器〕

王莽의 新나라가 비정통임을 표현한 것이다.〔역자〕

29) 名價 : '명망'의 뜻이다.〔王利器〕

30) 太官 : ≪漢書≫ 〈百官公卿表〉에 보이는 "少府에 예속된 관리로 太官이 있다."는 구절의 주석에 의하면 "太官은 식사를 관장한다."고 하였다.〔盧文弨〕

31) 揰挏(충동) : '위아래로 밀어치다.〔上下推擊〕'는 뜻이다. ≪類說≫에 따르면 '揰'은 '撞'으로도 쓰인다.〔王利器〕

32) 撞擣 : 세게 부딪치다.〔역자〕

33) 挻挏 : 위아래로 흔들다.〔역자〕

34) 酪酒 : ≪漢書≫ 〈百官公卿表〉에 보이는 "武帝 太初 元年에 家馬의 이름을 고쳐 挏馬라고 불렀다."는 구절에 대한 如淳의 주석에 의하면 "지금도 梁州에서는 馬酪을 가리켜 馬酒라고 한다."고 하였다.〔趙曦明〕

馬乳酒, 말젖으로 만든 술이다.〔역자〕

35) 太山羊肅 : 太山의 羊肅이다. ≪北齊書≫ 〈文苑傳序〉에 '前兗州長史 羊肅'이라는 말이 보인다. 太山의 羊侃이라는 사람이 본서 제6 〈風操〉篇에 보이며, 太山의 羊曼이라는 사람도 본서 제17 〈書證〉篇에 보이므로, 이들과 서로 일족이었던 듯하다.〔역자〕

36) 潘岳賦 : 晉代의 潘岳은 字가 安仁으로 〈閒居賦〉를 지었으니, ≪文選≫에 보인다.〔趙曦明〕

37) 周文弱枝之棗 : ≪文選≫ 〈閒居賦〉에 보이는 李善의 注에 의하면 "≪西京雜記≫에 이르기를 '上林苑에는 弱枝棗가 있었다.' 하며, 晉나라 郭義恭의 ≪廣志≫에 의하면 '周文王 때에는 弱枝棗가 있었는데 몹시 맛이 좋았으므로 사람들이 따가지 못하도록 금지시키며 苑中에 나무를 심은 것이었다.' 하였다."라고 하였다. 李周翰은 이에 대하여 "周文王 때에 弱枝棗樹가 있었는데 맛이 몹시 좋았다."고 주석하였다.〔王利器〕

38) 世本 : ≪漢書≫ 〈藝文志〉에 보이는 "≪世本≫은 모두 15篇이다."라는 구절의 주석에 의하면 "고대 史官이 黃帝 이래로 春秋시대의 諸侯와 大夫에 이르기까지 기록한 책이다."라고 하나, 생각건대 지금은 전하지 않으며 여러 서적에 인용된 구절이 있을 뿐이다.〔趙曦明〕

39) 容成 : ≪世本≫의 注에 의하면 "容成은 黃帝의 신하이다."라고 하였다.〔趙曦明〕

房中術에 뛰어났던 고대의 신선이다. ≪列仙傳≫에 그 행적이 보인다.〔역자〕

40) 以歷爲碓(대)磨之磨 : 段玉裁에 의하면 "古書의 한자에는 假借字가 많다. ≪世本≫은 '磿'을 '歷'자로 대신 쓰고 있어 이런 오류를 낳게 된 것이다. 고서에서 '磿'과 '歷'은 통용자로 독음이 모두 '력(郎擊切)'이다."라고 하였다. '碓'는 '디딜방아〔舂具〕'이며, '磨'는 ≪說文解字≫에 '礳(마)'로 쓰여 있으니 '맷돌〔石磑〕'의 뜻이다.〔趙曦明〕

≪書經≫에 이르기를 "묻기를 좋아하면 〈아는 것이〉 많아진다."고 하였으며, ≪禮記≫에 이르기를 "혼자 배워서 친구가 없으면 孤陋하고 見聞이 좁다."고 하였으니, 대개 모름지기 갈고 닦으면서 서로 계발해야 할 것이다. 문을 닫아걸고 책을 읽어서 선입견을 스승 삼아 자기가 옳다고 여기다가 많은 사람들이 널리 앉아 있는 자리에서 오류와 착오를 범하는 경우를 많이 보았다.

≪春秋穀梁傳≫에 일컫기를 "公子友가 莒拏와 서로 밀치며 싸우자, 좌우의 사람들이 '孟勞〈로 죽이라〉!' 하고 소리쳤다." 하였다. 孟勞란 魯나라 보검의 이름이니 ≪廣雅≫에도 보인다. 그런데 근래 北齊에 있을 때 姜仲岳이란 이는 "孟勞란 公子의 측근으로 성이 孟이고 이름이 勞이니, 힘이 장사라 온 나라에서 보배로 여겼다."고 하면서 나와 끈질기게 다투었다. 그 무렵에 淸河郡의 군수 邢峙는 당대의 대학자인데 그가 나를 도와 이를 증명해주고 나서야 얼굴을 붉히면서 승복하였다.

또 ≪三輔決錄≫에 이르기를 "靈帝의 殿閣 기둥에 '당당하도다 子張이여! 京兆人 田鳳이 그러하리니.'라고 써놓았다."고 하였으니, 대개 ≪論語≫를 인용하여 四言으로 對偶를 맞추어 京兆 사람 田鳳을 평가한 것이었다. 어떤 才子가 있어 이를 두고 말하기를 "당시에 張京兆와 田郎 두 사람이 다 위풍당당하였다는 것입니다."라고 하였다. 내가 설명해주는 말을 듣자 그는 처음에는 크게 놀라더니, 나중에는 이내 이 때문에 부끄러워하고 뉘우쳤다.

江南의 어떤 세도가가 오류가 있는 판본으로 〈蜀都賦注〉를 읽었는데 "蹲鴟란 토란〔芋〕이다."라고 풀이한 데서 〈'芋'자가〉 그만 '羊'자로 되어 있었다. 어떤 사람이 양고기를 선물하자 답서에 이르기를 "외람되이 토란〔蹲鴟〕을 받았습니다."라고 하였다. 온 조정이 다 놀랐으나, 무슨 말을 한 것인지 이해를 못하다가 한참 뒤에 짐작해서 비로소 이와 같은 줄을 알게 되었다.

北魏 시기에 洛陽에 있을 때 才學을 겸비한 어떤 重臣이 새로 ≪史記音≫을 얻었는

데, 오류가 많아서 '顓頊'이라는 字에 反切을 잘못 써놓아 '頊'이 '許'와 '錄'의 反切로 쓰였어야 하는데 '許'와 '緣'의 反切로 잘못 쓰여 있었다. 마침내 朝臣들에게 말하기를 "종래에는 '專旭'과 같은 음으로 잘못 읽었으나 '專翾'과 같이 읽어야 마땅할 것이다."라고 하였다. 이 사람이 일찌감치 명성을 떨치고 있었으므로 일제히 그 말을 믿고 따라 읽다가 1년이나 지난 뒤에 다른 대학자가 끈덕지게 연구, 토론하고서야 비로소 이것이 오류였음을 알게 되었다.

≪漢書≫ 〈王莽傳〉 贊에 이르기를 "純正치 못한 색깔과 純正치 못한 소리이니 여분의 純正치 못한 지위이다.〔紫色蠅聲 餘分閏位〕"라고 하였으니, 이는 〈모두가 비정통의 왕조를 형용한 것으로써〉 가짜가 진짜를 어지럽혔음을 일컬은 말이다. 과거에 언젠가 내가 여러 사람들과 책 얘기를 하다가 화제가 王莽의 모습에 이르렀다. 출중한 선비 하나가 스스로 史學에 정통했노라 자부하였고 명망도 아주 높았는데, 말하기를 "王莽은 올빼미의 눈에 범의 입술을 했을 뿐만 아니라 또한 낯빛은 자주색이고 목소리는 개구리 소리였다."라고 하는 것이었다.

또 ≪漢書≫ 〈禮樂志〉에 "太官에게 挏馬酒를 주었다."고 하였는데, 李奇는 주석을 달기를 "馬乳로 만든 술로, 위아래로 흔들면〔揰挏〕 만들어진다."고 하였다. 揰挏 두 글자가 모두 손수변〔扌〕을 따르며, 여기서 揰挏이란 세게 부딪치며 위아래로 흔듦을 말한 것으로, 지금도 酪酒를 만들 때는 역시 그렇게 한다. 전번의 그 學士는 또 오동을 심을〔種桐〕 때에 太官이 빚은 酪酒가 그제야 익는다고 여겼으니 그 孤陋함이 마침내 이 지경에까지 이른 것이다.

太山의 羊肅 역시 학문으로 칭송되는 이였으나 潘岳의 賦를 읽고 "周 文王 시절의 弱枝棗"라는 구절에서 〈'枝'자를〉 '지팡이〔杖策〕'라고 할 때의 '杖'자인 줄 알았으며, ≪世本≫에 보이는 "黃帝의 史官 容成이 역사〔歷〕를 서술하였다."는 구절에서 '歷'자를 '디딜방아와 맷돌〔碓磨〕'이라고 할 때의 '磨'자인 줄 알았다.

19. 귀동냥한 學問의 誤謬

談說製文, 援引古昔, 必須眼學[1)], 勿信耳受[2)]。江南閭里[3)]閒, 士大夫或不學問, 羞爲鄙樸[4)], 道聽塗說[5)], 强事飾辭 : 呼徵質[6)]爲周、鄭[7)], 謂霍亂爲博陸[8)], 上荊

州必稱陝西，下揚都言去海郡[9)]，言食則餬口[10)]，道錢則孔方[11)]，問移則楚丘[12)]，論婚則宴爾[13)]，及王則無不仕宣[14)]，語劉則無不公幹[15)]。凡有一二百件，傳相祖述，尋問莫知原由，施安[16)]時復失所。莊生[17)]“有乘時鵲起”[18)]之說，故謝朓[19)]詩曰：“鵲起[20)]登吳臺[21)]。”吾有一親表，作≪七夕≫詩云：“今夜吳臺鵲，亦共往塡河[22)]。”≪羅浮山記≫[23)]云：“望平地樹如薺[24)]。”故戴暠(고)[25)]詩云：“長安樹如薺[26)]。”又鄴下有一人詠樹詩云：“遙望長安薺。”又嘗見謂矜誕爲夸毗[27)]，呼高年爲富有春秋[28)]，皆耳學之過也。

1) 眼學：직접 눈으로 보며 배우다. ≪通志≫〈總序〉에 “漢字 사전은 눈으로 보며 배운다고〔眼學〕 하고, 押韻 사전은 귀로 들으며 배운다고 하였다.”고 하였다.〔역자〕

2) 耳受：귀로 전해들은 얘기로 얻는 것은 직접 눈으로 보며 배운 것만 못하고, 직접 눈으로 보며 배운 것은 마음으로 깨우쳐서 아는 것만 못하다. 마음으로 깨우쳐서 알아야 눈과 귀로 받아들인 모든 것이 실제에 쓰일 것이니, 朱子가 일컫기를 “전념하여 두 눈으로 지켜보면서〔一心兩眼〕 고통스러우리만치 노력을 쏟아붓는다.”고 한 것이 바로 이것이다.〔郝懿行〕

   귀로 전해들은 얘기로 얻다.〔역자〕

3) 閭里：항간, 곧 평민들이 모여 사는 곳, 혹은 평민이다.〔역자〕

4) 鄙樸：천하고 거칠다. 거칠고 소박하다.〔역자〕

5) 道聽塗說：길 가다 주워듣고 길거리에서 옮겨 이야기하다. ≪論語≫〈陽貨〉篇에 “길 가다 주워듣고 길거리에서 이야기한다.〔道聽而塗說〕”고 하였다. ≪漢書≫〈藝文志〉에 “小說家의 원류는 모두 稗官에서 유래되었다 하겠으니 길거리에서 이야기하고 골목에서 말하던 것을 길 가다 주워듣고 길거리에서 이야기하던〔道聽塗說〕 이들이 만들어낸 것들이다.”라고 하였다.〔역자〕

6) 徵質：저당 잡히다. 볼모 잡히다.〔역자〕 ≪說文解字≫에 “質이란 물건을 서로 저당 잡히다.〔贅〕의 뜻이다.〔質以物相贅〕”라고 하였다. 생각건대 贅(췌)란 데릴사위〔贅婿〕에서처럼 남자가 장가들기 위해 지불할 재물이 없어서 제 몸을 처가에 볼모 잡혀 두는〔質〕 것이다.〔盧文弨〕

7) 周鄭：周나라와 鄭나라를 가리키는 말로, 周나라와 鄭나라가 인질을 맞바꾸었음〔周鄭交質〕을 가리킨다. 周나라 王室은 平王이 洛邑으로 東遷한 이후 날로 위엄이 떨어져 더 이상은 諸侯國을 관할할 방법이 없자, 周 王室과 諸侯國 간에 인질의 맞교환이라는 사태가 벌어지게 된 것이다. ≪春秋左氏傳≫ 隱公 3년에 따르면 “鄭 武公과 아

들 莊公이 〈서로 연이어 周나라〉 平王의 집정관인 卿士가 되었다. 平王이 〈虢公에게〉 정권을 양분하여 주려는 두 마음을 품자, 鄭 莊公이 平王을 원망하니, 왕이 말하기를 '그런 일은 없소.' 하였다. 이로 인해 周나라와 鄭나라가 인질을 맞바꾸었다."고 하였다.〔역자〕

8) 謂霍亂爲博陸 : ≪漢書≫ 〈霍光傳〉에 "霍光은 자가 子孟으로, 博陸侯에 봉해졌다."고 하였다.〔趙曦明〕

≪漢書≫ 〈霍光傳〉의 顔師古 주석에 "文穎(漢末, 魏初)은 '博은 크다〔大〕는 뜻이요, 陸은 고르다〔平〕는 뜻이니, 그곳을 좋은 말로 일컬은 것일 뿐 이런 縣이 따로 있는 것은 아니다.'라고 하였다."고 하였다.〔王利器〕

霍亂은 설사, 구토, 복통 따위를 수반하는 급성 위장염의 일종이며, 博陸이란 霍光의 食邑을 좋게 가리킨 말이다. 여기서는 무지한 사람들이 병 이름 霍亂이 霍光에게서 유래된 것이라고 여겨 이를 博陸이라 잘못 부르기 시작했는데도 이를 생각없이 따라 말하는 識者들을 꼬집은 것이다.〔역자〕

9) 下揚都言去海郡 : 海郡은 해안의 고을이다. 抱經堂本에는 '郡'이 '邦'으로 쓰여 있어, 윗글에서도 '揚都'를 소개하면서 "揚都로 내려가면 연해지역〔海邦〕으로 간다고 한다."고 하였으나, 周法高와 王利器가 모두 '郡'을 따랐으므로 여기서도 '郡'이라 한 것이다.〔역자〕

10) 餬口 : 입에 풀칠하다. ≪春秋左氏傳≫ 昭公 7년에 "正考父의 솥에 새겨진 銘文에서는 이 솥에다 미음을 끓이고 이 솥에다 죽을 끓여 내 입에 풀칠을 하게 하라.〔以餬余口〕"고 하였다.〔趙曦明〕

11) 孔方 : 晉代 魯褒의 〈錢神論〉에 "형과 같이 친애하며 자를 孔方이라 하였다."고 하였다.〔趙曦明〕

12) 楚丘 : ≪春秋左氏傳≫ 閔公 2년에 "僖公 元年에 齊 桓公이 邢國을 夷儀 지역으로 옮기게 하고, 衛國을 楚丘 지역에 봉하였더니, 〈그 적절한 조치에〉 邢國은 고향으로 돌아가는 듯하였고, 衛國은 자기 나라가 멸망한 사실조차 잊어버렸다."고 하였다.〔趙曦明〕

멸망한 衛國의 유민을 이주시킨 지역의 이름이다.〔역자〕

13) 宴爾 : ≪詩經≫ 〈邶風 谷風〉에 "신혼이 즐겁기〔宴爾〕가, 형제 사이인 듯할 테지요."라고 하였다.〔趙曦明〕

원래는 버림받고 이혼한 여인이 옛 남편과 다시 결합하기를 바라서 부르는 노래였는데도, 지금은 오히려 신혼부부를 경하하는 말로 쓰이니 顔之推는 그 유래를 모르고 따라 말하는 예로 이 시구를 든 것이다.〔역자〕

14) 仲宣 : 東漢 末年의 저명한 문학가로 建安七子의 한 사람인 王粲(177~217)의 자

이다. 曹植의 〈與楊德祖書〉에 "王仲宣은 漢水 남쪽에서 독보적인 인재였다."라고 하였다.〔역자〕

15) 公幹 : 東漢 末年의 저명한 문학가로 建安七子의 한 사람인 劉楨(186~217)의 자이다. ≪全唐詩≫에 "王仲宣은 〈시의 풍격이〉 온화하고, 劉公幹은 〈시의 풍격이〉 소탈하다."고 하였다.〔역자〕

16) 施安 : 시행하다.〔역자〕

17) 莊生 : 莊周를 가리킨다.〔역자〕

18) 乘時鵲起 : ≪太平御覽≫ 921에 인용된 莊子의 말에 "까치는 높은 성 허물어진 담위로 올라 높은 느릅나무 꼭대기에 둥지를 틀지만 성이 무너지고 둥지가 부서지면 바람을 타고 날아오른다. 그러므로 군자가 세상에 살 때는 때를 얻으면 개미처럼 순리를 좇지만 때를 잃으면 까치처럼 날아오른다.〔失時則鵲起〕"고 하였으니, ≪困學紀聞≫ 卷10의 〈莊子逸篇〉에도 이 말이 실려 있다.〔趙曦明〕

≪嵇康集≫ 1의 附錄에 실린 〈秀才答詩〉의 "물결을 타면 개미처럼 순리를 좇으나 때가 가버리면 까치처럼 날아오른다.〔時逝則鵲起〕"는 시구는 곧 〈莊子逸篇〉의 이 글에 근거한 것이다.〔王利器〕

19) 謝脁 : ≪南齊書≫ 〈謝脁傳〉에 의하면 "謝脁(464~499)는 字가 玄暉로, 젊어서 학문을 좋아하여 명망이 있었으며 文章이 淸麗하고, 草書에 뛰어나며 五言詩에 능하므로 沈約은 항상 말하기를 '200년 이래로 이만 한 시는 없었다.'고 하였다."고 하였다.〔趙曦明〕

20) 鵲起 : ≪文選≫에 실린 謝脁의 〈和伏武昌登孫權故城詩〉에 "까치는 일어나〔鵲起〕 吳나라 山을 오르고, 봉황은 치솟아 초나라 들을 건넌다."고 하였으니, 李善은 이에 대하여 "孫權은 처음 武昌에서 기틀을 닦아 나중에 建鄴에서 도읍을 일으켰기 때문에 吳나라 山〔吳山〕이요 초나라 들〔楚甸〕이라 한 것이다."라고 주석하였다.〔王利器〕

21) 吳臺 : 吳騫의 ≪拜經樓詩話≫ 1에 "吳臺는 ≪謝宣城集≫과 ≪文選≫에 모두 '吳山'으로 쓰여 있으므로 顔之推가 본 謝脁의 原本이 이와 같았을 것이다. 何焯(1661~1722)은 吳臺란 곧 姑蘇臺를 말한 것이니, 내가 ≪謝宣城集≫을 重刊하면서 특별히 이 때문에 이를 바로 고쳤다."고 하였다.〔王利器〕

22) 塡河 : 〈오작교로〉 銀河를 메우다. ≪歲華紀麗≫에 인용된 ≪風俗通≫에 "織女는 七夕이면 銀河를 건너야 하므로 까치들로 하여금 다리를 만들게 한다."고 하였다.〔盧文弨〕

23) 羅浮山記 : 羅浮라는 이름은 대개 합성어로써 '羅'는 '羅山'이고 '浮'는 '浮山'인데 이 두 산이 이어져 있어 羅浮라 일컬은 것이니, 增城과 博羅 두 縣의 경계지역에 있다.〔趙曦明〕

羅浮山에 대한 趙曦明의 설명은 ≪太平御覽≫ 41에서 인용된 것인데 ≪太平御覽≫의 같은 卷에 인용된 裴淵의 〈廣州記〉에도 "〈羅山은〉 산자락이 거대한 수목들로 에워싸여 있으나 눈길 닿는 데까지 멀리 바라보자면 냉이〔薺菜〕가 땅에 자란 것 같다."고 하였다.〔王利器〕

楊守敬의 ≪水經注疏≫에 의하면, ≪元和志≫에는 袁彦伯의 〈羅浮山記〉가 소개되어 있고, ≪環宇記≫에는 徐道覆의 〈羅浮山記〉가 소개되어 있으나, 이 두 편의 〈記〉에는 본문에 인용된 구절이 없으므로 이 구절이 누구의 〈羅浮山記〉에서 인용된 것인지는 알 수가 없다.〔역자〕

24) 薺 : 냉이〔薺菜〕이다. 줄기랄 것이 없어 잎들이 옆으로 벌어져 땅위를 덮고 있는 식물이다. 혹은 납가새이다.〔역자〕

25) 戴暠(고) : 梁나라 때 사람이다.〔王利器〕

26) 長安樹如薺 : 戴暠의 〈度關山詩〉에 "지금 關山에 올라 바라보자니 長安의 수목이 냉이 같구나.〔長安樹如薺〕"라는 구절이 있다.〔盧文弨〕

27) 夸毗 : ≪爾雅≫ 〈釋訓〉에 "夸毗란 몸을 굽실거린다는 뜻이다."라고 하였으니, 생각건대 '우쭐거리며 거만하다.〔矜誕〕'와는 뜻이 상반된 말이다.〔趙曦明〕

28) 富有春秋 : ≪後漢書≫ 〈樂恢傳〉에 "상소를 올려 간언 드리기를 '폐하께서는 누리실 춘추가 창창하오시니〔富有春秋〕 대업을 계승하실 것입니다.' 하였다."라는 구절의 주석에 "春秋란 해〔年〕를 일컫는 말이다. 나이가 젊어서 〈누릴〉 해가 아직 많다고 말한 것이므로 창창하다〔富〕고 일컬은 것이다."라고 하였다. 생각건대 '나이가 많다〔高年〕'와는 뜻이 상반된다."〔趙曦明〕

이야기를 나누고 글을 지음에 옛적의 사례를 인용하려면 반드시 직접 눈으로 보고 배워야 할 것이니 귀로 전해들은 얘기를 믿어서는 안 된다.

江南의 항간에서는 士大夫들이 간혹 학문을 하지 않고서, 천박함을 부끄럽게 여겨 길에서 듣고 길에서 흘린 말로 억지로 낱말을 꾸미기를 일삼아, '저당 잡힌다〔徵質〕'는 말을 '周나라와 鄭나라〔周鄭〕'라고 부르고, '霍亂'을 가리켜 '博陸'이라고 말하며, '荊州'로 올라가면서 꼭 〈그곳을〉 '陝西'라고 부르고, 揚都로 내려가면서는 모두가 '海郡'에 간다고 하며, 밥 먹는 것은 '입에 풀칠한다〔餬口〕'고 말하고, 돈은 '孔方'이라고 하며, 移住를 물으면 '楚丘'라 하고, 혼인을 말하면서 '宴爾'라고 하며, 王氏를 말할 적엔 仲宣을 일컫지 않는 때가 없고, 劉氏를 말할 적엔 公幹을 칭하지 않는 때가 없다.

모두 1, 2백 건을, 서로 옮기고 본받아 따라하되 캐물어보면 그 유래된 본뜻을 알지도 못하니, 이를 사용함에 번번이 그 적절한 쓰임새를 잃고야 만다.

莊子에게 "때를 타고 까치가 날아오른다."는 말이 있으므로, 謝朓는 그의 詩에서 "까치가 치솟아 姑蘇臺로 오른다."고 한 것인데, 내 친척 가운데 한 사람은 〈七夕〉詩를 지으며 "오늘밤은 姑蘇臺 까치도, 銀河를 메우러 같이 가겠다."고 하였다.

≪羅浮山記≫에 이르기를 "평평한 지상을 바라보자니 수목이 냉이〔薺〕 같다."고 하였으므로, 戴暠는 詩에다 "長安의 수목이 냉이〔薺〕 같구나."라고 읊었는데, 다시 鄴下의 어떤 사람은 〈詠樹〉 詩에 이르기를 "멀리 長安의 냉이〔薺〕가 바라보이는구나."라고 하였다.

또 언젠가는 "우쭐거리며 거만하다〔矜誕〕"고 말해야 할 것을 "몸을 굽실거린다〔夸毗〕"고 말해버리거나, "연세가 높으시다〔高年〕"고 일러드려야 할 것을 "앞으로 누리실 해가 창창하시다〔富有春秋〕"라고 이르는 이도 보았거니와, 모두가 귀로 전해듣고서만 배우다 생긴 과오이다.

20. 文字學의 중요성

夫文字者, 墳籍[1)]根本。世之學徒, 多不曉字：讀五經者, 是徐邈[2)]而非許愼[3)]；習賦誦者, 信褚詮[4)]而忽呂忱[5)]；明≪史記≫者, 專徐[6)]、鄒[7)]而廢篆籒(주)[8)]；學≪漢書≫者, 悅應[9)]、蘇[10)]而略≪蒼≫[11)]、≪雅≫[12)]。不知書音是其枝葉, 小學乃其宗系[13)]。至見服虔[14)]、張揖[15)]音義則貴之, 得≪通俗≫[16)]、≪廣雅≫而不屑[17)]。一手之中, 向背如此, 況異代各人乎!

1) 墳籍 : ≪文選≫에 실린 應休璉의 〈與從弟君苗君胄書〉에 보이는 "고대 전적〔墳籍〕에 몰두해서 정통하고서야 입신양명도 그제서 가능한 일이다."라는 구절의 呂延濟의 주석에 의하면 "墳籍이란 三墳五典〔典墳〕을 가리킨다."고 하였다.〔王利器〕
   古代典籍, 典墳〔三墳五典〕, 혹은 갖가지 書籍이다.〔역자〕

2) 徐邈 : ≪晉書≫ 〈儒林傳〉에 "徐邈은 東莞郡 姑幕縣 사람으로 永嘉의 난에 京口(揚州의 丹陽郡 丹徒縣에 속한 지역으로, 南朝가 建鄴으로 천도한 이후의 이름)로 옮겼다. 徐邈은 태도와 성품이 단아하고 박학다식하여 孝武帝가 儒學之士를 초빙할 때

謝安이 그를 천거하여 발탁되었다. 44세에 처음 中書舍人이 되었으며 中書省에서 황제를 모셨다. 章節과 句讀를 외우는 대신 文理를 해설하고 핵심을 밝혀 ≪五經音訓≫을 편찬하였으므로 學者들이 그를 원조로 삼았다."고 하였다.〔趙曦明〕

3) 許愼 : 東漢의 경학가 겸 문자학가로 部首에 의거하여 漢字를 수록한 최초의 字典 ≪說文解字≫를 지었다. 이 책은 漢代의 和帝 永元 10년(100)에 시작하여 安帝 建光 元年(121)에 이르러 완성되었으며, 자형에 근거하여 540개의 부수를 세우고, 〈敍言〉 1편과 함께 모두 15편에 도합 9,353자를 분류하면서 모든 표제자는 小篆체를 채용하여 표기해놓았다. 현대에 이르기까지 ≪玉篇≫류의 한자사전은 모두 이 책의 체재를 따른 것이며 六書에 입각하여 그가 분석한 造字 원리는 지금도 여전히 한자를 분석하는 기준이 되고 있다.〔역자〕

4) 褚詮 : ≪漢書≫ 〈揚雄傳〉에 실린 諸賦의 주석에는 때로 諸詮之의 설명이 인용되어 있고 宋祁 역시 때로 諸詮之를 인용하고 있으며 ≪經典釋文≫에서도 諸詮之를 인용하고 있으나, 諸와 褚는 字가 다르므로 이 사람이 누구인지 아직 알지 못하겠다.〔趙曦明〕

≪隋書≫ 〈經籍志〉에 "≪百賦音≫ 10권은 (劉)宋의 御史 褚詮之의 편찬이다."라고 하였다.〔王利器〕

5) 呂忱 : ≪隋書≫ 〈經籍志〉에 "≪字林≫ 7卷은 晉代의 弦縣令 呂忱의 편찬이다."라고 하였다.〔趙曦明〕

唐代 封演의 ≪聞見記≫에 "晉代에 呂忱이 편찬한 ≪字林≫ 7卷 역시 540부수를 세웠으나 모두 12,824자를 수록하고 있다."고 하였다. ≪字林≫도 ≪說文解字≫를 모방하여 지은 것이되 ≪說文解字≫보다 3천여 자가 많아진 것이다.〔역자〕

6) 徐 : ≪隋書≫ 〈經籍志〉에 "宋의 中散大夫 徐廣은 ≪史記音義≫ 12卷을 편찬하였다."고 하였다.〔趙曦明〕

周法高本에는 '徐'가 '皮'로 되어 있다. 周法高는 이에 대해 吳承仕의 견해를 인용하여 '皮, 鄒'의 '皮'가 누구인지 알 수가 없다고 하였으며, 본서 제17 〈書證〉篇에서도 "裴駰, 徐廣, 鄒誕生이 모두 '悉'자로 '廸'을 音讀하고 있다."고 하여 '徐, 鄒'를 나란히 들고 '皮'는 '裴', 혹은 '徐'자의 오자일 것으로 여기고 있다. 본문에서는 王利器本이 呂祖謙(宋)의 ≪少儀外傳≫ 上에 근거하여 고친 바를 따른 것이다.〔역자〕

7) 鄒 : 鄒誕生을 가리킨다. ≪隋書≫ 〈經籍志〉에 "≪史記音≫ 3卷은 梁의 輕車錄事參軍 鄒誕生의 편찬이다."라고 하였다.〔역자〕

8) 篆籒(주) : 許愼은 ≪說文解字≫ 〈敍言〉에서 대개 말하기를 "黃帝가 처음 글자를 쓰기 시작할 때는 대개 사물에 근거하여 그 형상을 본떴다. 周 宣王의 〈太史 籒가 지은〉 ≪大篆≫ 50篇에 이르자, 古文과는 더러 달라져 있었다. 그 뒤 〈전국시대에는〉

七國 사이에서 말하는 소리도 다르고 쓰는 글자모양도 달라져 있으므로 秦이 天下를 병탄하자 丞相 李斯가 이것을 통일시키도록 건의하였다. 李斯는 ≪蒼頡篇≫을 짓고, 中車府令 趙高는 ≪爰歷篇≫을 지었으며, 太史令 胡毋敬은 ≪博學篇≫을 지은바, 이들은 모두 太史 籀의 大篆에서 취하되 더러는 자못 살펴가며 고쳤으니 이른바 小篆이라는 것이다. 이 무렵 업무가 번잡해지면서 비로소 隸書가 생겨 획이 간략해지더니 古文은 이로부터 단절되었다."고 하였다.〔趙曦明〕

小篆과 史籀(大篆)를 가리킨다.〔역자〕

9) 應 : ≪隋書≫ 〈經籍志〉에 "≪漢書集解音義≫ 24卷은 應劭의 편찬이다."라고 하였다.〔趙曦明〕

應劭(約153~196)를 가리킨다. 字가 仲遠, 혹은 仲瑗으로, 汝南郡 南頓縣 사람이다. 東漢의 學者로 泰山郡太守를 맡았으며, 나중에 袁紹에게 귀의하였다. 그의 저서로는 ≪漢官儀≫와 ≪風俗通義≫ 등이 현존하며, ≪風俗通義≫에는 泰山 관련 史料가 풍부하다.〔역자〕

10) 蘇 : ≪漢書≫ 〈敍例〉에 "蘇林은 字가 孝友로 陳留郡 外黃縣 사람이다. 魏나라 때 給事中의 지위에 있었으며, 黃初 연간에 博士로 옮겨졌다가 安成亭侯로 봉해졌다."고 하였다.〔趙曦明〕

蘇林(220년 前後 생존)을 가리킨다. 漢末, 魏初 간의 학자이다. 고금의 字義를 꿰뚫고 있어서 諸書의 傳文 가운데 의심스러운 것이 있으면 그가 모두 訓釋하였다.〔역자〕

11) 蒼 : ≪隋書≫ 〈經籍志〉에 "≪三蒼≫ 3卷은 郭璞이 주석하였다."고 하였다. 秦의 승상 李斯는 ≪蒼頡篇≫을 짓고, 漢의 揚雄은 ≪訓纂篇≫을 지었으며, 後漢의 郎中 賈魴은 ≪滂喜篇≫을 지었으므로, 이들을 ≪三蒼≫이라 한 것이다.〔趙曦明〕

12) 雅 : ≪廣雅≫ 3卷은 魏나라 때 博士 張揖이 편찬한 것이며, ≪小爾雅≫ 1卷은 孔鮒가 편찬한 것에 李軌가 略解를 가한 것이다.〔趙曦明〕

趙曦明에 따르면, 二雅는 ≪廣雅≫와 ≪小爾雅≫를 가리킨다.〔역자〕

13) 宗系 : 主體, 根本, 혹은 宗族의 世系이다.〔역자〕

14) 服虔 : ≪後漢書≫ 〈儒林傳〉에 "服虔은 字가 子愼으로 河南 滎陽 사람이다. 文論을 잘 지어 ≪春秋左氏傳解≫를 지었다."고 하였다.〔趙曦明〕

15) 張揖 : 앞의 '雅'의 주석 참조.〔역자〕

16) 通俗 : ≪通俗文≫을 가리킨다. ≪隋書≫ 〈經籍志〉에 "≪通俗文≫ 1卷은 服虔이 편찬하였다."고 하였다.〔趙曦明〕

17) 不屑 : 달갑게 여기지 않다. 돌아볼 가치도 없다. 극단적으로 경시하다.〔역자〕

무릇 文字라 하는 것은 갖가지 고대 전적의 근본이다. 세상의 배우는 무리들은 대부분 문자에 밝지 못하여, 五經을 읽는 사람들은 徐邈을 옳다 여길 뿐 許愼을 그르다 하며, 賦를 익히고 암송하는 사람들은 褚詮之는 신임하되 呂忱은 홀대하며, ≪史記≫를 밝히는 사람들은 徐廣과 鄒誕生〈의 독음풀이〉에만 전념할 뿐 小篆과 史籒〔大篆〕는 뒷전으로 돌려버리며, ≪漢書≫를 배우는 사람들은 應劭와 蘇林〈의 訓釋〉만 반가워할 뿐 ≪三蒼≫과 二雅는 건너뛰어 버린다. 글자의 讀音이란 文字學의 枝葉에 불과한 것이며, 小學이야말로 文字學의 根幹임을 알지 못한 것이다.

服虔이나 張揖의 音義〈풀이〉를 보게 되면 이를 귀하게 여기지만, 〈服虔이 쓴〉 ≪通俗文≫이나 〈張揖이 쓴〉 ≪廣雅≫는 얻어도 이를 돌아보지도 않는다. 한 사람의 손에서 쓰인 것에서도 지향하거나 배척함이 이와 같거늘, 하물며 시대를 달리하는 다른 사람들에게서랴!

21. 잘못된 文字 사용

夫學者貴能博聞也。郡國山川, 官位姓族, 衣服飮食, 器皿制度, 皆欲根尋, 得其原本, 至於文字, 忽不經懷[1], 己身姓名, 或多乖舛, 縱得不誤, 亦未知所由。近世有人爲子制名：兄弟皆山傍立字, 而有名峙(치)[2]者；兄弟皆手傍立字, 而有名機[3]者；兄弟皆水傍立字, 而有名凝[4]者。名儒碩學, 此例甚多。若有知吾鍾之不調[5], 一何[6]可笑?

1) 經懷 : 조심하다. 유의하다. 마음에 두다.〔역자〕

2) 峙(치) : 宋本에는 '峙'가 '歭'로 되어 있다. 段玉裁에 의하면 "≪說文解字≫에는 '歭(머뭇거릴 치)'는 있으나 '峙(우뚝솟을 치)'자는 없는데도 후세 사람들은 모두 '止' 부수의 글자를 매번 '山' 부수로 쓰는 이들이 많았다. '岐(기)'자는 원래 '山' 부수로 쓰는데 또 '路岐(기)'라고 할 때의 '岐'는 '山' 부수를 '止' 부수로 고쳐 '歧'로 쓰니, 이는 곧 또 '山'이 바뀌어 '止'가 된 것이다. 顔之推의 의도는 '山'을 좇아 쓴 '峙'자는 규범에 맞지 않는 글자이므로 이것으로 이름을 지어 불러서는 안 됨을 지적한 것이다."라고 하였다.〔趙曦明〕

3) 機 : 龔道耕에 의하면 "宋本에서 손수변〔扌〕이라고 한 말은 맞는 말이다. 顔之推 당시에 속자의 서사습관으로 '機'는 '機'라고 쓰였을 것이나 '機'자는 원래 '手'자 부수가

아닌 점은 위의 '峙'자와 같은 현상이다.〔周法高〕

4) 凝 : 段玉裁에 의하면 "이 글자〔凝〕 역시 顔之推 당시의 속자이다. '凝'은 본디 '冫' 부수의 글자이다. 그러므로 顔之推는 이 글자〔凝〕가 규범에 맞지 않는다고 한 것이다. 지금 본문의 正文에 여전히 正體字 '凝'자만 올려놓았으니 다시 顔之推의 의도를 놓칠까 싶다."고 하였다.〔趙曦明〕

宋本 이하 諸本의 본문의 正文에는 다 '凝'으로 쓰여 있으나, 다만 盧文弨의 '抱經堂本'에서는 이를 '凝'이라고 고쳐 쓰고 있다.〔王利器〕

5) 若有知吾鍾之不調 : 沈揆에 의하면, ≪淮南子≫ 〈脩務〉篇에서는 "옛적에 晉의 平公이 관리에게 종을 만들게 하였다. 종이 완성되자 師曠에게 보여주었더니 師曠이 말하기를 '종소리가 조화롭지 않습니다.' 하므로, 平公이 '寡人이 장인들에게 보여주었더니 장인들은 모두 조화롭다고 여기는데 그대는 조화롭지 않다고 여기니 어찌된 일이오?' 하자, 師曠이 말하였다. '만약 후세에 소리를 알아들을 이가 없으면 그뿐입니다만 만약 소리를 알아듣는 이가 있기만 하다면 반드시 종소리가 조화롭지 못한 줄을 알 테지요.'"라고 하였다. 본문 가운데 쓰인 '吾'자는 아마 마땅히 '晉'자로 쓰였어야 했을 것이다.〔趙曦明〕

6) 一何 : ≪古詩十九首≫에 "소리의 울림이 하나같이 얼마나〔一何〕 슬픈가?"라고 하였다.〔王利器〕

'하나같이 얼마나'의 뜻이다. '一'는 '하나같이'로 강조의 뜻이다.〔역자〕

무릇 학자는 見聞을 넓힐 수 있는 능력을 귀하게 여긴다. 그래서 지역이나 산천이며, 관직이나 씨족이며, 의복이나 음식이며, 기물이나 제도 등 모든 방면에서 그 내력을 탐구하여 그 근본을 캐내고자 하지만 文字에 대해서는 소홀히 다루며 주의를 기울이지 않아서, 제 자신의 성씨나 이름까지도 더러 잘못 쓰는 이가 많으며 설령 잘못 쓰지는 않는다 하더라도 여전히 그것의 유래를 모르고는 한다.

근래 들어 〈아비 된〉 어떤 사람들이 자식을 위하여 이름을 지으면서 형제들이 모두 '뫼산변〔山〕'으로 이름자를 쓰는데 '峙'자로 이름을 짓는 이도 있고, 형제들이 모두 '손수변〔扌〕'으로 이름자를 쓰는데 '機'자로 이름을 짓는 이도 있으며, 형제들이 모두 '물수변〔氵〕'으로 이름자를 쓰는데 '凝'자로 이름을 짓는 이도 있다. 저명한 유학자와 석학들도 이러한 예가 몹시 많다. 자기 자신 〈이름자〉의 종소리 〈곧, 뜻과 소리〉가 조화롭지 못함을 알게 된 〈자식 된〉 이가 있다고 한다면 〈그 아비가〉 얼마나 가소롭겠는가?

22. 地名 考證 - 獵閭와 亢仇

吾嘗從齊主[1)]幸幷州[2)], 自井陘關入上艾縣[3)], 東數十里, 有獵閭村, 後百官受馬糧在晉陽東百餘里亢仇城側。竝不識二所本是何地, 博求古今, 皆未能曉。及檢≪字林≫、≪韻集≫[4)], 乃知獵閭是舊鑞(엽)餘聚[5)], 亢仇舊是𩕹𨩲(만구)亭[6)], 悉屬上艾。時太原 王劭[7)]欲撰鄕邑記注, 因此二名聞之, 大喜。

1) 齊主 : 곧 北齊의 文宣帝 高洋(550~559년 재위)을 가리킨다. 高洋은 字가 子進으로, 南北朝 時期 北齊의 開國皇帝로 10년간 재위하였으니, 그는 東魏의 權臣 高歡(北齊 神武皇帝)의 次子이다. 아래 '幸幷州'의 주석 참조.〔역자〕

2) 幸幷州 : ≪隋書≫ 〈地理志〉에 "太原郡은 北齊의 幷州이다."라고 하였다. 생각건대, ≪北齊書≫ 〈文宣帝紀〉에 "天保 9년 6월 乙丑日, 황제가 晉陽으로부터 北方으로 巡行을 떠나 己巳日에 祁連池에 이르렀다가 戊寅日에 晉陽으로 돌아왔다."고 하였고, 다시 ≪北齊書≫ 〈顔之推傳〉에 "天保 연간 말년에 天池로 수행해 갔다."고 하였던바, 天池란 곧 祁連池이니, 북방 異族들이 天을 祁連이라 하였기 때문이다. ≪顔氏家訓≫에서 말한 것은 곧 이때의 일이다.〔趙曦明〕

3) 自井陘關入上艾縣 : ≪漢書≫ 〈地理志〉에 "常山郡 石邑에는 井陘山이 서쪽으로 놓여 있으며, 太原郡에는 上艾縣이 있다."고 하였다.〔趙曦明〕

4) 字林韻集 : ≪字林≫은 본편의 20장 '呂忱'의 주석에 보인다. ≪韻集≫은 ≪隋書≫ 〈經籍志〉에 "≪韻集≫은 10卷이나 6卷本도 있으며, 晉代의 安復令 呂靜의 편찬이다."라고 하였다.〔趙曦明〕

5) 聚 : ≪說文解字≫에 "村落〔邑落〕을 '聚'라 한다."고 하였다.〔趙曦明〕

6) 𩕹𨩲(만구)亭 : ≪廣韻≫ 二十六桓韻에 "𩕹은 𩕹𨩲이니 亭子의 이름으로, 上女縣에 있다."고 하였으니, 이는 당연히 ≪字林≫과 ≪韻集≫에 근거한 것인바 '上女'는 곧 '上艾'의 오기일 것이다.〔王利器〕

7) 王劭 : ≪隋書≫ 〈王劭傳〉에 "王劭는 字가 君懋로 太原郡 晉陽 사람이다. 아버지는 松年으로 北齊의 通直散騎侍郎을 지냈다. 王劭는 젊어서부터 말이 없고 책읽기만 좋아하여 弱冠의 나이로 北齊의 尙書僕射 魏收에게 불려가 開府軍事로 발탁되었다가 승진 끝에 太子舍人 겸 待詔文林館이 되었다. 때마침 祖孝徵과 魏收, 陽休之 등이 일찍이 옛일을 토론하다 잊은 것이 있는데 책을 살펴도 못 찾자 王劭를 불러 물었더니 출전을 두루 얘기하며 책을 펴 검증해 보이는데 하나도 틀린 데가 없었다. 이때부터 당시 사람들에게 크게 인정받았고 博物君子로 일컬어졌다."고 하였다.〔王利器〕

내가 언젠가 幷州로 행차하던 北齊의 文宣帝를 수행하느라 井陘關으로부터 들어가 上艾縣으로 올라가자니, 그 동쪽으로 수십 리 떨어진 곳에 獵閭村이 있었고, 나중에 百官들이 晉陽 동쪽 백여 리에 떨어져 있던 亢仇城 옆에서 말먹이를 보급받았다. 이 두 곳이 본래 어떤 땅인지 아무도 알지 못하여 古今을 통해 널리 〈유래를〉 찾아보았으나 모두들 알 수가 없었다.

마침내 ≪字林≫과 ≪韻集≫을 검토해보고 그제야 獵閭는 옛적의 𦅻餘聚였으며, 亢仇는 옛적의 䅥䣘亭으로 모두 上艾縣에 속한다는 사실을 알게 되었다. 때마침 太原의 王劭가 ≪鄕邑記注≫를 편찬하고자 하였으므로 이 두 지방의 이름을 그에게 들려주었더니 크게 기뻐하였다.

23. 文字 考證 - 蚘

吾初讀≪莊子≫"蚘(회)二首[1)]", ≪韓非子≫曰 : "蟲有蚘者, 一身兩口, 爭食相齕(흘), 遂相殺也。" 茫然不識此字何音, 逢人輒問, 了無解者。案≪爾雅≫諸書, 蠶蛹名蚘[2)], 又非二首兩口貪害之物。後見≪古今字詁≫[3)], 此亦古之虺(훼)字[4)], 積年凝滯, 豁然霧解。

1) 蚘(회)二首 : ≪一切經音義≫ 46에 인용된 ≪莊子≫에 의하면 '虺(훼)二首'로도 쓰였으니, '蚘(회)'와 '虺(훼)'는 서로 古今에 달리 쓰인 글자일 뿐이다.〔王利器〕
2) 蠶蛹名蚘 : "蚘란 번데기〔蛹〕이다."라는 말은 ≪爾雅≫ 〈釋蟲〉篇의 글이다.〔趙曦明〕
3) 古今字詁 : ≪隋書≫ 〈經籍志〉에 "≪古今字詁≫ 3卷은 張揖이 지었다."고 하였다.〔趙曦明〕
4) 此亦古之虺(훼)字 : 郝懿行에 의하면 "≪大戴禮記≫ 〈虞戴德〉篇에는 '옛적 殷商의 老彭과 著名한 무당 仲傀(괴)'라고 하였는데, '仲傀'는 '仲虺'로도 쓰이므로 '傀'는 곧 '蚘'를 잘못 옮겨 쓴 것이므로, 顔之推의 주장을 증명할 수가 있다."고 하였다.〔周法高〕

≪楚辭≫ 〈招魂〉에 보이는 "독사 雄虺는 대가리가 아홉 개이다."라는 구절의 王逸 주석에 의하면 "몸뚱이는 하나인데 머리는 아홉이다."라고 하였으니 머리가 아홉〔九頭〕이란 말은 그것이 많음을 극언한 것으로, 대가리가 하나가 아님을 말한 것일 뿐이니, 그렇다면 이 역시 살무사가 몸뚱이가 하나인데 대가리가 많다는 것이니, 선조들로부터 이러한 전설은 이어져 온 것이다.〔王利器〕

殷商의 저명한 무당 '仲傀'는 '仲虺'로도 쓰이며, 이는 다시 그 독음이 비슷하기 때문에 '雄虺'로 바뀌어 쓰기도 한 것이다. 귀신을 쫓는 무당에서 귀신을 잡아먹는 독사, 혹은 범으로 바뀌어, 곧 〈招魂〉에 등장한 거대한 독사의 이름이 된 것이다. 漢·魏를 지나면서부터 唐에 이르기까지 '雄虺'는 독음이 다시 바뀌어 요괴를 물리치는 영웅 '鍾馗(규)'로 쓰이게 되니, 顔之推는 이처럼 유구한 신화, 전설의 근원을 다룬 것이다.〔역자〕

내가 처음 ≪莊子≫에서 "蜿라는 짐승은 대가리가 둘이다.〔蜿二首〕"라는 구절을 읽었는데, ≪韓非子≫에서도 "짐승 중에 蜿라는 것이 있는데 몸뚱이는 하나에 주둥이가 둘이어서 먹을 것을 두고 다투다가 서로 깨물어서 마침내 서로 죽여버리고 만다."고 하였다. 이 글자가 어떤 음으로 읽히는지 아득히 알지 못하겠으므로 사람을 만날 때마다 번번이 물어보아도 전혀 아는 사람이 없었다.

≪爾雅≫ 같은 여러 서적을 살펴보건대 누에번데기〔蠶蛹〕를 蜿라고 불렀다고는 하나, 이들은 또 두 개의 대가리나 두 개의 주둥이가 있어 탐욕을 부리다 〈자신을〉 해칠 짐승이 아니었다. 나중에 ≪古今字詁≫를 보자니 이 글자는 바로 '살무사 虺'자의 古字였다. 몇 년 동안 쌓였던 응어리가 안개 걷히듯 환히 풀려버렸다.

24. 地名의 유래 - 洦

嘗遊趙州[1]，見柏人[2]城北有一小水，土人亦不知名。後讀城西門徐整[3]碑云："洦(백)流東指[4]。"衆皆不識。吾案≪說文≫，此字古魄字也[5]，洦，淺水貌。此水漢來本無名矣，直以淺貌目[6]之，或當卽以洦爲名乎！

1) 嘗遊趙州：≪北齊書≫ 〈顔之推傳〉에 "北齊 武成帝의 河淸 末年에 趙州의 功曹參軍으로 천거되었다."고 하였으니, 趙州를 유람한 것은 당연히 이때의 일이다.〔王利器〕
2) 柏人：≪漢書≫ 〈高帝紀〉에 "돌아오며 趙나라를 지나자 趙나라의 재상 貫高 등은 高祖가 예의를 갖추지 않은 것을 수치스럽게 여겨 趙王과 음모를 꾸며 高祖를 시해하려 하였다. 高祖가 묵으려다가 마음이 움직여 묻기를 '이곳 縣의 이름이 무엇이냐?' 하자 '柏人입니다.' 하므로, 高祖가 말하기를 '柏人이라면 남에게 핍박을 당하겠구나.〔迫於人〕' 하고는 떠나버리고 머물지 않았다."고 하였던 곳이 바로 이곳이다.〔趙曦明〕
3) 徐整：字가 文操로, 豫章郡 사람이니, 三國 시기 吳나라의 太常卿을 지냈다.〔王利器〕

4) 指 : 향하다.〔역자〕
5) 此字古魄字也 : 段玉裁에 의하면 "'泊은 옛적의 魄자이다.'라는 말은 ≪說文解字≫에는 보이지 않는 말이므로, 顔之推의 말에 따라 정정하자면 ≪說文解字≫에서 '泊은 古文에 쓰이던 泊자이다.'라는 문장이 누락되었으며, 顔之推가 쓴 '魄'자 역시 오자일 것이니, 이는 '泊'이라고 쓰였어야 옳았다."라고 하였다.〔趙曦明〕
6) 目 : 일컫다.〔역자〕

언젠가 趙州를 유람하다가 柏人城의 북쪽에 흐르는 작은 강 하나를 보았는데, 그곳의 토착민들조차 그 이름을 알지 못하였다. 나중에 城의 西門에 있던 徐整의 碑를 읽자니 "泊이 흘러 동으로 향한다."라고 하였는데, 사람들이 다 〈이 구절의 뜻을〉 알지 못하였다. 내가 ≪說文解字≫를 살펴보건대, 이 '泊'이라는 글자는 옛적의 '魄'자이고, 泊이란 물이 얕은 모양이라고 풀이되어 있었다. 이 강이 漢나라 이후 본래 이름이 없어서 그저 그 얕게 흐르는 모양을 두고 강을 일컬었거나 혹은 바로 '泊'을 이름으로 삼았을 것이다.

25. 語彙 考證 - 勿勿

世中書翰, 多稱勿勿[1), 相承如此, 不知所由, 或有妄言此忽忽之殘缺耳。案≪說文≫ : "勿者, 州里所建之旗也, 象其柄及三斿之形, 所以趣民事[2), 故悤(총)遽[3) 者稱爲勿勿[4)。"

1) 勿勿 : 郝懿行에 의하면 "지금 항간에서 '勿勿'을 '匆匆'이라 쓰는 것은 더욱 경솔하기 그지없는 일이다."라고 하였다.〔王利器〕
2) 趣民事 : ≪說文解字≫ 勿部의 원문에는 '事'자가 없으므로 부연된 자이며, 史容이 주석한 ≪山谷外集詩注≫에는 '趣'가 '促'으로 되어 있다.〔王利器〕
3) 悤(총)遽 : ≪說文解字≫ 勿部의 원문에는 '悤'자가 없다.〔王利器〕
다급하다는 뜻이다. '勿勿'과 뜻이 같다. 나중에는 항간에서 '忽忽', '匆匆'으로 쓰기도 한다.〔역자〕
4) 稱爲勿勿 : ≪說文解字≫ 勿部의 원문에는 '爲'자가 없다.〔역자〕

세간에서는 편지에다 곧잘 '勿勿'이라고 일컫고는 하는데, 서로 본받아 이와 같이 쓰면서도 그 유래는 알지를 못한다. 더러는 터무니없게도 이것이 '忽忽'과 같은 자인데 획을 갖추지 않았을 뿐이라고 말하는 이들도 있다. ≪說文解字≫를 살펴보건대 "勿이란 향촌에서 세우는 旗로, 깃대의 자루와 깃발의 세 가닥 술을 상징한 字形이니, 이것으로 백성들의 일을 재촉했던 까닭에, 다급하면 '勿勿'이라고 일컬은 것이다."라고 하였다.

26. 方言 考證 - 豆逼

吾在益州[1], 與數人同坐, 初晴日晃(황)[2], 見地上小光, 問左右: "此是何物?" 有一蜀豎[3]就視, 答云: "是豆逼[4]耳。" 相顧愕然[5], 不知所謂。命取將[6]來, 乃小豆也。窮訪蜀士, 呼粒爲逼, 時莫之解。吾云: "≪三蒼≫、≪說文≫, 此字白下爲匕(비)[7], 皆訓粒, ≪通俗文≫音方力反。" 衆皆歡悟。

1) 益州 : 杜佑(唐)의 ≪通典≫에 "益州는 '成都'와 '蜀' 2개 縣을 다스린다."고 하였다.〔趙曦明〕
2) 晃(황) : 햇빛. 번쩍하다. 밝다. 환히 비추다.〔역자〕
3) 豎 : ≪廣韻≫에 "豎란 아직 성인이 되지 않은 어린 종이다."라고 하였다.〔盧文弨〕
4) 豆逼 : ≪說文繫傳≫ 10에 '皀(벽)'자 아래에 인용하기를 '蜀 지방의 아이는 콩의 낟알을 豆皀이라고 한다.'고 하였으니, 이는 대개 이 절의 아래 글을 요약해서 말한 것이다. ≪廣韻≫ 二十一麥韻에 "䨮(벽)은 콩 가운데 작고 딱딱한 것이니 ≪新字林≫에 나오는 자이며 독음이 '벽(博厄切)'이다."라고 하는바, 독음과 뜻이 이 〈'皀'자와〉 비슷하다. 지금도 四川에서는 여전히 豆䨮이라는 말을 쓴다. 魏濬의 ≪方言據≫ 下에 "小豆는 豆逼이라고 불린다. ≪顔氏家訓≫에서도 이를 말하고 있는데, 지금의 항간에서는 '豆婢'라고도 하며, 더 나아가 '豆奴'라고도 말한다."고 하였다.〔王利器〕
5) 愕然 : 깜짝 놀라다. 아연실색하다.〔역자〕
6) 將 : 劉淇의 ≪助字辨略≫ 2에 "이 將자는 지금은 方言에서 어조사〔助詞〕로 많이 쓰고 있으며, 〈輕聲으로 읽어〉 得이라고 말한 것과 같다."고 하였다.〔王利器〕
   의미가 없는 助詞이다.〔역자〕
7) 白下爲匕(비) : 곧 皀(벽)자이다. ≪說文解字≫에 "皀(벽)은 곡식 가운데서도 그 향기가 먼 데까지 풍기는 것이다. 五穀이 보자기에 싸인 모양을 형상화한 字形이니 '匕'는 곡식을 뜨는〔扱〕 기구이다. 혹은 낟알 하나의 뜻이라고도 하며, 독음이 '香'과 같이 읽힐 때도 있다."라고 하였다. 徐鍇의 ≪說文繫傳≫에 "扱이란 '뜨다〔載〕'의 뜻이며 '白'은 곡식을 형상화한 것이다. '오디새 鵖(겁)'자도 이 皀자를 구성소로 쓴 글자

이다."라고 하였다. 朱翱는 이 '皀'자의 독음을 '핍〔皮及切〕'이라고 하였다.〔盧文弨〕

내가 益州에 있으면서 여러 사람들과 함께 앉아 있을 때 하늘이 막 개이고 햇빛이 환하게 비치자 땅위에서 빛나는 작은 것들이 보이기에 좌우에 있던 사람들에게 묻기를 "이것이 대체 무엇이냐?"고 하였다. 蜀縣의 아이 종 하나가 가서 보고는 대답하기를 "이것은 豆逼입니다."라고 하였다. 서로들 돌아보며 놀랄 뿐 〈아이 종이〉 무엇을 말하는지 알지를 못하므로, 〈내가〉 그것을 가져와보라고 시켰더니 바로 알이 작은 콩이었다.

蜀 지방의 선비에게 〈'逼'이 무엇을 가리키는지〉 자세히 물었더니 '낟알〔粒〕'을 '逼'이라고 부른다는 것이었으나 당시 아무도 이를 이해하지 못하였다. 내가 일러주기를 "≪三蒼≫과 ≪說文解字≫에는 이 글자를 '白'자 밑에 '匕'자로 써서 〈'皀(벽)'이라고 되어 있는데〉 모두 그 뜻을 '낟알〔粒〕'이라고 풀이하고 있지요. ≪通俗文≫에서는 그 독음이 '벽(方力反)'이라고 소개하고 있소이다."라고 하니, 모든 사람들이 다들 〈'皀'자를 그곳 사람들이 사투리로 '逼'이라고 말한 것인 줄을〉 즐겁게 깨달았다.

27. 鶡새의 眞僞

愍楚[1]友壻[2]竇如同從河州[3]來, 得一青鳥, 馴養愛翫, 擧俗[4]呼之爲鶡(할)。吾曰:"鶡出上黨[5], 數(삭)曾見之, 色並黃黑, 無駁雜也。故陳思王[6]≪鶡賦≫云:'揚玄黃之勁羽。'" 試檢≪說文≫:"鴭(개)雀似鶡[7]而青, 出羌中。" ≪韻集≫音介, 此疑頓釋。

1) 愍楚 : 顔之推는 아들이 모두 셋으로 長子가 思魯이고, 次子가 愍楚이며, 셋째는 游秦이다. 愍楚는 開皇 연간에 內史通事舍人이 되었으며, 游秦은 隋나라 때 典校秘閣을 지냈고, 唐나라 武德 6년(623)에는 마침내 廉州刺史를 제수받았다. 일찍이 ≪漢書決疑≫ 12卷을 지어 나중에 顔師古가 그 취지를 많이 이어받았다.〔역자〕

2) 友壻 : ≪釋名≫에 "두 동서간에는 서로 亞라고 부르며 동서〔友壻〕라고도 부른다. 서로 벗으로 가까이 여김을 말한 것이다."라고 하였다.〔趙曦明〕

3) 河州 : 杜佑의 ≪通典≫에 "河州는 옛날 西羌의 땅이다. 秦, 漢, 蜀 때의 隴西郡이며, 前秦의 世祖 宣昭皇帝 苻堅(338~385)이 河州를 설치하자, 北魏 때도 역시 河州라

고 하였다."라고 하였다.〔趙曦明〕

4) 擧俗 : 온 세상, 세간의 뜻이다.〔역자〕

5) 上黨 : ≪漢書≫ 〈地理志〉에 "上黨郡은 秦나라 때 설치하여 幷州에 속해 있었으며, 上黨關이 그곳에 있었다."라고 하였다. 생각건대, 北魏 때에는 上黨郡에서 壺關을 다스렸으니, 지금의 山西省 長治縣의 동남쪽에 있었다.〔趙曦明〕

6) 陳思王 : ≪魏志≫ 〈陳思王傳〉에 "曹植은 字가 子建이니, 魏나라 曹丕는 太和 6년에 曹植을 陳王에 봉하였다."라고 하였다.〈鶡賦〉는 그의 文集 ≪曹子建集≫ 속에 있다."〔盧文弨〕

7) 鳻(개)雀似鶡 : 段玉裁에 의하면 "≪漢書≫ 〈黃霸傳〉의 '鶡雀'을 顔師古는 '鳻雀'이라고 여겼다. 금본 ≪漢書≫ 注에는 '鳻(반)雀'으로 잘못되어 있기도 하였으니, 일찍이 宋祁가 徐鍇本 ≪說文解字≫에 근거하여 이를 밝힌 바 있다."고 하였다.〔趙曦明〕

〈둘째 아들〉 愍楚의 동서 竇如同이 河州에서 오면서 푸른빛이 나는 새 한 마리를 얻어 길들여 기르며 애지중지하였는데, 모든 사람들이 그 새를 '鶡새'라고 불렀다. 내가 이르기를 "鶡새는 上黨郡에서 산출되며 여러 차례에 걸쳐 벌써 본 적이 있는데, 빛깔이 황색과 흑색을 아울렀지만 딴 색은 섞여 있지 않다. 그래서 陳思王 曹植은 〈鶡賦〉에서 '검누런 날개로 세차게 날아오른다.'고 이 새를 노래하였다."고 하였다.

≪說文解字≫를 한번 검토해보았더니 "鳻雀은 鶡새같이 생겼으나 청색이며 羌땅에서 산출된다."고 하며, ≪韻集≫에서는 그 독음이 '介'로 읽힌다고 하였다. 〈그가 아끼던 새는 '鶡새'가 아니라 '鳻雀'이었으므로〉 이에 대한 의문이 불현듯 풀려버렸다.

28. 無知가 빚은 誤謬

梁世有蔡朗者諱純, 旣不涉學, 遂呼蓴(순)[1)]爲露葵[2)]。面牆[3)]之徒, 遞相[4)]倣效。承聖[5)]中, 遣一士大夫聘齊, 齊主客郎李恕問梁使曰:"江南有露葵否?" 答曰:"露葵是蓴, 水鄕所出。卿今食者綠葵菜耳。" 李亦學問, 但不測彼之深淺, 乍聞無以覈究[6)]。

1) 蓴(순) : 蓴菜이다. 수련과에 딸린 다년생 초본 식물로, '水葵'와 같은 뜻이다.〔역자〕

2) 露葵 : 아욱〔露葵〕은 사람들이 정원에 심던 것이다. 古詩에는 "짓푸른 정원의 아욱

〔葵〕들, 아침 이슬은 햇빛 받아 마르고."라고 하였으며, 潘岳의 〈閒居賦〉에는 "푸른 아욱〔葵〕 이슬을 머금었네."라고 하였으며, 唐나라 王維의 詩 〈積雨輞川莊作〉에서는 "소나무 아래 맑은 精舍에서 아욱〔露葵〕을 꺾는다."고 하였으니, 이것이 水中에서 자라는 순채〔蓴〕가 아님은 너무 분명하다.〔趙曦明〕

3) 面牆 : ≪論語≫ 〈陽貨〉篇에 "사람이 되어 〈周南〉과 〈召南〉을 익히지 않는다면, 마치 담벼락을 향해 선 것과 같으리!"라고 하였다.〔역자〕

4) 遞相 : '서로, 너도나도, 번갈아'의 뜻이다.〔역자〕

5) 承聖 : 梁나라 元帝(552~554)의 연호이다.〔趙曦明〕

6) 覈究 : 진상을 규명하다. 조사하여 추궁하다. 밝혀내다.〔역자〕

梁나라 때에 蔡朗이라는 사람이 있어 '純'이라는 〈아버지의〉 이름자를 避諱하였는데, 진작에 제대로 배우지를 못하여 마침내 '蓴菜'를 '露葵'라고 불렀다. 그러자 무식한 사람들이 서로 이를 본받아 말하였다.

承聖 연간에 사대부 한 명을 사신으로 보내어 北齊를 방문케 하였는데, 北齊의 主客郎 李恕가 梁나라 사신에게 묻기를 "강남에 露葵가 있는지요?"라고 하므로, 대답하기를 "露葵는 순채〔蓴〕이니 물가에 있는 마을에서 납니다. 당신이 지금 드시고 계신 것은 푸른 아욱〔綠葵菜〕일 따름이지요."라고 하였다. 李恕도 학문을 갖춘 사람이나 다만 상대방의 깊이를 가늠할 수 없어, 문득 이 말을 듣고 사실을 따져 묻지 못하였다.

29. 音韻 知識 - 靈

思魯[1)]等姨夫彭城 劉靈, 嘗與吾坐, 諸子侍焉。吾問儒行、敏行曰 : "凡字與諮議[2)]名同音者, 其數多少, 能盡識乎?" 答曰 : "未之究也, 請導示之。" 吾曰 : "凡如此例, 不預硏檢, 忽見不識, 誤以問人, 反爲無賴所欺, 不容易也。" 因爲說之, 得五十許字[3)]。諸劉歎曰 : "不意乃爾[4)]!" 若遂不知, 亦爲異事。

1) 思魯 : 顔之推의 長子. 자세한 내용은 본서 제4 〈後娶〉篇 4 주 1) 참조.〔역자〕

2) 諮議 : ≪隋書≫ 〈百官志〉에 "황제의 아우와 황제의 아들의 府에는 諮議參軍을 두었다."고 하였다.〔盧文弨〕

여기서는 아마 顔之推가 여러 劉씨의 일족들 앞이어서 劉靈의 이름을 직접 부르기

가 불편하므로 그의 관직을 불렀을 것이다.〔王利器〕

3) 五十許字 : 劉盼遂에 의하면 "敦煌寫本 ≪切韻≫ 下平 十六靑韻의 靈紐의 글자는 모두 28자인데, ≪廣韻≫ 下平 十五靑韻의 靈紐의 글자는 모두 87자이며, ≪集韻≫ 下平 十五靑韻의 靈紐의 글자는 모두 165자이니, 顔之推가 참여하여 편수한 ≪切韻≫에 수록된 글자가 顔之推가 얘기한 것보다 그 글자 수가 적어진 것은 이상하다."라고 하였다.〔周法高〕

4) 乃爾 : 이와 같다.〔역자〕

思魯 등의 이모부인 彭城의 劉靈이 일찍이 나와 함께 앉아 있었는데 여러 아들들이 모시고 있었다. 내가 儒行과 敏行에게 묻기를 "무릇 너희 부친 諮議參軍의 이름자〔靈〕와 讀音이 같은 글자들을 대개 헤아린다면 얼마나 될지 다 알 수가 있겠느냐?"고 하자, 대답하기를 "아직 깊이 생각해본 적이 없습니다. 가르쳐주십시오."라고 하였다.

내가 일러주기를 "대개 이와 같은 예들은 미리 연구하고 검토해두지 않으면, 갑자기 보게 되어 알지 못할 뿐 아니라 행여 남들에게 잘못 물었다가는 도리어 막돼먹은 사람들에게 속게 될 터이니 쉽게 다룰 일이 아닐 것이다."라고 하였다. 그리고 그들을 위해 얘기해주며 50여 字를 예로 들었다. 劉氏 가족이 감탄하며 말하기를 "이와 같이 많을 줄은 생각지도 못했습니다!"라고 하였다. 만약 끝내 알지 못하였더라면 그 또한 이상한 일이었을 것이다.

30. 校定의 어려움

校定書籍, 亦何容易? 自揚雄[1)]、劉向[2)], 方稱此職[3)]耳。觀天下書未徧, 不得妄下雌黃[4)]。或彼以爲非, 此以爲是, 或本同末異; 或兩文皆欠, 不可偏信一隅也。

1) 揚雄 : ≪漢書≫ 〈揚雄傳〉에 "揚雄은 字가 子雲으로 蜀郡 成都 사람이다. 젊어서 학문을 좋아하고 널리 읽어보지 못한 책이 없더니 天祿閣에서 서적을 교정하였다."고 하였다.〔盧文弨〕

2) 劉向 : ≪漢書≫ 〈藝文志〉에 "成帝 때에 서적이 자못 亡失되어 있자 謁者 陳農으로 하여금 천하에 남겨진 책을 구하게 하고, 光祿大夫 劉向에게 조칙을 내려 經傳과 諸子 및 詩賦를 교정하게 하니, 한 권이 끝날 때마다 劉向이 매번 그 편목을 정리하고

그 책의 취지를 요약한 다음 이를 기록하고 아뢰었다."라고 하였다.〔盧文弨〕

3) 稱此職 : 稱職은 수준이나 능력이 맡은 직무를 감당할 수가 있다는 뜻이다.〔역자〕

4) 下雌黃 : 雌黃칠을 하다. 곧 雌黃으로 서적을 교정하거나 방점을 찍는다는 뜻이다.〔역자〕

書籍을 校定하는 것 역시 어찌 쉬운 일이겠는가? 揚雄과 劉向으로부터 비로소 이런 일을 감당할 수 있었을 따름이다. 천하의 책을 살펴보되 아직 두루 섭렵하지 못하였다면 함부로 雌黃칠을 해서는 안 될 것이다. 혹 저쪽에서 그르다 한 것이 이쪽에서 옳다고 여겨지기도 하고, 혹 근본의 내용은 같으면서 그 지엽적인 표현만 달라지기도 하고, 혹 양쪽의 글이 모두 다 결함을 갖기도 하니 편벽되이 한쪽 측면만을 믿어서는 안 될 것이다.

제9편 文章 문학

여기서의 '文章'은 '文學'과 同義語로 보아도 좋다. 문학에 대한 顔之推 자신의 견해를 밝히면서, 문학 방면에서 후손들에게 당부하고 싶은 여러 가지 사항들을 제시하였다.

먼저 顔之推의 文學觀은 모든 형식의 문장이 儒家 경전인 五經에 그 원류를 두고 있다는 이른바 宗經論을 바탕으로 하여, 문학의 예술적 가치보다는 실용적인 가치와 도덕 수양의 도구적 가치를 중시하는 입장에 있다고 할 수 있다. 아울러 역대 작가들의 구체적인 사례를 통해 작가들은 경박한 행동에 빠지기 쉬운 경향〔文人輕薄論〕이 있다고 하면서, 그 중요한 원인 중의 하나가 창작과정의 특성에 있다고 보았다. 아울러 문학적 재능의 선천적인 측면을 강조하며 天才論을 주장하였고, 또 修辭에 치우치는 당시의 경향을 비판하며 내용과 형식의 조화를 강조한 文質竝重論의 입장에 섰다.

家訓이라는 한계로 말미암아 顔之推의 문학론이 ≪文心雕龍≫ 같은 체계적인 문학 이론서는 못 되지만, 沈約의 三易論을 소개하고 문학을 경시한 揚雄을 비판하였으며, 用事 문제 같은 창작상의 주의할 점을 제시하고, 구체적인 작품에 대한 평까지 시도하였다는 점에서, 中國文學批評史上 소홀히 할 수 없는 자료적 가치를 지니는 부분이다.

1. 文學의 根源과 경박한 文人들

夫文章者, 原出≪五經≫[1]：詔命策檄[2], 生於≪書≫者也；序述論議[3], 生於≪易≫者也；歌詠賦頌[4], 生於≪詩≫者也；祭祀哀誄(뢰)[5], 生於≪禮≫者也；書奏箴銘[6], 生於≪春秋≫者也。朝廷憲章, 軍旅誓誥[7], 敷顯仁義, 發明功德, 牧民[8]建國, 施用多途。至於陶冶性靈[9], 從容諷諫[10], 入其滋味[11], 亦樂事也, 行有餘力[12], 則可習之。然而自古文人, 多陷輕薄[13]：屈原露才揚己, 顯暴君過[14]；宋玉體貌容冶[15], 見遇俳優；東方曼倩(천), 滑稽不雅[16]；司馬長卿, 竊貲無操[17]；王褒過章僮約[18]；揚雄德敗美新[19]；李陵降辱夷虜[20]；劉歆(흠)反

覆莽世[21]；傅毅黨附權門[22]；班固盜竊父史[23]；趙元叔抗竦(송)過度[24]；馮敬通浮華擯壓[25]；馬季長佞媚獲誚[26]；蔡伯喈(개)同惡受誅[27]；吳質詆忤鄉里[28]；曹植悖慢犯法[29]；杜篤乞假無厭[30]；路粹隘狹已甚[31]；陳琳實號麤疎；繁(파)欽性無檢格[32]；劉楨屈强輸作[33]；王粲率躁見嫌[34]；孔融、禰(녜)衡, 誕傲致殞[35]；楊修、丁廙(이), 扇動取斃[36]；阮籍無禮敗俗[37]；嵇康凌物凶終[38]；傅玄忿鬭免官[39]；孫楚矜誇凌上[40]；陸機犯順履險[41]；潘岳乾沒取危[42]；顏延年負氣摧黜[43]；謝靈運空疎亂紀[44]；王元長凶賊自貽[45]；謝玄暉侮慢見及[46]。凡此諸人，皆其翹(교)秀[47]者，不能悉紀，大較如此。至於帝王，亦或未免。自昔天子而有才華者, 唯漢武、魏太祖・文帝・明帝・宋孝武帝, 皆負世議[48]，非懿德之君也。自子游、子夏[49]、荀況[50]、孟軻、枚乘[51]、賈誼[52]、蘇武[53]、張衡[54]、左思[55]之儔，有盛名而免過患者，時復聞之，但其損敗居多耳[56]。每嘗思之, 原其所積, 文章之體, 標擧興會[57], 發引性靈, 使人矜伐, 故忽於持操, 果於進取。今世文士, 此患彌切, 一事愜當, 一句清巧[58], 神厲九霄, 志凌千載[59]，自吟自賞，不覺更有傍人。加以砂礫所傷，慘於矛戟，諷刺之禍，速乎風塵[60]。深宜防慮，以保元吉[61]。

1) 原出五經 : ≪文心雕龍≫ 〈宗經〉에서 "論, 說, 辭, 序의 문장은 ≪易經≫이 그 첫머리의 큰 줄기가 되었고, 詔, 策, 章, 奏는 ≪書經≫이 그 근원을 열었으며, 賦, 頌, 詞, 讚은 ≪詩經≫이 그 근본을 세웠고, 銘, 誄, 箴, 祝은 ≪禮記≫가 그 실마리를 이끌었고, 記, 傳, 盟, 檄은 ≪春秋≫가 그 뿌리가 되었다."라 하였다. 이 역시 문장의 근원이 五經에 있다는 당시의 견해이다.〔王利器〕

2) 詔命策檄 : ≪文心雕龍≫ 〈詔策〉에서 "命이란 시킨다는 뜻이다. 秦나라가 천하를 병탄하고서 命을 制로 바꾸었다. 漢代 초에 의식의 규칙을 정하면서 命에 네 단계가 있게 되었는데, 첫 번째가 策書, 두 번째가 制書, 세 번째가 詔書, 네 번째가 戒敕이었다. 敕은 州郡을 경계하고, 詔는 百官을 훈계하며, 制는 사면령을 시행하고, 策은 王侯를 封한다. 策은 대쪽이란 뜻이고 制는 마른다는 뜻이며, 詔는 알린다는 뜻이고 敕은 바로잡는다는 뜻이다."라 하였다.〔王利器〕

3) 序述論議 : ≪文心雕龍≫ 〈論說〉에서 "그러므로 議는 말이 타당하고, 說은 말이 즐거우며, 傳은 스승의 말씀을 돌려 서술하고, 注는 풀이를 위주로 하며, 贊은 뜻을 밝히

고, 評은 공평하게 다스리며, 序는 일의 순서를 잡고, 引은 말을 이어 끌어나가는데, 이 여덟 가지는 이름은 달라도 모두 論을 근본으로 한다. 論이란 여러 가지 말들을 두루 꿰어서 하나의 이치를 정묘하게 연구해내는 것이다."라 하였다. 또 〈頌讚〉에서는 "司馬遷의 ≪史記≫와 班固의 ≪漢書≫에 이르러서는, 讚을 빌어 褒貶을 하고 간략한 글로 전체를 요약해 기록했으며, 頌의 형식으로 글을 논하였고, 또 〈本紀〉와 〈列傳〉 뒤에 평을 하면서 여기에도 讚이라는 명칭을 썼다. 그런데 摯虞(지우)의 ≪文章流別論≫에서는 잘못해서 述이라고 했으니, 크게 잘못된 것이다."라 하였다.〔王利器〕

4) 歌詠賦頌 : ≪尙書≫ 〈舜典〉에서 "詩는 뜻을 말한 것이고, 歌는 말을 길게 늘인 것이다."라 하였다. ≪文心雕龍≫ 〈明詩〉에서는 "사람은 태어나면서 뜻을 갖게 되고, 이것을 노래가 담는다."라 했다. ≪說文解字≫ 欠部에서 "歌는 노래한다는 뜻이다."라 했다. 徐鍇(개)의 ≪繫傳≫에서 "歌란 그 소리를 길게 끌어서 읊는 것이다."라 했다. ≪玉篇≫ 言部에서는 "詠은 길게 말하는 것이요, 歌이다."라 했다.

≪文心雕龍≫ 〈詮賦〉에서 "賦란 펼친다는 뜻으로, 무늬를 펼쳐 글을 지어서 사물을 구체화하고 뜻을 써내는 것이다."라고 했다. 또 〈頌讚〉에서 "頌은 형용한다는 뜻으로 성덕을 찬미하여 드러난 모습을 서술한 것이다."라 했다.〔王利器〕

5) 祭祀哀誄(뢰) : ≪文選≫의 분류에 祭文이 있다. 祀는 郊廟祭祀의 樂歌이다. ≪文心雕龍≫ 〈哀弔〉에서 "공표된 諡法에 의하면 일찍 죽는 것을 哀라고 한다. 哀란 아쉽고 그립다는 뜻으로, 슬픔이란 사실 아쉬운 마음이므로 哀라고 한다."라 했다. 또 〈誄碑〉에서는 "誄란 포개어 쌓는다는 뜻으로, 그 덕행을 포개어 쌓아 드러내어 불후하게 하는 것이다."라 하였다.〔王利器〕

6) 書奏箴銘 : ≪文心雕龍≫ 〈書記〉에서 "書란 펼친다는 뜻으로, 그 말을 펼쳐 깔아서 그것을 簡牘에 늘어놓는 것인데, ≪周易≫ 夬(쾌)卦에서 象을 취하여 분명하게 결단함을 중시한다."라 하였다. 또 〈奏啓〉에서 "奏란 올린다는 뜻으로, 말은 아래에서 펼쳐지고 마음은 위로 올라간다."라 하였다. 또 〈銘箴〉에서 "銘은 이름이란 뜻으로, 그릇을 살펴 반드시 바르게 이름을 붙이고, 용도를 따짐에 있어 훌륭한 덕을 중시한다."라 하였다. 또 "箴은 針이란 뜻으로, 질병을 치료하고 우환을 예방하기 위한 것으로, 예를 들면 鍼石 같은 것이다."라고 하였다.〔王利器〕

7) 軍旅誓誥 : ≪禮記≫ 〈曲禮 下〉에서 "약속을 誓라 한다."라 하였다. ≪尙書≫ 〈甘誓〉의 ≪正義≫에서 "馬融이 말하기를 '軍旅를 誓라 하고, 會同을 誥라 한다.'라 하였으니, 誥와 誓는 모두 號令의 글로 뜻이 약간 다를 뿐이다."라 했다.〔王利器〕

8) 牧民 : 백성을 다스리다. 治民과 같다. ≪管子≫에 〈牧民〉篇이 있다.〔王利器〕

9) 陶冶性靈 : ≪漢書≫ 〈董仲舒傳〉에서 "도야하여 그것을 이룬다."라 한 것에 대하여 顔師古는 "陶로써 기와 만드는 것에 비유하였고, 冶로써 쇠를 불려 만드는 것에 비유하

였으니, 하늘이 사람을 만든 것도 이와 비슷한 데가 있다는 말이다."라 하였다.

≪文心雕龍≫ 〈原道〉에서 "性靈이 모인 것, 이를 일컬어 三才라 한다."라 했고, ≪詩品≫ 上에서는 "〈詠懷〉 詩는 性靈을 빚어서 깊은 思念을 끄집어낸 것이다."라 하였다. 〔王利器〕

10) 從容諷諫 : ≪白虎通≫ 〈諫諍〉에서 "諷諫은 지혜이다."라 했고, 孔子도 "諫에는 다섯 가지가 있는데, 나는 諷諫을 좇는다."라고 했다.〔盧文弨〕

11) 滋味 : 滋味란 즐겨 배우는 것을 비유한 것이다. 滋는 草木 중의 맛있는 것으로, ≪禮記≫ 〈檀弓 上〉에 曾子의 말씀으로 나오는데, 기록한 자는 생강과 계피를 가리켜 말한 것으로 보았다.〔盧文弨〕

≪詩品≫의 〈序〉에서 "五言詩는 글 중 핵심에 위치한 것으로, 모든 작품들 중 滋味가 있는 것이다."라 하였다. 杜甫의 시 〈九月一日過孟十二倉曹十四主簿兄弟〉에서는 "淸談에서 재미를 본다.〔淸談見滋味〕"라 하였다.〔王利器〕

12) 行有餘力 : ≪論語≫ 〈學而〉에서 "행하고 남은 힘이 있으면〔行有餘力〕 그것으로 글을 배운다."라 하였다.〔王利器〕

13) 自古文人 多陷輕薄 : 魏・晉 이래로 문인들의 좋지 못한 행실에 대한 지적은 아주 많았다. ≪文選≫에 수록된 魏 文帝의 〈與吳質書〉에서는 "고금의 문인들을 살펴보면 대체로 자잘한 행실에 구애받지 않아서, 명예와 절개로 스스로 설 수 있었던 이가 드물었다."라 하였다.

≪三國志≫ 〈魏書 王粲傳〉의 注에서는 韋誕의 말을 인용하여 "仲宣은 뚱뚱하고 고집이 센 약점이 있고, 休伯은 도무지 스스로를 단속하는 법이 없으며, 元瑜는 몸이 약한 병폐가 있고, 孔璋은 참으로 거칠고 소홀하며, 文蔚은 성격이 상당히 사납습니다. 이처럼 그들이 하는 짓이, 단지 호롱불로 자기 죽이나 쑤고 있을 뿐만 아니라 고답하게 살지도 못하는 것은, 아마도 그 연유가 있을 것입니다. 하지만 君子는 한 사람에게 모든 것을 갖출 것을 요구하지는 않으므로, 붉은 옻칠에 비유하자면 비록 근본이 되는 뼈대는 없다 하더라도 그 광택은 또한 장관일 것입니다."라 하였다.

≪文心雕龍≫ 〈程器〉에서는 "문인들의 흠결을 대략 살펴보자면, 司馬相如는 아내를 훔치고 황금을 받았으며, 揚雄은 술을 좋아하여 가계에 적자가 났고, 馮衍은 청렴과 지조를 좇지 못하였고, 杜篤은 끊임없이 청탁을 했고, 班固는 竇憲에게 아첨하여 세도를 부렸으니, 이러한 것들이 모두 문인들의 결점이다."라 하였다.

≪魏書≫ 〈文苑 溫子昇傳〉에서는 "楊遵彦은 〈文德論〉을 지어, 고금의 문인들이 다들 재주를 믿고 올바른 행실을 저버리고, 경박하게 굴고 음험하게 남을 미워한다고 보았다. 오직 邢子才, 王元美, 溫子昇만이 내면과 외면이 잘 어울려 훌륭한 덕의 바탕을 지니고 있었다."라 하였다. 顔之推의 논점은 諸家와 대체로 같지만, 상호 참고

할 만하다.〔王利器〕

14) 屈原露才揚己 顯暴君過 : ≪史記≫ 〈屈原傳〉에서 "屈原은 이름이 平이고 楚 왕실과 同姓이었다. 懷王의 左徒로서 왕이 그를 깊이 신임했다. 上官大夫가 그와 同列이었는데, 총애를 다투어 마음으로 그의 능력을 시기해 왕에게 참소를 하자, 왕이 노하여 屈平을 멀리하였다. 屈平은 왕이 남의 말을 들음에 있어 총명하지 못하고, 참소와 아첨이 밝음을 가리며 간사하고 굽은 것이 공정함을 해치는 것이 미워서, 근심하고 걱정하며 깊이 생각한 끝에 〈離騷〉를 지었다."라 하였다. 내 생각에 三閭大夫 屈原은 순수한 신하였으므로 顔之推의 견해는 옳지 않다.〔趙曦明〕

15) 宋玉體貌容冶 : 宋玉의 〈登徒子好色賦〉에서 "대부인 登徒子가 楚王을 모시면서 宋玉의 단점을 지적하여 말하기를 '宋玉은 용모가 곱상하고 은미한 말을 잘하며 천성이 호색하니, 왕께서는 그를 후궁에 출입시키지 마십시오.'라고 하였다. 왕이 登徒子의 말을 가지고 宋玉에게 물어봄에 宋玉이 이러이러하다고 대답을 하자, 楚王은 훌륭하다고 칭찬하였고 宋玉은 끝내 물러나지 않았다."라 하였다.〔趙曦明〕

≪史記≫ 〈屈原傳〉에서 "屈原이 죽은 후 楚나라에는 宋玉, 唐勒, 景差 등이 있었는데, 모두가 글을 좋아하여 문장으로 칭송을 받았으나, 모두 屈原의 얌전한 글만 계승하였지 끝내 直諫하는 이는 없었다."라 하였다.〔盧文弨〕

宋玉의 〈諷賦〉 序에서 "宋玉은 몸이 아름다웠다.〔身體容冶〕"라고 한 것이 이 글의 근거가 되었다.〔王利器〕

16) 東方曼倩(천) 滑稽不雅 : 東方朔은 字가 曼倩이고 平原 厭次 사람이다. 自薦으로 武帝에게 발탁되어 待詔公車에 임명되었다가, 재치 있는 滑稽로 총애를 받아 常侍郎이 되었고 한때는 太中大夫에 오르기도 했다. ≪史記≫ 〈滑稽列傳〉과 ≪漢書≫에 그의 傳이 있다.〔역자〕

≪漢書≫ 〈嚴助傳〉에서는 "東方朔과 枚皐의 滑稽는 지론에 근거한 것은 아니었으며, 주상께서도 상당 부분 광대로서 그들을 길렀다."라고 하였다.〔盧文弨〕

≪漢書≫의 東方朔 本傳의 贊에서 "숨는 것에 의지해 세상을 즐기고, 시대를 속이며 영합하지 않았으니, 그는 골계의 으뜸이로다!"라 하였다.〔王利器〕

17) 司馬長卿 竊貲無操 : 司馬相如는 字가 長卿으로 蜀郡 成都 사람이다. 西漢의 대표적인 辭賦 작가다. 辭賦 작가로서 유명해지기 전에 가난하였던 司馬相如는 臨邛의 부자 卓王孫의 딸 文君이 과부가 된 것을 알고서, 그 지역의 현령 王吉과 작당하여 그녀를 유혹하여 卓王孫으로부터 재산을 나누어 받아 부자가 되었다. ≪史記≫와 ≪漢書≫에 실린 그의 傳에 상세한 이야기가 나온다.〔역자〕

≪漢書≫ 〈揚雄傳〉에서 "司馬相如는 卓氏에게서 재물을 훔쳤다."라 하였다.〔李詳〕

18) 王褒過章僮約 : 王褒에게 〈僮約〉 1篇이 있는데, 여기서 과부 楊惠의 집에 갔다고

했다. '〈僮約〉에 잘못이 드러났다.'라고 한 것은 아래의 '揚雄이 도리에 어긋나게 新나라를 찬미했다.〔揚雄德敗美新〕'라고 한 구절과 對句를 이룬다. '約'자는 '妁'자와 흡사하여, 여러 판본에서 '過章童妁'로 잘못 써놓았다.〔沈揆〕 ≪漢書≫에서 "王褒는 字가 子淵이고 蜀 사람이며, 宣帝 때에 諫議大夫가 되었다."라 하였다.〔錢馥〕

〈僮約〉은 ≪古文苑≫ 17에 나오는데, 노동하는 백성들을 모욕한 글이다. ≪南齊書≫ 〈文學傳論〉에서 "王褒의 〈僮約〉은 ……滑稽의 일종이다."라 하였다. ≪太公家教≫에서 "강한 바람이 불고 폭우가 내려도, 寡婦 집 문에는 들어가지 않는다."라 하였다. 王褒가 스스로 과부 楊惠의 집에 갔다고 하였으므로, 顔之推가 그것을 일러 '과실이 드러났다.〔過章〕'라고 하였던 것이다.〔王利器〕

19) 揚雄德敗美新 : ≪文選≫에 수록된 揚雄의 〈劇秦美新〉에 대한 李善의 注에서 "王莽이 漢나라를 찬탈하였을 때, 揚雄은 나아가서는 창을 밀치고 궁정계단에 올라 직언으로 항의하지 못하였고, 물러나서도 ≪太玄經≫을 기초하며 마음을 비우고 본성을 온전하게 지켜내지 못하였다. 도리어 재주를 드러내며 총애를 즐겼고 진실을 속이고 녹을 구했으니, 하는 일 없이 녹을 먹었다는 풍자를 무엇으로 덮으랴? 抱朴子는 그를 孔子에 견주었는데 이는 잘못된 것이다."라 하였다.〔趙曦明〕

李善의 注에 인용된 李充의 〈翰林傳論〉에 "揚雄은 秦나라의 횡포함을 비판하고 新나라의 훌륭함을 찬미하였는데, 이는 그 잘잘못을 헤아리고 優劣을 견준다는 뜻이다."라 하였다.〔王利器〕

20) 李陵降辱夷虜 : ≪史記≫ 〈李將軍傳〉에서 "李廣의 아들 當戶에게 유복자가 있었는데 이름은 陵이었고 建章監이 되었다. 天漢 2년 보병 5천 명을 이끌고 居延을 나서서 북쪽으로 갔는데, 單于가 병졸 8만으로 李陵의 군사들을 포위하여 공격하였다. 李陵의 군사들은 화살이 다 떨어지고 죽은 병사가 반을 넘었지만, 병사들을 물리면서도 계속 싸웠다. 居延으로부터 100여 리 되는 곳에 채 도달하기 전에 匈奴가 좁은 길목을 막고서 퇴로를 끊었는데, 식량은 모자라고 구원병은 오지 않으니 적들이 세차게 공격하여 李陵의 항복을 받아내었다. 李陵은 '폐하께 보고 드릴 면목이 없구나.'라고 말하고서 결국 흉노에게 항복하였다. 單于는 딸을 아내로 주었다. 漢나라 측에서 그 소식을 듣고서는 李陵의 모친과 妻子를 다 죽였다. 이 이후로 李氏의 이름은 땅에 떨어졌고, 隴西의 선비로서 그의 門下에 있던 이들도 다들 수치로 여겼다."라 하였다.〔趙曦明〕

21) 劉歆(흠)反覆莽世 : ≪漢書≫ 〈楚元王傳〉에서 "劉向의 막내아들 歆은 字가 子駿이다. 哀帝가 붕어하자 王莽이 정권을 잡았는데, 젊었을 때 劉歆과 함께 黃門郎으로 일한 적이 있어 太后에게 말하여 劉歆을 右曹太沖大夫에 유임시키고 紅休侯에 봉하였다. 建平 元年에 이름을 秀로 바꾸고 字를 穎叔으로 하였다. 王莽이 帝位를 찬탈

하자 國師가 되었다."라 하였다. 〈王莽傳〉에서는 "甄豊, 劉歆, 王舜이 王莽의 심복이 되어 앞장서서 帝位에 오르도록 이끌었는데, 공덕을 칭송하여 높였고 '安漢'이니 '宰衡'이니 하는 호칭이……모두가 그들이 공모한 것이었다. 劉歆은 王莽이 자기 셋째 아들을 죽인 것에 대하여 원망을 품고 있었으므로, 결국 王涉, 董忠 등과 모의하여 반란을 일으키려 하였지만, 孫伋과 陳邯이 밀고를 하자 劉歆과 王涉은 모두 자살을 하고 말았다."라 하였다.〔趙曦明〕

22) 傅毅黨附權門 : ≪後漢書≫ 〈文苑傳〉에서 "傅毅는 字가 武仲이고 扶風 茂陵 사람이다. 점잖기로 조정에서 유명하였는데, 竇憲이 대장군이 되자 傅毅를 司馬로 삼고 班固를 中護軍으로 삼으니, 竇憲 官府의 文章이 당시에 으뜸이 되었다."라 하였다.〔趙曦明〕

23) 班固盜竊父史 : ≪後漢書≫ 〈班彪傳〉에서 "아들 班固는 字가 孟堅이다. 班彪(표)가 이어 쓰고 있던 전대의 역사가 아직 상세하지 못해 그 일을 완수하고자 하였다. 누군가가 글을 올려 班固가 몰래 國史를 고쳐 쓴다고 밀고를 하자 班固를 잡아들여 옥에 가두었다. 郡에서 그가 쓰던 책을 올리자 顯宗 明帝가 이를 아주 기특하게 보시고는, 그를 蘭臺令史에 제수하여 앞서 짓던 책을 끝까지 완성하도록 하였다. 永平 중에 詔書를 받았는데, 고심하고 깊이 생각한 끝에 20여 년 후 建初 중에 비로소 완성되었다."라 하였다. 그렇다면 아버지의 역사를 훔친 것이 아니다.〔趙曦明〕

≪漢書≫ 〈韋賢傳〉의 注에서는 "≪漢書≫ 중의 贊은 모두 班固가 지은 것이지만, 그중 班彪가 먼저 論述한 것이 있을 경우, 後人들에게 밝혔다. 어떤 이는 班固가 부친의 이름을 훔쳤다고 하는데, 이를 살펴보면 그런 것은 아니다."라고 하였다.〔王利器〕

24) 趙元叔抗竦(송)過度 : ≪後漢書≫ 〈文苑傳〉에서 "趙壹은 字가 元叔이고 漢陽 西縣 사람이다. 재주를 믿고 오만하여 鄕黨으로부터 지적을 받았다. 여러 차례 죄를 지어 걸렸지만 구해주는 이가 있어 처벌을 면하였다. 〈窮鳥賦〉를 지었고 또 〈刺世疾邪賦〉를 지어 그의 원망과 분노를 펼쳐내었다. 郡의 計吏에 천거되었는데, 司徒 袁逢을 만나서는 절은 하지 않고 長揖만 하고 말았다. 河南尹 羊陟을 만나려 하였지만 그가 은거하여 만날 수가 없자 통곡을 하였다."라 하였는데, 이것이 이른바 지나치게 빳빳했던 것이다.〔趙曦明〕

抗竦은 남에게 빳빳하게 우뚝 선다는 말이다. ≪廣雅≫ 〈釋詁〉에서는 "竦은 오른다는 뜻이다."라 하였고, ≪文選≫ 〈西京賦〉의 注에서는 "竦은 선다는 뜻이다."라 했다.〔王利器〕

25) 馮敬通浮華擯壓 : ≪後漢書≫ 〈馮衍傳〉에서 "馮衍은 字가 敬通이고 京兆 杜陵 사람이다. 更始 2년 鮑永이 대장군의 사업을 행하며 북방을 안정시켰는데, 馮衍을 漢將軍으로 세워 狼孟을 우두머리로 거느리고 太原에 주둔하였다. 光武帝가 즉위하자 鮑

永과 馮衍은 更始帝가 이미 죽었음을 알아차리고서 이에 병사들을 거두고 河內에서 투항하였다. 光武帝는 鮑永과 馮衍이 늦게 왔음을 원망하였는데, 鮑永은 세운 공적에 따라 임용되었지만 馮衍만은 배척당하였다. 얼마 후 曲陽令이 되어 큰 도적을 베어 食邑에 封해지게 되었으나, 참소가 있어 포상이 행해지지 못했다. 建武 말에 상소를 올려서 〈계책들을〉 직접 진술하였지만 그래도 이전의 과오 때문에 임용되지 못하였다. 明帝가 즉위하자 馮衍의 글이 그 실질을 넘어선다고 흉을 보는 사람들이 많아, 결국 집에 갇혀 살다시피 하다가 죽었다."라 하였다.〔趙曦明〕

26) 馬季長佞媚獲誚 : ≪後漢書≫ 〈馬融傳〉에서 "馬融은 字가 季長이고 扶風 茂陵 사람이다. 재주가 높고 박식하여 당시에 通儒가 되었다. 鄧氏에게 혼이 나고서는 감히 세도가들을 거스르지 못하였으며, 마침내는 梁冀를 위해 李固에게 上奏하는 글을 기초하였고, 또 〈大將軍西第頌〉을 지었는데, 이로 인해 정직한 사람들의 수치가 되었다."라 하였다.〔趙曦明〕

27) 蔡伯喈(개)同惡受誅 : ≪後漢書≫ 〈蔡邕傳〉에서 "蔡邕은 字가 伯喈이고 陳留 圉(어) 사람이다. 董卓이 司徒로 있을 때 高第에 발탁되어 3일 동안 三臺의 관직을 두루 거쳤다. 董卓이 주살될 때 蔡邕은 司徒 王允과 함께 앉아 있었는데, 별 뜻 없이 그에게 말을 하다가 탄식을 하며 낯빛에 동요가 있었다. 王允은 갑자기 그를 꾸짖고서 붙들어 廷尉에게 넘겨 죄를 다스리게 하니, 옥중에서 죽었다."라 하였다.〔趙曦明〕

28) 吳質詆忤鄉里 : ≪魏志≫ 〈王粲傳〉에 "吳質은 濟陰 사람이다."라고 附記되어 있고, 裴松之의 注에서 "吳質은 字가 季重으로, 처음에는 빈한한 집안이었으나 젊어서 貴戚들 사이에서 놀고 고향 사람들과는 함께 어울리지 않았다. 그래서 이미 관직에 나간 후에도 고향에서는 오히려 그에게 선비〔士〕라는 호칭을 주지 않았다."라 하였다.〔趙曦明〕

〈王粲傳〉의 注에 인용된 吳質의 別傳에서 "吳質은 앞서 위세를 믿고서 방자하게 굴어 諡號를 醜侯라 하였는데, 吳質의 아들 應이 상서를 올려 잘못되었음을 논하자 正元 연간에 이르러서 諡號를 威侯로 고쳤다."라 하였다. 여기서 '고향사람들과 어근버근하다.'라고 함은, 그가 위세를 믿고 함부로 굴어 고향사람들의 불만을 샀기 때문이었고, 그래서 선비〔士〕의 이름을 세우지 못했던 것이다.〔王利器〕

29) 曹植悖慢犯法 : ≪魏志≫ 〈陳思王植傳〉에서 "글을 잘 지어 太祖가 특히 총애하였는데, 거의 太子가 될 뻔한 것이 몇 차례나 되었다. 文帝가 즉위하자 曹植은 제후들과 더불어 封地로 나갔다. 黃初 2년 監國謁者 灌均이 〈황제의〉 비위를 맞추려고, 曹植이 술에 취해 행패를 부리며 사자를 겁박했다고 상주했다. 관리가 죄를 다스릴 것을 청하였지만 文帝는 太后를 봐서 安鄕侯로 작위만 낮추고 말았다."라고 하였다. 나머지는 앞에서 이미 나왔다.〔趙曦明〕

30) 杜篤乞假無厭 : ≪後漢書≫ 〈文苑傳〉에서 "杜篤은 字가 季雅이고 京兆 杜陵 사람이다. 박학하였지만 사소한 예절 따위는 지키지 않아 고향 사람들에게 예우받지 못했다. 美陽에 있으면서 현령과 교유하였는데, 〈杜篤이〉 자주 청탁을 하자 함께 어울려 주지를 않으니 현령을 원망하였다. 현령도 괘씸하게 여겨 杜篤을 잡아들여서 서울로 보냈다."라 하였다.〔趙曦明〕

31) 路粹隘狹已甚 : ≪魏志≫ 〈王粲傳〉에서 "潁川의 邯鄲淳과 繁欽, 陳留의 路粹, 沛國의 丁儀와 丁廙, 弘農의 楊修, 河內의 荀緯 등도 문장이 아름다웠지만 7인의 반열에 들지는 못하였다."라 하였고, 裴松之 注에서 ≪典略≫을 인용하여 "路粹는 字가 文蔚로서 陳琳, 阮瑀 등과 함께 記室를 맡았는데, 지시에 따라 孔融의 죄를 조목조목 따졌다. 孔融이 죽은 후 사람들은 路粹가 작성한 것을 보고서, 그의 재능을 대단하게 여기고 그의 글을 두려워하지 않는 이가 없었다. 19년에 이르러 大軍을 따라 關中에 갔다가 천민의 나귀 요구 금지법을 위반한 일에 연루되어 처벌을 받아 죽었다."라 하였다. 魚豢이 말하기를 "文蔚은 성격이 상당히 화를 잘 내고 사나웠다."라 하였다.〔趙曦明〕

32) 陳琳實號麤疏 繁(파)欽性無檢格 : ≪魏志≫ 〈劉楨傳〉의 裴松之 注에서 "繁의 음은 파(婆)이다. ≪典略≫에서 '繁欽은 字가 休伯으로, 문학적 재능과 재치 있는 말솜씨로 젊어서 汝, 潁 지역에서 이름이 났으며, 그가 太子에게 보낸 편지는 요점을 쓰면서 뜻을 전환한 것이 모두 교묘하고 아름다웠다. 丞相의 主簿가 되었다가 죽었다.'라고 했다. 韋仲將은 '陳琳은 사실 본래 거칠고 무식했으며〔實自麤疏〕, 休伯은 일정한 규범이라곤 전혀 없었다.〔都無檢格〕'라고 했다."라 하였다.〔趙曦明〕

檢格은 法式과 같다. ≪北史≫ 〈儒林傳〉에서 "徐遵明은 燕, 趙 지역을 유람하고 張吾貴를 師事하였는데, 몇 달 모시고 받들더니 몰래 친구에게 말하기를 '張氏는 이름은 높지만 의리는 일정한 法式이 없으니, 스승을 바꿉시다.'라고 했다."라 하였다.〔王利器〕

33) 劉楨屈强輸作 : ≪魏志≫ 〈王粲傳〉에서 "東平의 劉楨은 字가 公幹으로, 太祖가 발탁하여 丞相掾으로 삼았는데, 불경죄로 처벌을 받아 관리에 의해 형이 집행되었다."라 하였고, 裴松之의 注에서 ≪典略≫을 인용하여 "太子가 일찍이 여러 文學하는 선비들을 청해놓고 잔치를 벌이다가, 주흥이 무르익을 때 부인 甄(견)氏를 불러내어 인사하게 하자, 좌중의 여러 사람들은 다 엎드렸지만 劉楨만은 빤히 쳐다보았다. 太祖는 그 이야기를 듣고 劉楨을 잡아들여서, 사형은 면하게 하고 징역형에 처하였다."라 하였다.〔趙曦明〕

34) 王粲率躁見嫌 : ≪魏志≫ 〈王粲傳〉에서 "王粲은 字가 仲宣이고 山陽 高平 사람이다. 西京이 혼란에 빠지자 荊州로 가서 劉表에게 의탁하였다. 劉表는 그의 외모가 못생기고 몸이 약하며 예법에 구애받지 않는다고 하여 별로 중시하지 않았다. 太祖가 발

탁하여 丞相掾으로 삼았고, 魏나라가 세워지자 侍中에 임명하였다."라 하였고, 裴松之의 注에서 韋仲將의 말을 인용하여 "仲宣은 살이 찌고 우둔한 단점이 있었다."라 하였다.〔趙曦明〕

≪三國志≫ 〈魏書 杜襲傳〉에서는 "王粲은 성격이 조급하였다."라 하였고, ≪文心雕龍≫ 〈程器〉에서 "仲宣은 경솔하고 조급했다."라고 하였다. 이는 모두 六朝人들이 王粲을 경솔하고 조급했다고 본 증거이다.〔王利器〕

35) 孔融禰(녜)衡 誕傲致殞 : ≪後漢書≫ 〈孔融傳〉에서 "孔融은 曹操의 야심과 간사한 속임수가 점차 드러나는 것을 보고서 점점 견딜 수가 없어져서, 내뱉는 말이 몹시 비딱하고 거스르는 일이 많았다."라 하였다. 〈文苑傳〉에서는 "禰衡은 字가 正平이고 平原 般 사람이다. 젊어서 말재주가 있었고 기질은 강하고 오만하였으며, 時俗을 거스르며 만물에 대해 도도함을 즐겨 오직 孔融하고만 가까웠는데,……禰衡은 평소에 曹操를 경시하였으므로 曹操가 용납할 수가 없어서 결국 劉表에게 보내었다. 뒤에 또 劉表에게 오만하게 굴자 劉表는 창피하고 용납할 수가 없어 그를 江河太守 黃祖에게 보내었다. 黃祖가 성격이 급했기 때문에 禰衡을 그에게 보내었던 것이다. 黃祖가 빈객들을 많이 모아놓고 있었는데 禰衡의 말이 불손하였다. 黃祖가 크게 노하여 매질을 하려고 하자 禰衡이 黃祖에게 크게 욕을 하니, 마침내 그를 죽이라고 명하였다."라 하였다.〔趙曦明〕

36) 楊修丁廙(이) 扇動取斃 : ≪魏志≫ 〈陳思王植傳〉에서 "曹植은 재주가 남다른데다 丁儀, 丁廙, 楊修 등이 그 측근이 되어 거의 太子가 될 뻔했던 일이 몇 차례나 되었다. 文帝가 계략으로 그것을 막아내어 마침내 후계자로 정해졌다. 太祖는 시종 변란을 염려하였는데 楊修가 재주와 책략이 있다고 보아 결국 죄를 물어 楊修를 주살하였다. 文帝가 즉위하자 丁儀와 丁廙, 그리고 그 집안 식구들 중 남자들을 주살했다."라 하였다. 裴松之의 注에서 "丁儀는 字가 正禮이고 沛郡 사람이다. 丁廙는 字가 敬禮이고 丁儀의 동생이다."라 하였다.〔趙曦明〕

〈陳思王植傳〉의 注에 인용된 ≪文士傳≫에서 "丁廙가 일찍이 太祖에게 조용히 말하기를 '臨淄侯 曹植은 天性이 어질고 효성스러운 것이 저절로 나오는 것이요, 聰明과 지혜는 거의 완전에 가까우며 문장은 필적할 사람이 없어, 오늘날 천하의 어질고 재주 있는 군자들이 노소를 불문하고 모두 그와 교유하고 그를 위해 죽기를 바라고 있으니, 실로 하늘이 위대한 魏나라에게 복을 모아주신 것으로서, 무궁한 복을 영원히 받을 것입니다.'라고 하면서, 太祖의 마음을 움직여보려고 하였다."라 하였다.〔王利器〕

37) 阮籍無禮敗俗 : ≪晉書≫ 〈阮籍傳〉에서 "阮籍은 어머니가 돌아가셨을 때 마침 바둑을 두고 있었는데, 상대가 그만두자고 하였지만 阮籍은 그대로 머무르며 그와의 승

부를 끝냈다. 그러고 나서 술 두 말을 마시고 한 차례 소리를 지르더니 피를 몇 되나 토했다. 裴楷가 조문하러 갔더니 阮籍은 머리를 풀어헤치고 두 다리를 뻗고 앉아 술에 취해 그를 똑바로 쳐다보았다."라 하였다. ≪世說新語≫의 劉孝標 注에서는 ≪晉陽秋≫를 인용하여 "何曾은 太祖가 있는 자리에서 阮籍에게 일러 말하기를 '그대는 멋대로 방탕하여 예를 해치고 풍속을 문란하게 하는데, 만약에 고치지 않는다면 王法에 어찌 용납되겠소?'라 하고, 太祖에게는 '마땅히 먼 곳으로 보내어 王道를 깨끗이 해야 합니다.'라 하였다. 太祖가 말하기를 '이 賢人은 병약해서 그런 것이니 그대가 나를 봐서 용서해주구려.'라고 했다."라 하였다.〔趙曦明〕

38) 嵇康淩物凶終 : 본서 제8 〈勉學〉篇 12 주 26) 참조.〔趙曦明〕

39) 傅玄忿鬪免官 : ≪晉書≫ 〈傅玄傳〉에서 "傅玄은 字가 休奕(혁)이고 北地 泥陽 사람이다. 晉 武帝가 선양을 받고서 널리 직언을 받아들였는데, 傅玄과 散騎常侍 皇甫陶가 간언 다루는 일을 함께 맡았다가, 얼마 안 있어 侍中으로 전보되었다. 애초에 傅玄이 皇甫陶를 추천하였는데, 皇甫陶가 들어온 후 傅玄과 일 때문에 마찰이 생기면서 둘이서 시끄럽게 말다툼을 하였다. 관리가 이 일을 상주하자 두 사람은 결국 이 일로 관직을 그만두게 되었다."라 하였다.〔趙曦明〕

40) 孫楚矜誇淩上 : ≪晉書≫ 〈孫楚傳〉에 "孫楚는 字가 子荊이고 太原 中都 사람이다. 재주와 節操가 빼어나고 호쾌함이 남달랐지만, 오만한 데가 있어 고향 마을에서 좋은 소리를 듣지 못했다. 나이 마흔에 비로소 鎭東軍事에 참여하였다가 뒤에 佐著作郎에 전보되었는데, 驃騎將軍 石苞의 일에도 참여하였다. 孫楚는 자신의 才氣에 자부심을 갖고서 石苞를 업신여기고 얕잡아보았는데, 그의 군영에 이르자 바로 長揖을 하고서 '天子께서 나에게 卿의 軍事에 참여하도록 명하셨소.'라고 하였다. 이로 인하여 결국 서로 싫어하여 틈이 벌어지게 되었다."라 하였다.〔趙曦明〕

41) 陸機犯順履險 : ≪晉書≫ 〈陸機傳〉에서 "趙王 司馬倫이 정치에 간여하면서 陸機를 끌어들여 相國參軍으로 삼았다. 司馬倫은 장차 帝位를 찬탈하고자 그를 中書郎으로 삼았다. 司馬倫이 처형되고 나서 帝王 冏(경)은 九錫文과 禪讓하는 詔書를 작성할 때 분명 陸機가 참여했을 것으로 의심하여, 陸機 등 9인을 잡아들여 廷尉에게 넘겼다. 成都王 穎(영)과 吳王 晏이 그를 위해 함께 구명운동을 하여, 사형에서 감형되어 변방으로 귀양 갔다가 다시 사면을 받고 중지되었다. 太安 초에 司馬穎은 河間王 顒(옹)과 더불어 병사를 일으켜 長沙王 乂(예)를 토벌하면서, 陸機를 後將軍河北大都督 서리로 임명하여 鹿苑에서 싸웠는데, 陸機의 군사가 크게 패하였다. 환관 孟玖가 그에게 모반의 뜻이 있다고 무고를 하자 司馬穎이 크게 노하여 牽秀로 하여금 몰래 陸機를 잡아들이게 하였다. 그는 결국 軍中에서 죽임을 당하고 말았다."라 하였다.〔趙曦明〕

42) 潘岳乾沒取危 : ≪晉書≫ 〈潘岳傳〉에서 "潘岳은 字가 安仁이고 滎(형)陽 中牟(모) 사람으로 성격이 경솔하였고 세상의 이익을 좇았다. 그의 어머니가 자주 그를 꾸짖기를 '너는 마땅히 만족할 줄 알아야 하건만, 끊임없이 남의 재물이나 거저 빼앗고〔乾沒〕 있구나!'라고 하였으나, 潘岳은 끝내 고치지 못하였다. 애초에 그의 부친이 琅邪(낭야)內史로 있을 때 孫秀가 小史가 되어 潘岳의 잔심부름을 도왔는데, 潘岳은 그의 사람됨을 싫어하여 몇 차례 때리고 욕을 하였다. 趙王 倫이 정권을 보좌하게 되자 孫秀가 中書令이 되어서, 결국 潘岳과 石崇 등이 淮南王 允과 齊王 冏을 업고서 난을 일으킬 음모를 꾸민다고 모함을 하여 죽이고 삼족을 멸하니, 長幼를 가리지 않고 일시에 해를 당하였다."라 하였다.〔趙曦明〕

≪通雅≫ 5에서 "乾沒은 그냥 沒收한다는 말과 같다. ≪隋書≫ 〈王劭(소)贊〉에서 '거저 먹는 걸로 이익을 꾀한다.〔乾沒營利〕'라 하였고, 宋子京이 지은 〈劉待制墓銘〉에서는 '아전이 연줄을 이용해 거저 먹는다.〔乾沒〕'라 하였다. 乾은 거저 그것을 얻는다는 말과 같고, 沒은 자기가 가진 것을 잃는다는 말과 같다."라 하였다.〔王利器〕

43) 顔延年負氣摧黜 : ≪南史≫ 〈顔延之傳〉에서 "顔延之는 字가 延年이고 琅邪 臨沂(기) 사람이다. 독서에 있어서는 읽지 않은 책이 없었고 문장은 당시 최고였으나, 함부로 허튼소리를 잘해 남들에게 받아들여지지 못했다. 劉湛(담) 등이 그를 원망하여 劉義康에게 말을 해서 永嘉太守로 내보내었다. 顔延之가 불만을 품고서 〈五君詠〉을 지으니, 劉湛이 그 가사의 취지가 불손하다고 하여 멀리 있는 郡으로 쫓아내려고 하자, 文帝가 詔書를 내려서 '마을에서 잘못을 반성하도록 하되, 가령 다시 깨달아 고치지 못한다면 東土로 쫓아보내야 할 것이며, 용서하기 어려운 일이 있으면 직접 일에 따라 기록하도록 하라.'라고 명하였다. 그리하여 집에서만 지내면서 인간사에 간여하지 않은 것이 7년이었다."라 하였다.〔趙曦明〕

44) 謝靈運空疎亂紀 : 謝靈運은 南朝의 대표적인 명문가 출신의 문인으로 山水詩의 새로운 세계를 열었다는 평을 받는다. 세습하여 康樂公에 봉해졌으므로 세상에서 그를 謝康樂이라 불렀다. 東晉을 이어 宋나라가 건국하면서 작위가 강등되고 정치 일선으로부터 밀려나게 되자 늘 울분을 품고 직무를 게을리 하면서 山川을 돌아다니며 방탕한 행동을 보였다. 질서문란과 지나친 일탈을 문책하기 위해 司徒가 사람을 시켜 잡아들이려 하자 군사를 일으켜 반기를 들고 달아났고, 결국 관군에게 토벌되어 사로잡혀 廣州로 유배되었다. 유배지에서도 반란을 꾀하다가 결국 그곳에서 棄市에 처해졌다. ≪南史≫에 그의 傳이 있다.〔역자〕

"謝靈運은 허황하여 실속이 없었고, 顔延之는 속이 좁고 야박했다."라고 한 두 구절은 ≪宋書≫ 〈廬陵王義眞傳〉에 나온다.〔錢大昕〕

45) 王元長凶賊自貽 : ≪南史≫ 〈王弘傳〉에서 "증손인 王融은 字가 元長으로, 문장이

민첩하고 빨라 竟陵王 蕭子良이 특별히 가까이하고 좋아하였다. 武帝가 병이 위독해져 잠시 혼절한 사이에 王融은 군복에 붉은 저고리를 입고 中書省 입구에서 東宮의 경호원들이 들어오지 못하게 막고서, 詔書를 고쳐 蕭子良을 옹립하고자 하였다. 주상이 다시 깨어나 조정의 일을 西昌侯 鸞(난)에게 맡기고서 곧바로 붕어하였다. 王融이 이에 蕭子良의 병사들로써 여러 문의 출입을 금하도록 처분하였다. 西昌侯가 소식을 듣고서 급히 말을 몰아 雲龍門에 이르렀지만 들여보내주지 않자, 밀치고 들어가 太孫을 받들어 大殿에 오르게 하고 蕭子良을 부축하여 나왔다. 鬱林은 王融에게 깊은 원한을 품고 있었는데, 즉위하고 10여 일 후에 잡아들여 廷尉에게 넘겨 옥에 가두고 賜死하였다."라 하였다.〔趙曦明〕

46) 謝玄暉侮慢見及 : ≪南史≫ 〈謝裕傳〉에서 "謝裕의 동생이 謝述이고, 謝述의 손자가 謝朓인데, 그는 字가 玄暉로 배우기를 좋아하고 명망이 있었으며 문장이 淸麗하였다. 王敬則의 반란 음모를 알려 尙書吏部郞에 전보되었다. 東昏侯가 덕망을 잃자 江祏(석)은 江夏王 寶玄을 옹립하려 했다가, 끝에 또 의심이 생겨 마음을 바꾸어 始安王 遙光을 옹립하고자 했다. 遙光도 친지 劉渢을 보내어 謝朓에게 그 뜻을 전하였는데, 謝朓는 자신이 明帝에게 은혜를 받았다고 여기고서 응답을 하지 않았다. 며칠 후 遙光이 謝朓에게 衛尉의 일을 겸하여 맡도록 하자, 謝朓는 말려들까 두려워 바로 江祏 등의 모의를 左興盛에게 알리고 劉暄(훤)에게도 이야기하였다. 劉暄은 놀라는 척하고서는 말을 달려 始安王과 江祏에게 가서 알렸다. 始安王은 謝朓를 東陽郡으로 보내려 하였지만 江祏이 한사코 동의하지 않았다. 앞서 謝朓는 江祏의 사람됨을 얕보았는데, 이때에 이르러 음해를 하여 謝朓를 잡아들여 옥에 가두니, 옥에서 죽었다."라 하였다.〔趙曦明〕

47) 翹(교)秀 : 翹는 높은 모양이고, 翹秀는 빼어난 것들 중에서도 더욱 특별한 것을 말한다.〔盧文弨〕

48) 皆負世議 : 漢나라는 秦나라의 폐단을 딛고 건국하였으나, 禮에 관한 문헌들이 없는 게 많았다. 武帝가 즉위하여 百家들을 축출하고 六經을 표방하며, 학교를 일으키고 郊祀를 보수하고 正朔을 고치고 법률과 역사를 정하고 문장을 제창하니, 그 찬란함이 볼 만하였다. 그런데 공훈을 탐내어 병력을 남용하고 무예를 더럽히다가 巫蠱(무고)의 禍를 초래하였다. 魏나라의 세 임금은 모두 훌륭한 문장력을 갖추었지만 끝내 漢나라의 역적이라는 비난을 면하기 어려웠다. 文帝는 형제간에 박정하였고, 明帝는 토목공사에 사치스러웠다.〔趙曦明〕

宋 世祖 孝武帝 駿은 평소 글쓰기를 좋아하였지만 즉위한 후에는 酒色에 빠져 그의 叔父 義宣의 딸을 殷貴妃로 삼았으므로, 세간의 평판을 아랑곳하지 않았다고 한 것이다. 趙曦明은 晉 武帝로 풀이하였는데, 잘못된 것이다.〔李慈銘〕

49) 子游子夏 : ≪論語≫ 〈先進〉에서 "文學은 子游와 子夏이다."라고 하였다. 子游는 姓이 言이고 이름은 偃이며, 子夏는 姓이 卜이고 이름은 商으로, 모두 孔子의 弟子이다. ≪史記≫ 〈仲尼弟子列傳〉에 상세하게 나온다.〔王利器〕

50) 荀況 : ≪漢書≫ 〈藝文志〉에 "≪孫卿子≫ 33篇이 있다. 이름은 況이고 趙나라 사람으로 齊나라 稷下에서 祭酒가 되었다."라 하였고, 顔師古의 注에서 "본래는 荀卿이라 불렀는데, 宣帝의 諱를 피하여 孫이라 하였다."라 하였다. 지금 남아 있는 책은 32篇이다.〔趙曦明〕

荀卿은 ≪史記≫에 列傳이 있다. ≪漢書≫ 〈藝文志〉에서 33篇이라 한 것은, 아마도 目錄 1卷을 셈하였을 것이다.〔王利器〕

51) 枚乘 : ≪漢書≫ 〈枚乘傳〉에 "枚乘은 字가 叔이고 淮陰 사람이다. 吳王 濞(비)의 郎中이 되었는데, 吳王이 반역을 모의함에 간언을 올렸으나 받아들여지지 않자 떠나서 梁 땅으로 갔다. 梁의 賓客들은 모두들 辭賦를 잘 지었는데, 枚乘이 그중 최고였다. 孝王이 죽자 淮陰으로 돌아갔다. 武帝는 太子 시절부터 枚乘의 명성을 듣고 있었으나 즉위할 무렵에는 年老해서, 安車로 불렀으나 오는 도중에 죽었다."라 하였다.〔趙曦明〕

52) 賈誼 : ≪漢書≫ 〈賈誼傳〉에 "賈誼는 雒陽 사람이다. 詩書를 외우고 글을 잘 지어 郡에서 칭송이 있었다. 文帝가 불러 博士로 삼았으며 고속 승진하여 그해에 太中大夫에까지 올랐고, 나중에는 長沙王과 梁懷王의 太傅가 되었는데, 죽을 때 나이가 서른셋이었다."라 하였다. ≪漢書≫ 〈藝文志 儒家〉에는 "≪賈誼≫ 58편, 또 賦 7편이 있다."라 하였다.〔趙曦明〕

53) 蘇武 : ≪漢書≫ 〈蘇建傳〉에서 "建의 둘째 아들 蘇武는 字가 子卿이다. 栘(체)中監의 직위로 匈奴에 파견되었는데, 單于가 그를 굴복시키려 하였으나 蘇武가 따르지 않자, 19년 동안 억류시켰다가 비로소 돌려보냈다."라 하였다. ≪文選≫에 蘇武의 五言詩 4편이 수록되어 있다.〔趙曦明〕

54) 張衡 : ≪後漢書≫ 〈張衡傳〉에서 "張衡은 字가 平子이고 南陽 西鄂(악) 사람이다. 〈二京賦〉를 지었다."라 하였다.〔趙曦明〕

55) 左思 : ≪晉書≫ 〈文苑傳〉에서 "左思는 字가 太沖이고 齊國 臨淄 사람이다. 〈齊都賦〉를 지었는데 1년 만에 완성되었다. 다시 〈三都賦〉를 지으려고 구상하기를 10년, 문과 뜰, 울타리와 뒷간에 모조리 紙筆을 갖다놓고서 1句를 얻으면 바로 기록을 해놓았다."라 하였다.〔趙曦明〕

56) 自子游子夏……但其損敗居多耳 : 王得臣이 ≪麈(주)史≫ 中에서 "≪顔氏家訓≫이 훌륭하다고 하기에 충분하지만, 文章을 논하면서 子游, 子夏, 孟軻, 荀卿, 枚乘, 張衡, 左思 등을 미쳤다 하고, 또 揚雄을 비난하는 것을 나는 받아들이지 못하겠다."라

한 것은, 바로 이 대목을 지적한 것이다. 이 지적 중에 孟軻를 荀卿 앞에 둔 것은, 孟軻를 존중하여 원문의 순서를 고친 것이다.〔王利器〕

57) 標擧興會 : ≪淮南子≫ 〈要略〉에서 "시작되고 마치는 곳을 높이 드러내었다.〔標擧〕"라 하였고, 許愼의 注에서 "標는 끝이다."라 하였다. ≪世說新語≫ 〈賞譽〉에서 "王恭은 처음에 王建武와 사이가 아주 좋았는데, 뒤에 袁悅에게 이간질을 당해 결국 의심하고 사이가 벌어지게 되었다. 하지만 늘 감흥이 일어날 때마다〔每至興會〕 그리워하곤 했다."라 하였다. ≪文選≫ 〈謝靈運傳論〉에서 "謝靈運은 감흥이 높이 드러났다.〔興會標擧〕"라고 하였고, 李善의 注에서 "興會는 情과 興의 만남이다. ≪周禮≫의 鄭玄注에서 '興이란 物에 일을 기탁하는 것이다.'라고 했다."라 하였다.〔王利器〕

58) 淸巧 : 淸新하고 교묘함〔淸新奇巧〕을 말하는데, 六朝詩의 한 특징이다. 뒤에서도 "何遜의 시는 실로 淸巧하다."라 하였고, 또 "何遜은 참으로 淸巧함이 풍부하다."라 하였으며, ≪詩品≫ 下에서는 "鮑照의 歌詩는 왕왕 우뚝하게 홀로 빼어나고 淸巧하다."라 하였다.〔王利器〕

59) 神厲九霄 志凌千載 : ≪文選≫에 수록된 嵇康의 〈贈秀才入軍〉 詩의 "중원 땅을 힘차게 내달아 오른다.〔凌厲中原〕"에 대한 李善의 注에서 ≪廣雅≫를 인용하여 "凌은 내닫는다는 뜻이고, 厲는 오른다는 뜻이다."라고 했다. ≪廣雅≫ 〈釋詁〉에 나온다.〔王利器〕

60) 諷刺之禍 速乎風塵 : ≪少儀外傳≫ 下에서는 '塵'을 '霆'으로 인용해놓았는데 뜻이 더 나으며, ≪淮南子≫ 〈兵略訓〉에서는 "우뢰 천둥〔雷霆〕처럼 갑작스럽고, 비바람처럼 빠르다."라 하였다.〔王利器〕

筆禍를 말한 것이다.〔역자〕

61) 元吉 : ≪周易≫ 坤卦에서 "누런 치마를 입으면 크게 길하다.〔元吉〕"라 하였다. ≪文選≫ 〈東京賦〉에서는 "영명한 임금에게 큰 복〔元吉〕을 내린다."라 하였고, 薛綜의 注에서 "元은 크다는 뜻이고, 吉은 복이다."라 하였다.〔王利器〕

문장은 그 근원이 五經에서 나왔다. 詔·命·策·檄 등의 문장은 ≪書經≫에서 나왔고, 序·述·論·議 등의 문장은 ≪易經≫에서 나왔으며, 歌·詠·賦·頌 등의 문장은 ≪詩經≫에서 나왔고, 祭·祀·哀·誄 등의 문장은 ≪禮記≫에서 나왔으며, 書·奏·箴·銘 등의 문장은 ≪春秋≫에서 나왔다.

〈문장은〉 조정의 憲章과 군대의 명령서, 仁義를 펼쳐 드러내고 공덕을 찾아내어 밝히는 일, 백성을 다스리고 나라를 세우는 일 등 베풀어 쓸 데가 많다. 性靈을 도야하고 조용히 諷諫하며 그 오묘한 재미에 빠져드는 것 또한 즐거운 일이니, 행하고 남은 힘이 있으면 익혀볼 만하다.

하지만 예로부터 문인들은 경박함에 빠진 이들이 많다. 屈原은 재주를 드러내어 자신을 높이고 임금의 잘못을 폭로하였으며, 宋玉은 용모가 고와서 광대 취급을 받았고, 東方朔은 滑稽가 점잖지 못했고, 司馬相如는 재물을 훔치고 지조가 없었으며, 王褒는 〈僮約〉에 잘못이 드러났고, 揚雄은 도리에 어긋나게 新나라를 찬미하였고, 李陵은 오랑캐에게 항복하여 치욕을 당했고, 劉歆은 王莽의 세상에서 갈팡질팡했고, 傅毅는 권문에 영합하였고, 班固는 부친이 쓴 역사를 훔쳤고, 趙壹은 지나치게 뻣뻣했고, 馮衍은 글이 浮華하다고 배척당했고, 馬融은 아첨하다가 비난을 받았고, 蔡邕은 악당들에게 동조하다가 죽임을 당했고, 吳質은 고향 사람들과 어근버근하였고, 曹植은 행패를 부리며 법을 어겼고, 杜篤은 끊임없이 청탁을 했고, 路粹는 속이 몹시 좁았고, 陳琳은 본래 거칠고 무식하기로 이름이 났으며, 繁欽은 천성적으로 절제할 줄 몰랐고, 劉楨은 고집불통이라 징역을 살았고, 王粲은 경솔하고 성급하여 미움을 받았고, 孔融과 禰衡은 허풍과 오만으로 명을 재촉했고, 楊修와 丁廙는 남을 부추기다가 죽임을 당했고, 阮籍은 무례하여 풍속을 문란케 하였고, 嵇康은 남들을 업신여기다가 흉하게 죽었고, 傅玄은 화내고 싸우다가 벼슬을 그만두었고, 孫楚는 빼기고 오만하여 윗사람을 능멸하였고, 陸機는 순리를 범하고서 위험한 길을 갔고, 潘岳은 거저 먹으려다 위험을 초래했고, 顔延之는 호기를 부리다가 쫓겨났고, 謝靈運은 허황한 행동으로 기강을 어지럽혔고, 王融은 흉한 죽음을 스스로 초래하였고, 謝朓는 남을 업신여기다가 〈죽임을〉 당했다. 이 사람들은 모두 그중 두드러진 이들로서 이루 다 기록할 수가 없으며, 그 대략이 이와 같다.

帝王들 중에도 간혹 〈이러한 결함에서〉 벗어나지 못하는 경우가 있다. 예로부터 天子로서 뛰어난 〈문학적〉 재능을 가진 이로는 漢나라의 武帝, 魏나라의 太祖・文帝・明帝, 그리고 宋나라의 孝武帝뿐이었는데, 이들 모두 세상의 평판에 아랑곳하지 않았으니 훌륭한 덕을 지닌 임금은 아니었다. 子游, 子夏, 荀況, 孟軻, 枚乘, 賈誼, 蘇武, 張衡, 左思 등처럼 간혹 이름을 날리고도 재앙을 면한 이들이 있다고는 하지만, 결함 있는 사람들이 대부분이었다.

일찍이 이에 대해 늘 생각하면서 그렇게 되어온 근원을 따져보았더니, 文章이라는 것 자체가 감흥을 높이 들어 내세우고 性靈을 끄집어내어서 뻐기고 자랑하게 만드는 것이므로, 지조 지키기에 소홀하고 앞서 나가는 일에 과감하다. 오늘날 文士들에게 이러한 문제는 더욱 심각하고 절실한데, 한 가지 표현이 딱 맞아떨어지고 한 구절이 청신하고 교묘하면, 정신은 구천을 날아오르고 뜻은 천년 세월을 내달으며, 〈의기양양해져서〉 스스로 읊고 찬탄을 하면서 옆에 누가 있는지도 모른다. 모래나 조약돌에 맞은 상처가 창에 찔린 것보다 더 아프고, 諷刺로 인한 재앙이 風塵보다도 더 빨리 닥친다. 각별히 조심해서 큰 복을 지켜나가야 할 것이다.

2. 타고나는 글재주

學問有利鈍, 文章有巧拙。鈍學累功, 不妨精熟；拙文硏思, 終歸蚩(치)鄙[1)]。但成學士, 自足爲人, 必乏天才, 勿强操筆[2)]。吾見世人, 至無才思, 自謂淸華[3)], 流布醜拙, 亦以衆矣, 江南號爲詅(령)癡符[4)]。近在并州, 有一士族, 好爲可笑詩賦, 誂撇(조별)[5)]邢、魏[6)]諸公, 衆共嘲弄, 虛相讚說[7)], 便擊牛釃(시)酒[8)], 招延聲譽[9)]。其妻, 明鑒婦人也, 泣而諫之。此人歎曰："才華不爲妻子所容, 何況行路!" 至死不覺。自見之謂明[10)], 此誠難也。

1) 蚩(치)鄙 : 陳琳의 〈答東阿王牋〉에서 "그런 뒤에 동쪽 들판 시골뜨기들의 못나고 추함〔蚩鄙〕이 더욱 드러났다."라 하였다.〔王利器〕
2) 操筆 : ≪梁書≫ 〈文學 庾肩吾傳〉에 수록된 梁 簡文帝 蕭綱의 〈與湘東王書〉에서 "붓을 잡고〔操筆〕 뜻을 써나가면서, 또 ≪書經≫ 〈酒誥〉의 문장을 모방한다."라고 하였다.〔王利器〕
3) 淸華 : 여기서는 글쓰기의 바탕이 되는 문학적 자질을 뜻한다.〔역자〕
4) 詅(령)癡符 : '詅'은 음이 '령'이고, '팔다'의 뜻이다.〔趙曦明〕
보잘것없는 것을 자랑하여 파는 패라는 뜻으로, 졸렬한 글을 뛰어난 글처럼 자랑하다가 부끄러움을 당하는 것을 이른다.〔역자〕
5) 誂撇(조별) : 宋本의 原注에서 "앞 글자의 음은 '窕(조)'이고 서로 불러서 꾀어낸다는 뜻이다. 뒷 글자의 음은 瞥(별)이다."라 하였다. ≪說文解字≫ 手部에서는 "撇은 別의 뜻인데, 擊의 뜻이라 하기도 한다."라 하였다. 吳文英의 ≪吳下方言考≫ 3에서는 "誂撇는 음이 '調皮(조피)'이다. ≪顔氏家訓≫에서 '誂撇邢魏諸公'이라 하였는데, 誂

撤는 놀리는 말〔戲言〕로서, 吳中 지역에서 말로 남을 희롱하는 것을 일컬어 誂撤라고 한다."라 하였다. ≪太平廣記≫ 158의 인용에는 '輕蔑'로 되어 있는데, 임의로 고친 것이다.〔王利器〕

6) 邢魏諸公 : ≪北齊≫ 〈邢卲傳〉에서 "邢卲는 字가 子才이고 何間 鄚(막) 사람이다. 책을 읽을 때 다섯 줄을 한 번에 읽어 내려가고 한 번 보면 기억하였으며, 문장은 典雅하면서도 아름답고 풍성할 뿐만 아니라 빨라서, 늘 문장 한 편이 나올 적마다 수도에서는 그걸 베껴 가느라 종이가 귀해졌다. 濟陰의 溫子昇과 더불어 문사들 중의 으뜸이었는데, 세간에서 그들을 논하며 溫邢이라 일컬었다. 鉅鹿의 魏收는 천부적 재능이 화려하게 드러났지만, 나이와 관직이 두 사람의 뒤라서 溫子昇이 죽고 난 후에야 비로소 邢魏라고 일컬어졌다. 文集 30권이 있다."라 하였다. 〈魏收傳〉에서는 "魏收는 字가 伯起이고 小字는 佛助이며, 鉅鹿 근처 曲陽 사람이다. 文章이 화려한 것으로 유명하였고, 글의 수사가 풍부하고 뛰어났으며, ≪魏書≫ 130권을 지었고 文集 70권이 있다."라 하였다.〔趙曦明〕

魏收는 본서 제8 〈勉學〉篇 11 주 8) 참조.〔역자〕

7) 虛相讚說 : ≪餘師錄≫에는 '虛'가 '戱'로 되어 있고, ≪太平廣記≫에는 '讚說'이 '稱讚'으로 되어 있다. ≪魏書≫ 〈成淹傳〉에서 "아들 成霄(소)는 字가 景鸞으로, 이것저것 여러 가지를 배웠고 문장을 지어 읊기를 좋아하였으나, 글솜씨가 시원찮고 대체로 비속한 글이 많았다. 河東의 姜質 등과 교유하며 가까이 지냈는데, 가끔 詩賦가 나오면 음률을 아는 문사들에게는 웃음거리가 되었지만, 항간의 식견이 얕은 사람들 사이에서는 칭송하여 읊는 이들이 많아, 세상에 크게 유행하였다."라 하였다. 아마도 이 姜質이라는 인물이 顔之推가 말한 幷州의 士族이 아닌가 싶다.〔王利器〕

8) 擊牛釃(시)酒 : ≪太平廣記≫에는 '必擊牛釃酒延之'라고 되어 있다. ≪釋文≫에서는 葛洪이 "釃는 광주리로 술을 거른다는 말이다."라 한 것을 인용해놓았다. 후인들이 '篩(사)酒'라고 하는 것은 음이 같은 글자로 바꾼 것이다.〔王利器〕

9) 招延聲譽 : 명망 있는 사람들을 초대하다.〔역자〕

10) 自見之謂明 : ≪老子≫ 〈道經〉에서 "자신을 아는 자는 현명하다.〔自知者明〕"라고 하였다.〔趙曦明〕

≪韓非子≫ 〈喩老〉에서 "아는 것의 어려움은 남을 아는 데 있는 것이 아니라 자신을 아는 데에 있다. 그래서 자신을 아는 것을 일컬어 현명하다고 한다.〔自見之謂明〕"라 하였다.〔盧文弨〕

學問에는 예리한 사람과 우둔한 사람이 있고, 文章에는 교묘한 사람과 졸렬한 사람이 있다. 학문에 우둔한 사람도 노력해나가면 원숙하고 정통해지는 데 문제가 없지만, 문장이 졸렬한 사람은 아무리 생각을 짜내어보아도 결국은 형편없는 글이 되고 만다. 배운 사람만 되어도 〈괜찮은〉 사람으로서 자족할 수 있으니, 천부적 재능이 없는 것이 확실하다면 억지로 글을 쓰려 해서는 안 된다. 내가 세상 사람들을 보니, 글재주가 없는데도 스스로 문학적 재능을 가졌다고 하면서 치졸한 글을 유포하는 이들도 많은데, 江南에서는 이들을 '詅癡符'라 부른다.

근자에 幷州의 士族 한 사람이 가소로운 詩賦를 지어 邢邵나 魏收 같은 대문장가를 희롱하였는데, 사람들이 함께 조롱하며 거짓말로 칭찬을 해주자, 이에 소를 잡고 술을 준비해서 명망 있는 사람들을 초대하였다. 그의 아내는 〈문장을〉 볼 줄 아는 여자여서 눈물을 흘리며 그에게 그러지 말라고 충고를 하였다. 그랬더니 이 사람은 탄식을 하면서 "재주가 아내에게도 인정받지 못하는데, 하물며 남들에게야!"라 하고서, 죽을 때까지 깨닫지 못하였다. 자신을 아는 것을 일컬어 현명하다고 하는데, 이는 참으로 어려운 일이다.

3. 글을 발표하기 전에

學爲文章, 先謀親友, 得其評裁[1], 知可施行, 然後出手, 愼勿師心自任[2], 取笑旁人也。自古執筆爲文者, 何可勝言? 然至於宏麗精華[3], 不過數十篇耳。但使不失體裁[4], 辭意可觀, 便稱才士。要須動俗蓋世, 亦俟河之淸[5]乎!

1) 評裁 : '평가'의 뜻이다.〔역자〕
2) 師心自任 : 자신의 생각만 옳다고 여기고 마음대로 하다.〔역자〕
3) 宏麗精華 : 뛰어나고 우수한 최고의 작품을 말한다.〔역자〕
4) 體裁 : ≪文選≫ 〈謝靈運傳論〉에 "顔延之는 글의 體裁가 뚜렷하고 치밀하였다."라는 표현이 나오는데, 李善의 注에서 "體裁는 制의 뜻이다."라 하였다.〔王利器〕
5) 俟河之淸 : ≪春秋左氏傳≫ 襄公 8년에서 周나라 詩를 인용하여 "黃河가 맑아지기를 기다리지만, 사람의 수명이 얼마나 되겠나?〔俟河之淸 人壽幾何〕"라 하였다.〔趙曦明〕
≪後漢書≫ 〈趙壹傳〉에서 "황하가 맑아지기는 기다릴 수가 없고, 사람의 수명은 늘일 수가 없다."라고 한 것도 ≪春秋左氏傳≫을 근거로 한 표현이다.〔王利器〕

글 쓰는 법을 배웠으면 먼저 친구와 상의하여 그의 평과 의견을 듣고서 발표해도 좋은지 판단한 다음에 내놓고, 부디 제 생각만 믿고 마음대로 하다가 남의 비웃음을 당하지 않도록 하라. 예로부터 붓을 잡고 글 쓴 사람들을 어찌 이루 다 말할 수 있을까마는, 뛰어나고 멋진 작품은 수십 편에 불과할 따름이다. 다만 〈기본적인 글의〉 형식에 어긋나지 않고 내용이 볼 만하다면 재주 있는 文士라 할 만하다. 時俗을 흔들고 세상을 뒤덮을 만한 글이 나오려면 아무래도 黃河가 맑아지기를 기다려야 하리라!

4. 文人의 處世

不屈二姓，夷、齊[1]之節也；何事非君，伊、箕[2]之義也。自春秋已來，家有奔亡，國有吞滅，君臣固無常分矣[3]。然而君子之交，絶無惡聲[4]，一旦屈膝而事人，豈以存亡而改慮？陳孔璋居袁裁書，則呼操爲豺狼[5]；在魏製檄，則目紹爲蛇虺(훼)[6]。在時君所命，不得自專，然亦文人之巨患也，當務從容消息[7]之。

1) 夷齊 : ≪史記≫ 〈伯夷列傳〉에 "伯夷와 叔齊는 孤竹君의 두 아들이다.……武王이 殷나라의 혼란을 평정하자 천하가 周나라를 따랐는데, 伯夷와 叔齊는 이를 부끄럽게 여겨 周나라 곡식을 먹지 않는 것이 의로운 일이라 여기고 首陽山에서 숨어 살았다."라 하였다.〔王利器〕

2) 伊箕 : ≪史記≫ 〈宋世家〉에서 "紂(주)임금이 음란하고 방탕하게 놀아서 箕子가 간언을 하였지만 듣지 않자, 누군가가 '떠나시는 게 좋겠습니다.'라 하였다. 箕子는 '남의 신하가 되어서 간언을 하였는데 듣지 않는다고 떠난다면, 이는 임금의 악을 드러내고 자신이 백성들의 사랑을 얻으려는 것이니 나는 차마 못하겠소.'라고 하고는, 머리를 풀어헤치고 미친 척하다가 노비가 되었다."라 하였다.〔趙曦明〕

≪孟子≫ 〈公孫丑 上〉에서 "누구를 섬긴들 임금이 아니겠으며 누구를 부린들 백성이 아니겠는가 하면서, 다스려져도 나아가고 혼란해도 나아간 것은 伊尹이었다."라 하였다.〔王利器〕

伊尹은 나중에 湯王을 도와 夏의 桀王을 멸망시키고 殷나라를 세웠던 인물이고, 箕子는 殷의 暴君이었던 紂王의 친척이다.〔역자〕

3) 君臣固無常分矣 : ≪春秋左氏傳≫ 昭公 32년에서 "社稷은 늘 떠받드는 사람이 있는 것이 아니고, 君臣의 자리도 늘 변함없는 것이 아니니, 예로부터 그러하였다."라 하였다.〔盧文弨〕

4) 君子之交 絶無惡聲 : ≪戰國策≫ 〈燕策〉에 의하면 樂毅가 燕 惠王에게 보낸 답장에

서 "신이 듣기로 옛날 군자들은 절교를 하여도 악담을 늘어놓지 않았고〔交絶不出惡聲〕, 충신은 나라를 떠나도 그 이름을 더럽히지 않았다고 하였습니다."라 했다고 한다.〔趙曦明〕

5) 陳孔璋居袁裁書 則呼操爲豺狼 : ≪魏志≫ 〈袁紹傳〉의 注에 인용된 ≪魏氏春秋≫에 의하면 "陳琳은 袁紹를 위해 州郡에 보낸 격문에서 '曹操는 승냥이나 이리 같은 야심〔豺狼野心〕으로 재앙을 일으킬 음모를 몰래 품고서, 동량들을 마구 꺾어서 漢나라 왕실을 허약하게 만들려 하고 있다.'라고 하였다."라 하였다.〔趙曦明〕

6) 在魏製檄 則目紹爲蛇虺(훼) : 陳琳의 文集이 전하지 않아서 자세한 내용은 알 수가 없다.〔趙曦明〕

7) 消息 : 고려하다. 참작하다. 본서 제6 〈風操〉篇 2의 주 4) 참조.〔역자〕

두 임금을 섬기지 않는 것이 伯夷와 叔齊의 절개였고, 누구를 섬긴들 임금이 아니겠느냐고 한 것이 伊尹과 箕子의 뜻이었다. 춘추시대 이래로 망해 달아난 집안도 있었고 멸망한 나라도 있었으니, 君臣 관계가 반드시 일정하고 변함없는 관계인 것만은 아니다. 하지만 군자는 사귀다가 절교를 했어도 뒷소리가 없는 법, 일단 무릎을 굽히고 남을 섬기게 되었다면 어찌 〈상대의〉 존망에 따라 생각을 바꾸겠는가?

陳琳은 袁紹 밑에서 글을 쓰면서는 曹操를 일컬어 승냥이라고 해놓고, 〈曹操의〉 魏나라에서 檄文을 쓰면서는 袁紹를 지목하여 독사라 하였다. 그 당시 임금의 명령이라 마음대로 할 수는 없었겠지만, 역시 문인들의 큰 걱정거리이니 마땅히 신중하게 고려해야 한다.

5. 가당찮은 揚雄

或問揚雄曰 : "吾子少而好賦?" 雄曰 : "然。童子雕蟲篆刻[1), 壯夫不爲也。"[2) 余竊非之曰 : "虞舜歌≪南風≫[3)之詩, 周公作≪鴟鴞(치효)≫[4)之詠, 吉甫、史克, ≪雅≫、≪頌≫之美者[5), 未聞皆在幼年累德也。孔子曰 : '不學≪詩≫, 無以言。'[6) '自衛返魯, 樂正, ≪雅≫、≪頌≫各得其所[7)。' 大明孝道, 引≪詩≫證之[8)。揚雄安敢忽之也? 若論'詩人之賦麗以則, 辭人之賦麗以淫'[9), 但知變之而已, 又未知雄自爲壯夫何如也。著≪劇秦美新≫[10), 妄投於閣[11), 周章[12)怖慴,

不達天命，童子之爲耳。桓譚以勝老子[13)]，葛洪以方仲尼[14)]，使人歎息。此人直以曉算術[15)]，解陰陽[16)]，故著≪太玄經≫[17)]，數子爲所惑耳[18)]。其遺言餘行，孫卿、屈原之不及，安敢望大聖之淸塵[19)]？且≪太玄≫今竟何用乎？不啻(시)覆醬瓿(부)而已[20)]。"

1) 雕蟲篆刻 : 汪榮寶의 ≪法言義疏≫ 3에 "아이가 彫蟲篆刻한다."라는 말이 나온다. ≪說文解字≫에서 "彫는 무늬를 새긴다."는 뜻으로 "篆은 붓을 끌어다 쓴다."는 뜻으로 풀이하였고, 蟲과 刻은 각각 秦代 八書體의 하나인 蟲書와 刻符를 뜻한다. 〈說文解字序〉에서 "學童이 17세 이상이 되면 처음으로 시험을 보는데, 籒(주)書 9천 자를 암송하면 小史가 될 수 있고, 또 八書體의 시험도 본다."라 하였다. 八書體 중 蟲書와 刻符가 가장 섬세하고 어려운 書體여서 學童들이 가장 힘을 많이 쏟으므로, '童子雕蟲篆刻'이라고 하는 것이다. 문장들 중 賦를 書體 중의 蟲書, 篆刻과 같다고 한 것은, 노력에 비해 실용성이 떨어져 小技는 될지언정 大道는 될 수 없기 때문이다. 揚雄은 〈自序〉에서 "나는 賦를 짓는 일이 당시의 淳于髡(곤)이나 優孟 같은 광대들이나 하는 짓이라 法度가 담겨 있지 않고, 현인군자가 詩賦의 바른 길이라 여겨, 그만두고 다시는 賦를 짓지 않았다."라고 했다.〔趙曦明〕
2) 或問揚雄曰……壯夫不爲也 : 이 대목은 揚雄의 ≪法言≫ 〈吾子〉篇에 나온다.〔趙曦明〕
3) 南風 : ≪禮記≫ 〈樂記〉에서 "옛날 舜임금이 五絃琴을 만들어 〈南風〉 詩를 노래했다."라 하였고, ≪孔子家語≫ 〈辯樂解〉에서는 "옛날 순임금이 오현금을 타면서 〈南風〉 詩를 만들었는데, 그 내용은 '남풍의 훈훈함이여, 우리 백성들의 노여움을 풀어줄 수 있겠구나. 남풍의 시의적절함이여, 우리 백성들의 재물을 늘여줄 수 있겠구나.'라는 것이었다."라 하였다.〔趙曦明〕
4) 鴟鴞(치효) : 〈毛詩序〉에서 "〈鴟鴞〉는 周公이 난을 구하기 위하여 지은 노래인데, 成王이 周公의 뜻을 알지 못하자 周公이 이에 시를 지어 成王에게 주었다."라 했다.〔趙曦明〕
5) 吉甫史克 雅頌之美者 : 〈毛詩序〉에서 "〈大雅〉 중의 〈嵩高〉, 〈蒸民〉, 〈韓奕〉 등은 모두 吉甫가 宣王을 찬미한 시이고, 〈駉(경)〉은 僖公을 기린 것이다. 僖公이 伯禽의 법을 잘 지키는 것에 대해 魯나라 사람들이 존경하자, 季孫行父(보)가 周나라에 명을 청하여 史克이 이 頌歌를 지었다."라 하였다.〔趙曦明〕
6) 不學詩 無以言 : ≪論語≫ 〈季氏〉篇에 나온다. ≪漢書≫ 〈藝文志 詩賦略〉에서 "옛날 제후나 卿大夫들은 이웃 나라들과 접촉할 때 微言으로 서로를 떠보았고, 또 예를 갖추어 인사할 때에 반드시 詩를 읊어 그 뜻을 넌지시 전하였는데, 대개 그렇게 함으로

써 어진지 그렇지 않은지를 구별하고, 그 나라의 성쇠를 살폈다. 그래서 孔子께서 말씀하시기를 '시를 배우지 않으면 제대로 말을 할 수가 없다.'라 하셨던 것이다."라 하였다.〔王利器〕

7) 自衛返魯……雅頌各得其所 : ≪論語≫ 〈子罕〉篇에 나오는데 원문은 다음과 같다. "孔子께서 말씀하시기를 '내가 衛나라로부터 魯나라로 돌아온 후에 音樂이 바로잡혀서 雅와 頌이 각기 제자리를 찾았다.'라고 하셨다." ≪史記≫ 〈孔子世家〉에서는 "옛날에 詩가 3천여 편 있었는데, 孔子에 이르러 중복되는 것을 버리고 禮와 義에 따라 베풀 수 있는 것만 취하여, 위로는 契(설)과 后稷으로부터 채집하여 따왔고, 중간에는 殷나라와 周나라의 흥성하던 시절을 서술하였으며, 〈마지막의〉 幽王과 厲王 때의 부족한 시절에는 이부자리〔衽席〕 사이의 일에서 시작하였다. 그리하여 '〈關雎〉의 노래는 風의 시작이 되었고, 〈鹿鳴〉은 小雅의 시작이 되었으며, 〈文王〉은 大雅의 시작이 되었고, 〈淸廟〉는 頌의 시작이 되었다.'라고 한다. 305편을 孔子는 모두 현악기에 맞추어 노래하면서, 韶, 武, 雅, 頌 등의 음률에 맞추려고 하였으니, 이로부터 비로소 禮樂을 서술할 수 있게 되었다."라 하였다.〔王利器〕

8) 大明孝道 引詩證之 : ≪孝經≫을 말한 것이다.〔趙曦明〕

孔子가 曾子에게 孝道를 진술하여 ≪孝經≫을 지었는데, 각 章 끝에 모두 詩를 인용하여 증명하였다.〔王利器〕

9) 詩人之賦麗以則 辭人之賦麗以淫 : 이 부분은 ≪法言≫ 〈吾子〉에 나온다.〔趙曦明〕

汪榮寶의 ≪法言義疏≫에서 "詩人의 賦란 ≪詩經≫ 六義 중의 하나인 賦를 말하며, 바로 ≪詩經≫의 詩를 뜻한다."라 하였고, 또 "詩人의 賦가 아름다우면서 바르다는 것은, 옛날의 詩들이 감정을 나타내면서도 올바름에 그치는 것을 훌륭한 것으로 여겼다는 말이다."라 하였다. ≪漢書≫ 〈藝文志〉의 顔師古 注에서 "辭人이란 후대의 글 짓는 사람을 일컫는다."라 하였고, 또 "辭人의 賦가 아름답되 지나치다는 것은, 오늘날 賦 작품들이 과도한 형용을 훌륭한 것으로 여긴다는 말이다."라 하였다. '淫'은 지나치다는 뜻이다.〔王利器〕

10) 劇秦美新 : 揚雄이 지은 文章으로 ≪文選≫에 나온다.〔趙曦明〕

李善의 注에 인용된 李充의 ≪翰林論≫에서 "揚雄은 秦나라의 횡포를 비판하고 新나라의 훌륭함을 칭송하였는데, 이는 그 잘잘못을 따지고 우열을 비교한다는 뜻이다."라 하였다.〔王利器〕 新은 西漢 말에 王莽이 漢을 찬탈하고 세운 나라이다. 본편 1 주 19) 참조.〔역자〕

11) 妄投於閣 : ≪漢書≫ 〈揚雄傳〉에서 "王莽 때 劉歆(흠)과 甄豊이 모두 上公이 되었다. 王莽은 符命으로써 스스로 皇帝가 되었지만 그 〈符命의〉 근원을 끊고 싶었는데, 甄豊의 아들 甄尋과 劉歆의 아들 劉棻(분)이 다시 符命을 바쳤다. 〈발끈한 王莽은〉

甄豐 부자를 주살하고 劉棻은 먼 곳으로 보내버렸다. 글에 연루된 사람들은 직접 참여하지 않은 이들도 잡아들였다. 당시 揚雄은 天祿閣에서 도서를 교정하고 있었는데, 獄事를 담당하는 使者가 와서 揚雄을 데려가려 하자, 揚雄은 벗어나기 어렵다고 보고서 스스로 천록각 위에서 몸을 던져 거의 죽을 뻔하였다. 王莽이 그 소식을 듣더니 '揚雄은 본래 이 일과는 무관한데, 무슨 까닭으로 이 지경이 되었는가?'라 하고서 그 까닭을 물어보니, 劉棻이 일찍이 揚雄에게서 奇字(六體書의 하나)를 배운 적이 있어 揚雄이 상황을 잘 모르고 그런 것이라 함에, 문책하지 말도록 명을 내렸다. 하지만 서울에서는 그 일을 놓고서 '오직 寂寞해서 스스로 건물에서 뛰어내렸고, 淸靜해서 符命을 만들어내었다.'라는 얘기를 했다."라 하였다.〔趙曦明〕

揚雄이 〈解嘲〉에서 "오직 寂寞하게 德의 집을 지키고, 淸淨하게 神의 뜰에서 노닌다."라고 하였는데, 서울에서 이 말을 근거로 揚雄을 풍자하였던 것이다.〔王利器〕

12) 周章 : 허둥지둥하다. 본서 제6 〈風操〉篇 37 주 4) 참조.〔역자〕

13) 桓譚以勝老子 : ≪漢書≫ 〈揚雄傳〉에 의하면, 大司空인 王邑과 納言인 嚴尤가 桓譚에게 묻기를 "그대가 일찍이 揚雄의 책을 칭찬하였는데, 후세까지 전해질 수 있겠소?"라고 하자, 桓譚이 대답하기를 "반드시 전할 것이오. 〈후세에는〉 그대와 내가 미처 보지 못한 것을 살펴볼 것이오.……이제 揚雄의 책은 글의 뜻이 지극히 심오하고 논리가 聖人의 그것과 다르지 않으니, 만약 좋은 임금을 만나게 된다면 다시 그 지혜롭고 현명함이 살펴지게 될 것이고, 훌륭하다는 칭송은 분명 諸子들을 뛰어넘을 것입니다."라 하였다고 한다.〔趙曦明〕

桓譚은 ≪新論≫에서 "≪太玄經≫은 수백 년이 지나도 반드시 전해질 것이다. 세상에서 다들 옛 것을 높이고 지금 것은 낮추므로 경시하는 것이다. 만약 정말 좋은 일을 만나게 된다면 분명 ≪太玄經≫이 五經 다음이 될 것이다."라고 칭찬하였고, "老子는 그 마음이 玄遠하여 道와 합치한다."라고 하였다.〔吳承仕〕

14) 葛洪以方仲尼 : ≪晉書≫ 〈葛洪傳〉에서 "葛洪은 字가 稚川이고 丹陽 句容 사람이다. 自號를 抱朴子라 하였는데, 이를 책 이름으로 삼았다."라 하였다. 이 책의 〈尙博〉篇에서 "세상에서 다들 오래된 옛날은 신비하고 귀하게 여기고, 동시대의 것은 업신여기고 천하게 여기니, 비록 세상에 유익한 책이라 할지라도 전대에서 전해진 글만 못하다고 한다. 그래서 仲尼는 당시에 존중받지 못했고, ≪太玄經≫도 동시대 사람들에게 업신여김을 당했다."라고 하였다.〔趙曦明〕

≪抱朴子≫ 〈吳失〉篇에서 "孔子, 墨子의 道가 예전에는 시행된 적이 없었고, 孟軻와 揚雄 역시 곤경에 처하였으니, 덕이 있어도 때를 만나지 못함은 본래 그 유래가 있다."라고 한 것도, 葛洪이 揚雄을 仲尼에 견준 증거이다.〔王利器〕

15) 直以曉算術 : ≪漢書≫ 〈藝文志 數術略〉에 許商의 ≪算術≫ 26卷과 杜忠의 ≪算術≫

16卷이 있다. 오늘날 ≪九章算術≫이 세상에 전한다. '直'은 '단지〔特〕'의 뜻이다.〔王利器〕

16) 陰陽 : ≪漢書≫ 〈藝文志 諸子略〉에서 "陰陽家 부류는 아마도 天文 관서인 羲和之官에서 나온 듯하며, 하늘을 받들어 따르면서 日月星辰을 살펴 책력을 만들어 백성들에게 때를 알려주는 일을 하는데, 이것이 그들이 잘하는 사항이다. 〈이 이론에〉 구속된 자가 하는 것을 보면, 금기에 얽매이고 술수에 사로잡혀, 사람이 할 일을 내던지고 귀신에게 다 맡겨버린다."라 하였다.〔王利器〕

17) 太玄經 : 揚雄의 傳에서 "經典은 ≪周易≫만 한 것이 없다고 여겨 ≪太玄經≫을 지었다."라 하였다.〔趙曦明〕

18) 數子爲所惑耳 : 原文에는 '爲數子所惑耳'로 되어 있지만, 向宗魯의 견해에 따라 고쳤다.〔王利器〕

數子는 桓譚과 葛洪을 가리키므로, 문맥상 向宗魯와 王利器의 견해가 옳다.〔역자〕

19) 淸塵 : ≪文選≫에 수록된 盧子諒의 〈贈劉琨詩幷書〉에서 "스스로 맑은 먼지〔淸塵〕를 받든다."라 하였고, 李善의 注에 "楚辭에 '赤松子의 맑은 먼지〔淸塵〕에 대해 들었다'라는 표현이 있다. 그런데 길을 가노라면 먼지가 나게 마련이므로, 존귀한 분을 직접적으로 지칭하지는 못하고 먼지를 빌어서 말한 것이다. 맑다고 함은 존중의 뜻이다."라 하였다.〔王利器〕

20) 不啻(시)覆醬瓿(부)而已 : 揚雄의 傳에서 "劉歆이 揚雄에게 '쓸데없이 사서 고생을 하십니다. 오늘날 학자들은 봉급을 받아도 여전히 ≪周易≫의 의미를 제대로 밝히지 못하는데, 또 어떻게 玄의 세계를 밝히신다는 것입니까? 저는 後人들이 그걸로 장독이나 덮을까 두렵습니다.'라고 하자, 揚雄은 웃으며 대답하지 않았다."라 하였다. 顔師古의 注에 의하면, 瓿는 音이 '부'이고 작은 항아리라는 뜻이다.〔趙曦明〕

누가 揚雄에게 물었다.

"그대는 젊을 적에 賦를 좋아하였지요?"

揚雄이 말했다.

"그렇소. 〈賦는〉 아이들이 蟲書를 파고 刻符를 아로새기는 일과 같은 것으로, 어른은 하지 않지요."

나는 속으로 이 말이 틀렸다고 생각하였는데, 그 이유는 다음과 같다.

舜임금은 〈南風〉의 詩를 노래하였고, 周公은 〈鴟鴞〉의 노래를 만들었으며, 尹吉甫와 史克은 雅와 頌의 찬미하는 노래를 지은 자인데, 이들이 모두 젊은 시절에 이 노래들을 지어 이 때문에 인품에 누가 되었다는 말은 들어보지 못했다. 孔子께서는

"詩를 배우지 않으면 제대로 말을 할 수가 없다."라고 하셨고, 또 "衛나라로부터 魯나라로 돌아온 후에 음악이 바로잡혀서 雅와 頌의 노래들이 제자리를 찾았다."라고 하셨으며, 효도를 크게 밝히면서 詩를 인용하여 증명하셨는데, 揚雄이 어찌 감히 이를 무시하는 것일까?

"詩人의 賦는 아름다우면서 바른데, 辭人의 賦는 아름답되 지나치다."라고 한 말을 논할 것 같으면, 단지 변한다는 것만 알았을 뿐 揚雄 자신이 어른이 되어서 어떻게 될지는 몰랐던 것이다. 〈劇秦美新〉을 짓고 망령되이 누각에서 몸을 던졌으며, 허둥지둥 어쩔 줄 몰라 벌벌 떨다가 天壽를 다 채우지 못했으니, 〈이런 것은〉 어린아이의 행동일 따름이다. 桓譚은 그를 老子보다 낫다고 여겼고 葛洪은 그를 仲尼에 견주었으니, 한숨이 나오게 만든다.

이 사람은 단지 算術을 좀 알고 陰陽을 이해하는 걸 가지고 ≪太玄經≫을 지었는데, 몇몇 사람들이 거기에 현혹된 것일 뿐이다. 그가 남긴 말이나 나머지 행동들은 孫卿이나 屈原에게조차 미치기 어려운데, 어찌 감히 大聖人의 맑은 먼지를 바라볼 수 있겠는가? 장차 ≪太玄經≫이 결국 어디에 쓰일까 하면, 단지 장독 덮개로나 쓰일 뿐이다.

6. 겨울나무에 봄꽃

齊世有席毗(비)者, 淸幹[1)]之士, 官至行臺尙書[2)], 嗤鄙文學, 嘲劉逖(적)[3)]云 : "君輩辭藻, 譬若榮華[4)], 須臾之翫, 非宏才[5)]也。豈比吾徒千丈松樹[6)], 常有風霜, 不可凋悴矣!" 劉應之曰 : "旣有寒木, 又發春華, 何如也?" 席笑曰 : "可哉!"

1) 淸幹 : 청렴하고 유능하다.〔淸明能幹〕〔王利器〕
2) 行臺尙書 : 行臺에 소속된 官名이다. 본래 行臺는 北魏 말에 중앙의 尙書臺에서 지방에 주둔한 군사의 업무를 처리하도록 파견한 기구인데, 뒤에 이것이 보편화되면서 지방의 최고 행정기관이 되었다. 본서 제7 〈慕賢〉篇 7 주 2) 참조.〔역자〕
3) 劉逖(적) : ≪北齊書≫ 〈文苑傳〉에서 "劉逖은 字가 子長이고 彭城 叢亭里 사람이다. 北魏 말에 高歡의 정권에 참여하였는데, 객지살이하는 데에 싫증이 나서 발분하여 책을 읽고 밖에 나갈 때에도 손에서 책을 놓지 않았다. 글 짓는 일에도 마음을 두어 제법 시를 잘 지었다."라 하였다.〔趙曦明〕

4) 榮華 : 꽃이다. 여기서는 잠시 피었다 지는 화려한 꽃을 말한다.〔역자〕
5) 宏才 : 대단한 재주이다.〔역자〕
6) 千丈松樹 : ≪世說新語≫ 〈賞譽 上〉篇에 "당시 庾子嵩(숭)이 和嶠(교)를 지목하여 평하기를, 천 길 소나무〔千丈松〕처럼 높다랗고 무성해서, 비록 울퉁불퉁한 옹이가 있지만 큰 건물에 쓴다면 동량으로 사용할 수 있을 것이라 하였다."라고 한 표현이 나온다.〔盧文弨〕

北齊 시절 席毗라는 사람이 있었는데, 청렴하고 유능한 선비로서 벼슬이 行臺尙書에 이르렀다. 〈그는〉 문학을 우습게 여기며 劉逖을 조롱하여 "그대들의 화려한 글은 비유하자면 꽃과 같아서, 잠깐 즐길 거리는 되겠지만 대단한 재주는 아니오. 어찌 우리의 천 길 소나무가 늘 風霜에 시달리면서도 마르고 시들지 않는 것에 견줄 수 있겠소!"라 하였다. 劉逖이 이에 응하여 "기왕에 겨울을 견디는 나무라면 〈거기에〉 봄꽃까지 핀다면 어떻겠소?"라고 하자, 席毗가 웃으면서 "좋겠지요!"라고 했다.

7. 文章은 節制가 있어야

凡爲文章, 猶人乘騏驥(기기)[1], 雖有逸氣[2], 當以銜勒(함륵)制之[3], 勿使流亂軌躅(촉)[4], 放意[5]塡坑(전갱)岸[6]也。

1) 騏驥(기기) : 빨리 달리는 말, 즉 駿馬이다.〔역자〕
2) 逸氣 : ≪文選≫에 수록된 魏 文帝의 〈與吳質書〉에서 "公幹(劉楨의 字)은 빼어난 기상〔逸氣〕이 있었지만 꿋꿋하지 못하였다."라 하였고, ≪三國志≫ 〈魏書 王粲傳〉의 注에 인용된 〈典論論文〉에서 "徐幹은 때때로 逸氣가 있었지만 王粲의 상대는 아니었다."라고 하였다. ≪文心雕龍≫ 〈風骨〉에서도 劉楨을 논하며 "逸氣가 있다."라 하였다. 逸氣란 빼어난 기상을 일컫는다.〔王利器〕
3) 銜勒(함륵) : ≪說文解字≫에서 "銜은 말재갈을 입에 물려 말을 모는 것이다."라 하였고, 또 "勒은 말머리에 씌우는 고삐이다."라 하였다.〔趙曦明〕
4) 軌躅(촉) : 軌跡과 같다. ≪漢書≫ 〈敍傳 上〉에 "周公과 孔子의 발자취에 엎드린다."라고 하였고, 注에서 鄭玄의 말을 인용하여 "躅은 흔적이라는 뜻이며, ≪三寶黃圖≫에서 소발굽이 있는 곳을 躅이라 한다."라고 했다. ≪文選≫의 〈魏都賦〉에서 "임금 수레의 바퀴자국〔軌躅〕을 보지 못한다."라 했다.〔王利器〕
5) 放意 : 마음대로 한다, 제멋대로 한다는 뜻이다.〔王利器〕

6) 塡坑(전갱)岸 : 坑岸은 구덩이이다.〔盧文弨〕

글을 쓰는 일은 사람이 駿馬를 타는 것과 같아서, 준마가 비록 빼어난 기상이 있다 해도 재갈과 고삐로 제어해야지, 함부로 날뛰어 발자취를 어지럽히고 멋대로 구덩이에 빠지게 해서는 안 된다.

8. 本末이 뒤바뀐 時俗의 文章

文章當以理致[1]爲心腎, 氣調[2]爲筋骨, 事義爲皮膚, 華麗爲冠冕[3]。今世相承, 趨末棄本, 率多浮豔[4]。辭與理競, 辭勝而理伏 ; 事與才爭, 事繁而才損[5]。放逸者流宕(탕)而忘歸[6], 穿鑿者補綴[7]而不足。時俗如此, 安能獨違? 但務去泰去甚耳。必有盛才重譽[8], 改革體裁者, 實吾所希。

1) 理致 : 義理와 情致이다. ≪南史≫ 〈劉之遴傳〉에서 "올바름을 말하여 시를 지으면, 다들 理致가 있게 된다."라고 하였다.〔王利器〕

올바른 이치이다. 작가의 건강한 사상·감정을 뜻한다.〔역자〕

2) 氣調 : 氣韻과 才調이다. ≪隋書≫ 〈豆盧勣(적)傳〉에서 "豆盧勣은 기량과 식견이 훌륭하고, 기운과 재주〔氣調〕가 빼어나게 원대했다."라 하였다.〔王利器〕

氣韻과 재주이다. 작가 개인의 도덕적 수양과 문학적 수련이 作品에 구현되어 나타난 것을 뜻하는 용어이다.〔역자〕

3) 以理致爲心腎……華麗爲冠冕 : 顔之推의 문학이론에서는 사상성이 우선이었고 예술성은 그 다음이었다. ≪文心雕龍≫ 〈附會〉에서 "재주 있는 이가 글을 배울 때에는 글의 구성을 합당하고 바르게 하여야 하는데, 반드시 情志를 精神으로 삼고, 事義를 骨髓로 삼고, 辭采를 피부로 삼으며, 宮商을 목소리와 낯빛으로 삼아야 한다. 그런 다음에 玄黃의 색채를 베풀어 꾸미고 音律이 잘 어울리게 하는데, 적절한 것은 취하고 그렇지 않은 것은 버리면서 타당함을 찾아나간다. 이것이 생각을 엮어 글을 쓰는 일반적인 방식이다."라고 하였는데, 그 논점이 顔之推의 견해와 부합하므로 참고할 만하다. 蕭統의 〈文選序〉에서는 "소재〔事〕는 깊은 사색에서 나오고, 그 의미〔義〕는 아름다운 修辭로 귀결된다."라고 하였다. 여기서 蕭統이 말한 '事'가 바로 劉勰과 顔之推가 말하는 '事義'이고, 이른바 '義'라고 한 것이 바로 劉勰과 顔之推가 말하는 '辭藻'이다.〔王利器〕

여기서 事義는 작품의 내용을 이루는 여러 가지 素材를, 華麗는 작품 속의 修辭를

뜻한다. 본서 제8 〈勉學〉篇 18 주 20) 참조.〔역자〕

4) 浮豔 : 경박하고 화사함〔輕浮華豔〕이다. ≪陳書≫ 〈江總傳〉에서 "江總은 배우기를 좋아하고 글을 잘 지어 五言詩와 七言詩를 특히 잘했으나, 실속없이 겉만 아름다운〔浮豔〕 단점이 있었다."라 하였다.〔王利器〕

5) 辭與理競……事繁而才損 : 南北朝 文學의 폐해를 이 두 마디의 말로 다 이야기하였다.〔黃叔琳〕

6) 放逸者流宕(탕)而忘歸 : ≪藝文類聚≫ 25에 인용된 梁 簡文帝의 〈誡當陽公大心書〉에서 "立身은 근엄하고 신중해야 하고, 文章은 放蕩해야 한다."라 하였는데, 顔之推의 말과 부합하는 것으로서, 당시의 풍조를 엿볼 수 있다.〔王利器〕

이는 당시 문단을 지배하고 있던 보수적 文章觀을 타파하고 새로운 文風을 일으키고자 하였던 創新派의 창작태도를 지적한 것이다.〔역자〕

7) 補綴 : 덧대고 꿰매다. 여기서는 典故를 많이 쓰는 창작방식을 말한다.〔역자〕

8) 重譽 : 높은 명성을 말한다. 본편 12에 나오는 '重名'과 같은 뜻이다.〔王利器〕

文章은 마땅히 이치를 〈핵심이 되는〉 심장이나 콩팥으로 삼고, 氣韻과 재주를 뼈와 근육으로 삼고, 내용을 이루는 소재를 피부로 삼으며, 화려한 修辭를 冠으로 삼아야 한다.

오늘날 너나 할 것 없이 말단을 좇고 근본을 내버리면서 다들 실속없이 겉만 아름답다. 수사와 이치가 다투면 수사가 이겨서 이치는 숨어버리고, 내용을 이루는 소재들이 작가의 才氣와 다투면 내용은 번잡해지고 才氣는 손상을 입는다. 멋대로 쓰는 이들은 방탕으로 흘러 돌아올 줄을 모르고, 〈用事에〉 천착하는 이들은 이것저것 덧대어 꿰매고서도 만족하지 않는다.

時俗이 이와 같으니 어떻게 혼자 거스를 수 있겠는가? 다만 지나치고 심한 것만이라도 없애려고 애쓸 뿐이다. 반드시 〈文章의〉 체재를 개혁할 뛰어난 재주와 명망을 지닌 이가 나오는 것이, 실로 내가 바라는 바이다.

9. 古今 文章의 長點을 다 살려야

古人之文, 宏材逸氣, 體度[1]風格[2], 去今實遠。但緝綴[3]疎朴, 未爲密緻耳。今世音律諧靡[4], 章句偶對[5], 諱避精詳, 賢於往昔多矣[6]。宜以古之製裁爲本, 今

之辭調爲末, 竝須兩存, 不可偏棄也。

1) 體度 : 풍채와 태도〔體態風度〕이다. ≪春秋左氏傳≫ 文公 18년의 ≪正義≫에서 "和란 體度가 너그럽고 간소하여 남들과 어그러지거나 다투는 일이 없음이다."라 하였다.〔王利器〕
2) 風格 : 취향과 품성〔風標格範〕이다. ≪晉書≫ 〈和嶠傳〉에서 "젊어서 風格이 있었다." 라 하였고, ≪文心雕龍≫ 〈議對〉에서는 "역시 각각의 아름다움이 있고 風格이 있다." 라 하였다.
3) 緝綴 : 緝은 짜서 엮는다〔編緝〕는 뜻이고, 綴은 '綴文〔글을 짓다〕'의 綴로, 꿰어서 잇는다〔綴屬〕는 뜻이다.〔王利器〕
4) 諧靡 : 어울려 조화되고 아름답다〔和諧靡麗〕는 뜻이다.〔王利器〕
5) 偶對 : 짝을 이루어 대칭이 된다〔偶配對稱〕는 뜻이다.〔王利器〕
6) 今世音律諧靡……賢於往昔多矣 : ≪南史≫ 〈陸厥傳〉에서 "당시 문학이 크게 흥성하였는데, 吳興의 沈約, 陳郡의 謝脁, 琅邪(낭야)의 王融 등이 기질이 같아서 서로 뒤를 밀어주었고, 汝南의 周顒(옹)은 聲韻을 잘 식별하였다. 沈約 등의 문장에는 모두 宮商을 사용하여 平上去入의 四聲으로 韻을 제어하였으며, 平頭, 上尾, 蜂腰, 鶴膝 등으로 五言詩의 1句 속에서 소리의 輕重이 다 다르게 만들고, 2句 속에 音律이 같지 않게 하여 더 보태거나 뺄 수가 없게 만들었으니, 세상에서 永明體라고 불렀다." 라 하였다.〔王利器〕
   당시에 제기된 四聲八病說의 이론을 바탕으로 齊·梁 간에 새롭게 유행한 永明體의 시 형식을 가리킨다.〔역자〕

옛사람들의 글은 웅대한 재능과 빼어난 기상, 풍채와 태도, 風格 등이 지금보다 실로 원대하다. 단지 짜임새가 거칠고 소박하며 치밀하지 못할 뿐이다. 오늘날은 音律이 멋지게 어울리고 章句가 對句를 이루며 피해야 할 원칙들이 정밀하고 상세하여, 예전보다 뛰어난 점이 많다. 마땅히 예전의 체재를 근본으로 삼고 오늘날의 修辭와 音調를 말단으로 삼아, 반드시 둘 다 함께 살려야지 한쪽만 내버려서는 안 된다.

10. 顏氏 집안의 文風

吾家世文章, 甚爲典正, 不從流俗。梁孝元在蕃邸(저)時[1], 撰≪西府新文≫, 訖無一篇見錄者[2], 亦以不偶於世, 無鄭、衛之音[3]故也。有詩、賦、銘、誄(뢰)、

書、表、啓、疏二十卷, 吾兄弟始在草土[4), 竝未得編次, 便遭火盪盡, 竟不傳於世。銜酷茹恨, 徹於心髓! 操行見於≪梁史·文士傳≫[5), 及孝元≪懷舊志≫[6)。

1) 蕃邸(저) : 藩鎭이다. 여기서는 蕭繹(역)이 湘東王으로 江陵에 있었을 때를 가리킨다.〔역자〕

2) 西府新文 訖無一篇見錄者 : ≪隋書≫ 〈經籍志〉에 의하면 ≪西府新文≫ 11卷은 梁 蕭淑이 지은 것이다. ≪金樓子≫ 〈著書〉篇에 수록된 책들 중 어떤 것은 蕭繹이 직접 지었고, 어떤 것은 顔協, 劉緩, 蕭賁 등을 시켜 지었는데, 이 책도 분명 元帝가 시켜서 지은 것이다.〔盧文弨〕

≪唐書≫ 〈藝文志〉의 도서목록 중에 蕭淑의 ≪新文要集≫ 10卷이 나온다. 蕭淑은 蘭陵 사람으로서, ≪南齊書≫ 〈蕭介傳〉에 나온다. 西府는 江陵을 가리키는데 당시 荊州가 陝(섬) 지역을 가르는 요충지였으므로 江陵을 西府라 불렀다. 이는 東晉 때에 歷陽을 西府라 한 것과 같다. ≪西府新文≫은 아마도 梁 元帝가 蕭淑으로 하여금 여러 신료들의 문장을 모아서 만들게 한 듯하다. 당시 顔之推의 부친인 顔協이 鎭西府諮議參軍으로 있었음에도 이 책에 收錄되지 못하였으므로, 顔之推가 이 이야기를 끄집어내어 유감스럽다고 한 것이다.〔王利器〕

3) 鄭衛之音 : 당시의 실속없이 겉만 화려한 문학을 가리킨다. ≪南史≫ 〈蕭惠基傳〉에 "宋 大明(457~464) 이래로 노래꾼들은 다들 鄭·衛의 노래를 숭상하였고 雅樂의 正聲은 좋아하는 이가 드물었다."라 하였다.〔王利器〕

4) 草土 : 거적자리와 흙베개라는 뜻으로, 喪中임을 뜻한다.〔盧文弨〕

5) 梁史文士傳 : ≪梁書≫ 〈文學傳〉에서 "顔協은 字가 子和이다. 7대조 顔含은 晉에서 侍中, 國子監祭酒, 西平靖侯 등을 지냈다. 부친 顔見遠은 박학하면서도 지조와 행실이 올곧았고, 齊나라에서 治書侍御史 겸 中丞을 지냈는데, 高祖가 帝位를 선양받자 단식을 하다 죽었다. 顔協은 어려서 부친을 잃고 외삼촌 손에 컸는데, 많은 책들을 두루 읽었고 草書와 隷書를 잘 썼다. 처음 벼슬은 湘東王의 國常侍 겸 記室로 시작하였고, 蕭繹이 荊州의 번진으로 나가면서 正記室로 전보되었다. 당시 吳郡의 顧協도 번진에 있었는데, 재주와 학문이 서로 버금가므로 官府에서는 二協이라 불렀다. 외삼촌 謝暕(간)이 죽자 顔協은 喪中에 그를 伯父나 叔父와 같은 예로써 모셨는데, 評者들이 이를 대단하게 보았다. 또 가문의 사업을 思念하여 현달을 추구하지 않았으며, 벼슬을 주려고 부르는 것도 늘 사양하였다. 大同 5년에 죽었다. 그가 지은 ≪晉伯傳≫ 5卷과 ≪日月災異圖≫ 2卷은 전란으로 멸실되었다. 두 아들로 之儀와 之推가 있었다."라 하였다.〔趙曦明〕 여기서 말하는 ≪梁史≫란 아마도 陳의 領軍大著作郎 許亨이 지은 ≪梁史≫ 53卷을 말할 것이다.(≪隋書≫ 〈經籍志〉 참조.) 顔之推는

〈唐代 사람〉 姚思廉의 ≪梁史≫는 보지 못했을 것이므로, 분명하게 구별해야 한다.〔劉盼遂〕

6) 懷舊志 : ≪隋書≫ 〈經籍志〉에 의하면 ≪懷舊志≫ 9卷은 梁 元帝가 지은 것이다.〔趙曦明〕 元帝의 ≪懷舊志≫ 1秩 1卷이 ≪金樓子≫ 〈著書〉篇에 나온다. 또 ≪北周書≫ 〈顔之儀傳〉에서 "부친 顔協은 顔見遠이 義理를 따르고자 시대를 거스른 일로 인해 끝내 벼슬에 나서지 않았는데, 湘東王이 그를 끌어다 藩府의 記室參軍으로 삼으니 顔協은 부득이 명에 응하였다. 梁 元帝가 뒤에 ≪懷舊志≫ 및 詩를 지으면서 이 미담을 칭송하였다."라고 한 것은, 아마도 이 ≪顔氏家訓≫의 이야기에 근거했을 것이다.〔劉盼遂〕

우리 집안의 문장은 매우 점잖고 곧았으며 세간의 時流에 따르지 않았다. 梁 孝元帝가 藩鎭에 있을 때 ≪西府新文≫을 편찬하였지만 한 편도 수록되지 못한 까닭은, 아무래도 당시의 조류에 맞지 않고 〈부박한〉 鄭·衛의 音이 없었던 탓이었을 것이다. 詩, 賦, 銘, 誄, 書, 表, 啓, 疏 등의 문장 20권이 있었는데, 우리 형제가 막 상을 당하고서 채 정리도 하기 전에 전란을 만나 다 없어져 끝내 세상에 전하지 않게 되었다. 원통하고 한스러운 마음이 가슴에 사무치는구나! 〈우리 집안의〉 품행은 ≪梁史≫ 〈文士傳〉과 孝元帝의 ≪懷舊志≫에 나와 있다.

11. 文章三易論

沈隱侯[1)]曰 : "文章當從三易(이) : 易見事, 一也 ; 易識字, 二也 ; 易讀誦, 三也。" 邢子才[2)]常曰 : "沈侯文章, 用事[3)]不使人覺, 若胸憶語[4)]也。 深以此服之。" 祖孝徵[5)]亦嘗謂吾曰 : "沈詩云 : '崖傾護石髓。'[6)] 此豈似用事邪?"

1) 沈隱侯 : ≪梁書≫ 〈沈約傳〉에서 "沈約은 字가 休文이고 吳興 武康 사람이다. 高祖(武帝)가 帝位를 선양받자 建昌縣侯에 봉하였고, 죽은 후엔 시호를 隱이라 하였다."라 하였다.〔趙曦明〕

2) 邢子才 : 北齊 사람 邢邵이다. 子才는 그의 字이다. 본편의 2 주 6) 참조.〔역자〕

3) 用事 : 典故를 사용하는 문장 표현 방식이다. 用典이라고도 한다.〔역자〕

4) 胸憶語 : ≪文選≫ 〈文賦〉에서 "생각이 가슴속〔胸臆〕에서 바람처럼 떠오른다."라 하였다.〔王利器〕

가슴에서 떠오른 말, 즉 남의 표현을 빌리지 않은 독창적인 표현을 뜻한다.〔역자〕

5) 祖孝徵 : 北齊人 祖珽(정)이다. 孝徵은 그의 字이다. 본서 제6 〈風操〉篇 14 주 15) 참조.〔역자〕

6) 崖傾護石髓 : ≪晉書≫ 〈嵇康傳〉에서 "嵇康이 王烈을 만나 함께 산에 들어갔다. 王烈은 엿과 비슷한 石髓를 얻어, 자신이 반을 먹고 나머지 반은 嵇康에게 주었는데 둘 다 굳어서 돌이 되었다."라는 이야기가 나온다.〔趙曦明〕

이 시는 오늘날 沈約의 文集에는 없다. 沈約의 〈遊沈道士館〉 詩에 "친구가 와서 石髓를 손에 쥐었다.〔朋來握石髓〕"라는 구절이 ≪文選≫에 나오는데, 이 시의 異文인지 그렇지 않으면 다른 시인지는 알 수가 없다. 李善의 注에서는 袁彦伯의 ≪竹林名士傳≫을 인용하여 "王烈은 服食의 방법으로 養性을 했는데, 嵇康이 그를 매우 존경하여 그를 따라 산으로 들어갔다. 王烈이 일찍이 石髓를 얻었는데, 부드럽고 말랑말랑하기가 마치 엿과 같았다. 자신이 반을 먹고 나머지 반은 嵇康에게 가져다주었는데, 둘 다 굳어서 돌이 되었다."라 하였다.〔王利器〕

沈約이 말했다.

"문장은 마땅히 三易의 원칙을 따라야 한다. 첫째는 내용을 쉽게 이해할 수 있어야 하고, 둘째는 글자를 쉽게 알아볼 수 있어야 하며, 셋째는 낭독을 쉽게 할 수 있어야 한다."

邢邵는 늘 말했다.

"沈約의 문장은 남들로 하여금 用事를 알아채지 못하게 하여, 마치 가슴속에서 나온 〈독창적인〉 말 같다. 이 점에 깊이 탄복한다."

祖珽도 일찍이 나에게 말했다.

"沈約의 시에서 '기울어진 낭떠러지 石髓를 감싼다.'라고 했는데, 이것이 어찌 典故를 쓴 것 같은가?"

12. 邢邵와 魏收, 그리고 沈約와 任昉

邢子才、魏收俱有重名[1], 時俗準的[2], 以爲師匠[3]。邢賞服沈約而輕任昉[4], 魏愛慕任昉而毁沈約, 每於談讌, 辭色以之[5]。鄴下紛紜, 各有朋黨。祖孝徵嘗謂吾曰 : "任、沈之是非, 乃邢、魏之優劣也。"[6]

1) 重名 : 높은 명성이다. ≪魏書≫ 〈文苑傳〉에서 "楊遵彦은 〈文德論〉을 지어, 古今의

文人들이 모두들 재주를 믿고서 함부로 행동하며 경박하고 음험하다고 했는데, 오직 邢子才와 王元美, 溫子昇만은 잘 어우러진 덕의 소양의 갖추고 있다고 보았다."라 하였다.〔王利器〕

2) 準的 : 오늘날의 標準 혹은 目的이라고 하는 것과 같다.〔王利器〕

3) 師匠 : 모든 사람이 우러러보는 큰 스승, 宗師, 師表의 뜻이다.〔역자〕

4) 任昉 : ≪梁書≫ 〈任昉傳〉에서 "任昉은 字가 彦昇이고 樂安 博昌 사람이다. 평소 글 짓기를 잘했는데 특히 사실의 기록에 능하였으며, 才思가 무궁하였고 초고를 쓰고 나면 다시 고치지 않았다. 沈約은 한 시대 문학의 영수였지만 그를 깊이 존중하였다."라 하였다.〔趙曦明〕

5) 辭色以之 : 언쟁을 해서 얼굴이 붉어지고 귀가 달아오른다는 말이다.〔王利器〕
 辭色은 본서 제8 〈勉學〉篇 16 주 15) 참조.〔역자〕

6) 任沈之是非 乃邢魏之優劣也 : ≪北齊書≫ 〈魏收傳〉에서 "본래 魏收는 溫子昇이나 邢邵보다는 後進으로 불렸다. 邢邵가 멀리 나가고 溫子昇이 죄를 지어 죽임을 당하고 나자, 마침내 魏收가 크게 임용되어 일시에 독보적인 존재가 되었는데, 논의하는 자리에서 서로 헐뜯고 비난하게 되면서 각기 붕당을 갖게 되었다. 魏收는 매번 논의 때마다 邢邵의 문장을 깔보았다. 邢邵도 말하기를 '江南의 任昉은 文體가 본디 엉성한데, 魏收는 단지 〈그것을〉 모방했을 뿐만 아니라 또한 크게 표절했다.'라고 했다. 魏收는 그 말을 듣고서 말하기를 '그 사람은 늘 沈約의 文集 안에서 도적질을 하면서, 무슨 의도로 날더러 任昉의 글을 표절했다고 하는가!'라고 하였다. 任昉과 沈約은 둘 다 명성이 높았고, 邢邵와 魏收는 각기 선호하는 바가 있었다. 武平(570~576) 중에 黃門侍郎 顔之推가 두 사람의 의견을 갖고서 僕射인 祖珽에게 물어보았더니, 祖珽이 '邢邵와 魏收의 장단점〔臧否〕을 보면, 이것이 바로 任昉과 沈約의 優劣이지요.'라고 대답했다."라 하였다. ≪北史≫ 〈魏收傳〉과 ≪太平御覽≫ 599에 인용된 ≪三國典略≫에도 나온다. 육조시대에는 인물이나 문장을 평가할 때, 왕왕 비평대상의 우열을 가지고 비평자의 우열을 정하기도 했다.〔王利器〕

邢邵와 魏收는 모두 명성이 높아서 당시 세간의 標準이었고 師表로 여겨졌다. 〈그런데〉 邢邵는 沈約은 인정하였지만 任昉은 얕보았고, 魏收는 任昉은 흠모하였지만 沈約은 깎아내려, 늘 토의석상에서 목소리를 높이고 얼굴을 붉혔다. 鄴 일대에 의견이 분분해지면서 각각의 붕당이 있게 되었다. 祖珽이 일찍이 나에게 말하였다.

"任昉과 沈約의 是非가 바로 邢邵와 魏收의 優劣이지요."

13. 글 쓸 때 조심해야 할 사항

≪吳均集≫[1)]有≪破鏡賦≫[2)]。昔者邑號朝歌，顔淵不舍；里名勝母，曾參斂襟[3)]：蓋忌夫惡名之傷實也。破鏡乃凶逆之獸，事見≪漢書≫[4)]，爲文幸避此名也。比世往往見有和人詩者，題云敬同[5)]，≪孝經≫云："資於事父以事君而敬同[6)]。" 不可輕言也。梁世費旭詩云："不知是耶非[7)]。" 殷澐(운)詩云："飄颻雲母舟。"[8)] 簡文曰："旭既不識其父[9)]，澐又飄颻其母。" 此雖悉古事[10)]，不可用也。世人或有文章引≪詩≫"伐鼓淵淵"[11)]者，≪宋書≫已有屢遊之誚(초)[12)]，如此流比[13)]，幸須避之。北面事親，別舅摛(리)≪渭陽≫之詠[14)]；堂上養老，送兄賦桓山之悲[15)]：皆大失也。舉此一隅，觸塗[16)]宜慎。

1) 吳均集 : ≪梁書≫〈文學傳〉에서 "吳均은 字가 叔庠(상)이고 吳興 故鄣(장) 사람이다. 文體가 淸拔하고 옛 기상이 있어, 호사가들 중에 이것을 본뜨는 이가 있었는데, 이를 일컬어 吳均體라 하였다."라 하였다. ≪隋書≫〈經籍志〉에 "梁代 奉朝請 吳均文集 二十卷"이라고 기록되어 있다.〔趙曦明〕

2) 破鏡賦 : 지금은 전하지 않는다.〔趙曦明〕

3) 邑號朝歌……曾參斂襟 : ≪漢書≫〈鄒陽傳〉에 "마을 이름이 勝母여서 曾子는 들어가지 않았고, 고을 이름이 朝歌여서 墨子는 수레를 돌렸다."라 하였는데, 이 글과는 다르므로 아마도 다른 근거가 있을 것이다.〔趙曦明〕

≪淮南子≫와 ≪鹽鐵論≫〈晁錯〉篇에서 모두, "마을 이름이 勝母여서 曾子가 들어가지 않았다."라고 했다.〔鄭珍〕

≪水經≫ 淇水注에 인용된 ≪論語撰考讖≫에서 "고을 이름이 朝歌여서 顔淵은 머물지 않았고 칠십 제자들은 눈을 가렸는데, 宰予만이 돌아보다가 수레에서 떨어졌다."라고 하였다.〔龔道耕〕

劉晝의 ≪新論≫〈鄙名〉章에도 "물 이름이 盜泉이라 孔子께서는 〈그 물로〉 양치질을 하지 않으셨고, 고을 이름이 朝歌라 顔淵이 머물지 않았으며, 마을 이름이 勝母라 曾子가 수레를 돌렸고, 驛亭의 이름이 柏人이라 漢나라 임금이 밤에 피하였다. 왜 그랬을까? 그 이름이 義를 해치기 때문이다."라 하였는데, 이 역시 ≪顔氏家訓≫과 마찬가지로 朝歌에서 수레를 돌린 것을 顔淵의 일로 보고 있다. ≪太平御覽≫ 157에 인용된 ≪論語撰考讖≫에도 "마을 이름이 勝母여서 曾子가 옷깃을 여미었다."라는 표현이 나온다. ≪說苑≫〈談叢〉, ≪論衡≫〈問孔〉, ≪新論≫〈鄙名〉 역시 ≪顔

氏家訓≫과 마찬가지로 勝母에 들어가지 않은 것을 曾子의 일로 보았지만, ≪史記≫〈鄒陽傳〉의 ≪索隱≫에 인용된 ≪尸子≫에서는 孔子의 일로 보았다.〔王利器〕

4) 破鏡乃凶逆之獸 事見漢書 : ≪漢書≫ 〈郊祀志〉에서 "옛날 天子가 봄에 解祠를 지낸 적이 있다는 말이 있는데, 黃帝께 제사를 지낼 때는 梟(효) 한 마리와 破鏡을 사용하였다."라고 하였고, 注에서 孟康의 말을 인용하여 "梟는 새 이름으로 어미를 잡아먹고, 破鏡은 짐승 이름으로 아비를 잡아먹는다. 黃帝는 이런 것들을 멸종시키고자, 관리들에게 제사에서 다들 이것을 사용하게 하였다."라 하였다.〔趙曦明〕

5) 敬同 : '同'자를 써서 和答詩임을 나타내는 것은, 駱賓王이나 陳子昂 같은 初唐의 여러 시인들도 마찬가지였다. 별도로 '奉和同~'이라 한 것이 있는데, 여기서 '和'자는 後人들이 덧붙여 넣은 것이다.〔盧文弨〕

葉夢得의 ≪玉澗新書≫에서 "≪類文≫에 梁 武帝의 〈同王筠和太子懺悔詩〉를 실어 놓고, 王筠의 韻字를 답습한 것이라고 하였다."라고 한 것도, 당시 和答詩의 詩題에 '同'자를 썼다는 증거이다.〔王利器〕

6) 孝經云 資於事父以事君而敬同 : 唐 玄宗의 注에서 "資는 취한다는 뜻으로, 아버지를 공경함이 임금을 공경함과 같다는 말이다."라 하였다. ≪孝經≫ 〈士章〉篇 참조.〔王利器〕

7) 梁世費旭詩云 不知是耶非 : 漢 武帝의 〈李夫人歌〉에 "긴가민가하면서, 서서 바라보네.〔是耶非耶 立而望之〕"라는 구절이 있다.〔趙曦明〕

'費旭'은 '費昶'이 되어야 옳다. ≪南史≫ 〈何思澄傳〉에서 "王子雲은 太原 사람으로서 江夏 출신의 費昶과 더불어 모두 고을의 才人이었다. 費昶은 樂府를 잘 지었고 또 鼓吹曲도 지어 武帝가 존중했다."라고 했다. ≪隋書≫ 〈經籍志 集部〉에 '梁 新田令 ≪費昶集≫ 3卷'이라 기록되어 있다. ≪樂府詩集≫ 卷17에 수록된 梁代 費昶의 〈巫山高〉 중에 "아름다운 저 바위 귀퉁이에서, 마음의 시비를 어찌 알겠나?〔彼美巖之曲 寧知心是非〕"라고 한 부분이 있는데, 顔之推가 인용한 것과는 다른 詩句이거나, 그렇지 않으면 顔之推의 지적으로 인해 고쳤을 수도 있다. 劉盼遂는 費昶을 費䫨(함)으로 보았는데 옳지 않다.〔王利器〕

원작자는 "옳은지 그른지 모르겠다."라는 의도로 쓴 詩句이지만, 助詞로 사용된 '耶'자에 '아버지'라는 뜻이 있으므로 "아버지인지 아닌지 모르겠다."는 뜻으로 誤讀될 여지가 있다는 뜻이다.〔역자〕

8) 飄颺雲母舟 : ≪晉宮閣記≫에서 "舍利池에 雲母 배가 있었다."라고 했다. ≪初學記≫ 참조.〔趙曦明〕

殷澐은 殷芸(운)이 아닌가 싶다. ≪梁書≫ 〈殷芸傳〉에 "殷芸은 字가 灌蔬이고 陳郡 長平 사람이다. 마음을 모아 학문에 힘썼고 여러 책들을 두루 읽어 昭明太子의

侍讀이 되었다."라고 하였으므로, 분명 簡文帝와도 접촉이 있었을 것이다. 또 湘東王의 記室參軍으로 褚澐이라는 인물이 있었는데, 河南 陽澤 사람으로 詩가 남아 있다. 이 두 사람의 성이나 이름 중 하나를 잘못 쓴 것임에 틀림이 없다.〔盧文弨〕 여기서 雲母의 '母'자가 어머니를 떠올리게 한다는 말이다.〔역자〕

9) 不識其父 : 아버지를 '耶'라고 하는 것은 아마 속칭일 것이다. 옛날 〈木蘭詩〉에서 "명부마다 아버지 이름〔耶名〕이 있다."라 하였다.〔盧文弨〕

南朝 풍속에 아버지를 속칭 '耶'라 하였다. ≪南史≫ 〈王彧(욱)傳〉에 "큰 아들 絢(현)이 5, 6세 무렵에 ≪論語≫를 읽다가 '周나라는 夏나라와 殷나라 2代를 거울로 삼았다.'라는 대목에 이르렀을 때, 외조부 何尙이 그를 놀리며 '그 다음은 「耶耶하도다, 그 문화는!」으로 고칠 수 있겠구나.'라고 하자, 絢이 바로 답하기를 '어른의 이름을 가지고 어찌 희롱할 수가 있겠습니까? 어떻게 「草翁의 바람은 반드시 외삼촌이다.」라고 말할 수가 있겠습니까?'라고 하였다."라는 일화가 나온다. ≪論語≫의 이 句節 뒤에 바로 "찬란하다, 그 문화는!〔彧彧乎文哉〕"이 이어지는데 '彧'이 王絢 아버지의 이름자이므로 何尙이 장난삼아 그렇게 고쳐서 말해본 것이다. 이를 통해 南朝에서 아버지를 통칭 '耶'라고 하였음을 알 수 있다.〔劉盼遂〕

≪文心雕龍≫ 〈指瑕〉에서 "〈요즘은〉 同音字를 가지고 비난을 하고 反切音으로 흠을 잡는데, 비록 예전에는 대수롭지 않게 여긴 일이지만, 오늘날에는 채택하는 경우가 있다."라고 했다. '是耶'의 '耶'에는 아버지의 뜻이 있고 '雲母'의 '母'는 어머니라는 뜻이니, 이것이 바로 同音字로 비난했음을 입증하는 증거이다. 뒤에 나오는 '伐鼓'의 경우도 反切音으로 흠을 잡았음을 입증하는 증거이니, 이들이 모두 앞에서 말한 '피해야 할 원칙들이 정교하고 상세하다.〔諱避精詳〕'라고 한 것에 해당한다.〔王利器〕

'草翁의 바람은 반드시 외삼촌이다.'라는 것은 외조부의 이름자가 尙이므로 ≪論語≫ 〈顔淵〉에 '草尙之風 必偃'을 인용하여 '草翁之風'이라 말한 것이다.〔역자〕

10) 此雖悉古事 : 漢 武帝의 〈李夫人歌〉에서 "긴가민가 하면서, 서서 바라보았네.〔是耶非耶 立而望之〕"라 한 것과, ≪初學記≫에 수록된 〈晉宮閣記〉에서 "舍利池에 雲母로 장식한 배가 있다.〔舍利池有雲母舟〕"라 한 것을 가리킨다.〔周法高〕

11) 伐鼓淵淵 : ≪詩經≫ 〈小雅 采芑(기)〉의 詩句이다.〔王利器〕

본래 反切法은 漢字의 語音을 다른 두 한자의 聲母와 韻母를 사용하여 표시하던 방법이었는데, 당시에 이것이 좋지 못한 표현을 판별하는 방법으로 쓰였던 것으로 보인다. 본문에서의 예와 같이 '伐鼓'라는 표현에 있어서 '伐'의 聲母와 '鼓'의 韻母를 결합하면 '腐'자가 되고, 반대로 '鼓'의 聲母와 '伐'의 韻母를 결합하면 '骨'자가 되는데, 이것이 이어진 '腐骨'의 의미가 상서롭지 못하기 때문에 '伐鼓'라는 표현은 피해야 한다는 말이다.〔역자〕

12) 屢遊之誚(초) : ≪金樓子≫ 〈雜記〉에서 '宋玉이 太宰가 자주 놀러간다.〔屢游〕'는 이야기를 농담으로 하게 되면서 反語에 깊이 빠져, 급기야 鮑照의 伐鼓, 劉孝綽의 布武, 韋粲의 浮柱 등의 표현이 만들어지게 되었다."라 하였다. ≪顔氏家訓≫에서 '宋書'라고 한 것도 본래는 '宋玉'이었을 수 있다.〔李慈銘〕

≪文鏡祕府論≫ 西冊 〈論病 文二十八病〉 第20에서 "翻語病이란 그냥 말하면〔正言〕 멋진 표현인데 反切로 풀면 심각한 문제가 되는 말이다. 예를 들면, 鮑照의 시 '닭 울면 關門 지키는 관리가 일어나고, 북을 울리면 이른 새벽에 통행을 하네.〔雞鳴關吏起 伐鼓早通晨〕'에서 '伐鼓'는 그냥 말하면〔正言〕 멋진 표현이지만 反切로 풀면 〈'腐骨'이 되어〉 뜻이 상서롭지 못한데, 이것이 바로 翻語病이다. 崔氏는 '伐鼓는 反語가 腐骨이므로, 이것이 문제이다.'라고 했다."라 하였다. 여기서 伐鼓의 反語를 腐骨로 보았다. '屢遊'의 反切은 알 수가 없다. 鮑照의 시는 ≪文選≫에 수록된 〈行藥至城東橋 一首〉이다.〔王利器〕

周法高는 丁聲樹의 말을 인용하여 '屢遊'의 反切이 劉裕가 되는 것으로 보았다. 劉裕는 東晉 말에 宋公에 봉해져 섭정을 하다가 선양을 통해 劉宋을 건국한 宋 高祖이다. 이에 따라 ≪顔氏家訓≫에서 '宋書'라고 한 것이나 ≪金樓子≫에서 '宋玉'이라고 한 것도, 어쩌면 劉裕를 가리키는 '宋王'이거나 '宋主'였을지 모른다고 하였다. 宇都宮淸吉도 周法高의 견해에 따르고 있지만, 아직 확실한 근거가 있는 것은 아니다.〔역자〕

13) 流比 : 비슷한 종류의 것들〔流輩比類〕이다. ≪三國志≫ 〈魏書 夏侯太初傳〉에서 "그 비슷한 것들〔倫比〕을 비교하여, 편파적이지 않도록 하라."라 한 것과 뜻이 같다.〔王利器〕

14) 別舅摛(리)渭陽之詠 : ≪詩經≫ 〈渭陽〉의 〈小序〉에서 "〈渭陽〉은 秦 康公이 어머니를 그리워한 것이다. 康公의 어머니는 晉 獻公의 딸이다. 〈晉 獻公의 아들로서 뒤에 晉 文公이 되는〉 重耳가 麗姬의 참소를 당해 〈秦나라로부터 晉나라로〉 돌아오지 못하고 있을 때 秦姬가 죽었다. 晉 穆公이 重耳를 〈본국으로 귀환하도록〉 받아들였을 때, 秦나라 太子였던 康公은 渭水 남쪽에서 重耳를 전송하면서, 어머니를 볼 수 없는 지금 자신이 외숙을 보니 마치 어머니가 계신 듯하다는 생각을 한 것이다."라 하였다.〔趙曦明〕

어머니가 北堂에 계시는데 외숙과 이별하면서 〈渭陽〉의 노래를 읊는 것은 큰 잘못이라는 말이다.〔王利器〕

15) 送兄賦桓山之悲 : ≪孔子家語≫ 〈顔回〉에서 "顔回가 곡을 하는 소리를 들어보니 죽은 이를 위해서 곡을 할 뿐 아니라, 거기엔 생이별하는 사람의 슬픔도 담겨 있었다. 桓山의 새가 새끼 네 마리를 길러 날개가 다 자라 장차 四海로 흩어져 날아가려 할 때, 그 어미 새가 슬피 울며 전송하는 소리를 들어보면 그 소리에 이와 비슷

한 것이 있는데, 떠나가면 다시는 돌아오지 않을 것이라고 말하는 것이다. 孔子께서 사람을 시켜 곡하는 사람에게 물어보았더니, 과연 '아버님이 돌아가셨는데 집이 가난해서 자식을 팔아 장례를 치르고 자식과 영영 이별을 하였습니다.'라고 하였다. 孔子께서 말씀하시기를 '顔回는 참으로 소리를 잘 알아듣는구나.'라고 하셨다." 라 하였다.〔沈揆〕

'桓山之悲'에는 아버지가 돌아가셨고 자식을 팔았다는 뜻이 담겨 있다. 아버지가 여전히 건재하신데 형을 전송하면서 桓山의 일을 인용하는 것은 큰 잘못이다.〔王利器〕

16) 觸塗 : '觸塗'에서 '觸'자는 '觸類旁通〔하나를 보고 열을 알다〕'의 '觸'과 같은 뜻이다. ≪唐書≫ 〈崔融傳〉에 "물건을 달아서 과세하는 일을, 그때그때〔觸塗〕 해온 지 오래되었다."라고 한 표현이 나온다.〔王利器〕

'그때그때, 경우마다'의 뜻이다.〔역자〕

吳均의 文集에 〈破鏡賦〉가 있다. 옛날에 고을 이름이 〈아침부터 노래한다는 의미의〉 朝歌라는 곳에서 顔淵은 머물지 않았고, 마을 이름이 〈어머니를 이긴다는 의미의〉 勝母라는 곳에서 曾子는 옷깃을 여미었다. 아마도 나쁜 이름이 실질을 해칠까 봐 꺼렸기 때문일 것이다. 破鏡이 흉악한 짐승이라는 이야기가 ≪漢書≫에 나오는데, 글을 지을 때에는 부디 이러한 이름들을 피하기를 바란다.

근자에 남의 시에 화답한 시에서 제목을 왕왕 '敬同'이라 한 경우를 보는데, ≪孝經≫에서 "어버이를 섬기는 자세로 임금을 섬겨 공경하는 마음이 똑같다.〔敬同〕"라고 하였으므로, 함부로 쓸 말이 아니다.

梁代 費旭의 시에서 "옳은지 그른지 모르겠구나.〔不知是耶非〕"라 하고, 殷澐의 시에서 "흔들흔들 운모 배.〔颻颺雲母舟〕"라 하였더니, 簡文帝가 "費旭은 그 아비를 몰라보고, 殷澐은 또 그 어미를 흔드는구나."라고 하였다. 이것이 비록 다 예전의 사례가 있는 표현이긴 하지만 써서는 안 된다.

세인들 중에는 간혹 ≪詩經≫에서 "둥둥 북을 두드리네.〔伐鼓淵淵〕"라 한 구절을 끌어다 글을 쓰는 이들이 있는데, ≪宋書≫에 이미 '屢遊'라는 표현에 대한 비난이 있었으니, 이와 같은 것들은 반드시 피하도록 해야 한다. 안채에 어버이를 모시고 있으면서 外叔과 이별할 때 〈渭陽〉의 노래를 부른다거나, 집에 노부모를 봉양하고 있으면서 형을 전송할 때 桓山의 슬픔을 읊는다거나 하는 일은 모두 큰 잘못이다. 여기에 든 것은 일부이니 그때그때 신중하게 해야 한다.

14. 文章 批評에 대한 南北의 태도 차이

江南文制[1), 欲人彈射[2), 知有病累[3), 隨卽改之。陳王得之於丁廙(이)也[4)。山東風俗, 不通擊難[5)。吾初入鄴, 遂嘗以此忤人, 至今爲悔。汝曹必無輕議也。

1) 文制 : '文制'는 '製文'이라 하는 것과 같다.〔趙曦明〕
徐陵의 〈答李顒之書〉에서 "문득 외람되이 통지를 보내주셨는데, 글 지은 것〔文製〕도 훌륭하였습니다."라 하였다. '製'는 옛날에 '制'자와 통용되었다.〔王利器〕

2) 彈射 : '지적하다, 비평하다'와 같은 말이다.〔王利器〕
張衡의 〈西京賦〉에서 "좋고 나쁨을 비평한다.〔彈射〕"라고 했다.〔李詳〕
≪晉書≫ 〈五行志〉에서 "吳 지방의 풍속은 서로를 급박하게 몰아대는데, 말이나 글로 하는 비평도 각박하게 하는 것을 숭상하였다."라 하였다.〔王利器〕

3) 病累 : ≪詩品≫ 上에서 "張協은 文體가 곱고 깨끗하며 병폐〔病累〕가 적었다."라 하였다. 이른바 病累란 주로 '聲律의 하자〔聲病〕'를 말한다. ≪資治通鑑≫ 222의 胡三省 注에서 "聲病이란 平上去入의 四聲을 엮어서 글을 만드는데, 音이 글을 따라 순조로우면 그것을 '聲'이라 하고, 이와 반대가 되면 '病'이라 한다."라 하였다.〔王利器〕

4) 陳王得之於丁廙(이)也 : ≪文選≫에 수록된 曹植의 〈與楊德祖書〉에서 "저는 일찍이 남들이 제 글을 나무라고 지적하는 걸 좋아하였고, 좋지 않은 부분이 있으면 그때그때 고쳤습니다. 예전에 丁廙는 늘 짧은 글을 지어서 저로 하여금 潤飾하게 하였습니다. 저는 재주가 그 사람을 넘어서지 못한다고 여기고 사양하며 하지 않았습니다. 그랬더니 丁廙가 제게 말하기를 '그대는 무엇을 주저하고 어려워하시오? 글이 잘되고 잘못됨은 내 자신의 책임이오. 후세에 누가 내 글 교정해준 사람을 알겠소?'라고 하였다. 저는 일찍이 이 통달한 말에 탄복을 하고서 美談으로 여겼습니다."라 하였다.〔趙曦明〕

5) 擊難 : 공격하고 꾸짖어 비난한다는 뜻이다. ≪世說新語≫ 〈文學〉에 "桓玄과 殷仲堪이 함께 얘기를 하면 매번 서로 논박하였다.〔攻難〕"라 하였는데, '攻難'이 바로 이 '擊難'이다.〔王利器〕

江南에서는 글을 지을 때 남이 지적해주어 잘못된 데가 있음을 알게 되면 그에 따라 바로 고치고자 한다. 陳思王 曹植은 丁廙에게서 지적을 받았다. 山東의 풍속에서는 논박이나 비평이 통하지 않는다. 내가 막 鄴에 들어와서 일찍이 이 일로 남의 뜻을 거스른 적이 있는데, 지금까지지도 후회가 된다. 너희들은 결코 함부로 이러쿵저러쿵하지 않도록 하라.

15. 代筆의 문제

凡代人爲文, 皆作彼語, 理宜然矣。至於哀傷凶禍之辭, 不可輒代。蔡邕(옹)爲胡金盈作≪母靈表頌≫曰:"悲母氏之不永, 然委我而夙喪[1]。" 又爲胡顥(호)作其父銘曰:"葬我考議郎君。"[2] ≪袁三公頌≫曰:"猗(의)歟我祖, 出自有嬀(규)。"[3] 王粲爲潘文則≪思親詩≫云:"躬此勞悴[4], 鞠[5]予小人;庶我顯妣, 克保遐年。" 而並載乎邕、粲之集[6], 此例甚衆。古人之所行, 今世以爲諱。陳思王≪武帝誄≫, 遂深永蟄(칩)[7]之思;潘岳≪悼亡賦≫, 乃愴手澤之遺[8]:是方父於蟲[9], 匹婦於考[10]也。蔡邕≪楊秉碑≫云:"統大麓之重。"[11] 潘尼≪贈盧景宣詩≫云:"九五思龍飛。"[12] 孫楚≪王驃騎誄≫云:"奄忽登遐。"[13] 陸機≪父誄≫[14]云:"億兆宅心, 敦敍百揆。"[15] ≪姊誄≫云:"俔(현)天之和。"[16] 今爲此言, 則朝廷之罪人也[17]。王粲≪贈楊德祖詩≫云:"我君餞之, 其樂洩洩(설)。"[18] 不可妄施人子, 況儲君[19]乎?

1) 然委我而夙喪: ≪餘師錄≫에는 '然'이 '倏(갑자기)'으로 되어 있는데 '倏'자가 뜻이 더 낫다.〔王利器〕
胡金盈은 胡廣의 딸이다. 이 글은 오늘날 蔡邕의 문집에 들어 있는데 "어찌 나를 버리고 일찍 돌아가셨는가?〔胡委我以夙喪〕"로 되어 있다.〔盧文弨〕
2) 胡顥(호)作其父銘曰 葬我考議郎君: 胡顥는 胡廣의 손자이고, 議郎은 이름이 寧이다. 지금 蔡邕의 문집에는 〈袁三公頌〉과 함께 망실되고 없다.〔盧文弨〕
3) 猗(의)歟我祖 出自有嬀(규): ≪春秋左氏傳≫ 昭公 8년의 杜預 注에 "胡公 滿은 遂의 후예로서 周 武王을 섬기자, 姓을 하사하여 嬀라 하고 陳 땅에 봉하였다."라 하였다. ≪廣韻≫ 〈二十一欣〉에서는 "袁氏 성에서 陳郡, 汝南, 彭城 등 세 고을의 望族들이 배출되었는데, 본래는 胡公의 후손에서 나왔다."라 하였다. ≪詩經≫ 〈周頌 潛〉에서 "아아! 漆水, 沮水엔.〔猗與漆沮〕"이라 하였고, ≪鄭箋≫에서 "猗與는 탄복하여 찬미하는 말이다."라 하였다.〔王利器〕
4) 躬此勞悴: ≪詩經≫ 〈小雅 蓼莪(육아)〉에서 "슬프구나, 부모님은, 나를 기르시느라

수고롭고 병이 드셨네.〔哀哀父母 生我勞瘁〕"라 하였고, ≪鄭箋≫에서 "瘁(췌)는 병들었다는 뜻이다."라 하였다. 羅本, 傅本, 顔本, 程本, 胡本, 何本, 朱本, 文津本과 ≪餘師錄≫에는 '悴'이 '瘁'로 되어 있는데, 通用字이다.〔王利器〕

5) 鞠 : ≪詩經≫ 〈小雅 蓼莪〉에서 "어머님 날 기르셨네.〔母兮鞠我〕"라 하였고, ≪毛傳≫에서 "鞠은 기른다는 뜻이다."라 하였다.〔王利器〕

6) 邕粲之集 : 〈思親詩〉는 오늘날 王粲의 文集에 있다.〔趙曦明〕

7) 永蟄(칩) : ≪文心雕龍≫ 〈指瑕〉에서 "永蟄은 곤충에 어울리는 표현이다."라 하였다.〔郝懿行〕 ≪藝文類聚≫ 14에 수록된 曹植의 〈武帝誄〉에 "문 빗장 하나에 잠기어, 존엄한 혼령은 영원히 蟄伏하시다."라고 하였다.〔李詳〕

영원히 蟄伏하다. 영원히 잠들다. 永眠하다.〔역자〕

8) 手澤之遺 : ≪潘岳集≫에 〈悼亡賦〉가 실려 있는데 이 句는 없다.〔趙曦明〕

손때가 남은 것이다.〔역자〕

9) 方父於蟲 : ≪禮記≫ 〈月令〉에서 "초가을 달에 접어들면 겨울잠 자는 벌레〔蟄蟲〕는 모두 숨는다."라 하였다.〔趙曦明〕

10) 匹婦於考 : ≪禮記≫ 〈玉藻〉에서 "아버님이 돌아가시고 나면 아버님이 읽으시던 책을 차마 읽을 수가 없으니, 거기에 손때가 남아 있기 때문이다."라 하였다.〔趙曦明〕

11) 統大麓之重 : 오늘날 ≪蔡邕集≫에 수록된 〈秉碑〉 1篇에는 이런 말이 나오지 않는다. ≪尙書≫ 〈舜典〉에 "大麓을 맡기시니, 사나운 바람과 雷雨에도 길을 잃지 않았다."라는 표현이 있다.〔趙曦明〕

鄭玄 注의 ≪尙書大傳≫에서 "산기슭을 麓이라 하는데, 麓은 錄의 뜻이다. 옛날 天子가 大事를 命하고 諸侯에게 命할 때면 國外에 제단을 만들었다. 堯임금은 諸侯들을 모아놓고 舜에게 명하여 자리에 올라 天子의 업무를 대신하도록 하고, 천하의 일들을 가져와 크게 기록하게 하였다."라 하였다.〔盧文弨〕

≪漢書≫ 〈王莽傳 中〉에서 "내가 이전에 大麓에 있으면서 임시로 天子의 일을 맡기도 하였다."라 하였는데, 용법이 이와 같다.〔王利器〕

12) 九五思龍飛 : 오늘날 潘尼의 文集 중에 〈送盧景宣〉이라는 詩 1首가 있지만 이 구절은 없다. ≪周易≫ 乾卦에 "九五에 飛龍이 하늘에 있으니, 大人을 만나봄이 이롭다."라 하였다. 九五는 군주의 자리이고, 飛龍은 聖人이 나타나 天子가 되는 것이니, 함부로 써서는 안 된다.〔趙曦明〕

13) 奄忽登遐 : 이 글은 오늘날에는 이미 없어지고 전하지 않는다. ≪禮記≫ 〈曲禮 下〉에서 "〈諸侯들에게 天子의〉 죽음을 전할 때에는, 天王께서 登假하셨다고 말한다."라고 하였는데, 이때 '假'자는 '하(遐)'로 읽는다.〔趙曦明〕

孫楚는 ≪晉書≫ 本傳에서 "字가 子荊이고 太原 中都 사람이다."라고 했다. ≪隋

書≫ 〈經籍志〉에 그의 文集 6卷이 나온다. ≪文選≫에 수록된 馬融 〈長笛賦〉의 "어느새 사라졌다.〔奄忽滅沒〕"에 대한 注에서, ≪方言≫을 인용하여 "奄은 '갑자기〔遽〕'라는 뜻이다."라 하였다. ≪三國志≫ 〈蜀書 先主傳〉에 "갑자기 승하하다.〔奄忽升遐〕"라는 표현이 나온다.〔王利器〕

14) 陸機父誄 : 陸機의 아버지 陸抗은 吳나라 大司馬였다. ≪藝文類聚≫ 47에 인용된 陸機의 〈吳大司馬陸抗誄〉에는 이 두 구절이 없다.〔王利器〕

15) 億兆宅心 敦敍百揆 : ≪春秋左氏傳≫ 閔公 원년에서 "天子는 〈백성을〉 兆民이라 부른다."라 하였고, ≪尙書≫ 〈泰誓 中〉에서는 "紂에게 億兆의 백성이 있다."라 하였으며, 또 〈康誥〉에서는 "너는 크게 멀리 商나라의 나이 들고 경험 많은 사람들의 말을 들어, 마음을 의지하고〔宅心〕 교훈으로 삼아라."라 하였다. ≪文選≫에 수록된 劉越石의 〈勸進表〉에 "순후한 교화가 펼쳐지니, 온 나라 사람들이 마음을 의지한다.〔宅心〕"라고 했다. ≪尙書≫ 〈皐陶謨〉에서는 "온 집안을 화목하고 질서 있게 한다.〔惇敍〕"라 하였고, 〈舜典〉에서는 "백관〔百揆〕에 인재를 앉히니, 백관〔百揆〕이 이때에 질서가 잡혔다."라고 했다.〔趙曦明〕

16) 俔(현)天之和 : 顔本과 朱本 및 ≪餘師錄≫에는 '和'가 '妹'로 되어 있다. 지금 陸機의 문집에는 이 글이 없다. ≪詩經≫ 〈大雅 大明〉에 "큰 나라에 딸이 있었으니, 하늘의 소녀에 견줄 수 있겠네.〔大邦有子 俔天之妹〕"라고 한 구절이 있다. ≪說文解字≫에서 "俔은 비유한다는 뜻이다."라 했다.〔趙曦明〕

이 표현도 본래 周 文王의 后인 太姒에 사용된 것이므로, 陸機가 누이의 誄文에 사용하기에는 적절치 못하다는 뜻이다.〔역자〕

17) 陳思王武帝誄……則朝廷之罪人也 : ≪文心雕龍≫ 〈指瑕〉篇의 내용과 취지가 비슷하므로, 참고할 만하다.〔王利器〕

18) 我君餞之 其樂洩洩(설) : 이 작품은 이미 망실되어 전하지 않는다. 楊脩는 字가 德祖이고 太尉 楊彪(표)의 아들이다. ≪春秋左氏傳≫ 隱公 원년에서 "莊公이 굴속으로 들어가 노래하기를 '큰 굴속은 그 즐거움이 和樂하여라.'라고 했고, 모친 姜氏는 나와서 노래하기를 '굴 바깥은 그 즐거움이 넘쳐 나오는구나.〔其樂洩洩〕'라고 했다."라 하였다.〔趙曦明〕

杜預의 注에서 "洩洩은 펼쳐져서 흩어지는 것이다."라 하였다.〔王利器〕

'其樂洩洩'은 그 유래가 반역을 한 동생 편에 섰던 춘추시대 鄭 莊公의 어머니인 武姜이, 뒤에 莊公과 화해하면서 나온 이야기에서 사용된 표현이다. 따라서 일반적인 글에 함부로 이 표현을 사용할 수 없다는 뜻이다.〔역자〕

19) 儲君 : '황태자, 세자'의 뜻이다. ≪後漢書≫ 〈安紀贊〉에서 "지위를 낮추어 태자의 신분〔儲嫡〕을 박탈하였다."라고 하였고, 李賢의 注에서 "儲嫡은 태자를 말한다."라

하였다.〔王利器〕

남을 대신하여 글을 써줄 경우 언제나 그 사람이 말하는 방식으로 쓰는 것이 이치상 옳다. 〈그러니〉 슬프고 흉한 내용의 글을 함부로 대신 써줄 수는 없다. 蔡邕이 胡金盈을 위해 〈母靈表頌〉을 지으면서 "어머님이 오래 사시지 못한 것이 슬프구나, 갑자기 날 버리고 일찍 돌아가셨으니."라 하였다. 또 胡顥를 위해 그 아버지의 銘文을 지으면서 "내 아버지 議郎君을 장사 지낸다."라고 하였으며, 〈哀三公頌〉에서는 "아아! 우리 조상님, 嬀氏 성에서 나오셨네."라 하였다. 王粲은 潘文則을 위한 〈思親詩〉에서 "몸소 이렇게 고생하시며 우리 어린 자식을 키워주셨네. 돌아가신 우리 어머님 내내 평안하소서."라고 했다. 모두 蔡邕과 王粲의 문집에 실려 있는데, 이러한 사례는 대단히 많다. 옛사람들이 행하던 일이었지만 오늘날에는 금기로 여긴다.

陳思王 曹植은 〈武帝誄〉에서 영원히 蟄伏하심을 깊이 생각한다고 하였고, 潘岳은 〈悼亡賦〉에서 손때가 남은 것을 보며 슬퍼한다고 했다. 이는 아버지를 벌레에 비유한 것이요, 아내를 돌아가신 아버지에 견준 것이다. 蔡邕은 〈楊秉碑〉에서 "大麓의 중책을 통괄하였다."라 하였고, 潘尼는 〈贈盧景宣詩〉에서 "九五에 용이 날아가는 것을 생각한다."라고 했으며, 孫楚는 〈王驃騎誄〉에서 "갑자기 登遐하셨다."라고 했다. 陸機는 〈父誄〉에서 "많은 백성들이 마음을 의지하였고, 백관이 화목하고 질서가 잡혔다."라고 하였고, 〈姊誄〉에서는 "하늘 소녀에 견준다."라고 했다. 오늘날 〈임금에게나 사용할 수 있는〉 이런 말을 썼다가는 朝廷의 죄인이 될 것이다.

王粲은 〈與楊德祖詩〉에서 "우리 임금님 그를 전별하시니, 즐거움이 洩洩하도다."라 하였다. 〈母子가 화해할 때 쓰는 이런 표현은〉 남의 자식에게도 함부로 써서는 안 되는데, 하물며 太子에게야 말할 나위 있으랴?

16. 挽歌의 형식

挽歌辭者，或云古者≪虞殯≫[1)]之歌，或云出自田横之客[2)]，皆爲生者悼往告哀之意。陸平原[3)]多爲死人自歎之言[4)]，詩格[5)]旣無此例，又乖製作本意[6)]。

1) 虞殯 : ≪春秋左氏傳≫ 哀公 11년에서 "公孫夏는 그의 부하들에게 〈虞殯〉을 노래하

도록 명하였다."라 하였고, 注에서 "〈虞殯〉은 葬送의 노래이다."라 하였다.〔趙曦明〕

2) 出自田橫之客 : 崔豹의 ≪古今注≫에서 "〈薤(해)露〉와 〈蒿(호)里〉는 모두 喪歌이다. 田橫이 자살을 하자 門人들이 이를 슬퍼하며 그를 위해 슬픈 노래를 지었는데, 내용은 사람 목숨이 염교 위의 이슬같이 쉬이 말라 없어진다는 것이었다. 또 사람이 죽으면 혼백이 蒿里로 돌아간다는 내용도 있어, 2章으로 되어 있다. 李延年에 이르러 두 曲으로 나누어 〈薤露〉는 王公·貴人의 葬送에, 〈蒿里〉는 士大夫·庶人의 장송에 사용하였으며, 운구하는 사람으로 하여금 노래하게 한다고 하여 세상에서 挽歌라고 불렀다."라 하였다.〔趙曦明〕

田橫은 秦·漢 교체기의 인물로서 齊王 田儋(담)의 從弟이며 田榮의 동생이었다. 한때 자립하여 齊王이 된 적도 있었다. 劉邦이 천하를 통일하자 부하 500명과 함께 海島로 숨었는데, 劉邦이 그가 계속 반항할까 두려워 사람을 보내어 官爵을 약속하며 그를 불러들였으나 결국 자살하고 말았다. 그러자 그를 따르던 부하들도 모두 자살을 하였다고 한다. ≪史記≫ 〈田儋列傳〉 참조.〔역자〕

3) 陸平原 : 陸機를 가리킨다. 平原內史를 지냈다.〔趙曦明〕

4) 多爲死人自歎之言 : 陸機의 〈挽歌詩〉가 3首 있지만 모두가 죽은 사람이 자기 신세를 한탄하는 내용은 아니고, 오직 1首만이 "넓은 하늘 어찌나 아득하고 휑한지? 기나긴 밤 언제쯤 밝아오려나? 산 사람은 가더라도 돌아올 날 있겠지만, 나 죽으면 영영 돌아올 때 없으리."라 한 것처럼, 자탄하는 내용의 가사이다.〔趙曦明〕

≪文選≫ 卷28에 만가들이 수록되어 있다. 이 중 繆襲(무습)의 〈挽歌〉에서는 "천지조화가 비록 神明하여도, 어찌 다시 나를 살릴 수 있으랴?"라 하였고, 陶潛의 〈挽歌辭〉에서는 "아이는 아비를 찾으며 울고, 친구는 나를 어루만지면서 통곡하네."라 하고, "주안상이 내 앞에 가득 차려지고, 친구는 내 옆에서 통곡을 하네."라 하고, "된서리 내린 9월 어느 날, 나를 묻으러 먼 교외로 나가네."라 하였는데, 모두가 죽은 사람이 자신의 신세를 한탄하는 내용이므로, 陸機의 경우만 그런 것은 아니었다.〔王利器〕

5) 詩格 : ≪唐書≫ 〈藝文志〉의 丁部에 ≪詩格≫이나 ≪詩式≫類의 작자로 元兢 이하 모두 7인이 기록되어 있다. ≪顔氏家訓≫에 따르면 ≪詩格≫과 ≪詩式≫이 비록 唐人들에 의해 처음으로 엮어져서 책으로 나왔지만, 그 구상은 이미 六朝 때에 나왔던 셈이다.〔王利器〕

6) 乖製作本意 : 陶淵明이 자작한 〈挽歌〉에는 그의 曠達한 성품이 잘 드러나 있긴 하지만, 그 때문에 만가로서는 變格이 되었다.〔郝懿行〕

挽歌의 가사에 대해 어떤 이는 옛날 葬送曲인 〈虞殯〉의 노래였다고 하기도 하고,

어떤 이는 田横의 賓客들에게서 나왔다고 하는데, 어느 경우나 다 산 사람이 죽은 이를 애도하고 슬픈 마음을 표시하기 위한 것이다. 陸機는 죽은 이가 자기 신세를 한탄하는 내용을 많이 썼는데, 시 형식에 이러한 예는 없을 뿐만 아니라 만가를 만드는 본래의 취지와도 어긋난다.

17. 내용의 一貫性 - 讚美와 諷刺

凡詩人之作, 刺箴美頌, 各有源流, 未嘗混雜, 善惡同篇也。陸機爲≪齊謳(구)篇≫[1], 前敍山川物產風教之盛, 後章忽鄙山川之情[2], 殊[3]失厥體。其爲≪吳趨行≫[4], 何不陳子光、夫差乎[5]? ≪京洛行≫[6], 胡不述赧(난)王、靈帝乎[7]?

1) 齊謳(구)篇 : ≪樂府詩集≫에서 "陸機의 〈齊謳行〉은 齊의 훌륭함을 두루 이야기하면서, 또한 사람들로 하여금 본분에 맞추어 곧게 살고 헛된 것을 꾀하지 않도록 하고자 했다."라 하였다.〔沈揆〕

≪文選≫ 〈齊謳行〉에 대한 張銑의 注에서도 "이것은 齊나라 사람이 노래한 國風이라고 할 수 있는데, 마지막 부분에서 또한 사람들로 하여금 본분에 맞추어 곧게 살아가고, 헛된 것을 꾀하지 않게 하고자 했다."라 하였다.〔王利器〕

2) 忽鄙山川之情 : 〈顔之推의 이 견해는〉 옳지 않다. 이 시는 '惟師' 이하로, 景公이 형세가 뛰어난 지형에 버티고 있으면서도 呂尙과 桓公 같은 업적을 세우지 못하고 단지 牛山의 즐거움에만 연연하면서 옛날 죽음이 없던 시절을 그리워했던 일을 풍자하였다.〔趙曦明〕

〈齊謳行〉에서 "비천하다! 牛山에서의 탄식이. 至人의 경지에 오르지 못했구나."라 하였는데, 이는 景公을 비천하게 본 것일 뿐이지 山川을 비천하게 본 것은 아니다. 齊 景公은 牛山에 올라 나라를 떠나서 죽는 것을 슬퍼하였는데, 이 이야기는 ≪韓詩外傳≫ 卷10, ≪晏子春秋≫의 〈內篇〉·〈諫上〉·〈外篇〉, ≪列子≫ 〈力命〉 및 ≪太平御覽≫ 428에 인용된 ≪新序≫에 나온다.〔王利器〕

3) 殊 : 본래 '疎'로 되어 있으나, 傅本, 朱本, ≪餘師錄≫에 '殊'로 되어 있고, 이것이 의미상 더 나으므로 이를 따른다.〔王利器〕

4) 吳趨行 : ≪樂府詩集≫에서는 崔豹의 ≪古今注≫를 인용하여 "〈吳趨行〉은 吳나라 사람이 그 땅을 노래한 것이다."라 하였다. 陸機는 〈吳趨行〉에서 "내가 〈吳趨行〉을 노래하는 걸 들어보소."라 하였는데, 趨는 걷는다는 뜻이다. '吳越行'이라 해놓은 판본도 있는데 잘못된 것이다.〔沈揆〕

≪文選≫의 〈吳趨行〉에 대한 劉良의 注에서 "이 노래는 吳나라 사람이 그 지방의 풍속을 노래한 것이다."라 하였다.〔王利器〕

5) 何不陳子光夫差乎 : 이 견해는 옳지 않다. 吳는 대대로 陸機의 조상의 무덤이 있는 곳이므로, 벼슬을 내던지고 돌아가는 것으로써 아름다움이 더해지는 형식이 되어야지, 어찌 闔閭나 夫差의 이야기를 진술하겠는가?〔趙曦明〕

子光은 春秋 말기 吳나라의 군주였던 闔閭를 가리킨다. 그의 이름이 光이었다. 夫差는 그의 아들로서, 아버지의 유언에 따라 부국강병에 힘써 越나라를 쳐서 會稽에서 越王 句踐으로부터 항복을 받아내지만, 결국엔 伍子胥의 충고를 받아들이지 않고 오만에 빠져서 다시 句踐에게 패하여 멸망하고 만다.〔역자〕

6) 京洛行 : ≪樂府詩集≫ 卷39 〈煌煌京洛行〉의 題下에 魏 文帝의 작품 외 4首가 있지만 陸機의 작품은 없는 것으로 보아, 아마도 宋代에 이미 망실된 듯하다.〔王利器〕

7) 胡不述赧(난)王靈帝乎 : 이 견해는 옳지 않다. 京洛은 天子의 거처이므로, 마땅히 모범으로 삼고 경계로 삼을 만한 것을 내용으로 해야지, 무엇 때문에 赧王과 靈帝에 관해 서술하겠는가?〔趙曦明〕

赧王(B.C.314~B.C.256)은 東周의 마지막 임금이었고, 靈帝(168~189)는 東漢 말기의 황제로서 모두 혼란한 시기의 제왕들이었다.〔역자〕

≪詩經≫의 시에서 諷刺하여 경계하는 것과 讚美하여 기리는 것은 각각 그 원류가 있고, 찬미와 풍자가 같은 작품 속에 함께 뒤섞인 경우는 일찍이 없었다. 陸機는 〈齊謳篇〉을 지었는데, 앞에서는 山川과 物産, 風俗과 敎化의 흥성함을 서술하다가 뒷장에서 갑자기 山川을 천하게 여기는 마음을 드러내었으니, 그 체재를 완전히 잃고 말았다. 〈이렇게 찬미와 풍자를 같은 작품 속에 뒤섞어도 된다면〉 그가 지은 〈吳趨行〉에서는 왜 闔閭와 夫差에 대하여 진술하지 않았을까? 또 〈京洛行〉에서는 왜 赧王과 靈帝에 대하여 서술하지 않았을까?

18. 用事 誤謬의 사례들

自古宏才博學, 用事誤者有矣。百家雜說, 或有不同, 書儻湮滅, 後人不見, 故未敢輕議之。今指知決紕繆(비류)[1]者, 略擧一兩端以爲誡。≪詩≫云 : "有鷕(요)雉鳴。"[2] 又曰: "雉鳴求其牡。" ≪毛傳≫亦曰 : "鷕, 雌雉聲。" 又云 : "雉之朝雊(구), 尙求其雌。"[3] 鄭玄注≪月令≫亦云 : "雊, 雄雉鳴。"[4] 潘岳賦[5]曰 : "雉鷕鷕以朝

雊。" 是則混雜其雄雌矣[6)]。《詩》云："孔懷兄弟[7)]。" 孔，甚也；懷，思也，言甚可思也。陸機《與長沙顧母書》，述從祖弟士璜(황)死[8)]，乃言："痛心拔腦，有如孔懷。" 心旣痛矣，卽爲甚思，何故方言有如也？觀其此意，當謂親兄弟爲孔懷[9)]。《詩》云："父母孔邇。"[10)] 而呼二親爲孔邇，於義通乎？《異物志》[11)]云："擁劍狀如蟹(해)[12)]，但一螯偏大爾。" 何遜[13)]詩云："躍魚如擁劍。"[14)] 是不分魚蟹也。《漢書》："御史府中列柏樹，常有野鳥數千，棲宿其上，晨去暮來，號朝夕鳥。"[15)] 而文士往往誤作鳥鳶用之[16)]。《抱朴子》說項曼都詐稱得仙[17)]，自云："仙人以流霞一杯與我飮之，輒不飢渴。"[18)] 而簡文詩云："霞流抱朴碗。"[19)] 亦猶郭象以惠施之辨爲莊周言也[20)]。《後漢書》："囚司徒崔烈以鋃鐺(낭당)鎖。"[21)] 鋃鐺，大鎖也，世間多誤作金銀字。武烈太子[22)]亦是數千卷學士，嘗作詩云："銀鎖三公脚，刀撞僕射(야)頭。"[23)] 爲俗所誤。

1) 紕繆(비류)：《禮記》〈大傳〉의 "다섯 가지 중에 한 가지가 어긋난다.〔五者 一物紕繆〕"에 대한 注에서 "紕는 錯과 같다."라고 했다. 《釋文》에서 "紕는 독음이 '비'이고, 繆는 판본에 따라 간혹 '謬'로 쓰기도 한다."라 하였다.〔盧文弨〕
'오류, 착오'의 뜻이다.〔역자〕

2) 有鷕(요)雉鳴：《詩經》〈邶風 匏有苦葉〉에 나오는 詩句이다.〔王利器〕

3) 雉之朝雊(구) 尙求其雌：《詩經》〈小雅 小弁(반)〉에 나오는 詩句이다.〔王利器〕
雉는 꿩의 암수에 다 쓸 수 있는 말이다. 암수 구분을 명확히 할 경우 까투리(암꿩)는 雌雉라 하고, 장끼(수꿩)는 雄雉라고 한다. 하지만 鷕는 까투리가 우는 경우에만, 雊는 장끼가 우는 경우에만 쓸 수 있다. 鳴은 암수 구분이 없다.〔역자〕

4) 月令亦云 雊雄雉鳴：〈月令〉은 《禮記》의 篇名이다. 이 구절은 《禮記》〈月令〉의 '季冬之月' 부분에 나온다.〔王利器〕
오늘날 전하는 〈月令〉에 대한 鄭注에는 '雄'자 없이 '雊는 꿩이 우는 것이다.〔雊 雉鳴也〕'라고 되어 있다. 《說文解字》에는 '雊는 장끼가 우는 것이다.〔雊 雄雉鳴〕'로 되어 있다.〔郝懿行〕

5) 潘岳賦：潘岳의 〈射雉賦〉를 가리킨다.〔趙曦明〕

6) 混雜其雄雌矣：이 賦에 대한 徐爰의 注에서 "顔延年은 潘岳이 잘못 쓴 것으로 보았다. 《詩經》의 '有鷕雉鳴'은 '수컷을 찾는 것〔求牡〕'이고, '朝雊'는 '암컷을 찾는 것〔求雌〕'이라고 했는데, 여기서 '鷕鷕朝雊'라 한 것은 양쪽을 다 든 것으로, 수컷과 암컷이

모두 우는 것이다."라 하였다. 徐爰의 견해가 옳다. 옛사람들의 行文 중에는 이와 비슷한 것들이 많다.〔趙曦明〕

徐爰과 顔延年은 모두 〈南朝〉 宋人이고 顔之推는 그 이후 사람이므로, 顔延年의 견해를 그대로 계승한 것이 분명하다.〔段玉裁〕

7) 孔懷兄弟 : ≪詩經≫ 〈小雅 常棣〉에는 '兄弟孔懷'로 되어 있다.〔趙曦明〕

8) 述從祖弟士璜(황)死 : ≪太平御覽≫ 695에 인용된 陸機의 〈與長沙夫人書〉에서 "士璜이 죽어 저고리 하나가 적은 것이 안타까우니, 저의 새 저고리를 그에게 주십시오."라고 하였는데, 바로 이 편지이다.〔王利器〕

9) 當謂親兄弟爲孔懷 : 三國時代부터 隋代까지의 문장에서 '孔懷之親', '孔懷之思', '孔懷之情' 등과 같은 식으로 '孔懷'를 친형제라는 의미로 사용한 예들이 많았다.〔王利器〕

10) 父母孔邇 : ≪詩經≫ 〈周南 汝墳〉에 나온다.〔王利器〕

11) 異物志 : ≪隋書≫ 〈經籍志〉에서 "≪異物志≫ 1卷은 漢代에 議郎 楊孚가 지었다."라 하였다.〔趙曦明〕

12) 擁劍狀如蟹(해) : ≪古今注≫ 中 〈魚蟲〉 第5에서 "蟚蚏(팽월)은 작은 게로서 바닷가에 살며 흙을 먹는데, 일명 長卿이라고도 한다. 집게발 하나가 유난히 커서 그것을 擁劍이라고 부른다. 또한 執火라는 이름도 있는데, 집게발이 붉은색이어서 그렇게 부른다."라 하였다.〔王利器〕

13) 何遜 : ≪梁書≫ 〈文學傳〉에서 "何遜은 字가 仲言이고 東海 郯(담) 사람이다. 여덟 살에 시와 문장을 지을 줄 알았고, 劉孝綽과 더불어 당시에 존중받았다."라 하였다.〔趙曦明〕

14) 躍魚如擁劍 : 何遜의 〈渡連圻(기)〉 2首에서 "물고기 노는 것이 마치 擁劍과 같고, 원숭이가 걸린 것이 마치 오이가 매달린 것 같다."라 하였다.〔王利器〕

15) 御史府中列柏樹……號朝夕鳥 : ≪漢書≫ 〈朱博傳〉에 故事가 나온다.〔王利器〕

16) 文士往往誤作烏鳶用之 : 顔之推가 당시에 본 ≪漢書≫는 어쩌면 전하는 과정 중 착오가 난 것일 수도 있는데, 宋祁(기)는 이 한 가지만 근거로 古書를 고치려고 하였으므로 신뢰할 수가 없다. 御史府를 烏署라 하는 것은 唐代에 만들어진 책에서도 나온다. '烏府', '烏臺'라는 말이 ≪白六帖≫에 나오고, 唐의 張良器는 〈烏臺賦〉에서 "문에는 새벽에 지렁이가 나오고, 나무에는 석양에 까마귀〔烏〕가 온다."라 하였는데, 바로 이 故事를 사용한 것이다. 이로 미루어 唐 이후로 ≪漢書≫에서 모두 '烏'로 써왔음이 분명하다.〔周壽昌〕

17) 項曼都詐稱得仙 : 葛洪의 이 견해는 王充의 ≪論衡≫ 〈道虛〉에서 나왔다.〔劉盼遂〕

18) 仙人以流霞一杯與我飮之 輒不飢渴 : ≪抱朴子≫ 〈祛惑(거혹)〉에 나온다.〔盧文弨〕

19) 霞流抱朴碗 : 현존하는 簡文帝의 文集에는 이 시가 없다.〔王利器〕

《抱朴子》〈袪惑〉篇의 내용은 王充의 《論衡》〈道虛〉篇에 근거를 둔 것이다. 〈道虛〉篇에서 "河東 蒲阪 사람 項曼都가 도술을 좋아하여 神仙術을 배우려고 가족을 내버리고 달아났다가 3년 만에 다시 집으로 돌아왔다. 어떻게 된 일인지 물어보니 말하기를 '떠날 때 어떻게 되었는지 모르겠지만 얼핏 보니 누워 있었던 것 같은데, 신선 몇 사람이 나를 데리고 하늘에 올라 달로부터 몇 리 되는 곳에 멈추었다. 달을 보니 아래위가 모두 어두웠고, 그 어두운 곳에서는 방향을 알 수가 없었다. 달 옆에 있으니 그곳은 춥고 쓸쓸했는데, 배가 고파 먹으려 하면 그때마다 신선이 나에게 流霞酒 한 잔을 마시게 하였다. 한 잔 마시면 그때마다 몇 달 동안 배가 고프지 않았다. 떠나온 지가 몇 년 몇 달이 되는지 또 어떻게 왔는지도 몰랐는데, 또 문득 누운 것 같더니 다시 이리로 내려왔다.'라고 하였다. 河東에서는 그를 일컬어 斥仙이라 하였다."라고 하였다. 이것이 바로 《抱朴子》 이야기의 출처이다. 簡文帝의 시에서 "유하주를 따른 抱朴子의 사발〔霞流抱朴碗〕"이라고 하였으니 "유하주 따른 王充의 사발〔霞流王充碗〕"이라고 해도 되겠는가? 顔之推가 나무랄 만도 하다.〔劉盼遂〕

20) 郭象以惠施之辨爲莊周言也 : 《莊子》〈天下〉篇에서는 '惠施多方……' 이하 부분을 惠施의 말로 지목하여 서술하면서 그 옳고 그름을 따지고 있다. 郭象의 注에서는 "예전에 내가 《莊子》를 읽기 전에, 일찍이 논자들이 尺捶, 連環의 의미를 놓고서 다투며 모두 莊周의 말이라 한다고 들었다. 이 〈天下〉篇은 諸子들을 비교하며 평한 것인데, 이 章에 이르러서는 그 내용이 뒤죽박죽이고 말도 이치에 맞지 않으니, 길거리에서 쑥덕거리는 소리가 사실을 해치고 있음을 알겠다."라 하였다. 郭象의 注가 본래 정확한 것인데 顔之推가 비난했으니, 잘못된 것이다.〔趙曦明〕

여기서 郭象이 惠施의 辨說을 莊周의 말로 여겼다는 것은, 앞서 簡文帝의 시에서 項曼都의 것으로 인용해야 할 것을 抱朴子의 것으로 잘못 인용했음을 비유적으로 말한 것이다.〔역자〕

21) 囚司徒崔烈以鋃鐺(낭당)鎖 : 《後漢書》〈崔駰傳〉에 "〈崔駰의〉 손자가 崔寔(식)이고 從弟가 崔烈인데, 〈崔烈은〉 유모를 시켜 돈 500만 전을 바쳐서 司徒가 될 수 있었다. 獻帝 때 아들 崔鈞이 袁紹와 함께 山東에서 군사를 일으키자, 董卓이 이 일로 崔烈을 잡아들여 郿(미)의 감옥에 넘기고는 족쇄로 묶고 項鎖를 채웠다. 董卓이 죽자 〈풀려나〉 城門校尉에 제수되었다."라 하였다.〔趙曦明〕

《能改齋漫錄》 7에서 "韓子蒼은 〈夏夜廣壽寺偶書〉에서 '성에 밤 알리는 종소리 울리자, 스님 다 다녀가고 법당은 텅 비었다. 침상 옮기어 서남쪽을 향하고는, 누워서 저녁 바람에 흔들리는 風磬 바라본다.'라 하였다. 《顔氏家訓》에서……顔之推가 인용한 '鋃鐺'이란 글자는 모두 쇠금변〔金〕인데, 韓子蒼이 쓴 글자는 모두 구슬옥변〔玉〕이며, 鋃鐺을 풍경의 뜻으로 쓰고 있지 쇠사슬이 아니다. 韓子蒼은 책을 많이 읽은 사람이므로 아마 다른 근거가 있을 것이다. 洪龜父 역시 '풍경이 절에서 울린다.〔琅璫鳴佛屋〕'라고 했다."라 하였다. ≪漢書≫ 〈王莽傳 下〉의 "以鐵鎖琅當其頸"에 대하여 顔師古는 "琅當은 큰 족쇄〔長鎖〕이다."라고 했는데, 글자는 구슬옥변이 맞다.〔王利器〕

22) 武烈太子 : ≪南史≫ 〈忠壯世子方等傳〉에서 "字는 實相이고 元帝의 장자이다. 젊어서 聰敏하였고 뛰어난 재주를 지녔는데, 남방을 토벌하다가 패하여 익사하자 시호를 忠壯이라 하였다. 元帝가 즉위하자 시호를 武烈世子로 고쳤다."라 하였다.〔盧文弨〕

23) 銀鎖三公脚 刀撞僕射(야)頭 : 蕭方等의 文集이 전하지 않아 상세한 내용은 알 수 없다.〔王利器〕

예로부터 대단한 재주를 가진 박학한 사람들 중에도 用事에 오류를 범하는 경우가 있다. 百家의 여러 주장들이 간혹 서로 다를 수도 있고, 책이 인멸되어 후인들이 볼 수 없는 경우도 있으므로, 감히 함부로 논할 수는 없다. 이제 분명히 오류임을 알 수 있는 것 몇 가지만 들어서 경계로 삼고자 한다.

≪詩經≫에서 "꿩꿩, 까투리가 운다.〔有鷕雉鳴〕"라 하였고, 또 "까투리가 울며 수컷을 찾는다.〔雉鳴求其牡〕"라고 하였다. ≪毛傳≫에서도 "鷕는 까투리 소리이다.〔鷕 雌雉聲〕"라고 하였고, 또 "장끼가 아침에 우는 것은 그 암컷을 찾아서이다.〔雉之朝雊 尙求其雌〕"라고 하였다. ≪禮記≫ 〈月令〉에 대한 鄭玄의 注에서도 "雊는 장끼가 우는 것이다.〔雊 雄雉鳴〕"라고 하였다. 그런데 潘岳의 賦에서 "꿩이 鷕鷕하면서 아침에 우네.〔雉鷕鷕以朝雊〕"라 하였으니, 이는 그 암수를 뒤섞어 혼동한 것이다.

≪詩經≫에서 "형제가 몹시 그립다.〔孔懷兄弟〕"라 하였다. 孔은 몹시라는 뜻이고, 懷는 그리워하다라는 뜻이므로, 몹시 그립다는 말이다. 陸機는 〈與長沙顧母書〉에서 육촌 아우인 士璜의 죽음을 기술하면서 "마음 쓰라리고 뇌를 뽑는 슬픔이, 마치 孔懷 같은 데가 있다.〔痛心拔腦 有如孔懷〕"라 하였다. 마음이 쓰라리다면 몹시 그리워한다는 것인데, 무슨 까닭으로 여기에 '……같은 데가 있다〔有如〕'라는 표현을 썼을까? 그 의미를 살펴보면 친형제를 일컬어 '孔懷'라고 한 것이 분명하다. ≪詩經≫에서 "부모님이 아주 가까이에 계시다.〔父母孔邇〕"라고 했다 하여, 양친을 '孔邇'라고 부른다면 뜻이 통하겠는가?

≪異物志≫에서 "擁劍은 모습이 게와 비슷한데, 다만 집게발 하나가 유난히 크다."

라고 하였다. 何遜의 시에서 "뛰는 물고기가 마치 擁劍 같다.〔躍魚如擁劍〕"라 하였으니, 이는 물고기와 게를 구분하지 못한 것이다. ≪漢書≫에서 "御史府 안 늘어선 잣나무에 들새〔野鳥〕 수천 마리가 있는데, 늘 그 나무 위에서 서식하면서 아침에 나갔다가 저녁에 들어오니 朝夕鳥라고 부른다."라 하였다. 그런데 문인들은 왕왕 〈'朝夕鳥'의 '鳥'자를〉 '烏鳶'의 '烏'자로 잘못 인용하곤 한다.

≪抱朴子≫에서 項曼都가 신선술을 터득했다고 거짓말을 하면서, 자칭 "신선이 流霞酒 한 잔을 내게 주기에 마셨더니 갑자기 배고픔과 목마름이 사라졌다."라 했다고 하였다. 그런데 簡文帝의 시에서 "유하주를 따른 抱朴子의 사발〔霞流抱朴碗〕"이라고 하였는데, 이는 郭象이 惠施의 변설을 莊周의 말로 여긴 것과 같다.

≪後漢書≫에서 "司徒 崔烈을 가두고 鋃鐺을 채웠다."라 하였는데, 鋃鐺은 큰 족쇄이다. 그런데 세간에서는 〈鋃을〉 金銀의 '銀'자로 잘못 쓰는 경우가 많다. 武烈太子 역시 책을 수천 권 읽은 선비였지만, 일찍이 시를 지어 "銀으로 三公의 발에 족쇄를 채웠고, 칼로 僕射의 머리를 쳤다.〔銀鎖三公脚 刀撞僕射頭〕"라고 하였다. 세간에서 곧잘 범하는 오류이다.

19. 文章 중의 地理

文章地理, 必須愜當。梁簡文[1)]≪雁門太守行≫[2)]乃云:"鵝軍攻日逐[3)], 燕騎蕩康居[4)]。大宛歸善馬[5)], 小月送降書[6)]。" 蕭子暉[7)]≪隴頭水≫[8)]云:"天寒隴水急, 散漫俱分瀉。北注徂黃龍[9)], 東流會白馬[10)]。" 此亦明珠之纇(뢰)[11)], 美玉之瑕, 宜慎之。

1) 梁簡文 : ≪梁書≫ 〈簡文帝紀〉에서 "諱는 綱이고, 字는 世纘이며, 小字는 六通으로 高祖의 셋째 아들이었다. 大寶 2년에 侯景이 王偉를 시켜 시해하였다. 簡文帝는 평소 시 짓기를 좋아하여 그의 文集 序에서 '나는 7세에 詩癖이 생겨 나이가 들어서도 싫증나지 않았다. 하지만 가볍고 농염한 병폐가 있어 당시에 宮體라고 불렀다.'라고 하였다."라 하였다.〔趙曦明〕

≪隋書≫ 〈經籍志〉에 "梁 ≪簡文集≫ 85卷은 陸罩(조)가 만들고 목록을 붙였다."라 하였다. ≪周書≫ 〈蕭大圜傳〉에는 "≪簡文集≫ 90卷"으로 되어 있다.〔王利器〕

2) 雁門太守行 : ≪漢書≫ 〈匈奴傳〉에서 "趙의 武靈王은 代로부터 陰山 기슭을 따라서 高闕에 이르기까지 국경을 만들고, 雲中, 雁門, 代郡을 설치하였다."라 하였다. ≪漢書≫ 〈地理志〉에 "雁門郡은 秦나라에서 설치하였고 幷州에 속한다."라 하였다.〔趙曦明〕
3) 鵝軍攻日逐 : ≪春秋左氏傳≫ 昭公 21년에서 "宋나라 公子 城이 華氏와 赭(자)丘에서 싸우는데, 鄭翩은 황새의 陣法을 쓰고 싶었고 그의 마부는 거위 陣法을 쓰려고 하였다."라 하였다. ≪漢書≫ 〈匈奴傳〉에 "狐鹿孤 單于가 왕위에 올라 左大將을 左賢王으로 삼았는데 몇 년 후 병으로 죽었다. 그의 아들 先賢撣(탄)이 그 지위를 대신할 수 없게 되자, 다시 日逐王으로 삼았다. 日逐王은 左賢王보다 신분이 낮았다."라 하였다.〔趙曦明〕

 ≪春秋左氏傳≫의 杜預 注에서는 "鸛과 鵝는 모두 陣의 이름이다."라 하였다.〔王利器〕
4) 燕騎蕩康居 : ≪戰國策≫ 〈燕策〉에서 "蘇秦이 燕 文侯에게 유세하며 '燕나라 군사는 戰車가 700이고 騎兵이 6,000입니다.'라고 했다."라 하였고, ≪漢書≫ 〈西域傳〉에 "康居國과 大月氏(지)는 풍속이 같았으며, 동쪽으로 匈奴에 매여 섬겼다."라 하였다.〔趙曦明〕
5) 大宛歸善馬 : ≪漢書≫ 〈西域傳〉에 "大宛國 영역인 貴城山에는 좋은 말이 많았는데, 말이 피와 같은 땀을 흘렸다. 武帝는 사자를 시켜 千金과 金馬를 가지고 가서 大宛에게 좋은 말을 청하게 하였지만 〈大宛 측에서〉 주려 하지 않자, 漢의 사자는 妄言을 하였고 이에 大宛 측에서 漢의 사자를 공격해서 죽였다. 이에 武帝가 貳師將軍을 파견하여 大宛을 치게 하자, 大宛國 사람들은 그들의 왕 毋寡(무과)를 斬首하고 말 3,000필을 바쳤다. 大宛의 왕 蟬封은 漢나라와 약속하기를, 해마다 天馬 두 필을 바치기로 하였다."라 하였다.〔趙曦明〕

 雁門과 大宛 사이는 직선거리로 약 3,000㎞에 달할 정도로 멀리 떨어져 있으므로, 시에 묘사된 戰況이 실제와 거리가 있다는 의미이다.〔喩學詩〕
6) 鵝軍攻日逐……小月送降書 : ≪漢書≫ 〈西域傳〉에서 "大月氏(지)는 單于에게 공격당해 패배하여 멀리 달아났다. 달아날 수 없었던 자들이 南山羌(강)을 점유하니, 이들을 小月氏라 불렀다. 함께 漢나라 使者에게 보고하는 자들로 五翖(흡)侯가 있었는데, 모두 大月氏에 속하였다."라 하였다.〔趙曦明〕

 이것은 梁代 褚翔(저상)의 詩이지 簡文帝의 詩가 아니다. 梁 簡文帝의 〈從軍行〉에는 "먼저 小月氏의 軍陣을 평정하고, 大宛의 城을 물리쳐 없앴다. 좋은 말이 長樂宮으로 돌아왔고, 황금을 水衡에게 주었다."라 하였다. ≪樂府詩集≫ 卷32 참조. 이는 아마도 헷갈려 착오를 범한 것이다. ≪樂府詩集≫ 卷39에 수록된 褚翔의 〈雁門太守行〉에는 "오랑캐 군사가 日逐王을 공격하고, 燕의 기병이 康居를 쓸었다. 大宛이 좋

은 말을 보내오고, 小月氏가 항복문서를 보내왔다."라 하였다.〔王利器〕

7) 蕭子暉 : ≪梁書≫ 〈蕭子恪(각)傳〉에서 "동생 蕭子暉는 字가 景光으로, 어려서 書體를 섭렵하였고 文才도 있었다."라 하였다.〔趙曦明〕

≪隋書≫ 〈經籍志〉에 文集 9권이 있었다고 한다.〔王利器〕

8) 隴頭水 : ≪後漢書≫ 〈郡國志〉에 "漢陽郡 隴縣은 州刺史의 관할로 隴坻(농지)라는 이름의 큰 비탈이 있다."라 하였고, 注에서 ≪三秦記≫를 인용하여 "그 비탈은 아홉 번을 돌아가는데 그 높이가 얼마인지 알지 못하고, 오르는 사람은 7일을 올라야 넘을 수가 있다. 정상은 100여 가구를 수용할 정도의 넓이인데, 맑은 물이 〈솟아〉 사방으로 흘러내린다."라 하였다. 또 郭仲産의 ≪秦州記≫를 인용하여 "隴山은 동서로 180리가 되는데, 고개에 올라서 동쪽으로 바라보면 秦川이 4, 5백 리 너머에 가물가물하다. 산 동쪽 사람이 행역 나와서 이곳에 올라 돌아보면 고향생각에 슬퍼하지 않는 이가 없다. 그래서 '隴頭에 물이 흘러 사방으로 나뉘어 내려가네. 생각하니 나 행역 나와 넓은 들판을 떠도누나. 높은 데 올라 멀리 바라보니, 눈물 흘러 두 줄기로 떨어지네.'라고 노래했다."라 하였다.〔趙曦明〕

9) 黃龍 : ≪宋書≫ 〈朱脩之傳〉에서 "鮮卑 출신의 馮宏(풍굉)이 燕王을 칭하며 黃龍城을 다스렸다."라 하였다.〔趙曦明〕

10) 白馬 : ≪漢書≫ 〈西南夷傳〉에서 "冉駹(염방)으로부터 동북쪽으로도 君長이 열 명을 헤아렸는데, 白馬가 가장 컸고 모두가 氐(저)族 무리에 속하였다."라 하였다.〔趙曦明〕

隴은 서북쪽에 있고 黃龍은 북쪽에 있으며 白馬는 서남쪽에 있어서, 서로 아주 멀리 떨어져 있는데 강물이 어떻게 거기까지 미칠 수가 있겠는가?〔盧文弨〕

〈隴水行〉과 〈雁門太守行〉이 거창하게 진술하고 있는 地理는 모두 과장의 수법에서 나온 것인데, 顔之推는 문장의 하자로 간주하고 있으니 타당치 않다. 그런데 ≪史記≫ 〈荊燕世家〉에 "漢나라 4년 劉賈를 시켜 병졸 2만 명과 기병 수백 기를 이끌고 白馬津을 건너 楚 땅에 들어가게 했다."라고 한 기록이 있고, ≪正義≫에서 ≪括地志≫를 인용하여 "黎陽은 일명 白馬津이라고도 하며, 滑州 白馬縣 북쪽 30리 되는 곳에 있다."라 하였다. 따라서 여기서의 白馬는 이 白馬津으로 보아야 비로소 '동쪽으로 흐른다.〔東流〕'라고 한 뜻과 맞아 떨어진다. 굳이 멀리 西南에 있는 白馬氐(저)를 갖다 맞추려고 할 필요는 없으며, 또 白馬氐를 가지고 어떻게 동쪽으로 흘러서 만난다고 할 수 있겠는가?〔王利器〕

11) 明珠之纇(뢰) : ≪淮南子≫ 〈氾論訓〉에서 "夏后氏의 瑞玉도 티가 없을 수는 없고, 明月珠도 흠이 없을 수 없다."라 하였다.〔趙曦明〕

'考'는 흠〔瑕釁〕이란 뜻이고, '纇'는 실이 맺힌 데〔絲之結纇〕와 같은 것이다.〔盧文弨〕

글에서 地理는 반드시 합당해야 한다. 梁 簡文帝의 〈雁門太守行〉에서 "거위 陣法으로 日逐王을 공격하고, 燕의 騎兵으로 康居를 휩쓸었다. 大宛에서 좋은 말을 바쳤고, 小月氏는 降書를 보내왔다."라고 하였다. 蕭子暉의 〈隴頭水〉에서는 "날은 차가운데 隴水는 세차게, 콸콸 쏟아져서 나뉘어 흐른다. 북쪽으로 흘러서 黃龍으로 들어가고, 동쪽으로 흘러서 白馬에서 만난다."라고 하였다. 이 역시 밝은 구슬의 흠이요, 아름다운 옥의 티이니 조심해야 한다.

20. 江南의 文學(1) - 王籍의 詩

王籍[1]≪入若耶溪詩≫云："蟬噪林逾靜, 鳥鳴山更幽。" 江南以爲文外斷絶, 物無異議。簡文吟詠, 不能忘之；孝元諷味[2], 以爲不可復得, 至≪懷舊志≫載於≪籍傳≫。范陽盧詢(순)祖[3], 鄴下才俊, 乃言："此不成語, 何事於能[4]？" 魏收亦然其論。≪詩≫云："蕭蕭馬鳴, 悠悠旆(패)旌。"[5] ≪毛傳≫曰："言不諠譁(훤화)[6]也。" 吾每歎此解有情致, 籍詩生於此意[7]耳。

1) 王籍：梁代의 文士이다. ≪梁書≫ 〈文學傳 下〉에서 "王籍은 字가 文海이고 琅邪 臨沂 사람이다. 7세에 문장을 지을 줄 알았다. 커가며 배우기를 좋아해 여러 책을 두루 섭렵하였고 才氣가 있었다. 輕車 겸 湘東王諮議參軍에 제수되어 幕府가 있는 會稽로 隨行하였다가, 일찍이 郡의 경내에 있는 雲門天柱山을 유람한 적이 있는데 여러 달이 지나도 돌아오지 않았다. 若耶溪에 이르러 시를 지어서 云云 하였는데, 당시에 '文外獨絶'이라 여겼다."라 하였다.〔趙曦明〕

≪顔氏家訓≫에 '斷絶'이라 쓴 것은 誤字가 아닌가 싶다.〔王利器〕

2) 諷味：≪文心雕龍≫ 〈辨騷〉에서 "揚雄도 음미해보더니〔諷味〕, 형식이 ≪詩經≫의 雅와 같다고 말하였다."라고 했다.〔王利器〕

3) 盧詢(순)祖：北魏의 文士이다. ≪魏書≫ 〈盧觀傳〉에 "盧觀의 조카가 文偉였고 文偉의 손자가 詢祖였는데, 그는 祖父의 작위 大夏男을 물려받았다. 학문과 기예가 있었고 문장이 아름다웠으며, 젊은 층에서 뛰어난 이로 秀才에 천거되어 鄴으로 갔다."라 하였다.〔盧文弨〕

4) 何事於能：≪論語≫ 〈雍也〉에 "어찌 仁하다고만 하랴?〔何事於仁〕 분명 聖이라 하리라."라 하였는데, 顔之推의 造句는 이것에 근거한 것이다. ≪苕溪漁隱叢話≫ 前1에 인용된 蔡居厚의 ≪寬夫詩話≫에서 "晉·宋間의 시인들은 造語가 비록 빼어나긴 하

지만 대체로 上下 詩句가 같은 뜻인 경우가 많은데, 예를 들면 '물고기 노니 새로 난 연잎이 흔들리고, 새 흩어지자 남은 꽃 떨어진다.〔魚戲新荷動 鳥散餘花落〕'나 '매미 시끄럽게 우니 숲은 더욱 고요해지고, 새가 지저귀니 산이 한층 그윽하다.〔蟬噪林逾靜 鳥鳴山更幽〕'라고 한 것 같은 것으로, 교묘하기는 하지만, 끝내 이런 병폐에서 벗어나지 못하였다."라 하였다. 이 역시 王籍 시의 문제를 말한 것이다.〔王利器〕

5) 詩云……悠悠旆(패)旌 : ≪詩經≫ 〈小雅 車攻〉에 나온다.〔王利器〕

6) 諠譁(훤화) : 시끄럽고 소란하다는 뜻이다.〔역자〕

7) 生於此意 : 王籍의 詩句가 소리로써 소리 없음을 나타낸 〈車攻〉 시의 意境에서 유래하였다는 뜻이다.〔역자〕

王籍의 〈入若耶溪〉 詩에서 "매미가 우니 숲은 더욱 고요해지고, 새가 지저귀니 산은 한층 그윽해진다."라 하였는데, 江南에서는 더 이상 좋은 표현은 없다고 하는 데에 아무런 이의가 없었다. 梁 簡文帝는 읊어보더니 잊지를 못하였고, 孝元帝는 음미해보더니 이런 시는 다시 얻을 수 없다 하며, ≪懷舊志≫ 〈王籍傳〉에 수록하게 하였다.

范陽의 盧詢祖는 鄴 일대에서 뛰어난 문인이었으나 "이건 말이 안 되는데, 무엇 때문에 잘 지었다고 하는 걸까?"라 하였고, 魏收 역시 그의 견해에 동의했다. ≪詩經≫의 "히힝 말 우는 소리, 유유히 나부끼는 깃발."이라 한 詩句에 대해, ≪毛傳≫에서 "소란하지 않음을 말한 것이다."라고 하였다. 나는 이 해석이 운치가 있다고 늘 감탄해왔는데, 王籍의 시는 바로 이 뜻에서 나온 것이다.

21. 江南의 文學(2) - 蕭慤의 詩

蘭陵[1)]蕭慤(각)[2)], 梁室上黃侯之子, 工於篇什(집)[3)]。嘗有≪秋詩≫[4)]云 : "芙蓉露下落, 楊柳月中疎。" 時人未之賞也。吾愛其蕭散[5)], 宛然在目[6)]。潁(영)川荀仲擧[7)], 琅邪(낭야)諸葛漢[8)], 亦以爲爾, 而盧思道[9)]之徒, 雅所不愜(협)[10)]。

1) 蘭陵 : 옛터는 지금의 山東省 嶧縣 동쪽 50里 되는 곳이다.〔王利器〕

2) 蕭慤(각) : ≪北齊書≫ 〈文苑傳〉에서 "蕭慤은 字가 仁祖이고, 梁 上黃侯 蕭曄(엽)의 아들이다. 天保(550~559) 年間에 北齊로 들어와 武平(570~576) 年間에 太子洗馬가 되었다. 일찍이 가을밤에 시를 지어 云云 하였는데, 知音들로부터 칭송을 받았다."라 하였다.〔趙曦明〕

3) 工於篇什(집) : ≪隋書≫ 〈經籍志〉에 "記室參軍 ≪蕭慤集≫ 9卷"이라고 기재되어 있다. 邢邵의 〈蕭仁祖集序〉에서 "蕭慤의 문장은 깎아 다듬은 부분이 간간이 나온다고 할 수 있다. 옛날 潘岳과 陸機는 궤를 나란히 하며 建安의 시풍을 따르지 않았고, 顔延之와 謝靈運은 소리를 모아서 마침내 太原의 기풍을 변혁하였다. 漢代로부터 晉에 이르면서 〈작품의〉 취향은 오히려 잘 어울리지 못했고, 江北과 江南은 구상과 형식이 본래 다를 수밖에 없었다."라 하였다.〔王利器〕

篇什은 詩歌를 뜻한다.〔역자〕

4) 秋詩 : ≪全漢三國晉南北朝詩≫ ≪全北齊詩≫에 蕭慤의 이 시가 수록되어 있는데, 詩題는 〈秋思〉로 되어 있다.〔역자〕

5) 蕭散 : ≪文選≫에 수록된 謝玄暉의 〈始出尙書省〉에서 "이때를 틈타 한가로이 지내며, 깊은 계곡 바닥에 낚시나 드리우리.〔乘此終蕭散 垂竿深澗底〕"라고 한 것에 대한 李周翰의 注에서 "蕭散은 隱逸하겠다는 뜻이다."라고 하였다. 또 江文通의 〈雜體詩〉 30首 중 "얽매인 것들을 잊을 수만 있다면, 훨훨 잡념들을 털어버릴 수 있겠건만.〔直置忘所宰 蕭散得遺慮〕"이라고 한 것에 대한 李延濟의 注에서 "蕭散은 비우고 멀리한다는 뜻이다."라고 했다.〔王利器〕

蕭散은 욕심이나 잡념 따위를 다 떨어내어 마음이 한가롭고 고요한 경지를 뜻한다.〔역자〕

6) 嘗有秋詩云……宛然在目 : 宛然在目은 〈詩句가 그려내는 意境이〉 눈앞에 완연하다는 뜻이다.〔역자〕 ≪苕溪漁隱叢話≫ 後9에서 皮日休의 말을 인용하여 "北齊에서 蕭慤의 '연꽃에 이슬 내리고, 버드나무 달빛 속에 성글다.〔芙蓉露下落 楊柳月中疏〕'라는 詩句를 칭송하였는데, 孟浩然의 시에도 '엷은 구름이 은하수에 희미하고, 가랑비가 오동나무에 떨어진다.〔微雲淡河漢 疏雨滴梧桐〕'라는 구절이 있다.……이는 옛사람과 티끌만 한 것을 놓고서 이기려고 다툰 것이다."라 하였다. 皮日休의 말은 ≪孟亭記≫에 나온다. 尤袤(모)의 ≪全唐詩話≫ 1에도 이 이야기가 기록되어 있다. 許顗(의)의 ≪許彦周詩話≫에는 "六朝詩人의 시는 숙독하지 않으면 안 된다. 예를 들어 '연꽃에 이슬 내리고, 버드나무 달빛 속에 성글다.'의 경우 詩句의 단련이 이 정도에 이르렀으니, 唐代 이래로 이에 미칠 수 있는 이가 없었다. 韓愈가 '齊·梁에서 陳·隋에 이르기까지 작품들은 매미가 시끄럽게 울어대는 것과 같다.'라고 하였는데, 이 말에 대해 내가 감히 논박하지는 못하겠지만 감히 따르지도 못하겠다."라고 하였다. ≪朱子語類≫ 140에서는 "누군가 묻기를 '李白이 「맑은 물에서 연꽃이 피어나니, 자연스럽고 꾸밈이 없네.〔淸水出芙蓉 天然去雕飾〕」라고 한 것에 대해, 이전 시인들 중에 칭송한 사람들이 많은데, 어떻습니까?'라고 하기에 '자연스러운 것은 좋지요. 또 「연꽃에 이슬 내리고, 버드나무 달빛 속에 성글다.」라 한 것 같은 경우 더 훌륭하지

요.'라 하였다."라 하였다. 李東陽의 ≪麓堂詩話≫에서는 " '연꽃에 이슬 내리고, 버드나무 달빛 속에 성글다.'가 무슨 깊은 뜻이 있겠나? 그냥 詩家語일 뿐이다."라 하였다.〔王利器〕

7) 潁(영)川荀仲擧 : 北齊의 文士이다. ≪北齊書≫ 〈文苑傳〉에서 "荀仲擧는 字가 士高이고 潁川 사람이다. 梁에 벼슬을 하여 南沙令이 되어서 蕭明을 따르다가 寒山에서 붙잡혔는데, 長樂王 尉粲이 그를 정중하게 예우하였다. 尉粲과 함께 고주망태가 되도록 술을 마시다가 尉粲의 손을 뼈에 닿을 만큼 깨물었다. 顯祖가 그걸 알고서 荀仲擧에게 곤장을 100대 때렸다. 누군가 그 까닭을 묻자, 대답하기를 '내가 어떻게 알겠소? 당시에는 총채인 줄로만 알았소.'라고 했다."라 하였다.〔趙曦明〕

8) 琅邪(낭야)諸葛漢 : 北齊의 文士이다. ≪北史≫ 〈文苑傳 下〉에서 "諸葛潁은 字가 漢이고 丹楊 建康 사람이다. 文集 20권이 있다."라 하였다. ≪隋書≫에도 傳이 있다. 여기서 琅邪라 한 것은, 아마도 琅邪郡에서 천거되었기 때문일 것이다.〔王利器〕

9) 盧思道 : 北齊의 文士이다. ≪北史≫ 〈盧子眞傳〉에 "元孫 思道는 字가 子行이고 재주와 학문이 모두 두드러졌지만, 사소한 행실에 조심하지 않고 남들을 얕보고 업신여기기를 잘했다. 文宣帝가 붕어하자 조정의 인사들은 각기 挽歌 10수씩을 지어서, 그 중 훌륭한 것을 채택하여 사용하기로 하였다. 魏收 등은 한두 수밖에 채택되지 못했는데 盧思道 혼자만 8수나 채택되어, 당시 사람들은 그를 八米盧郎이라 불렀다."라 하였다.〔趙曦明〕 ≪隋書≫에도 그의 傳이 있다.〔王利器〕

10) 雅所不愜(협) : 여기서 雅는 '평소, 평상시'의 뜻이다. 愜은 '만족하다, 흡족해하다'는 뜻이다.〔역자〕

蘭陵의 蕭慤은 梁 왕실 上黃侯의 아들로서 시를 잘 지었다. 일찍이 〈秋詩〉에서 "연꽃에 이슬 내리고, 버드나무 달빛 속에 성글다."라 하였는데, 당시 사람들은 그 훌륭함을 채 알아보지 못하였다. 나는 그 意境이 한가로우면서도 눈앞에 완연한 것이 좋았다. 潁川의 荀仲擧와 琅邪의 諸葛漢 역시 그렇다고 생각했으나, 盧思道 등은 내내 썩 마음에 들어하지 않았다.

22. 江南의 文學(3) - 何遜, 何思澄, 何子朗

何遜詩[1)]實爲淸巧, 多形似之言[2)]。揚都[3)]論者, 恨其每病苦辛, 饒貧寒氣, 不及劉孝綽[4)]之雍容[5)]也。雖然, 劉甚忌之, 平生誦何詩, 常云："蘧車響北闕, 㦛(회)㦛不道車。"[6)] 又撰≪詩苑≫[7)], 止取何兩篇, 時人譏其不廣。劉孝綽當時旣有重

名, 無所與讓, 唯服謝朓(조)[8], 常以謝詩置几案間, 動靜輒諷味。簡文愛陶淵明文, 亦復如此。江南語曰:"梁有三何, 子朗最多。"[9] 三何者, 遜及思澄、子朗也。子朗信饒清巧。思澄遊廬山, 每有佳篇, 亦爲冠絶[10]。

1) 何遜詩 : ≪梁書≫ 〈文學 何遜傳〉에서 "東海의 王僧孺가 그의 문장을 모아 文集 9권을 만들었다. 본디 何遜의 문장은 劉孝綽과 더불어 존중을 받아 세간에서 何劉라 불렀다. 世祖가 비평론을 지어 그들에 대해 '시가 많으면서 잘 지은 자는 沈約이요, 적으면서 잘 지은 이는 謝朓와 何遜이다.'라고 논했다."라 하였다.〔王利器〕

2) 形似之言 : ≪文選≫에 수록된 沈約의 〈宋書謝靈運傳論〉에서 "司馬相如는 형상을 흡사하게 그려내는 표현〔形似之言〕을 잘했고, 班彪와 班固는 抒情과 說理의 이야기〔情理之說〕를 잘했다."라 하였고, ≪詩品≫ 上에서 "張協은 형상을 흡사하게 묘사해내는 표현〔形似之言〕을 잘 엮어내었다."라 하였다. '形似'란 오늘날의 形象이라는 말과 같다.〔王利器〕

3) 揚都 : 여기서는 당시 南朝의 수도였던 建業을 가리킨다.〔劉盼遂〕
 曹毗(비)와 庾闡(천) 모두 〈揚都賦〉를 지었고, 唐宋人들의 類書에 많이 인용되어 있는데, 모두 建業을 가리킨다.〔王利器〕
 본서 제6 〈風操〉篇 3과 제8 〈勉學〉篇 15, 19에도 나온다.〔역자〕

4) 劉孝綽 : ≪梁書≫ 〈劉孝綽傳〉에서 "劉孝綽은 字가 孝綽이었고 名은 冉이며 彭城 사람이다. 7세에 글을 지을 줄 알았다. 齊나라 때 中書郎을 지낸 외삼촌 王融이 그를 몹시 칭찬하고 특별하게 여겨 늘 '천하의 문장은 내가 없다면 마땅히 阿士에게 부탁을 해야지.'라 하였다. 阿士는 劉孝綽의 小字이다."라 하였다.〔趙曦明〕

5) 雍容 : 한가하고 온화하다.〔역자〕
 ≪文選≫ 〈聖主得賢臣頌〉에서 "가만히 손을 모으고 있다.〔雍容垂拱〕"라 했고, 呂延濟의 注에서 "雍容은 한가롭고 온화한 모양이다."라 하였다.〔王利器〕

6) 蘧車響北闕 㦤(획)㦤不道車 : '蘧車'는 본래 原文에 '蘧居'로 되어 있었던 것을, 孫志祖의 說에 따라 고쳤다. 孫志祖는 ≪讀書脞(좌)錄≫ 7에서 "蘧居의 '居'는 '車'의 誤字임이 분명한데, 아마 蘧伯玉의 故事를 쓴 것 같다. 何遜의 시 〈早朝車中聽望〉에서 '蘧伯玉의 수레 소리 北闕에 울리고, 鄭의 신발이 南宮으로 들어선다.〔蘧車響北闕 鄭履入南宮〕'로 나온다."라고 했다. 孫志祖가 말한 蘧伯玉의 故事는, ≪列女傳≫ 〈仁智〉에 나온다.〔王利器〕
 '㦤(획)'은 ≪玉篇≫에서 '어그러짐〔乖戾〕'이라 했다.〔盧文弨〕
 이것은 劉孝綽이 何遜의 詩句를 인용하여 그를 비난한 말이다. 何遜의 시에 나오는 '蘧車'는 춘추시대 衛나라 대부였던 蘧伯玉의 수레를 가리키는데, 그는 밤에 수레를 타고 가다가 궁궐문 앞에 이르러서는 예의를 표하기 위해 수레에서 내려 걸어갔다는 이야기가 ≪列女傳≫ 〈仁智〉에 나온다. 劉孝綽은 이 故事를 反用하여 수레 소리가 삐걱거린다고 함으로써, 何遜의 詩를 혹평한 것이다.〔역자〕

7) 詩苑 : 劉孝綽이 지었다는 이 책은, 아마도 漢代 이후 여러 시인들의 시만을 모아 만든 詩選集으로 추정되는데, ≪隋書≫ 〈經籍志〉의 목록에도 수록되어 있지 않아 唐代에는 이미 亡失되었던 것으로 보인다.〔역자〕

8) 謝朓(조) : ≪南齊書≫ 〈謝朓傳〉에서 "謝朓는 草書와 隸書를 잘 쓰고 五言詩에 능하여, 沈約이 늘 '200년 이래로 이런 시는 없었다.'라고 말했다."라 하였다. ≪梁書≫ 〈庾肩吾傳〉에서는 "梁 簡文帝가 湘東王에게 보낸 편지에서 '근래의 謝朓, 沈約의 시와 任昉, 陸倕의 산문은 실로 文章의 최고이고 글쓰기의 전범이다.'라고 했다."라 하였다.〔王利器〕

9) 梁有三何 子朗最多 : ≪梁書≫ 〈文苑傳〉에서 "何思澄은 字가 元靜이고 東海 郯(담) 사람이다. 젊어서 부지런히 배워 글을 잘 썼다. 南康王의 侍郎으로 벼슬을 시작하였고, 平南安成王의 行參軍 겸 記室로 전보되어 江州의 막부로 수행하였다가 〈遊廬山詩〉를 지었는데, 沈約이 이를 보더니 자신은 이에 미칠 수 없다고 생각하였다. 廷尉正에 제수되었다.……세상을 떠나며 文集 15권을 남겼다. 애초에 何思澄은 종친인 何遜, 何子朗과 함께 文名을 떨쳤는데, 당시 사람들은 '東海의 세 何氏들 중 子朗이 가장 뛰어나다.'라고 하였다. 何思澄은 그 이야기를 듣더니 '이 말은 잘못되었소. 만약에 그렇다면 〈으뜸의 지위는〉 何遜에게로 돌려야지요.'라고 하였는데, 그 속뜻은 자신이 으뜸이라는 것이었다. 何子朗은 字가 世明으로 일찍부터 재간이 있었으며 淸談을 잘했다.……固山令이 되었다가 죽었는데, 나이가 스물넷이었다. 당시 그의 文集이 세간에 유행하였다."라 하였다.〔趙曦明〕

10) 冠絶 : 당시 최고라서 필적할 작품이 없다는 뜻이다.〔王利器〕

何遜의 시는 실로 淸巧하고 形似의 표현이 많았지만, 揚都의 논자들은 그의 시가 늘 고생을 한탄하고 춥고 배고픈 기색이 넘쳐서, 劉孝綽의 한가롭고 온화함에 미치지 못함을 아쉬워했다. 비록 그러하였으나 劉孝綽은 何遜을 매우 싫어하여, 평생 그의 시를 읊을 적마다 늘 "蘧伯玉 수레 소리가 북궐에 울린다니, 삐그덕 삐그덕 무도한 수레로군."이라 하였다. 또 ≪詩苑≫을 편찬하면서 何遜의 시는 2편만 실어, 당시 사람들이 그의 속 좁음을 나무랐다. 劉孝綽은 당시에 이미 명성이 높았기 때문에 〈시에 있어서는〉 누구에게도 양보하지 않았는데, 오로지 謝朓에게만은 굴복하여 늘 그의 시를 책상에 올려놓고 틈만 나면 읽고 음미하였다. 簡文帝가 陶淵明의 글을 애호한 것 역시 이와 같았다.

江南의 속담에 "梁에는 三何가 있는데, 何子朗이 가장 낫다."는 말이 있었다. 三何란 何遜, 何思澄, 何子朗이다. 何子朗은 淸巧한 표현이 참으로 풍부했다. 何思澄은 廬山을 유람할 적마다 佳作을 지어냈는데, 역시 최고의 작품이었다.

제10편 名實　名聲과 實質

名實은 본디 先秦 諸子 철학의 중요한 개념으로 名家 논리의 핵심이었을 뿐만 아니라, 孔子의 正名論이나 莊子나 墨子의 인식론에 있어서도 중요한 개념이었다. 남북조 시대에 와서도 名과 實의 문제는 文士들의 談論에서 즐겨 채택되었던 화제였는데, 顔之推는 이를 名聲과 實質이라는 현실 생활 속의 비교적 좁은 범주의 개념으로 한정시켜, 후손들에게 교훈을 남기고자 하였다.

우선 명성과 실질 둘 사이의 관계를 명확히 규정하면서, 자손들에게 헛된 명성을 추구하는 세태에 휩쓸리지 말도록 경계하였다. 또 명성이란 실질이 뒷받침되지 않으면, 결국 세상을 속이고 남의 것을 훔치는 일이 되며, 이는 아무리 교묘하게 감춘다 해도 결국 밝혀지게 되는 것임을 구체적인 사례를 들어 例證하였다. 아울러 안정된 명성을 유지하고 신뢰성을 높이기 위해서는 주어진 명성보다 훨씬 더 넉넉한 실질이 밑받침될 수 있도록 노력할 것을 당부하였다. 그리고 명성을 중시한 聖賢의 가르침은 德性의 涵養을 권장하자는 데에 목적이 있는 것이며, 현실적인 측면에서도 훌륭한 명성은 생전에 이익이 될 뿐 아니라 사후에도 후손에게 陰德으로 작용할 수 있다고 하였다.

1. 名聲과 實質

名之與實, 猶形之與影[1]也。德藝周厚[2], 則名必善焉；容色姝麗, 則影必美焉。今不脩身而求令名[3]於世者, 猶貌甚惡而責姸影於鏡也。上士忘名, 中士立名, 下士竊名。忘名者, 體道合德, 享鬼神之福祐, 非所以求名也；立名者, 脩身愼行, 懼榮觀[4]之不顯[5], 非所以讓名也；竊名者, 厚貌深姦, 干浮華之虛稱, 非所以得名也。

1) 形之與影 : 形과 影의 관계, 즉 형체와 그림자의 관계이다.〔역자〕
2) 德藝周厚 : 德行과 文藝를 빠짐없이 갖추어 견실하고 훌륭함을 일컫는다.〔王利器〕

3) 令名 : ≪春秋左氏傳≫ 襄公 24년에서 "훌륭한 명성은 德을 싣는 수레이니, 내 마음을 미루어 남의 마음을 헤아려서 덕을 밝히면, 훌륭한 명성〔令名〕이 덕을 싣고 다니며 퍼뜨린다."라 하였다.〔盧文弨〕
4) 榮觀 : ≪老子≫ 〈道經〉에서 "비록 화려한 궁궐〔榮觀〕을 가지고 있다 하더라도 편안히 있으면서 초연해한다."고 하였다.〔盧文弨〕

   ≪老子想爾注≫에서 "天子는 王公이므로 비록 남들에게 존중〔榮觀〕을 받지만, 마땅히 淸淨을 중시하고 道의 계율을 받들어 행하는 데에 힘써야 한다."라 하였다.〔王利器〕

   본래는 화려한 궁궐이란 뜻이었으나, 轉하여 훌륭한 명성이나 명예를 뜻한다.〔역자〕
5) 上士忘名……懼榮觀之不顯 : ≪莊子≫ 〈逍遙遊〉에 "聖人은 이름이 없다.〔聖人無名〕"라 하였고, 또 〈天運〉篇에서 "老子가 말하기를 '이름이란 함께 쓰는 그릇이니, 많이 가질 수 없다.〔名 公器也 不可多取〕'라 하였다."라 하였다. ≪後漢書≫ 〈逸民傳〉에서는 "참됨을 본받으면 명성에서 달아나도 명성이 나를 따르며, 명성을 피하여도 명성이 나를 쫓는다.〔法眞 逃名而名我隨 避名而名我追〕"라 하였고, 〈離騷〉에서는 "늙음이 점점 이르려 하니 훌륭한 이름을 세우지 못할까 두렵구나.〔老冉冉其將至兮 恐脩名之不立〕"라 하였고, ≪逸周書≫ 〈官人解〉에서는 "바른 도리로 충고를 해도 바르게 되지 않고, 도가 행해져도 불평을 하는 것을 일컬어 명성을 훔치는 자라고 한다.〔規諫而不類 道行而不平 曰竊名者也〕"라 하였다.〔盧文弨〕

名聲과 實質의 관계는 형체와 그림자의 관계와 같다. 덕행과 재주가 두루 훌륭하면 명성은 반드시 좋아지기 마련이고, 용모가 예쁘면 그림자도 반드시 아름다워 보이기 마련이다. 이제 修身은 하지 않으면서 세상에 좋은 명성을 구하는 것은, 용모가 아주 못생겼으면서 거울에 고운 그림자가 비춰지기를 구하는 것과 같다.

상급 선비는 명성을 생각하지 않고, 중급 선비는 명성을 세우려 하며, 하급 선비는 명성을 훔친다. 명성을 생각하지 않는 사람은 도를 體化하고 덕과 하나 되어 귀신의 降福과 도움을 누리게 되므로, 명성을 추구할 리가 없다. 명성을 세우려 하는 사람은 수신하고 행동을 조심하면서 훌륭한 명성이 드러나지 않을까 두려워하므로, 명성을 양보할 리가 없다. 명성을 훔치는 사람은 겉모습은 훌륭해도 속은 매우 간사하고, 겉만 번드르르한 허식을 추구하므로, 명성을 얻을 리가 없다.

2. 餘地가 있어야

人足所履, 不過數寸, 然而咫尺之途[1], 必顚蹶[2]於崖岸[3]; 拱把之梁[4], 每沈溺於川谷者, 何哉? 爲其旁無餘地故也[5]。君子之立己, 抑亦[6]如之。至誠之言, 人未能信; 至潔之行, 物或致疑, 皆由言行聲名, 無餘地也。吾每爲人所毁, 常以此自責。若能開方軌之路[7], 廣造舟之航[8], 則仲由之言信[9], 重於登壇之盟[10]; 趙熹之降城[11], 賢於折衝之將[12]矣。

1) 咫尺之途 : 거리가 얼마 안 되는 가까운 길이다. 咫는 尺의 10분의 8에 해당하는 8치의 길이를 뜻한다.〔역자〕

2) 顚蹶 : 넘어지다.〔역자〕

3) 崖岸 : '벼랑, 낭떠러지'의 뜻이다.〔역자〕

4) 拱把之梁 : ≪孟子≫ 〈告子 上〉에서 "두 줌 혹은 한 줌 굵기〔拱把〕의 오동나무와 가래나무"라 한 것이 拱과 把를 이어 쓴 것이다. 何焯은 외나무다리를 말하는 것으로 보았고, 盧文弨는 梁을 다리〔橋〕라고 하였다. 양손으로 에워싸는 것을 拱이라 하고 한손으로 쥐는 것을 把라 한다. ≪淮南子≫ 〈繆(무)稱訓〉에서 "그러므로 외나무다리〔獨梁〕를 건너갈 때처럼, 아무도 없다고 해서 그 자세를 함부로 할 수 없다."라 하였고, 高誘의 注에서 "獨梁은 외나무다리이다."라 하였다.〔王利器〕

5) 爲其旁無餘地故也 : ≪莊子≫ 〈外物〉에서 "땅은 참으로 넓고 크지만, 사람이 필요로 하는 것은 발로 밟고 다닐 정도의 넓이뿐이다. 그렇다고 발로 밟는 곳만 남겨두고 〈나머지를〉 황천에 이를 만큼 깊이 파내어버린다면, 그래도 사람이 쓸 수가 있겠는가? 그렇다면 무용한 것이 유용하다는 것도 분명해진다."라 하였는데, 顔之推의 글은 바로 莊子의 뜻을 취한 것이다.〔劉盼遂〕

여기서 故는 '까닭, 이유'의 뜻이다.〔역자〕

6) 抑亦 : 어쩌면 ……일 수도 있다. 어쩌면 ……일지도 모른다.〔역자〕

7) 方軌之路 : ≪戰國策≫ 〈齊策〉에서 "蘇秦이 齊 宣王에게 '秦나라가 齊나라를 공격하게 되면 亢父(항보)의 험한 지역을 지나가게 되는데, 수레는 두 대가 나란히〔方軌〕 갈 수가 없고 말은 두 필이 함께 지나갈 수 없어서, 백 명이 험한 곳을 막으면 천 명이 지나갈 수 없을 것입니다.'라고 유세하였다."라 하였다.〔趙曦明〕

수레 두 대가 나란히 지나갈 수 있는 넓은 길, 즉 大路를 뜻한다.〔역자〕

8) 造舟之航 : ≪詩經≫ 〈大雅 大明〉에서 "배를 잇대어〔造舟〕 다리로 삼는다."라 하였고, 傳에서 "천자는 배를 잇대고〔造舟〕, 제후는 배 네 척을 매고, 대부는 배 두 척을

나란히 하고, 士는 배 한 대로 한다."라 하였다. ≪正義≫에서는 "모두 ≪爾雅≫〈釋水〉에 나오는 글이다. 李巡은 '배를 나란히 이어서 건너가는 것을 造舟라 하였다.'라고 했는데, 그렇다면 造舟란 강에다가 배를 나란히 이어놓고 그 위에 널판을 올린 것으로, 오늘날의 浮橋와 같다. 杜預는 '黃河의 다리를 말한 것이다.'라고 했다."라 하였다. ≪方言≫ 9에서는 "舟를 關東 지역에서는 航이라 하기도 한다."라 하였다. 〔趙曦明〕

9) 仲由之言信 : ≪春秋左氏傳≫ 哀公 14년에서 "小邾(주)의 射(역)이 句繹(역)의 땅을 가지고 〈魯나라로〉 망명해 와서 말하기를 '만일 子路로 나와 약속한다면 나는 맹약 같은 것은 하지 않겠소.'라 하였다. 子路로 하여금 그렇게 하도록 하였으나 子路는 거절하였다. 季康子는 冉有를 시켜 그에게 말하기를 '〈우리 魯나라가〉 千乘의 나라인데도 맹약을 믿지 않고 그대의 말을 믿겠다는데, 그대에게 욕될 일이 무엇이겠소?'라 하였다. 子路가 이에 대답하기를 '魯나라가 小邾와 무슨 일이라도 있으면, 저는 그 이유를 묻지 않고 그 성 아래에서 싸우다 죽어도 좋습니다. 射은 불충한 신하인데 그의 말을 들어준다면 이는 그를 옳다고 하는 것이 되므로, 저는 그렇게 할 수가 없습니다.'라고 했다."라 하였다.〔趙曦明〕

10) 登壇之盟 : ≪春秋公羊傳≫ 莊公 13년의 何休 注에서 "흙 기초를 석 자 쌓고, 흙 계단을 3층으로 한 것을 壇이라 한다. 會同에는 반드시 壇이 있어야 하고, 오르거나 내려올 때 揖讓을 하면서 어르신이라고 칭하며 상대를 접대하는 것은, 그 공경하는 마음을 기르기 위해서이다."라 하였다.〔王利器〕

11) 趙熹之降城 : ≪後漢書≫〈趙熹傳〉에서 "舞陰의 大姓인 李氏가 성을 지키며 굴복하지 않자, 更始는 柱天將軍 李寶를 보내어 항복시키려 했지만 따르려 하지 않고서 '宛지방 趙氏네 외로운 손자 熹가 신의가 있기로 유명한데, 그에게 항복하고 싶소.'라 하였다. 이에 趙熹를 舞陰으로 보내자 마침내 李氏가 항복하였다."라 하였다.〔沈揆〕

12) 折衝之將 : 衝은 衝車이다. ≪晏子≫〈雜上〉에서 "孔子께서 '의전 행사장을 벗어나지 않으면서 천리 바깥을 안다고 한 것은 晏子를 두고 한 말이다. 적의 예봉을 꺾었다〔折衝〕고 할 만한다.'라고 말씀하셨다."라 하였다.〔盧文弨〕

사람이 발로 밟는 곳은 몇 치에 지나지 않는데 지척인 길임에도 늘 벼랑에서 넘어지고, 외나무다리에서 매번 계곡에 빠지는 것은 왜일까? 그 주변에 餘地가 없기 때문이다. 君子가 자신을 세워나가는 일도 어쩌면 이와 같을지 모른다. 지극히 참된 말인데도 남들은 믿지 못하고, 지극히 깨끗한 행실인데도 남들은 혹 의심할 수도 있는데, 〈이는〉 모두 言行과 名聲에 여지가 없기 때문이다.

나는 늘 남들의 비난을 받을 때마다 언제나 이 점을 자책한다. 만약 대로를 더 열고 배다리를 더 넓힐 수 있었다면, 子路 말에 대한 신뢰성이 祭壇에 올라서 맺는 盟約보다도 더 존중받고, 趙熹가 성을 항복시킨 것이 적의 예봉을 꺾은 장수보다 더 훌륭한 것처럼 〈나도 신뢰를 얻게〉 되었을 것이다.

3. 거짓은 결국 드러나게 마련

吾見世人, 淸名登而金貝[1]入, 信譽顯而然諾虧, 不知後之矛戟, 毁前之干櫓也[2]。虙(복)子賤[3]云:"誠於此者形於彼。"[4] 人之虛實眞僞在乎心, 無不見乎迹, 但察之未熟耳。一爲察之所鑒, 巧僞不如拙誠[5], 承之以羞大矣[6]。伯石讓卿[7], 王莽辭政[8], 當於爾時, 自以巧密。後人書之, 留傳萬代, 可爲骨寒毛豎(수)[9]也。近有大貴, 以孝著聲, 前後居喪, 哀毁踰制, 亦足以高於人矣。而嘗於苫(점)塊[10]之中, 以巴豆[11]塗臉, 遂使成瘡, 表哭泣之過。左右童豎[12]不能掩之, 益使外人謂其居處飮食, 皆爲不信。以一僞喪百誠[13]者, 乃貪名不已故也。

1) 金貝: ≪漢書≫ 〈食貨志〉에서 "金刀와 거북등딱지와 조개〔金刀龜貝〕는 물자를 유통시키는 수단이다."라 했다. ≪說文解字≫에서 "貝는 바다의 甲蟲으로서 象形字이다. 옛날에 貝를 화폐로 삼고 거북을 보물로 여겼는데, 周代에 와서 泉이라는 화폐를 사용했으며, 秦代에 와서는 貝를 없애고 錢을 사용했다."라 하였다.〔盧文弨〕
화폐, 돈, 여기서는 뇌물이라는 뜻으로 쓰였다.〔역자〕

2) 後之矛戟 毁前之干櫓也: ≪韓非子≫ 〈難勢〉에서 "客이 말하였다. 창과 방패를 파는 사람이 있었는데, 방패의 견고함을 자랑하며 그것을 뚫을 수 있는 것은 없다고 하였다. 좀 있다가 자기 창을 자랑하며 '내 창의 날카로움은 못 뚫을 것이 없다.'라고 하였다. 어떤 사람이 그 말에 응하여 '당신의 창으로 당신의 방패를 뚫으면 어떻게 되겠소?'라 하자, 그 사람은 대꾸할 말이 없었다. 뚫을 수 없는 방패와 뚫지 못할 것이 없는 창은, 그 명분이 양립할 수 없기 때문이다."라 하였다 顔之推의 이야기는 여기에 근거한 것이다. ≪說文解字≫에서 "櫓는 큰 방패이다.〔櫓 大盾也〕"라 했다.〔朱亦棟〕
鄭珍의 견해도 같다. ≪禮記≫ 〈儒行〉에서 "禮와 義를 방패로 삼는다.〔禮義以爲干櫓〕"라 하였고, 鄭玄의 注에서 "干櫓는 작은 방패와 큰 방패이다."라 하였다.〔王利器〕
창은 뇌물을 받고 약속을 파기하는 일을 비유한 것이고, 방패는 청렴하다는 명성이나 신용 있다는 칭송을 비유한 것이다. 창과 방패의 비유를 통해 모순된다는 뜻을

나타내었다.〔역자〕

3) 虙(복)子賤 : 孔子의 제자로서, 姓은 虙이고 이름은 不齊이며, 子賤은 그의 字이다. 宓子賤으로도 쓰며 '掣肘(철주)'(지나치게 간섭하여 마음대로 못하게 한다는 뜻) 故事의 주인공으로 알려져 있다.〔역자〕

4) 誠於此者形於彼 : ≪孔子家語≫ 〈屈節解〉에서 "巫馬期가 單父(보) 고을의 경계에 들어가서 밤에 물고기를 잡는 사람을 만났는데, 고기를 잡아서는 바로 놓아주므로 巫馬期가 그 까닭을 물었다. 고기 잡던 사람이 말하기를 '물고기 중 큰 것은 우리 大夫가 아끼는 것이고, 작은 것은 우리 대부가 키우려고 하는 것이라서, 이 두 가지는 바로 놓아주는 것입니다.'라고 하였다. 巫馬期가 돌아와서 孔子께 고하여 말하기를 '宓子賤의 덕이 지극해서 백성들로 하여금 밤길을 가면서도 마치 엄한 형법이 옆에서 지켜보고 있는 듯이 여기게 하였습니다. 감히 묻사오니 복자천은 어떻게 하였기에 이러한 경지에 이를 수가 있었을까요?'라 하였다. 공자께서 말씀하시기를 '내가 일찍이 그와 이야기를 하면서, 「여기서 성실한 자는 저기서도 드러난다.〔誠於此者刑於彼〕」고 했더니, 복자천이 이 방법을 單父에서 행하였구나.'라고 하셨다."라 하였다. '刑'과 '形'은 옛날에 통용되던 글자였다. ≪孔子家語≫에 의하면 〈이 대목은〉 孔子가 宓子賤에게 하신 말씀이다.〔盧文弨〕

5) 巧僞不如拙誠 : ≪韓非子≫ 〈說林 上〉에서 "그러므로 교묘한 거짓이 서투른 진실만 못하다〔巧詐不如拙誠〕고 하는 것이다. 樂羊은 공을 세우고도 의심을 받았고, 秦西巴는 죄를 지었으면서도 더욱 신뢰를 받았다."라고 하였다.〔趙曦明〕

≪三國志≫ 〈劉曄傳〉의 注에 나오는 傅子가 인용한 속담도 ≪韓非子≫와 같다.〔王利器〕

6) 承之以羞大矣 : ≪周易≫ 恒掛에 "九三은, 그 덕이 항구하지 않은지라 때로는 치욕이 이어지기도 한다.〔或承之羞〕"라 하였고, 王弼의 注에서는 "德行이 항구하지 않으면 서로 어긋나 모순되는데, 불러서 따질 수 없으므로 때로는 치욕이 이어질 수 있다.〔故或承之羞也〕"라 하였다.〔趙曦明〕

7) 伯石讓卿 : ≪春秋左氏傳≫ 襄公 30년에서 "伯有가 죽고 나자 太師로 하여금 伯石을 卿의 자리에 오르도록 명하였는데, 伯石은 사양하였다. 太史가 물러나오자 다시 명하게 하였다. 다시 명하였지만 또 사양을 하였다. 이와 같이 하기를 세 차례 하더니, 마침내 임명장을 받고 들어가 절을 올렸다. 공자 產은 이 일로 그의 사람됨을 싫어하였지만, 자신의 지위 다음으로 삼았다."라 하였다.〔趙曦明〕

伯石은 春秋時代 鄭나라의 신하였다.〔역자〕

8) 王莽辭政 : ≪漢書≫ 〈王莽傳〉에서 "大司馬 王根이 王莽을 추천하여 자신의 관직을 대신하게 하자, 황제가 결국 王莽을 발탁하여 大司馬로 삼았다. 哀帝가 즉위하자

〈王莽은〉 上疏를 올려서 나이가 많아 물러나고 싶다고 하였다. 哀帝가 말하기를 '先帝께서 그대에게 정치를 맡기고 群臣들은 내치면서 짐이 宗廟를 받들 수 있게 되었고, 훌륭하게 그대와 한 마음으로 뜻을 맞추어나가고 있소. 이제 그대가 병을 핑계로 물러나겠다고 하니 짐은 매우 마음이 아프구려. 이미 尙書에 그대를 도와 일을 보고 하도록 명해놓았소.'라 하였다. 또한 승상 孔光 등을 보내어 太后에게 '大司馬가 즉시 조정에 나오지 않는다면 皇帝는 감히 聽政을 할 수가 없습니다.'라 하였다. 太后가 다시 王莽에게 일을 보라고 하였지만, 이미 傅太后가 노했다는 핑계를 들어 다시 사퇴를 청하였다."라 하였다.〔趙曦明〕

白居易의 〈放言〉 詩에서 "周公이 유언비어를 두려워하던 시절, 王莽이 겸손하고 공손한 태도를 보이며 아직 찬탈하기 전, 만약 그때에 그들이 죽었다면, 그들 삶의 眞僞를 그 누가 알겠는가?"라 하였는데, 그 뜻이 顔之推와 같다.〔王利器〕

西漢 말 王莽은 大司馬로 있으면서 두 차례 사임하여 권력과 이권에 뜻이 없음을 나타내었으나, 결국 쇠약해진 漢 王室을 찬탈하여 新을 세웠다.〔역자〕

9) 骨寒毛豎(수) : 뼈가 시리고 털이 곤두서다. 毛骨이 송연하다. 아주 끔찍하고 두렵다.〔역자〕

10) 苫(점)塊 : ≪禮記≫ 〈問喪〉에서 "거적자리를 깔고 흙덩이 베개를 베고서〔寢苫枕塊〕, 부모가 땅속에 계심을 슬퍼한다."라 하였다.〔盧文弨〕

부모 상중의 거처를 뜻한다.〔역자〕

11) 巴豆 : ≪本草綱目≫에 "巴豆는 巴郡에서 생산되며 독성이 강하다."라 하였다.〔盧文弨〕

대극과에 속하는 활엽 관목으로 그 씨는 약으로 쓰이지만 독성이 강하다고 한다.〔역자〕

12) 童豎 : 豎는 아직 冠禮할 나이가 되지 않은 잔심부름하는 아이이다.〔盧文弨〕

13) 以一僞喪百誠 : ≪文選≫에 수록된 〈答賓戲〉에서 "功勳은 허위로 조작되어서는 안 되고, 名聲은 거짓으로 세워져서는 안 된다."라 하였다.〔王利器〕

내가 세상 사람들을 보니, 淸廉하다는 명성이 오를수록 뇌물을 받고, 信用 있다는 칭송이 자자할수록 약속을 깨뜨리면서, 뒤에 나오는 창이 앞에 있는 방패를 망가뜨리는 줄 모른다. 虙子賤은 "여기에서 성실한 사람은 저기에서도 드러난다."라고 하였다. 사람의 虛實과 眞僞는 마음속에 들어 있으면 행적에 드러나기 마련이며, 〈아직 드러나지 않은 것은〉 단지 충분히 살피지 못했기 때문일 뿐이다. 일단 살펴서 발각되고 나면 교묘한 거짓이 서투른 진실만 못하니 거기에는 엄청난 치욕이 뒤따른다. 伯石은 卿의 지위를 사양했고 王莽은 정치에서 물러났는데, 당시에 그들은 교묘해서 아무도 모를 거라고 혼자 생각했을 것이다. 그러나 후인들이 글로 써서 만대에 전하고 있으니 모골이 송연하다고 할 만하다.

근래에 어떤 지체 높은 귀족이 효성으로 명성이 높았는데, 전후로 양친의 상을 치르면서 슬픔으로 몸을 상한 것이 정해진 법도를 넘어서 남들보다 대단하다고 할 만하였다. 그런데 앞서 상중의 거처에서 巴豆를 얼굴에 발라 부스럼을 만들어서 지나치게 슬피 울었음을 나타내었다. 가까이 있는 어린 동복들이 그 비밀을 숨기지 못해서, 〈결국〉 바깥사람들로 하여금 그의 거처나 음식까지도 다 믿을 수가 없다고 말하게 만들고 말았다. 한 가지 거짓 때문에 백 가지의 진실을 잃은 까닭은, 바로 끝없이 명성을 탐하였기 때문이다.

4. 거짓으로 얻은 名望

有一士族, 讀書不過二三百卷, 天才鈍拙, 而家世殷厚, 雅自矜持。多以酒犢(독)[1] 珍玩, 交諸名士, 甘其餌[2]者, 遞共吹噓[3], 朝廷以爲文華[4], 亦嘗出境聘。東萊王 韓晉明[5]篤好文學, 疑彼製作, 多非機杼(저)[6], 遂設讌言[7], 面相討試。竟日歡諧, 辭人滿席, 屬音賦韻, 命筆爲詩, 彼造次卽成, 了非向韻[8]。衆客各自沈吟, 遂無覺者。韓退歎曰 : "果如所量!" 韓又嘗問曰 : "玉珽杼上終葵首, 當作何形?" 乃答云 : "珽頭曲圜, 勢如葵葉耳。"[9] 韓旣有學, 忍笑爲吾說之。

1) 酒犢(독) : 쇠고기와 술을 말한다.〔王利器〕

2) 甘其餌 : 餌란 이익으로 남을 꾀는 것을 말한다.〔王利器〕

여기서 甘은 동사로 쓰였고, 餌은 '먹이, 미끼'의 뜻이다.〔역자〕

3) 吹噓 : ≪後漢書≫ 〈鄭泰傳〉에서 "孔公緖의 淸談과 高論은 마른 나무에 입김을 불어 살려낸다.〔噓枯吹生〕"라 하였다. 盧思道의 〈孤鴻賦序〉에서는 "자르고 털고 입김을 불어내어〔吹噓〕, 그 영광과 가치를 오래가게 한다."라고 하였다.〔盧文弨〕

≪方言≫ 12에서 "吹는 부채질한다, 돕는다는 뜻이다."라 하였고, 郭注에서는 "吹噓는 부채질을 하여 거들고 돕는다는 뜻이다."라 하였다.〔王利器〕

본래 吹噓는 '噓枯吹生'의 줄임말로 궤변에 능함을 나타내는 말인데, 여기서는 그를 도와 허풍을 떨어 그의 능력을 과장했다는 의미로 사용되었다.〔역자〕

4) 文華 : ≪後漢書≫ 〈班彪傳〉에서 "뛰어난 문학적 재능〔文華〕을 펼쳐서 나라의 기틀

을 짰다."라 하였고, ≪北史≫ 〈李諤傳〉에서는 "앞다투어 문학적 교양이 뛰어난 사람〔文華〕을 보내는 것이 마침내 풍속이 되어서, 江左와 齊, 梁 때에는 그 폐단이 극심하였다."라 하였다. 文華란 '文采'와 같다.〔王利器〕

5) 韓晉明 : ≪北齊書≫ 〈韓軌傳〉에서 "아들 晉明이 작위를 계승하였는데, 天統 연간에 영지를 바꾸어 東萊王에 봉하였다. 여러 공훈이 있는 귀족의 자손들 중 晉明이 학문에 가장 관심이 깊었다."라 하였다. ≪顔氏家訓≫에서 말한 사람이 바로 이 사람이다.〔劉盼遂〕

6) 多非機杼(저) : 이것은 베를 짜는 것으로 비유한 것인데, ≪魏書≫ 〈祖瑩傳〉에서 "祖瑩은 文學으로 존중을 받았는데, 늘 남들에게 '문장이란 모름지기 흉중의 생각〔機杼〕에서 나와서 一家의 風格을 이루는 것이니, 어찌 남들과 똑같을 수가 있겠소?'라고 말했다."라 하였다.〔盧文弨〕

본서 제12 〈省事〉篇 7에서 "기초 지식〔機杼〕이 얕아서 직접 관측해볼 수도 없다."라고 했는데, 이 역시 베 짜는 것으로 비유한 것이다.〔王利器〕

機杼는 본래 베틀의 북을 뜻하는데, 여기서는 글을 구상하는 작자의 구상력을 비유한 말로 쓰였다. 때로는 예측하고 추론해내는 사고력을 뜻하기도 한다.〔역자〕

7) 讌言 : 연회를 베풀어 술을 마시며 이야기하는 것을 말한다.〔王利器〕

8) 了非向韻 : 결코 이전의 글 형식이나 정취가 아니라는 말이다. '韻'이라는 말은 晉·宋 이래로 사용되기 시작하여, 神韻, 風韻, 遠韻, 雅韻 같은 용어가 생겼다.〔盧文弨〕

여기서 了는 부사로 부정의 문장에서 '전혀'나 '결코'라는 뜻을 나타내고, 向은 과거〔嚮〕를 뜻한다.〔역자〕

9) 玉珽杼上終葵首……勢如葵葉耳 : ≪禮記≫ 〈玉藻〉의 注에서 "終葵首란 베틀북〔杼〕모양에서 그 머리 부분을 넓게 만들어, 네모난 것이 마치 방망이 머리 같은 것이다."라 하였으므로, 이 士族의 대답이 틀렸다는 말이다.〔沈揆〕

'杼上終葵首'라 한 것은 ≪周禮≫ 〈攷工記 玉人〉의 문장에 근거한 것인데, 杼란 깎는다는 뜻으로, 석 자 되는 圭에서 여섯 치 아랫부분은 빼고 양쪽 가를 깎아 없애어, 그 윗부분을 방망이 머리 모양으로 만든다. 여섯 치란 위의 글에 의하면 깎아내지 않는 부분을 말하는 것이다. 방망이를 일컬어 終葵라고 하는 것은 齊나라 사람들의 용어이다.〔盧文弨〕

〈攷工記〉의 鄭注에서 "齊나라 사람들은 방망이를 일컬어 終葵라 한다."라 하였고, 馬融의 〈廣成頌〉에서 "방망이〔終葵〕를 휘두른다."라고 하였으므로, 이는 옛날에 終葵를 방망이로 썼다는 증거이다. 하지만 ≪爾雅≫ 〈釋草〉에서 또 "終葵에는 이슬이 많다.〔終葵繁露〕"라고 하였듯이 終葵는 또 草名으로 쓰이기도 하며, 그 잎이 둥글어서 방망이 머리 비슷한 데가 있다고 한다. 그렇다면 "모습이 아욱 잎과 같다."라고

하여 틀린 것으로 간주된 士族의 대답이, ≪爾雅≫를 근거로 한다면 꼭 그런 것도 아니다.〔郝懿行〕

玉珽은 옛날 天子가 朝會 때에 손에 드는 옥으로 만든 笏을 말하고, 杼는 얇게 깎는다는 뜻이다. 終葵는 이 글에서 네모난 방망이 모양인데, 학식이 부족한 士族이 그것을 아욱 잎 모양으로 알고서 잘못 대답했다는 말이다.〔역자〕

어떤 士族이 있었는데, 읽은 책은 2, 3백 권에 지나지 않았고 타고난 재주도 둔하고 못났지만, 대대로 집안이 부유하여 평소에 긍지를 갖고 있었다. 늘 술과 고기안주, 진귀한 물건들을 가지고 명사들과 교유하였는데, 그러한 미끼에 넘어간 이들이 다같이 번갈아가면서 그를 띄워주니, 조정에서는 문학적 재능이 뛰어난 줄 알고서 일찍이 외국에 사절로 파견한 적도 있었다.

東萊王 韓晉明은 문학을 몹시 애호하였는데, 그 士族이 쓴 글들 중에는 직접 구상하지 않은 것들이 많다고 의심을 하여, 마침내 연회를 열어 직접 얼굴을 맞대고 시험해보기로 했다. 하루 종일 즐겁게 어울리며 문인들이 자리를 가득 메우고서, 소리를 이어 운율을 펼치며 붓을 놀려 시를 지었다. 이 사람도 금방 시를 지어내긴 하였지만 이전 〈작품에서 보이던〉 운치가 전혀 아니었다. 여러 손님들은 각기 자신의 시를 짓느라 아무도 눈치 챈 사람이 없었다. 韓晉明은 연회를 마치고 나와 탄식을 하면서 "과연 예상했던 대로였소!"라고 하였다.

韓晉明은 또 그에게 "옥홀〔玉珽〕의 윗부분인 終葵 머리는 무슨 모양이오?"라고 물은 적이 있었는데, 〈그가〉 "홀의 머리는 둥글고 모습은 마치 아욱 잎과 같겠지요."라고 대답하였다고 한다. 韓晉明은 이미 배워 알고 있던 것이어서, 웃음을 참으며 내게 이야기해주었다.

5. 子弟의 글을 고쳐주는 일

治點[1)]子弟文章, 以爲聲價[2)], 大弊事也。一則不可常繼, 終露其情；二則學者有憑, 益不精勵[3)]。

1) 治點 : 治는 어지러움을 다스린다는 뜻이고, 點은 字句를 다듬어 윤식함을 말한다.〔盧文弨〕

≪爾雅≫ 〈釋器〉에서 "없애는 것을 點이라 한다."라 했고, 注에서 "붓으로 글자를 지워 없애는 것이 點이다."라고 하였다. ≪說文解字≫에서는 "點은 작은 검은색이다."라 하였다. 아마도 붓으로 조그만 검은 점을 찍어서 그 글자를 감추어버리는 것을 일컫는 것이다. ≪隋書≫ 〈李德林傳〉에서도 "軍書와 羽檄이 아침저녁으로 가득 쌓여 하루에 백 건을 넘기기 십상이었으며, 말로 전하는 사람도 몇 사람이나 되고 또 글의 내용도 다양하였지만, 윤식〔治點〕을 하지 않았다."라고 한 것으로 보아, 治點은 당시의 관용어였다.〔王利器〕

2) 爲聲價 : 聲은 명성이 드러나 알려진다는 말이고, 價는 말〔馬〕을 거래하는 데 伯樂이 한 번 돌아봐줌으로써 값이 두 배가 되었다는 것이다. 聲價는 ≪後漢書≫ 〈姜肱(굉)傳〉에 나온다.〔盧文弨〕

≪世說新語≫ 〈文學〉에서 "庾闡이 〈揚都賦〉를 완성하고 나서 庾亮에게 보여주자, 庾亮은 친족이라는 마음에서 그 명성과 가치를 크게 부풀려〔大爲名價〕 말하기를 '張衡의 걸작인 〈二京賦〉와 더불어 〈三京賦〉가 될 만하고, 左思의 걸작인 〈三都賦〉와 더불어 〈四都賦〉가 될 만하다.'라고 하였다."라고 했는데, 여기서의 '명성과 가치를 부풀렸다.〔爲名價〕'고 한 것이 이 글의 '爲聲價'와 같다.〔王利器〕

聲價는 명성과 가치를 말한다.〔역자〕

3) 精勵 : 정진하고 힘쓰는 것을 말한다.〔王利器〕

子弟들의 문장을 고쳐주어 聲價를 올리게 하는 것은 크게 잘못된 일이다. 첫째, 늘 계속해서 해줄 수 없으므로 결국 그 실상이 드러날 것이고, 둘째, 배우는 사람이 기댈 데가 있으면 더욱 정진하여 노력하지 않기 때문이다.

6. 겉치레는 오래가기 어려워

鄴下有一少年, 出爲襄國[1)]令, 頗自勉篤, 公事經懷[2)], 每加撫卹[3)], 以求聲譽。凡遣兵役, 握手送離, 或齎梨棗餠餌, 人人贈別, 云:"上命相煩, 情所不忍。道路飢渴, 以此見思。" 民庶稱之, 不容於口[4)]。及遷爲泗州別駕[5)], 此費日廣, 不可常周。一有僞情, 觸途[6)]難繼, 功績遂損敗[7)]矣。

1) 襄國 : ≪魏書≫ 〈地形志〉에서 "北廣平郡의 襄國은 秦나라 때 信都가 되었다가 項羽가 이름을 바꾸었다. 兩漢 때에는 趙國에 속했고 晉代에는 廣平郡에 속했다."고 하였다.〔趙曦明〕

지금의 河北省 邢台 서남쪽에 있었다.〔역자〕

2) 經懷 : 마음에 두다. 염두에 두다.〔역자〕

3) 撫卹 : 백성들을 어루만져 위로하고 물질로써 구제하다. 撫恤과 같다.〔역자〕

4) 不容於口 : 입에 다 담지 못한다. 말로 다 할 수가 없다.〔역자〕

5) 泗州別駕 : ≪隋書≫ 〈地理志〉에서 "下邳(비)郡은 後魏 때에 治所를 南徐州에 두었다가 後周 때 泗州로 바꾸었다."라 하였다. ≪通典≫ 〈職官〉 14에서 "州에서 刺史의 보좌역으로 漢代에는 別駕, 治中, 主簿 등의 관직이 있었는데, 別駕는 刺史를 수행하여 어떤 지역에 나갈 때 수레를 따로 탄다고 하여 명칭을 別駕라 하였다."라 하였고, 注에서 ≪庾亮集≫ 〈答郭豫書〉를 인용하여 "別駕는 예전에 刺史와 따로 수레를 탔는데, 그가 맡은 일은 刺史의 반쯤 된다."라 하였다.〔趙曦明〕

泗州는 옛 지명으로 지금의 江蘇省 宿遷 서남쪽이다.〔역자〕

6) 觸途 : '그때그때, 경우마다'의 뜻이다. 본서 제9 〈文章〉篇 13 주 17) 참조.〔역자〕

7) 損敗 : 본서 제5 〈治家〉篇 15와 제9 〈文章〉篇 1에 '損敗'라는 표현이 나온다. ≪隋書≫ 〈食貨志〉에서 "매년 거두어들여서 쌓을 때 상하거나 헐게〔損敗〕 하지 말아야 한다."라 하였다.〔王利器〕

鄴 지역의 한 젊은이가 벼슬에 나가 襄國令이 되더니, 스스로 꽤 열심히 애를 쓰며, 공무를 염두에 두고 언제나 백성들을 위로하고 구제함으로써 명성과 칭찬을 얻으려 했다. 백성들을 병역에 내보낼 때마다 늘 손을 잡아주고서 떠나보냈고, 때로는 배나 대추, 떡 등을 준비하여 사람들마다 일일이 챙겨 보내면서 말했다.

"상부 명령으로 힘들게 하여 안타깝기가 그지없소. 길에서 배고프거나 목마르면 이걸로 내 마음을 헤아려주시오."

그리하여 백성들의 칭찬이 입에 다 담기 어려웠다. 그런데 泗州別駕로 전보되면서 이 비용이 날로 늘어나서, 언제나 〈모든 사람들에게〉 고루 챙겨줄 수가 없게 되었다. 한 번 거짓으로 행한 겉치레가 계속 이어지기 어렵게 되자 그간의 공적도 결국 허물어지고 말았다.

7. 名聲의 참된 의미

或問曰 : "夫神滅形消[1], 遺聲餘價, 亦猶蟬殼蛇皮, 獸迒(항)[2]鳥迹耳, 何預於死者, 而聖人以爲名敎乎[3]?" 對曰 : "勸也。勸其立名, 則獲其實。且勸一伯夷[4],

而千萬人立淸風矣；勸一季札(찰)[5]，而千萬人立仁風矣；勸一柳下惠[6]，而千萬人立貞風矣；勸一史魚[7]，而千萬人立直風矣。故聖人欲其魚鱗鳳翼，雜沓(답)參差(치)[8]，不絶於世，豈不弘哉？四海悠悠[9]，皆慕名者，蓋因其情而致其善[10]耳。抑又論之，祖考之嘉名美譽，亦子孫之冕服牆宇[11]也，自古及今，獲其庇廕(음)[12]者亦衆矣。夫修善立名者，亦猶築室樹果，生則獲其利，死則遺其澤。世之汲汲[13]者，不達此意，若其與魂爽[14]俱昇，松柏偕茂[15]者，惑矣哉!"

1) 神滅形消：梁代 范縝(진)의 ≪神滅論≫에서 "精神이 곧 肉身이고, 육신이 곧 정신이다. 그러므로 육신이 남아 있으면 정신도 남아 있고, 육신이 떠나가면 정신도 없어진다.〔形謝卽神滅也〕"라 하였다.〔王利器〕

2) 獸迒(항)：迒은 음이 '항'이고, 또 '강'으로 읽기도 한다. ≪唐韻≫에서 "짐승의 흔적이다."라고 했다.〔沈揆〕

≪爾雅≫〈釋獸〉에서 "토끼는 그 발자국이 迒이다."라 하였다.〔盧文弨〕

〈說文解字敍〉에서 "새와 짐승의 발자국〔鳥獸蹏迒之跡〕을 보았다."라 하였고, ≪文選≫〈西京賦〉의 劉良 注에서 "迒은 짐승이 다니는 길이다."라 하였다.〔王利器〕

3) 而聖人以爲名敎乎：이 부분은 '而聖人以名爲敎乎'가 되어야 옳다.〔向宗魯〕

≪晉書≫〈阮瞻傳〉에서 "王戎이 묻기를 '聖人은 名敎를 중시하고, 老莊은 自然을 밝혔는데, 그 취지는 같은가요?'라고 했다."라 하였다.〔王利器〕

名敎는 인륜의 명분을 밝히는 가르침, 즉 儒敎를 일컫는 말로 쓴다.〔역자〕

4) 伯夷：≪孟子≫〈萬章 下〉에서 孟子가 이르기를 "伯夷는 눈으로는 나쁜 빛깔을 보지 않았고 귀로는 나쁜 소리를 듣지 않았으며, 올바른 임금이 아니면 섬기지 않았고 올바른 백성이 아니면 부리지 않았으며, 다스려지면 나아가고 어지러우면 물러났으며, 포악한 정치가 나오는 곳이나 포악한 백성이 사는 곳에서는 차마 살지 못하였다. 무식한 시골 사람과 함께 있는 것을 마치 朝衣와 朝冠 차림으로 진흙이나 숯더미에 앉는 것처럼 생각했다. 紂王 때에는 北海의 바닷가에 살면서 천하가 맑아지기를 기다렸다. 그러므로 伯夷의 기풍을 들은 자는 완고한 자도 청렴해지고, 나약한 자도 뜻을 세우게 된다."라고 하였다.〔王利器〕

5) 季札(찰)：春秋時代 吳나라의 公子로서, 나라를 양보하고 떠났다. ≪史記≫〈吳太伯世家〉 참조.〔王利器〕

6) 柳下惠：≪孟子≫〈萬章 下〉에서 孟子가 이르기를 "柳下惠는 더러운 임금을 섬기는 것을 부끄러워하지 않았고 작은 벼슬을 사양하지 않았으며, 나아가서 자신의 능력을 감추지 않고 반드시 올바른 방법으로 일하였으며, 버림을 받아도 원망하지 않았고

곤궁에 빠져도 분해하지 않았으며, 무식한 시골 사람과 함께 있어도 너그럽게 굴고 차마 떠나지 못하였으며, 너는 너고 나는 나인데 비록 발가벗고 내 옆에 있다 하더라도 네가 어찌 나를 더럽힐 수 있겠느냐고 생각하였다. 그러므로 柳下惠의 기풍을 들은 자는 비루한 사내가 너그러워지고, 야박한 사내가 돈후해진다."라고 하였다.〔王利器〕

춘추시대 魯나라 大夫이다.〔역자〕

7) 史魚 : ≪論語≫ 〈衛靈公〉에서 "공자께서 말씀하시기를 '곧구나, 史魚는! 나라에 道가 있어도 화살처럼 곧고, 나라에 도가 없어도 화살처럼 곧구나.'라고 하셨다."라 하였다. ≪集解≫에서는 孔安國의 말을 인용하여 "衛나라 대부 史鰌(추)는 도가 있건 도가 없건 행실이 화살 같았고 말이 굽지 않았다."라 하였다.〔王利器〕

춘추시대 衛나라 大夫로서 성은 史, 이름은 鰌였으며, 字가 史魚였다.〔역자〕

8) 魚鱗鳳翼 雜沓(답)參差(치) : '魚鱗'은 마땅히 '龍鱗'이 되어야 할 것 같다. ≪後漢書≫ 〈光武紀〉에서 "천하의 사대부들이 용의 비늘〔龍鱗〕에 매달리고 봉황의 날개〔鳳翼〕에 붙어서, 그 뜻을 이루고자 한사코 바라고 있을 뿐이다."라고 하였다. 생각건대, 龍은 비늘이 81개로 九九의 數를 갖추고 있고 鳳이 날면 온갖 새들이 따르므로, 모두 많음을 말한 것이다. 揚雄의 〈甘泉賦〉에서는 "나란히 줄지어 늘어서고, 비늘 모양으로 어지럽게 뒤섞여서〔鱗以雜沓兮〕, 고르지 않고 어지럽게〔柴虒參差〕, 물고기가 헤엄쳐 오르고 새가 날아 내려간다."라 하였다.〔盧文弨〕

≪史記≫ 〈淮陰侯列傳〉에서 "천하의 선비들이 구름처럼 만나고 안개처럼 모여들어, 물고기 비늘처럼 어지럽게 뒤섞였다.〔魚鱗雜遝〕"라 하였다. ≪漢書≫ 〈蒯(괴)通傳〉에서는 "천하의 선비들이 구름처럼 만나고 안개처럼 모여들며, 물고기 비늘처럼 마구 뒤섞여 몰려왔다.〔魚鱗雜襲〕"라 하였고, 顔師古의 注에서 "雜襲은 雜沓과 같으며, 뒤섞여 많이 쌓였음을 말한다."라 하였다. 또 揚雄의 〈解嘲〉에서도 "천하의 선비들이 우레가 치며 구름이 모이듯, 물고기 비늘처럼 뒤섞여 몰려들어〔魚鱗雜襲〕, 모두가 팔방을 경영한다."라고 하였다. 이러한 '魚鱗'의 용례로 볼 때 盧文弨가 '龍鱗'이 되어야 한다고 한 것은 타당치 않다.〔王利器〕

魚鱗은 많은 숫자를, 鳳翼은 보통의 사람들이 훌륭한 인물을 따르는 모습을 비유한 것이다. 雜沓은 어지럽게 뒤섞인 모양이고, 參差는 들쑥날쑥 가지런하지 않은 모양이다. 결국 다양한 유형의 사람들이 여러 가지 방식으로 훌륭한 인물을 따르는 모습을 형상화한 표현이다.〔역자〕

9) 四海悠悠 : ≪後漢書≫ 〈朱穆傳〉에서 "많은 이들〔悠悠者〕이 모두가 이러하다."라 하였고, 李賢의 注에서 "悠悠는 많다는 뜻이다."라 하였다.〔王利器〕

10) 因其情而致其善 : 그 형편에 따라서 최선을 다하다의 뜻이다.〔역자〕

11) 冕服牆宇 : 면류관과 예복, 담과 지붕으로, 여기서는 조상의 덕으로 주어지는 후손들의 지위와 재산을 뜻한다.〔역자〕
12) 庇廕(음) : 본서 제8 〈勉學〉篇 3 주 5) 참조.〔역자〕
13) 汲汲 : ≪漢書≫ 〈揚雄傳〉에서 "부귀에 汲汲해하지 않는다."라 하였고, 顏師古의 注에서 "汲汲은 빨리 해치우고자 하는 뜻이 마치 우물에서 물을 길어 올리는 것과 같은 것이다."라고 풀이했다.〔王利器〕
14) 魂爽 : 魂魄精爽을 말한다. ≪春秋左氏傳≫ 昭公 25년에서 "마음의 精爽, 이것을 일컬어 魂魄이라 하는데, 혼백이 떠났으니 어찌 오래 살 수 있겠는가?"라고 하였다.〔王利器〕 '넋과 精靈, 영혼'의 뜻이다.〔역자〕
15) 松柏偕茂 : ≪詩經≫ 〈小雅 天保〉에서 "마치 소나무 잣나무가 무성한 것과 같다.〔如松柏之茂〕"라 하였다.〔王利器〕

어떤 이가 물었다.

"精神이 소멸하고 肉身이 없어진 후에 남겨진 名聲과 價値는, 매미가 벗고 나온 껍질이나 뱀의 허물, 짐승의 흔적이나 새의 발자국 같을 뿐인데, 죽은 자와 무슨 상관이 있다고 聖人은 그것으로 名教를 만들었을까요?"

이렇게 대답하였다.

"권장하는 것이지요. 명성을 세우도록 권장하면 그 실질을 얻게 됩니다. 이제 한 사람의 伯夷를 권장하면 천만 사람이 清廉한 氣風을 세우게 되고, 한 사람의 季札을 권장하면 천만 사람이 어진 기풍을 세우게 되며, 한 사람의 柳下惠를 권장하면 천만 사람이 志操가 곧은 기풍을 세우게 되고, 한 사람의 史魚를 권장하면 천만 사람이 正直한 기풍을 세웁니다. 그래서 성인은 물고기의 비늘만큼 많은 사람들이 봉황의 날개를 붙들고 따라가듯이 훌륭한 사람을 따르며, 이런저런 다양한 모습으로 세상에 끊어지지 않고 나오게 하고자 하였으니, 어찌 대단하지 않습니까? 천하의 수많은 사람들이 다들 명성을 흠모하는 것은, 어쩌면 각각의 형편에 따라 최선을 다하기 때문인지도 모릅니다.

또 다른 측면에서 논하자면, 조상의 아름다운 명성과 훌륭한 명예는 또 자손들에게 지위와 재산이 되기도 하여, 예로부터 오늘에 이르기까지 그 陰德을 본 경우도 많습니다. 善行을 닦아서 명성을 세우는 것은 집을 짓고 과일나무를 심는 것과 같아서, 살아서는 그 이득을 얻고 죽으면 그 혜택을 물려줍니다. 세간에 〈명성 얻기에만〉 급급한 이들은 이러한 의미를 깨닫지 못하는데, 〈명성이〉 영혼과 함께 하늘로 올라간다거나 소나무 · 잣나무와 함께 무성해진다거나 하는 등의 이야기는 참으로 미혹된 것이지요!"

譯者 略歷

鄭在書

1952년 충남 온양 출생
서울대 문리대 중어중문학과 졸업, 문학박사
하버드 옌칭연구소(Harvard-Yenching Institute) 객원교수
이화여자대학교 중어중문학과 교수
著書 ≪불사의 신화와 사상≫ ≪동양적인 것의 슬픔≫ ≪동아시아 연구≫
≪동아시아 여성의 기원≫ ≪중국 신화의 이해≫ ≪한국전통사상의 특성연구≫
≪정재서 교수의 이야기 동양신화≫ 외 다수

盧暻熙

1956년 부산 출생
서울대 문리대 중어중문학과 졸업, 문학박사
충북대 중어중문학과 교수
한국중국어문학회 부회장
論文 〈顔之推文學論硏究〉 〈陶淵明詩語硏究〉 〈南朝詩에서 景物描寫 양상의 변화〉
〈庾信의 小園賦와 전원풍의 시〉 〈庾信의 枯樹賦와 고목의 이미지〉 외 다수
譯書 ≪태양은 상건하에 비친다≫

東洋古典譯註叢書 69
譯註 顔氏家訓 1　　정가 22,000원

2011년 12월 30일 초판 발행
2012년 11월 30일 초판 2쇄

譯　註　鄭在書 · 盧暻熙
編　輯　古典國譯編輯委員會
發行人　李啓晃
發行處　社團法人 傳統文化硏究會
서울시 종로구 낙원동 284-6 낙원빌딩 411호
전화 : (02)762-8401　전송 : (02)747-0083
전자우편 : juntong@juntong.or.kr
홈페이지 : juntong.or.kr
사이버書堂 : cyberseodang.or.kr
온라인서점 : book.cyberseodang.or.kr
등록 : 1989. 7. 3.　제1-936호

인쇄처 : 한국법령정보주식회사(02-462-3860)
총　판 : 한국출판협동조합(070-7119-1750)

ISBN 978-89-91720-82-4 94150
978-89-91720-74-9(세트)